本書為二〇一一年度國家社科基金重大項目《黑水城漢文文獻整理與研究》系列成果之一

中國藏黑水城漢文文獻的整理與研究 上

孫繼民 宋坤 陳瑞青 杜立暉 等著

中國社會科學出版社

圖書在版編目(CIP)數據

中國藏黑水城漢文文獻的整理與研究：全三冊／孫繼民等著．—北京：中國社會科學出版社，2016.10
ISBN 978-7-5161-8781-4

Ⅰ.①中… Ⅱ.①孫… Ⅲ.①出土文物—文獻—研究—額濟納旗—西夏 Ⅳ.①K877

中國版本圖書館 CIP 數據核字(2016)第 196881 號

出 版 人	趙劍英
責任編輯	宋燕鵬
責任校對	石春梅
責任印製	李寡寡

出　　版	中國社會科學出版社
社　　址	北京鼓樓西大街甲 158 號
郵　　編	100720
網　　址	http://www.csspw.cn
發 行 部	010-84083685
門 市 部	010-84029450
經　　銷	新華書店及其他書店

印刷裝訂	北京君昇印刷有限公司
版　　次	2016 年 10 月第 1 版
印　　次	2016 年 10 月第 1 次印刷

開　　本	787×1092　1/16
印　　張	146.5
字　　數	2532 千字
定　　價	568.00 圓(全三冊)

凡購買中國社會科學出版社圖書，如有質量問題請與本社營銷中心聯繫調換
電話：010-84083683
版權所有　侵權必究

目　　錄

前言 ·· (1)

整理編

凡例 ·· (3)

第一冊 ·· (5)

卷一　農政文書卷 ·· (7)

（一）戶籍與賦稅文書 ··· (7)

1. 元即兀□寇汝等戶籍殘片 ·· (7)
2. 元沙立渠人員名錄殘片 ·· (9)
3. 元唐兀的斤之夫等戶籍殘片 ·· (9)
4. 元賀竜徒沙等牌子下人員名錄殘片 ···································· (10)
5. 元汝午布等戶種大小二麥帳冊殘片 ···································· (12)
6. 元架閣庫呈亦集乃路總管府文為照驗王滿朝父祖等八十戶元俱籍事 ·· (12)
7. 元見□百戶名錄殘片 ·· (13)
8. 元大德三年（1299）府吏徐文貴呈文為木棉戶等事 ·········· (14)
9. 元拜都等人名錄殘片 ·· (14)
10. 元尤兀南布等戶籍殘片（一） ·· (16)
11. 元尤兀南布等戶籍殘片（二） ·· (18)
12. 元尤兀南布等戶籍殘片（三） ·· (19)

13. 元吳即渠等大小口統計文書殘片 …………………………………（20）
14. 元落卜尪輿亦禿孩等站人員名錄 …………………………………（21）
15. 元文書殘片（一）……………………………………………………（21）
16. 元文書殘片（二）……………………………………………………（22）
17. 元昔寶赤文書殘片 ……………………………………………………（22）
18. 元文書殘片 ……………………………………………………………（22）
19. 元真定路當差民戶文書殘片 …………………………………………（23）
20. 元諸色戶文書殘片 ……………………………………………………（23）
21. 元本路供抄入籍文書殘片 ……………………………………………（24）
22. 元戶籍文書殘片 ………………………………………………………（25）
23. 元收管官牛等物文書殘片 ……………………………………………（25）
24. 元文書殘片 ……………………………………………………………（26）
25. 元戶籍文書 ……………………………………………………………（26）
26. 元戶籍文書 ……………………………………………………………（27）
27. 元文書殘片 ……………………………………………………………（28）
28. 元戶籍文書殘片 ………………………………………………………（29）
29. 元屠戶等文書殘片 ……………………………………………………（29）
30. 元甘肅省咨本省文書殘片 ……………………………………………（30）
31. 元也火順伯等人名錄 …………………………………………………（31）
32. 元撒的迷失等人名錄 …………………………………………………（31）
33. 元張台正等人名錄 ……………………………………………………（32）
34. 元于唐卿等人名錄 ……………………………………………………（32）
35. 元李丑臉兒等人名錄 …………………………………………………（33）
36. 元張晉臣等人名錄 ……………………………………………………（34）
37. 元呂德卿等人名錄 ……………………………………………………（34）
38. 元某司呈亦集乃路總管府文為至元三十一年(1294)上下半年
    酒醋等課解納事 ……………………………………………………（35）
39. 元經女女等戶據地納糧帳簿 …………………………………………（37）
40. 元至順元年(1330)某司呈文為秋季課糧事殘尾 …………………（39）
41. 元賈花那等戶據料支鈔帳簿 …………………………………………（40）

42. 元某司呈亦集乃路總管府文為申見在糧事 ………………………… (40)
43. 元玉朴等渠諸戶納糧帳簿 ……………………………………………… (41)
44. 元吾即玉立蒲等納糧帳簿 ……………………………………………… (42)
45. 元哈立撒耳立□等戶據地納糧帳簿 …………………………………… (44)
46. 元陳子興等戶納糧帳簿殘片 …………………………………………… (44)
47. 元馮智通等戶文書殘片 ………………………………………………… (45)
48. 元賀古剌等戶據地納糧帳簿殘片 ……………………………………… (46)
49. 元文書殘片 ……………………………………………………………… (46)
50. 元某司呈肅政廉訪司文為秋田收成等事 ……………………………… (47)
51. 元某司下地稅倉官文書殘片 …………………………………………… (48)
52. 元亦集乃路呈文為委本路巡檢與省府差来官點視也可倒溫人口
    頭足等事 ……………………………………………………………… (49)
53. 元至正十一年(1351)承管狀為元興等販羊回易外官錢鈔事 ……… (50)
54. 元某年二月馳馬價錢文書殘片 ………………………………………… (51)
55. 元某司為起解課程事文書 ……………………………………………… (51)
56. 元泰定二年(1325)呈解課程錢文書殘片 …………………………… (52)
57. 元至正廿七年(1367)稅使司收稅文書殘片 ………………………… (53)
58. 元稅使司呈亦集乃路總管府文殘片 …………………………………… (53)
59. 元至正十七年(1357)稅使司呈文為春季三個月稅收事 …………… (54)
60. 元糧簿殘片 ……………………………………………………………… (54)
61. 元納戶文書殘片 ………………………………………………………… (55)
62. 元亦集乃路總管府下支持庫文為起解正月分課程事 ………………… (56)
63. 元開耕地納稅文書殘片 ………………………………………………… (57)
64. 元某年八月初六日收□匠李忽都某物文書殘片 ……………………… (57)
65. 元亦集乃路總管府文書殘片 …………………………………………… (58)
66. 元某年發放天字一百等號羊口勘合登記簿 …………………………… (59)
67. 元甘肅行書省劄付亦集乃路總管府為槊落狀告抽分
    等事(一) ……………………………………………………………… (60)
68. 元甘肅行書省劄付亦集乃路總管府為槊落狀告抽分
    等事(二) ……………………………………………………………… (61)

69. 元甘肅行書省劄付亦集乃路總管府為樂落狀告抽分
　　等事(三) ·· (62)
70. 元蒲文路責領狀為至元三年抽分羊馬事 ············ (63)
71. 元課程文書殘片 ··· (63)
72. 元某年正月羊口、酒課文書 ······························· (64)
73. 元海答立迷失等戶據地納糧文書殘片 ················ (64)
附 ··· (65)
　1. 元任万奴責領狀為放牧羊牛事 ·························· (65)

(二)農田水利文書 ·· (66)
　1. 元元統三年(1335)三月初六日俵水文書殘片 ········ (66)
　2. 元兵工房關文為俵水事(稿) ······························ (67)
　3. 元亦集乃路總管府文為水利事殘片 ···················· (68)
　4. 元亦集乃路總管府文為水利事殘片 ···················· (68)
　5. 元催府判下河渠司文書殘片 ······························ (69)
　6. 元亦集乃路總管府下河渠司文書殘片 ················ (70)
　7. 元河渠司官苟札束呈文殘片 ······························ (70)
　8. 元河渠司勘驗秋田等事文卷殘件 ······················· (71)
　9. 元引勾文書殘尾 ··· (72)
　10. 元分俵水利文書殘片 ······································ (73)
附 ··· (74)
　1. 元那孩呈文為開坐馬木兀南子等處農民所種二麥石數及花戶
　　姓名等事 ·· (74)

(三)屯田管理文書 ·· (75)
　1. 元某司呈文為本處不宜栽樹事 ·························· (75)
　2. 元某司申文為田苗乾旱死損事(稿) ···················· (76)
　3. 元某所呈亦集乃路總管府文為興作栽種事 ·········· (77)
　4. 元屯田軍百戶文書殘尾 ····································· (77)
　5. 元千戶兀魯文書殘片 ·· (78)
　6. 元屯田倉官文書殘片 ·· (78)
　7. 元延祐四年(1317)卜魯罕妃子分例米麵文卷(之一) ········ (79)

8. 元延祐四年(1317)兩屯百戶文書殘片 …………………… (79)

9. 元屯田百戶所文書殘片 …………………………………… (81)

10. 元屯田百戶文書殘片 ……………………………………… (81)

(四)提調農桑文書 ……………………………………………… (82)

1. 元提調農桑文卷殘件(之一) ……………………………… (82)

2. 元提調農桑文卷殘件(之一) ……………………………… (86)

3. 元提調農桑文卷殘件(之一) ……………………………… (89)

4. 元提調農桑文卷殘件(之一) ……………………………… (91)

5. 元提調農桑文卷殘件(之一) ……………………………… (92)

6. 元提調農桑文卷殘件(之一) ……………………………… (93)

7. 元提調農桑文卷殘件(之一) ……………………………… (95)

8. 元提調農桑文卷殘件(之一) ……………………………… (98)

附 ………………………………………………………………… (99)

1. 元提調農桑文卷殘件(之一) ……………………………… (99)

(五)畜牧管理文書 ……………………………………………… (99)

1. 元某年點視現在頭疋文書 ………………………………… (99)

2. 元點視牲畜農器文書殘片 ………………………………… (100)

3. 元放支馬料文書殘片 ……………………………………… (101)

4. 元何的火者等馬匹登記文書 ……………………………… (101)

5. 元赤丹不顏台等戶駱駝帳簿 ……………………………… (102)

6. 元馬腳澀并丁子文書 ……………………………………… (103)

(六)其他農政文書 ……………………………………………… (103)

1. 元亦集乃路總管府文為地畝事殘片 ……………………… (103)

2. 元營田文卷殘件 …………………………………………… (104)

3. 元文書殘尾 ………………………………………………… (105)

4. 元文書殘尾 ………………………………………………… (105)

5. 元河渠司社長文書殘片 …………………………………… (106)

6. 元本渠社長文書殘片 ……………………………………… (107)

7. 元占種文書殘片 …………………………………………… (107)

8. 元屯戶文書殘片 …………………………………………… (108)

  9. 元各社檢踏文書殘片 ……………………………………………… (108)
  10. 元耕種文書殘片 ………………………………………………… (109)
  11. 元文書殘片 ……………………………………………………… (109)
  12. 元文書殘片 ……………………………………………………… (110)
  13. 元土地文書殘片 ………………………………………………… (110)
  14. 元種小麥文書殘片 ……………………………………………… (111)
  15. 元農事文書殘片 ………………………………………………… (112)
  16. 元亦集乃路文書殘片 …………………………………………… (112)

第二冊 ……………………………………………………………………… (115)
卷二　錢糧文書卷 ……………………………………………………… (117)
（一）提調錢糧文書 ……………………………………………………… (117)
  1. 元提調至元三十一年(1294)錢糧文卷(之一) ………………… (117)
  2. 元提調至元三十一年(1294)錢糧文卷(之一) ………………… (118)
  3. 元泰定四年(1327)七月提調錢糧文書殘尾 …………………… (119)
  4. 元提調至元三十一年(1294)錢糧文卷(之一) ………………… (120)
  5. 元甘肅行省劄付亦集乃路總管府為錢糧照勘事(一) ………… (121)
  6. 元甘肅行省劄付亦集乃路總管府為錢糧照勘事(二) ………… (122)
  7. 元甘肅行省劄付亦集乃路總管府為錢糧照勘事(三) ………… (123)
  8. 元某司呈文為照勘糧斛等事 …………………………………… (124)
  9. 元某司申甘肅行省文為照勘某人無浸借係官錢粮事(稿) …… (125)
  10. 元大德二年(1298)某司呈文為王乞气冒支官錢事 …………… (126)
  11. 元至大元年(1308)亦集乃路總管府照勘大德十一年稅糧文卷
   (之一) ……………………………………………………………… (127)
  12. 元軍人錢糧文書殘片 …………………………………………… (128)
  13. 元計點本路見在糧事文書殘尾 ………………………………… (129)
  14. 元計點錢糧等文書殘片 ………………………………………… (129)
  15. 元某司関文為交割糧數事 ……………………………………… (130)
  16. 元魏塔剌孩告支桃杏等爭婚公事案卷(一) …………………… (131)
（二）錢糧儲運收支文書 ………………………………………………… (132)
  1. 元刘忠翊呈狀為平糴糧米事 …………………………………… (132)

2. 元至順元年(1330)九月分見在糧等文書 …………………… (133)

3. 元至正七年(1347)洪字玖拾貳號黃米半印勘合 …………… (134)

4. 元廣積倉放支文書殘片 …………………………………… (135)

5. 元廣積倉放支文書殘片 …………………………………… (136)

6. 元支鈔文書殘片 …………………………………………… (137)

7. 元支馬料文書殘片 ………………………………………… (137)

8. 元勘合行下廣積倉文書殘片 ……………………………… (138)

9. 北元至正三十年(1370)傳示責領狀為責領正贓事 ……… (138)

10. 元支糧文書殘片 …………………………………………… (139)

11. 元收小麥文書殘片 ………………………………………… (140)

12. 元收米呈文殘片 …………………………………………… (140)

13. 元亦集乃路總管府下某司文為放支黃米等物事 ………… (141)

14. 元放支文書殘片 …………………………………………… (142)

15. 元某年正月支鈔文書殘片 ………………………………… (142)

16. 元支米文書殘片 …………………………………………… (143)

17. 元某司呈亦集乃路總管府錢糧房文為放支某物事(稿) … (144)

18. 元糧食文書殘片 …………………………………………… (144)

19. 元亦集乃路總管府具實收糧文書殘片 …………………… (145)

20. 元某呈府台書啓為點倉事 ………………………………… (146)

21. 元補填司吏文書殘片(一) ………………………………… (147)

22. 元補填司吏文書殘片(二) ………………………………… (148)

23. 元糧食文書殘片 …………………………………………… (148)

24. 元文書殘片 ………………………………………………… (150)

25. 元文書殘片 ………………………………………………… (151)

26. 元支黃米文書殘片 ………………………………………… (151)

27. 元追徵各軍拖欠文書殘片 ………………………………… (152)

28. 元納糧文書殘片 …………………………………………… (152)

29. 元納糧文書殘片 …………………………………………… (153)

30. 元時估追徵文書殘片 ……………………………………… (153)

31. 元天字號勘合底簿(二) …………………………………… (154)

32. 元收陳米文書殘片 ··· (155)
33. 元天字號勘合底簿(一) ································· (156)
34. 元某行省官吏支麥買物帳簿 ························· (156)
35. 元元宗書啓殘片 ··· (157)
36. 元只不斤等腳錢文書殘片 ···························· (158)
37. 元孤老支糧文書殘片 ································· (159)
38. 元蒙古文文書殘片 ···································· (159)
39. 元支小麥文書殘片 ···································· (160)
40. 元敬之支中統鈔文書殘片 ···························· (160)
41. 元今歲支持錢文書殘片 ······························· (161)
42. 元支鈔文書殘片 ··· (162)
43. 元支鈔、羊等文書殘片 ······························· (162)
44. 元支米麵文書殘片 ···································· (163)
45. 元支米文書殘片 ··· (163)
46. 元某司呈文為支小麥雜色等事 ····················· (164)
47. 元支黃米文書 ·· (165)
48. 元某年十二月清平等坊住人借小麥帳簿 ········ (165)
49. 元阿立嵬追問糧斛文書 ······························· (166)
50. 元某所公文為八月分糧斛事 ························ (167)
51. 元司吏房呈文為差璋等前赴甘肅行省起解事 ·· (167)
52. 元某司呈文為甘州儧運糧事 ························ (168)
53. 元儧運黃米等事文書殘片 ···························· (169)
54. 北元亦集乃路總管府申甘肅行省文為糧斛事 ·· (170)
55. 元某司呈文為提調官□錢軍儲事 ·················· (171)
56. 元至正六年(1346)亦集乃路總管府下廣積倉等處文為放支錢糧事 ··· (172)
57. 元下支持庫文書殘片 ································· (173)

(三) 大德十一年稅糧文書 ···································· (174)

1. 元至大元年(1308)亦集乃路總管府照勘大德十一年稅糧文卷(之一) ··· (174)

2. 元至大元年(1308)亦集乃路總管府照勘大德十一年稅糧文卷
 (之一) ………………………………………………………………… (176)
3. 元至大元年(1308)亦集乃路總管府照勘大德十一年稅糧文卷
 (之一) ………………………………………………………………… (178)
4. 元至大元年(1308)亦集乃路總管府照勘大德十一年稅糧文卷
 (之一) ………………………………………………………………… (180)
5. 元至大元年(1308)亦集乃路總管府照勘大德十一年稅糧文卷
 (之一) ………………………………………………………………… (181)
6. 元至大元年(1308)亦集乃路總管府照勘大德十一年稅糧文卷
 (之一) ………………………………………………………………… (183)
7. 元至大元年(1308)亦集乃路總管府照勘大德十一年稅糧文卷
 (之一) ………………………………………………………………… (184)
8. 元至大元年(1308)亦集乃路總管府照勘大德十一年稅糧文卷
 (之一) ………………………………………………………………… (185)
9. 元至大元年(1308)亦集乃路總管府照勘大德十一年稅糧文卷
 (之一) ………………………………………………………………… (186)
10. 元至大元年(1308)亦集乃路總管府照勘大德十一年稅糧文卷
 (之一) ………………………………………………………………… (187)
11. 元至大元年(1308)亦集乃路總管府照勘大德十一年稅糧文卷
 (之一) ………………………………………………………………… (188)
12. 元至大元年(1308)亦集乃路總管府照勘大德十一年稅糧文卷
 (之一) ………………………………………………………………… (189)
13. 元至大元年(1308)亦集乃路總管府照勘大德十一年稅糧文卷
 (之一) ………………………………………………………………… (190)
14. 元至大元年(1308)亦集乃路總管府照勘大德十一年稅糧文卷
 (之一) ………………………………………………………………… (191)
15. 元至大元年(1308)亦集乃路總管府照勘大德十一年稅糧文卷
 (之一) ………………………………………………………………… (192)
(四)至正十一年考校錢糧文書 ……………………………………………… (193)
 1. 元至正十一年(1351)考較錢糧文卷(之一) ……………………… (193)

2. 元至正十一年(1351)考較錢糧文卷(之一) ……………………… (196)
　　3. 元至正十一年(1351)考較錢糧文卷(之一) ……………………… (198)
　　4. 元至正十一年(1351)考較錢糧文卷(之一) ……………………… (200)
　　5. 元至正十一年(1351)考較錢糧文卷(之一) ……………………… (200)
(五)口糧文書 ………………………………………………………………… (202)
　　1. 元延祐四年(1317)阿剌不花口糧文卷(之一) …………………… (202)
　　2. 元延祐四年(1317)阿剌不花口糧文卷(之一) …………………… (203)
　　3. 元延祐四年(1317)阿剌不花口糧文卷(之一) …………………… (205)
　　4. 元延祐四年(1317)阿剌不花口糧文卷(之一) …………………… (206)
　　5. 元孤老口糧文書 …………………………………………………… (208)
　　6. 元阿立嵬口糧文卷(之一) ………………………………………… (209)
　　7. 元阿立嵬口糧文卷(之一) ………………………………………… (209)
　　8. 元阿立嵬口糧文卷(之一) ………………………………………… (210)
　　9. 元阿立嵬口糧文卷(之一) ………………………………………… (211)
　　10. 元阿立嵬口糧文卷(之一) ……………………………………… (212)
　　11. 元阿立嵬口糧文卷(之一) ……………………………………… (213)
　　12. 元阿立嵬口糧文卷(之一) ……………………………………… (214)
　　13. 元阿立嵬口糧文卷(之一) ……………………………………… (215)
　　14. 元阿立嵬口糧文卷(之一) ……………………………………… (216)
　　15. 元阿立嵬口糧文卷(之一) ……………………………………… (217)
　　16. 元阿立嵬口糧文卷(之一) ……………………………………… (217)
　　17. 元某司呈文为季分口糧事 ……………………………………… (218)
　　18. 元某司呈文為扣算合該口糧事殘片 …………………………… (219)
　　19. 元大德年間支正軍口糧文書殘片 ……………………………… (219)
　　20. 元阿立嵬口糧文卷(之一) ……………………………………… (220)
　　21. 元阿立嵬口糧文卷(之一) ……………………………………… (221)
　　22. 元阿立嵬口糧文卷(之一) ……………………………………… (222)
　　23. 元阿立嵬口糧文卷(之一) ……………………………………… (223)
　　24. 元阿立嵬口糧文卷(之一) ……………………………………… (224)

(六)官用錢糧物文書 ……………………………………………………… (225)
　1. 元延祐六年(1319)某司奉甘肅行省劄付查勘甘州路應辦務造
　　 使臣人員分例盃酒支用鈔麥備細數目事 ………………………… (225)
　2. 元蒙古文文書殘件 ………………………………………………… (227)
　3. 元某年正月至六月支用鹽油等物錢鈔帳簿 ……………………… (227)
　4. 元延祐六年(1319)某所保結文書為掃里事殘片 ………………… (228)
　5. 元泰定二年(1325)中書省咨文為救荒急務事(一) ……………… (229)
　6. 元支至元元年(1335)糧食文書(稿) ……………………………… (230)
　7. 元至正十年(1340)省府撥發錢鈔帳簿殘片 ……………………… (231)
　8. 元至正二十九年(1369)宣使也先不花呈文為丞相平章五月
　　 初八日省堂上擡飯用過酒羊未曾除破事 ………………………… (231)
　9. 元至正二十九年(1369)宣使也先不花呈文為五月初七日分省
　　 左右司官與朝廷差来官糧食未曾除破事 ………………………… (233)
　10. 元某司文為妝造紙札委官監督照驗事 …………………………… (234)
　11. 元某司申甘肅行省文為使臣分例米麵及官錢收買煮酒用糧、
　　　白麵等事(一) ……………………………………………………… (235)
　12. 元某司申甘肅行省文為使臣分例米麵及官錢收買煮酒用糧、
　　　白麵等事(二) ……………………………………………………… (237)
　13. 元某司申甘肅行省文為使臣分例米麵及官錢收買煮酒用糧、
　　　白麵等事(三) ……………………………………………………… (237)
　14. 元某司呈亦集乃路總管府文為差人勾喚巴都魯、朶黑答等
　　　赴府事(稿) ………………………………………………………… (238)
　15. 元某司呈文為豐備庫呈報到承帖未支分例軍糧諸名項等
　　　錢事 ………………………………………………………………… (239)
　16. 元某司呈指揮文為照算婦人吉木等支糧食、柴薪錢事 ………… (241)
　17. 元亦集乃路總管府呈甘肅行省文為收買公用羊口事 …………… (242)
　18. 元某司呈文為報甄脫兒等物尺寸、價錢事殘件 ………………… (243)
　19. 元某司呈文為使臣支用物色事殘片 ……………………………… (243)
　20. 元泰定二年(1325)中書省咨文為救荒急務事(二) ……………… (244)
　21. 元料錢文書殘片 …………………………………………………… (245)

22. 元某年正月初六日糧房櫟史頡玘、張舒文為揭貼文簿用紙事…… (246)
23. 元李大等買麪文書殘片（一） …… (246)
24. 元某司呈文為匠人張二哥等計料事殘片 …… (247)
25. 元支糧帳簿殘片 …… (248)
26. 元酒麪文書殘片 …… (248)
27. 元李大等買麪文書殘片（二） …… (249)

(七) 軍用錢糧文書 …… (250)
1. 元延祐二年(1315)六月甘肅等處行中書省剳付亦集乃路總管府為暖忽里齒王入川炒米麪事 …… (250)
2. 元延祐六年(1319)正月朶立赤翼軍糧文書殘尾 …… (253)
3. 元泰定四年(1327)七月正軍闊象赤支米糧文書殘片 …… (253)
4. 元支持庫放支錢糧柴薪等文書 …… (254)
5. 元闊象赤季支錢米文書殘片 …… (255)
6. 元支持庫放支各翼軍人閠七月雜色錢文書殘片 …… (256)
7. 元也火哈剌章等牌下馬軍名錄（一） …… (257)
8. 元也火哈剌章等牌下馬軍名錄（二） …… (257)
9. 元男子名錄 …… (258)
10. 元魯即柔責等牌下馬軍名錄 …… (259)
11. 元男子名錄殘片 …… (260)
12. 元某翼正軍名錄殘片 …… (261)
13. 元放支北庭元帥府軍人冬季口糧文書 …… (261)
14. 元放支朶立只罕翼軍人至正廿九年(1369)冬季口糧文書 …… (262)
15. 元放支闊象赤軍糧文書 …… (263)
16. 元甘肅行省剳付亦集乃路總管府為罕答海等寄糧事（一） …… (264)
17. 元文書殘片 …… (264)
18. 元迤北軍馬閠散文書殘片 …… (265)
19. 元至元四年(1338)六月某司為申縈身死軍人燒埋錢事文書殘尾 …… (266)
20. 元延祐二年(1315)在逃正軍、闊象赤文書殘片 …… (266)
21. 元甘肅行省剳付亦集乃路總管府為罕答海等寄糧事（一） …… (267)

22. 元軍人文書殘片 ·· (268)

23. 元放支闊象赤錢糧文書殘片 ·································· (269)

24. 元文書殘片 ·· (269)

25. 元軍糧文書殘片 ·· (270)

26. 元放支軍糧文書殘片(稿) ······································ (271)

27. 元醫案殘片 ·· (272)

28. 元放支北庭元帥府軍人冬季口糧雜色文書殘尾 ····· (273)

(八)大德四年軍用錢糧文書 ··· (274)

1. 元大德四年(1300)為軍糧掃里鈔事文卷(之一) ····· (274)

2. 元大德四年(1300)為軍糧掃里鈔事文卷(之一) ····· (277)

3. 元大德四年(1300)為軍糧掃里鈔事文卷(之一) ····· (279)

4. 元大德四年(1300)為軍糧掃里鈔事文卷(之一) ····· (280)

5. 元大德四年(1300)為軍糧掃里鈔事文卷(之一) ····· (281)

6. 元大德四年(1300)為軍糧掃里鈔事文卷(之一) ····· (283)

(九)官私錢物帳 ··· (284)

1. 元欠帳清單殘片 ·· (284)

2. 元賣末糸帳簿殘片 ·· (285)

3. 元質甫外郎等收買物品帳簿殘片 ·························· (287)

4. 元錢物帳簿殘片 ·· (288)

5. 元庫子高泰取息錢收條 ··· (288)

6. 元鄭留奴等錢物帳簿殘片 ····································· (289)

7. 元劉立稱布等鈔錢帳簿殘片 ································· (290)

8. 元支酒錢帳簿殘片(一) ··· (290)

9. 元乙巳、丙午兩年支物帳簿 ································· (291)

10. 元妙上師等支酒肉帳簿殘片 ······························· (292)

11. 元某年三月收支糧物帳簿殘片 ··························· (293)

12. 元錢物帳簿殘片 ·· (294)

13. 元言答失帖木等禮單殘片 ··································· (295)

14. 元廣積倉糧帳殘片 ·· (295)

15. 元趙阿奇等物帳簿殘片 ······································· (296)

16. 元腦答兒等物帳簿殘片 ……………………………………………… (296)

17. 元買柴油等物帳簿殘片 ……………………………………………… (297)

18. 元亦集乃路某站赤往來使臣支請祗應分例簿殘片 ………………… (298)

19. 元寒字八十二號勘合支柴薪等物錢文書殘片 ……………………… (299)

20. 元古都禿等支鈔帳簿殘片 …………………………………………… (299)

21. 元買羊酒等物帳簿殘片 ……………………………………………… (300)

22. 元某年上元節雜用物色帳簿殘片 …………………………………… (301)

23. 元滿哥帖木兒等牲畜帳簿 …………………………………………… (302)

24. 元某年十一月速來蠻等取酒帳簿殘片 ……………………………… (303)

25. 元紅綢子等錢物帳簿殘片 …………………………………………… (304)

26. 元郭府判等支物帳簿殘片 …………………………………………… (304)

27. 元羊等物帳簿殘片 …………………………………………………… (305)

28. 元支酒、油等錢物帳簿殘片 ………………………………………… (306)

29. 元陳仲和等借欠錢物帳簿殘片 ……………………………………… (306)

30. 元蘇木等物錢帳簿殘片 ……………………………………………… (307)

31. 元借錢帳簿殘片 ……………………………………………………… (307)

32. 元物帳殘片 …………………………………………………………… (308)

33. 元支酒錢帳簿殘片（二）…………………………………………… (308)

34. 元支鈔文書殘片 ……………………………………………………… (309)

35. 元欠鈔文書殘片 ……………………………………………………… (309)

36. 元糧物帳簿殘片 ……………………………………………………… (310)

37. 元文書殘片 …………………………………………………………… (311)

38. 元分例羊酒文書殘片 ………………………………………………… (312)

（十）其他錢糧物文書 ……………………………………………………… (313)

1. 元坤只禿等還官錢糧文書殘片 ……………………………………… (313)

2. 元文書殘片 …………………………………………………………… (314)

3. 元甘肅行省劄付亦集乃路總管府為鈔錢事殘片 …………………… (314)

4. 元收管孤老李元僧等文書殘片（一）……………………………… (315)

5. 元某年八月錢糧文書殘片 …………………………………………… (316)

6. 元至元四年（1338）支米帳簿殘片 ………………………………… (316)

7. 元斛斗文書殘片 ·· (317)

8. 元高奉祥等處收參文書殘片 ································ (317)

9. 元米麥等物文書殘片 ·· (318)

10. 元文書殘片 ·· (318)

11. 元錢鈔文書 ·· (319)

12. 元文書殘片 ·· (319)

13. 元至大元年(1308)錢糧房申文為照驗錢糧文冊事(一) ············ (320)

14. 元至大元年(1308)錢糧房申文為照驗錢糧文冊事(二) ············ (321)

15. 元錢鈔文書殘片 ·· (322)

16. 元錢鈔文書殘片 ·· (323)

17. 元糧斗文書殘片 ·· (323)

18. 元錢糧文書殘片 ·· (324)

19. 元某年七、八月分教授柴薪等錢文書殘片 ················ (324)

20. 元文書殘片 ·· (325)

21. 元錢糧文書殘片 ·· (325)

22. 元錢鈔文書殘片 ·· (326)

23. 元錢鈔文書殘片 ·· (326)

24. 元大、小麥文書殘片 ·· (327)

25. 元價錢文書殘片 ·· (327)

26. 元雜色價錢文書殘片 ·· (328)

27. 元糧斛文書殘片 ·· (328)

28. 元糧斛文書殘片 ·· (329)

29. 元合報錢糧文書殘片 ·· (329)

30. 元元首鈔定等物文書殘片 ···································· (330)

31. 元元統二年(1334)支糧文書殘片 ························· (330)

32. 元永昌路申文為工墨息錢等事殘片 ························ (331)

33. 元文書殘片 ·· (331)

34. 元錢鈔文書殘片 ·· (332)

35. 元米麥等文書殘片 ··· (333)

36. 元文書殘片 ·· (333)

37. 元子粒文書殘片 ·· (334)

38. 元錢鈔文書殘片 …………………………………………………………（335）
39. 元納壽生錢文書殘片 ……………………………………………………（335）
40. 元錢鈔文書殘片 …………………………………………………………（336）
41. 元錢鈔文書殘片 …………………………………………………………（336）
42. 元亦集乃路錢糧房呈文殘片 ……………………………………………（337）
43. 元剳子為申某路糧斛事 …………………………………………………（338）
44. 元大麥文書殘片 …………………………………………………………（338）
45. 元斛斗文書殘片 …………………………………………………………（339）
46. 元斛斗文書殘片 …………………………………………………………（339）
47. 元朮伯糧斛文書殘片 ……………………………………………………（340）
48. 元斛斗文書殘片 …………………………………………………………（341）
49. 元大、小二麥斛斗文書殘片 ……………………………………………（341）
50. 元某司呈文為小麥斛斗事 ………………………………………………（342）
51. 元布疋錢文書殘片 ………………………………………………………（342）
52. 元文書殘片 ………………………………………………………………（343）
53. 元管鋪陳褥子等物文書殘片 ……………………………………………（344）
54. 元亦集乃路錢糧房文書殘片 ……………………………………………（345）
55. 元亦集乃路錢糧房呈文殘片 ……………………………………………（345）
56. 元亦集乃路錢糧房呈文殘片 ……………………………………………（346）
57. 元文書殘片 ………………………………………………………………（346）
58. 元文書殘片 ………………………………………………………………（347）
59. 元文書殘片 ………………………………………………………………（348）
60. 元亦集乃路錢糧房呈文殘片 ……………………………………………（348）
61. 元亦集乃路錢糧房文書殘片 ……………………………………………（349）
62. 元阿立虎口糧文卷（之一） ……………………………………………（349）
63. 元文書殘片 ………………………………………………………………（350）

第三冊 ………………………………………………………………………（351）
卷三　俸祿與分例文書卷 …………………………………………………（353）
　（一）俸祿文書 ……………………………………………………………（353）
　　1. 元某司照過至順四年（1338）閏三月放支夏季糧文書 ……………（353）

2. 元高仲德呈文為司獄楊那孩等支六月俸錢祿米事 …………… (354)

3. 元亦集乃路吏禮房呈文為儒學教授楊景仁俸祿事 …………… (355)

4. 元支蒙古教授等俸錢祿米文書殘片 …………………………… (356)

5. 元俸祿文書殘片 …………………………………………………… (357)

6. 元呈文為照驗北庭元帥府俸秩事 ………………………………… (357)

7. 元元統元年(1333)閏三月至八月官員俸祿文書 ……………… (358)

8. 元至正九年(1349)官員依例補闕文書殘片 …………………… (359)

9. 元薦舉官員書信殘片 ……………………………………………… (360)

10. 元亦集乃路廣積倉文書殘片 …………………………………… (361)

11. 元錢糧房呈文為照驗赤曆單狀事(一) ………………………… (362)

12. 元錢糧房呈文為照驗赤曆單狀事(二) ………………………… (363)

13. 元王克明俸祿文書殘片(一) …………………………………… (363)

14. 元王克明俸祿文書殘片(二) …………………………………… (364)

15. 元彌实貴俸錢文書殘片 ………………………………………… (365)

16. 元某年四月分官員支俸錢祿米文書殘片(一) ………………… (366)

17. 元某年四月分官員支俸錢祿米文書殘片(二) ………………… (367)

18. 元某倉呈亦集乃路總管府文為承攬甘州倉糧事 ……………… (368)

19. 元支糧文書殘片 ………………………………………………… (369)

20. 元元統二年(1334)放支譯史等俸秩文書殘片 ………………… (369)

21. 元某司咨文為放支買住太尉府所設僚屬俸秩事 ……………… (370)

22. 元支糧文書殘片 ………………………………………………… (371)

23. 元俸錢文書殘片 ………………………………………………… (371)

24. 元至正二十一年(1361)六月、七月兩月司吏、
奏差支俸鈔文書 ………………………………………………… (372)

25. 元亦集乃路吏房呈文為鄭忠歷仕事 …………………………… (373)

(二)諸投下分例文書 ………………………………………………… (374)

1. 元至大四年(1311)七月亦集乃路總管府文為放支阿黑不
花寧肅王分例米麵事 …………………………………………… (374)

2. 元延祐三年(1316)八月某司申狀為放支阿黑不花寧肅王
分例事 …………………………………………………………… (376)

3. 元某年四月至六月某王分例羊酒文書殘片 …………………… (377)
4. 元分例羊酒文書殘片 ………………………………………… (378)
5. 元某年八月分例羊酒文書殘尾 ……………………………… (378)
6. 元錢糧房文書殘片 …………………………………………… (379)
7. 元亦集乃路總管府下廣積倉文書殘片 ……………………… (379)
8. 元亦集乃路錢糧房呈文為分例事殘片 ……………………… (380)
9. 元某司下廣積倉文書殘片 …………………………………… (381)
10. 元諸王投下文書殘片 ………………………………………… (381)
11. 元支小麥文書殘片 …………………………………………… (382)
12. 元文書殘片 …………………………………………………… (382)
13. 元文書殘片 …………………………………………………… (383)
14. 元某司下廣積倉文書殘片 …………………………………… (383)
15. 元某司下廣積倉文書殘片 …………………………………… (384)
16. 元妃子分例糧米文書殘片 …………………………………… (384)
17. 元至元六年(1340)亦集乃路總管府文為放支分例米麵事 …… (385)
18. 元泰定四年(1327)甘肅行省劄付亦集乃路總管府為照算
    諸王妃子駙馬屯住分例羊口事 …………………………… (386)
19. 元甘肅行省下亦集乃路總管府劄付為提調正官首領官吏
    依准申省事(一) …………………………………………… (387)
20. 元甘肅行省下亦集乃路總管府劄付為提調正官首領官吏
    依准申省事(二) …………………………………………… (388)
21. 元某司呈文為支寧肅王位下掃里官員羊酒等事(一) ……… (389)
22. 元某司呈文為支寧肅王位下掃里官員羊酒等事(二) ……… (390)
23. 元泰定四年(1327)禿忽魯等支夏季分例文書殘片(一) ……… (391)
24. 元泰定四年(1327)禿忽魯等支夏季分例文書殘片(二) ……… (392)
25. 元泰定四年(1327)禿忽魯等支夏季分例文書殘片(三) ……… (393)
26. 元放支只兒哈迷失妃子春季羊錢文書殘片 ………………… (394)
27. 元至正年間放支寧肅王分例錢文書殘片 …………………… (394)
28. 元帖木兒不花呈文為班的失加大王分例事 ………………… (395)
29. 元支羊酒文書殘片 …………………………………………… (396)

30. 元至正五年(1345)放支分例文書殘片 …………………………(397)
31. 元藥方 ……………………………………………………………(398)
32. 元譯史譯文為支雞兒年分例米麥事殘片 ………………………(399)
33. 元大德二年(1228)陝西行省文為起運安西王位下四月
    細茶事 ……………………………………………………………(399)
34. 元延祐四年(1317)十月河西隴北道肅政廉訪司刷尾 …………(400)
35. 元泰定四年(1327)帖赤責保狀為某位下分例
    羊酒米麵錢事 ……………………………………………………(401)
36. 元放支至正四年(1344)五月至九月分例黃米文書 ……………(401)
37. 元元統元年(1333)分例錢內支鹽引文書殘片(一) ……………(402)
38. 元元統元年(1333)分例錢內支鹽引文書殘片(二) ……………(402)
39. 元元統元年(1333)分例錢內支鹽引文書殘片(三) ……………(403)
40. 元譯史譯文為支只立兀歹大王豬兒年分例文書殘片 …………(404)
41. 元放支羊口折鈔文書殘片 ………………………………………(405)
42. 元泰定四年(1327)六月預前放支七月至九月分例酒錢文書
    殘片(一) …………………………………………………………(406)
43. 元泰定四年(1327)六月預前放支七月至九月分例酒錢文書
    殘片(二) …………………………………………………………(407)
44. 元泰定四年(1327)六月預前放支七月至九月分例酒錢文書
    殘片(三) …………………………………………………………(407)

(三)桑哥失里大王分例羊酒文書 ……………………………………(408)
  1. 元延祐四年(1317)桑哥失里大王分例羊酒文卷(一) …………(408)
  2. 元延祐四年(1317)桑哥失里大王分例羊酒文卷(二) …………(409)
  3. 元延祐四年(1317)桑哥失里大王分例羊酒文卷(三) …………(411)
  4. 元延祐四年(1317)桑哥失里大王分例羊酒文卷(四) …………(413)
  5. 元延祐四年(1317)桑哥失里大王分例羊酒文卷(五) …………(414)
  6. 元延祐四年(1317)桑哥失里大王分例羊酒文卷
     (九、八、五) ……………………………………………………(416)
  7. 元延祐四年(1317)桑哥失里大王分例羊酒文卷(七) …………(418)
  8. 元延祐四年(1317)桑哥失里大王分例羊酒文卷(六) …………(419)

9. 元延祐四年(1317)桑哥失里大王分例羊酒文卷(八) ………… (421)
10. 元延祐四年(1317)桑哥失里大王分例羊酒文卷(十一) ……… (422)
11. 元延祐四年(1317)桑哥失里大王分例羊酒文卷(十二) ……… (424)
12. 元延祐四年(1317)桑哥失里大王分例羊酒文卷(十三) ……… (426)
13. 元延祐四年(1317)桑哥失里大王分例羊酒文卷(九) ………… (427)
14. 元延祐四年(1317)桑哥失里大王分例羊酒文卷(十) ………… (428)
15. 元延祐四年(1317)亦集乃路總管府下支持庫文為放支
　　錢鈔事 ……………………………………………………………… (429)
16. 元延祐四年(1317)亦集乃路總管府下支持庫文為放支
　　錢鈔事 ……………………………………………………………… (430)
17. 元亦集乃路總管府文書殘尾 ……………………………………… (431)
18. 元延祐四年(1317)桑哥失里大王分例羊酒文卷(十) ………… (432)

(四)卜魯罕妃子分例米麵文書 ……………………………………… (432)
1. 元延祐四年(1317)卜魯罕妃子分例米麵文卷(之一) ………… (432)
2. 元延祐四年(1317)卜魯罕妃子分例米麵文卷(之一) ………… (434)
3. 元延祐四年(1317)卜魯罕妃子分例米麵文卷(之一) ………… (436)
4. 元延祐四年(1317)卜魯罕妃子分例米麵文卷(之一) ………… (437)
5. 元延祐四年(1317)卜魯罕妃子分例米麵文卷(之一) ………… (439)
6. 元延祐四年(1317)卜魯罕妃子分例米麵文卷(之一) ………… (440)
7. 元延祐四年(1317)卜魯罕妃子分例米麵文卷(之一) ………… (442)
8. 元延祐四年(1317)卜魯罕妃子分例米麵文卷(之一) ………… (443)
9. 元至正四年(1344)河西隴北道肅政廉訪司照刷卜魯罕妃子
　　分例米麵文卷刷尾 ………………………………………………… (444)
10. 元延祐四年(1317)卜魯罕妃子分例米麵文卷(之一) ………… (444)
11. 元延祐四年(1317)卜魯罕妃子分例米麵文卷(之一) ………… (446)
12. 元延祐四年(1317)卜魯罕妃子分例米麵文卷(之一) ………… (448)
13. 元延祐四年(1317)卜魯罕妃子分例米麵文卷(之一) ………… (450)
14. 元延祐四年(1317)卜魯罕妃子分例米麵文卷(之一) ………… (451)
15. 元某年正月譯史也先不花譯文 …………………………………… (453)

（五）納冬妃子分例米麵文書 …… (454)

1. 元至正二年（1342）河西隴北道肅政廉訪司照刷至元四年納冬妃子分例米麵文卷刷尾 …… (454)
2. 元納冬妃子分例米麵文卷（之一） …… (454)
3. 元納冬妃子分例米麵文卷（之一） …… (455)
4. 元納冬妃子分例米麵文卷（之一） …… (456)
5. 元納冬妃子分例米麵文卷（之一） …… (457)
6. 元納冬妃子分例米麵文卷（之一） …… (458)
7. 元納冬妃子分例米麵文卷（之一） …… (460)
8. 元河西隴北道肅政廉訪司照刷至元六年納冬妃子分例米麵文卷刷尾 …… (461)
9. 元納冬妃子分例米麵文卷（之一） …… (461)
10. 元納冬妃子分例米麵文卷（之一） …… (462)
11. 元納冬妃子分例米麵文卷（之一） …… (464)
12. 元文書殘片 …… (464)
13. 元文書殘片 …… (464)
14. 元納冬妃子分例米麵文卷（之一） …… (466)
15. 元納冬妃子分例米麵文卷（之一） …… (467)
16. 元納冬妃子分例米麵文卷（之一） …… (467)
17. 元納冬妃子分例米麵文卷（之一） …… (468)
18. 元納冬妃子分例米麵文卷（之一） …… (468)
19. 元納冬妃子分例米麵文卷（之一） …… (469)
20. 元文書殘片 …… (470)
21. 元納冬妃子分例米麵文卷（之一） …… (470)
22. 元納冬妃子分例米麵文卷（之一） …… (471)
23. 元納冬妃子分例米麵文卷（之一） …… (471)
24. 元納冬妃子分例米麵文卷（之一） …… (472)
25. 元納冬妃子分例米麵文卷（之一） …… (472)

第四冊 ……………………………………………………………………（473）

卷四　律令與詞訟文書卷 …………………………………………………（475）

 （一）律令與審判文書 ……………………………………………………（475）

  1. 元亦集乃路總管府牒呈河西隴北道肅政廉訪司甘肅、永昌等
   處分司為照刷文卷、審理罪囚等事 ……………………………（475）

  2. 元習書 ……………………………………………………………（476）

  3. 元刻本《大元通制》殘頁 ………………………………………（476）

  4. 元刻本《至正條格》殘頁 ………………………………………（478）

  5. 元律令抄本殘件 …………………………………………………（481）

  6. 元刻本《洗冤集錄》殘頁 ………………………………………（482）

  7. 元至元十五年（1278）二月中書省所擬印造偽鈔罪行斷例 ……（482）

 （二）驅口案 ………………………………………………………………（483）

  1. 北元宣光元年（1371）亦集乃路總管府為強奪驅口等事文書
   殘尾 …………………………………………………………………（483）

  2. 元至順四年（1334）甘州路錄事司申保結狀為拘收不蘭奚人
   口頭疋事 ……………………………………………………………（484）

  3. 元大德二年（1298）也火着屈承管狀為捉拿本家逃驅到官事 ……（485）

  4. 元至元三年（1337）驅口案文書 ………………………………（486）

  5. 元至正十六年（1356）阿里巴訴狀為驅口在逃事 ……………（487）

  6. 元補獲家奴文書殘片 ……………………………………………（488）

  7. 元曹巴兒等告被賣文書殘片 ……………………………………（489）

  8. 元照勘供詞文書殘片 ……………………………………………（489）

 （三）婚姻案 ………………………………………………………………（490）

  1. 元答失帖木與忽都歹婚姻案卷殘片 ……………………………（490）

  2. 元魏塔剌孩告支桃杏等爭婚公事案卷（二） …………………（491）

  3. 元百户頭疋文書殘片 ……………………………………………（492）

  4. 元大德三年（1299）各丑昔承管狀殘片 ………………………（493）

  5. 元拜也倫取狀殘片 ………………………………………………（494）

  6. 元拜顏取狀殘片 …………………………………………………（494）

  7. 元亦集乃路總管府申甘肅行省文為某婦改嫁趙外郎事 ………（495）

8. 元至順年間小張大婚姻案卷殘片 ……………………………………（497）
　　9. 元投毒案卷殘片 ……………………………………………………（498）
　　10. 元魏塔剌孩告支桃杏等爭婚公事案卷（三） ………………………（498）
（四）鬥殺案 …………………………………………………………………（499）
　　1. 元王漢卿取狀為毀罵西皁祿壽、毆打阿立鬼等事 …………………（499）
　　2. 元亦集乃路總管府文為根勾合干人事 ………………………………（500）
　　3. 元至治二年（1322）亦不剌興訴狀為被喬典毆傷事（稿） …………（501）
　　4. 元捨赤德殺人案卷取狀殘片 ………………………………………（503）
　　5. 元王伯通等毆打鄭□案卷取狀殘片 …………………………………（505）
　　6. 元不蘭奚弟子打人案卷殘片 ………………………………………（506）
　　7. 元耳羅呈亦集乃路總管府訴狀為被贊布等辱罵毆打事 ……………（507）
　　8. 元泰定二年（1325）枷收罪犯文書殘片 ……………………………（508）
　　9. 元譚教化夫婦鬥毆案卷殘片 ………………………………………（509）
　　10. 元皇慶元年（1312）令只僧吉殺死錯卜案卷殘片 …………………（510）
　　11. 元你荅毆打唐兀歹案卷殘片（一） …………………………………（511）
　　12. 元你荅毆打唐兀歹案卷殘片（二） …………………………………（512）
　　13. 元文書殘片 …………………………………………………………（512）
　　14. 元驗傷文書殘片 ……………………………………………………（513）
（五）盜賊案 …………………………………………………………………（514）
　　1. 元某司獄呈文為禿綿帖赤等辱罵毆打本人事（稿） …………………（514）
　　2. 元至元五年（1339）興即等被盜物件文書殘尾 ……………………（515）
　　3. 元皇慶元年（1312）古都不花認狀為識認本家元逃驅口笞
　　　 失事 …………………………………………………………………（515）
　　4. 元宣光元年（1371）某路總管府關文為駝隻被盜事 ………………（516）
　　5. 元某司呈文為河渠官等揖捉賊人事 …………………………………（517）
　　6. 元羅春丙招認狀為縱放盜賊事 ………………………………………（518）
　　7. 元阿思蘭等偷盜劉譯鋪內財物案卷殘片（一） ………………………（519）
　　8. 元阿思蘭等偷盜劉譯鋪內財物案卷殘片（二） ………………………（519）
　　9. 元某路錄事司文為唐兀義等偷盜事 …………………………………（520）
　　10. 元真布等盜麦案卷殘片 ……………………………………………（521）

11. 元至正四年(1344)責領狀為盜馬賊人事殘片 …………………… (522)

12. 元盜竊銀盞等物取狀殘片 ………………………………………… (523)

13. 元某司為盜賊案下錄事司等文書殘片 …………………………… (524)

14. 元甘肅行省劄付亦集乃路總管府為捉拿盜賊事 ………………… (524)

15. 元某司申亦集乃路總管府文為管押盜馬賊人赴府事 …………… (526)

16. 元盜賊案卷殘片 …………………………………………………… (527)

17. 元盜賊案卷殘片 …………………………………………………… (528)

18. 元文書殘片 ………………………………………………………… (529)

附 …………………………………………………………………………… (530)

 1. 元訴狀文書殘片 …………………………………………………… (530)

(六)財物案 ………………………………………………………………… (531)

 1. 元忙古歹等偷盜財物案卷殘片 …………………………………… (531)

 2. 元羅信甫取狀為質典玉帶事 ……………………………………… (532)

 3. 元亦集乃路總管府文為押解孫直正身赴府事 …………………… (533)

 4. 元某人訴狀為小麥事殘片 ………………………………………… (534)

 5. 元某人訴狀為王九資夯客貨錢事殘片 …………………………… (535)

 6. 元大德六年(1302)楊寶取狀 ……………………………………… (537)

 7. 元也火卻丁取狀為和糴小麥價錢事 ……………………………… (538)

 8. 元丟失馳隻案卷殘片 ……………………………………………… (539)

 9. 元某司呈甘肅行省文為典錢鈔事殘片 …………………………… (539)

 10. 元某司呈文殘片 …………………………………………………… (540)

(七)土地案 ………………………………………………………………… (541)

 1. 元告攔文狀為陳伴舊、孫占住等爭地土事 ……………………… (541)

 2. 元吾七玉至羅訴狀為土地事 ……………………………………… (544)

 3. 元訛屈等不遵官司區處均俵水分案卷殘片 ……………………… (545)

 4. 元至正十八年(1358)站戶汝中吉等爭訟土地案卷殘片 ………… (546)

 5. 元亦集乃路昔寶赤軍戶地基爭訟案卷殘片 ……………………… (547)

 6. 元某司呈文為勾喚朵立只弟一干人等赴官事 …………………… (548)

 7. 元土地塊畝文書殘片 ……………………………………………… (549)

 8. 元僧人梁日立合只告令只偷種糜子案卷殘片 …………………… (550)

9. 元至正五年(1345)吳子忠告地土文書殘尾 …………………… (551)

10. 元大德三年(1299)撒立吉思地土文書殘尾 ………………… (552)

11. 元仲文元告見爭地土文書殘片 ………………………………… (552)

12. 元戶房呈文為曹阿立嵬爭贍站地事殘片 ……………………… (553)

13. 元地土案卷殘片 ………………………………………………… (553)

14. 元至元三年(1337)某司發信牌勾追抵奴赴府文書 ………… (555)

15. 元亦集乃路總管府下某司文為馮春等所告土地事 …………… (556)

16. 元朶立只等財物案卷殘片 ……………………………………… (557)

17. 元答干玉等爭土地案卷殘片 …………………………………… (558)

18. 元李朶立只地土案卷殘片(一) ………………………………… (559)

19. 元李朶立只地土案卷殘片(二) ………………………………… (560)

20. 元李朶立只地土案卷殘片(三) ………………………………… (561)

21. 元某司呈文為供報雜色人戶地土事殘片 ……………………… (562)

22. 元至正二年(1342)某司呈亦集乃路總管府文為地土事 …… (563)

23. 元某司呈文為沙蘭古等地土案事 ……………………………… (564)

24. 元至順三年(1332)朶立只爭地文書殘尾 …………………… (564)

25. 元地土文書殘片 ………………………………………………… (565)

26. 元地土文書殘片 ………………………………………………… (565)

27. 元地土文書殘片 ………………………………………………… (566)

28. 元大德三年(1299)丁和尚租地文書殘片 …………………… (567)

(八)麥足朶立只答站戶案 ……………………………………………… (568)

 1. 元亦集乃路麥足朶立只答站戶案文卷(之一) ………………… (568)

 2. 元亦集乃路麥足朶立只答站戶案文卷(之一) ………………… (571)

 3. 元亦集乃路麥足朶立只答站戶案文卷(之一) ………………… (578)

 4. 元亦集乃路麥足朶立只答站戶案文卷(之一) ………………… (580)

 5. 元亦集乃路麥足朶立只答站戶案文卷(之一) ………………… (581)

(九)也火汝足立嵬土地案 ……………………………………………… (582)

 1. 元也火汝足立嵬地土案文卷(之一) …………………………… (582)

 2. 元也火汝足立嵬地土案文卷(之一) …………………………… (583)

 3. 元也火汝足立嵬地土案文卷(之一) …………………………… (584)

4. 元也火汝足立寬地土案文卷(之一) ……………………… (585)
5. 元也火汝足立寬地土案文卷(之一) ……………………… (587)
6. 元也火汝足立寬地土案文卷(之一) ……………………… (588)
7. 元也火汝足立寬地土案文卷(之一) ……………………… (589)
8. 元也火汝足立寬地土案文卷(之一) ……………………… (590)
9. 元也火汝足立寬地土案文卷(之一) ……………………… (592)
10. 元也火汝足立寬地土案文卷(之一) ……………………… (593)
11. 元也火汝足立寬地土案文卷(之一) ……………………… (597)
12. 元也火汝足立寬地土案文卷(之一) ……………………… (597)
13. 元也火汝足立寬地土案文卷(之一) ……………………… (598)
14. 元也火汝足立寬地土案文卷(之一) ……………………… (599)
15. 元也火汝足立寬地土案文卷(之一) ……………………… (605)
16. 元也火汝足立寬地土案文卷(之一) ……………………… (607)
17. 元也火汝足立寬地土案文卷(之一) ……………………… (611)
18. 元也火汝足立寬地土案文卷(之一) ……………………… (612)
19. 元也火汝足立寬地土案文卷(之一) ……………………… (613)
20. 元也火汝足立寬地土案文卷(之一) ……………………… (618)
21. 元也火汝足立寬地土案文卷(之一) ……………………… (625)
22. 元也火汝足立寬地土案文卷(之一) ……………………… (625)
23. 元也火汝足立寬地土案文卷(之一) ……………………… (626)
24. 元也火汝足立寬地土案文卷(之一) ……………………… (627)
25. 元也火汝足立寬地土案文卷(之一) ……………………… (628)
26. 元也火汝足立寬地土案文卷(之一) ……………………… (629)
27. 元也火汝足立寬地土案文卷(之一) ……………………… (630)
28. 元也火汝足立寬地土案文卷(之一) ……………………… (632)

(十) 失林婚書案 ………………………………………………… (632)
1. 元至正廿二年(1362)失林婚書案文卷(之一) ………… (632)
2. 元至正廿二年(1362)失林婚書案文卷(之一) ………… (635)
3. 元至正廿二年(1362)失林婚書案文卷(之一) ………… (637)
4. 元至正廿二年(1362)失林婚書案文卷(之一) ………… (638)

5. 元至正廿二年(1362)失林婚書案文卷(之一) ……………………(641)
6. 元至正廿二年(1362)失林婚書案文卷(之一) ……………………(647)
7. 元至正廿二年(1362)失林婚書案文卷(之一) ……………………(649)
8. 元至正廿二年(1362)失林婚書案文卷(之一) ……………………(651)
9. 元至正廿二年(1362)失林婚書案文卷(之一) ……………………(653)
10. 元至正廿二年(1362)失林婚書案文卷(之一) …………………(655)
11. 元至正廿二年(1362)失林婚書案文卷(之一) …………………(658)
12. 元至正廿二年(1362)失林婚書案文卷(之一) …………………(659)
13. 元至正廿二年(1362)失林婚書案文卷(之一) …………………(661)
14. 元至正廿二年(1362)失林婚書案文卷(之一) …………………(662)
15. 元至正廿二年(1362)失林婚書案文卷(之一) …………………(664)
16. 元至正廿二年(1362)失林婚書案文卷(之一) …………………(666)
17. 元至正廿二年(1362)失林婚書案文卷(之一) …………………(667)
18. 元至正廿二年(1362)失林婚書案文卷(之一) …………………(669)
19. 元至正廿二年(1362)失林婚書案文卷(之一) …………………(671)
20. 元至正廿二年(1362)失林婚書案文卷(之一) …………………(673)
21. 元至正廿二年(1362)失林婚書案文卷(之一) …………………(674)
22. 元至正廿二年(1362)失林婚書案文卷(之一) …………………(675)
23. 元至正廿二年(1362)失林婚書案文卷(之一) …………………(677)
24. 元至正廿二年(1362)失林婚書案文卷(之一) …………………(678)
25. 元至正廿二年(1362)失林婚書案文卷(之一) …………………(679)
26. 元至正廿二年(1362)失林婚書案文卷(之一) …………………(680)

(十一)其他律令與詞訟文書……………………………………………(684)
1. 元某年七月王某責領狀殘尾……………………………………(684)
2. 元至大四年(1311)某人保結狀殘尾……………………………(685)
3. 元判官阿干普文書殘片…………………………………………(686)
4. 元社長供報當管人戶取狀書儀殘片(稿)………………………(686)
5. 元董厶取狀文書殘片……………………………………………(687)
6. 元劉華嚴奴取狀殘片……………………………………………(688)
7. 元謝道英承管狀文書殘片………………………………………(688)

8. 元文書殘片 …………………………………………………（688）
9. 元捉拿逃軀普央的文書殘片 ……………………………（689）
10. 元答歹文書殘片 …………………………………………（690）
11. 元文書殘片 ………………………………………………（691）
12. 文書殘屑 …………………………………………………（691）
13. 元文書殘片 ………………………………………………（691）
14. 元楊某訴狀殘片 …………………………………………（692）
15. 元答海帖木文書殘片（一）……………………………（693）
16. 元答海帖木文書殘片（二）……………………………（694）
17. 元阿立鬼復審取狀殘片 …………………………………（695）
18. 元文書殘片 ………………………………………………（695）
19. 元訴訟文書殘片（一）…………………………………（695）
20. 元拜帖取狀文書殘片 ……………………………………（697）
21. 元文書殘片 ………………………………………………（698）
22. 元訴狀殘片 ………………………………………………（699）
23. 元文書殘片 ………………………………………………（699）
24. 元非理破賣案卷殘片 ……………………………………（700）
25. 元文書殘片 ………………………………………………（700）
26. 元文書殘片 ………………………………………………（701）
27. 元訴狀殘片 ………………………………………………（701）
28. 元文書殘片 ………………………………………………（702）
29. 元邵伯顏等取狀殘片 ……………………………………（702）
30. 元李教化的文書殘片 ……………………………………（703）
31. 元僧人□失監布訴狀殘片 ………………………………（703）
32. 元史某訴狀殘片 …………………………………………（704）
33. 元陳文□取狀殘片 ………………………………………（704）
34. 元某人狀告乞答案卷殘片 ………………………………（705）
35. 元訴訟文書殘片 …………………………………………（706）
36. 元脫黑帖木兒文書殘片 …………………………………（707）
37. 元法塔寺僧戶取狀殘片（一）…………………………（707）

38. 元法塔寺僧户取狀殘片(二) …………………………………(708)

39. 元亦集乃路總管府文為□汝林狀告事 ………………………(709)

40. 元朵只昔吉等案卷殘片 …………………………………………(709)

41. 元婦人紐林□取狀殘片 …………………………………………(710)

42. 元散觀布狀殘尾 …………………………………………………(711)

43. 元任文秀狀殘尾 …………………………………………………(711)

44. 元訴訟文書殘片(二) …………………………………………(711)

45. 元巡河官文書殘片 ………………………………………………(713)

46. 元文書殘片 ………………………………………………………(713)

47. 元判官倒剌沙押正身赴省文書殘片 ……………………………(714)

48. 元支正軍春季雜糧保結文書殘片 ………………………………(714)

49. 元文書殘片 ………………………………………………………(715)

50. 元文書殘片 ………………………………………………………(715)

51. 元妙疆文書殘片 …………………………………………………(716)

52. 元文書殘片 ………………………………………………………(716)

53. 元至正十五年(1355)取狀殘尾 ………………………………(717)

54. 元亦集乃路請俸司吏文書殘片 …………………………………(717)

55. 元至元某年談政等取狀殘尾 ……………………………………(718)

56. 元至正十一年(1351)劉某取狀殘尾 …………………………(718)

57. 元文書殘片 ………………………………………………………(718)

58. 元至正十三年(1353)白思我取狀殘尾 ………………………(719)

59. 元□山驢狀殘片 …………………………………………………(719)

60. 元收管孤老李元僧等文書殘片(二) …………………………(720)

第五冊 …………………………………………………………………(721)

卷五 軍政與站赤文書卷 …………………………………………(723)

(一)人事與選官文書 …………………………………………………(723)

1. 元至順元年(1130)吏部移咨甘肅行省文為尊順奴代鄭別乞
   帖木兒充亦集乃路譯史事(一) ………………………………(723)

2. 元亦集乃路禮房付也火答布文為給付執照事 …………………(724)

3. 元答答國公舉保文書 …………………………………… (725)

4. 元甘州路總管府依例貼補本路所闕司吏文書殘片 ……… (726)

5. 元某司故牒某路判官乞立馬沙敦武殘片 ………………… (726)

6. 元至正廿五年(1365)劉住哥解由文書(一) …………… (727)

7. 元至正廿五年(1365)劉住哥解由文書(二) …………… (728)

8. 元至治三年(1323)亦集乃路管領新附屯田軍百戶所給吳政
   宗充本屯倉官付身(一) ………………………………… (730)

9. 元亦集乃路總管府給付梁耳今赤修蓋憑據文書 ………… (731)

10. 元亦集乃路沙立等渠社長、俵水名錄 …………………… (731)

11. 元帖木立充某渠社長文書殘尾 …………………………… (732)

12. 元亦集乃路廣積倉呈總管府文為選用計廈人員事(一) … (733)

13. 元亦集乃路廣積倉呈總管府文為選用計廈人員事(二) … (734)

14. 元某司呈亦集乃路總管府文為任克敬有關收補事 ……… (735)

15. 元提調官千戶文書殘片 …………………………………… (736)

16. 元官職品級名錄殘片 ……………………………………… (736)

17. 元奏准寧夏府官員數目文書殘片 ………………………… (738)

18. 元選任官僚文書殘片 ……………………………………… (738)

19. 元某達魯花赤呈文殘片 …………………………………… (738)

20. 元至順二年(1331)亦集乃路吏禮房呈文為前巡檢禿花
    迷失任官事 ………………………………………………… (739)

21. 元保結文書為保舉某擬充巴羅巡檢事殘片 ……………… (740)

22. 元至正廿七年(1367)依例遷發對調文書殘片 ………… (740)

23. 元至正二十年(1360)也先不花充欄頭文書殘尾 ……… (741)

24. 元至正十九年(1359)亦集乃路稅使司給朵立只巴充欄頭
    付身 ………………………………………………………… (742)

25. 元至順元年(1130)吏部移咨甘肅行省文為尊順奴代鄭別乞
    帖木兒充亦集乃路譯史事(二) ………………………… (743)

26. 元至治三年(1323)亦集乃路管領新附屯田軍百戶所給吳政宗
    充本屯倉官付身(二) …………………………………… (744)

27. 元中書省咨文為諸路選充倉庫官例事 …………………… (744)

28. 元所轄翼所軍官文書殘片 …………………………………… (746)

(二)軍事與政令文書 ………………………………………………… (746)

1. 元至元五年(1339)亦集乃路總管府文為許順和等告擅放軍役事 …………………………………………………………… (746)
2. 元元統二年(1334)吏禮房呈文為迎接甘肅行省差鎮撫薛來開讀聖旨事 ………………………………………………………… (748)
3. 元亦集乃路總管府文書殘片 …………………………………… (749)
4. 元亦集乃路兵工房文為軍人王三哥事殘片 …………………… (750)
5. 元至正二十一年(1361)亦集乃路總管府發文為根勾河渠司官事 …………………………………………………………… (750)
6. 元習字 …………………………………………………………… (751)
7. 元承差人巡檢呈總管府文書儀殘片 …………………………… (752)
8. 元亦集乃路總管府某月初九日當值府吏等名單 ……………… (752)
9. 元巡檢卜顏帖木承管狀為勾喚各渠社長赴府事 ……………… (753)
10. 元某月廿五日某司發文為勾喚社長、巷長赴府事 …………… (754)
11. 元張澤玉等文書殘片 …………………………………………… (754)
12. 元亦集乃路總管府文為呼喚官典人李吉祥等赴府事殘片 …… (755)
13. 元某月廿七日某司發文為赴倉送納事 ………………………… (756)
14. 元某年八月初五日某司發文為馬顯賞糧斗赴府事 …………… (756)
15. 元某司發文為令張董董等赴府事 ……………………………… (757)
16. 元七月十九日某司發文為喚河渠官人楊吉祥等赴府事 ……… (758)
17. 元三月初四日戶房發文為將諸物時估文解等赴府事 ………… (758)
18. 元發放信牌文書殘片 …………………………………………… (759)
19. 元喚黃木匠等整治樓子文書殘片 ……………………………… (759)
20. 元王也先哥承管狀殘片 ………………………………………… (760)
21. 元巡檢司獲賊文書殘片 ………………………………………… (761)
22. 元至正十八年(1358)軍人小馬文書殘片 …………………… (762)
23. 元牌子頭名錄殘片 ……………………………………………… (762)
24. 元至正廿六年(1366)朶思麻宣政院正馬文書殘片 ………… (763)
25. 元過川軍文書殘片 ……………………………………………… (763)

26. 元亦集乃路司吏預備某事文書殘片 …………………………… (764)

27. 元某司牒文殘片 ……………………………………………… (765)

28. 元將俺布等收獲物管押赴府文書殘片(稿) ………………… (765)

29. 元發放信牌文書殘片 ………………………………………… (766)

(三)勘合文書 ………………………………………………………… (767)

1. 元亦集乃路總管府下某司文為用宙字壹號半印勘合支取某物事
   殘片 …………………………………………………………… (767)

2. 元亦集乃路總管府下某司文為用黃字號勘合支取某物事殘片 …… (767)

3. 元用勘合支糧文書殘片 ……………………………………… (768)

4. 元文書殘片 …………………………………………………… (769)

5. 元亦集乃路總管府下某司文為用某字勘合支取某物事殘片 …… (769)

6. 元用勘合照驗某事文書殘片 ………………………………… (770)

7. 元用勘合照驗某事文書殘片 ………………………………… (770)

(四)其他公文 ………………………………………………………… (771)

1. 元某呈狀為收管孤老馮閏僧等事殘片 ……………………… (771)

2. 元某年亦集乃路設立惠民藥局文書殘片 …………………… (772)

3. 元某司呈文為差人前去各渠勾喚社長事殘片 ……………… (773)

4. 元大德四年(1300)某司委當職官員文書殘片 ……………… (774)

5. 元溫古站頭目拜顏察立保結狀為羈管罪犯事(一) ………… (774)

6. 元溫古站頭目拜顏察立保結狀為羈管罪犯事(二) ………… (775)

7. 元至元元年(1335)司吏段某呈文殘片(一) ………………… (776)

8. 元至元元年(1335)司吏段某呈文殘片(二) ………………… (776)

9. 元補買文書殘片 ……………………………………………… (777)

10. 元文書殘片 …………………………………………………… (777)

11. 元文書殘片 …………………………………………………… (778)

12. 元亦集乃路總管府文書殘片 ………………………………… (779)

13. 元文書殘片 …………………………………………………… (780)

14. 元某路官員文書殘片 ………………………………………… (780)

15. 元書吏王士恒等文書殘片 …………………………………… (781)

16. 元文書殘片 …………………………………………………… (781)

17. 元至正年間文書殘片	（782）
18. 元文書殘片	（783）
19. 元文書殘片	（783）
20. 元河西隴北道肅政廉訪司照刷文卷刷尾	（784）
21. 元司吏趙農呈文殘片	（785）
22. 元某司呈文殘片	（786）
23. 元文書殘片	（786）
24. 元某司呈亦集乃路總管府文殘片	（787）
25. 元文書殘片	（788）
26. 元亦集乃路總管府文為察立馬等狀告事殘片	（788）
27. 元某房呈亦集乃路總管府文殘片	（789）
28. 元文書殘片	（789）
29. 元文書殘片	（790）
30. 元文書殘片	（790）
31. 元某司牒河西隴北道廉訪司甘、肅等處分司為照勘委只公事殘片	（791）
32. 元文書殘片	（791）
33. 元吏禮房呈文為趙帷忠應付僧膳食等事殘片（一）	（792）
34. 元吏禮房呈文為趙帷忠應付僧膳食等事殘片（二）	（793）
35. 元某司呈文為支取公用紙札錢事殘片	（793）
36. 元照驗土地文書殘片（一）	（794）
37. 元照驗土地文書殘片（二）	（795）
38. 元至順四年（1333）吏禮房呈文殘片	（795）
39. 元文書殘片	（796）
40. 元吏禮房呈文殘片（一）	（796）
41. 元吏禮房呈文殘片（二）	（797）
42. 元亦集乃路總管府判官差捏合伯等呈文為於兀不剌唐兀地面發現古跡碧鈿□洞事（稿）	（797）
43. 元至正十三年（1353）某人取狀殘片（一）	（799）
44. 元至正十三年（1353）某人取狀殘片（二）	（799）

45. 元文書殘片 ……………………………………………………（800）

46. 元不答失里文書殘片 …………………………………………（801）

（五）提調站赤文書 …………………………………………………（801）

  1. 北元至正三十年(1370)某司文為咨索鋪馬聖旨事殘尾 ………（801）

  2. 元甘肅行省劄付亦集乃路總管府為在城等四站添設馳隻事……（802）

  3. 元亦集乃路補買鋪馬馳隻文書殘片 ……………………………（803）

  4. 元亦集乃路普竹、落卜尩等站米麪什物羊口文書 ……………（804）

  5. 元亦集乃路各站季報倒死駝馬文書 ……………………………（805）

  6. 元站戶補替文書殘片(一) ………………………………………（806）

  7. 元站戶補替文書殘片(二) ………………………………………（808）

  8. 元呈文為各站赤馬匹馳隻事 ……………………………………（810）

  9. 元大德十年(1306)山丹州站赤春季馬料文書…………………（810）

10. 元用收字伍號勘合放支馬料文書殘片(一) ……………………（811）

11. 元用收字伍號勘合放支馬料文書殘片(二) ……………………（812）

12. 元亦集乃路某站應付馬料文書殘片 ……………………………（813）

13. 元站戶當役文書殘片 ……………………………………………（813）

14. 元文書殘片 ………………………………………………………（814）

15. 元劄子為放支各站某物事 ………………………………………（815）

16. 元文書殘片 ………………………………………………………（816）

17. 元站赤文書殘片 …………………………………………………（817）

18. 元文書殘片 ………………………………………………………（818）

19. 元站赤馬料文書殘片 ……………………………………………（819）

20. 元某司下廣積屯田倉為放支馬料事殘片 ………………………（820）

21. 元至正八年(1348)站赤馬料文書殘片 …………………………（821）

22. 元站赤馬料文書殘片 ……………………………………………（821）

23. 元至正年間站赤馬料文書殘片 …………………………………（822）

24. 元收官糧文書殘片 ………………………………………………（824）

25. 元失加耳領馬文書殘片 …………………………………………（825）

26. 元放支馬料文書殘片 ……………………………………………（825）

27. 元至順元年(1330)亦集乃路總管府文為放支馬料事殘片 ………（826）

28. 元放支馬料文書殘片 …………………………………………… (827)
29. 元放支馬料文書殘片 …………………………………………… (828)
30. 元放支馬料文書殘片 …………………………………………… (829)
31. 元買站馬文書殘片 ……………………………………………… (830)
32. 元文書殘片 ……………………………………………………… (830)
33. 元至正八年(1348)徵收稅糧放支馬料文書殘片 ……………… (831)
34. 元放支馬料文書殘片 …………………………………………… (833)
35. 元放支馬料文書殘片 …………………………………………… (834)
36. 元放支馬料文書殘片 …………………………………………… (835)
37. 元放支馬料文書殘片 …………………………………………… (836)
38. 元放支馬兀木南子等站馬料文書殘片 ………………………… (838)
39. 元放支普竹等站馬料文書殘片 ………………………………… (839)
40. 元放支普竹等站馬料文書殘片 ………………………………… (840)
41. 元放支馬兀木南子等站馬料文書殘片 ………………………… (841)
42. 元放支馬料文書殘片 …………………………………………… (842)
43. 元放支狼心等站馬料文書殘片 ………………………………… (843)
44. 元放支山口等站馬料文書殘片 ………………………………… (844)
45. 元放支山口等站馬料文書殘片 ………………………………… (845)
46. 元放支馬料文書殘片 …………………………………………… (846)
47. 元馬料文書殘片 ………………………………………………… (847)
48. 元放支在城等站馬料文書殘片 ………………………………… (847)
49. 元文書殘片 ……………………………………………………… (848)
50. 元放支各站馬料文書殘片 ……………………………………… (849)
51. 元放支普竹狼心即的三站馬料文書殘片 ……………………… (850)
52. 元放支普竹等站馬料文書殘片 ………………………………… (851)
53. 元放支各站馬料文書殘片 ……………………………………… (852)
54. 元放支馬料文書殘片 …………………………………………… (852)
55. 元放支馬料文書殘片 …………………………………………… (853)
56. 元趙仲賢付普竹等站馬料文書殘片 …………………………… (854)
57. 元乘騎鋪馬文書殘片 …………………………………………… (855)

58. 元亦集乃路在城等站官馬文書殘片 ……………………………… (856)

59. 元落卜尅站面肉文書殘片 ………………………………………… (857)

60. 元至正廿二年(1362)失林婚書案文卷(之一) ………………… (857)

61. 元至正廿二年(1362)失林婚書案文卷(之一) ………………… (858)

62. 元文書殘片 ………………………………………………………… (860)

63. 元草料文書殘片 …………………………………………………… (860)

附 ……………………………………………………………………… (862)

  1. 元某司呈文為各站倒死馳馬事殘片 …………………………… (862)

(六) 簽補站戶文書 ……………………………………………………… (863)

1. 元簽補站戶文卷(之一) ………………………………………… (863)

2. 元簽補站戶文卷(之一) ………………………………………… (866)

3. 元簽補站戶文卷(之一) ………………………………………… (866)

4. 元簽補站戶文卷(之一) ………………………………………… (868)

5. 元簽補站戶文卷(之一) ………………………………………… (873)

6. 元簽補站戶文卷(之一) ………………………………………… (877)

7. 元簽補站戶文卷(之一) ………………………………………… (878)

8. 元簽補站戶文卷(之一) ………………………………………… (879)

(七) 至正二十四年整點站赤文書 …………………………………… (879)

1. 元至正二十四年(1364)亦集乃路整點站赤文卷(之一) ……… (879)

2. 元至正二十四年(1364)亦集乃路整點站赤文卷(之一) ……… (881)

3. 元至正二十四年(1364)亦集乃路整點站赤文卷(之一) ……… (884)

4. 元至正二十四年(1364)亦集乃路整點站赤文卷(之一) ……… (886)

5. 元至正二十四年(1364)亦集乃路整點站赤文卷(之一) ……… (891)

6. 元至正二十四年(1364)亦集乃路整點站赤文卷(之一) ……… (894)

7. 元至正二十四年(1364)亦集乃路整點站赤文卷(之一) ……… (897)

8. 元至正二十四年(1364)亦集乃路整點站赤文卷(之一) ……… (900)

9. 元至正二十四年(1364)亦集乃路整點站赤文卷(之一) ……… (903)

10. 元至正二十四年(1364)亦集乃路整點站赤文卷(之一) ……… (905)

11. 元至正二十四年(1364)亦集乃路整點站赤文卷(之一) ……… (907)

12. 元計點站赤文書殘片 …………………………………………… (908)

13. 元站赤文書殘片 …………………………………………………………（908）
　　14. 元計點文書殘片 …………………………………………………………（909）

第六冊 ……………………………………………………………………………（911）
卷六　契約、卷宗與書信卷 ……………………………………………………（913）
　（一）票據 ………………………………………………………………………（913）
　　1. 元至正十三年（1353）廣積倉給付太不花納稅糧票據 …………………（913）
　　2. 元廣積倉票據殘尾 …………………………………………………………（915）
　　3. 元鈔券殘片 …………………………………………………………………（915）
　　4. 元元統三年（1335）廣積倉給徐大納麥白帖 ……………………………（916）
　　5. 元元統三年（1335）廣積倉給徐五納麥白帖 ……………………………（917）
　　6. 元至正十一年（1351）廣積倉給付台不花納稅糧票據 …………………（918）
　　7. 元至正十年（1350）廣積倉給付額某納稅糧票據 ………………………（919）
　　8. 元廣積倉收吾即阿剌稅糧憑據 ……………………………………………（920）
　　9. 元亦集乃路廣積倉給付耳宜法師納稅糧票據 ……………………………（920）
　　10. 元廣積倉給付某人納稅糧票據殘片 ………………………………………（921）
　　11. 元契本殘片 …………………………………………………………………（922）
　　12. 契本殘片 ……………………………………………………………………（923）
　　13. 元兩淮運司廣盈庫鹽引殘尾 ………………………………………………（923）
　　14. 元至正卅年（1370）司吏郭某收穈子收據 ………………………………（924）
　　15. 元契本 ………………………………………………………………………（925）
　　16. 元世明訴狀為景朶歹嚇要馳隻事殘片 ……………………………………（926）
　　17. 元契本殘片 …………………………………………………………………（927）
　　18. 元契本殘片 …………………………………………………………………（928）
　　19. 元契本殘片 …………………………………………………………………（928）
　　20. 元契本殘片 …………………………………………………………………（929）
　　21. 元契本殘片 …………………………………………………………………（929）
　　22. 元至治元年（1321）兩淮都轉運鹽運司廣盈庫檢鈔人王士鈞
　　　　保結文書為檢問董興買引錢事 ……………………………………………（930）
　　23. 元契本殘片 …………………………………………………………………（931）

附 …………………………………………………………（932）
　　　1. 元鈔券 ………………………………………………（932）
　　　2. 元鈔券殘片 …………………………………………（933）
　（二）契約 ………………………………………………………（934）
　　　1. 元皇慶元年(1312)正月任黑子借麥契 ……………（934）
　　　2. 元泰定三年(1326)安某契約殘尾 …………………（935）
　　　3. 元元統三年(1335)劉惟卿借錢契 …………………（936）
　　　4. 元至元四年(1336)韓二借錢契 ……………………（937）
　　　5. 元至元四年(1338)陳山和借錢契 …………………（938）
　　　6. 元至順四年(1331)五月契約殘尾 …………………（939）
　　　7. 元至正元年(1341)小張雇身契 ……………………（940）
　　　8. 元至正十四年(1354)賣驢契 ………………………（941）
　　　9. 元至正六年(1346)陳山和借錢契 …………………（941）
　　　10. 元至正六年(1346)契約殘片 ………………………（942）
　　　11. 元至正十一年(1351)阿的火者借二麥契 …………（943）
　　　12. 元至正十一年(1351)雇身契 ………………………（944）
　　　13. 元至正十四年(1354)卯歹關支口糧文書 …………（945）
　　　14. 元至正二十年(1360)馬某賃房契 …………………（946）
　　　15. 元至正二十五年(1365)巴都麻改嫁合同婚書 ……（947）
　　　16. 元至正二十五年(1365)張寶奴借小麥契 …………（949）
　　　17. 元至正二十七年(1367)卜羅傍才賣馬契 …………（950）
　　　18. 元蒙古元帥府春季口糧文書殘尾 …………………（951）
　　　19. 北元宣光元年(1371)也先帖木兒鋪馬收付契 ……（952）
　　　20. 元雇身契殘片 ………………………………………（953）
　　　21. 元至正九年(1349)狼玉倫普借小麥契殘片（二）…（953）
　　　22. 北元至正三十年(1370)買賣契約殘尾 ……………（954）
　　　23. 元戴四哥等租田契 …………………………………（955）
　　　24. 元何教化賣馬契 ……………………………………（956）
　　　25. 元至治二年(1322)攬腳契殘尾 ……………………（957）
　　　26. 元合火契殘片 ………………………………………（957）

27. 元元統二年(1334)也火合只乞你借物斛契殘尾 …………… (958)

28. 元借錢契殘片 ………………………………………………… (959)

29. 元典錢契殘片 ………………………………………………… (960)

30. 元汝竹□典地契殘片 ………………………………………… (960)

31. 元合火契殘片(一) ………………………………………… (961)

32. 元合火契殘片(二) ………………………………………… (961)

33. 元合火契殘片(三) ………………………………………… (962)

34. 元合火契殘片(四) ………………………………………… (963)

35. 元契約殘片 …………………………………………………… (963)

36. 元合火契殘片(五) ………………………………………… (964)

37. 元楊行者借小麥契 …………………………………………… (965)

38. 元李朼歹借小麥契殘尾 ……………………………………… (965)

39. 元帖立都木立借小麥契 ……………………………………… (966)

40. 元至正十一年(1351)契約殘尾 …………………………… (967)

41. 元至正九年(1349)狼玉崙普借小麥契殘片(一) ………… (967)

42. 元元統年間借麥契殘片 ……………………………………… (968)

43. 元借小麥契殘片 ……………………………………………… (969)

44. 元借小麥契殘片 ……………………………………………… (969)

45. 元俺某借麥契殘片 …………………………………………… (970)

46. 元楊文彧借麥契殘片 ………………………………………… (971)

47. 元馬令只契約殘片 …………………………………………… (972)

48. 元借小麥契殘片 ……………………………………………… (972)

49. 元借小麥契殘片 ……………………………………………… (973)

50. 元契約殘尾 …………………………………………………… (973)

51. 元借紅花契殘片 ……………………………………………… (974)

52. 元借糜子契殘片 ……………………………………………… (974)

53. 元規劃本息錢文書殘片 ……………………………………… (975)

54. 元乞答哈質當契殘尾 ………………………………………… (976)

55. 元借糜子契殘片 ……………………………………………… (976)

56. 元借糧契殘片 ………………………………………………… (977)

57. 元契約殘尾 …………………………………………………… (977)

58. 元貸錢契殘片 ………………………………………………… (978)

59. 元借錢契殘片 ………………………………………………… (978)

60. 元借紙契殘片 ………………………………………………… (979)

61. 元契約殘片 …………………………………………………… (980)

62. 元契約殘片 …………………………………………………… (980)

63. 元文書殘片 …………………………………………………… (981)

64. 元責領狀殘片 ………………………………………………… (981)

65. 元大德二年(1298)徐令支契約殘片 ………………………… (982)

66. 元李閏通與趙譯史合火契 …………………………………… (982)

67. 元契約殘片 …………………………………………………… (984)

附 …………………………………………………………………… (984)

　1. 元拜都罕典人契殘片 ………………………………………… (984)

(三)卷宗 ………………………………………………………… (985)

　1. 元錢糧房司吏呈文為開坐見行文卷事目事(稿) ………… (985)

　2. 元至元六年(1340)朵立只罕翼軍人口糧卷目 …………… (986)

　3. 元合合朮帶書等卷目殘片 ………………………………… (987)

　4. 元大德二年(1298)八月為提調祗應錢糧事卷目 ………… (988)

　5. 元至正二年(1342)忙剌迷失妃子分例米麵卷目 ………… (988)

　6. 元至正八年(1348)九月吏宋誠卷目 ……………………… (989)

　7. 元兩屯河渠司損訖二麥卷目表殘片 ……………………… (989)

　8. 元肅沙亦集乃文卷 ………………………………………… (990)

　9. 元馬匹草糧等卷目殘片 …………………………………… (990)

　10. 元打夾甜瓜等卷目殘片 ………………………………… (991)

　11. 元勒牒等卷目殘片 ……………………………………… (991)

　12. 元官吏腳色等卷目殘片 ………………………………… (992)

　13. 元選取掾吏卷目 ………………………………………… (992)

　14. 元軍人卷目殘片 ………………………………………… (993)

　15. 元本路打夾甜瓜等卷目殘片 …………………………… (993)

　16. 元買回回青卷目 ………………………………………… (994)

17. 元刺迷失文書殘片 ……………………………………………（995）
18. 元截日見在錢糧卷目 ………………………………………（995）
19. 元毆打案卷目 ………………………………………………（996）
20. 元地土文卷卷目 ……………………………………………（996）
21. 元季報錢等卷目 ……………………………………………（996）
22. 元黑麻爭妻案卷目 …………………………………………（997）
23. 元科舉卷目 …………………………………………………（997）
24. 元考較事卷目 ………………………………………………（998）
25. 元水崩地卷目 ………………………………………………（998）
26. 元分例米麵文書殘片 ………………………………………（999）
27. 元秋季祗應事卷目 …………………………………………（999）
28. 元案件卷目表殘片 …………………………………………（1000）
29. 元忽都帖木兒拐馳卷目 ……………………………………（1000）
30. 元押字文狀文書 ……………………………………………（1001）
31. 元遷調司吏卷目 ……………………………………………（1001）
32. 元取會回回等戶卷目 ………………………………………（1002）
33. 元各渠戶二麥卷目表殘片（一）……………………………（1002）
34. 元各渠戶二麥卷目表殘片（二）……………………………（1003）
35. 元妃子分例米麵等卷目殘片 ………………………………（1003）
36. 元寧肅王分例米麵等卷目殘片 ……………………………（1004）
37. 元卷目殘片 …………………………………………………（1004）
38. 元河西隴北道肅政廉訪司墨戳 ……………………………（1005）
39. 元習字 ………………………………………………………（1005）
40. 元案件卷目表殘片 …………………………………………（1006）

（四）書信 …………………………………………………………（1006）
1. 元至正九年（1349）劉敬臣書信為木植交割事 ……………（1006）
2. 元譚子昭上敬叔書啓為與外郎物件事 ………………………（1007）
3. 元三月十五日秀哥母報平安書 ………………………………（1009）
4. 元福壽與姑家書 ………………………………………………（1010）
5. 元玉在中與德中書信為遠行借糜子事 ………………………（1011）

6. 元含文書信殘片 …………………………………… (1012)
7. 元書信為收買藥材事殘片 ………………………… (1013)
8. 元鄧謙等與監辦郎中書信為求照拂壽童事 ……… (1014)
9. 元講主二姐等書信 ………………………………… (1015)
10. 元毛文殊奴平安書殘片(一) ……………………… (1016)
11. 元毛文殊奴平安書殘片(二) ……………………… (1017)
12. 元與薛君書信殘片 ………………………………… (1018)
13. 元也失帖木兒與經歷相公等書信為羊酒事殘片 … (1019)
14. 元书信残片 ………………………………………… (1020)
15. 元書信殘片 ………………………………………… (1021)
16. 元至元年間文書殘片 ……………………………… (1022)
17. 元皇慶二年(1313)書信殘片 ……………………… (1022)
18. 元書信殘片 ………………………………………… (1023)
19. 元書信殘片 ………………………………………… (1024)
20. 元書信殘片 ………………………………………… (1025)
21. 元與達魯花赤書信殘片 …………………………… (1025)
22. 元與母書殘片 ……………………………………… (1026)
23. 元文書殘片 ………………………………………… (1027)
24. 元書信殘片 ………………………………………… (1027)
25. 元書信殘片 ………………………………………… (1028)
26. 元與叔書信殘片 …………………………………… (1029)
27. 元書信殘片 ………………………………………… (1029)
28. 元徐敏與姨夫書信為糧斛事殘片 ………………… (1030)
29. 元與胡大嫂書信殘片 ……………………………… (1031)
30. 元書信殘片 ………………………………………… (1031)
31. 元王某書信殘片 …………………………………… (1031)
32. 元書信殘片 ………………………………………… (1032)
33. 元書信殘片 ………………………………………… (1033)
34. 元文書殘片 ………………………………………… (1033)
35. 元赤目立义書信殘片 ……………………………… (1034)

36. 元書信殘片 ·· (1035)

　37. 元書信殘片 ·· (1035)

　38. 元書信殘片 ·· (1036)

　39. 元官音奴書信殘片 ·· (1036)

　40. 元書信殘片 ·· (1037)

　41. 元舉薦書信殘片 ·· (1037)

　42. 元書信殘片 ·· (1039)

　43. 元楊文中與高文秀書信為帶紅花事 ······························· (1040)

第七冊 ·· (1041)

卷七　禮儀、儒學與文史卷 ··· (1043)

　（一）禮儀文書 ·· (1043)

　　1. 元祭祀日、節日給假文書 ··· (1043)

　　2. 元天壽聖節拜賀儀殘片 ·· (1045)

　　3. 元三皇祭祀禮儀殘片 ··· (1045)

　　4. 元春秋釋奠禮儀殘片 ··· (1047)

　　5. 元大臣賀皇太后孫壽旦賀箋殘片 ··································· (1048)

　　6. 元文書殘片 ·· (1049)

　　7. 元文書殘片 ·· (1050)

　（二）祭祀費用文書 ·· (1051)

　　1. 元延祐四年（1317）添支祭祀錢文卷（之一） ·················· (1051)

　　2. 元延祐四年（1317）添支祭祀錢文卷（之一） ·················· (1052)

　　3. 元延祐四年（1317）添支祭祀錢文卷（之一） ·················· (1055)

　　4. 元延祐四年（1317）添支祭祀錢文卷（之一） ·················· (1058)

　　5. 元延祐四年（1317）添支祭祀錢文卷（之一） ·················· (1059)

　　6. 元延祐四年（1317）添支祭祀錢文卷（之一） ·················· (1062)

　　7. 元亦集乃路總管府下支持庫文為支中統鈔事（一） ··········· (1065)

　　8. 元亦集乃路總管府下支持庫文為支中統鈔事（一） ··········· (1066)

　　9. 元亦集乃路總管府下支持庫文為支中統鈔事（一） ··········· (1067)

　　10. 元至元五年（1339）錢糧房呈文為釋奠支破物價事 ········ (1068)

11. 元延祐四年(1317)添支祭祀錢文卷(之一) ……………………… (1069)
12. 元錢糧房呈亦集乃路總管府文為添支祭祀錢事 ………………… (1070)

(三)府學文書 ……………………………………………………………… (1071)
1. 北元宣光元年(1371)河西隴北道肅政廉訪亦集乃分司牒
   亦集乃路總管府為易和敬權亦集乃路儒學教授事 …………… (1071)
2. 元至正十五年(1355)儒學教授李時敏呈亦集乃路總管府
   文為到任勾當事 ……………………………………………………… (1073)
3. 元胡文整呈亦集乃路總管府文為收學課錢事(一) ……………… (1074)
4. 元府學生員已到未到花名簿 ……………………………………… (1076)
5. 元亦集乃路總管府呈剳殘片 ……………………………………… (1076)
6. 元儒學教授所關文為交割收管文卷等物事 …………………… (1077)
7. 元教授文書殘片 …………………………………………………… (1080)
8. 元府學生員已到未到花名簿殘片 ………………………………… (1080)
9. 元甘州路文書殘片 ………………………………………………… (1081)
10. 元胡文整呈亦集乃路總管府文為收學課錢事(二) …………… (1081)
11. 元習抄殘片 ………………………………………………………… (1082)

(四)習抄 …………………………………………………………………… (1083)
1. 元習抄《論語·子罕第九》殘片 ……………………………………… (1083)
2. 元習抄《論語·八佾第三》殘片 ……………………………………… (1085)
3. 元習抄《論語·為政第二》殘片 ……………………………………… (1085)
4. 元習抄《論語·先進第十一》殘片 …………………………………… (1086)
5. 元習抄《論語·泰伯第八》殘片 ……………………………………… (1087)
6. 元習抄《論語·泰伯第八》殘片 ……………………………………… (1088)
7. 元習抄《論語·雍也第六》殘片 ……………………………………… (1089)
8. 元習抄《論語·子罕第九》殘片 ……………………………………… (1089)
9. 元習抄《論語·子路第十三》殘片 …………………………………… (1090)
10. 元習抄《論語·顏淵第十二》殘片 …………………………………… (1091)
11. 元習抄《孟子·萬章章句下》殘片(一) ……………………………… (1091)
12. 元習抄《孟子·梁惠王章句》殘片(二) ……………………………… (1092)
13. 元習抄《千字文》殘片 ……………………………………………… (1094)

14. 元習抄《孟子·梁惠王章句下》殘片(三) ………………………（1094）
15. 元習抄《孟子·梁惠王章句下》殘片(四) ………………………（1095）
16. 元習抄《孟子·梁惠王章句上》殘片(五) ………………………（1096）
17. 元習抄《大學》殘片 ……………………………………………（1098）
18. 元習抄《大學》殘片 ……………………………………………（1099）
19. 元習抄《論語·雍也第六》殘片 …………………………………（1100）
20. 元習抄《直說大學要略》殘片 …………………………………（1100）
21. 元習抄《孝經·廣要道章第十二》殘片(甲種本一) ……………（1101）
22. 元習抄《孝經·廣要道章第十二》殘片(甲種本二) ……………（1102）
23. 元習抄《孝經·聖治章第九》殘片(乙種本一) …………………（1103）
24. 元習抄《孝經·紀孝行章第十》殘片(乙種本二) ………………（1104）
25. 元習抄《孝經·聖治章第九》殘片(乙種本三) …………………（1105）
26. 元習抄《孝經·孝治章第八》殘片(乙種本四) …………………（1106）
27. 元習抄《孝經·聖治章第九》等殘片(乙種本五) ………………（1107）
28. 元習抄《孝經·廣至德章第十三》等殘片(乙種本六) …………（1109）
29. 元習抄《孝經·廣要道章第十二》等殘片(乙種本七) …………（1110）
30. 元習抄《孝經·五刑章第十一》等殘片(乙種本八) ……………（1111）
31. 元習抄《孝經·聖治章第九》殘片(丙種本) ……………………（1112）
32. 元習抄《朱公文小學》殘片 ……………………………………（1113）
33. 元習抄《孝經·卿大夫章第四》殘片(丁種本一) ………………（1114）
34. 元習抄《孝經·卿大夫章第四》殘片(丁種本二) ………………（1115）
35. 漢夏文習字殘片 …………………………………………………（1115）
36. 習字殘片 …………………………………………………………（1116）
37. 習字殘片 …………………………………………………………（1116）
38. 習字殘片 …………………………………………………………（1117）
39. 習字殘片 …………………………………………………………（1117）
40. 習字殘片 …………………………………………………………（1117）
41. 習字殘片 …………………………………………………………（1118）
42. 漢夏文習字殘片 …………………………………………………（1118）
43. 習字殘片 …………………………………………………………（1119）

44. 習字殘片 ………………………………………………… (1119)
45. 習字殘片 ………………………………………………… (1120)
46. 習字殘片 ………………………………………………… (1120)
47. 習字殘片 ………………………………………………… (1121)
48. 習字殘片 ………………………………………………… (1121)
49. 習字殘片 ………………………………………………… (1122)
50. 習字殘片 ………………………………………………… (1123)
51. 習字殘片 ………………………………………………… (1123)
52. 習字殘片 ………………………………………………… (1123)
53. 習字殘片 ………………………………………………… (1124)
54. 元習字殘片 ……………………………………………… (1124)
55. 習字殘片 ………………………………………………… (1125)
56. 習字殘片 ………………………………………………… (1125)
57. 元習字殘片 ……………………………………………… (1125)
58. 元習字殘片 ……………………………………………… (1126)
59. 習字殘片 ………………………………………………… (1127)
60. 習字殘片 ………………………………………………… (1127)
61. 元習字殘片 ……………………………………………… (1128)
62. 習字殘片 ………………………………………………… (1129)
63. 習字殘片 ………………………………………………… (1130)
64. 習字殘片 ………………………………………………… (1130)
65. 習字殘片 ………………………………………………… (1131)
66. 習字殘片 ………………………………………………… (1131)
67. 習字殘片 ………………………………………………… (1131)
68. 習字殘片 ………………………………………………… (1132)
69. 習字殘片 ………………………………………………… (1132)
70. 元習字殘片 ……………………………………………… (1133)
71. 元習抄《論語‧子路第十三》殘片 …………………… (1134)
72. 習字殘片 ………………………………………………… (1135)
73. 習字殘片 ………………………………………………… (1135)

74. 習字殘片 ………………………………………………………… (1136)

75. 元習抄《朱子童蒙須知》殘片（一） ………………………… (1136)

76. 元習抄《千字文》《朱子童蒙須知》等殘片 ………………… (1137)

77. 元習抄《孟子・公孫丑章句上》等殘片（六） ……………… (1138)

78. 元習抄《論語・八佾第三》等殘片 …………………………… (1140)

79. 元習抄《孝經・卿大夫章第四》殘片（丁種本三） ………… (1141)

80. 習字殘片 ………………………………………………………… (1142)

81. 習字殘片 ………………………………………………………… (1143)

82. 元習抄《論語・顏淵第十二》殘片 …………………………… (1143)

（五）詩文 ………………………………………………………………… (1143)

1. 元歌謠殘片 ……………………………………………………… (1143)

2. 元曲牌殘片 ……………………………………………………… (1145)

3. 元歌謠殘片 ……………………………………………………… (1145)

4. 元寫本《勸學文》殘片 ………………………………………… (1146)

5. 元寫本《千家詩・春夜》等詩抄殘片 ………………………… (1147)

6. 元《涿鹿》詩抄 ………………………………………………… (1151)

7. 元習抄《十憶詩・憶飲》殘片 ………………………………… (1151)

8. 元習抄詩文殘片 ………………………………………………… (1152)

9. 元碑文殘片 ……………………………………………………… (1152)

（六）書籍印本 …………………………………………………………… (1153)

1. 元刻本《文獻通考》殘卷 ……………………………………… (1153)

2. 元刻本注疏朱熹《小學》殘片 ………………………………… (1239)

3. 元刻本《資治通鑒》殘片 ……………………………………… (1240)

4. 元刻本殘片 ……………………………………………………… (1242)

5. 元刻本《元一統志》殘片 ……………………………………… (1242)

6. 元刻本《孟子集注》殘片（一） ……………………………… (1243)

7. 元刻本《柳河東集》殘片 ……………………………………… (1244)

8. 元刻本殘片 ……………………………………………………… (1245)

9. 元刻本殘片 ……………………………………………………… (1245)

10. 元刻本《新編待問集四書疑節》殘片（一） ………………… (1246)

11. 元刻本《稽古錄》殘片 …………………………………………（1248）
12. 元刻本《孝經直解》殘片（一） ………………………………（1249）
13. 元刻本《指南總論》殘片 ………………………………………（1249）
14. 元刻本《金剛般若波羅蜜多經》殘片 …………………………（1251）
15. 元刻本《三国志》殘片 …………………………………………（1251）
16. 元刻本《續一切經音義》殘片 …………………………………（1252）
17. 元刻本失名類書殘片 ……………………………………………（1253）
18. 元刻本《孟子集注》殘片（二） ………………………………（1255）
19. 元刻本注疏《孟子》殘片 ………………………………………（1256）
20. 元刻本《孟子纂箋》殘片 ………………………………………（1257）
21. 元刻本朱祖義注《尚書句解》殘片 ……………………………（1258）
22. 元刻本《孝經直解》殘片（二） ………………………………（1260）
23. 元刻本《薛仁貴征遼事蹟》殘片 ………………………………（1261）
24. 元刻本《新編待問集四書疑節》殘片（二） …………………（1264）
25. 元刻本《資治通鑒綱目》殘片 …………………………………（1269）
26. 元刻本《折獄龜鑒》殘片 ………………………………………（1271）

第八冊（上） …………………………………………………………（1273）
卷八 醫算、曆學、符占秘術、堪輿地理及其他文書卷 ……………（1275）
（一）醫算 ………………………………………………………………（1275）
　1. 元寫本醫書殘頁 …………………………………………………（1275）
　2. 元刻本《備急千金要方》殘片 …………………………………（1276）
　3. 元抄本《傷寒論》殘頁 …………………………………………（1278）
　4. 元寫本醫方殘片 …………………………………………………（1279）
　5. 元寫本醫方殘片 …………………………………………………（1281）
　6. 元寫本醫方殘片 …………………………………………………（1281）
　7. 元習抄《大學》殘片 ……………………………………………（1282）
　8. 元算術抄本殘片 …………………………………………………（1282）
　9. 元寫本醫方殘片 …………………………………………………（1284）
（二）曆學 ………………………………………………………………（1284）
　1. 元至正五年（1345）八月十六日夜望月食文書 ………………（1284）

2. 元刻本曆書殘片 ································· (1285)

3. 元刻本曆書殘片 ································· (1288)

4. 元刻本大德十一年(1307)授時曆殘片(一) ··········· (1289)

5. 元刻本大德十一年(1307)授時曆殘片(二) ··········· (1289)

6. 元刻本至正二十五年(1365)曆書殘片 ··············· (1290)

7. 元刻本至正十年(1350)授時曆殘片 ················· (1291)

8. 元刻本三旬揀日圖殘片 ··························· (1293)

9. 元刻本曆書殘片 ································· (1295)

10. 元刻本至元二十二年(1285)曆日殘頁 ·············· (1295)

11. 元刻本曆書殘片 ································ (1296)

12. 元刻本曆書殘片 ································ (1297)

13. 元刻本曆書殘片 ································ (1298)

14. 元刻本至正十七年(1357)授時曆殘片 ·············· (1299)

15. 元刻本曆書殘片 ································ (1300)

(三)符占秘術 ·· (1300)

1. 元抄本《六十四卦象》殘頁(一) ··················· (1300)

2. 元抄本《六十四卦象》殘頁(二) ··················· (1302)

3. 元抄本《六十四卦象》殘頁(三) ··················· (1303)

4. 元抄本《圖像合璧君臣故事句解》殘頁(一) ········· (1305)

5. 元道符殘片 ····································· (1306)

6. 元抄本《圖像合璧君臣故事句解》殘頁(二) ········· (1307)

7. 元抄本《鬼谷分定經》等殘頁(一) ················· (1308)

8. 元抄本《鬼谷分定經》等殘頁(二) ················· (1310)

9. 元抄本《六十四卦象》殘頁(四) ··················· (1311)

10. 元抄本《六十四卦象》殘頁(五) ·················· (1312)

11. 元刻本屬相算命書殘片 ·························· (1313)

12. 元刻本《康節前定數》殘片 ······················ (1314)

13. 元抄本醫書殘頁 ································ (1316)

14. 元刻本占卜書殘片 ······························ (1317)

15. 元刻本占卜書殘片 ······························ (1318)

16. 元刻本書籍殘片 …………………………………………（1319）
17. 元文書殘片 ……………………………………………（1320）
18. 元抄本朱熹《小學集注》殘片 …………………………（1322）
19. 元文書殘片 ……………………………………………（1323）
20. 元文書殘片 ……………………………………………（1323）
21. 元道符殘片 ……………………………………………（1323）

（四）堪輿地理 ……………………………………………（1324）
1. 元刻本堪輿書殘頁 ………………………………………（1324）
2. 元刻本堪輿書殘片 ………………………………………（1326）

（五）封簽及包封 …………………………………………（1326）
1. 元元統二年（1334）甘肅等處行中書省委官公文包封 …（1326）
2. 元亦集乃路總管府達魯花赤墨戳 ………………………（1327）
3. 元提調官公文封簽 ………………………………………（1327）
4. 元公文封簽殘片 …………………………………………（1328）
5. 元某行省委官公文封簽 …………………………………（1328）
6. 元某行省委官公文封簽 …………………………………（1328）
7. 元某行省委官公文封簽 …………………………………（1329）
8. 元官員公文封簽 …………………………………………（1329）
9. 元提調官公文封簽 ………………………………………（1330）
10. 元提調官公文封簽 ………………………………………（1330）
11. 元提調官公文封簽 ………………………………………（1331）
12. 元總管府封簽 …………………………………………（1331）
13. 元支持庫子公文包封殘片 ……………………………（1332）
14. 元和中糧錢包封 ………………………………………（1332）
15. 元屯田新附軍百户所呈亦集乃路總管府公文包封 ……（1333）
16. 元寧夏路住人買住呈亦集乃知司相公書信包封 ………（1333）
17. 元投下文書包封殘片 …………………………………（1334）
18. 元錢鈔包封殘片 ………………………………………（1334）
19. 元中統鈔包封 …………………………………………（1335）
20. 元經歷司包封 …………………………………………（1335）

21. 元燃香包裝紙殘片 …………………………………（1336）

　　22. 元次紫粉包裝紙 ……………………………………（1337）

　　23. 元冠山准造高茶記茶葉包裝紙 ……………………（1337）

（六）柬帖 …………………………………………………………（1338）

　　1. 元拜呈亦集乃路掾劉繼卿外郎帖殘片 ………………（1338）

　　2. 元與國瑞兄柬帖 ………………………………………（1338）

　　3. 元初二至初八日馬二柬帖 ……………………………（1339）

　　4. 元柬帖等殘片 …………………………………………（1339）

　　5. 元閏二月廿二日高司獄家送行帖 ……………………（1340）

　　6. 元賈本奉謁帖 …………………………………………（1340）

　　7. 元劉永安拜請帖 ………………………………………（1341）

　　8. 元國的吉拜帖 …………………………………………（1341）

第八冊（下） …………………………………………………（1343）

卷九　佛教文獻卷 ……………………………………………（1345）

（一）抄本佛經 ……………………………………………………（1345）

　　1. 元抄本《吉祥大黑修法》殘卷 ………………………（1345）

　　2. 元抄本《佛說大白傘蓋總持陀羅經》殘卷 …………（1356）

　　3. 元抄本《真州長蘆了和尚劫外錄》殘頁 ……………（1364）

　　4. 元抄本《九頂尊滅惡趣燒施儀》殘頁 ………………（1367）

　　5. 元抄本密教施食儀軌殘頁 ……………………………（1368）

　　6. 元抄本中元節度亡儀軌殘頁 …………………………（1369）

　　7. 元抄本《大乘起信論》殘頁 …………………………（1370）

　　8. 元抄本《大方廣佛華嚴經》殘頁 ……………………（1371）

　　9. 元抄本密教儀軌殘頁 …………………………………（1372）

　　10. 元抄本持金剛修習儀軌殘頁 ………………………（1375）

　　11. 元抄本金剛修習儀軌殘頁 …………………………（1375）

　　12. 元抄本《妙法蓮華經》殘頁 ………………………（1376）

　　13. 元抄本密教儀軌殘頁 ………………………………（1377）

　　14. 元抄本《佛說大白傘蓋總持陀羅尼經》殘片（一） …（1378）

15. 元抄本淨土度亡儀軌殘頁 …………………………………… (1379)
16. 元抄本密教儀軌殘頁 ……………………………………… (1381)
17. 元抄本密教儀軌殘片 ……………………………………… (1382)
18. 元抄本《大方廣佛華嚴經》殘片 ………………………… (1383)
19. 元抄本佛典殘片 …………………………………………… (1384)
20. 元抄本《慈悲道場懺法》殘片（一）……………………… (1384)
21. 元抄本《慈悲道場懺法》殘片（二）……………………… (1386)
22. 元抄本度亡儀軌殘片 ……………………………………… (1388)
23. 元抄本佛典殘片 …………………………………………… (1388)
24. 元抄本供養儀軌殘片 ……………………………………… (1389)
25. 元抄本佛典殘片 …………………………………………… (1389)
26. 元抄本佛典殘片 …………………………………………… (1390)
27. 元抄本《佛說大白傘蓋總持陀羅尼經》殘片（二）……… (1390)
28. 元抄本《佛說大白傘蓋總持陀羅尼經》殘片（三）……… (1391)
29. 元刻本佛典殘片 …………………………………………… (1392)
30. 元抄本《佛說大白傘蓋總持陀羅尼經》等殘片 ………… (1393)
31. 元抄本《慈悲道場懺法》殘片 …………………………… (1394)
32. 元抄本《妙法蓮華經》殘片 ……………………………… (1396)
33. 抄本《修習瑜伽集要施食壇經》殘頁 …………………… (1397)
附 ……………………………………………………………… (1398)
1. 元抄本密教儀軌殘頁 ……………………………………… (1398)
2. 元抄本密教儀軌殘頁 ……………………………………… (1398)
（二）印本佛經 ………………………………………………… (1399)
1. 元刻本《大方廣佛華嚴經》殘卷 ………………………… (1399)
2. 元刻本《圓覺經疏鈔隨文要解》等殘片 ………………… (1410)
3. 元刻本《大方廣佛花嚴經》殘片 ………………………… (1413)
4. 元刻本《大方廣佛花嚴經》殘片（一）…………………… (1414)
5. 元刻本《阿毗達磨俱舍論本頌》殘片 …………………… (1415)
6. 元刻本《大方廣佛花嚴經》殘片（二）…………………… (1415)
7. 元刻本《禪秘要法經》殘片 ……………………………… (1417)

8. 元刻本《慈悲道場懺法》殘頁（一） ……………………………（1418）
9. 元刻本《大方廣佛華嚴經隨疏演義鈔》殘片 ……………………（1421）
10. 元刻本《慈悲道場懺法》殘頁（二） ……………………………（1422）
11. 元刻本《慈悲道場懺法》殘頁（三） ……………………………（1424）
12. 元延祐三年（1316）五月王業大等施經題記 …………………（1427）
13. 元刻本《金剛般若波羅蜜經》殘片 ………………………………（1427）
14. 元刻本《妙法蓮華經》殘片（一） ………………………………（1428）
15. 元刻本佛典殘片 ……………………………………………………（1429）
16. 元刻本《金剛般若波羅蜜經》殘片 ………………………………（1430）
17. 元刻本《金剛般若波羅蜜經》殘片（一） ………………………（1432）
18. 元刻本《金光明最勝王經》殘頁（一） …………………………（1433）
19. 元刻本《金剛般若波羅蜜經》殘片（二） ………………………（1434）
20. 元刻本《佛頂心觀世音菩薩大陀羅尼經》殘片（一） …………（1435）
21. 元刻本《佛母大孔雀明王經》殘片 ………………………………（1437）
22. 元刻本《佛說大乘聖無量壽決定光明王如來陀羅
    尼經》殘頁 …………………………………………………………（1443）
23. 元刻本《聖妙吉祥真實名經》殘頁 ………………………………（1444）
24. 元刻本《永嘉正道歌頌》殘片 ……………………………………（1444）
25. 元刻本佛典殘片 ……………………………………………………（1446）
26. 元刻本《佛說金輪佛頂大威德熾盛光如來陀羅尼經》殘片 ……（1447）
27. 元刻本金剛索菩薩版畫 ……………………………………………（1448）
28. 元刻本《大方廣佛華嚴經》殘頁 …………………………………（1449）
29. 元刻本《佛說大白傘蓋總持陀羅尼經》殘片（一） ……………（1450）
30. 元刻本《大方廣佛華嚴經》殘片（一） …………………………（1451）
31. 元刻本《佛說觀彌勒菩薩上生兜率天經》殘片 …………………（1452）
32. 元刻本《大方廣佛華嚴經》殘片（二） …………………………（1453）
33. 元刻本佛典殘片 ……………………………………………………（1455）
34. 元刻本《妙法蓮華經》殘片（二） ………………………………（1455）
35. 元刻本《金光明最勝王經》殘頁（二） …………………………（1456）
36. 元刻本《佛頂心觀世音菩薩大陀羅尼經》殘片（二） …………（1457）

37. 元刻本《金剛般若波羅蜜經》殘片（三） …………………………（1459）
38. 元刻本《佛說大白傘蓋總持陀羅尼經》殘片（二） ………………（1460）
39. 元抄本《慈悲道場懺法》殘片 …………………………………………（1461）
40. 元抄本《妙法蓮華經》殘片 ……………………………………………（1462）
41. 元刻本佛典殘片 …………………………………………………………（1463）
42. 元刻本《佛頂心觀世音菩薩大陀羅尼經》殘片（三） ………………（1464）
43. 元刻本《佛說守護大千國土經》殘片 …………………………………（1466）
44. 元刻本佛典殘片 …………………………………………………………（1467）
45. 元刻本佛典殘片 …………………………………………………………（1467）
46. 元刻本《金剛般若經疏論纂要》殘片 …………………………………（1468）
47. 元抄本佛典殘片 …………………………………………………………（1468）

（三）其他佛教文獻 ……………………………………………………………（1469）
1. 元抄本《釋徒智堅轉誦本》殘卷 ………………………………………（1469）
2. 施經題記殘片 ……………………………………………………………（1472）
3. 文書殘片 …………………………………………………………………（1473）
4. 元各人講解經名錄殘片 …………………………………………………（1473）
5. 元僧人取鈔等文書殘片 …………………………………………………（1474）
6. 元抄本佛典殘片 …………………………………………………………（1475）
   附 …………………………………………………………………………（1476）
1. 元抄本《釋徒吳智善習學本》殘卷 ……………………………………（1476）
2. 元抄本《慈悲道場懺法》殘頁（三） …………………………………（1477）

（四）佛教圖像 …………………………………………………………………（1488）
1. 佛經版畫殘片 ……………………………………………………………（1488）
2. 佛經版畫殘片 ……………………………………………………………（1488）
3. 佛經版畫殘片 ……………………………………………………………（1489）
4. 圖畫殘片 …………………………………………………………………（1489）
5. 佛經版畫殘片 ……………………………………………………………（1489）
6. 佛像殘片 …………………………………………………………………（1490）
7. 佛像殘片 …………………………………………………………………（1490）

第九冊 ……………………………………………………………（1491）

卷十　圖畫、印章及其他文書卷（上）……………………………（1493）

　（一）圖畫 ……………………………………………………………（1493）

　　　1. 元如意圖飾 ……………………………………………………（1493）
　　　2. 元貢品與幡圖案 ………………………………………………（1493）
　　　3. 元香爐式樣圖 …………………………………………………（1494）
　　　4. 元小鳥圖 ………………………………………………………（1494）
　　　5. 元圖畫殘片 ……………………………………………………（1494）
　　　6. 元方格圖 ………………………………………………………（1495）
　　　7. 元佩劍人物像殘片 ……………………………………………（1495）
　　　8. 元幾何圖案殘片 ………………………………………………（1495）
　　　9. 元幾何圖案殘片 ………………………………………………（1496）
　　　10. 元馬匹版畫殘片 ………………………………………………（1496）
　　　11. 元神將版畫 ……………………………………………………（1496）
　　　12. 元方格圖案 ……………………………………………………（1497）
　　　13. 元圖案殘片 ……………………………………………………（1497）
　　　14. 元圖案殘片 ……………………………………………………（1497）
　　　15. 元人像殘片（一）………………………………………………（1498）
　　　16. 元人像殘片（二）………………………………………………（1498）
　　　17. 元圖畫殘片 ……………………………………………………（1498）
　　　18. 元圖畫殘片（一）………………………………………………（1499）
　　　19. 元圖畫殘片（二）………………………………………………（1499）
　　　20. 元鹿圖殘片（一）………………………………………………（1499）
　　　21. 元鹿圖殘片（二）及圖畫殘片（一）…………………………（1500）
　　　22. 元圖畫殘片（二）………………………………………………（1500）
　　　23. 元圖畫殘片（三）………………………………………………（1501）
　　　24. 元人物像殘片（一）……………………………………………（1501）
　　　25. 元人物像殘片（二）……………………………………………（1501）
　　　26. 元版畫殘片 ……………………………………………………（1502）
　　　27. 元版畫人像 ……………………………………………………（1502）

28. 元佛教圖案殘片 …………………………………………（1502）

29. 元圖畫殘片 ………………………………………………（1503）

30. 元人物像殘片 ……………………………………………（1503）

31. 元佛教圖案 ………………………………………………（1503）

32. 元版畫殘片 ………………………………………………（1503）

33. 元人物像殘片 ……………………………………………（1504）

34. 元圖案殘片 ………………………………………………（1504）

35. 元圖案殘片 ………………………………………………（1504）

36. 元圖案殘片 ………………………………………………（1505）

37. 元圖案殘片 ………………………………………………（1505）

38. 元圖案殘片 ………………………………………………（1505）

39. 元圖像殘片 ………………………………………………（1506）

40. 元圖案殘片 ………………………………………………（1506）

41. 元圖案殘片 ………………………………………………（1506）

42. 元串珠圖案殘片 …………………………………………（1507）

43. 元如意珠圖案殘片 ………………………………………（1507）

44. 元如意珠圖案 ……………………………………………（1507）

(二)印章與畫押 ………………………………………………（1508）

1. 元勘合文書殘片 …………………………………………（1508）

2. 元文書殘尾 ………………………………………………（1508）

3. 元文書殘尾 ………………………………………………（1509）

4. 元文書殘尾 ………………………………………………（1509）

5. 元文書殘尾 ………………………………………………（1510）

6. 元文書殘尾 ………………………………………………（1510）

7. 元文書殘尾 ………………………………………………（1511）

8. 元文書殘尾 ………………………………………………（1511）

9. 元文書殘尾 ………………………………………………（1512）

10. 元文書殘尾 ………………………………………………（1512）

11. 元文書殘尾 ………………………………………………（1512）

12. 元文書殘片 ………………………………………………（1513）

13. 元雜寫殘片 ……………………………………………… (1513)

14. 元文書殘片 ……………………………………………… (1514)

15. 元文書殘尾 ……………………………………………… (1515)

16. 元文書殘片 ……………………………………………… (1515)

17. 元文書殘片 ……………………………………………… (1516)

18. 元文書殘片 ……………………………………………… (1516)

19. 元文書殘尾 ……………………………………………… (1516)

20. 元文卷殘片 ……………………………………………… (1517)

21. 元文書殘尾 ……………………………………………… (1518)

22. 元文書殘片 ……………………………………………… (1518)

23. 元文書殘尾 ……………………………………………… (1518)

24. 元文書殘尾 ……………………………………………… (1519)

25. 元簽押 …………………………………………………… (1520)

26. 元簽押 …………………………………………………… (1520)

27. 元簽押 …………………………………………………… (1521)

28. 元簽押 …………………………………………………… (1521)

29. 元文書殘尾 ……………………………………………… (1522)

30. 元至正二十五年(1365)文書殘尾 ……………………… (1522)

31. 元文書殘尾 ……………………………………………… (1522)

32. 元文書殘尾 ……………………………………………… (1523)

33. 元□真呈文殘尾 ………………………………………… (1523)

34. 元文書殘尾 ……………………………………………… (1524)

35. 元文書殘片 ……………………………………………… (1524)

36. 元契約文書殘片 ………………………………………… (1524)

37. 元文書殘尾 ……………………………………………… (1525)

38. 元谢朵立只失朵簽押習寫 ……………………………… (1525)

39. 元簽押習寫(一) ………………………………………… (1526)

40. 元簽押習寫(二) ………………………………………… (1526)

41. 元簽押習寫 ……………………………………………… (1527)

42. 元簽押習寫 ……………………………………………… (1527)

43. 元簽押習寫 …………………………………………………………（1528）
44. 元簽押習寫 …………………………………………………………（1528）
45. 元文書殘片 …………………………………………………………（1528）
46. 元吳榮等簽押 ………………………………………………………（1529）
47. 元放支文書殘片 ……………………………………………………（1530）
48. 元文書殘片 …………………………………………………………（1531）
49. 元文書殘尾 …………………………………………………………（1531）
50. 元印章殘片 …………………………………………………………（1532）
51. 元文書殘片 …………………………………………………………（1532）
52. 元文書殘尾 …………………………………………………………（1532）
53. 元文書殘尾 …………………………………………………………（1533）
54. 元文書殘尾 …………………………………………………………（1533）
55. 元文書殘片 …………………………………………………………（1534）
56. 元文書殘片 …………………………………………………………（1534）
57. 元至正年間文書殘片 ………………………………………………（1535）
58. 元印章殘片 …………………………………………………………（1535）
59. 元河西隴北道肅政廉訪司等戳印殘片 ……………………………（1536）
60. 元河西隴北道肅政廉訪司等戳印殘片 ……………………………（1536）
61. 元亦集乃路交割文書殘片 …………………………………………（1537）
62. 元文書殘片 …………………………………………………………（1538）
63. 元文書殘尾 …………………………………………………………（1538）
64. 元蒙古年號戳印殘片 ………………………………………………（1539）
65. 元蒙古文戳印殘片 …………………………………………………（1539）
66. 元戳印殘片 …………………………………………………………（1539）
67. 元河西隴北道肅政廉訪司等戳印殘片 ……………………………（1540）
68. 元河西隴北道肅政廉訪司刷訖戳印 ………………………………（1540）
69. 元文書殘片 …………………………………………………………（1541）
70. 元文書殘尾 …………………………………………………………（1541）
71. 元至正八年(1348)九月文書殘尾 …………………………………（1542）

（三）年款 …………………………………………………………………（1542）

1. 元至正八年(1348)稅白麵文書殘片 ………………………………（1542）

2. 元至正十年(1350)五月置卯曆文書殘片 …………………………(1543)

3. 元至大四年(1311)四月文書殘片 ………………………………(1543)

4. 元至治年間文書殘片 ……………………………………………(1544)

5. 元泰定年間文書殘片 ……………………………………………(1544)

6. 元至正十三年(1353)文書殘片 …………………………………(1545)

7. 元至正十一年(1351)文書殘片 …………………………………(1545)

8. 元文書殘尾 ………………………………………………………(1546)

9. 元文書殘片 ………………………………………………………(1546)

10. 元元統二年(1334)七月文書殘片 ………………………………(1547)

11. 元至大四年(1311)八月文書殘尾 ………………………………(1547)

12. 元後至元五年(1339)呈文殘尾 …………………………………(1548)

13. 元後至元四年(1338)梁兀大使衣文書殘片 ……………………(1548)

14. 元至正元年(1341)文書殘片 ……………………………………(1549)

15. 元放支泰定四年(1327)某物文書殘片 …………………………(1549)

16. 元泰定四年(1327)文書殘片 ……………………………………(1550)

17. 元大德十年(1306)閏正月文書殘片 ……………………………(1550)

18. 北元宣光二年(1372)三月十六日批文殘片 ……………………(1550)

19. 元魯即卓立溫布文書殘片 ………………………………………(1551)

20. 元後至元四年(1338)四月十二日批文書殘片 …………………(1551)

21. 元至大四年(1311)文書殘片 ……………………………………(1552)

22. 元泰定四年(1327)二月文書殘尾 ………………………………(1552)

23. 元延祐四年(1317)七月呈文殘片 ………………………………(1553)

24. 元延祐元年(1314)文書殘片 ……………………………………(1553)

25. 元元統三年(1335)文書殘片 ……………………………………(1554)

26. 元元統三年(1335)文書殘片 ……………………………………(1554)

27. 元元統三年(1335)文書殘片 ……………………………………(1554)

28. 元至正六年(1346)文書殘尾 ……………………………………(1555)

29. 元至正八年(1348)文書殘片 ……………………………………(1555)

(四)行文擡頭與落款 ……………………………………………………(1556)

  1. 元戶雜房呈文殘片 ………………………………………………(1556)

2. 元甘州路文書殘片 …………………………………………………… (1556)

3. 元甘肅行省咨文殘片 ………………………………………………… (1557)

4. 元廣成縣文書殘片 …………………………………………………… (1557)

5. 元文書殘片 …………………………………………………………… (1557)

6. 元亦集乃路文書殘片 ………………………………………………… (1558)

7. 元某司申甘肅行省文殘片 …………………………………………… (1558)

8. 元至正六年(1346)文書殘尾 ………………………………………… (1559)

9. 元文書殘片 …………………………………………………………… (1559)

10. 元文書殘片 ………………………………………………………… (1560)

11. 元呈文殘片 ………………………………………………………… (1560)

12. 元文書殘片 ………………………………………………………… (1560)

13. 元張伯元呈文殘片 ………………………………………………… (1561)

14. 元文書殘片 ………………………………………………………… (1561)

15. 元呈文殘片 ………………………………………………………… (1562)

16. 元亦集乃路總管府文書殘片 ……………………………………… (1562)

17. 元亦集乃路廣積倉大使孫福文書殘片 …………………………… (1563)

18. 元文書殘尾 ………………………………………………………… (1563)

19. 元提調農桑文卷殘件(之一) ……………………………………… (1563)

20. 元呈文殘尾 ………………………………………………………… (1564)

21. 元文書殘片 ………………………………………………………… (1565)

22. 元稅使司文書殘片 ………………………………………………… (1565)

23. 元亦集乃路文書殘片 ……………………………………………… (1566)

24. 元梁柔黑承管狀殘片 ……………………………………………… (1567)

25. 元後至元三年(1337)楊天福承管狀殘尾 ………………………… (1567)

26. 元馬令只等承管狀殘片 …………………………………………… (1568)

27. 元亦集乃路總管府文書殘片 ……………………………………… (1568)

28. 元元統三年(1335)蔡華文書殘尾 ………………………………… (1569)

29. 元至順四年(1333)五月等文書殘尾 ……………………………… (1569)

30. 元至正十九年(1359)十月文書殘尾 ……………………………… (1570)

31. 元至正八年(1348)□顏哥責領狀殘尾 …………………………… (1570)

32. 元胡文整呈亦集乃路總管府文為收學課錢事(三) ………… (1570)

33. 元頌辭殘片 ………………………………………………… (1571)

(五)其他文书(上) ……………………………………………… (1572)

 1. 元文書殘片 ……………………………………………… (1572)

 2. 元文書殘尾 ……………………………………………… (1572)

 3. 元文書殘片 ……………………………………………… (1573)

 4. 元雜寫殘片 ……………………………………………… (1573)

 5. 元文書殘片 ……………………………………………… (1573)

 6. 元文書殘片 ……………………………………………… (1574)

 7. 元文書殘片 ……………………………………………… (1575)

 8. 元文書殘片 ……………………………………………… (1575)

 9. 元文書殘片 ……………………………………………… (1576)

 10. 元文書殘片 …………………………………………… (1576)

 11. 元文書殘片 …………………………………………… (1577)

 12. 元文書殘片 …………………………………………… (1577)

 13. 元文書殘片 …………………………………………… (1578)

 14. 元簽押殘片 …………………………………………… (1578)

 15. 元文書殘片 …………………………………………… (1578)

 16. 元庫房文書殘片(一) ………………………………… (1579)

 17. 元庫房文書殘片(二) ………………………………… (1579)

 18. 元文書殘片 …………………………………………… (1580)

 19. 元文書殘片 …………………………………………… (1580)

 20. 元文書殘片 …………………………………………… (1580)

 21. 元文書殘片 …………………………………………… (1581)

 22. 元文書殘片 …………………………………………… (1582)

 23. 元亦集乃路文書殘片 ………………………………… (1582)

 24. 元文書殘片 …………………………………………… (1583)

 25. 元某司呈文殘片 ……………………………………… (1583)

 26. 元文書殘片 …………………………………………… (1584)

 27. 元文書殘片 …………………………………………… (1584)

28. 元張文秀等文書殘片 ……………………………………… (1586)

29. 元泰定五年(1328)等契約殘片 ………………………… (1586)

30. 元亦集乃路某房文書殘片 ………………………………… (1587)

31. 元文書殘片 ………………………………………………… (1588)

32. 元文書殘片 ………………………………………………… (1588)

33. 元文書殘片 ………………………………………………… (1589)

34. 元亦憐只文書殘片 ………………………………………… (1589)

35. 元劉敬臣等文書殘片 ……………………………………… (1590)

36. 元文書殘片 ………………………………………………… (1590)

37. 元陳忠文書殘片 …………………………………………… (1591)

38. 元雜寫殘片 ………………………………………………… (1592)

39. 元營田文書殘片 …………………………………………… (1592)

40. 元亦集乃路文書殘片 ……………………………………… (1593)

41. 元也火汝足立覓土地案文卷(之一) …………………… (1593)

42. 元文書殘片 ………………………………………………… (1594)

43. 元文書殘片 ………………………………………………… (1595)

44. 元亦集乃路某站赤往來使臣支請祗應分例簿殘片(一) ……… (1595)

45. 元各丑昔文書殘片 ………………………………………… (1596)

46. 元達魯花赤總管府文書殘片 ……………………………… (1596)

47. 元至正廿二年(1362)失林婚書案文卷(之一) ………… (1597)

48. 元亦集乃路某站赤往來使臣支請祗應分例簿殘片(二) ……… (1597)

49. 元書信殘片 ………………………………………………… (1598)

50. 元文書殘片 ………………………………………………… (1599)

51. 元文書殘片 ………………………………………………… (1599)

52. 元文書殘片 ………………………………………………… (1599)

53. 元文書殘片 ………………………………………………… (1600)

54. 元文書殘片 ………………………………………………… (1601)

55. 元文書殘片 ………………………………………………… (1601)

56. 元文書殘片 ………………………………………………… (1602)

57. 元至正廿二年(1362)失林婚書案文卷(之一)等殘片 ………… (1602)

58. 元文書殘片 ……………………………………………… (1604)

59. 元文書殘片 ……………………………………………… (1605)

60. 元廣積倉文書殘片 ……………………………………… (1608)

61. 元文書殘片 ……………………………………………… (1609)

62. 元也先帖木兒等文書殘片 ……………………………… (1610)

63. 元合即等渠文書殘片 …………………………………… (1611)

64. 元也火汝足立崑土地案文卷(之一) …………………… (1612)

65. 元文書殘片 ……………………………………………… (1614)

66. 元文書殘片 ……………………………………………… (1614)

67. 元文書殘尾 ……………………………………………… (1615)

68. 元文書殘片 ……………………………………………… (1616)

69. 元文書殘片 ……………………………………………… (1617)

70. 元文書殘片 ……………………………………………… (1618)

71. 元至正九年(1349)文書等殘片 ………………………… (1618)

72. 元納米等文書殘片 ……………………………………… (1619)

73. 元省府文書殘片 ………………………………………… (1620)

74. 元戶計等文書殘片 ……………………………………… (1620)

75. 元斛斗文書殘片 ………………………………………… (1621)

76. 元文書殘片 ……………………………………………… (1622)

77. 元文書殘片 ……………………………………………… (1624)

78. 元亦集乃路總管府文書殘片 …………………………… (1624)

79. 元文書殘片 ……………………………………………… (1626)

80. 元契約殘片 ……………………………………………… (1626)

81. 元文書殘片 ……………………………………………… (1627)

82. 元公用等文書殘片 ……………………………………… (1628)

83. 元延祐七年(1320)文書殘片 …………………………… (1629)

84. 元地土文書殘片 ………………………………………… (1630)

85. 元文書殘片 ……………………………………………… (1632)

86. 元文書殘片 ……………………………………………… (1633)

87. 元文書殘片 ……………………………………………… (1634)

88. 元文書殘片 …………………………………………（1634）
89. 元文書殘片 …………………………………………（1636）
90. 元文書殘片 …………………………………………（1637）
91. 元文書殘片 …………………………………………（1638）
92. 元亦集乃路總管府文書殘片 …………………………（1639）
93. 元文書殘片 …………………………………………（1640）
94. 元張大享文書殘片 …………………………………（1641）
95. 元文書殘片 …………………………………………（1642）
96. 元文書殘片 …………………………………………（1643）
97. 元文書殘片 …………………………………………（1644）
98. 元呈文殘片 …………………………………………（1646）
99. 元文書殘片 …………………………………………（1646）
100. 元亦集乃路總管府文書殘片 ………………………（1648）
101. 元文書殘片 …………………………………………（1649）
102. 元文書殘片 …………………………………………（1649）
103. 元呈文殘片 …………………………………………（1650）
104. 元文書殘片 …………………………………………（1651）
105. 元某司呈亦集乃路總管府文殘片 …………………（1652）
106. 元文書殘片 …………………………………………（1652）
107. 元文書殘片 …………………………………………（1653）
108. 元文書殘片 …………………………………………（1655）
109. 元文書殘片 …………………………………………（1656）
110. 元文書殘片 …………………………………………（1658）
111. 元文書殘片 …………………………………………（1658）
112. 元文書殘片 …………………………………………（1659）
113. 元牒文殘片 …………………………………………（1660）
114. 元斛斗文書殘片 ……………………………………（1660）
115. 元文書殘片 …………………………………………（1662）
116. 元文書殘片 …………………………………………（1663）
117. 元文書殘片 …………………………………………（1663）

118. 元文書殘片 …………………………………………………… (1664)

119. 元文書殘片 …………………………………………………… (1665)

120. 元文書殘片 …………………………………………………… (1667)

121. 元文書殘片 …………………………………………………… (1667)

122. 元大德十一年(1307)文書殘片 ……………………………… (1668)

123. 元文書殘片 …………………………………………………… (1669)

124. 元文卷殘片 …………………………………………………… (1670)

125. 元文書殘片 …………………………………………………… (1671)

126. 元某司下吏王文勝文殘尾 …………………………………… (1672)

127. 元文書殘片 …………………………………………………… (1672)

128. 元文書殘片 …………………………………………………… (1673)

129. 元文書殘片 …………………………………………………… (1674)

130. 元文書殘片 …………………………………………………… (1674)

131. 元文書殘尾 …………………………………………………… (1674)

132. 元亦集乃路文書殘片 ………………………………………… (1675)

133. 元某司呈文為罪犯結狀事殘片 ……………………………… (1675)

134. 元汝足立嵬文書殘片 ………………………………………… (1676)

135. 元承告人張才福文書殘片 …………………………………… (1676)

136. 元賊人婁朋布文書殘片 ……………………………………… (1677)

137. 元承管狀殘片 ………………………………………………… (1677)

138. 元呈狀殘片 …………………………………………………… (1678)

139. 元亦集乃路總管府文書殘片 ………………………………… (1678)

140. 元書信殘片 …………………………………………………… (1679)

141. 元和籴錢文書殘片 …………………………………………… (1679)

142. 元文書殘片 …………………………………………………… (1680)

143. 元楊巡檢文書殘片 …………………………………………… (1681)

144. 元文書殘片 …………………………………………………… (1681)

145. 元朵只昔吉文書殘片 ………………………………………… (1682)

146. 元文書殘片 …………………………………………………… (1683)

147. 元刬子殘片 …………………………………………………… (1683)

第十冊 …………………………………………………………………（1685）
卷十　圖書、印章及其他文書卷（下）……………………………（1687）
　　（五）其他文書（下）……………………………………………（1687）
　　　　1. 元延祐年間劄子殘片 …………………………………（1687）
　　　　2. 元呈文殘片 ………………………………………………（1688）
　　　　3. 元文書殘片 ………………………………………………（1689）
　　　　4. 元文書殘片 ………………………………………………（1689）
　　　　5. 元版畫殘片 ………………………………………………（1691）
　　　　6. 元圖案殘片 ………………………………………………（1691）
　　　　7. 元圖案殘片 ………………………………………………（1691）
　　　　8. 元圖案殘片 ………………………………………………（1691）
　　　　9. 元文書及版畫殘片 ………………………………………（1692）
　　　　10. 元文書殘片 ………………………………………………（1693）
　　　　11. 元雜鈔數文書殘片 ………………………………………（1693）
　　　　12. 元文書殘片 ………………………………………………（1693）
　　　　13. 元支羊鈔文書殘片（一）………………………………（1694）
　　　　14. 元支羊鈔文書殘片（二）………………………………（1695）
　　　　15. 元物帳等文書殘片 ………………………………………（1696）
　　　　16. 元文書殘片 ………………………………………………（1697）
　　　　17. 元錢鈔文書殘片 …………………………………………（1697）
　　　　18. 元斛斗文書殘片 …………………………………………（1698）
　　　　19. 元錢鈔文書殘片 …………………………………………（1698）
　　　　20. 元文書殘片 ………………………………………………（1700）
　　　　21. 元算計盤纏文書殘片 ……………………………………（1700）
　　　　22. 元文書殘片 ………………………………………………（1701）
　　　　23. 元支鈔文書殘片 …………………………………………（1701）
　　　　24. 元親家翁取米文書殘片 …………………………………（1702）
　　　　25. 元支持庫文書殘片 ………………………………………（1702）
　　　　26. 元文書殘片 ………………………………………………（1703）

27. 元錢鈔文書殘片 ……………………………………………… (1704)

28. 元文書殘片 …………………………………………………… (1705)

29. 元錢鈔文書殘片 ……………………………………………… (1705)

30. 元文書殘片 …………………………………………………… (1706)

31. 元文書殘片 …………………………………………………… (1706)

32. 元朵貢等文書殘片 …………………………………………… (1706)

33. 元文書殘片 …………………………………………………… (1707)

34. 元甘州劉震書信包封 ………………………………………… (1708)

35. 元呈文殘尾 …………………………………………………… (1708)

36. 元文書殘片 …………………………………………………… (1709)

37. 元課錢文書殘片 ……………………………………………… (1709)

38. 元首領官文書殘片 …………………………………………… (1710)

39. 元抄本佛典殘片 ……………………………………………… (1710)

40. 元占卜文書殘片 ……………………………………………… (1711)

41. 元文書殘片 …………………………………………………… (1712)

42. 元兩司文書殘片 ……………………………………………… (1712)

43. 元文書殘片 …………………………………………………… (1713)

44. 元習抄詩文殘片 ……………………………………………… (1713)

45. 元習抄殘片 …………………………………………………… (1714)

46. 元文書殘片 …………………………………………………… (1714)

47. 元文書殘片 …………………………………………………… (1715)

48. 元習抄殘片 …………………………………………………… (1715)

49. 元文書殘片 …………………………………………………… (1716)

50. 元習抄殘片 …………………………………………………… (1716)

51. 元文書殘片 …………………………………………………… (1717)

52. 元文書殘片 …………………………………………………… (1717)

53. 元收管文書殘片 ……………………………………………… (1718)

54. 元文書殘片 …………………………………………………… (1718)

55. 元卜列□文書殘片 …………………………………………… (1719)

56. 元文書殘片 …………………………………………………… (1720)

57. 元文書殘片 …………………………………………（1721）
58. 元文書殘片 …………………………………………（1722）
59. 元文書殘片 …………………………………………（1722）
60. 元文書殘片 …………………………………………（1723）
61. 元文書殘片 …………………………………………（1723）
62. 元押白帖文書殘片 …………………………………（1724）
63. 元張大処開塩文書殘片 ……………………………（1724）
64. 元文書殘片 …………………………………………（1725）
65. 元文書殘片 …………………………………………（1725）
66. 元文書殘片 …………………………………………（1726）
67. 元文書殘片 …………………………………………（1727）
68. 元肅政廉訪司文書殘片 ……………………………（1727）
69. 元書信殘片 …………………………………………（1728）
70. 元文書殘片 …………………………………………（1728）
71. 元文書殘片 …………………………………………（1729）
72. 元文書殘片 …………………………………………（1729）
73. 元書信殘片 …………………………………………（1729）
74. 元書信殘片 …………………………………………（1730）
75. 元文書殘片 …………………………………………（1731）
76. 元刻本殘片 …………………………………………（1731）
77. 元書信殘片 …………………………………………（1732）
78. 元文書殘片 …………………………………………（1732）
79. 元文書殘片 …………………………………………（1733）
80. 元學生使驢文書殘片 ………………………………（1733）
81. 元百户王才貴文書殘片 ……………………………（1734）
82. 元生刺复等文書殘片 ………………………………（1735）
83. 元柴薪文書殘片 ……………………………………（1736）
84. 元文書殘片 …………………………………………（1736）
85. 元文書殘片 …………………………………………（1737）
86. 元文書殘片 …………………………………………（1738）

87. 元文書殘片 …………………………………………………… (1738)
88. 元文書殘片 …………………………………………………… (1739)
89. 元糧米文書殘片 ……………………………………………… (1739)
90. 元水牌子陳閏兒文書殘片 …………………………………… (1740)
91. 元與理問相公書殘片 ………………………………………… (1740)
92. 元劄付殘片 …………………………………………………… (1741)
93. 元文書殘片 …………………………………………………… (1741)
94. 元當站役文書殘片 …………………………………………… (1741)
95. 元文書殘片 …………………………………………………… (1742)
96. 元柴價文書殘片 ……………………………………………… (1742)
97. 元墨戳殘片 …………………………………………………… (1743)
98. 元承管狀殘片 ………………………………………………… (1744)
99. 元書信殘片(一) ……………………………………………… (1745)
100. 元書信殘片(二) …………………………………………… (1746)
101. 元書信殘片(三) …………………………………………… (1746)
102. 元書信殘片(四) …………………………………………… (1747)
103. 元小參本文書殘片 ………………………………………… (1748)
104. 元文書殘片 ………………………………………………… (1749)
105. 元文書殘片 ………………………………………………… (1751)
106. 元文書殘片 ………………………………………………… (1751)
107. 元契約殘片 ………………………………………………… (1752)
108. 元某司呈甘肅行省文(稿) ………………………………… (1752)
109. 元習字殘片 ………………………………………………… (1753)
110. 元文書殘片 ………………………………………………… (1753)
111. 元文書殘片 ………………………………………………… (1754)
112. 元文書殘片 ………………………………………………… (1755)
113. 元延祐五年(1318)庫官文書殘片 ………………………… (1755)
114. 元文書殘片 ………………………………………………… (1756)
115. 元官參文書殘片 …………………………………………… (1756)
116. 元文書殘片 ………………………………………………… (1756)

117. 元文書殘片 …………………………………………………（1757）

118. 元文書殘片 …………………………………………………（1757）

119. 元文書殘片 …………………………………………………（1758）

120. 元歲舉守令官員文書殘片 …………………………………（1758）

121. 元墨戳殘片 …………………………………………………（1759）

122. 元文書殘片 …………………………………………………（1759）

123. 元元統三年（1335）封簽殘片 ……………………………（1759）

124. 元文書殘片 …………………………………………………（1760）

125. 元文書殘片 …………………………………………………（1760）

126. 元渠社長何九住文書殘片 …………………………………（1761）

127. 元申文殘片 …………………………………………………（1761）

128. 元文書殘片 …………………………………………………（1762）

129. 元羊錢文書殘片 ……………………………………………（1762）

130. 元文書殘片 …………………………………………………（1763）

131. 元文書殘片 …………………………………………………（1763）

132. 元見禁罪囚起數文書殘片 …………………………………（1764）

133. 元某司呈亦集乃路總管府文殘片 …………………………（1764）

134. 元文書殘片 …………………………………………………（1765）

135. 元呈文殘片 …………………………………………………（1766）

136. 元文書殘片 …………………………………………………（1766）

137. 元屠户行黃道道責領狀殘片 ………………………………（1767）

138. 元木匠飯錢等文書殘片 ……………………………………（1767）

139. 元文書殘片 …………………………………………………（1768）

140. 元僉補文書殘片（一）………………………………………（1768）

141. 元僉補文書殘片（二）………………………………………（1769）

142. 元文書殘片 …………………………………………………（1769）

143. 元文書殘片 …………………………………………………（1770）

144. 元地土文書殘片 ……………………………………………（1771）

145. 元文書殘片 …………………………………………………（1771）

146. 元抄本佛典殘片 ……………………………………………（1772）

147. 元文書殘片 …………………………………………… (1773)
148. 元文書殘片 …………………………………………… (1773)
149. 元月魯不花文書殘片 ………………………………… (1773)
150. 元文書殘片 …………………………………………… (1774)
151. 元治中追封文書殘片 ………………………………… (1775)
152. 元文書殘片 …………………………………………… (1776)
153. 元文書殘片 …………………………………………… (1776)
154. 元文書殘片 …………………………………………… (1777)
155. 元小陳三等文書殘片(一) …………………………… (1777)
156. 元小陳三等文書殘片(二) …………………………… (1777)
157. 元習抄殘片 …………………………………………… (1778)
158. 元文書殘片 …………………………………………… (1778)
159. 元文書殘片 …………………………………………… (1779)
160. 元文書殘片 …………………………………………… (1779)
161. 元文書殘片 …………………………………………… (1780)
162. 元文書殘片 …………………………………………… (1780)
163. 元劉成移関百户長陳清文書殘片 …………………… (1781)
164. 元文書殘片 …………………………………………… (1781)
165. 元文書殘片 …………………………………………… (1782)
166. 元周通文書殘片 ……………………………………… (1782)
167. 元文書殘片 …………………………………………… (1782)
168. 元耳立文書殘片 ……………………………………… (1783)
169. 元文書殘片 …………………………………………… (1784)
170. 元文書殘片 …………………………………………… (1784)
171. 元文書殘片 …………………………………………… (1785)
172. 元文書殘片 …………………………………………… (1785)
173. 元某倉文書殘片 ……………………………………… (1786)
174. 元文書殘片 …………………………………………… (1786)
175. 元也先帖木等文書殘片 ……………………………… (1787)
176. 元文書殘片 …………………………………………… (1787)

177. 元文書殘片 …………………………………………（1788）
178. 元文書殘片 …………………………………………（1788）
179. 元取狀殘片 …………………………………………（1790）
180. 元亦集乃路總管府放支文書殘片 …………………（1790）
181. 元文書殘片 …………………………………………（1791）
182. 元動支官錢文書殘片 ………………………………（1792）
183. 元文書殘片 …………………………………………（1792）
184. 元文書殘片 …………………………………………（1793）
185. 元速丁狀殘片 ………………………………………（1793）
186. 元文書殘片 …………………………………………（1794）
187. 元小麥文書殘片 ……………………………………（1794）
188. 元放支文書殘片 ……………………………………（1795）
189. 元文書殘片 …………………………………………（1796）
190. 元文書殘片 …………………………………………（1796）
191. 元玉卜倉糧食文書殘片 ……………………………（1797）
192. 元文書殘片 …………………………………………（1798）
193. 元文書殘片 …………………………………………（1798）
194. 元文書殘片 …………………………………………（1799）
195. 元馳隻文書殘片 ……………………………………（1800）
196. 元文書殘片 …………………………………………（1800）
197. 元文書殘片 …………………………………………（1801）
198. 元某司批文殘片 ……………………………………（1801）
199. 元文書殘片 …………………………………………（1802）
200. 元文書殘片 …………………………………………（1803）
201. 元文書殘片 …………………………………………（1804）
202. 元文書殘片 …………………………………………（1804）
203. 元書信殘片 …………………………………………（1805）
204. 元文書殘片 …………………………………………（1805）
205. 元文書殘片 …………………………………………（1806）
206. 元文書殘片 …………………………………………（1806）

207. 元文書殘片 …………………………………………（1807）
208. 元文書殘片 …………………………………………（1807）
209. 元文書殘片 …………………………………………（1808）
210. 元書信殘片 …………………………………………（1808）
211. 元達魯花赤文書殘片 ………………………………（1809）
212. 元書信殘片 …………………………………………（1810）
213. 元文書殘片 …………………………………………（1810）
214. 元文書殘片 …………………………………………（1811）
215. 元文書殘片 …………………………………………（1811）
216. 元文書殘片（一） …………………………………（1812）
217. 元文書殘片（二） …………………………………（1812）
218. 元文書殘片 …………………………………………（1813）
219. 元文書殘片 …………………………………………（1814）
220. 元借麥契殘片 ………………………………………（1815）
221. 元文書殘片 …………………………………………（1815）
222. 元文書殘片 …………………………………………（1816）
223. 元文書殘片 …………………………………………（1817）
224. 元呈文殘片 …………………………………………（1817）
225. 元文書殘片 …………………………………………（1818）
226. 元文書殘片 …………………………………………（1818）
227. 元文書殘片 …………………………………………（1819）
228. 元文書殘片 …………………………………………（1819）
229. 元養老文書殘片 ……………………………………（1820）
230. 元文書殘片 …………………………………………（1820）
231. 元肅政廉訪司刷尾殘片 ……………………………（1821）
232. 元呈文殘片 …………………………………………（1821）
233. 元文書殘片 …………………………………………（1822）
234. 元文書殘片 …………………………………………（1822）
235. 元文書殘片 …………………………………………（1823）
236. 元文書殘片 …………………………………………（1823）

237. 元文書殘片 ……………………………………………………（1824）
238. 元文書殘片 ……………………………………………………（1825）
239. 元文書殘片 ……………………………………………………（1825）
240. 元文書殘片 ……………………………………………………（1826）
241. 元文書殘片 ……………………………………………………（1827）
242. 元文書殘片 ……………………………………………………（1827）
243. 元文書殘片 ……………………………………………………（1828）
244. 元文書殘片 ……………………………………………………（1828）
245. 元文書殘片 ……………………………………………………（1829）
246. 元文書殘片 ……………………………………………………（1829）
247. 元文書殘片 ……………………………………………………（1830）
248. 元也火汝足立嵬土地案文卷（之一）…………………………（1830）
249. 元文書殘片 ……………………………………………………（1831）
250. 元文書殘片 ……………………………………………………（1832）
251. 元文書殘片 ……………………………………………………（1833）
252. 元文書殘片 ……………………………………………………（1833）
253. 元阿魯禿文書殘片 ……………………………………………（1834）
254. 元馬匹文書殘片 ………………………………………………（1835）
255. 元脫歡文書殘片 ………………………………………………（1835）
256. 元也火汝足立嵬土地案文卷（之一）…………………………（1836）
257. 元文書殘片 ……………………………………………………（1837）
258. 元文書殘片 ……………………………………………………（1837）
259. 元錢鈔文書殘片 ………………………………………………（1839）
260. 元亦集乃路文書殘片（一）……………………………………（1840）
261. 元亦集乃路文書殘片（二）……………………………………（1841）
262. 元某司批文殘片 ………………………………………………（1842）
263. 元訴狀殘片 ……………………………………………………（1842）
264. 元吾花哈真布男文書殘片 ……………………………………（1843）
265. 元中統鈔文書殘片 ……………………………………………（1844）
266. 元亦集乃路總管府文書殘片 …………………………………（1844）

267. 元文書殘片 …………………………………………… (1844)
268. 元孤老支鈔文書殘片 ………………………………… (1845)
269. 元文書殘片 …………………………………………… (1845)
270. 元習字殘片 …………………………………………… (1846)
271. 元責領狀殘片 ………………………………………… (1846)
272. 元墨戳殘片 …………………………………………… (1847)
273. 元文書殘片 …………………………………………… (1847)
274. 元文書殘片 …………………………………………… (1847)
275. 元契約殘片 …………………………………………… (1848)
276. 元文書殘片 …………………………………………… (1848)
277. 元文書殘片 …………………………………………… (1849)
278. 元文書殘片 …………………………………………… (1849)
279. 元文書殘片 …………………………………………… (1850)
280. 元文書殘尾 …………………………………………… (1851)
281. 元文書殘片 …………………………………………… (1851)
282. 元錢鈔文書殘片 ……………………………………… (1851)
283. 元文書殘片 …………………………………………… (1852)
284. 元文書殘片 …………………………………………… (1853)
285. 元文書殘片 …………………………………………… (1853)
286. 元肅政廉訪司刷尾殘片 ……………………………… (1854)
287. 元文書殘片 …………………………………………… (1854)
288. 元文書殘片 …………………………………………… (1855)
288. 元文書殘片 …………………………………………… (1855)
290. 元文書殘片 …………………………………………… (1856)
291. 元文書殘片 …………………………………………… (1857)
292. 元文書殘片 …………………………………………… (1857)
293. 元文書殘片 …………………………………………… (1858)
294. 元文書殘片 …………………………………………… (1858)
295. 元文書殘片 …………………………………………… (1859)
296. 元文書殘片 …………………………………………… (1859)

297. 元文書殘片 …………………………………………………… (1860)
298. 元文書殘片 …………………………………………………… (1861)
299. 元至正六年(1346)文書殘片 ………………………………… (1861)
300. 元文書殘片 …………………………………………………… (1862)
301. 元文書殘片 …………………………………………………… (1863)
302. 元文書殘片 …………………………………………………… (1863)
303. 元習寫殘片 …………………………………………………… (1864)
304. 元寧夏住人等文書殘片(一) ………………………………… (1864)
305. 元寧夏住人等文書殘片(二) ………………………………… (1865)
306. 元雜錄殘片 …………………………………………………… (1865)
307. 元文書殘片 …………………………………………………… (1866)
308. 元文書殘片 …………………………………………………… (1866)
309. 元文書殘片 …………………………………………………… (1867)
310. 元文書殘片 …………………………………………………… (1867)
311. 元文書殘片 …………………………………………………… (1868)
312. 元錢鈔文書殘片 ……………………………………………… (1868)
313. 元文書殘片 …………………………………………………… (1869)
314. 元戶籍文書殘片 ……………………………………………… (1869)
315. 元取狀文書殘片 ……………………………………………… (1870)
316. 元正至十年(1350)文書殘片(一) …………………………… (1871)
317. 元至正十年(1350)文書殘片(二) …………………………… (1872)
318. 元領鈔文書殘片 ……………………………………………… (1873)
319. 元斛斗文書殘片 ……………………………………………… (1873)
320. 元新附屯田百戶所文書殘片 ………………………………… (1873)
321. 元驅婦文書殘片 ……………………………………………… (1874)
322. 元沙伯等渠文書殘片 ………………………………………… (1874)
323. 元文書殘片 …………………………………………………… (1875)
324. 元馬疋文書殘片 ……………………………………………… (1876)
325. 元馬疋文書殘片 ……………………………………………… (1876)
326. 元文書殘片 …………………………………………………… (1877)

327. 元訴狀殘片	(1877)
328. 元文書殘片	(1878)
329. 元文書殘片	(1879)
330. 元文書殘片	(1879)
331. 元文書殘片	(1879)
332. 元文書殘片	(1880)
333. 元簽押習寫	(1880)
334. 元文書殘片	(1881)
335. 元文書殘片	(1881)
336. 元習字殘片	(1881)
337. 元文書殘片	(1882)
338. 元至順年間文書殘片	(1882)
339. 元文書殘片	(1883)
340. 元放支文書殘片	(1883)
341. 元文書殘片	(1884)
342. 元開坐花名文書殘片	(1884)
343. 元學生米糧文書殘片	(1885)
344. 元張受文書殘片	(1886)
345. 元亦集乃路總管府文書殘片(一)	(1887)
346. 元亦集乃路總管府文書殘片(二)	(1887)
347. 元阿立嵬口糧文卷(之一)	(1888)
348. 元阿立嵬口糧文卷(之一)	(1889)
349. 元阿立嵬口糧文卷(之一)	(1889)
350. 元偷盜衣服文書殘片(一)	(1890)
351. 元偷盜衣服文書殘片(二)	(1890)
352. 元文書殘片	(1891)
353. 元阿立嵬口糧文卷(之一)	(1892)
354. 元文書殘片	(1893)
355. 元坤只禿文書殘片	(1894)
356. 元米糧文書殘片(一)	(1895)

357. 元米糧文書殘片(二) …………………………………… (1896)
358. 元蘇按普文書殘片 ……………………………………… (1897)
359. 元文書殘片 ……………………………………………… (1898)
360. 元訴狀殘片 ……………………………………………… (1898)
361. 元阿立嵬口糧文卷(之一) ……………………………… (1899)
362. 元文書殘片 ……………………………………………… (1902)
363. 元文書殘片 ……………………………………………… (1903)
364. 元文書殘片 ……………………………………………… (1905)
365. 元習字殘片 ……………………………………………… (1905)
366. 元試筆習字殘片 ………………………………………… (1906)
367. 元習抄《孝經》殘片 …………………………………… (1907)
368. 元文書殘片 ……………………………………………… (1908)
369. 元文書殘片 ……………………………………………… (1910)
370. 元文書殘尾 ……………………………………………… (1910)
371. 元亦集乃路總管府文書殘片 …………………………… (1911)
372. 元呈文殘片 ……………………………………………… (1911)
373. 元亦集乃路總管府文書殘片 …………………………… (1912)
374. 元至大元年(1308)亦集乃路總管府照勘大德十一年稅
    糧文卷(之一) ………………………………………… (1912)
375. 元文書殘片 ……………………………………………… (1913)
376. 元黃米文書殘片 ………………………………………… (1914)
377. 元文書殘片 ……………………………………………… (1914)
378. 元欽鈔文書殘片(一) …………………………………… (1915)
379. 元欽鈔文書殘片(二) …………………………………… (1916)
380. 元文書殘片 ……………………………………………… (1917)
381. 元錢鈔文書殘片 ………………………………………… (1917)
382. 元錢鈔文書殘片 ………………………………………… (1917)
383. 元試筆習字殘片 ………………………………………… (1918)
384. 元試筆習字殘片 ………………………………………… (1918)
385. 元文書殘片 ……………………………………………… (1919)

386. 元試筆習字殘片 …………………………………………… (1919)

387. 元文書殘片 …………………………………………………… (1920)

388. 元差令巴文書殘片 …………………………………………… (1920)

389. 元祖朶立只答取狀文書殘片 ………………………………… (1921)

390. 元文書殘片 …………………………………………………… (1921)

391. 元文書殘片 …………………………………………………… (1922)

392. 元文書殘片 …………………………………………………… (1923)

393. 元文書殘片 …………………………………………………… (1923)

394. 元至正四年(1344)文書糜子文書殘片 …………………… (1924)

395. 元文書殘片 …………………………………………………… (1925)

396. 元墨戳殘片 …………………………………………………… (1928)

397. 元習字殘片 …………………………………………………… (1929)

398. 元習字殘片 …………………………………………………… (1929)

399. 元文書殘片 …………………………………………………… (1930)

400. 元文書殘片 …………………………………………………… (1931)

401. 元文書殘片 …………………………………………………… (1933)

402. 元中統元年(1260)置到鈔文書殘片 ……………………… (1934)

403. 元文書殘片 …………………………………………………… (1934)

404. 元文書殘片 …………………………………………………… (1937)

405. 元文書殘片 …………………………………………………… (1939)

406. 元文書殘片 …………………………………………………… (1940)

407. 元二麥文書殘片 ……………………………………………… (1941)

408. 元苧来甘結狀等殘片 ………………………………………… (1943)

409. 元文書殘片 …………………………………………………… (1943)

410. 元文書殘片 …………………………………………………… (1944)

411. 元文書殘片 …………………………………………………… (1946)

412. 元文書殘片 …………………………………………………… (1948)

413. 元抄本密教儀軌殘片 ………………………………………… (1949)

414. 北元宣光八年(1378)文書殘片 …………………………… (1950)

研究編

軍政文書研究 …………………………………………………………（1953）
 從黑水城出土文書看元代的肅政廉訪司刷案制度……………………（1955）
 黑水城文獻所見元代肅政廉訪司"刷尾"工作流程 ………………（1968）
 黑水城元代 Y1：W22 文書的性質和定名 ……………………………（1981）
 黑水城所出識認狀問題淺探 ………………………………………………（1987）
 黑水城元代文獻中的"安定王"及其部隊 ……………………………（1999）
 黑水城元代"忽刺木翼軍人"文書研究…………………………………（2009）
 黑水城所出元代"牌子頭"文書研究……………………………………（2016）

經濟文書研究 …………………………………………………………（2033）
 元代的保人擔保 ……………………………………………………………（2035）
 黑水城元代雇傭契約研究 …………………………………………………（2051）
 黑水城元代《卜魯罕妃子分例米麵文卷》復原 ………………………（2064）
 黑水城所出元代酒醋課程文書研究 ……………………………………（2079）
 從黑水城文獻看元代俸禄制度的運作 …………………………………（2090）
 俄藏黑水城所出《天曆二年呈亦集乃路官府文》考釋 ………………（2104）

儒學、禮儀文書研究 …………………………………………………（2115）
 關於黑水城幾件元代府學文書的綴合及其相關問題…………………（2117）
 由黑水城文書看北元時期肅政廉訪司更換官吏中的作用……………（2136）
 黑水城元代禮儀祭祀文書的判定與整理 ………………………………（2145）
 黑水城所出元代禮儀文書考釋三則 ……………………………………（2163）

佛經、古籍文書研究及其他 …………………………………………（2177）
 《中國藏黑水城漢文文獻》所收佛經殘頁題名辨正 …………………（2179）
 《中國藏黑水城漢文文獻》印本古籍殘片題名辨正 …………………（2193）
 《中國藏黑水城漢文文獻》讀後 …………………………………………（2203）

後記 ……………………………………………………………………（2243）

前　言

　　黑水城文獻主要包括俄藏、英藏和中國藏三大宗。1908年至1909年，俄國軍官、地理學家科茲洛夫受俄國皇家地理學會派遣，率探險隊兩次到我國內蒙古自治區額濟納地區的黑水城進行"考察"，發現、挖掘了大量珍貴的西夏文、漢文文獻和其他文物，並將這些文獻文物運往俄羅斯。這批文物分為文物和文獻兩類，文物部分收藏在俄羅斯國立愛密塔什博物館；文獻部分現存於俄羅斯科學院東方學研究所，此之謂俄藏黑水城文獻。繼科茲洛夫之後，英國斯坦因於1914年第三次中亞探險考古期間也曾到黑水城進行盜掘，所獲文獻現存於英國倫敦大英博物館，此為英藏黑水城文獻。中國藏黑水城文獻則包括以下數次中國考古工作者對黑水城考古發掘所獲文獻：1. 1926年9月中旬，由瑞典探險家斯文·赫定和中國北京大學徐炳昶教授組成並共同擔任團長的"西北科學考察團"曾到黑水城考察並獲得部分文書，現藏於中國社會科學院考古研究所；2. 1962年和1963年，內蒙古自治區文物工作隊兩次派員到黑水城進行考古調查，獲得少量文書，現藏內蒙古自治區文物考古研究所；3. 1978年中國科學院沙漠研究所、人民畫報社、中國報導社、甘肅日報社和甘肅省博物館等單位聯合組成的河西沙漠考察組也曾到黑水城遺址進行考察，在城中的兩個垃圾堆中清理出十多件元代文書。1979年，甘肅省電影製片廠前往黑水城拍攝電影期間，王勤台和陳炳應兩位先生也曾發現少量文書。這兩次考察共獲得文書24件，現藏於甘肅省博物館；4. 1983年和1984年內蒙古自治區文物考古研究所會同阿拉善盟文物工作站對黑水城遺址先後進行兩次發掘，這是中國考古工作者對黑水城遺址進行的最大規模的考古發掘，所獲文書現分藏於內蒙古自治區文物考古研究所、阿拉善盟博物館和額濟納旗文物管理所。以上數次考古發掘所獲文獻即為目前已知的中國藏黑水城文獻的全部，其中，又以1983年和1984年兩次發掘最為徹底，所獲文獻數量最多，構成了中國藏黑水城文獻的主體。2008年國家圖書館出版社以全彩印刷的方式出版《中國藏黑水城漢文文獻》一書，該書收錄了1983年和1984年兩次對黑水城遺址進行考古發掘時所獲漢文文書及1962年和1979年各文博部門採集的少量漢文文書。該書所收錄的漢文文書即是本書整理與研究的對象。

一

黑水城文獻出土後，引起了學術界的極大關注，直接結果就是催生了"西夏學"這一新興學科。早期的"西夏學"主要就是指對黑水城西夏文文獻的研究。這一時期由於學界對黑水城文獻研究的興奮點在西夏文文獻上，同時中國藏黑水城漢文文獻影印件未公佈，故而學人的關注點均在俄藏黑水城文獻上，對中國藏黑水城漢文文獻研究相對比較薄弱。1983年陳炳應發表《黑城新出土的一批元代文書》一文，[1] 對1976年和1979年甘肅省文物工作隊到黑水城調查採集到的文書進行了探討，並公佈了24件文書的錄文及15件文書圖版，這是對中國藏黑水城文獻的首次公佈及最早的研究成果。1983年和1984年兩次考古發掘後，內蒙古自治區文物考古研究所即着手文書的整理修復，1987年內蒙古自治區文物考古研究所與阿拉善盟文物工作站在《文物》第7期上發表《內蒙古黑水城考古發掘紀要》，同期發表的還有李逸友《黑水城文書所見的元代納憐道站赤》一文。

1991年李逸友集中發表了《元代文書檔案制度舉隅——記內蒙古額濟納旗出土元代文書》[2]《元代草原絲綢之路上的紙幣——內蒙古額濟納旗黑水城出土的元鈔及票券》[3]《黑城出土的元代律令文書》[4] 等系列文章。同年他還出版了《黑城出土文書（漢文文書卷）》[5] 一書，該書是對中國藏黑水城漢文文獻第一次全面系統的整理公佈，功不可沒。其後，國內諸多學人依據該書的錄文與圖版，發表了數量可觀的相關研究文章。先後發表的論文主要有：李逸友《黑城出土的元代合同婚書》[6]，《內蒙古醫學史略》編寫組《從出土醫書殘頁窺元代哈拉浩特醫學之

---

[1] 《考古與文物》1983年第1期。
[2] 《檔案學研究》1991年第4期。
[3] 《中國紙幣》1991年第3期。
[4] 《文物》1991年第7期。
[5] 科學出版社1991年版。
[6] 《文物天地》1992年第2期。

一斑》①，方齡貴《讀〈黑城出土文書〉》②，張培瑜、盧央《黑城出土殘曆的年代和有關問題》③，邱瑞中《黑城元代文獻札記》④，楊選第《元代亦集乃路的民間借貸契約》⑤，葉新民《亦集乃路元代契約文書研究》⑥，劉海波《〈黑城出土文書〉醫藥殘文考略》⑦，劉曉《從黑城文書看元代的戶籍制度》⑧，聶鴻音《黑城所出〈續一切經音義〉殘片考》⑨，邱樹森《從黑城出土文書看元〈回回哈的司〉》⑩，吳宏岐《〈黑城出土文書〉中所見元代亦集乃路的灌溉管道及其相關問題》⑪，王銘《元代亦集乃路河渠司上總管府具保結呈考辨》⑫，龐文秀《黑城出土元代有價證券例證》⑬，虞萬里《黑城文書〈新編待問〉殘葉考釋與復原》⑭，石昆《從黑水城出土漢文文書看元代亦集乃路的西夏遺民》⑮，段玉泉《黑水城文獻〈資治通鑒綱目〉殘頁考辨》⑯，潘潔《黑城分例文書中的屬相紀年》⑰，張玉珍《從黑城出土文書看元代貨幣制度》⑱，劉秋根、楊小敏《從黑城文書看元代官營酒業的變化》⑲，潘潔、陳朝輝《元代亦集乃路大王妃子分例文書復原》⑳，潘潔《元代亦集乃路稅糧初探》㉑，侯愛梅《失林婚書案文書初探》㉒，崔為、王姝琛《黑城出土的〈傷寒論〉抄頁》㉓，徐悅《黑城所出 F116:W115 號提調農桑文

---

① 《內蒙古中醫藥》1992 年第 3 期。
② 《內蒙古社會科學》1992 年第 6 期。
③ 《南京大學學報》（哲學社會科學版）1994 年第 2 期。
④ 《中國典籍與文化》1996 年第 2 期。
⑤ 《內蒙古師範大學學報》（哲學社會科學版）1996 年第 3 期。
⑥ 《蒙古史研究》第五輯，內蒙古大學出版社 1997 年版。
⑦ 《中華醫史雜誌》1998 年第 2 期。
⑧ 《江西財經大學學報》2000 年第 6 期。
⑨ 《北方文物》2001 年第 1 期。
⑩ 《南京大學學報》（哲學社會科學版）2001 年第 3 期。
⑪ 《西北民族論叢》第一輯，中國社會科學出版社 2002 年版。
⑫ 《南京曉莊學院學報》2002 年第 2 期。
⑬ 《內蒙古金融研究》2003 年第 S4 期。
⑭ 臺灣《漢學研究》2003 年第 2 期。
⑮ 《敦煌學輯刊》2005 年第 2 期。
⑯ 《寧夏大學學報》（人文社會科學版）2006 年第 3 期。
⑰ 《內蒙古社會科學》2006 年第 4 期。
⑱ 河北大學碩士學位論文，2006 年。
⑲ 《寧夏社會科學》2007 年第 1 期。
⑳ 同上。
㉑ 《內蒙古社會科學》2007 年第 2 期。
㉒ 《寧夏社會科學》2007 年第 2 期。
㉓ 《長春中醫藥大學學報》2007 年第 3 期。

書考釋》①，鄭彥卿《黑水城所出一件元代職官文書考釋》②，王亞莉《黑城文書所見元代兩件站赤文書考釋》③，潘潔《黑水城出土文書中的記數符號初探》④，徐悅《元代亦集乃路的屯田開發》⑤，劉永剛《對黑水城出土的一件婚姻文書的考釋》⑥，吳超《亦集乃路稅務管理初探》⑦。同一時期，日本學者也利用《黑城出土文書（漢文文書卷）》所公佈文書，結合其他文獻資料，對相關問題進行了探討，發表了一系列研究成果，對此杜建錄在《中國藏黑水城漢文文獻·前言》中已有詳細列舉⑧，在此不再一一贅述。

2008年內蒙古自治區文物考古研究所、寧夏大學西夏學研究中心、甘肅省古籍文獻整理編譯中心聯合編輯出版了《中國藏黑水城漢文文獻》一書，該書共收錄了漢文文書4213件，並且採用了全彩印刷，最大限度地體現了文書原貌，保存了文書的原始信息。該書的出版，在學界掀起了一個黑水城漢文文獻研究的小熱潮，先後發表的論文主要有：王亞莉《黑城出土元代簽補站戶文書F116：W543考釋》⑨，許偉偉《黑城夏元時期契約文書的若干問題——以穀物借貸文書為中心》⑩，叢海平《〈黑城出土文書〉所見海都之亂時期亦集乃路的軍糧供給》⑪，吳超《〈黑城出土文書〉所見"牌子"考》⑫，孫廣文、蘭天祥《元代亦集乃路儒學教育初探》⑬，潘潔《黑水城出土〈文獻通考〉版本考》⑭，張重艷《黑水城所出元代軍糧文書雜識》⑮，楊彥彬《試析元末至北元初期甘肅地區的分省設置——以三件黑城出土文書為中心》⑯，李治安《元代甘肅行省新探》⑰，李艷、謝繼忠《從黑城文書看元代亦集乃

---

① 《寧夏社會科學》2007年第4期。
② 《寧夏社會科學》2007年第5期。
③ 《內蒙古師範大學學報》（哲學社會科學版）2008年第1期。
④ 《寧夏社會科學》2008年第2期。
⑤ 《寧夏社會科學》2008年第3期。
⑥ 《寧夏社會科學》2008年第4期。
⑦ 《陰山學刊》2008年第5期。
⑧ 杜建錄：《中國藏黑水城漢文文獻·前言》，國家圖書館出版社2008年版，第23—24頁。
⑨ 《寧夏社會科學》2009年第3期。
⑩ 同上。
⑪ 《雲南師範大學學報》（哲學社會科學版）2009年第4期。
⑫ 《北華大學學報》（社會科學版）2009年第4期。
⑬ 《寧夏社會科學》2009年第5期。
⑭ 《圖書館理論與實踐》2009年第7期。
⑮ 《蘭州學刊》2009年第12期。
⑯ 《西夏學》第四輯，寧夏人民出版社2009年版。
⑰ 《元史論叢》第十一輯，天津古籍出版社2009年版。

路的水利管理和糾紛》①，楊印民《元代官府祇應酒品的生產與管理——兼與〈從黑城文書看元代官營酒業的變化〉一文商榷》②，陳瑋《元代亦集乃路伊斯蘭社會探析——以黑城出土文書、文物爲中心》③，杜立暉《黑水城 F116：W434 元末簽補站戶文書試釋》④，孔德翊、屈耀琦《元代亦集乃路祭祀初探》⑤，張笑峰《聖容寺研究——以黑水城出土文書爲中心》⑥，潘潔《元代亦集乃路賦税考——黑水城出土税票考釋》⑦，吳超《〈黑水城出土文書〉所見亦集乃路達魯花赤》⑧《元代勸農機構初探——以黑水城出土文書爲中心》⑨《黑水城出土文書所見人事變化初探》⑩《〈黑水城出土文書〉所見亦集乃路農業技術推廣初探》⑪，彭海濤《黑水城所出八件佛經殘片定名及復原》⑫，蔡偉政《黑水城所出元代禮儀祭祀文書初探》⑬，屈耀琦《元代亦集乃路的國家祭祀——以黑城出土文書為中心》⑭，趙小明《中國藏黑水城方術類文獻研究》⑮，邱志誠《黑水城文書中發現又一版本的〈千金要方〉——新刊中國藏黑水城F14：W8號漢文文書考釋》⑯，蘇力《元代亦集乃路蒙古字學補證》⑰，吳超《蒙元時期亦集乃路畜牧業初探》⑱《〈黑水城出土文書〉所見亦集乃路的孤老救濟初探》⑲，劉廣瑞《再考黑城所出 F116：W115 號提調農桑文卷》⑳《黑水城所出元代解由文書初探》㉑《黑水城所出元代"白帖"文書初釋》㉒，楊富學、張海娟《蒙古

---

① 《邊疆經濟與文化》2010 年第 1 期。
② 《寧夏社會科學》2010 年第 1 期。
③ 《西域研究》2010 年第 1 期。
④ 《寧夏社會科學》2010 年第 4 期。
⑤ 《西夏研究》2011 年第 1 期。
⑥ 同上。
⑦ 《中國經濟史研究》2011 年第 1 期。
⑧ 《陰山學刊》2011 年第 2 期。
⑨ 《西夏研究》2011 年第 3 期。
⑩ 《吉林師範大學學報》（人文社會科學版）2011 年第 3 期。
⑪ 《農業考古》2011 年第 4 期。
⑫ 《西夏學》（第八輯），上海古籍出版社 2011 年版。
⑬ 河北師範大學碩士學位論文，2011 年。
⑭ 寧夏大學碩士學位論文，2011 年。
⑮ 西北師範大學碩士學位論文，2011 年。
⑯ 《首都師範大學學報》（社會科學版）2012 年第 1 期。
⑰ 《東北師範大學學報》（哲學社會科學版）2012 年第 1 期。
⑱ 《農業考古》2012 年第 1 期
⑲ 《西夏研究》2012 年第 1 期。
⑳ 同上。
㉑ 《承德民族師專學報》2012 年第 2 期。
㉒ 《内蒙古農業大學學報》（社會科學版）2012 年第 2 期。

幽王家族與元代西北邊防》①，陳瑞青《黑水城所出元代甘肅行省豐備庫錢糧文書考釋》②，郭兆斌《從黑水城出土文書看元代的肅政廉訪司刷案制度》③，霍紅霞《元代亦集乃路水利管理初探》④，杜立暉《黑水城文書與元代錢糧考較制度》⑤，邱志誠《黑水城 M1·1296、M1·1298 號文書的綴合、考釋及相關問題研究》⑥，孫繼民《黑水城文獻所見元代肅政廉訪司"刷尾"工作流程——元代肅政廉訪司文卷照刷制度研究之一》⑦，陳瑞青《黑水城元代文獻中的"安定王"及其部隊》⑧《〈中國藏黑水城漢文文獻〉印本古籍殘片題名辨正》⑨《〈中國藏黑水城漢文文獻〉所收佛經殘頁題名辨正》⑩，馬立群《黑水城出土婚姻類文書探析》⑪，陳朝輝、潘潔《黑水城出土元代文書押印制度初探》⑫，郭兆斌《元代肅政廉訪司研究——以黑水城出土文獻為中心》⑬，薄嘉《黑水城出土元代諸王妃子分例文書整理與研究》⑭，劉廣瑞《元代千字文編號應用形式考——以黑水城文獻為中心》⑮，王天然、馬楠《黑水城出土刊本〈尚書句解〉殘葉小識》⑯，邱志誠《黑水城 M1·1221、M1·1225 漢文文書殘片考釋》⑰，宋坤《黑水城所出識認狀問題淺探》⑱，張磊、黃沚青《黑水城所出元建本〈碎金〉殘頁研究》⑲，張笑峰《黑水城文書中的寧肅王》⑳，秦樺林《黑水城出土〈元一統志〉刻本殘葉考》㉑，張國旺《黑水城文書所見元代地方官吏俸

---

① 《中國邊疆史地研究》2012 年第 2 期。
② 《寧夏社會科學》2012 年第 2 期。
③ 同上。
④ 《農業考古》2012 年第 4 期。
⑤ 《首都師範大學學報》（社會科學版）2012 年第 4 期。
⑥ 《文獻》2012 年第 4 期。
⑦ 《南京師大學報》（社會科學版）2012 年第 5 期。
⑧ 《南京師大學報》（哲學社會科學版）2012 年第 5 期。
⑨ 《薪火相傳——史金波先生 70 壽辰西夏學國際學術研討會論文集》，中國社會科學出版社 2012 年版。
⑩ 《"中國藏黑水城漢文文獻整理與研究研討會"論文集》，2012 年 8 月，煙台。
⑪ 《圖書館理論與實踐》2012 年第 11 期。
⑫ 《西夏研究》2013 年第 4 期。
⑬ 河北師大學碩士學位論文，2012 年。
⑭ 同上。
⑮ 《檔案學研究》2014 年第 1 期。
⑯ 《中國典籍與文化》2014 年第 2 期。
⑰ 《寧夏師範學院學報》2014 年第 2 期。
⑱ 《西夏研究》2014 年第 3 期。
⑲ 《圖書館理論與實踐》2014 年第 6 期。
⑳ 《圖書館理論與實踐》2014 年第 7 期。
㉑ 《中國地方志》2014 年第 10 期。

額考論》①，杜建錄、鄧文韜《黑水城出土兩件租賃文書考釋》②，杜建錄、鄧文韜《黑水城出土合同婚書整理研究》③，張海娟《黑水城文獻與蒙元史的構建》④，杜立暉《元代勘合文書探析——以黑水城文獻為中心》⑤，侯愛梅《從黑水城出土文書看元代亦集乃路的司法機構》⑥，等等。

二

中國藏黑水城文獻相對於俄藏、英藏黑水城文獻來說具有兩大顯著特點：一是漢文文獻居多，占主體地位。俄藏為黑水城文獻的最大宗，1963年戈爾芭切娃和克恰諾夫編《蘇聯科學院民族研究所藏西夏文寫本和刊本考定書目》收錄的文獻編號是8090號，其中西夏文文獻占90%。漢文文獻的數量，1984年孟列夫編《黑城出土漢文遺書敘錄》收錄的是488件；中國社會科學院民族研究所、上海古籍出版社、俄羅斯聖彼得堡東方學研究所合作整理的《俄藏黑水城文獻》漢文部分六冊收錄的文獻有636個編號，僅占全部文獻的7%。英藏部分，據謝玉傑《英藏黑水城文獻·序言》稱：雖然斯坦因在其考古報告中說只有"西夏文寫本1100件，西夏文印本300件"，但"實際上現有英國國家圖書館西夏文獻的編號4000號以上"。而其中之漢文文獻據統計共計406個編號⑦，僅占10%左右。而《中國藏黑水城漢文文獻》一書共收錄漢文文獻4213件（2000多個編號），占全部文獻的四分之三以上。⑧ 二是世俗文獻居多，且全部為元代文獻。從文獻種類來看，俄藏及英藏黑水城文獻當中，90%以上均為佛教文獻；從朝代構成來看，俄藏、英藏文獻當中共含宋、夏、遼、金、元等諸朝文獻，且俄藏當中還包括有混入的清代文獻。⑨ 而中國藏黑水城4213件漢文文獻當中，佛教文獻僅233件，約占5.5%；朝代構成當中，雖然《中國藏黑水城漢文文獻》一書《凡例》中稱

---

① 《隋唐遼宋金元史論叢》（第四輯），上海古籍出版社2014年版。
② 《宋史研究論叢》（第十五輯），河北大學出版社2014年版。
③ 《西夏研究》2015年第1期。
④ 《敦煌研究》2015年第1期。
⑤ 《歷史研究》2015年第2期。
⑥ 《商丘師範學院學報》2015年第8期。
⑦ 白寧寧：《英藏黑水城汉文文獻的整理研究》，河北師範大學碩士學位論文，2013年。
⑧ 杜建錄：《中國藏黑水城漢文文獻·前言》，國家圖書館出版社2008年版，第17頁。
⑨ 孫繼民：《黑城學：一個更為貼切的學科定名》，《河北學刊》2007年第4期。

文獻收錄範圍包括"宋、遼、夏、金、元時期的紙質漢文文獻4213件"，但實際上該書所收文獻均屬元代文獻，未見其他諸朝文獻。

雖然中國藏黑水城漢文文獻朝代構成單一，均為元代文獻，但其文獻價值並不低於俄藏、英藏文獻。在黑水城出土漢文文獻當中，元代文獻最多，占據主體地位。據統計，《俄藏黑水城文獻》漢文部分有元代文獻80件，英藏黑水城文獻中，郭鋒《斯坦因第三次中亞探險所獲甘肅新疆出土漢文文書——未經馬斯伯樂刊佈的部分》一書中所刊佈的106件漢文文書中，除了2件可以判定為西夏文獻、1件為宋代文獻，9件為元代文獻外，其餘未確定朝代的絕大部分文獻也應為元代文獻。《斯坦因第三次中亞考古所獲漢文文獻（非佛經部分）》刊佈的650多件文獻中，編者沙知先生確認的元代文獻是149件，其未確定年代的文獻也多為元代文獻。陳炳應《黑城新出土的一批元代文書》刊佈甘肅博物館收藏的黑水城文獻為24件，其中23件為元代文獻。中國藏元代文獻是4213件（2000多個編號），則元代漢文文獻在黑水城文獻中至少有4438件。這一數量當然不及西夏文文獻，但也占到了黑水城文獻總數31%強。相對而言，元代文獻的有效值不及西夏文獻，因為元代傳世資料遠多於西夏的傳世資料；但元代文獻的有效值超過宋代文獻，因為元代傳世資料遠不及宋代的傳世資料豐富。另外，俄藏、英藏所收漢文文獻大多殘損嚴重，幾乎均為殘片，而中國藏黑水城文獻中存在一定數量的完整文獻，其蘊含信息及價值普遍高於俄藏、英藏文獻。大體而言，中國藏黑水城漢文文獻的價值及意義主要可以體現在以下幾個方面：

第一，為研究元代歷史提供了諸多彌足珍貴的實物資料。中國藏黑水城漢文文獻當中有諸多以前僅見於史籍記載，實物早已湮沒無存的珍貴資料。例如第2冊及第9冊所收錄的HF193A正《廣積倉支黃米文書》、HF193A背《廣積倉支黃米文書》、84H·F13：W70/0421《押印》、F111：W54《天字號收米文書》、84H·F111：W13/1091《楊三寶收米文書殘件》等幾件文書，杜立暉即研究指出其分別為元代勘合及勘合元發半印號簿原件。[①] 據此，我們可以看到元代勘合文書，實由"半印勘合"與"半印勘合號簿"兩部分構成，且其存在漢蒙雙語勘合和漢語勘合兩種形式，其上除載有用於勘驗的字號、印章之外，還載有其他需辦理事務的內容。同時，利用這幾件勘合原件，我們還可以對元代勘合的製作、管理、使

[①] 杜立暉：《元代勘合文書探析——以黑水城文獻為中心》，《歷史研究》2015年第2期。

用流程有更進一步的認識，彌補了史籍記載的不足。又如，目前學界對元代牌符制度的研究主要集中於做官底牌子及遣使牌子兩類，但對在地方行政運作中起到重要作用的信牌則關注較少。而中國藏黑水城漢文文獻中至少收錄有5件元代信牌文書，其中較為完整的三件當為與信牌一起使用的"粘連文字"文書原件。這幾件文書原件均體現出了諸多傳世典籍所不載的重要特徵，對於研究元代的牌符制度有着重要史料價值。再如，第6冊《票據》類所收錄的元代廣積倉倉票、契本、鹽引等原件，均是研究元代經濟史不可或缺的重要資料。

第二，為認識元代公文形態和文書管理、流轉運作提供了珍貴資料。中國藏黑水城漢文文獻當中共收錄有文卷17種，涵蓋農政、錢糧、諸王妃子分例、詞訟、站赤、祭祀六大類。文卷當中內容豐富，是研究元代文書管理、流轉制度的寶貴資料。例如，第2冊《大德四年軍糧文卷》中F116：W552號文書，由圖版可見，此件文書是由3紙粘貼而成。前兩紙紙張相同，內容為一完整文書，敍述了事由、事目項及首領官簽押，並加蓋墨印，在此兩紙粘貼處也加蓋了墨色騎縫章，其目的應為防止有人私自揭改文書。而最後一紙較小，為另紙粘貼，有3行朱書，內容為肅政廉訪司勘驗文書後所留處理意見，最後為肅政廉訪司官吏署名畫押，並加蓋朱色印章及河西隴北道肅政廉訪司木刻照刷戳記。這些信息極為重要，它們可以使我們對元代文書的形成、檢核制度及用章制度有更加真實、更加深入的認知。除文卷之外，其他單件文書對研究元代文書制度同樣有着重要價值。例如，傳世文獻中雖然不乏元代圓署制度的記錄，但圓署完成後的公文形態到底如何卻無從知曉，而第4冊《驅口案》所收錄T9：W3號文書《宣光元年強奪驅口案》正好彌補了這一缺憾。通過這件文書可知，北元時期的亦集乃路總管府圓署公文至少由兩部分組成，第一部分是圓署的事由，第二部分是長官、佐貳官的簽名。其中，圓署事由處鈐蓋印章，長官、佐貳官的簽名順序則先佐貳官，後長官，且有兩處印有八思巴文墨印，這對於認識元代和北元時期圓署公文的形態，進而深入研究圓署制度的運作均有重要價值。

第三，為研究元代地方行政制度、行政機構的運轉提供了具體的細節材料，具有重要的補史價值。中國藏黑水城元代漢文文書主要為亦集乃路總管府及其司屬與甘肅行省的往來文書，這些文書展現出了諸多傳世典籍所未載的細節內容。例如文書中所涉及的"亦集乃分省"問題，傳世典籍中雖然有關於分省的記載，但對元末及北元初期，甘肅地區的分省設立情況則記載不明。而楊彥彬就以3件黑水城出土的漢文文書為中心，對元末至北元初期甘肅地區的分省設置情況進行了深入研究。他指出，通過3件文書可以看出，至正末年及北元初期，甘肅地區設有肅州分省、甘州分省、亦集乃分省三個分省，其中亦集乃分省設立時間應為洪武五年（北元宣光二年，公元1372年）。① 由此可見，黑水城漢文文書對於研究元末分省制度的產生、發展、消亡，分省與路的關係，分省的職能、職官制度等內容，提供了翔實史料，這也為研究其他地方的分省問題提供了重要線索。又如，傳世典籍中對於元代分封各地諸王的分例管理制度雖有記載，但也大多語焉不詳。而《中國藏黑水城漢文文獻》第3冊所收錄的"諸王妃子分例文卷"則為我們研究地方諸王的分例制度提供了重要資料。通過復原其中的"桑哥失里大王分例文卷"，我們可以對元代諸王分例的申請、管理、發放有更進一步的深入認識。

　　第四，為研究元代的軍事、經濟、法律、教育等問題提供了新材料。例如，叢海平就根據第2冊《大德四年軍糧文卷》並結合傳世史料，對元代海都叛亂，諸王大軍平叛之時的行軍路線、軍糧籌措等問題進行了深入研究。他指出通過文書可見，亦集乃路作為元代西北納憐道必經之路，也作為元軍經甘肅一帶前往漠北的必經之路，在籌措轉輸軍糧、供應北邊大軍補給的過程中扮演了一個重要角色。② 又如，元代賦稅制度，僅在《元史》《元典章》《通制條格》等典籍中有所記載，內容簡短，且多為國家政令，各地的具體實施情況少有涉及，很難反映出賦稅制度的複雜性，尤其是地區差異性。亦集乃路地處偏遠，史籍當中的相關記載幾乎是一片空白。而中國藏黑水城漢文文獻當中卻藏有大量倉票等賦稅徵收的第一手資料，對研究亦集乃路的賦稅和農業具有極高史料價值。潘潔即曾通過分析黑水城出土的稅糧文書，對元代亦集乃路地區的稅糧種類、稅率、發放稅票的機構和官員、承擔賦稅的戶計等一系列史籍中沒有記載的問題進行了補充和探究。③ 再如，元代的"告攔狀"留存極少，而第4冊《麥足朵立只答站戶案卷》及F116:W98號文書《陳伴旧等爭地案》則為兩件"告攔狀"原件，據此我們可以對元代的告攔文狀進行具體考察，可由此探討告攔狀的具體程式，加深對元代

---

① 楊彥彬：《試析元末至北元初期甘肅地區的分省設置——以三件黑城出土文書為中心》，《西夏學》（第四輯），寧夏人民出版社2009年版。
② 叢海平：《〈黑城出土文書〉所見海都之亂時期亦集乃路的軍糧供給》，《雲南師範大學學報》（哲學社會科學版）2009年第4期。
③ 潘潔：《元代亦集乃路賦稅考——黑水城出土稅票考釋》，《中國經濟史研究》2011年第1期。

告攔的整體認識，進而加深對元代法律訴訟當中調解機制的進一步研究。

第五，補充了元代刊刻古籍版本的新材料。陳瑞青《〈中國藏黑水城漢文文獻〉印本古籍殘片題名辨正》[①]一文指出《中國藏黑水城漢文文獻》第 7 冊共收錄古籍殘片 23 種，其中經過編者定名的只有《文獻通考》《碎金》《孟子》《尚書》《孝經》《薛仁貴征遼事蹟》《新編待問》7 種，經過考証，陳瑞青又認定了《孟子集注》《小學》《三國志》《資治通鑒》《稽古錄》《柳河東集》《指南總論》《折獄龜鑒》8 種，使中國藏黑水城漢文古籍殘片大部分得以認定。另外，第 4 冊當中還收錄有《大元通制》《至正條格》《洗冤錄》3 種刻本律令古籍，計此則中國藏黑水城文獻當中共收錄古籍殘片 26 種。由此可見，中國藏黑水城文獻中古籍版本種類之豐富，涵蓋了儒家典籍、史籍、文集、醫書、司法著作等類型。雖然其中的大部分古籍均為殘片，但其仍都具有着重要的版本價值。例如，《折獄龜鑒》在黑水城地區的發現，足以證明該書在元代基層社會的流行程度。同時，其還提供了此書的最早版本。又如，虞萬里曾指出第 7 冊所收 F90：W1、F90：W2、F90：W3、F43：W1 4 件殘片為元袁俊翁《四書疑節》一書之部分內容，其書之全名當是《新編待問集四書疑節》，應為元至治原刊本，且 F90：W1 號文書及 F90：W2 號文書第 1—7 行內容不見於現存抄本及四庫本，很可能係"傳之九章釋齊家治國而章內所言似有及於修身平天下之事何邪"一問之答語。倘此推測不誤，則知四庫本、抄本漏脫"傳之九章釋齊家治國而章內所言似有及於修身平天下之事何邪"一問之全部答語，以及"所藏乎身不恕何不言忠"之題目和自"忠者恕之體"至"蓋子貢□"之答語三百五十字。[②]由此可見黑水城本《新編待問集四書疑節》之彌足珍貴。另外，黑水城還出土了 4 卷 58 面《文獻通考》，據潘潔考証應為西湖書院泰定元年初刻本[③]，該刻本的發現，為研究《文獻通考》的版本流傳提供了珍貴的資料。

當然，以上有關中國藏黑水城漢文文獻資料價值的闡述未免掛一漏萬，相信以後隨着研究的逐步深入，其資料價值將越來越為人們所認識。

---

① 收於《薪火相傳——史金波先生 70 壽辰西夏學國際學術研討會論文集》，中國社會科學出版社 2012 年版。
② 虞萬里：《黑城文書〈新編待問〉殘葉考釋與復原》，臺灣《漢學研究》2003 年第 2 期。
③ 潘潔：《黑水城出土〈文獻通考〉版本考》，《圖書館理論與實踐》2009 年第 7 期。

三

如上所述，目前學界有关中國藏黑水城漢文文獻系統整理的著作主要是李逸友《黑城出土文書（漢文文書卷）》和内蒙古自治區文物考古研究所、寧夏大學西夏學研究中心、甘肅省古籍文獻整理編譯中心聯合編纂的《中國藏黑水城漢文文獻》兩書。

《黑城出土文書（漢文文書卷）》一書是對中國藏黑水城漢文文獻進行系統整理和介紹的第一部著作，由科學出版社於 1991 年出版。全書分為上下兩篇，上篇為"黑城出土文書綜述"，對黑水城出土文書概況以及亦集乃路的居民和建制、農業和商業、財政經濟、站赤、社會情況、儒學和文化、宗教信仰及其他、元代的詔敕律令、票引契券、北元初期的新史料等十一個方面的內容進行了綜合介紹；下篇為"黑城出土文書（漢文文書卷）"，公佈了黑水城出土 760 件漢文文書的錄文，另附 191 件文書黑白圖版。另外，該書除對文書進行釋錄之外，還對文書的用紙、殘存、筆體、尺寸及簽押用印等情況進行了簡要介紹。李逸友的上述整理是這批漢文文獻首次面向學術界的系統介紹，其貢獻和價值不可低估。國家圖書館出版社 2008 年出版的《中國藏黑水城漢文文獻》10 卷無疑是目前整理中國藏黑水城文獻的最重要成果。它的重要性主要體現在兩個方面：一是公佈了中國藏黑水城漢文文獻中的絕大部分文書圖版；二是採用全彩印刷，最大限度地展現了文書原貌，保存了文書的原始信息，為研究者利用文書以及開展進一步深度整理提供了極大的便利。

《黑城出土文書（漢文文書卷）》和《中國藏黑水城漢文文獻》有關文書的整理，無疑為學術界利用這些新資料提供了方便，也為推動黑水城文獻的整理和研究做出了貢獻，應該充分肯定。但是，也應該實事求是地指出，以上兩項成果也由於本身體例和客觀條件的限制，存在種種不足。例如，受到時代及技術的限制，《黑城出土文書（漢文文書卷）》一書即存在着如下不足：首先，該書僅選錄了 4000 餘件漢文文書中的 760 件，不到全部文獻的五分之一，數量較少，缺乏完整系統性；其次，該書後附文書圖版僅 191 件，其餘均只有錄文，造成大部分錄文不能根據圖版校勘核對，無法糾正李逸友錄文中的誤釋、誤錄；最後，該書所附文書圖版均為黑白圖版，且限於當時印刷技術，圖版模糊不清，造成文書所使用的紙張、印章及書寫筆跡、墨色等當中所蘊含的豐富史料信息均無法得到有效體現。這些不足在《中國藏黑水城漢文文獻》中得到了最大限度的改正，但是《中國藏黑水城漢文文獻》也存在着某些缺憾。例如《中國藏黑水城漢文文獻》中，由於其所公佈的均為文書圖版，尤其是元代寫本文書圖版字體多為行草，再加上某些雙面書寫文書中背面文字墨跡的透墨，一般讀者閱讀起來非常困難，必須借助於專門整理者的錄文。《黑城出土文書（漢文文書卷）》中所釋錄的文書僅占全部的18%左右，絕大部分文書均無錄文。另外，《中國藏黑水城漢文文獻》當中所收錄文書圖版也有所缺失。據筆者對照《黑城出土文書（漢文文書卷）》統計，在李逸友收錄的760件文書當中，有下列文書，《中國藏黑水城漢文文獻》未加收錄：

1. 禮儀類"F116：W31"號文書的第一件殘片（《黑城出土文書》第95頁）；

2. 農政類"F277：W55"號文書（《黑城出土文書》第102頁），此文書正背兩面均有文字，背面錄文見《黑城出土文書》第189頁契約類；

3. 提調農桑類"F116：W300"號文書第2件殘片（《黑城出土文書》第102頁）以及"F116：W534"號文書（《黑城出土文書》第104頁）；

4. 賦稅類"F214：W1"（《黑城出土文書》第110頁）和"F9：W31"號文書（《黑城出土文書》第112頁）；

5. 俸祿類"F150：W10"號文書（《黑城出土文書》第124頁）；

6. 盜賊案"F155：W10"號文書（《黑城出土文書》第150頁），此為書信類"F115：W10"號文書的背面文字；

7. 也火汝足立嵬地土案文卷"F116：W24"號文書的第2件殘片（《黑城出土文書》第162頁）；

8. 提調站赤類"F135：W19"號文書（《黑城出土文書》第172頁）；

9. 票據類"F1：W38"和"F126：W2"號文書（《黑城出土文書》第183頁）；

10. 府學類"F39：W1"號文書第1件殘片（《黑城出土文書》第195頁）；

11. 封簽及包封類"F135：W21"號文書（《黑城出土文書》第203頁）；

12. 佛教徒習學本"F191：W102"（《黑城出土文書》第213頁）和"F79：W7"號文書（《黑城出土文書》第214頁）；

13. 佛經抄本"F13：W11"（《黑城出土文書》第220頁）、"F20：W3"號文書（《黑城出土文書》第221頁）；

14. 佛經印本 "F9：W42" 號文書（《黑城出土文書》第223頁）。

至於以上文書圖版缺失原因，《中國藏黑水城漢文文獻》中未作任何說明。

由此可見，以上兩項成果各有缺陷，無法滿足讀者的需要，也無法適應學術界對黑水城文獻研究興趣日益濃厚的需要。這也是我們決心在以上兩項成果基礎上對《中國藏黑水城漢文文獻》重新進行整理，力求為學術界提供一個內容全面、釋讀準確、要素齊全、格式規範的文本的原因所在。

四

本書為2011年國家社科基金重大招標項目主要成果之一，分為整理編和研究編兩大部分。

整理編是對《中國藏黑水城漢文文獻》所收錄文書進行文獻學整理，主要包括定名、題解、錄文標點、校記和參考文獻等。

本書在整理過程中借鑒敦煌吐魯番文書整理規範，對文書進行了新的定名、題解、釋錄及校勘。《中國藏黑水城漢文文獻》當中編者已對所有文書進行了定名，但是按照敦煌吐魯番文書整理規範，文書定名應包括文書撰擬時代、文書撰擬主體、文書種類和事由等內容，而《中國藏黑水城漢文文獻》的文書定名或只包括文書撰擬主體，或只反映文書事由，定名要素不全，內容稍嫌簡略。另外，因編者對文書的性質判斷方面存在錯誤，故部分定名有誤。例如，第2冊《其他錢糧物文書》所收錄的F160：W4號文書，編者原擬題為《錢糧文書殘件》，但據內容來看，其與《俄藏黑水城文獻》第5冊A32號文書當中所收金代寫本《佛說壽生經》及燒壽生錢儀文內容部分相同，因此此件文書應與燒壽生錢法事有關，而非現實生活當中所涉及的《錢糧文書》，原編者定名有誤。又如，第2冊、第6冊及第10冊當中收錄的14個編號文書，編者原定名或為《口糧文書》或為《文書殘片》，但據其性質來看，其應同屬於《阿立鬼口糧文書》，原編者定名不確。因此本書借鑒敦煌吐魯番文書的整理規範，吸收學術界已有研究成果，對所收錄文書進行了重新定名。本書的題解主要包括三部分內容，一是《中國藏黑水城漢文文獻》當中介紹的文書編號、定名、尺寸及《黑城出土文書（漢文文書卷）》中所介紹的760件文書的原始編號、紙張材質、寫刻形式、尺寸大小、存佚情況、寫刻字體等，以儘量保存文書的原始信息（該書未收錄文書此項則缺）；二是儘量吸收目前學術界已有研究成果，適當列出相關學者主要觀點，並加上筆者的判斷；三是列出參考文獻，將筆者所知已有研究成果詳細列出（以上三者，筆者判斷和參考文獻無則缺）。本書的釋錄主要是依據《中國藏黑水城漢文文獻》第1—10冊所公佈的文書圖版，並參考《黑城出土文書（漢文文書卷）》所擇錄文字，進行全文迻錄和標點。對於與《黑城出土文書（漢文文書卷）》擇錄文字或學者已有研究成果所釋錄文字不同之處，則以腳注的形式在每頁下方予以說明，即為校勘內容。此外，對於《黑城出土文書（漢文文書卷）》中有收錄而《中國藏黑水城漢文文獻》中漏收的文書，則按《黑城出土文書（漢文文書卷）》分類，將其附錄於《中國藏黑水城漢文文獻》同類文書之後。有關整理的原則和要求，我們在整理編的"凡例"還要做進一步的交代。

本書研究編匯集了筆者及筆者所帶研究生近年來關於黑水城元代漢文文獻的研究論文多篇。對於所收研究論文的選擇，筆者秉承精選原則，主要選取了一些研究較為深入，提出了自己創見，可對相關研究有所推進的研究文章。研究編共匯集了研究論文20篇，其中軍政文書研究7篇，經濟文書研究6篇，儒學禮儀文書研究4篇，古籍、佛经文书研究及其他3篇。這些文章當中既有已經公開發表的舊作，也有首次刊布的新論。由於形成時間不同，有些行文用語並不一致，有些內容也不免重復，甚至有些文書標點與本書的整理也有出入，在收入本書的時候，我們除做了一些必要的內容增刪修飾和文字統一處理之外，還儘量保持原文的面貌，以反映筆者對文書認識和研究的歷程。這一點希望讀者鑒諒。

目前，學術界的黑水城文獻研究已經進入一個比較成熟的時期，堪稱是繼敦煌學之後又一最具國際性的人文學科。尤其是近二十年來黑水城文獻的集中公佈，中外學術界競相以黑水城文獻作為研究對象，迅速帶動了與之相關的宋、夏、金、元史相關領域問題的深入研究。可以預期，對中國藏黑水城漢文文獻進行系統的整理和研究，可以為學術界研究元朝歷史文化提供翔實可靠的文獻文本，有助於從廣度上開拓黑水城文獻研究的領域，從深度上推進有關元朝（包括北元）政治、經濟、軍事和社會的認識。總之，黑水城漢文文獻的整理與研究具有廣闊的學術前景，必將成為我國出土古文獻整理和宋遼夏金元史研究的一個重要領域。

整理編

凡　例

一、本編為大型文獻圖集《中國藏黑水城漢文文獻》的整理部分。

二、本編文書排序與《中國藏黑水城漢文文獻》圖版排序一致，按照圖版所顯示的文書格式錄文。

三、《黑城出土文書（漢文文書卷）》所收文書，《中國藏黑水城漢文文獻》未收錄者，將其附錄於相同文書分類之下。

四、《黑城出土文書（漢文文書卷）》及學界最新研究成果已有錄文者，本書釋錄予以參考，釋錄文字不同之處，出校記以腳注形式加以說明。未有錄文者，本書按圖版進行釋錄。

五、同一件文書裂為數頁或數段而無法判定前後順序者，在同一標題下每頁分標（一）、（二）、（三）……此標號一般只表明是同一文書的之一、之二、之三等，並不一定表明先後順序。

六、每件文書整理的内容包括文書定名（參照文物出版社《吐魯番出土文書》規則定名）、題解、錄文標點、校記和參考文獻五項內容。每件文書，前三項內容必備，後二項內容無則缺。參考文獻不單獨列為一項，附於題解之末。

七、凡確知為同一件文書而散為兩頁以上者，除在題解中加以說明外，在每一頁擬題中也同時標明其位序。

八、釋文以反映文書原始信息為首要原則，嚴格按照文書圖版釋錄，並用阿拉伯數字標示行號。原件中有逆書者在校記中說明。

九、原件殘缺，依殘缺位置用（前缺）、（中缺）、（後缺）表示。缺字用□表示，不能確知缺幾個字的，上缺用▭表示，中缺用▭表示，下缺用▭表示，一般占三格，但有時為了保持原文格式，可適當延長，視具體情況而定。騎縫線用− − − − − − − − − − − − − −表示。騎縫上有押署或印跡者，在題解、校記中說明或騎縫線中標示。

  十、缺字一般不補。原文殘損，但據殘筆畫和上下文可推知為某字者，徑補並加框；無法擬補者，從缺字例；字跡模糊無法辨識者，用□表示。

  十一、原件中的俗體字、異體字照錄，並出校記說明。

  十二、原件中的筆誤和筆劃增減照錄，並出校記說明。

  十三、原件有倒字符號者徑改；有廢字符號者不錄；有重疊符號者直接補足重疊文字；有塗改、修改符號者，只錄修改後的文字；不能確定哪幾個字是修改後應保留的兩存之。有塗抹符號者，能確定確為作廢者不錄；不能確定已塗抹的文字則照錄。原寫於行外的補字，徑行補入行內；不能確定補於何處者，仍照原樣錄於夾行中。以上情況，均酌情出校。

  十四、原件中非文字的其他符號不錄，只用文字描述或出校記說明。

第一冊

卷一　農政文書卷

（一）戶籍與賦稅文書

1. 元即兀□崽汝等戶籍殘片

題解：

本件《中國藏黑水城漢文文獻》中原始編號為 F125：W73，出版編號為M1·0001，收於第一冊《戶籍與賦稅文書》第 39 頁，擬題為《即兀汝戶籍》，並記其尺寸為 33cm×35.4cm。本件還收錄於《黑城出土文書（漢文文書卷）》第 91 頁《民籍類》，其所記文書編號與《中國藏黑水城漢文文獻》原始編號同，並列出文書諸要素為：竹紙，殘，行書，尺寸為 25.8cm×32.3cm。文書現存文字 27 行，前後均殘，有塗改痕跡。參考文獻：1. 劉曉《從黑城文書看元代的戶籍制度》，《江西財經大學學報》2000 年第 6 期；2. 吳超《蒙元時期亦集乃路畜牧業初探》，《農業考古》2012 年第 1 期。

錄文標點：

（前缺）

1. ▭▭▭▭▭▭▭▭▭▭▭▭▭▭▭▭▭完①者
2. ▭▭▭▭▭▭▭房 三所，計七間。
3. 　　　　地土四頃二十畝，麦子四十二石。
4. 孳畜：馬②八疋，牛一十隻。③

---

① "完"，《黑城出土文書》錄文作 "公"，現據圖版改。
② "馬" 後原有一字，後塗抹，現徑改。
③ 此行文字字體粗大，墨色較淺，書寫潦草，應為二次書寫。

5.　一户即兀口嵬①汝：

6.　　　元佥②祖爹即兀屈支立嵬

7.　　人口：

8.　　　　成丁男子：

9.　　　　　　祖爹年四十三③，父速正卜年一十六，房屈真蒲年廿六，

10.　　　　　　叔真玉一十三；

11.　　　　不成丁婦女一口：祖婆略只五十五；

12.　　　　驱口：

13.　　　　　　男子：者赤屈年四十五，　　婦女：金祖廿三④。

14.　　事産：

15.　　　　　房五間；

16.　　　　　地土五頃四伯七十培⑤，見種二百六十培，麦子廿二石，

17.　　　　　　殘破不堪廿一石子地。

18.　　孳畜：　馬三疋，牛一十隻，羊七十口。

19.　　增：

20.　　人口：

21.　　　　成丁男子：

22.　　　　　　本身年四十二，弟阿嵬⑥年卅九，次弟速汝⑦年卅六，

23.　　　　　　次二弟令真布年一十九，男阿立嵬年二十一；

24.　　　　不成丁：

25.　　　　妇人⑧：

26.　　　　　　本身妻俺赤年廿，　　弟妻 ☐☐☐☐

---

① "口嵬"兩字為右行補入，且墨色較淺，書寫潦草，應為二次書寫，現徑改。
② "佥"通"僉"，下同，不再另作說明。
③ 《黑城出土文書》錄文"三"字後衍一"歲"字，現據圖版改。
④ "廿三"，《黑城出土文書》錄文漏錄，現據圖版補。
⑤ "培"，《黑城出土文書》錄文作"塯"，現據圖版改。下同，不再另作說明。
⑥ "嵬"，《黑城出土文書》錄文未釋讀，現據圖版推補。
⑦ "汝"，《黑城出土文書》錄文作"沙"，現據圖版改。
⑧ 此行文字與左右行距較窄，應為二次書寫補入。

27. □妻束束孩年卅五，弟妻□

（後缺）

2. 元沙立渠人員名錄殘片

題解：

本件《中國藏黑水城漢文文獻》中原始編號為 Y1：W12，出版編號為 M1·0002，收於第一冊《戶籍與賦稅文書》第 40 頁，擬題為《沙立渠人員名單》，並記其尺寸為 16.8cm×20.1cm。本件還收錄於《黑城出土文書（漢文文書卷）》第 92 頁《民籍類》，其所記文書編號與《中國藏黑水城漢文文獻》原始編號同，並列出文書諸要素為：竹紙，殘，草書，尺寸為 20.2cm×16.3cm。文書現存文字 9 行，前完後缺，其中有勾畫符號，應為勘驗時留。

錄文標點：

1. 沙立渠：
2. 吾 即 习 布　　　梁 都立別兴　　黨乞合酌
3. 李纵希　　　王官易保　　許別兒
4. 吾蓋沙冷　　　□朵責官布
5. 本卜　梁班班　吳兵罕
6. 也火不花　　　吳哈剌那孩　　思剌
7. 何明明必兒　　伍申　　吾即立溫布
8. 支[①]□黑朵　　吾七兴都　　楊吉祥奴[②]
9. _____□趙□□□

（後缺）

3. 元唐兀的斤之夫等戶籍殘片

題解：

本件《中國藏黑水城漢文文獻》中原始編號為 F1：W60，出版編號為 M1·

[①] "支"，《黑城出土文書》錄文作"李"，現據圖版改。
[②] 第 1、3、8 行均有墨筆勾畫痕跡。

0003，收於第一冊《戶籍與賦稅文書》第41頁，擬題為《唐兀的斤等戶籍》，並記其尺寸為19.9cm×28.4cm。本件還收錄於《黑城出土文書（漢文文書卷）》第92頁《民籍類》，其所記文書編號與《中國藏黑水城漢文文獻》原始編號同，並列出文書諸要素為：竹紙，殘，改作習紅用紙，草書，尺寸為27.9cm×19.8cm。文書正背均有墨跡，正面現存文字6行，前殘後完，背面墨跡凌亂，內容不明。按，從文書內容來看，其應為唐兀的斤丈夫的戶籍殘片。參考文獻：1. 劉曉《從黑城文書看元代的戶籍制度》，《江西財經大學學報》2000年第6期；2. 王曉玉《元代養老研究》，暨南大學碩士學位論文，2013年。

錄文標點：

正：

   （前缺）

1. 母親兀南赤，年七十歲；

2. 妻唐兀的斤，年二十歲；

3. 弟婦俺只，年二十歲；

4. 東關見住，起置①

5. 事產：見住元坐地基修蓋上房二間。②

6. 孳畜：無。

   （後缺）

背：

（錄文略）

4. 元賀竜徒沙等牌子下人員名錄殘片

題解：

本件《中國藏黑水城漢文文獻》中原始編號為F249∶W22，出版編號為M1·0004，收於第一冊《戶籍與賦稅文書》第42頁，擬題為《吾即忍布等牌子下戶籍》，並記其尺寸為13.5cm×36.3cm。本件還收錄於《黑城出土文書（漢文文書

---

① 此行文字字體稍小，與左右行距較窄，應為補入下行文字，但補入何處不明，現按圖版格式釋錄。
② 第4—5行《黑城出土文書》錄文作1行"事產：見住東關見住，起置元坐地基修蓋上房二間。"王曉玉文與此同。從圖版來看，"元坐地基"四字似有塗抹痕跡，但不明確。如其被塗抹，則上行文字似應補入此處。

卷)》第 91 頁《民籍類》，其所記文書編號與《中國藏黑水城漢文文獻》原始編號同，並列出文書諸要素為：竹紙，殘，楷行書，尺寸為 36.1cm×13.3cm。文書現存文字 9 行，前後均缺。吳超指出金代以人為主組成的牌子，為軍事組織的基本單位。元代沿用了金代這一軍事組織的基本單位，但是性質已經發生了些許變化，牌子已經具有戶籍管理的職能，已經出現以戶為社會基本單位的牌子戶。黑水城出土文書所載牌子戶就是其例證，從而也證明了亦集乃路的社會基層組織為"渠牌制"。劉曉則指出，文書第 1 行殘存"俗"字大概是相對於與軍民一同屯田的"西僧餘戶"而言。參考文獻：1. 吳超《〈黑城出土文書〉所見"牌子"考》，《北華大學學報》（社會科學版）2009 年第 4 期；2. 劉曉《從黑城文書看元代的戶籍制度》，《江西財經大學學報》2000 年第 6 期。

錄文標點：

　　　　　（前缺）

1. □俗

2. 　　賀竜徒沙牌子下：

3. 　　　　　一户吾即棹①立哈，　一户李耳玉，　一户吾即朶立只令只，

4. 　　　　　一户也火阿哈卜即，　一户李朶立只黑巴。

5. 　　吾即忍布牌子下：

6. 　　　　　一户吾七耳玉，　一户义束荅失怗木立，　一户也火即兀束□□□□□。

7. 　　李黑党立嵬牌子下：一户梁耳羅。

8. 　　也火俺伯牌子下：

9. 　　　　　一户□□□□□□□□□□□□

　　　　　（後缺）

---

① "棹"，《黑城出土文書》錄文作"桌"，現據圖版改。

5. 元汝午布等戶種大小二麥帳①冊殘片

題解：

本件《中國藏黑水城漢文文獻》中原始編號為 Y180：W9，出版編號為M1·0005，收於第一冊《戶籍與賦稅文書》第 43 頁，擬題為《汝午布等戶種大小二麥》，並記其尺寸為 18.1cm×27.3cm。本件還收錄於《黑城出土文書（漢文文書卷）》第 92 頁《民籍類》，其所記文書編號與《中國藏黑水城漢文文獻》原始編號同，並列出文書諸要素為：麻紙，殘，行草書，蓋紅戳記，尺寸為 21.3cm×17.5cm。文書現存文字 7 行，前完后缺。

錄文標點：

1. 　　　　　　二②
2. ☐☐王下哈三火者斷事官③汝午布家地內帶種二麥，大小叁
3. 　　　　　　　培，該子粒壹斗伍升：
4. 　　　小麥大小二培，計子粒壹斗；
5. 　　　大麥一培，計子④伍升。
6. 　　　一戶李大使見種二麥，計大小六培，該子粒☐☐叁斗弍升。
7. 　　　小麥大小三培，計子粒弍斗；

　　　（後缺）

6. 元架閣庫呈亦集乃路總管府文為照驗王滿朝父祖等八十戶元俱籍事

題解：

本件《中國藏黑水城漢文文獻》中原始編號為 Y1：W47，出版編號為M1·0006，收於第一冊《戶籍與賦稅文書》第 44 頁，擬題為《驗照王滿朝父祖戶

---

① 唐宋文書中涉及現代"賬簿""計賬"等語意詞時，"賬"均作"帳"，黑水城元代文書及《元典章》中同等情況下也做"帳"，為保持當時用字習慣，擬題中均用"帳"字。以下同等情況，不再另作說明。
② 此行文字《黑城出土文書》錄文未錄，現據圖版補。
③ 此處鈐有朱戳。
④ "子"字後應脫一"粒"字，《黑城出土文書》錄文作"子粒"。

籍》，並記其尺寸為 16cm×29.5cm。本件還收錄於《黑城出土文書（漢文文書卷）》第 92 頁《民籍類》，其所記文書編號與《中國藏黑水城漢文文獻》原始編號同，並列出文書諸要素為：竹紙，殘，草書，塗改，尺寸為 28.7cm×17.0cm。文書現存文字 4 行，前後均缺。從內容來看，其應為架閣庫呈亦集乃路總管府文殘片。

錄文標點：

    （前缺）

1. 得①此，覆奉
2. 揔府官台旨：□□以下架閣庫 驗 照王滿
3. 朝父祖等八十户元俱②籍面，得見明白③開坐，保④結呈府施行。
4. 奉此，合行具呈者：

    （後缺）

7. 元見□百户名錄殘片

題解：

本件《中國藏黑水城漢文文獻》中原始編號為 F111：W71，出版編號為M1·0007，收於第一冊《户籍與賦稅文書》第 45 頁，擬題為《吾即合合等户籍》，並記其尺寸為 25.7cm×22.5cm。本件還收錄於《黑城出土文書（漢文文書卷）》第 93 頁《民籍類》，其所記文書編號與《中國藏黑水城漢文文獻》原始編號同，並列出文書諸要素為：麻紙，殘，行草書，尺寸 22.3cm×25.7cm。文書現存文字 5 行，左側大片空白。

錄文標點：

    （前缺）

1. 見□百⑤户：
2. 吾即合合⑥ 速魯忽都 安□□

---

① "得"，《黑城出土文書》錄文作"均"，現據圖版改。
② 圖版中"朝"字後原衍一字，後塗抹。另"父祖等八十户元俱"等字為右行補入，現徑改。
③ 圖版中"得見明白"等字為右行補入，現徑改。
④ 圖版中"保"字前原有"各各附□姓名"等字，後塗抹，《黑城出土文書》錄文照錄，現徑改。
⑤ "百"，《黑城出土文書》錄文"首"，現據圖版改。
⑥ 第二個"合"字為省文符號，現徑改。

3. 此朶只巴① 普撒哥 ☐
4. 即立嵬沙男夆②孔禿 任和

8. 元大德三年（1299）府吏徐文貴呈文為木棉戶等事

題解：

本件《中國藏黑水城漢文文獻》中原始編號為 F111：W48，出版編號為 M1·0008，收於第一冊《戶籍與賦稅文書》第 46 頁，擬題為《木棉戶戶籍》，並記其尺寸為 14.5cm×22.4cm。本件文書還收錄於《黑城出土文書（漢文文書卷）》第 93 頁《民籍類》，其所記文書編號與《中國藏黑水城漢文文獻》原始編號同，並列出文書諸要素為：草紙，行草書，殘，尺寸分別為 22.3cm×5.9cm 和 21.6×6.2cm。文書共兩件殘片，殘片一現存文字 2 行，殘片二現存文字 1 行。

錄文標點：

（一）

（前缺）

1. 駐一名
2. 木棉戶七戶 ☐ 人 ☐

（後缺）

（二）

（前缺）

1. 大德三年七月　日府吏徐文貴③呈

9. 元拜都等人名錄殘片

題解：

本件《中國藏黑水城漢文文獻》中原始編號為 F135：W41，出版編號為M1·0009，收於第一冊《戶籍與賦稅文書》第 47 頁，共三件殘片，擬題為《拜都等

---

① "只巴"，《黑城出土文書》錄文作"巴只"，現據圖版改。
② "夆"通"舉"。下同，不再另作說明。
③ "貴"，《黑城出土文書》錄文作"賣"。

人名單》，並記其尺寸分別為：15cm×15.5cm、8.8cm×15.1cm、6cm×11.1cm。本件還收錄於《黑城出土文書（漢文文書卷）》第93頁《民籍類》，其所記文書編號與《中國藏黑水城漢文文獻》原始編號同，且該書中的殘片二和殘片三位置互換，並列出文書諸要素為：宣紙，殘屑，行草書，尺寸分別為：15.5cm×14.5cm、10.7cm×5.2cm 和15cm×8.6cm。三件殘片前後均缺。按，本件文書書寫格式與M1·0002［Y1:W12］及M1·0007［F111:W71］號文書相同，故其也應為某地人員名錄殘片，故擬現名。

錄文標點：

（一）

　　　　　（前缺）

1. ☐兒伯　　拜都
2. 　阿哈失　　奴禿赤
3. 　小的　　別里 拜 都　八
4. 　撥脫罕　　扎里淡　火
5. 禿　也里不花　塔剌海　☐
6. 　　　米①　召扎忽思　脫歡不花
7. 　☐保　　☐蒲

　　　　　（後缺）

（二）

　　　　　（前缺）

1. 　☐☐　脫 迷失
2. 　愛牙赤　也速歹兒
3. 　歹　我斤　脫伴　帖 木
4. 　徹徹②　　☐

　　　　　（後缺）

---

① 《黑城出土文書》錄文" 米 "字後衍一" 兒 "字，現據圖版改。
② 第二個" 徹 "為省文符號，現逕改。

16　中國藏黑水城漢文文獻的整理與研究

(三)

　　　　　　(前缺)

1.　　　花□①

　　　　　　(後缺)

10. 元尤兀南布等戶籍殘片 (一)

題解：

本件《中國藏黑水城漢文文獻》中原始編號為 F131：W2a，出版編號為 M1·0010，收於第一冊《戶籍與賦稅文書》第 48 頁，擬題為《尤兀南布等戶籍》，尺寸為 16.6cm×22.5cm。本件還收錄於《黑城出土文書（漢文文書卷）》第 92 頁《民籍類》，其所記文書編號為 "F131：W2（1）"，並列出文書諸要素為：竹紙，殘，草書，尺寸為 22.2cm×16.5cm。該書將本號文書與《中國藏黑水城漢文文獻》第 49 頁M1·0011〔F131：W2b〕、M1·0012〔F131：W2c〕號文書統一編號為 F131：W2，作為一件文書釋錄。按，三號文書字跡一致，內容相關，應為同件文書。另，本件文書共三件殘片，《黑城出土文書（漢文文書卷）》一書將其拼合為一釋錄，但從圖版来看，其斷裂痕跡不相吻合，且殘片一第 1 行 "人口" 與第 2 行 "事產" 之間行距較小，不應為三行文字，故現按《中國藏黑水城漢文文獻》圖版所示分開釋錄。參考文獻：劉曉《從黑城文書看元代的戶籍制度》，《江西財經大學學報》2000 年第 6 期。

錄文標點：

(一)

　　　　　　(前缺)

1.　　　人口
2.　　　事產
3.　　　　地土
　　　　(中缺 1 行)

---

① "花□"，《黑城出土文書》錄文作 "薄花"，現據圖版改。

4. 孳畜無。
5. 一户尤兀南布
　　　　（後缺）

（二）
　　　　（前缺）
1. ▭年卅五歲
2. ▭罕年廿五歲
3. ▭歲
　　　　（後缺）

（三）
　　　　（前缺）
1. ▭
2. ▭房舍一間
　　　　（後缺）

附：李逸友《黑城出土文書（漢文文書卷）》所作 F131∶W2（1）錄文：

1. 人口：
2. ▭年卅五歲，
3. ▭罕年廿五歲，
4. ▭歲；
5. 事產：
6. 　地土▭，
7. 　▭房舍一間；
8. 孳畜：無。
9. 一户尤兀南布
　　　　（後缺）

11. 元尤兀南布等戶籍殘片（二）

題解：

本件《中國藏黑水城漢文文獻》原始編號為 F131：W2b，出版編號為 M1·0011，收於第一冊《戶籍與賦稅文書》第 49 頁，擬題為《戶籍》，尺寸為 20.6cm×10cm。本件還收錄於《黑城出土文書（漢文文書卷）》第 92 頁《民籍類》，該書將本件文書與《中國藏黑水城漢文文獻》同頁 M1·0012〔F131：W2c〕號文書拼合釋錄，編號為 F131：W2（2），並列出文書諸要素為：竹紙，殘，草書，尺寸為 12.6cm×24.2cm。另，該書還將本號文書與《中國藏黑水城漢文文獻》第 48 頁 M1·0010〔F131：W2a〕號文書統一編號為 F131：W2，作為一件文書釋錄。按，三號文書字跡一致，內容相關，應為同件文書。參考文獻：劉曉《從黑城文書看元代的戶籍制度》，《江西財經大學學報》2000 年第 6 期。

錄文標點：

（前缺）

1. ☐☐☐☐☐☐☐年一十八歲
2. ☐☐☐☐伍歲

（中缺 1 行）

3. ☐☐☐☐☐☐□①，麦子四石
4. ☐☐☐☐☐三石
5. ☐☐☐壹石②
6. ☐☐☐☐☐三間

（中缺 1 行）

7. ☐☐☐☐   古羊六口

（中缺 1 行）

8. ☐☐☐☐☐妻答孩的斤卅五

（後缺）

---

① 此字《黑城出土文書》錄文作"站"，但據 F125：W73 "元即兀汝等戶籍殘片" 相關內容似為 "畝"。

② 此行文字《黑城出土文書》錄文漏錄，現據圖版補。

12. 元尤兀南布等戶籍殘片（三）

題解：

本件《中國藏黑水城漢文文獻》中原始編號為 F131：W2c，出版編號為 M1·0012，收於第一冊《戶籍與賦稅文書》第 49 頁，擬題為《戶籍》，尺寸為 24.6cm×7cm。本件還收錄於《黑城出土文書（漢文文書卷）》第 92 頁《民籍類》，該書將本件文書與《中國藏黑水城漢文文獻》同頁M1·0011［F131：W2b］號文書拼合釋錄，編號為 F131：W2（2），並列出文書諸要素為：竹紙，殘，草書，尺寸為 12.6cm×24.2cm。另，該書還將本號文書與《中國藏黑水城漢文文獻》第 48 頁M1·0010［F131：W2a］號文書統一編號為 F131：W2，作為一件文書釋錄。按，三號文書字跡一致，內容相關，應為同件文書。參考文獻：劉曉《從黑城文書看元代的戶籍制度》，《江西財經大學學報》2000 年第 6 期。

錄文標點：

（前缺）

1. 丁☐

（中缺 2 行）

2. 人口☐

3. 事產☐

（中缺 4 行）

4. 孳畜☐

（中缺 1 行）

5. 一戶朔☐

6. 丁☐

（後缺）

附：李逸友《黑城出土文書（漢文文書卷）》所作 F131：W2（2）錄文：

1. 丁☐　　年一十八歲

2. ☐　　五歲

3. 人口☐

20　中國藏黑水城漢文文獻的整理與研究

4. 事 產☐☐☐☐☐口①，麦子四石
5. ☐☐☐☐☐三石
6. ☐☐☐☐☐壹石②
7. ☐☐☐☐☐三間
8. 孳 畜☐☐☐古羊六口
9. 一户朔☐☐☐
10. 丁☐☐☐☐妻答孩的斤，卅五

13. 元吳即渠等大小口統計文書殘片

題解：

本件《中國藏黑水城漢文文獻》中原始編號為 F1：W51，出版編號為M1·0013，收於第一冊《戶籍與賦稅文書》第 50 頁，擬題為《吳即渠與本渠戶籍》，並記其尺寸為 18.6cm×21.1cm。本件還收錄於《黑城出土文書（漢文文書卷）》第 92 頁《民籍類》，其所記文書編號與《中國藏黑水城漢文文獻》原始編號同，並列出文書諸要素為：竹紙，殘，行書，尺寸為 20.7cm×17.5cm。文書現存文字 6 行，前後均缺。

錄文標點：

（前缺）

1. 吳即渠：
2. 　大口肆伯八十口③，
3. 　小口一百廿口。
4. 本渠：
5. 　大口☐☐☐☐
6. 　小口貳佰柒拾陸口。
（後缺）

---

① 此字《黑城出土文書》錄文作"站"，但據 F125：W73"元即兀汝等戶籍殘片"相關內容似為"畞"。
② 此行文字《黑城出土文書》錄文漏錄，現據圖版補。
③ 《黑城出土文書》錄文中"口"字前衍一"八"字，現據圖版改。

14. 元落卜尅輿亦禿孩等站人員名錄

題解：

本件《中國藏黑水城漢文文獻》中原始編號為 F111：W62，出版編號為 M1·0014，收於第一冊《戶籍與賦稅文書》第 51 頁，擬題為《落卜尅與亦禿孩站戶》，並記其尺寸為 15cm×30.2cm。本件還收錄於《黑城出土文書（漢文文書卷）》第 93 頁《民籍類》，其所記文書編號與《中國藏黑水城漢文文獻》原始編號同，並列出文書諸要素為：竹紙，草書，殘，尺寸為 29.7cm×14.4cm。文書現存文字 4 行，前後完整。

錄文標點：

1. 落卜尅：
2. 　　李天保　鄧寅孫　羅石花
3. 亦禿孩：
4. 　　羅得昔吉　景小廝　任黑子　陈①

15. 元文書殘片（一）

題解：

本件《中國藏黑水城漢文文獻》中原始編號為 83H·F8：W3/0253，出版編號為 M1·0015，收於第一冊《戶籍與賦稅文書》第 52 頁，擬題為《吾即丑丑等戶籍》，並記其尺寸為 9.6cm×15.7cm。《黑城出土文書（漢文文書卷）》一書未收。文書現存文字 2 行，前缺後完。按，本件文書與同頁 83H·F8：W4/0254 號文書字跡、紙張均一致，且編號相連，應為同件文書。文書書寫格式與其他戶籍文書不同，應非戶籍殘片。

錄文標點：

　　　　（前缺）

1. ☐計☐隸☐男☐子☐一☐名
2. ☐男子吾即丑丑

----

① 《黑城出土文書》錄文中"陈"字後加一缺文符號，但圖版中其後紙張完整，並無文字。

16. 元文書殘片（二）

題解：

本件《中國藏黑水城漢文文獻》中原始編號為83H·F8：W4/0254，出版編號為M1·0016，收於第一冊《戶籍與賦稅文書》第52頁，擬題為《文書殘件》，並記其尺寸為9.9cm×9.9cm。《黑城出土文書（漢文文書卷）》一書未收。文書僅存一"右"字。按，本件文書與同頁83H·F8：W3/0253號文書字跡、紙張均一致，且編號相連，應為同件文書。

錄文標點：

（前缺）

1. 右

（後缺）

17. 元昔寶赤文書殘片

題解：

本件《中國藏黑水城漢文文獻》中原始編號為84H·F224：W7/2429，出版編號為M1·0017，收於第一冊《戶籍與賦稅文書》第53頁，擬題為《昔寶赤戶籍》，並記其尺寸為4.9cm×14.5cm。《黑城出土文書（漢文文書卷）》一書未收。文書現存文字2行，前後均缺。

錄文標點：

（前缺）

1. ☐☐長☐

2. 昔宝赤壹☐☐戶，計地☐

（後缺）

18. 元文書殘片

題解：

本件《中國藏黑水城漢文文獻》中原始編號為84H·F124：W20/1846，出版編號為M1·0018，收於第一冊《戶籍與賦稅文書》第53頁，擬題為《賀貫昌等戶籍》，並記其尺寸為 7.7cm×14.9cm。《黑城出土文書（漢文文書卷）》一書未收。文書現存文字 3 行，前後均缺，有塗改痕跡。按，本件文書書寫格式與其他戶籍文書不同，應非戶籍殘片。

錄文標點：

　　　　　（前缺）

1. ☐吉☐
2. ☐李①耳立成
3. ☐屈男賀貫昌私下打合②，將厶并妻男③等五口

　　　　　（後缺）

19. 元真定路當差民戶文書殘片

題解：

本件《中國藏黑水城漢文文獻》中原始編號為 83H・F4：W2/0134，出版編號為 M1・0019，收於第一冊《戶籍與賦稅文書》第 54 頁，擬題為《真定路當差民戶文》，並記其尺寸為 6cm×14.7cm。《黑城出土文書（漢文文書卷）》一書未收。文書現存文字 1 行，前後均缺。

錄文標點：

　　　　　（前缺）

1. ☐係真定路當差民户，見在亦集乃☐

　　　　　（後缺）

20. 元諸色戶文書殘片

題解：

本件《中國藏黑水城漢文文獻》中原始編號為 84H・F62：W7/0875，出版編號為 M1・0020，收於第一冊《戶籍與賦稅文書》第 54 頁，擬題為《諸色戶計》，並記其尺寸為 8.8cm×6.8cm。《黑城出土文書（漢文文書卷）》一書未收。文書

---

① "李"字前原有"☐☐家狗"等字，後塗抹，現徑改。
② "私下打合"四字為右行補入，現徑改。
③ "并妻男"三字為右行補入，現徑改。

24　中國藏黑水城漢文文獻的整理與研究

現存文字 5 行，前後均缺。

錄文標點：

（前缺）

1. ☐☐☐☐☐
2. ☐諸色戶☐
3. ☐大商住☐
4. ☐見坐☐
5. ☐☐母☐☐

（後缺）

21. 元本路供抄入籍文書殘片

題解：

本件《中國藏黑水城漢文文獻》中原始編號為84H·大院內a6：W13/2802，出版編號為M1·0021，收於第一冊《戶籍與賦稅文書》第55頁，擬題為《戶籍殘件》，並記其尺寸為4.9cm×13cm。《黑城出土文書（漢文文書卷）》一書未收。文書現存文字4行，前後均缺。按，文書中第3行出現"元二十二年"等文字，據元代年號判斷，其應為"至元二十二年"。

錄文標點：

（前缺）

1. ☐☐☐☐
2. ☐☐☐☐☐☐不令沙的 海 等
3. ☐☐☐☐☐☐元二十二年①☐本路供抄入籍②

（後缺）

---

① "☐元二十二年"等字為右行補入，現徑改。據元代所用年號可知，其應為"至元二十二年（1285）"。

② "籍"字後原有二字，後塗抹，現徑改。

22. 元戶籍文書殘片

題解：

本件《中國藏黑水城漢文文獻》中原始編號為84H・F79：W33/0968，出版編號為M1・0022，收於第一冊《戶籍與賦稅文書》第55頁，擬題為《戶籍殘件》，並記其尺寸為11.4cm×17.1cm。《黑城出土文書（漢文文書卷）》一書未收。文書現存文字4行，前後均缺，其中有朱筆點畫痕跡。

錄文標點：

（前缺）

1. ☐☐☐☐☐
2. 　　　与此李保合☐☐

（中缺1行）

3. 　　　馬一疋　馲一隻　牛五隻　古☐　①
4. 　　　元係☐元領戶計

（後缺）

23. 元收管官牛等物文書殘片

題解：

本件《中國藏黑水城漢文文獻》中原始編號為84H・F268：W2/2637，出版編號為M1・0023，收於第一冊《戶籍與賦稅文書》第56頁，擬題為《戶籍文書殘件》，並記其尺寸為11.8cm×33cm。《黑城出土文書（漢文文書卷）》一書未收。文書現存文字4行，前後均缺。按，本件文書與其他戶籍文書格式不同，且其中出現"同知狗兒收管官牛"等文字，故其應為某公文殘片，故擬現名。

錄文標點：

（前缺）

1. ☐☐三百廿二☐斤

---

① 第2行"与"、第3行"馬""馲""牛"等字右旁均有朱點。

2. ☐□柒□□□伍口
3. ☐□三十口
4. ☐口発同知狗兒収①管官牛六隻
　　（後缺）

24. 元文書殘片

題解：

本件《中國藏黑水城漢文文獻》中原始編號為84H·F126: W9/1932，出版編號為M1·0024，收於第一冊《戶籍與賦稅文書》第56頁，擬題為《戶籍殘件》，並記其尺寸為5cm×18.7cm。《黑城出土文書（漢文文書卷）》一書未收。文書現存文字2行。按，文書現存內容較少，不能確定其為戶籍文書，故擬現名。

錄文標點：

　　（前缺）
1. 人氏，係寧夏路附藉②靈☐
2. 　　見住亦集乃☐　③
　　（後缺）

25. 元戶籍文書

題解：

本件《中國藏黑水城漢文文獻》中原始編號為F20: W12，出版編號為M1·0025，收於第一冊《戶籍與賦稅文書》第57頁，擬題為《即立嵬等戶籍》，並記其尺寸為13.6cm×19.9cm。本件還收錄於《黑城出土文書（漢文文書卷）》第91頁《民籍類》，其所記文書編號與《中國藏黑水城漢文文獻》原始編號同，並列出文書諸要素為：麻紙，殘，行書，尺寸為18.1cm×12.1cm。文書現存文字9行，前後均殘。

---

① "収"同"收"。下同，不再另作説明。
② 此行當中"人氏""附藉"兩處同墨筆圈畫。
③ 此行文字文字較小，墨色較淺。

錄文標點：

（前缺）

1. ☐八石，鹼硬□☐麦子廿二石☐
2. ☐四隻，羊☐

（中缺1行）

3. ☐婦女一口：好都魯
4. ☐一間。
5. ☐地圡莎伯渠麦子地一十石，典与苗曾。
6. ☐□ 馬四疋，牛四隻，羊☐①
7. ☐成丁三口：
8. 本身年四十一歲， 姪男即立嵬年☐
9. 次☐

（後缺）

26. 元戶籍文書

題解：

本件《中國藏黑水城漢文文獻》中原始編號為F239：W4，出版編號為M1·0026，收於第一冊《戶籍與賦稅文書》第58頁，擬題為《戶籍》，並記其尺寸為14.5cm×28.2cm。本件還收錄於《黑城出土文書（漢文文書卷）》第92頁《民籍類》，其所記文書編號與《中國藏黑水城漢文文獻》原始編號同，並列出文書諸要素為：竹紙，殘，行草書，尺寸27.8cm×13.2cm。文書現存文字9行，前後均缺。

錄文標點：

（前缺）

1. ☐吉年廿☐
2. 次☐②

---

① 此處缺文《黑城出土文書》錄文作"一□□"，但圖版中未見"一"字。
② 此行文字《黑城出土文書》錄文漏錄，現據圖版補。

3. 不成丁：

4. 󰀀姪󰀁①男：

5. 　　□立禿年一十一歲，

6. 　　男：□者年一歲；

7. 妇人：

8. 　　嫂：斡立脫支年四十歲，

9. ＿＿＿＿＿年一十九歲。

　　　　（後缺）

27. 元文書殘片

題解：

本件《中國藏黑水城漢文文獻》中原始編號為84H·F20：W29/0678，出版編號為M1·0027，收於第一冊《戶籍與賦稅文書》第59頁，擬題為《戶籍殘件》，並記其尺寸為10.3cm×14.7cm。《黑城出土文書（漢文文書卷）》一書未收。文書共兩件殘片，殘片一現存文字2行，前後均缺；殘片二僅存一字。按，文書現存內容較少，不能確定其為戶籍文書，故擬現名。

錄文標點：

（一）

　　　　（前缺）

1. ＿＿＿□□人户計，見在□＿＿＿＿

2. ＿＿＿□□□□□＿＿＿＿＿＿

　　　　（後缺）

（二）

　　　　（前缺）

1. 󰀀馮󰀁

　　　　（後缺）

---

① "󰀀姪󰀁"，《黑城出土文書》錄文作"次"，現據圖版改。

28. 元戶籍文書殘片

題解：

本件《中國藏黑水城漢文文獻》中原始編號為84H·F116：W329/1501，出版編號為M1·0028，收於第一冊《戶籍與賦稅文書》第59頁，擬題為《戶籍殘件》，並記其尺寸為9.7cm×4.6cm。《黑城出土文書（漢文文書卷）》一書未收。文書現存文字3行，前後均缺。

錄文標點：

（前缺）

1. 一戶李☐☐☐☐☐☐
2. ☐☐☐☐☐☐☐
3. 一戶胡☐☐☐☐☐☐

（後缺）

29. 元屠戶等文書殘片

題解：

本件《中國藏黑水城漢文文獻》中原始編號為84H·F116：W230/1402a，出版編號為M1·0029，收於第一冊《戶籍與賦稅文書》第60頁，擬題為《屠戶等文書》，並記其尺寸為15.5cm×20.9cm。《黑城出土文書（漢文文書卷）》一書未收。文書共三件殘片，殘片一現存文字3行，前後均缺；殘片二僅存兩字，殘片三僅存一行。

錄文標點：

（一）

（前缺）

1. ☐☐☐☐☐數委☐兀☐☐☐
2. ☐☐☐科斂於民事發☐☐☐
3. ☐☐☐湏扵屠戶處措☐☐☐

（後缺）

(二)

　　　　　（前缺）

1. ☐☐☐見住☐☐

　　　　　（後缺）

(三)

　　　　　（前缺）

1. ☐☐☐☐戶自以投斛☐☐

　　　　　（後缺）

30. 元甘肅省咨本省文書殘片

題解：

本件《中國藏黑水城漢文文獻》中原始編號為84H·F116：W230/1402B，出版編號為M1·0030，收於第一冊《戶籍與賦稅文書》第61頁，擬題為《戶籍殘件》，並記其尺寸為18.6cm×10.3cm。《黑城出土文書（漢文文書卷）》一書未收。文書共兩件殘片，殘片一現存文字2行，殘片二現存文字4行，兩件殘片前後均缺。按，從文書內容來看，其應非戶籍文書，其中殘片二云"笞決四十七下"似為判決文書，故擬現名。

錄文標點：

(一)

　　　　　（前缺）

1. ☐☐甘肅省咨本省☐☐
2. ☐☐全藉客旅運☐☐

　　　　　（後缺）

(二)

　　　　　（前缺）

1. ☐☐戶人☐☐
2. ☐☐沙玊作弊去☐☐
3. ☐☐笞決四十七下☐☐
4. ☐☐對詳情窓☐☐

　　　　　（後缺）

31. 元也火順伯等人名錄

題解：

本件《中國藏黑水城漢文文獻》原始編號為 F111：W27，出版編號為 M1·0031，收於第一冊《戶籍與賦稅文書》第 62 頁，擬題為《也火順伯等人名單》，並記其尺寸為 10.9cm×22.1cm。本件還收錄於《黑城出土文書（漢文文書卷）》第 93 頁《民籍類》，其所記文書編號與《中國藏黑水城漢文文獻》原始編號同，並列出文書諸要素為：竹紙，殘，草行書，尺寸為 21.7cm×10.8cm。文書現存文字 3 行，前後均完。按，本件文書中名字後有勾畫痕跡，應為勘驗時所留。

錄文標點：

1. 也火順伯　劉朶真布
2. 吾即俺布　劉九月兒
3. 葉玉那孩　梁朶立赤下阿玉①

32. 元撒的迷失等人名錄

題解：

本件《中國藏黑水城漢文文獻》中原始編號為 Y1：W4，出版編號為 M1·0032，收於第一冊《戶籍與賦稅文書》第 63 頁，擬題為《撒的迷失等人名單》，並記其尺寸為 7.7cm×9.5cm。本件還收錄於《黑城出土文書（漢文文書卷）》第 93 頁，其所記文書編號與《中國藏黑水城漢文文獻》原始編號同，並列出文書諸要素為：麻紙，殘，左側有蒙古文名單，行書，尺寸為 19.5cm×6.0cm。文書現存漢文 3 行，蒙文 2 行，前後均缺。

錄文標點：

（前缺）

1. ☐　撒的迷失　暗伯 海 ☐
2. ☐　樊娘娘②　梁耳立哈立　梁耳黑卜☐

---

① 第 1、2、4、5 個名字後均有墨筆勾畫痕跡。
② 第二個"娘"字為省文符號，現徑改。

3. ☐　　吾即落丑卜　也火沙①忽卜　羅即節立嵬☐
4. （蒙古文字）
5. （蒙古文字）
　　　　（後缺）

33. 元張台正等人名錄

題解：

本件《中國藏黑水城漢文文獻》中原始編號為 Y1：W109，出版編號為 M1·0033，收於第一冊《戶籍與賦稅文書》第 64 頁，擬題為《張台正等人名單》，並記其尺寸為 14.7cm×21.6cm。本件還收錄於《黑城出土文書（漢文文書卷）》第 93 頁，其所記文書編號與《中國藏黑水城漢文文獻》原始編號同，並列出文書諸要素為：竹紙，殘，草書，尺寸為 20.8cm×14.2cm。文書現存文字 5 行，前後均缺。

錄文標點：

　　　　（前缺）
1. 張台正　趙惟中　玉礼奴
2. 李後正　陳德仁　楊思奴②
3. 何文館　刘合只　刘比聰
4. ☐　　房元誠　☐
5. ☐☐☐☐
　　　　（後缺）

34. 元于唐卿等人名錄

題解：

本件《中國藏黑水城漢文文獻》中原始編號為 F1：W61，出版編號為 M1·0034，收於第一冊《戶籍與賦稅文書》第 65 頁，擬題為《于唐卿等人名單》，並

---

① "沙"，《黑城出土文書》錄文作"洒"，現據圖版改。
② "奴"，《黑城出土文書》錄文作"改"，現據圖版改。

記其尺寸為 10.9cm×32.2cm。本件還收錄於《黑城出土文書（漢文文書卷）》第93頁《民籍類》，其所記文書編號與《中國藏黑水城漢文文獻》原始編號同，並列出文書諸要素為：竹紙，殘，行書，尺寸為 32.0cm×9.7cm。文書現存文字4行，前後均缺，人名右旁均有朱筆點畫。

錄文標點：

（前缺）

1. 于唐卿　　蕭信
2. 楊朶立赤　朶忽蘭
3. 楊忽蘭　　高把都魯
4. ☐　　　　賈車①

（後缺）

35. 元李丑臉兒等人名錄

題解：

本件《中國藏黑水城漢文文獻》中原始編號為 F122∶W1，出版編號為 M1·0035，收於第一冊《戶籍與賦稅文書》第66頁，擬題為《沙剌福丁等人名單》，並記其尺寸為 12.3cm×34.4cm。本件還收錄於《黑城出土文書（漢文文書卷）》第93頁《民籍類》，其所記文書編號與《中國藏黑水城漢文文獻》原始編號同，並列出文書諸要素為：麻紙，殘，行書，尺寸為 34.0cm×11.3cm。文書現存文字3行，前後均缺。

錄文標點：

（前缺）

1. □蠻消　李丑臉兒　沙剌福丁
2. 趙元童　刁孫孫②　小春□
3. □□□　☐☐☐☐☐☐

（後缺）

---

① "車"，《黑城出土文書》錄文作"平"，現據圖版改。另，本件文書人名旁均有朱點。
② 第二個"孫"字為省文符號，現徑改。

36. 元張晉臣等人名錄

題解：

本件《中國藏黑水城漢文文獻》中原始編號為 F125：W12，出版編號為M1·0036，收於第一冊《戶籍與賦稅文書》第 67 頁，擬題為《張晉臣等人名單》，並記其尺寸為 13.1cm×27.6cm。本件還收錄於《黑城出土文書（漢文文書卷）》第 93 頁《民籍類》，其所記文書編號與《中國藏黑水城漢文文獻》原始編號同，並列出文書諸要素為：竹紙，殘，行書，尺寸為 27.3cm×11.5cm。文書現存文字 4 行，前後均缺。

錄文標點：

（前缺）

1. 　　　　　　　張澤□①
2. 　　　　　　　張晉臣
3. 　□璠　　馬大使　蔡秀
4. 　□　　　趙□□□

（後缺）

37. 元呂德卿等人名錄

題解：

本件《中國藏黑水城漢文文獻》中原始編號為 F224：W27，出版編號為M1·0037，收於第一冊《戶籍與賦稅文書》第 68 頁，擬題為《呂德卿等人名錄》，並記其尺寸為9cm×26.7cm。本件還收錄於《黑城出文書（漢文文書卷）》，其所記文書編號與《中國藏黑水城漢文文獻》原始編號同，並列出文書諸要素為：竹紙，殘，行書，尺寸為27.7cm×8.0cm。文書現存文字 3 行，前後均缺。

錄文標點：

（前缺）

1. 刘□□　□□□　□□□

---

① 此字文書中缺，《黑城出土文書》錄文作"玉"，不知其所據。

2. 呂德卿　張澤玉　叚①君傑
3. 馮國英　畧兀大使
　　　　（後缺）

38. 元某司呈亦集乃路總管府文為至元三十一年（1294）上下半年酒醋等課解納事

題解：

本件《中國藏黑水城漢文文獻》中原始編號為 F116：W562，出版編號為 M1·0038，收於第一冊《戶籍與賦稅文書》第 69—72 頁，擬題為《至元三十一年酒醋課文卷》，尺寸為 66.9cm×14.8cm。本件還收錄於《黑城出土文書（漢文文書卷）》第 112 頁《錢糧類·賦稅》，其所記文書編號與《中國藏黑水城漢文文獻》原始編號同，並列出文書諸要素為：竹紙，殘，行書，尺寸為 13.7cm×65.2cm。文書為二紙粘接，第一紙現存文字 13 行，第二紙現存文字 14 行。文書前後均缺，第 2、3 行云"奉　　　台旨"，據元代文書格式將此句補齊應為"總府官台旨"，第 4、5 行云"奉此　　　呈者"，據元代文書格式將此句補齊應為"奉此，合行具呈者"，故可知此件文書應為某司向總管府呈文。參考文獻：吳超《亦集乃路稅務管理初探》，《陰山學刊》2008 年第 5 期。

錄文標點：

　　　　（前缺）
1. ▭▭▭▭▭▭▭▭▭▭▭□□②
2. ▭▭▭▭奉
3. ▭▭▭▭③台旨，仍④將至元卅一年上下半
4. ▭▭▭▭□另具解申報者。奉此，
5. ▭▭▭⑤呈者：

---

① "叚"同"段"。下同，不再另作說明。
② 此行文字《黑城出土文書》錄文未標注，現據圖版補。
③ 據元代文書格式可知，此處所缺文字應為"總府官"。
④ "仍"，《黑城出土文書》錄文未釋讀，現據圖版補。
⑤ 據元代文書格式可知，此處所缺文字應為"合行具"。

6. ▢▢▢①
7. ▢酒醋等課：羊七口，係周
8. 　　　　的吉認辦，不係本
9. 　　　　路管。
10. ▢稅課：中統鈔柒定，
11. ▢▢②中統鈔柒定。
12. 　　　　酒醋等課係周的吉
13. 　　　　認辦。

14. 　　　　稅課中統鈔柒定，
15. ▢赴　行中書省豐儉庫
16. 　　　　解納了當，見有③
17. 　　　　納到朱抄為憑。
18. ▢④
19. ▢酒醋等課係周的吉認辦，
20. ▢羊七口，不係本路管。
21. ▢課中統▢▢定⑤，
22. ▢鈔柒定，
23. 　　　　酒醋等課係周的吉
24. 　　　　認辦，
25. 　　　　稅課中統鈔柒定，
26. ▢速赴　行中書省豐備
27. 　　　　摠庫解納了當。
　　　（後缺）

---

① 此處無文字殘留，從行距及元代之文書格式推斷，此處應缺"計開"兩字，《黑城出土文書》未標注，現據圖版補。
② 此字殘，《黑城出土文書》錄文作"辦"，現存疑。
③ "有"，《黑城出土文書》錄文作"將"，現據圖版改。
④ 此處無文字殘留，從行距推斷，其疑缺一行文字，《黑城出土文書》未標注，現據圖版補。
⑤ 據上文可知推知，此行文字完整應為"稅課中統鈔柒定"。

39. 元經女女等戶據地納糧帳簿

題解：

本件《中國藏黑水城漢文文獻》中原始編號為 F116：W548，出版編號為 M1・0039，收於第一冊《戶籍與賦稅文書》第 73—76 頁，擬題為《經女女等納稅文卷》，尺寸為 47cm×22.2cm。本件還收錄於《黑城出土文書（漢文文書卷）》第 108 頁《錢糧類・賦稅》，其所記文書編號與《中國藏黑水城漢文文獻》原始編號同，並列出文書諸要素為：竹紙，殘，草書。按，本件文書共三件殘片，其中殘片一、二可綴合，《黑城出土文書（漢文文書卷）》即將殘片一、二綴合處理，并記本件文書殘片一、二綴合及殘片三尺寸分別為 21.7cm×46.0cm 和 10.5cm×13.3cm。文書中殘片一現存文字 4 行，殘片二現存文字 19 行，一、二綴合後文字 21 行，殘片三現存文字 7 行。本錄文按照殘片一、二拼合釋錄。文書地畝及糧數旁均有朱筆點勘痕跡，另殘片二左部鈐朱印一枚。參考文獻：吳超《亦集乃路稅務管理初探》，《陰山學刊》2008 年第 5 期。

錄文標點：

（一、二）

　　　　（前缺）

1.　　　玖斗☐

2.　　　小麦陸斗☐

3. ☐經女女[①]地肆☐　☐石伍☐

4.　　　小　麦　　，大☐

5. ☐　地壹拾畝，☐[②]叁斗：

6.　　　☐麦[③]弍斗，　　大麦壹斗。

7. ☐　　　畝，糧壹拾石令伍升：

———

① 第二個"女"字為省文符號，現徑改。
② 據下文可知，此處所缺文字應為"糧"。
③ 據上下文可知，"麦"字前所缺文字應為"小"。

8.　　　　　□麦①陸石柒斗，

9.　　　　　大麦叁石叁斗伍升。

10.　　　地捌拾畝，糧弍石

11.　　　　小麦壹石陸斗，

12.　　　地肆拾畝，糧壹石弍斗：

13.　　　　小麦捌斗，　大麦肆斗。

14.　　　□地壹拾畝，糧叁斗：

15.　　　　小麦弍斗，　大麦壹斗。

16.　　　三保地叁拾畝，糧玖斗：

17.　　　　小麦陸斗，　大麦叁斗。

18. 一户張孔孔地壹拾伍畝，糧肆斗伍升：

19.　　　　小麦叁□，□□壹斗伍升。②

20. 一户王　阿耳

21.　　　地壹　　　　　③

　　　（後缺）

（三）

　　　（前缺）

1.　　　　　　　·　□

2.　　　　　叁斗。

3. □④户也火⑤□□，地壹

4.　　拾伍畝，糧肆斗伍升：

5.　　　　⑥　大麦壹斗伍升。

────────

① 據上下文可知，"麦"字前所缺文字應爲"小"。
② 據上下文推斷，此行文字完整應爲"小麦叁斗，大麦壹斗伍升"。
③ 第1—3行及第4行"小麦"兩字爲殘片一内容，第4行"大　　"及第5—21行爲殘片二内容。另，文書第19—21行處鈐朱印一枚。
④ 據本號文書殘片一、二相關内容可知，此處所缺文字爲"一"。
⑤ "火"，《黑城出土文書》錄文作"可"，現據圖版改。
⑥ 據上下文推斷，此處所缺文字應爲"小麦叁斗"。

6. ▢畝，粮叁斗：

7. ▢▢① 大麦壹斗。

8. ▢□②斗：

   （後缺）

40. 元至順元年（1330）某司呈文為秋季課糧事殘尾

題解：

本件《中國藏黑水城漢文文獻》中原始編號為 F270：W11，出版編號為M1·0040，收於第一冊《戶籍與賦稅文書》第77頁，擬題為《至順元年課稅文書》，並記其尺寸為24.7cm×23.6cm。本件還收錄於《黑城出土文書（漢文文書卷）》第110頁《錢糧類·賦稅》，其所記文書編號與《中國藏黑水城漢文文獻》原始編號同，並列出文書諸要素為：麻紙，殘，行草書，尺寸為22.5cm×23.7cm。文書現存文字6行，前後均缺。

錄文標點：

　　（前缺）

1. 呈。

2. 　　至順元年　月　吏馬　▢▢③（簽押）

3. 　　　提控案牘兼照磨承④朶架閣李　仲義（簽押）

4. 秋季課糧⑤

5. 　　　知　　事　　常　菩麟（簽押）

6. 　　　經　歷　　　▢▢▢

　　（後缺）

---

① 據上下文推斷，此處所缺文字應為"小麦弍斗"。
② 此字《黑城出土文書》錄文"七"，但本文書中"七"均作"柒"，殘存筆畫似非"柒"，現存疑。
③ 此兩字不清，《黑城出土文書》錄文未標注，現據圖版補。
④ "承"，《黑城出土文書》錄文作"收"，現據圖版改。
⑤ "糧"，《黑城出土文書》錄文作"程"，現據圖版改。

41. 元賈花那等戶據料支鈔帳簿

題解：

本件《中國藏黑水城漢文文獻》中原始編號為 F13：W105，出版編號為 M1·0041，收於第一冊《戶籍與賦稅文書》第 78 頁，擬題為《賈花那等戶納鈔文卷》，並記其尺寸為 18.9cm×27.6cm。本件還收錄於《黑城出土文書（漢文文書卷）》第 109 頁《錢糧類·賦稅》，其所記文書編號與《中國藏黑水城漢文文獻》原始編號同，並列出文書諸要素為：竹紙，殘，行草書，尺寸為 27.3cm×18.1cm。文書現存文字 10 行，前後均缺，末尾處鈐朱印一枚。

錄文標點：

（前缺）

1. 一戶何耳禿，料壹拾石，該鈔陸定，內除
2. 　　　已支①外②，未支鈔叁定。
3. 一戶賈花那，料壹拾石，該鈔陸定，內
4. 　　　除已支外，未支鈔叁定。
5. 一戶梁赤立嵬，料壹拾石，該鈔陸定，
6. 　　　內除已支外，未支鈔叁定。
7. 一戶吾即玉立羅，料壹拾石，該鈔陸
8. 　　　定，內除已支外，未支鈔□。
9. 一戶卜觀音保，料貳石□
10. 　　　壹拾壹□③

（後缺）

42. 元某司呈亦集乃路總管府文為申見在糧事

題解：

本件《中國藏黑水城漢文文獻》中原始編號為 F197：W25，出版編號為 M1·

---

① "支"，《黑城出土文書》錄文作"交"，現據圖版改。下同，不再另作說明。
② "外"，《黑城出土文書》錄文作"鈔"，現據圖版改，下同，不再另作說明。
③ 第 9、10 行鈐朱印一枚。

0042，收於第一冊《戶籍與賦稅文書》第79頁，擬題為《馬兀木南子楊即合稅糧文卷》，並記其尺寸為24.6cm×28.1cm。本件還收錄於《黑城出土文書（漢文文書卷）》第113頁《錢糧類·糧食儲運收支》，其所記文書編號與《中國藏黑水城漢文文獻》原始編號同，並列出文書諸要素為：竹紙，殘，楷行書，尺寸為26.9cm×24.0cm。現存文字9行，前缺後完，文書左下角鈐朱印一枚。

錄文標點：

（前缺）

1. 外有見①在粮捌 拾☐☐☐ 石柒斗式升叁合☐
2. ☐☐☐☐☐☐ 斗肆 升☐
3. 大☐②肆拾石伍斗柒 升 伍合玖勺玖抄：
4. 　　在城倉大麦玖石令柒升玖勺玖抄：
5. 　　　稅糧壹石伍斗柒升玖勺玖抄，
6. 　　　橫収☐鮮馬☐柒石伍斗；
7. 　　馬兀木南子楊即合収稅粮大麦叁拾壹③石伍斗令伍合。

8. 右 具 如 前， 伏 乞

9. 亦 集 乃 路 ☐ ☐④ 府⑤

（後缺）

43. 元玉朴等渠諸戶納糧帳簿

題解：

本件《中國藏黑水城漢文文獻》中原始編號為F16：W1，出版編號為M1·0043，

---

① "見"，《黑城出土文書》錄文未釋讀，現據圖版補。
② 《黑城出土文書》錄文推補此字為"麦"。
③ "壹"，《黑城出土文書》錄文漏錄，現據圖版補。
④ 據文意推斷，此處所缺兩字應為"總管"。
⑤ 文書第8—9行下部鈐朱印。

收於第一冊《戶籍與賦稅文書》第80頁，擬題為《管都火兒等戶納糧文卷》，並記其尺寸為29cm×21.2cm。本件還收錄於《黑城出土文書（漢文文書卷）》第110頁《錢糧類·賦稅》，其所記文書編號與《中國藏黑水城漢文文獻》原始編號同，並列出文書諸要素為：麻紙，殘，行草書，載其尺寸為20.0cm×28.0cm。文書現存文字12行，前後均缺，每行前均有朱筆勾畫符號，應為勘驗時所留。

錄文標點：

（前缺）

1. ☐
2. 　　大麦式石壹斗四升陸合玖勺。
3. 玉朴渠一户管都火兒，粮一石五斗：
4. 　　小麦壹石，　大麦伍斗。
5. 沙立渠一户台不花，粮壹拾壹石一斗：
6. 　　小麦柒石四斗，大麦叁石七斗。
7. 廿二①：
8. 吾即渠一户任思你立布，粮壹石伍
9. 　　斗：
10. 　　小麦壹石，　大麦五斗。
11. 耳卜渠一户任三保，粮三斗：
12. 　　小麦弍斗，大麦壹斗。
13. 吾即渠一户任不花，粮玖斗：

（後缺）

44. 元吾即玉立蒲等納糧帳簿

題解：

本件《中國藏黑水城漢文文獻》中原始編號為F13：W129，出版編號為M1·0044，收於第一冊《戶籍與賦稅文書》第81頁，擬題為《吾即玉立蒲等納糧文卷》，並記其尺寸為43.5cm×27.6cm。本件還收錄於《黑城出土文書（漢文文書

---

① "廿二"兩字為朱書，《黑城出土文書》錄文漏錄，現據圖版補。

卷)》第 110 頁《錢糧類·賦稅》，其所記文書編號與《中國藏黑水城漢文文獻》原始編號同，並列出文書諸要素為：竹紙，殘，行草書，尺寸為 26.7cm × 44.1cm。文書現存文字 14 行，前後均缺，且後半部有塗抹痕跡，應表作廢。文書第 13 行有"廿一年"字樣，據元代年號使用狀況可知，本件文書應為前至元或至正年間文書。另，文書中在用漢文文字表述所收糧食數量之後，再用符號表示其數量，且糜子和小麥所用表示數量之符號不同。參考文獻：1. 潘傑《黑水城出土文書中的記數符號初探》，《寧夏社會科學》2008 年第 2 期；2. 吳超《亦集乃路稅務管理初探》，《陰山學刊》2008 年第 5 期。

錄文標點：

　　　　（前缺）

1. ＿＿＿＿赤屈　　吾即玉立蒲　　男托真布
2. 　　　　吾即帖木不花
3. 　　　小麦三石，　　糜子六石。
4. ＿＿＿十二日籹本人糜子二石七斗　ムムπ。
5. ＿＿日籹本人糜子一石四斗　　ムⅢ。
6. 同日又籹糜子九斗Ⅲ，又籹糜子五石＿＿＿
7. 八月廿六日籹本人小麦五石〇〇〇〇〇。

8. 吾即帖□兒□□　　弟不顏帖木　吾即斡赤屈
9. ＿＿＿＿＿＿，糜子三石五斗。
10. 七①＿＿＿本人小麦二石八斗　〇〇Ⅲ。
11. 　廿八日籹小麦兩石四斗　〇〇ⅠⅠⅠⅠ。
12. 八月廿六日籹糜子兩石七斗四升　ムムπ≡。
13. 廿一年十二月十日筭計定欠小麦三石。
14. ＿＿＿＿＿＿＿＿＿②

　　　　（後缺）

---

① "七"，《黑城出土文書》錄文未釋讀，現據圖版改。
② 第 8—14 行文字被墨筆勾畫塗抹，應為作廢部分。

45. 元哈立撒耳立□等戶據地納糧帳簿

題解：

本件《中國藏黑水城漢文文獻》中原始編號為 F97：W5，出版編號為M1·0045，收於第一冊《戶籍與賦稅文書》第 82 頁，擬題為《哈只吉你等繳納大小麥文書》，並記其尺寸為 22.7cm×21.6cm。本件還收錄於《黑城出土文書（漢文文書卷）》第 109 頁《錢糧類·賦稅》，其所記文書編號為"F97：W2"，與《中國藏黑水城漢文文獻》所記原始編號異，並列出文書諸要素為：麻紙，殘，草行書，尺寸為 21.2cm×22.5cm。文書現存文字 8 行，前後均缺。文書中戶字及糧數旁均有朱筆點勘痕跡。

錄文標點：

（前缺）

1. 一戶哈撒☐
2. 　　　石☐
3. 　小麥柒斗☐斗五升
4. 一戶哈立撒耳立□地式拾畝，糧①陸斗：
5. 　小麥肆斗，　大麥式斗。
6. 一戶哈只吉你☐陸斗：
7. 　小麥肆斗，　大麥式斗。
8. 一戶耳☐

（後缺）

46. 元陳子興等戶納糧帳簿殘片

題解：

本件《中國藏黑水城漢文文獻》中原始編號為 F146：W16，出版編號為M1·0046，收於第一冊《戶籍與賦稅文書》第 83 頁，擬題為《吳剌住等戶納糧文書》，並記其尺寸為 9.6cm×15.1cm。本件還收錄於《黑城出土文書（漢文文書

---

① 《黑城出土文書》錄文中"糧"字前衍一"收"字，現據圖版改。

卷)》第109頁《錢糧類·賦稅》，其所記文書編號與《中國藏黑水城漢文文獻》原始編號同，並列出文書諸要素為：麻紙，殘，行書，尺寸為19.4cm×9.1cm。文書現存文字4行，前後均缺。

錄文標點：

　　　　　（前缺）

1. 一戶☐智，糧 弌 升；
2. 一戶☐☐，糧一斗伍合；
3. 一戶陳子興，糧一斗伍合；
4. 一戶吳剌住，糧一斗☐

　　　　　（後缺）

47. 元馮智通等戶文書殘片

題解：

本件《中國藏黑水城漢文文獻》中原始編號為Y1：W10，出版編號為M1·0047，收於第一冊《戶籍與賦稅文書》第83頁，擬題為《馮智通等納糧文書》，並記其尺寸為7.6cm×27cm。本件還收錄於《黑城出土文書（漢文文書卷）》第110頁《錢糧類·賦稅》，其所記文書編號與《中國藏黑水城漢文文獻》原始編號同，並列出文書諸要素為：桑皮紙，屑，行書，尺寸為26.2cm×6.8cm。文書現存文字3行，前後均缺。

錄文標點：

　　　　　（前缺）

1. 　　　　☐，糜①弌石☐
2. 　　　大麦壹斗，計収官斗糧陸斗。
3. 一戶馮智通，見在各種人教化在逊

　　　　　（後缺）

---

① 《黑城出土文書》錄文中"糜"字後衍一"子"字，現據圖版改。

48. 元賀古剌等戶據地納糧帳簿殘片

題解：

本件《中國藏黑水城漢文文獻》中原始編號為84H・F68：W5/0911，出版編號為M1・0048，收於第一冊《戶籍與賦稅文書》第84頁，擬題為《賀古剌納糧文書》，並記其尺寸為7.3cm×20.6cm。《黑城出土文書（漢文文書卷）》一書未收。文書現存文字3行，前完後缺。

錄文標點：

1. 一戶賀古剌，地弍拾畝，糧陸斗：
2. 　　小麦肆斗，　大麦弍斗。
3. 　一▢▢▢▢▢▢▢▢▢斗：
　　　　（後缺）

49. 元文書殘片

題解：

本件《中國藏黑水城漢文文獻》中原始編號為【84東南牆角A】，出版編號為M1・0049，收於第一冊《戶籍與賦稅文書》第85頁，擬題為《合只嵬納糧文書》，並記其尺寸為15.6cm×13.7cm。《黑城出土文書（漢文文書卷）》一書未收。文書共兩件殘片，前後均缺，但字跡非一，應非同件文書。殘片一現存文字3行，字體較大，與巡檢司、河渠司有關，可擬題為"元亦集乃路巡檢司、河渠司相關文書殘片"；殘片二現存文字4行，字體較小，為合只嵬等納糧文書殘片，可擬題為"元合只嵬等據地納糧帳簿殘片"。

錄文標點：

（一）

　　　　（前缺）

1. ▢▢▢巡檢司、河渠司▢▢▢▢▢
2. ▢
3. 　▢囬囬等戶▢▢▢▢
　　　　（後缺）

（二）

　　　　　（前缺）

1. ☐　　　　　　☐石弐拾伍奴☐
2. ☐支☐　　支弐斗五升☐
3. ☐□人合只崑，地四十五畝，粮☐
4. 　　小麦九斗，　大麦□十伍☐
　　　　　（後缺）

50. 元某司呈肅政廉訪司文為秋田收成等事

題解：

本件《中國藏黑水城漢文文獻》中原始編號為84H・F116：W430/1602，出版編號為M1・0050，共六件殘片，其中殘片一、二收於第一冊《戶籍與賦稅文書》第86頁，擬題為《追繳賦稅文書殘件》，尺寸為24.5cm×16.6cm；殘片三、四、五、六收於第一冊《戶籍與賦稅文書》第87頁，擬提為《秋田等文書殘件》，尺寸為26.7cm×16.3cm。《黑城出土文書（漢文文書卷）》一書未收。文書殘片一、二、五各存文字3行，殘片三、六各存文字1行，殘片四現存文字2行。據殘片五"仍仰肅政廉訪司"一語推斷，本件文書似為呈肅政廉訪司文。

錄文標點：

（一）

　　　　　（前缺）

1. ☐十若有□限或稅□□☐
2. ☐十月終，中限十一月終，末限☐
3. ☐到☐
　　　　　（後缺）

（二）

　　　　　（前缺）

1. ☐奉省劄案牘☐
2. ☐人追徵還官☐

3. ▢從省府刂▢
　　　　（後缺）

（三）
　　　　（前缺）
1. 秋田十月日▢
　　　　（後缺）

（四）
　　　　（前缺）
1. ▢□附上年今後▢
2. ▢呈□
　　　　（後缺）

（五）
　　　　（前缺）
1. ▢仍仰肅政廉訪司▢
2. ▢□麦各各収成分數各▢
3. □
　　　　（後缺）

（六）
　　　　（前缺）
1. ▢照依元坐躰式程▢
　　　　（後缺）

51. 元某司下地稅倉官文書殘片

題解：

本件《中國藏黑水城漢文文獻》中原始編號為84H·F116：W324，出版編號為M1·0051，收於第一冊《戶籍與賦稅文書》第88頁，擬題為《地稅倉官文書》，尺寸為16.1cm×23.7cm。《黑城出土文書（漢文文書卷）》一書未收。文書共兩件殘片，各殘存1行文字，且殘片一上鈐朱印一枚。

錄文標點：

（一）

（前缺）

1. □⬜①

（後缺）

（二）

（前缺）

1. 右下地稅倉官也火欽义②禿即兀奴都□

（後缺）

52. 元亦集乃路呈文為委本路巡檢與省府差來官點視也可倒溫人口頭疋等事

題解：

本件《中國藏黑水城漢文文獻》中原始編號為 F111：W51，出版編號為M1·0052，收於第一冊《戶籍與賦稅文書》第 89 頁，擬題為《也可倒溫人口頭疋並孳生數目及租課》，並記其尺寸為 14.8cm×30.5cm。本件還收錄於《黑城出土文書（漢文文書卷）》第 108 頁《錢糧類·賦稅》，其所記文書編號與《中國藏黑水城漢文文獻》原始編號同，並列出文書諸要素為：麻紙，殘，行書，尺寸為 30.1cm×14.0cm。文書現存文字 6 行，前後均缺。參考文獻：吳超《蒙元時期亦集乃路畜牧業初探》，《農業考古》2012 年第 1 期。

錄文標點：

（前缺）

1. 去官一同點視元抄札到也可倒溫人口頭疋并
2. 孳生數目，及取勘地內去歲收辦③子粒、碾④磨租課，
3. 得見端的，開坐各各⑤儘細連唏保結申省事。

---

① 此處鈐朱印一枚，從其書寫形式來看，似為日期。
② "义"通"叉"，下同，不再另作說明。
③ "辦"，《黑城出土文書》錄文作"得"，現據圖版改。
④ "碾"，《黑城出土文書》錄文作"磋"，現據圖版改。
⑤ 第二個"各"字為省文符號，現徑改。

4. 承此，委本路巡檢吾七耳布与

5. 省府差来官一同前▢

6. 府①司已於▢

　　（後缺）

53. 元至正十一年（1351）承管狀為元興等販羊回易外官錢鈔事

題解：

本件《中國藏黑水城漢文文獻》中原始編號為 F146:W30，出版編號為M1·0053，收於第一冊《戶籍與賦稅文書》第 90 頁，擬題為《販羊納錢文書》，並記其尺寸為 17.6cm×30.4cm。本件還收錄於《黑城出土文書（漢文文書卷）》第 111 頁《錢糧類·賦稅》，其所記文書編號與《中國藏黑水城漢文文獻》原始編號同，並列出文書諸要素為：竹紙，殘，草書，尺寸為 29.4cm×17.4cm。文書現存文字 7 行，上完下殘，前後均缺。據第 4 行"承管是實"一語可知，本文書應為承管狀。

錄文標點：

　　　　（前缺）

1. 摠府承管委得限　　日▢

2. 等元興販羊弍伯口，合▢抄▢

3. 回易外官②錢抄違③限，如違甘▢

4. 承管是實，伏取　　木薛非弍佰口，

5. 台旨。　　　　　阿赤丁羊叁佰口，

6. 　　　　　　　古都伯羊陸佰柒十口。

7. 　　至正十一年九月▢（簽押）

　　（後缺）

---

① "府"字有塗改痕跡。
② "官"，《黑城出土文書》錄文作"該"，現據圖版改。
③ "違"，《黑城出土文書》錄文作"速"，現據圖版改。

54. 元某年二月駞馬價錢文書殘片

題解：

本件《中國藏黑水城漢文文獻》中原始編號為 F114：W6，出版編號為M1·0054，收於第一冊《戶籍與賦稅文書》第91頁，擬題為《販羊納錢文書》，並記其尺寸為17.6cm×20cm。本件還收錄於《黑城出土文書（漢文文書卷）》第111頁《錢糧類·賦稅》，其所記文書編號與《中國藏黑水城漢文文獻》原始編號同，並列出文書諸要素為：竹紙，殘，行書，尺寸為19.3cm×5.3cm。文書現存文字6行，前後均缺。

錄文標點：

（前缺）

1. ☐☐☐☐☐☐☐☐☐☐☐年二☐
2. ☐☐☐☐☐☐價錢陸定；
3. ☐☐☐駞馬壹拾伍疋，各價不等，該鈔☐☐
4. 　　　柒定；
5. ☐☐☐駞肆隻，該鈔肆拾定；
6. ☐☐☐列真玉黃扇駞

（後缺）

55. 元某司為起解課程事文書

題解：

本件《中國藏黑水城漢文文獻》中原始編號為 F270：W7，出版編號為M1·0055，收於第一冊《戶籍與賦稅文書》第92頁，擬題為《酒課文書》，並記其尺寸為17.1cm×22cm。本件還收錄於《黑城出土文書（漢文文書卷）》第110頁《錢糧類·賦稅》，其所記文書編號與《中國藏黑水城漢文文獻》原始編號同，並列出文書諸要素為：竹紙，殘，行書，尺寸為21.2cm×16.8cm。文書現存文字5行，前後均缺。參考文獻：杜立暉《黑水城文獻所見元代稅使司的幾個問題》，《西夏學》（第十輯），上海古籍出版社2013年版。

錄文標點：

（前缺）

1. □式拾伍兩陸錢陸分肆厘
2. 酒觧，呈乞照驗。得此，除將
3. 見觧課程鈔定另行起觧
4. 外，總府合下仰照驗，即將
5. ⬜季分，依期起觧施行。

（後缺）

56. 元泰定二年（1325）呈解課程錢文書殘片

題解：

本件《中國藏黑水城漢文文獻》中原始編號為 F274：W1，出版編號為M1·0056，收於第一冊《戶籍與賦稅文書》第93頁，擬題為《泰定二年稅使司文書》，並記其尺寸為 17.4cm×19.3cm。本件還收錄於《黑城出土文書（漢文文書卷）》第110頁《錢糧類·賦稅》，其所記文書編號與《中國藏黑水城漢文文獻》原始編號同，並列出文書諸要素為：草紙，殘，行草書，尺寸為 19.2cm×16.8cm。文書現存文字8行，前後均缺。參考文獻：杜立暉《黑水城文獻所見元代稅使司的幾個問題》，《西夏學》（第十輯），上海古籍出版社2013年版。

錄文標點：

（前缺）

1. ⬜泰定二年七月一日
2. ⬜中統鈔壹拾式定捌
3. ⬜捌錢叄分叄厘陸毫①，発支
4. ⬜依數交割，合下仰照驗，厅②候
5. ⬜発具収管，呈府施行。
6. □□

---

① 此字《黑城出土文書》錄文作"毫"，但據圖版不似，現存疑。
② "厅"通"聽"。

整理編　第一冊　53

7. 　　　稅│使司　　来呈解到泰定二年

8. 　　　　　　　│月課程錢中統鈔壹

　　　（後缺）

57. 元至正廿七年（1367）稅使司收稅文書殘片

題解：

本件《中國藏黑水城漢文文獻》中原始編號為 F20：W16，出版編號為 M1・0057，收於第一冊《戶籍與賦稅文書》第 94 頁，擬題為《至正廿七年稅使司文書》，並記其尺寸為 22.6cm×18.7cm。本件還收錄於《黑城出土文書（漢文文書卷）》第 111 頁《錢糧類・賦稅》，其所記文書編號與《中國藏黑水城漢文文獻》原始編號同，並列出文書諸要素為：竹紙，殘，行草書，尺寸為 17.0cm×21.9cm。文書現存文字 6 行，殘損嚴重。

錄文標點：

1. 　　　　　│稅使司稅①吏│
2. │吏│②壹名│発│③□到□
3. 　本司依例収稅外│
4. 　　至正廿七年　　月十一
5. 　　　　（簽押）
6. 　　　│司　　（簽押）
　　　（後缺）

58. 元稅使司呈亦集乃路總管府文殘片

題解：

本件《中國藏黑水城漢文文獻》中原始編號為 Y1：W83，出版編號為 M1・0058，收於第一冊《戶籍與賦稅文書》第 95 頁，擬題為《稅使司文書》，並記其

---

① "稅"，《黑城出土文書》錄文作 "據"，現據圖版改。
② "│吏│"，《黑城出土文書》錄文作 "妻"，現據圖版改。
③ "│発│"，《黑城出土文書》錄文作 "聚"，現據圖版改。

尺寸為5.4cm×18.7cm。《黑城出土文書（漢文文書卷）》一書未收。文書現存文字2行，前完後缺。從內容來看，其應為稅使司呈亦集乃路總管府文殘片。

錄文標點：

1. 稅使司

2. 謹呈：近蒙

3. 總府 発 到 至正十三年☐☐☐☐

　　（後缺）

59. 元至正十七年（1357）稅使司呈文為春季三個月稅收事

題解：

本件《中國藏黑水城漢文文獻》中原始編號為AE197　ZHi36，出版編號為M3·0001，收於第一冊《戶籍與賦稅文書》第95頁，擬題為《至正十七年稅使司文書》，並記其尺寸為6.4cm×18.6cm。《黑城出土文書（漢文文書卷）》一書未收。文書現存文字4行，其中第3行墨跡較淺，且與第2行文字基本相同。從內容來看，其應為稅使司呈文殘片。

錄文標點：

1. 稅使司

2. 謹呈至正十七年正月至三月終春季三個☐☐月☐☐☐

3. 謹呈照得至正十七年正月至三月終春季[①]

4. ☐☐☐☐☐☐☐☐☐☐開坐，合行具呈

　　（後缺）

60. 元糧簿殘片

題解：

本件《中國藏黑水城漢文文獻》中原始編號為F210：W11，出版編號為M1·0059，收於第一冊《戶籍與賦稅文書》第96頁，擬題為《賦稅文書》，並記其尺寸為18.1cm×15.8cm。本件還收錄於《黑城出土文書（漢文文書卷）》第109頁

---

① 此行文字墨色極淺。

《錢糧類‧賦稅》，其所記文書編號與《中國藏黑水城漢文文獻》原始編號同，並列出文書諸要素為：麻紙，殘，行草書，尺寸為15.0cm×18.1cm。文書現存文字7行，前後均缺。

錄文標點：

　　　　　（前缺）

1. ☐☐☐☐☐捌斗陸升捌合伍勺壹抄，
2. ☐☐☐☐☐柒斗陸升壹合叁勺壹①抄。

　　　　　（中缺1行）

3. ☐☐☐☐☐☐☐升②叁勺弐抄，
4. ☐☐☐弐拾壹石壹斗捌合柒勺陸抄，
5. ☐☐☐石叁斗弐升伍合玖勺，
6. ☐☐☐☐☐斗捌升壹合捌勺陸抄，
7. ☐☐☐☐☐☐升壹合捌勺，

　　　　　（後缺）

61. 元納戶文書殘片

題解：

本件《中國藏黑水城漢文文獻》中原始編號為84H・F125:W55/1905，出版編號為M1・0060，收於第一冊《戶籍與賦稅文書》第97頁，擬題為《賦稅文書》，並記其尺寸為18.7cm×24.5cm。《黑城出土文書（漢文文書卷）》一書未收。文書共兩件殘片，其中殘片一現存文字4行，殘片二僅存2字。

錄文標點：

（一）

　　　　　（前缺）

1. 平収受☐☐☐☐☐☐☐☐
2. 納戶姓名同 取 ☐☐☐☐☐☐

————————

① "壹"，《黑城出土文書》錄文作"弐"，現據圖版改。
② "升"，《黑城出土文書》錄文未釋讀，現據圖版補。

3. □附繳連，希

4. □□囬示者。

　　　　（後缺）

（二）

　　　　（前缺）

1. 總□

　　　　（後缺）

62. 元亦集乃路總管府下支持庫文為起解正月分課程事

題解：

本件《中國藏黑水城漢文文獻》中原始編號為 Y1：W108，出版編號為 M1·0061，收於第一冊《戶籍與賦稅文書》第 98 頁，擬題為《課稅文書》，並記其尺寸為 41.6cm×34.1cm。本件還收錄於《黑城出土文書（漢文文書卷）》第 110 頁《錢糧類·賦稅》，其所記文書編號與《中國藏黑水城漢文文獻》原始編號同，並列出文書諸要素為：竹紙，殘，草行書，末尾用八思巴字書寫大字年款，尺寸為 31.0cm×41.5cm。文書現存漢文 4 行，蒙古文 1 行，前完後缺。從內容來看，其應為亦集乃路總管府下支持庫文殘片。參考文獻：杜立暉《黑水城文獻所見元代稅使司的幾個問題》，《西夏學》（第十輯），上海古籍出版社 2013 年版。

錄文標點：

1. 　　　　集乃路總管府拠稅

2. 　　発中統鈔

3. 　　　右下支持①　，准此②。

4. 　起解正月分課程　　（簽押）

―――――――
① "持"，《黑城出土文書》錄文作"鈔"，現據圖版改。另，據文意推斷其後所缺應有"庫"字。
② "准此" 2 字，《黑城出土文書》錄於上一行，現據圖版改。

5. （大字蒙古文年款墨戳）（簽押）

　　　　（後缺）

63. 元開耕地納稅文書殘片

題解：

本件《中國藏黑水城漢文文獻》中原始編號為84H·F20: W55/0704，出版編號為M1·0062，收於第一冊《戶籍與賦稅文書》第99頁，擬題為《耕地納稅》，並記其尺寸為13cm×19.5cm。《黑城出土文書（漢文文書卷）》一書未收。文書現存文字8行，其中漢文4行，蒙古文4行，前後均缺。

錄文標點：

　　　　（前缺）

1. ▢▢我扵耳卜渠▢到地▢▢

2. （蒙古文字）

3. ▢▢開耕其地，東至卜奧兒地，南至▢▢

4. （蒙古文字）

5. ▢▢次納▢孟只地，北至屯田囬▢▢

6. （蒙古文字）

7. ▢▢每年交納稅▢▢

8. （蒙古文字）

　　　　（後缺）

64. 元某年八月初六日收▢匠李忽都某物文書殘片

題解：

本件《中國藏黑水城漢文文獻》中原始編號為Y1: W23，出版編號為M1·0063，收於第一冊《戶籍與賦稅文書》第98頁，擬題為《收課文書殘件》，並記其尺寸為5.5cm×22cm。本件還收錄於《黑城出土文書（漢文文書卷）》第108頁《錢糧類·賦稅》，其所記文書編號與《中國藏黑水城漢文文獻》原始編號同，並列出文書諸要素為：竹紙，缺，草行書，尺寸為21.9cm×4.9cm。文書僅存文字1行。

錄文標點：

（前缺）

1. 八月初六日收□匠李忽都帖木壹斤

（後缺）

65. 元亦集乃路總管府文書殘片

題解：

本件《中國藏黑水城漢文文獻》中原始編號為F177：W5a，出版編號為M1·0064，收於第一冊《戶籍與賦稅文書》第100頁，擬題為《催糧文書》，並記其尺寸為19.6cm×25.3cm。本件文書共兩件殘片，還收錄於《黑城出土文書（漢文文書卷）》第108頁《錢糧類·賦稅》，其所記文書編號為F117：W5，與《中國藏黑水城漢文文獻》所記原始編號異，並列出文書諸要素為：草紙，殘屑，行草書，尺寸分別為19.0cm×13.4cm及21.3cm×4.0cm。文書殘片一現存文字4行，殘片二現存2行。

錄文標點：

（一）

（前缺）

1. □①帝聖旨裏，亦集乃承②奉
2. 甘肅等處行中書省劄付該③：差＿＿＿＿＿＿＿
3. □□處同知④即立嵬奴⑤一同照依坐去欠粮＿＿＿
4. ＿＿＿＿＿＿返⑥知告⑦湏要日，近赴倉□□粮⑧事

（後缺）

---

① 據元代文書書寫格式可知，此處所缺文字應為"皇"。
② 《黑城出土文書》錄文中"承"字前衍錄一"路"字，現據圖版改。
③ "該"，《黑城出土文書》錄文未釋讀，現據圖版補。
④ "知"字為右行補入，現徑改。
⑤ "奴"，《黑城出土文書》錄文作"放"，現據圖版改。
⑥ "返"，《黑城出土文書》錄文作"近"，現據圖版改。
⑦ "知告"兩字為右行補入，現徑改。
⑧ "粮"字為右行補入，現徑改。

（二）

（前缺）

1. ☐☐☐☐☐☐☐☐☐☐☐☐

2. ☐者帖木是①行，申將燕赤火者

（後缺）

66. 元某年發放天字一百等號羊口勘合登記簿

題解：

本件《中國藏黑水城漢文文獻》中原始編號為 F111∶W72，出版編號為M1·0065，收於第一冊《戶籍與賦稅文書》第 101 頁，擬題為《天字號抽分文卷》，並記其尺寸為 28.3cm×29.6cm。本件還收錄於《黑城出土文書（漢文文書卷）》第 111 頁《錢糧類·賦稅》，其所記文書編號與《中國藏黑水城漢文文獻》原始編號同，並列出文書諸要素為：麻紙，殘，行書，有塗改，尺寸為 28.6cm×27.9cm。文書現存文字 14 行，前後均缺，且人名處多有勾畫符號，應為勘驗時所留。參考文獻：1. 吳超《蒙元時期亦集乃路畜牧業初探》，《農業考古》2012 年第 1 期；2. 吳超《亦集乃路稅務管理初探》，《陰山學刊》2008 年第 5 期。

錄文標點：

（前缺）

1. ☐朶立☐☐☐

2. 　　　　吾即不剌合羊一百口

3. 　未照勘合②

4. 天字一百号：魯③即花不答兒羊④一百二⑤口，兀即☐☐ 四十一口，

5. 　　　　魯即卓立温布羊一百七十口⑥，

---

① "是"，《黑城出土文書》錄文作 "實"，現據圖版改。
② "未照勘合" 字《黑城出土文書》錄文作 "来照勘合"，且其將此行與下 1 行錄作 1 行，將其錄於 "天字百号" 之後。
③ "魯"，《黑城出土文書》錄文作 "吾"，現據圖版改。
④ 文書第 1、2 行及第 3 行 "魯即花不答兒羊" 等字墨色較淺。
⑤ "二"，《黑城出土文書》錄文漏錄，現據圖版補。
⑥ "口" 左下有一 "十" 字形符號。

60　中國藏黑水城漢文文獻的整理與研究

6.　　　　　　紅頭和尚羊四十七口，

7.　　　　　　也火耳立义羊廿六口，

8.　　　　　　即兀令只羊六十口。①

9.　未発勘合　陳真宝羊八十四口，収抄肆拾两；

10.　　　　　月魯帖木兒羊四十八口，係②投下。

11.　未照③勘合

12.　十两④　　拔剌姪吾即耳立鬼羊一百六十口，

13.　天字五十四号：烏馬兒羊五十四口
　　　　　　　　昔宝赤羊七十口，總收八十两。

14.　　　　　　＿＿＿羊五十八口，収四十两与帖。

　　　　（後缺）

67. 元甘肅行書省劄付亦集乃路總管府為槊落狀告抽分等事（一）

題解：

　　本件《中國藏黑水城漢文文獻》中原始編號為Y5：W11a，出版編號為M1·0066，收於第一冊《戶籍與賦稅文書》第102頁，擬題為《抽分文卷》，並記其尺寸為25.4cm×41.9cm。本件還收錄於《黑城出土文書（漢文文書卷）》第111頁《錢糧類·賦稅》，其所記文書編號為Y5：W11（1），並列出文書諸要素為：宣紙，殘屑，行楷書，末尾為八思巴字年款及印押2個，尺寸為40.7cm×24.7cm。該書將本號文書與《中國藏黑水城漢文文獻》第一冊第103頁M1·0067［Y5：W11b］、第104頁M1·0068［Y5：W11c］號兩號文書統一編號為Y5：W11，作為一件文書釋錄，按，三號文書字跡相同，內容相關，應為同件文書。文書現存文字6行，前完後缺。從內容來看，其應為甘肅行省為槊落狀告抽分事劄付亦集乃路總管府。文書擬題依綴合後所定。

---

① 此行文字文字較淺。
② "係"，《黑城出土文書》錄文作"保"，現據圖版改。
③ "未照"，《黑城出土文書》錄文作"八月照"，現據圖版改。
④ "十两"，《黑城出土文書》錄文作"十一日"，現據圖版改。

錄文標點：

1. □□①等処行中書省據肅州路申：棚②落狀告，年五十三歲☐

2. 　　火兒麻思所管伉儷人户，見在肅州阿兒八邦地面住 坐☐

3. 　　棚落等一般人户俱在肅州所管阿兒八邦地面住 坐☐

4. 　　凡為一切和顧和買倉粮、雜犯差役抽分羊畜俱隸本

5. 　　□管應納③，至今不曾有闕，与亦集乃路並無干涉，昨

6. 　　　　內有亦集乃路所委抽分羊 官□□☐

　　　（後缺）

68. 元甘肅行書省劄付亦集乃路總管府為槊落狀告抽分等事（二）

題解：

本件《中國藏黑水城漢文文獻》中原始編號為Y5：W11b，出版編號為M1·0067，收於第一冊《户籍與賦稅文書》第103頁，擬題為《抽分文卷》，並記其尺寸為25cm×6.9cm。本件還收錄於《黑城出土文書（漢文文書卷）》第111頁《錢糧類·賦稅》，其所記文書編號為Y5：W11（2），並列出文書諸要素為：宣紙，殘屑，行楷書，末尾為八思巴字年款及印押2個，尺寸為10.4cm×40.1cm。該書將本號文書與《中國藏黑水城漢文文獻》第一冊第102頁M1·0066［Y5：W11a］、第104頁M1·0068［Y5：W11c］號兩號文書統一編號為Y5：W11，作為一件文書釋錄。按，三號文書字跡相同，內容相關，應為同件文書。文書現存文字9行，下部缺，每行僅存一、二字。從內容來看，其應為甘肅行省為槊落狀告抽分事劄付亦集乃路總管府。文書擬題依綴合後所定。

錄文標點：

　　　（前缺）

1. 布☐

2. 抽分☐

---

① 據元代地方行政機構設置可知，此處所缺文字應為"甘肅"。
② "棚"同"槊"，《黑城出土文書》錄文作"朔"，現據圖版改。下同，不再另作說明。
③ "納"，《黑城出土文書》錄文作"差"，現據圖版改。

3. 訖☐
4. 每☐
5. 羊☐
6. 照得☐
7. 係☐
8. 當☐
9. 既不☐

（後缺）

69. 元甘肅行書省劄付亦集乃路總管府為粲落狀告抽分等事（三）

題解：

本件《中國藏黑水城漢文文獻》中原始編號為 Y5：W11c，出版編號為 M1·0068，收於第一冊《戶籍與賦稅文書》第 104 頁，擬題為《抽分文卷》，並記其尺寸為 21.4cm×52cm。本號文書為年款及印押，收錄於《黑城出土文書（漢文文書卷）》第 111 頁《錢糧類·賦稅》，其所記文書編號為 Y5：W11，並列出文書諸要素為：宣紙，八思巴字年款及印押 2 個，尺寸為 51.9cm×20.4cm，未作錄文。該書將本號文書與《中國藏黑水城漢文文獻》第一冊第 102 頁 M1·0066〔Y5：W11a〕、第 103 頁 M1·0067〔Y5：W11b〕號兩號文書統一編號為 Y5：W11，作為一件文書釋錄。按，三號文書字跡相同，內容相關，應為同件文書。文書現存蒙古文年款及簽押，其中蒙古文年款中年號、月、日等字為墨戳刷印，在其中手寫填寫具體蒙古文數字。從內容來看，其應為甘肅行省為粲落狀告抽分事劄付亦集乃路總管府。文書擬題依綴合後所定。

錄文標點：

（前缺）
1.（八思巴蒙古文年款）（簽押）
2.　　　（簽押）

（後缺）

70. 元蒲文路責領狀為至元三年抽分羊馬事

題解：

本件《中國藏黑水城漢文文獻》中原始編號為 F111：W58，出版編號為 M1·0069，收於第一冊《戶籍與賦稅文書》第 105 頁，擬題為《抽分文書》，並記其尺寸為 15.6cm×24.8cm。本件還收錄於《黑城出土文書（漢文文書卷）》第 111 頁《錢糧類·賦稅》，其所記文書編號與《中國藏黑水城漢文文獻》原始編號同，並列出文書諸要素為：麻紙，殘，草行書，尺寸為 23.6cm×14.0cm。文書現存文字 5 行，前完後缺。從內容來看，其應為蒲文路責領狀殘片。

錄文標點：

1. 取責人蒲文路
2. 今當
3. 官責領到抽分至元三①年羊□□□□
4. □勘合式拾道，中間並無□□□□
5. □□□□□□□□□□□②

（後缺）

71. 元課程文書殘片

題解：

本件《中國藏黑水城漢文文獻》中無原始編號，出版編號為 M1·0070，收於第一冊《戶籍與賦稅文書》第 106 頁，擬題為《文書殘件》，並記其尺寸為 15.3cm×13.9cm。《黑城出土文書（漢文文書卷）》一書未收。文書現存文字 4 行，前後均缺。

錄文標點：

（前缺）

1. 一同追□□□□□

---

① "三"，《黑城出土文書》錄文作 "二"，現據圖版改。
② 此行文字，《黑城出土文書》未標注，現據圖版補。

2. 增羨，仍取二人□☐

3. 附藉甫抵☐

4. 要課程 增 ☐

　　　　（後缺）

72. 元某年正月羊口、酒課文書

題解：

本件《中國藏黑水城漢文文獻》中原始編號為 84H・F41：W9/0780，出版編號為 M1・0071，收於第一冊《戶籍與賦稅文書》第 107 頁，擬題為《課稅文書》，並記其尺寸為 11.2cm×26.8cm。《黑城出土文書（漢文文書卷）》一書未收。文書現存文字 4 行，下部被塗抹，前後均缺。

錄文標點：

　　　　（前缺）

1. 正月

2. 脫兒欠一口　羊□二口　□☐

3. 脫罕三口　　羊二口　　☐

4. 酒課 四 两 　羊一口　　☐

　　　　（後缺）

73. 元海答立迷失等戶據地納糧文書殘片

題解：

本件《中國藏黑水城漢文文獻》中原始編號為 F50：W4，出版編號為 M1・0072，收於第一冊《戶籍與賦稅文書》第 108 頁，擬題為《海答立迷失等戶納稅文書》，並記其尺寸為 12.5cm×12.2cm。本件還收錄於《黑城出土文書（漢文文書卷）》第 109 頁《錢糧類・賦稅》，其所記文書編號與《中國藏黑水城漢文文獻》原始編號同，並列出文書諸要素為：竹紙，殘，楷行書，尺寸為 11.2cm×12.0cm。文書現存文字 8 行，前後均缺，下部缺損較多，且每"一戶"前均有朱筆勾畫痕跡。

錄文標點：

（前缺）

1. 　　　小麦陸升陸合□
2. 　　　大麦叁升叁①□
3. 一户海苔立迷失地弍□
4. 　　　小麦陸升陸合□
5. 　　　大麦叁升叁合□
6. 一户怯来地弍畝，粮□
7. 　　　小麦陸升陸□
8. 　　　大麦叁升□

（後缺）

附

1. 元任万奴責領狀為放牧羊牛事

題解：

本件文書收錄於《黑城出土文書（漢文文書卷）》第 112 頁《錢糧類·賦稅》，所記文書編號為 F9：W31，並列出文書諸要素為：竹紙，缺，行書，尺寸為 23.7cm×20.4cm。《中國藏黑水城漢文文獻》未收圖版（其第七冊《習抄》第 1448 頁 M1·1174 ［83H·F9：W31/0285］號文書與此內容不同）。文書現存文字 8 行，從內容來看，應為任萬奴責領狀。參考文獻：吳超《蒙元時期亦集乃路畜牧業初探》，《農業考古》2012 年第 1 期。

錄文標點：

1. 取責領人任万奴
2. 今當
3. 總府官处委得責領到元科派蒙古八站
4. 人户抵應羊四口，羝羊一十口、乳牛三隻，

---

① "叁"，《黑城出土文書》錄文未釋讀，現據圖版補。

5. 責領前去放牧，中間毋得趕失，照依街

6. 市倍官。委得責領是實，伏取

7. 台旨。

8. ☐☐☐☐☐☐責領人任万奴狀

（二）農田水利文書

1. 元元統三年（1335）三月初六日俵水文書殘片

題解：

本件《中國藏黑水城漢文文獻》中原始編號為 F116：W20，出版編號為 M1·0073，收於第一册《農田水利文書》第 111 頁，擬題為《元統三年三月初六日俵水文書》，並記其尺寸為 20cm×36cm。本件還收錄於《黑城出土文書（漢文文書卷）》第 101 頁《農牧類·農政》，其所記文書編號與《中國藏黑水城漢文文獻》原始編號同，並列出文書諸要素為：竹紙，殘，行書，尺寸為 35.5cm×19.5cm。文書現存文字 4 行，前缺後完。文書末尾有朱印。參考文獻：1. 李艷、謝繼忠《從黑城文書看元代亦集乃路的水利管理和糾紛》，《邊疆經濟與文化》2010 年第 1 期；2. 霍紅霞《元代亦集乃路水利管理初探》，《農業考古》2012 年第 4 期。

錄文標點：

（前缺）

1. ☐☐☐☐☐☐☐☐☐☐社長☐☐☐

2. ☐☐☐☐☐☐☐☐☐俵水

3. ☐☐官限☐閉水口外，其余官貟赴府☐☐☐

4. 右①仰差。

5. 　　元統三年三月初六日施行②

---

① "右"，《黑城出土文書》錄文未釋讀，現據圖版補。
② 此行鈐朱印一枚。

2. 元兵工房關文為俵水事（稿）

題解：

本件《中國藏黑水城漢文文獻》中原始編號為 F116：W66，出版編號為M1·0074，收於第一冊《農田水利文書》第 112 頁，擬題為《兵工房俵水文書》，並記其尺寸為 25.8cm×26.8cm。本件還收錄於《黑城出土文書（漢文文書卷）》第 101 頁《農牧類·農政》，其所記文書編號與《中國藏黑水城漢文文獻》原始編號同，並列出文書諸要素為：竹紙，殘，公文稿，塗改過，草行書，尺寸為 25.3cm×23.5cm。文書現存文字 8 行，前完后缺。從內容來看，其應為兵工房關文殘片。參考文獻：1. 李艷、謝繼忠《從黑城文書看元代亦集乃路的水利管理和糾紛》，《邊疆經濟與文化》2010 年第 1 期；2. 霍紅霞《元代亦集乃路水利管理初探》，《農業考古》2012 年第 4 期。

錄文標點：

1. 兵工房准：
2. 本路同知暗伯承務關☐☐☐☐☐☐
3. 戢提調本路槩①管☐☐☐☐☐☐
4. 例自下而上分俵水☐☐☐☐☐☐
5. 依。准此②，照得河水即目微小，將欲斷③
6. ☐，免不照依④前例，差人前去關閉
7. ☐和，前來⑤澆溉田苗，誠恐旱損
8. ☐☐☐☐承此，關請照驗，☐⑥

　　　（後缺）

---

① "槩"同"概"。
② "此"，《黑城出土文書》錄文作"所"，現據圖版改。
③ "斷"，《黑城出土文書》錄文作"凿"，現據圖版改。
④ "照依"，《黑城出土文書》錄文作"依照"，現據圖版改。
⑤ "☐和，前來"，《黑城出土文書》錄文作"得利前域"，現據圖版改。
⑥ "承此，關請照驗，☐"，《黑城出土文書》錄文作"關請及以免"，現據圖版改。

3. 元亦集乃路總管府文為水利事殘片

題解：

本件《中國藏黑水城漢文文獻》中原始編號為84H・F116：W89/1261，出版編號為M1・0075，收於第一冊《農田水利文書》第113頁，擬題為《水利文書》，並記其尺寸為24.8cm×12.5cm。《黑城出土文書（漢文文書卷）》一書未收。文書現存文字7行，上完下殘，前完後缺。據元代文書書寫格式推斷，本件文書應為亦集乃路總管府准河西隴北道肅政廉訪司文所發文書，但其發文對象不明，可能為河渠司。參考文獻：霍紅霞《元代亦集乃路水利管理初探》，《農業考古》2012年第4期。

錄文標點：

1. 皇帝聖旨裏，亦☐☐☐☐☐☐
2. ☐河西隴北道☐☐☐☐☐☐
3. ☐☐盡係沙☐☐☐☐☐☐
4. ☐☐分數已行具☐☐☐☐☐
5. ☐☐不雨河水微☐☐☐☐☐
6. ☐☐照驗 各 ☐☐☐☐☐
7. ☐☐增☐☐☐☐☐

（後缺）

4. 元亦集乃路總管府文為水利事殘片

題解：

本件《中國藏黑水城漢文文獻》中原始編號為84H・F116：W77/1249，出版編號為M1・0076，收於第一冊《農田水利文書》第114頁，擬題為《河渠司文書》，並記其尺寸為24.5cm×16.7cm。《黑城出土文書（漢文文書卷）》一書未收。文書現存文字8行，前完後缺。據元代文書書寫格式推斷，本件文書應為亦集乃路總管府准河西隴北道肅政廉訪司文所發文書，但其發文對象不明。

錄文標點：

1. □□□①旨裏，亦□□□□□□□
2. 　□②西陲北道肅政 廉 □□□□
3. 　　仰照依元□□□□□□□
4. 　　拠河渠司呈照□□□□□□
5. 　　係沙漠石川，別無出□□□□
6. 　　分數已行具呈摠府□□□□
7. 　　灾□南北伯開□□□□□
8. 　　府司□□□□□□□□
　　　（後缺）

5. 元催府判下河渠司文書殘片

題解：

本件《中國藏黑水城漢文文獻》中原始編號為Y1：W40A，出版編號為M1·0077，收於第一冊《農田水利文書》第115頁，擬題為《河渠司文書》，並記其尺寸為7.1cm×28.8cm。本件還收錄於《黑城出土文書（漢文文書卷）》第101頁《農牧類·農政》，其所記文書編號為Y1：W140，與《中國藏黑水城漢文文獻》所記原始編號異，並列出文書諸要素為：竹紙，殘，行書，尺寸為28.8cm×6.7cm。文書僅存文字2行，前後均缺。

錄文標點：

　　　（前缺）
1. 催府判以下河渠司，一換十月廿③五日
2. 一換十一月初十日
　　　（後缺）

---

① 據元代文書書寫格式可知，此處所缺文字應為"皇帝聖"。
② 據元代行政機構設置可知，此處所缺文字應為"河"。
③ "廿"字原誤，塗抹後於右行改寫，現徑改。

6. 元亦集乃路總管府下河渠司文書殘片

題解：

本件《中國藏黑水城漢文文獻》中原始編號為84H・F116：W94/1266，出版編號為M1・0078，收於第一冊《農田水利文書》第116頁，擬題為《河渠司文書》，並記其尺寸為12.8cm×16.7cm。《黑城出土文書（漢文文書卷）》一書未收。文書現存文字5行，前完後缺。

錄文標點：

1. □□□①旨 裏，亦集乃□□□□□□
2. 　　　案呈云云：
3. 　　　　　　一下河渠司　總□□□□
4. 　　　　　　　頃畝□□□□
5. 　　　　　　　去□□□□

　　　（後缺）

7. 元河渠司官苟札束呈文殘片

題解：

本件《中國藏黑水城漢文文獻》中原始編號為84H・采：W9/2949，出版編號為M1・0079，收於第一冊《農田水利文書》第117頁，擬題為《河渠司及張字二十七號勘合文書》，並記其尺寸為18.5cm×29.7cm。《黑城出土文書（漢文文書卷）》一書未收。文書共兩件殘片，殘片一現存文字3行，下部鈐朱印一枚；殘片二現存文字2行。從內容來看，其應為河渠司官苟札束呈文殘片。且據元代文書格式推斷，原圖版排列有誤，殘片二應位於殘片一之前。

錄文標點：

（一）

　　　　（前缺）

1. 張字廿七号半印勘 合□□□□

---

① 據元代文書書寫格式可知，此處所缺文字應為"皇帝聖"。

2. 此□_____①

3. □_____

　　　　（後缺）

（二）

1. 河渠司官苟扎束

2. 今當

　　　　（後缺）

8. 元河渠司勘驗秋田等事文卷殘件

題解：

本件《中國藏黑水城漢文文獻》原始編號為84H·F116：W248/1420，出版編號為M1·0080，收於第一冊《農田水利文書》第118頁，擬題為《河渠司及其他文書殘件》，並記其尺寸為15.6cm×27.4cm。《黑城出土文書（漢文文書卷）》一書未收。文書共五件殘片，其中殘片一二可綴合，綴合後殘存文字6行；殘片三現存文字4行，殘片四現存文字3行，殘片五現存文字1行。按，本件文書五件殘片雖字跡相同，但殘片一、二綴合後發文機構為亦集乃路河渠司，殘片四發文機構應為甘州某司，可見其應非同件文書，其餘文書內容殘存較少，不明其應歸於何件文書。文書字跡相同，雖非同件文書，但其可能為同一文卷殘片，故擬現名。

錄文標點：

（一、二）

1. 亦集乃路河渠_____

2. 謹呈：承奉

3. 總府指揮_____

4. 限牒司。承此，本司_____

5. 別無出產_____

6. 勘到秋田_____②

　　　　（後缺）

---

① 文書下半部鈐朱印一枚。
② 文書第1—2行為殘片一內容，第3—6行為殘片二內容。

(三)

　　　　（前缺）

1. □□_____

2. 服驢□____

3. 依_____

4. 男子婦____

　　　　（後缺）

(四)

1. 皇帝聖旨裏，甘州____

2. 　總府指揮為____

3. 　手張汝_____

　　　　（後缺）

(五)

　　　　（前缺）

1. □□□_____

　　　　（後缺）

9. 元引勾文書殘尾

題解：

本件《中國藏黑水城漢文文獻》中原始編號為84H·F116：W110/1280，出版編號為M1·0081，收於第一冊《農田水利文書》第119頁，擬題為《河渠司及其他文書殘件》，並記其尺寸為 11.4cm×20.9cm。《黑城出土文書（漢文文書卷）》一書未收。文書現存文字5行，前後均缺，下部殘缺，有被焚痕跡。

錄文標點：

　　　　（前缺）

1. 　提 控____

2. 引勾

3. 　　知事

4. 　　經歷滿□▢

5. □一□①

　　　　（後缺）

10. 元分俵水利文書殘片

題解：

本件《中國藏黑水城漢文文獻》中原始編號為 F146：W17，出版編號為M1・0082，收於第一冊《農田水利文書》第 120 頁，擬題為《分俵水利》，並記其尺寸為 12.5cm×21.7cm。《黑城出土文書（漢文文書卷）》一書未收。文書共兩件殘片，殘片一現存文字 3 行，其中第 3 行應為蒙古文日期墨戳；殘片二僅存 1 字。

錄文標點：

（一）

　　　　（前缺）

1. 　　右□▢

2. 分俵水利

3. （墨戳）

　　　　（後缺）

（二）

　　　　（前缺）

1. ▢呈

　　　　（後缺）

---

① 據元代文書書寫格式可知，此行文字應為日期。

附

1. 元那孩呈文為開坐馬木兀南子等處農民所種二麥石數及花户姓名等事

題解：

本件文書收於《黑城出土文書（漢文文書卷）》第 102 頁《農牧類·農政》，其所記文書編號為 F277：W55，並列出文書諸要素為：棉紙，原為畏兀兒體蒙古文印本佛經殘頁，正面在經文夾行空白處書寫契約，此為背面文字，草行書，尺寸為 33.8cm×21.5cm。《中國藏黑水城漢文文獻》一書未收錄圖版。文書現存文字 12 行，前後均缺。從内容來看，其應為那孩呈文殘片。參考文獻：1. 吳超《元代勸農機構初探——以黑水城出土文書為中心》，《西夏研究》2011 年第 3 期；2. 吳超《〈黑水城出土文書〉所見亦集乃路農業技術推廣初探》，《農業考古》2011 年第 4 期。

錄文標點：

（前缺）

1. □迯人民官吏料理乘騎，各要首思不□差等，除
2. 即捉拿解省，把緊關隘口，時常巡淖，嚴加□
3. 俉，毋致亂軍侵襲，与民為害。據□息聲息，火速
4. 飛報施行。奉此，那孩依奉前去馬木□□①子等処
5. 撫躰人民，勸与農民□□。照得，人民俱各病疾飢
6. 餓，身躰無力，不能挑□□□□水澆□□□□農民□□□□
7. 并無牛具子粒，亦無耕種秋田，合將已種□□二
8. 麦等物，各各所種石數□花户姓名，從實坐開②前
9. 去，合行
10. 具呈，伏乞
11. 照驗施行。□□□□

---

① 據亦集乃路所管站赤可知，此處所缺文字應為"兀南"。
② 據元代公文格式可知，"坐開"似為"開坐"。

12.　　　　一揔計小麦☐☐☐☐☐☐☐
　　　　（後缺）

（三）屯田管理文書

1. 元某司呈文為本處不宜栽樹事

題解：

本件《中國藏黑水城漢文文獻》中原始編號為 F57：W6，出版編號為 M1·0083，收於第一冊《屯田管理文書》第 123 頁，擬題為《屯田栽樹文書》，並記其尺寸為 21.5cm×28.7cm。文書還收錄於《黑城出土文書（漢文文書卷）》第 101 頁《農牧類·農政》，其所記文書編號為 F257：W6，與《中國藏黑水城漢文文獻》所記原始編號異，並列出文書諸要素為：竹紙，殘，行草書，尺寸為 27.3cm×21.1cm。文書現存文字 11 行，前後均缺，中間有破損，有塗改痕跡。參考文獻：吳超《〈黑水城出土文書〉所見亦集乃路農業技術推廣初探》，《農業考古》2011 年第 4 期。

錄文標點：

　　　　（前缺）
1.　☐前去，合行回関☐①訖②
2.　照驗施行，須至☐③者：
3.　　　一總計本☐☐點視所☐轄農民二十屯④
4.　　　　計⑤肆伯伍⑥十⑦叁戶，八百四十三丁⑧，
5.　　　　一千五十令七⑨口。照得本処⑩

---

① 此處右行補寫數字，殘。
② "訖"據文意推斷，應為"乞"。
③ 據元代公文格式可以推知，此處所缺文字應為"呈"。
④ "屯"字前原衍一"三"字，後塗抹，《黑城出土文書》錄文照錄，現逕改。
⑤ "計"字原書於下行開頭，後用筆連至本行，現逕改。
⑥ "伍"字《黑城出土文書》錄文未釋讀，現據圖版補。
⑦ "十"字前原衍"四三"兩字，後塗抹，《黑城出土文書》釋錄"四"字，現據圖版改。
⑧ "八百四十三丁"原誤作"五百七十丁"，後塗抹，於右行改寫，現逕改。
⑨ "五十令七"四字原誤，塗抹後，於右行改寫，現逕改。
⑩ "本処"二字《黑城出土文書》錄文漏錄，現據圖版補。

76　中國藏黑水城漢文文獻的整理與研究

6.　　　□係[　　　　　　　　　　]近各
7.　　　家園內栽□□，倘若依
8.　　　例每丁栽樹二十株，却緣本
9.　　　処地土多係硝碱沙漠石川，
10.　　　不宜栽種
　　　（後缺）

2. 元某司申文為田苗乾旱死損事（稿）
題解：
本件《中國藏黑水城漢文文獻》中原始編號為 F111：W64，出版編號為M1·0084，收於第一冊《屯田管理文書》第 124 頁，擬題為《田苗乾旱死損》，並記其尺寸為 14.7cm×18.9cm。本件還收錄於《黑城出土文書（漢文文書卷）》第 101 頁《農牧類·農政》，其所記文書編號與《中國藏黑水城漢文文獻》原始編號同，並列出文書諸要素為：竹紙，殘，公文稿，塗改過，行草書，尺寸為 18.0cm×14.0cm。文書現存文字 7 行，前後均缺。

錄文標點：
　　　（前缺）
1.　　[　]地段四至、實損分數[　　]
2.　　[　]首，並无不實①，乞[　]
3.　　[　]户業辦②屯粮九百余[　]
4.　　[　]家人種田苗乾旱死損[　]③
5.　　[　]開坐，謹呈④申覆，伏乞
6.　[照]驗施行，須至申者：
　　　（後缺）

————
① "實"字前原衍一"斷"字，後塗抹，《黑城出土文書》錄文照錄，現逕改。
② "辦"字原誤，塗抹後，於右行改寫，現逕改。
③ 本行右側原補寫一行文字，後塗抹，現逕改。
④ "謹呈"為右行補寫，現逕改。

3. 元某所呈亦集乃路總管府文為興作栽種事

題解：

本件《中國藏黑水城漢文文獻》中原始編號為84H·F116：W495/1667A，出版編號為M1·0085，收於第一冊《屯田管理文書》第125頁，擬題為《屯田管理文書殘件》，並記其尺寸為16.1cm×12.7cm。《黑城出土文書（漢文文書卷）》一書未收。文書共兩件殘片，殘片一現存文字2行，殘片二現存文字1行。

錄文標點：

（一）

　　　　（前缺）

1. ▢▢▢▢▢□興作，务要▢▢▢▢▢▢▢▢
2. 　　　　屯户興作栽種外，卑所▢▢▢▢▢

　　　　（後缺）

（二）

　　　　（前缺）

1. ▢▢▢▢公事具依准収管呈府。奉此

　　　　（後缺）

4. 元屯田軍百户文書殘尾

題解：

本件《中國藏黑水城漢文文獻》中原始編號為84H·F116：W495/1667B，出版編號為M1·0086，收於第一冊《屯田管理文書》第126頁，擬題為《屯田軍百户也火》，並記其尺寸為36.4cm×15cm。《黑城出土文書（漢文文書卷）》一書未收。文書現存文字3行，上部殘缺。

錄文標點：

　　　　（前缺）

1. ▢▢▢▢▢▢▢田軍百户王　□（簽押）
2. ▢▢▢▢▢▢▢附屯田軍百户也火（蒙古文簽押）

3. ☐（簽押）　　（簽押）

5. 元千戶兀魯文書殘片

題解：

本件《中國藏黑水城漢文文獻》中原始編號為84H·F116：W120/1292，出版編號為M1·0087，收於第一冊《屯田管理文書》第127頁，擬題為《百戶保住等》，並記其尺寸為10cm×9.5cm。《黑城出土文書（漢文文書卷）》一書未收。文書現存文字3行，前後均缺。

錄文標點：

　　　　　（前缺）

1. ☐戶所拠千戶兀魯☐
2. ☐每百戶保住台台①☐
3. ☐名單☐

　　　　　（後缺）

6. 元屯田倉官文書殘片

題解：

本件《中國藏黑水城漢文文獻》中原始編號為F146：W10，出版編號為M1·0088，收於第一冊《屯田管理文書》第128頁，擬題為《屯田倉官》，並記其尺寸為10.2cm×17cm。《黑城出土文書（漢文文書卷）》一書未收。文書現存文字3行，上殘下完，前後均缺。

錄文標點：

　　　　　（前缺）

1. ☐神祐人讚忻慰☐

　　　　（中缺1行）

2. ☐迴還不足

---

① 第二個"台"似為重文符號，現徑改。

3. ☐節甥田植，已照今歲屯田倉官，如違望

（後缺）

7. 元延祐四年（1317）卜魯罕妃子分例米麵文卷（之一）

題解：

本件《中國藏黑水城漢文文獻》中原始編號為84H·F116:W494/1666，出版編號為M1·0089，收於第一冊《屯田管理文書》第128頁，擬題為《屯田百戶陸文政》，並記其尺寸為6.4cm×15.3cm。《黑城出土文書（漢文文書卷）》一書未收。文書共兩件殘片，殘片一現存文字1行，殘片二僅存2字，且僅存部分筆畫。按，本件文書中"百戶陸文政"還見於《中國藏黑水城漢文文獻》第一冊第129頁M1·0090［F9:W1］及第三冊《卜魯罕妃子分例米麵文卷》，但其書寫格式及字跡與《卜魯罕妃子分例米麵文卷》同，故本件文書似也應為《卜魯罕妃子分例米麵文卷》殘片。

錄文標點：

（一）

（前缺）

1. ☐田百戶陸文政

（後缺）

（二）

（前缺）

1. 限☐☐

（後缺）

8. 元延祐四年（1317）兩屯百戶文書殘片

題解：

本件《中國藏黑水城漢文文獻》中原始編號為F9:W1，出版編號為M1·0090，收於第一冊《屯田管理文書》第129頁，擬題為《兩屯百戶陸文政等》，並記其尺寸為25.2cm×31cm。本件文書共三件殘片，其中殘片一、二還收錄於《黑城出土文書（漢文文書卷）》第108頁《錢糧類·賦稅》，其所記文書編號分別為T9:W1（2）、T9:W1

(1)，與《中國藏黑水城漢文文獻》所記原始編號異，並列出文書諸要素為：竹紙，殘屑，行草書，尺寸分別為 23.0cm×4.7cm 和 37.0cm×7.0cm。文書殘片一為正背雙面書寫，正面現存文字 2 行，背面圖版《中國藏黑水城漢文文獻》未收，《黑城出土文書（漢文文書卷）》也未釋讀，從正面所透字跡看，背面現存文字 1 行，字體粗大；殘片二現存文字 2 行；殘片三僅存 1 字。

錄文標點：

（一）

正：

　　　　（前缺）

1. 右各行。

2. 　　延祐四年　正月吏康　孝行（簽押）①

　　　　（後缺）

背：

　　　　（前缺）

1. □▢▢▢▢▢□□

　　　　（後缺）

（二）

　　　　（前缺）

1. 　　□□□□□□□

2. 巡撿司　兩屯百户　陸文政等
　　　　　　　　　　王才寅□

　　　　（後缺）

（三）

　　　　（前缺）

1. □▢▢▢▢②

　　　　（後缺）

---

① 此行被墨筆塗抹。
② 此殘片有朱筆痕跡。

9. 元屯田百户所文書殘片

題解：

本件《中國藏黑水城漢文文獻》中原始編號為84H·大院內a6：W94/2883，出版編號為M1·0091，收於第一冊《屯田管理文書》第130頁，擬題為《屯田百户》，並記其尺寸為4.7cm×26.3cm。《黑城出土文書（漢文文書卷）》一書未收。文書共三件殘片，有塗改痕跡。

錄文標點：

（一）

（前缺）

1. ☐請屯田百户①所小麦八☐②☐☐☐

（後缺）

（二）

（前缺）

1. ☐下
2. ☐烏☐

（後缺）

（三）

（前缺）

1. ☐具

（後缺）

10. 元屯田百户文書殘片

題解：

本件《中國藏黑水城漢文文獻》中原始編號為84H·Y1采：W45/2715，出版編號為M1·0092，收於第一冊《屯田管理文書》第130頁，擬題為《屯田百户》，並記其尺寸為10.5cm×25.6cm。《黑城出土文書（漢文文書卷）》一書未

---

① "户"字後原衍一"户"字，旁加抹毀符號，現徑改。
② "小麦八☐"為右行補入，現徑改。

收。文書共兩件殘片，殘片一現存文字 2 行；殘片二為正面雙面書寫，正面現存文字 1 字，背面圖版《中國藏黑水城漢文文獻》未收，從正面所透字跡看，現存文字 1 行。

錄文標點：

（一）

　　　　　（前缺）

1.　　　　□□□

2. 百戶 張 德清下屯民一十二戶□

　　　　　（後缺）

（二）

正：

　　　　　（前缺）

1.　　　　□官答孩帖木兒毀信

　　　　　（後缺）

背：

　　　　　（前缺）

1.　　　　　　□□□

　　　　　（後缺）

（四）提調農桑文書

1. 元提調農桑文卷殘件（之一）

題解：

本件《中國藏黑水城漢文文獻》中原始編號為 F116：W115，出版編號為 M1·0093，收於第一冊《提調農桑文書》第 133—140 頁，擬題為《提調農桑文卷》，並記其尺寸為 145cm×12cm。本件還收錄於《黑城出土文書（漢文文書卷）》第 103—104 頁《農牧類·提調農桑文卷》，其所記文書編號與《中國藏黑水城漢文文獻》原始編號同，並列出文書諸要素為：宣紙，殘，楷行書，尺寸為 12.3cm×145.2cm。文書為五紙粘接，第一紙現存文字 2 行，第二紙現存文字 15

行，第三紙現存文字 15 行，第四紙現存文字 14 行，第五紙現存文字 11 行。本件文書為提調農桑文卷之一，從內容來看，其似為M1·0095［F116:W300］號文書所云之"依樣圖本"中之"文本"部分，其中之圖畫部分，見於《黑城出土文書（漢文文書卷）》第 104 頁所收 F116:W534 號文書摹本，其圖版《中國藏黑水城漢文文獻》一書未收。徐悅認為本文卷反映了元政府重視種桑養蠶，在亦集乃路推行區田法和桑糧間作制等方面的問題。劉廣瑞指出本文卷很可能就是元代地方官以《救荒》為底本，並參考了《至正條格》而撰擬而成，文卷很可能是《救荒》的某一個地方版。文卷撰擬時間是上限元至順初年（1330），下限至北元宣光元年（1371）。日本井黑忍認為本文卷是以趙簡提出的區田事理為藍本而成的。文書現存文字 52 行，前後均缺。參考文獻：1. 徐悅《黑城所出 F116:W115 號提調農桑文書的考釋》，《寧夏社會科學》2007 年第 4 期；2.［日］井黑忍《元代區田法簡論——以黑城出土文書、〈救荒活民類要〉和〈至正條格〉為依據》，收於《中國多文字時代的歷史文獻研究》，社會科學文獻出版社 2010 年版；3. 劉廣瑞《再考黑城所出 F116:W115 號提調農桑文卷》，《西夏研究》2012 年第 1 期；4. 吳超《〈黑水城出土文書〉所見亦集乃路達魯花赤》，《陰山學刊》2011 年第 2 期；5. 吳超《〈黑水城出土文書〉所見亦集乃路農業技術推廣初探》，《農業考古》2011 年第 4 期。

錄文標點：

（前缺）

1. 　　　　　　　（簽押）①

2. ▭圍一遭計二百步，打墻一

3. ▭墻，打一十二三板，約人平

4. ▭墻五堵二十日②，打墻一遭。若

5. ▭於中心置井一眼，栽

---

① 此處簽押《黑城出土文書》錄文及徐悅一文均未標注，現據圖版補。
② "日"，《黑城出土文書》錄文作"的"，現據圖版改。

6. ☐無害，今具栽菜區種
7. ☐①
8. ☐十步，每二步栽地桑一窠②
9. ☐此栽桑二行，中間留人行
10. ☐栽桑一窠一行，合
11. ☐栽桑六十窠，更有隔間
12. ☐行中間，各留人行道子一步。
13. ☐栽桑一窠，合栽二十窠③，
14. ☐桑四十窠④，隔間三道，通該
15. ☐畝栽地桑二百八十窠。弟一
16. ☐便得大濟；弟二年每菜一
17. ☐蚕三五箔；弟三年每桑一窠

18. ☐上。三年外地熟菜大可
19. ☐子孫為後業，園墻井眼菜地
20. ☐示。
21. ☐伊尹教民布種區田，人户不闕，
22. ☐天旱不能布種，闕食飢荒，無
23. ☐區種法度，勸諭無力貧民，
24. ☐一畝之功可敵百畝之收。一園
25. ☐具地十畝内，除栽桑人行道
26. ☐公作八間，每間該地一畝，橫一

---

① 此行無文字殘留，但據文書行距推斷，此處應有一行文字，《黑城出土文書》錄文未標注，現據圖版補。
② "窠"，《黑城出土文書》錄文作"窩"，現據圖版改。下同，不再另作說明。
③ "合栽二十窠"五字《黑城出土文書》錄文漏錄，現據圖版補。
④ 《黑城出土文書》錄文將第11、12行錄作1行，且漏錄"合栽桑二十窠""桑四十窠"等字，現據圖版改。

27. ☐千二百四十步，每步該五
28. ☐該分二千六百五十區，内隔
29. ☐一區。除空行隔區外，合種六
30. ☐勸農，每區決收一斗，一畝可收
31. ☐畝約收五百石物。令①人學種
32. ☐一畝也收二十余石。若種地八

---

33. ☐余石②。園内栽桑三百窠，
34. ☐上得葉三百余秤，每蠶
35. ☐十五秤可，老蠶二十余箔，
36. ☐便有十口衣食人事。
37. ☐不唯種穀，若別擘③劃
38. ☐澆，更有數倍之利。另
39. ☐計之。
40. ☐度
41. ☐ ④
42. ☐箔，每箔約收糸⑤一斤
43. ☐兩夾桑種蕄⑥黍，每
44. ☐尺計空一十尺，每尺
45. ☐種蕄黍三千窠，合
46. ☐計收谷二十石

---

① "令"，《黑城出土文書》錄文漏錄，現據圖版補。
② "石"，《黑城出土文書》錄文作"在"，現據圖版改。
③ "擘"，《黑城出土文書》錄文作"辟于"，現據圖版改。
④ 此行無文字殘留，但據文書行距推斷，此處應有一行文字，《黑城出土文書》錄文未標注，現據圖版補。
⑤ "糸"，《黑城出土文書》錄文作"系"，現據圖版改。
⑥ "蕄"，《黑城出土文書》錄文作"葛"，現據圖版改。下同，不再另作說明。

47.　　　　不盡。
48.　　　　①
49.　　　　□圖貼說細搜羅，
50.　　　　□識平反落韻歌。
51.　　　　②
52.　　　　□閒人傳不愛錢，
53.　　　　養性栽桑學種田。
54.　　　　□年大旱種區田，
55.　　　　不求天雨濟飢年。
56.　　　　□③日天仙再來傳，
57.　　　　□□④不走自安然。
　　　　（後缺）

2. 元提調農桑文卷殘件（之一）

題解：

本件《中國藏黑水城漢文文獻》中原始編號為84H·F116：W528/1702，出版編號為M1·0094，收於第一冊《提調農桑文書》第141—145頁，擬題為《提調農桑文卷》，並記其尺寸為108cm×15cm。本件還收錄於《黑城出土文書（漢文文書卷）》第104—105頁《農牧類·提調農桑文卷》，其所記文書編號為F116：W52，並列出文書諸要素為：夾宣紙，殘，行書，尺寸為14.5cm×106cm。文書為提調農桑文卷之一，現存文字33行，前後均缺。另，文書與提調農桑有關，第9行又云"省劄付本部"一語看，本件文書似為戶部文書。

---

① 此行無文字殘留，但據文書行距推斷，此處應有一行文字，《黑城出土文書》錄文未標注，現據圖版補。
② 此行無文字殘留，但據文書行距推斷，此處應有一行文字，《黑城出土文書》錄文未標注，現據圖版補。
③ 此字《黑城出土文書》錄文補做"今"。
④ 此兩字《黑城出土文書》錄文補做"好心"。

錄文標點：

（前缺）

1. ☐溝洫稷播，奏☐①

2. ☐也，農為立國之

3. ☐莽而耕滅②☐☐③

4. ☐得已。近年水

5. ☐方歷，攷古人書

6. ☐從，期以实効，此舉④

7. ☐咨請照驗。准此，本

8. ☐奉所言溝洫之制⑤

9. ☐省劄付本部，遍

10. ☐官教誘農民，相⑥其

11. ☐以遠得行，今錄圖

12. ☐司合⑦下仰照驗，遍行依

13. ☐為各處勸農正官不行

14. ☐牒可照驗依已⑧，今移委

---

15. ☐深上仞曰：澮畎濬之間有

16. ☐所謂濬⑨畎澮，距川鄭子

17. ☐買天時盡心農畝法制

---

① "奏☐"，《黑城出土文書》錄文作 "麥"，現據圖版改。
② "滅"，《黑城出土文書》錄文作 "減"，現據圖版改。
③ 此處兩字漫漶不清，《黑城出土文書》錄文僅標注一字，現據圖版改。
④ "舉"，《黑城出土文書》錄文作 "農"，現據圖版改。
⑤ "制"，《黑城出土文書》錄文作 "利"，現據圖版改。
⑥ "相"，《黑城出土文書》錄文作 "於"，現據圖版改。
⑦ 《黑城出土文書》錄文中於 "合" 字前衍錄一 "下" 字，現據圖版改。
⑧ "已"，《黑城出土文書》錄文作 "此"，現據圖版改。
⑨ "濬"，《黑城出土文書》錄文作 "浚"，現據圖版改。

88　中國藏黑水城漢文文獻的整理與研究

18.　　　　　修□不泄，動輒淹沒
19.　　　此也。腹裏陸田，類年被
20.　　　　河者疏溝入河，遠
21.　　　　　　之，憂民得耕
22.　　　　者，較其利害萬不俟①
23.　　　　教民糞種，負水澆稼，初

24.　　　　區多力省，民皆樂為
25.　　　奉聖州永興縣民刘仲②義
26.　　　成効囲說，連前腹裏

27.　　　之引③溉斯④，足見已中
28.　　　以來，陂塘水利未嘗
29.　　　所在，陂塘因廢不
30.　　　□以歲月漸致廢壞，畧夆
31.　　　　起築陂塘，灌溉縣鄉
32.　　　　於民田可疊，陂塘滀水
33.　　築已廢者，隨即修理宜別
　　　（後缺）

---

①　"俟"，《黑城出土文書》錄文作"体"，現據圖版改。
②　"仲"，《黑城出土文書》錄文作"伸"，現據圖版改。
③　"引"，《黑城出土文書》錄文作"行"，現據圖版改。
④　"斯"，《黑城出土文書》錄文作"斟"，現據圖版改。

3. 元提調農桑文卷殘件（之一）

題解：

本件《中國藏黑水城漢文文獻》中原始編號為 F116：W300，出版編號為 M1·0095，收於第一冊《提調農桑文書》第 146—149 頁，擬題為《提調農桑文卷》，並記其尺寸為 72cm×12cm。本件還收錄於《黑城出土文書（漢文文書卷）》第 102 頁《農牧類·提調農桑文卷》，其所記文書編號為 F116：W300（1），並列出文書諸要素為：竹紙，殘屑，行書，尺寸為 14.5cm×71.5cm。《黑城出土文書（漢文文書卷）》中所收本件文書共兩件殘片，其中殘片二，《中國藏黑水城漢文文獻》中未見圖版。文書為提調農桑文卷之一，二紙粘接，第一紙現存簽押 1 處，第二紙現存文字 21 行。另，《黑城出土文書（漢文文書卷）》所收本件文書殘片二中所見官吏署名同見於《中國藏黑水城漢文文獻》第 77 頁 M1·0040〔F270：W11〕號文書，其應為亦集乃路總管府府吏，故本件文書應為總管府文書，據第 19、20 行"合下仰照驗"，"務要依上施行"等語，其似為下行文。

錄文標點：

（前缺）

1. 　　　　　　（簽押）①

　　　――――――――――

2. 　　　　│承准
3. 　　　│云云。承此，照
4. 　　│②
5. 　　　│馳│驛前来，亦為此事。
6. 　　　│同│□③，先以牒文彩畫
7. 　　│文到路，至日依上施行。
8. 　　　│訪司照驗去訖。

――――――――――

① 此行文字為單獨一紙，與下紙相粘接。
② 此行無文字殘留，但據文書行距推斷，此處應有一行文字，《黑城出土文書》錄文未標注，現據圖版補。
③ 此字《黑城出土文書》錄文推補作"為"。

90　中國藏黑水城漢文文獻的整理與研究

9. ☐☐☐☐①

10. ☐☐☐☐赤亦老溫中順

11. ☐☐☐☐今抄寫依樣圖本

12. ☐☐☐☐移關，請

13. ☐☐☐提調，务要依上施行。

14. ☐☐☐廢②此具依准，希

15. ☐☐☐☐施行。

16. ☐☐☐☐總府除已移

17. ☐☐☐☐花赤亦老溫中

18. ☐☐☐□今抄寫依樣圖本

19. ☐☐☐合下仰照驗，專一教誘

20. ☐☐☐□务要依上施行，毋

21. ☐☐☐廢，先具依准呈

22. ☐☐☐施行。

　　　　（後缺）

附：《黑城出土文書（漢文文書卷）》所收 F116∶W300（2）號文書

　　　　（前缺）

1.　　司吏李子榮（簽押）

2. 照磨兼發架閣李仲義（簽押）

3. 知　　　事常菩③麟（簽押）

4. □　　　歷

（簽押）

　　　　（後缺）

---

① 此行無文字殘留，但據文書行距推斷，此處應有一行文字，《黑城出土文書》錄文未標注，現據圖版補。

② "廢"，《黑城出土文書》錄文作 "發"，現據圖版改。

③ "菩"，《黑城出土文書》錄文作 "其"，而《中國藏黑水城漢文文獻》第 77 頁M1・0040［F270∶W11］號文書中除司吏一職與此文書異外，其餘官員署名均同，可知其應為 "菩"。

4. 元提調農桑文卷殘件（之一）

題解：

本件《中國藏黑水城漢文文獻》中原始編號為 84H・F116：W140/1312，出版編號為 M1・0096，收於第一冊《提調農桑文書》第 150—156 頁，擬題為《提調農桑文卷》，並記其尺寸為 167cm×12cm。本件還收錄於《黑城出土文書（漢文文書卷）》第 103 頁《農牧類・提調農桑文卷》，其所記文書編號為 F116：W140，並列出文書諸要素為：竹紙，殘屑，行草書，尺寸為 11.8cm×104cm。文書為提調農桑文卷之一，共兩件殘片，殘片一為兩紙粘接，第一紙無文字殘留，第二紙現存文字 2 行，兩紙粘接處鈐墨色騎縫章一枚；殘片二現存文字 14 行。《黑城出土文書（漢文文書卷）》中將兩殘片位置對調，並綴合為一釋錄。從文書內容來看，本件文書應為亦集乃路總管府為提調農桑事呈河西隴北道肅政廉訪司公文殘片。參考文獻：吳超《元代勸農機構初探——以黑水城出土文書為中心》，《西夏研究》2011 年第 3 期。

錄文標點：

（一）

　　　　　（前缺）

————————（騎縫章）————————

1.　　　　李案呈

2.　　　　（簽押）[①]

　　　（後缺）

（二）

　　　　　（前缺）

1.　　　司 差人賫差剳[②]

2.　　　樣已行各处，委勸

[①] 此殘片《黑城出土文書》放於殘片二之後。
[②] "剳"，《黑城出土文書》錄文作"到"，現據圖版改。

3. ☐上施行，毋致墮

4. ☐未曾回報，仰

5. ☐已行事理

6. ☐呈。准此，照得

7. ☐到區田圖本

8. ☐至日依上施行

9. ☐□

10. ☐呈

11. ☐廉訪司照驗施

12. ☐呈者

13. ☐總管府

14. ☐訪司合行

──────（騎縫章）──────

（後缺）

5. 元提調農桑文卷殘件（之一）

題解：

本件《中國藏黑水城漢文文獻》中原始編號為 F116：W108，出版編號為 M1・0097，收於第一冊《提調農桑文書》第 157—160 頁，擬題為《提調農桑文卷》，並記其尺寸為 59cm×11cm。本件還收錄於《黑城出土文書（漢文文書卷）》第 105 頁《農牧類・提調農桑文卷》，其所記文書編號與《中國藏黑水城漢文文獻》原始編號同，並列出文書各要素為：竹紙，殘，行書，尺寸為 14.2cm×56.5cm。文書為提調農桑文卷之一，共兩件殘片，殘片一現存文字 11 行，殘片二現存文字 1 行，《黑城出土文書（漢文文書卷）》將其拼合釋錄。據殘片一第 11 行"繳連呈司，須至"一語推斷，本件文書應為亦集乃路總管府為提調農桑事呈河西隴北道肅政廉訪司公文殘片。參考文獻：吳超《元代勸農機構初探——以黑水城出土文書為中心》,《西夏研究》2011 年第 3 期。

錄文標點：

（一）

　　　　（前缺）

1. ⬚農政急務事理①
2. ⬚年已經行下各
3. ⬚務要祇②
4. ⬚准牒司
5. ⬚今於別
6. ⬚可見差書吏丘文
7. ⬚前去③各処躰覆農
8. ⬚除外，今開坐前
9. ⬚就委本④役前去
10. ⬚官司依已行事理施
11. ⬚繳連呈司，須至

　　　（後缺）

（二）

　　　　（前缺）

1. ⬚政廉訪司照得

　　　（後缺）

6. 元提調農桑文卷殘件（之一）

題解：

本件《中國藏黑水城漢文文獻》中原始編號為 F116∶W551，出版編號為

---

① "理"原作"野"，後塗改，現徑改。
② "祇"，《黑城出土文書》錄文作"依"，現據圖版改。
③ "去"，《黑城出土文書》錄文作"見"，現據圖版改。
④ "本"，《黑城出土文書》錄文作"在"，現據圖版改。

M1·0098，收於第一冊《提調農桑文書》第161頁，擬題為《廉訪司提調農桑文卷》，並記其尺寸為36.9cm×25.5cm。本件還收錄於《黑城出土文書（漢文文書卷）》第102頁《農牧類·提調農桑文卷》，其所記文書編號與《中國藏黑水城漢文文獻》原始編號同，並列出文書各要素為：竹紙，殘，楷行書，尺寸為24.3cm×26.7cm。文書為提調農桑文卷之一，現存文字13行，前後均缺。參考文獻：吳超《元代勸農機構初探——以黑水城出土文書為中心》，《西夏研究》2011年第3期。

錄文標點：

（前缺）

1. ▯▯▯▯▯▯▯▯▯▯▯▯道廉訪司承管
2. ▯▯▯▯道廉訪司路府州縣多行文中書來
3. ▯▯▯▯▯□□裏經歷苗好謙兩淮做僉事
4. ▯▯▯▯□□的各項節次：
5. ▯▯▯▯交廉訪司用心提調農桑成就呵。□
6. ▯▯▯▯有成效的添与各分，怎生奏呵。奉□
7. ▯▯▯▯咨略行點視，得大都良鄉、范陽等縣農桑比
8. ▯▯▯▯生成畦桑，亦不依法播種、薅耘、澆灌、圍護
9. ▯▯▯▯提調之司不□□①整治親臨官司，失於勸
10. ▯▯▯▯栽畦桑各處數目，大②司除外，合下仰照驗，欽依累降③
11. ▯▯▯▯去体式明白分豁類報帳冊申解
12. ▯▯▯▯日欽奉
13. ▯▯▯處行▯▯欽依

（後缺）

---

① 此兩字《黑城出土文書》錄文釋錄為"為"，現據圖版改。
② "大"，《黑城出土文書》錄文未釋讀，現據圖版補。
③ "累降"兩字《黑城出土文書》漏錄，現據圖版補。

7. 元提調農桑文卷殘件（之一）

題解：

本件《中國藏黑水城漢文文獻》中原始編號為 F116:W46，出版編號為 M1·0099，收於第一冊《提調農桑文書》第 162—167 頁，共十一件殘片，擬題為《提調農桑文書殘件》，並記其尺寸分別為：10.3cm×13.4cm、8.6cm×15.3cm、12.2cm×13.3cm、8.5cm×14.5cm、12.2cm×13.7cm、8.2cm×13.2cm、8cm×14.4cm、9cm×14.6cm、13.9cm×10.4cm、8.6cm×19cm（十、十一兩件）。本件還收錄於《黑城出土文書（漢文文書卷）》第 105 頁《農牧類·提調農桑文卷》，其所記文書編號與《中國藏黑水城漢文文獻》原始編號同，並列出文書各要素為：宣紙，殘屑，行書，尺寸分別為 12.7cm×10.3cm、15.1cm×83cm、12.9cm×11.3cm、14cm×8.2cm、13cm×12.3cm、12.8cm×7.6cm、13.9cm×8.9cm、14.3cm×8.9cm、10.3cm×13.2cm、8.5cm×6.1cm、7.3cm×7cm。文書為提調農桑文卷之一。參考文獻：吳超《元代勸農機構初探——以黑水城出土文書為中心》，《西夏研究》2011 年第 3 期。

錄文標點：

（一）

（前缺）

1. ☐訪司官
2. ☐內一件淮東廉訪司☐
3. ☐又創栽了桑☐
4. ☐頭①俺☐

（後缺）

（二）

（前缺）

1. ☐事，內一件《農桑輯要》言☐
2. ☐多行文書來，提調農

---

① 《黑城出土文書》錄文於"頭"字前衍錄一"為"字，現據圖版改。

3. ☐謙①兩淮做僉事☐
    （後缺）

（三）
    （前缺）
1. ☐腹裏江南各道官☐
2. ☐呵百姓根底有益的☐
3. ☐生奏呵。奉☐
4. ☐道
5. ☐見行各處☐②
    （後缺）

（四）
    （前缺）
1. ☐內一件節該：在前種☐
2. ☐哈麻那底每勾當不行☐
3. ☐怎生奏呵是好。勾當☐
    （後缺）

（五）
    （前缺）
1. ☐了者麼道
2. ☐至元廿九年閏六月領☐
3. ☐各道肅政廉訪司処☐
4. ☐奉欽此。至大三年☐
    （後缺）

---

① "謙",《黑城出土文書》錄文作"兼",但據 F116:551 號文書相關內容可知,其應為"謙"。
② "見行各處"四字係《黑城出土文書》據殘存筆畫推補。

（六）

　　　（前缺）

1. ☐与一個毛子做的☐
2. ☐官農桑的衙門都☐
3. ☐此延祐五年①三月內大☐

　　　（後缺）

（七）

　　　（前缺）

1. ☐民官時加點檢、勸諭☐
2. ☐若有虛冒，嚴加究治☐
3. ☐該農桑依②食之本☐

　　　（後缺）

（八）

　　　（前缺）

1. ☐耨耕、澆灌、圍護、栽☐
2. ☐臨官司，失於勸諭，以致☐
3. ☐除外，合下仰照驗，欽依☐

　　　（後缺）

（九）

　　　（前缺）

1. ☐照勘咨請☐
2. ☐當該遲慢☐
3. ☐事已經累☐
4. ☐依已行將☐
5. ☐省施行，須議剳☐

---

① "年"，《黑城出土文書》錄文作"時"，現據圖版改。
② 據文意"依"應為"衣"，《黑城出土文書》錄文作"衣"。

6. ☐大德□年上下☐

　　　　（後缺）

（十）

　　　（前缺）

1. ☐☐他☐

2. ☐勾當依衆人躬☐

3. ☐至元廿三年二月☐

　　　　（後缺）

（十一）

　　　（前缺）

1. ☐延祐六年☐

2. ☐定將當該☐

3. ☐正二年農桑☐

　　　　（後缺）

8. 元提調農桑文卷殘件（之一）

題解：

本件《中國藏黑水城漢文文獻》中原始編號為84H·F116：W18/1189，出版編號為M1·0100，收於第一冊《提調農桑文書》第168頁，擬題為《提調農桑文書》，並記其尺寸為9.1cm×18.1cm。《黑城出土文書（漢文文書卷）》一書未收。文書為提調農桑文卷之一，共兩件殘片，殘片一現存文字2行，殘片二現存文字1字。

錄文標點：

（一）

　　　（前缺）

1. ☐委官一同點視

2. ☐日二十八石八斗

　　　　（後缺）

（二）
　　　　　（前缺）
1. ▢▢▢▢▢李（蒙古文人名）（簽押）
　　　　　（後缺）

附

1. 元提調農桑文卷殘件（之一）

題解：

本件文書收於《黑城出土文書（漢文文書卷）》第104頁《農牧類·提調農桑文卷》，其所記文書編號為F116:W534，未列出文書諸要素。《中國藏黑水城漢文文獻》一書未收錄圖版。本件文書為提調農桑文卷之一，內容為圖樣，其中有部分文字，但是不清。從內容來看，其似為M1·0095［F116:W300］號文書所云之"依樣圖本"之圖畫部分。

錄文標點：

（略）

（五）畜牧管理文書

1. 元某年點視現在頭疋文書

題解：

本件《中國藏黑水城漢文文獻》中原始編號為F116:W67，出版編號為M1·0101，收於第一冊《畜牧管理文書》第171頁，擬題為《校驗駝馬文卷》，並記其尺寸為32.1cm×22.7cm。本件還收錄於《黑城出土文書（漢文文書卷）》第101頁《農牧類·農政》，其所記文書編號與《中國藏黑水城漢文文獻》原始編號同，並列出文書諸要素為：麻紙，殘，行草書，尺寸為21.5cm×32cm。文書現存文字11行，前完後缺。參考文獻：吳超《蒙元時期亦集乃路畜牧業初探》，《農業考古》2012年第1期。

錄文標點:

（前缺）

1. ☐年☐①月
2. 六月初四日
3. 省府充☐者 帖 木 ☐☐經歷點視
4. 　見在頭疋:
5. 　駱駝卅二隻, ☐, 牛七隻,
6. 　驢三頭, ☐, ☐十五口。
7. 　倒死:
　　　　　　　　　　　　大羊十三口
8. 　馬二疋, 牛二隻, 羊五十六口: 粘殺②六口
　　　　　　　　　　　　羊羔卅七口
9. 九月廿九日檢呈:
10. 　死羊點殺③一十④五口, 係七月八日
11. 十一月☐令⑤☐官

（後缺）

2. 元點視牲畜農器文書殘片

題解:

本件《中國藏黑水城漢文文獻》原始編號為 F110：W2/1078, 出版編號為 M1·0102, 收於第一冊《畜牧管理文書》第 172 頁, 擬題為《駱駝驢綿殺羊賬》, 並記其尺寸為 7cm×26.3cm。《黑城出土文書（漢文文書卷）》一書未收。文書現存文字 3 行, 前後均缺。

---

① 此字《黑城出土文書》錄文未標注, 現據圖版補。
② "粘"通"殺",《黑城出土文書》錄文作"殺", 下同, 不再另作說明。"殺"《黑城出土文書》錄文作"羊", 現據圖版改。
③ "點",《黑城出土文書》錄文作"殺", 現據圖版改。
④ "十",《黑城出土文書》錄文漏錄, 現據圖版補。
⑤ "令",《黑城出土文書》錄文未釋讀, 現據圖版補。

錄文標點：

（前缺）

1. ☐☐☐☐☐☐驢叁拾叁疋，☐☐羊壹拾隻，駱駝☐☐☐
2. ☐☐☐隻，☐☐☐☐疋，驢肆拾①，綿羘羊叁拾☐☐
3. 碨子弍合，碌軸☐☐个。農器：犁☐☐☐☐☐

（後缺）

3. 元放支馬料文書殘片

題解：

本件《中國藏黑水城漢文文獻》中原始編號為 F209：W18/2316，出版編號為 M1·0103，收於第一冊《畜牧管理文書》第 172 頁，擬題為《牲畜草料文書殘件》，並記其尺寸為 10cm×21.2cm。《黑城出土文書（漢文文書卷）》一書未收。文書現存文字 3 行，前後均缺。

錄文標點：

（前缺）

1. ☐☐☐☐☐☐拾壹碩三斗。
2. ☐☐☐☐☐拾玖疋，每疋日支
3. ☐☐☐☐料伍升☐☐☐☐☐

（後缺）

4. 元何的火者等馬匹登記文書

題解：

本件《中國藏黑水城漢文文獻》中原始編號為 F209：W47，出版編號為M1·0104，收於第一冊《畜牧管理文書》第 173 頁，擬題為《校驗馬膘文書》，並記其尺寸為 13.3cm×18.8cm。本件還收錄於《黑城出土文書（漢文文書卷）》第 101 頁《農牧類·農政》，其所記文書編號與《中國藏黑水城漢文文獻》原始編號同，並列出文書諸要素為：麻紙，殘，草書，尺寸為 18.2cm×13.3cm。文書

---

① "拾"字下有一墨點。

現存文字 6 行，前後均缺。參考文獻：吳超《蒙元時期亦集乃路畜牧業初探》，《農業考古》2012 年第 1 期。

錄文標點：

（前缺）

1. ☐　☐☐☐☐☐☐，膘七分；
2. 廿九　何的火者紅①紫扇②馬，膘七分；
3. 卅　　昔兒荅紅③紫騾馬，膘五分；
4. ☐一　脫兒伯歹吉青全馬，膘七分；
5. ☐☐☐如普帖木
6. ☐☐☐☐☐二黃全馬，膘六分；

（後缺）

5. 元赤丹不顏台等戶駱駝帳簿

題解：

本件《中國藏黑水城漢文文獻》中原始編號為 F79∶W23，出版編號為 M1·0105，收於第一冊《畜牧管理文書》第 174 頁，擬題為《赤丹不顏台黑公駝文書》，並記其尺寸為 5.3cm×19.2cm。本件還收錄於《黑城出土文書（漢文文書卷）》第 102 頁《農牧類·農政》，其所記文書編號與《中國藏黑水城漢文文獻》原始編號同，並列出文書諸要素為：麻紙，殘屑，行草書，尺寸為 18.6cm×4.6cm。文書現存文字 4 行，前後均缺。參考文獻：吳超《蒙元時期亦集乃路畜牧業初探》，《農業考古》2012 年第 1 期。

錄文標點：

（前缺）

1. ☐☐☐☐☐☐☐☐☐膘☐分。
2. 一户赤丹不顏台，黑公駱駝一隻，
3. 　　　　九歲，膘五分。

---

① "紅"，《黑城出土文書》錄文未釋讀，現據圖版補。
② "扇"字原誤，塗抹後於右行改寫，現徑改。
③ "紅"，《黑城出土文書》錄文未釋讀，現據圖版補。

4. 一户足兀產玉，白花公拐馳一隻，

  （後缺）

6. 元馬脚 澀 并丁子文書

題解：

本件《中國藏黑水城漢文文獻》原始編號為 84H·F111：W80/1108，出版編號為 M1·0106，收於第一冊《畜牧管理文書》第 172 頁，擬題為《馬匹文書》，並記其尺寸為 2.2cm×18.6cm。《黑城出土文書（漢文文書卷）》一書未收。文書現存文字 1 行，前後均缺。

錄文標點：

  （前缺）

1. ☐☐百廿疋馬脚澀并丁子全。　一百廿付丁子全。

  （後缺）

（六）其他農政文書

1. 元亦集乃路總管府文為地畝事殘片

題解：

本件《中國藏黑水城漢文文獻》中無原始編號，出版編號為 M1·0107，收於第一冊《其他農政文書》第 177 頁，擬題為《亦集乃路地畝文書》，並記其尺寸為 20.8cm×13.9cm。《黑城出土文書（漢文文書卷）》一書未收。文書共兩件殘片，殘片一僅存一墨印；殘片二現存文字 4 行，前完後缺。

錄文標點：

（一）

（僅存一墨印殘跡）

（二）

1. ☐☐亦集乃路總管府☐☐
2. ☐☐☐本路達魯花赤徹☐☐
3. ☐☐☐開元無等☐☐☐

4. ☐☐☐地畝柒分☐☐☐☐
　　　　（後缺）

2. 元營田文卷殘件

題解：

本件《中國藏黑水城漢文文獻》中原始編號為84H・F116: W315/1487A，出版編號為M1・0108，收於第一冊《其他農政文書》第178頁，擬題為《營田司文書殘件》，並記其尺寸為17.1cm×27.6cm。《黑城出土文書（漢文文書卷）》一書未收。文書共兩件殘片，殘片一現存文字5行，右側有空白；殘片二為二紙粘接，第一紙無文字殘留，第二紙現存文字2行。從殘片二來看，第二紙所存文字為一文書首行，其前仍粘接另一紙，可知其似為某文卷之殘片。

錄文標點：

（一）
　　　　　（前缺）
1. ☐☐☐營田司
2. ☐☐☐伍斗外
3. ☐☐☐此事已
4. ☐☐☐納齐
5. ☐☐☐☐☐
　　　（後缺）

（二）
　　　　　（前缺）
　——————————
1. □□□旨裏，亦集乃路☐
2. ☐☐☐中書☐☐☐
　　　（後缺）

3. 元文書殘尾

題解：

本件《中國藏黑水城漢文文獻》中原始編號為84H・F116: W315/1487B，出版編號為M1・0109，收於第一冊《其他農政文書》第179頁，擬題為《文書殘件》，並記其尺寸為16.1cm×13.4cm。《黑城出土文書（漢文文書卷）》一書未收。文書共兩件殘片，且均各僅存簽押一處。

錄文標點：

（一）

（前缺）

1. （簽押）

（後缺）

（二）

（前缺）

1. （簽押）

（後缺）

4. 元文書殘尾

題解：

本件《中國藏黑水城漢文文獻》中原始編號為84H・F116W532/1706，出版編號為M1・0110，收於第一冊《其他農政文書》第180頁，擬題為《莎伯渠社長文書》，並記其尺寸為14.7cm×39.1cm。《黑城出土文書（漢文文書卷）》一書未收。文書共兩件殘片，兩者字跡非一，應非同件文書。殘片一現存文字3行，從內容來看，應為總管府文書殘尾；殘片二現存文字2行，從內容來看應為沙伯渠社長亦旦拜呈文殘尾。

錄文標點：

（一）

　　　　　（前缺）

1. ☐事　　常　　菩麟（簽押）
2. ☐歷
3. （簽押）

　　　　　（後缺）

（二）

　　　　　（前缺）

1. ☐莎伯渠社長亦但拜（簽押）呈
2. ☐☐（簽押）（簽押）

　　　　　（後缺）

5. 元河渠司社長文書殘片

題解：

本件《中國藏黑水城漢文文獻》中原始編號為84H・F116：W319/1491，出版編號為M1・0111，收於第一冊《其他農政文書》第181頁，擬題為《渠社長文書》，並記其尺寸為12.8cm×27.8cm。《黑城出土文書（漢文文書卷）》一書未收。文書共三件殘片，殘片一無文字殘存，殘片二現存文字1行，殘片三現存文字1行。

錄文標點：

（一）

（無文字殘留）

（二）

　　　　　（前缺）

1. ☐口世苑（簽押）

（三）

　　　　　（前缺）

1. ☐渠司　各渠社長

　　　　　（後缺）

6. 元本渠社長文書殘片

題解：

本件《中國藏黑水城漢文文獻》中原始編號為84H・大院內 a6：W39/2828，出版編號為M1・0112，收於第一冊《其他農政文書》第182頁，擬題為《本渠社長文書》，並記其尺寸為7.3cm×17.7cm。《黑城出土文書（漢文文書卷）》一書未收。文書現存文字3行，前後均缺。

錄文標點：

(前缺)
1. ☐治①罪②☐☐
2. 　　本渠社長渠☐
3. ☐☐☐☐☐准此
(後缺)

7. 元占種文書殘片

題解：

本件《中國藏黑水城漢文文獻》中原始編號為84H・Y1采：W10/2680，出版編號為M1・0113，收於第一冊《其他農政文書》第183頁，擬題為《耕種文書》，並記其尺寸為12.8cm×27.8cm。《黑城出土文書（漢文文書卷）》一書未收。文書現存文字2行，前後均缺。

錄文標點：

(前缺)
1. ☐☐☐☐胍列占種
2. ☐☐☐陳吾地一頃
(後缺)

---

① "治"字前原衍一字，後塗抹，現徑改。
② "罪"字為左行補入，現徑改。

8. 元屯戶文書殘片

題解：

本件《中國藏黑水城漢文文獻》中原始編號為84H・F9：W18/0272，出版編號為M1・0114，收於第一冊《其他農政文書》第183頁，擬題為《夏田大小二麥文書》，並記其尺寸為11.2cm×27cm。《黑城出土文書（漢文文書卷）》一書未收。文書現存文字3行，前後均缺。

錄文標點：

（前缺）

1. 所申俗屯戶表閏□□□□□□□□□
2. 泛漲，將各家所種夏田大小二麥青苗并
3. 住坐房舍，俱各 給 □□ 自己 □□ 者不
4. □□□□□□□□

（後缺）

9. 元各社檢踏文書殘片

題解：

本件《中國藏黑水城漢文文獻》中原始編號為84H・F21：W5/0722，出版編號為M1・0115，收於第一冊《其他農政文書》第184頁，擬題為《檢踏田畝文書》，並記其尺寸為10.6cm×17.6cm。《黑城出土文書（漢文文書卷）》一書未收。文書現存文字3行，前後均缺。

錄文標點：

（前缺）

1. _____□□差□
2. ____□仕耕去 各 社檢踏過被□___
3. ____色額分數頃畝□□段四___

（後缺）

10. 元耕種文書殘片

題解：

本件《中國藏黑水城漢文文獻》中原始編號為83H·F1:W21/0021，出版編號為M1·0116，收於第一冊《其他農政文書》第184頁，擬題為《文書殘件》，並記其尺寸為3.6cm×5cm。《黑城出土文書（漢文文書卷）》一書未收。文書現存文字2行，前後均缺。

錄文標點：

　　　　（前缺）

1. ▢▢□耕種▢▢▢
2. ▢▢▢□▢▢

　　　　（後缺）

11. 元文書殘片

題解：

本件《中國藏黑水城漢文文獻》中原始編號為84H·F116:W7/1178，出版編號為M1·0117，收於第一冊《其他農政文書》第185頁，擬題為《農政文書殘件》，並記其尺寸為6.2cm×13.4cm。《黑城出土文書（漢文文書卷）》一書未收。文書現存文字2行，前後均缺，鈐墨印一枚。

錄文標點：

　　　　（前缺）

1. ▢▢三分，闊七分①，深二分半②。右耳▢▢▢③
2. ▢▢分▢▢

　　　　（後缺）

---

① "七分"二字原誤，塗抹後於右行改寫，現徑改。
② "半"字為右行補入，現徑改。
③ 此行文字鈐墨印一枚。

12. 元文書殘片

題解：

本件《中國藏黑水城漢文文獻》中原始編號為84H·F135：W59/2010，出版編號為M1·0118，收於第一冊《其他農政文書》第186頁，擬題為《農政文書殘件》；並記其尺寸為6.5cm×23.5cm。《黑城出土文書（漢文文書卷）》一書未收。文書共兩件殘片，兩者字跡非一，應非同件文書。殘片一現存文字3行，從內容來看，可擬題為"元借貸種糧文書"；殘片二現存文字1行，僅存一人名。

錄文標點：

（一）

（前缺）

1. 飢餓，如蒙☐☐☐☐
2. 種四百四十石①☐☐☐☐
3. 日送納還官☐☐☐☐☐

（後缺）

（二）

（前缺）

1. 王二☐☐☐☐

（後缺）

13. 元土地文書殘片

題解：

本件《中國藏黑水城漢文文獻》中原始編號為84H·F116：W425/1597，出版編號為M1·0119，收於第一冊《其他農政文書》第187頁，擬題為《農政文書殘件》，並記其尺寸為8.4cm×30cm。《黑城出土文書（漢文文書卷）》一書未收。文書共四件殘片，殘片一、二現存文字各1行，殘片三、四現存文字各2行。

---

① "四百四十"右旁有3個墨點。

錄文標點：

（一）

（前缺）

1. ☐☐☐依上☐☐

（後缺）

（二）

（前缺）

1. ☐坐施☐

（後缺）

（三）

（前缺）

1. ☐☐畝，禿☐☐

2. ☐☐畝，賀来赤☐☐

（後缺）

（四）

（前缺）

1. ☐☐地貳頃，东至☐☐

2. ☐☐☐至，西至卜☐☐

（後缺）

14. 元種小麥文書殘片

題解：

本件《中國藏黑水城漢文文獻》中原始編號為84H・Y1采：W58/2728，出版編號為M1・0120，收於第一冊《其他農政文書》第188頁，擬題為《田畝文書殘件》，並記其尺寸為5.4cm×28.8cm。《黑城出土文書（漢文文書卷）》一書未收。文書現存文字3行，前後均缺。

112　中國藏黑水城漢文文獻的整理與研究

錄文標點：

　　　　（前缺）
1.　　卽種小麦廿畝，
2.　　驗①路不堪種②一十畝
3. □種廿③畝
　　　　（後缺）

15. 元農事文書殘片

題解：

本件《中國藏黑水城漢文文獻》中原始編號為84HF135 坑內 A，出版編號為M1·0121，收於第一冊《其他農政文書》第 189 頁，擬題為《農事文書殘件》，並記其尺寸為8.6cm×20.2cm。《黑城出土文書（漢文文書卷）》一書未收。文書現存文字2行，前後均缺。

錄文標點：

　　　　（前缺）
1.　　□□□暗伯承務
2.　　□□□農事
　　　　（後缺）

16. 元亦集乃路文書殘片

題解：

本件《中國藏黑水城漢文文獻》中原始編號為84H·F116：W312/1484，出版編號為M1·0122，收於第一冊《其他農政文書》第 190 頁，擬題為《文書殘件》，並記其尺寸為19.7cm×31.2cm。《黑城出土文書（漢文文書卷）》一書未收。文書共六件殘片，其中殘片一現存文字2行，殘片二現存文字1行，殘片三、四、五、六可拼合，拼合後為日期及朱印。

---

① "驗"字前原有幾字，後塗抹，現徑改。
② "種"字為右行補入，現徑改。
③ "廿"字前原衍一字，後塗抹，現徑改。

錄文標點：

（一）

（前缺）

1. ☐☐為☐

2. ☐☐前汝☐

（後缺）

（二）

（前缺）

1. ☐☐集乃路☐

（後缺）

（三、四、五、六）

（前缺）

1. ☐☐日①

---

① 日期上鈐朱印一枚。

第二冊

卷二　錢糧文書卷

（一）提調錢糧文書

1. 元提調至元三十一年（1294）錢糧文卷（之一）

題解：

本件《中國藏黑水城漢文文獻》中原始編號為 F116：W419，出版編號為 M1·0123，收於第二冊《提調錢糧文書》第 211 頁，擬題為《至元三十一年提調錢糧文卷》，並記其尺寸為 44.9cm×20.8cm。本件文書共三件殘片，還收錄於《黑城出土文書（漢文文書卷）》第 107 頁《錢糧類·提調錢糧》，其所記文書編號與《中國藏黑水城漢文文獻》原始編號同，並列出文書諸要素為：竹紙，缺，行書，尺寸分別為 15.6cm×10.2cm、15.3cm×9.1cm 和 19.3cm×17.2cm。文書殘片一、二各存文字 3 行，殘片三現存文字 5 行。從文書內容來看，本件文書應為提調至元三十一年錢糧文卷之一，為亦集乃路總管府申甘肅行省公文，可擬題為"元亦集乃路總管府申甘肅行省文為提調至元三十一年錢糧事"。

錄文標點：

（一）

1. □□①聖旨裏，亦集乃路總管府案□②
2. 　　□③云：府司今將至元三十一年
3. 　　　＿＿＿＿＿＿＿□□□
　　　（後缺）

---

① 據元代公文格式可推知，此處所缺文字應為"皇帝"。
② 據元代公文格式可推知，此處所缺文字應為"呈"。
③ 據元代公文格式可推知，此處所缺文字應為"云"。

（二）

　　　　　（前缺）
1. ☐施行
2. 　　開
　　　　　（後缺）

（三）

　　　　　（前缺）
1. 　實是生受，合☐
2. 　照驗施行。
3. 右申
4. 甘肅等処行中書省
5. ☐年正月　　日☐
　　　　　（後缺）

2. 元提調至元三十一年（1294）錢糧文卷（之一）

題解：

本件《中國藏黑水城漢文文獻》中原始編號為 F116：W522，出版編號為 M1·0124，收於第二冊《提調錢糧文書》第 212 頁，擬題為《提調錢糧文卷》，並記其尺寸為 59.9cm×25cm。本件還收錄於《黑城出土文書（漢文文書卷）》第 107 頁《錢糧類·提調錢糧》，其所記文書編號為 F116：W52，與《中國藏黑水城漢文文獻》所記原始編號異，並列出文書諸要素為：竹紙，缺，行書；尺寸為 24.3cm×58cm。文書現存文字 14 行，上殘下完。按，從文書內容來看，本件文書應為提調至元三十一年錢糧文卷之一，文書結尾署名為府吏張天福，可知其發文機構應為總管府，又據第 1、2 行"承奉甘肅等處行中書省劄付"一語可知其申報對象也應為"甘肅等處行中書省"，故可擬題為"元亦集乃路總管府申甘肅行省文為提調至元三十一年錢糧事"。

錄文標點：

　　　　　（前缺）
1. 　承奉
2. 　甘肅等処行中書省劄付，仰將

3. ＿＿＿＿＿＿半年錢粮依式照勘

4. ＿＿＿＿＿＿承此，照得至元卅

5. ＿＿＿＿□承奉

6. ＿＿＿＿＿連到躰式，亦為取勘

7. ＿＿＿＿＿錢粮等事已經依式

8. ＿＿＿＿＿省申覆了當。今奉

9. 　　　　見有納獲朱①

10. 　　　　抄為憑。

11. ＿＿＿＿申②

12. ＿＿＿＿年四月　日府吏張天福呈

13. 　（簽押）　（墨戳）③

14. □九日④（簽押）

3. 元泰定四年（1327）七月提調錢糧文書殘尾

題解：

本件《中國藏黑水城漢文文獻》中原始編號為 AE192ZHi31，出版編號為 M3·0002，收於第二冊《提調錢糧文書》第213頁，擬題為《泰定四年七月提調錢糧文書》，並記其尺寸為 24.1cm×26.1cm。本件還收於陳炳應《黑城新出土的一批元代文書》一文（《考古與文物》1983年第1期），其指出本件文書出土於T3，所記文書編號為 79∶16，並列出文書諸要素為：楷體墨書，屬帳單。陳文載有本件文書錄文，無圖版。文書現存文字3行，前後均缺，從內容來看，其應為泰定四年（1327）亦集乃路總管府提調錢糧公文殘尾，非"帳單"。

錄文標點：

　　（前缺）

1. 　　　泰定四年柒月　　吏吳友直（簽押）

---

① "朱"，《黑城出土文書》錄文作"米"，現據圖版改。
② 此處鈐朱印一枚。
③ 此處印章為墨色，印章較小。
④ 此處鈐墨印一枚。

2. 提調錢粮

3. 　　　　提控案牘兼照磨架閣庫①□□□（簽押）

　　（後缺）

4. 元提調至元三十一年（1294）錢糧文卷（之一）

題解：

本件《中國藏黑水城漢文文獻》中原始編號為 F116：W564a，出版編號為 M1·0125，收於第二冊《提調錢糧文書》第 214—215 頁，共兩件殘片，擬題為《提調錢糧文卷》，並記其尺寸為 60.9cm×14.4cm 和 40.4cm×21.1cm。本件還收錄於《黑城出土文書（漢文文書卷）》第 107 頁《錢糧類·提調錢糧》，其所記文書編號為 F116：W564，與《中國藏黑水城漢文文獻》所記原始編號異，並列出文書諸要素為：宣紙，殘屑，行楷書，尺寸分別為 13.3cm×60.4cm 和 19.2cm×40.3cm。文書殘片一現存文字 8 行，簽押 1 處，第 7 行文字與簽押之間空白較大，疑有缺文；殘片二現存文字 2 行。從文書內容來看，本件文書應為提調至元三十一年錢糧文卷之一，其應為甘肅行省下亦集乃路總管府剳付，故可擬題為"元甘肅行省剳付亦集乃路總管府為提調至元三十一年錢糧事"。

錄文標點：

（一）

　　（前缺）

1. ＿＿＿＿＿＿一切錢粮支納，見在每

2. ＿＿＿＿＿＿一年上半年錢粮已行差

3. ＿＿＿＿＿＿合行到②外，據至元卅

4. ＿＿＿＿＿＿委③照箅錢粮官一就

5. ＿＿＿＿＿＿合下仰照驗，速為

---

① "提控案牘兼照磨架閣庫"，《黑城新出土的一批元代文書》錄文作"□□案□兼照＿＿＿"，現據圖版改。

② "到"，《黑城出土文書》錄文作"除"，現據圖版改。

③ "委"，《黑城出土文書》錄文作"要"，現據圖版改。

6. ☐至元卅一年上下①半年
7. ☐申省②，毋得有礙類咨。

8.　　　　　　（簽押）
　　　　（後缺）
（二）
　　　　（前缺）
1. ☐乃路總管府准此

2. ☐（墨戳）（簽押）
　　　　（後缺）

5. 元甘肅行省剳付亦集乃路總管府為錢糧照勘事（一）
題解：

本件《中國藏黑水城漢文文獻》中原始編號為 F116：W96a，出版編號為 M1・0126，收於第二冊《提調錢糧文書》第 216 頁，擬題為《提調錢糧文書》，尺寸為 22.7cm×15cm。本件還收錄於《黑城出土文書（漢文文書卷）》第 107 頁《錢糧類・提調錢糧》，其所記文書編號為 F116：W96（1）。該書將本件文書與《中國藏黑水城漢文文獻》第二冊第 217 頁 M1・0127［F116：W96b］、M1・0128［F116：W96c］號兩件文書統一編號為 F116：W96，作為一件文書釋錄，並列出文書諸要素為：宣紙，殘屑，行書，末尾有畏兀兒體蒙古文兩行；尺寸分別為 14.3cm×23cm，15.5cm×18.9cm 和 11.5cm×14.3cm。按，三號殘片字跡一致，編號相連，應為同件文書。據 F116：W96c 現存"管府准此"一語，可推斷本件文書應為甘肅行省下亦集乃路總管府剳付，故擬現名。文書現存文字 7 行。

---

① "下"，《黑城出土文書》錄文漏錄，現據圖版補。
② "省"，《黑城出土文書》錄文作"者"，現據圖版改。

錄文標點：

（前缺）

1. ▭移咨委請文資正官
2. ▭有│出使人貟順帶前來
3. ▭到來，照勘得不依元□
4. ▭□並不依期咨报，有礙照
5. ▭在錢粮照勘，依例闭咨
6. ▭□①，但有争差▭
7. ▭□具管│不│力│▭

（後缺）

6. 元甘肅行省劄付亦集乃路總管府為錢糧照勘事（二）

題解：

本件《中國藏黑水城漢文文獻》中原始編號為 F116：W96b，出版編號為 M1・0127，收於第二冊《提調錢糧文書》第 217 頁，擬題為《提調錢糧文書》，尺寸為 15.3cm×15.8cm。本件還收錄於《黑城出土文書（漢文文書卷）》第 107 頁《錢糧類・提調錢糧》，其所記文書編號為 F116：W96（2）。該書將本件文書與《中國藏黑水城漢文文獻》第二冊第 216 頁 M1・0126〔F116：W96a〕、第 217 頁 M1・0128〔F116：W96c〕號兩件文書統一編號為 F116：W96，作為一件文書釋錄，並列出文書諸要素為：宣紙，殘屑，行書，末尾有畏兀兒體蒙古文兩行；尺寸分別為 14.3cm×23cm，15.5cm×18.9cm 和 11.5cm×14.3cm。按，三號殘片字跡一致，編號相連，應為同件文書。據 F116：W96c 現存"管府准此"一語，可推斷本件文書應為甘肅行省下亦集乃路總管府劄付，故擬現名。文書現存文字 3 行。

錄文標點：

（前缺）

1. ▭提調官□□□▭

---

① 此字殘損，《黑城出土文書》錄文作"不"，但據圖版不似，現存疑。

2. ☐者①

3. ☐（簽押）②
　　（後缺）

7. 元甘肅行省劄付亦集乃路總管府為錢糧照勘事（三）

題解：

本件《中國藏黑水城漢文文獻》中原始編號為 F116：W96c，出版編號為 M1·0128，收於第二冊《提調錢糧文書》第 217 頁，擬題為《提調錢糧文書》，尺寸為 14.3cm×12.1cm。本件還收錄於《黑城出土文書（漢文文書卷）》第 107 頁《錢糧類·提調錢糧》，其所記文書編號為 F116：W96（3）。該書將本件文書與《中國藏黑水城漢文文獻》第二冊第 216 頁 M1·0126 ［F116：W96a］、第 217 頁 M1·0127 ［F116：W96b］ 號兩件文書統一編號為 F116：W96，作為一件文書釋錄，並列出文書諸要素為：宣紙，殘屑，行書，末尾有畏兀兒體蒙古文兩行，尺寸分別為 14.3cm×23cm，15.5cm×18.9cm 和 11.5cm×14.3cm。按，三號殘片字跡一致，編號相連，應為同件文書。據本件文書現存"管府准此"一語，可推斷本件文書應為甘肅行省下亦集乃路總管府劄付，故擬現名。文書現存漢文文字 1 行，蒙古文字 2 行，上下殘，前後缺。

錄文標點：

　　　　（前缺）
1. ☐管府准此
2. （畏兀兒體蒙古文）
3. （畏兀兒體蒙古文）
　　　　（後缺）

---

① "者"，《黑城出土文書》錄文未釋讀，現據圖版補。
② 此行文字《黑城出土文書》錄文未標注，現據圖版補。

124　中國藏黑水城漢文文獻的整理與研究

8. 元某司呈文為照勘糧斛等事

題解：

本件《中國藏黑水城漢文文獻》中原始編號為 F116：W488，出版編號為 M1·0129，收於第二冊《提調錢糧文書》第 218 頁，擬題為《提調錢糧文書》，並記其尺寸為 33.9cm×15.9cm。本件文書共兩件殘片，還收錄於《黑城出土文書（漢文文書卷）》第 108 頁《錢糧類·提調錢糧》，其所記文書編號與《中國藏黑水城漢文文獻》原始編號同，並列出文書諸要素為：竹紙，殘，楷行書，尺寸分別為 15.2cm×15.3cm 和 15.6cm×14.5cm。文書殘片一為兩紙粘接，第一紙無文字殘留，第二紙現存文字 2 行；殘片二現存文字 6 行。

錄文標點：

（一）

　　　　　　（前缺）

1. ☐☐☐☐☐實有粮斛照勘呈来。承此，依上照勘到①

2. ☐☐☐☐☐前去，合行具呈

　　　　　　（後缺）

（二）

　　　　　　（前缺）

1. 　　　　　分捌厘

2. ☐☐☐☐雜色錢弍伯捌拾定肆拾叁兩捌錢肆分☐☐☐

3. ☐☐☐☐籴料錢叁伯定

4. ☐☐☐☐馬脚澁壹阡壹伯伍拾付

5. ☐☐☐☐本壹万弍阡捌伯道

6. ☐☐☐☐☐弍伯个　帖箽籬②弍伯个

　　　　　　（後缺）

---

① "到"，《黑城出土文書》錄文漏錄，現據圖版補。
② "箽籬"，《黑城出土文書》錄文作"草蔓"，現據圖版改。

9. 元某司申甘肅行省文為照勘某人無浸借係官錢糧事（稿）

題解：

本件《中國藏黑水城漢文文獻》中原始編號為 F1：W53，出版編號為 M1·0130，收於第二冊《提調錢糧文書》第 219 頁，擬題為《提調錢糧文書》，並記其尺寸為 17.1cm×23.4cm。本件還收錄於《黑城出土文書（漢文文書卷）》第 107 頁《錢糧類·提調錢糧》，其所記文書編號與《中國藏黑水城漢文文獻》原始編號同，並列出文書諸要素為：竹紙，殘，草書，尺寸為 22.1cm×15.7cm。本件文書為正背雙面書寫，正面上完下殘，前後缺，塗抹痕跡嚴重，應為文書草稿；背面圖版《中國藏黑水城漢文文獻》未收，《黑城出土文書（漢文文書卷）》也未釋讀，從正面所透字跡來看，背面現存文字 1 行。據文書正面第 5、6 行"具申甘肅行省照驗者"可知文書呈文對象應為甘肅等處行中書省，而第 3、4 行云"覆奉總府官台旨"可知其發文機構應非亦集乃路總管府，而應為其某下屬機構。

錄文標點：

正：

　　　　　（前缺）

1. 得本人①

2. 過名，亦無②浸借係官錢糧粘③

3. 事。准此，覆奉

4. 總府官台旨，仰奉④□字⑤六十　　⑥

5. 合書填⑦，開坐具申⑧

6. 甘肅行省照驗者。承此，合

---

① "人"，《黑城出土文書》錄文未釋讀，現據圖版補。
② "無"，《黑城出土文書》錄文作"集乃"，現據圖版改。
③ "粘"，《黑城出土文書》錄文作"草"，現據圖版改。
④ "奉"，《黑城出土文書》錄文作"承"，現據圖版改。
⑤ "字"，《黑城出土文書》錄文作"系"，現據圖版改。
⑥ 第 3、4 行文字之間原有一行文字"各房同勾當至　　照驗，須至呈者"，字體較小，並塗抹，《黑城出土文書》錄文照錄，現徑改。
⑦ "書填"兩字為左行補入，現徑改。
⑧ 第 4、5 行文字之間原有一行文字"□糧□□錢□。承此，　　"，字體較小，並塗抹，現徑改。

126 中國藏黑水城漢文文獻的整理與研究

　　　　（後缺）

背：1.　□兀耳□

10. 元大德二年（1298）某司呈文為王乞气冒支官錢事

題解：

本件《中國藏黑水城漢文文獻》中無原始編號，出版編號為M1·0131，收於第二冊《提調錢糧文書》第220頁，擬題為《提調錢糧文書》，並記其尺寸為30.5cm×24.7cm。《黑城出土文書（漢文文書卷）》一書未收。文書共三件殘片，殘片一現存文字7行，殘片二、三均存文字2行。據文書第3行"准此，照得"可知，本件文書應為上行文。

錄文標點：

（一）

　　　　（前缺）

1.　□□□□□
2.　□□厘并元

　　　　（中缺1行）

3.　□照驗。准此，照得①
4.　□奉差到官提調錢
5.　□蒙
6.　□仰移付兵工房
7.　□□□□

　　　　（後缺）

（二）

　　　　（前缺）

1.　□②德二年□□
2. 檢為王乞气冒支官錢事

---

① 文書第2、3行之間行距較大，其間疑有缺文。
② 據元代年號可知，此處所缺文字應為"大"。

（後缺）

（三）

（前缺）

1. ☐日　　☐☐（簽押）

2. ☐　　　威☐☐（簽押）

（後缺）

11. 元至大元年（1308）亦集乃路總管府照勘大德十一年稅糧文卷（之一）

題解：

本件《中國藏黑水城漢文文獻》原始編號為 84H·F180：W6/2197，出版編號為 M1·0132，收於第二冊《提調錢糧文書》第 221 頁，擬題為《提調錢糧文書》，並記其尺寸為 34cm×13.8cm。《黑城出土文書（漢文文書卷）》未收。文書現存文字 11 行，前後均缺。另，文書背面為圖案，其圖版《中國藏黑水城漢文文獻》未收。按，文書中出現之"（徐）友義""司吏趙震"均見於《中國藏黑水城漢文文獻》第二冊《大德十一年稅糧文書》，且本件文書與錢糧有關，書寫格式亦有相似之處，故應為大德十一年稅糧文卷之一。

錄文標點：

（前缺）

1. ☐友义、司吏趙震☐

2. ☐管錢粮官事☐

3. ☐撙定☐☐

4. ☐☐人吏趙震赴☐

5. ☐此者合下仰照

6. ☐管錢粮官事☐

7. ☐赴

8. ☐行，無得遲滯。

　　　　　（中缺 1 行）①

9. ☐☐☐☐首領官提控案牘徐☐

10. ☐☐☐☐趙震限今日☐☐☐

11. ☐☐☐☐☐☐錢☐☐

　　　　　（後缺）

12. 元軍人錢糧文書殘片

題解：

本件《中國藏黑水城漢文文獻》中原始編號為 84H・F17：W4/1532，出版編號為 M1・0133，收於第二冊《提調錢糧文書》第 222 頁，擬題為《提調錢糧文書》，並記其尺寸為 11.5cm×31.3cm。《黑城出土文書（漢文文書卷）》一書未收。文書共兩件殘片，殘片一現存文字 1 行，殘片二現存文字 4 行。

錄文標點：

（一）

　　　　　（前缺）

1. 總計一十②三☐☐☐☐

　　　　　（後缺）

（二）

　　　　　（前缺）

1. ☐☐☐☐☐☐☐☐☐月☐☐☐

2. ☐☐☐☐軍人糧錢中☐統☐☐

3. ☐☐☐☐拾壹兩柒錢伍分☐☐☐☐

4. ☐☐☐計點照☐驗扵二月十七日☐☐

　　　　　（後缺）

---

① 據元代文書格式推斷，此處應缺"一下"兩字。

② "十"字右旁有一朱點。

13. 元計點本路見在糧事文書殘尾

題解：

本件《中國藏黑水城漢文文獻》中原始編號為84H·F116：W17/1188，出版編號為M1·0134，收於第二冊《提調錢糧文書》第223頁，擬題為《提調錢糧文書》，並記其尺寸為6.4cm×22.2cm。《黑城出土文書（漢文文書卷）》一書未收。文書現存文字2行，前後均缺。

錄文標點：

（前缺）

1. 計點本路見在 粮 事
2. 　　　　　　知事☐

（後缺）

14. 元計點錢糧等文書殘片

題解：

本件《中國藏黑水城漢文文獻》中原始編號為84H·F116：W331/1503，出版編號為M1·0135，收於第二冊《提調錢糧文書》第224頁，擬題為《計點錢糧文書》，並記其尺寸為33cm×20.3cm。《黑城出土文書（漢文文書卷）》一書未收。文書共五件殘片，其中殘片一至殘片四均僅存1行文字，殘片五僅存一字殘痕，五件殘片字跡非一。其中殘片一、二字跡相同，與計點錢糧有關；殘片三、四字跡相同，所存文字較少，內容不明。

錄文標點：

（一）

（前缺）

1. ☐☐乱，此處人民避☐☐

（後缺）

（二）

（前缺）

1. ☐☐☐計點錢粮事。承

130　中國藏黑水城漢文文獻的整理與研究

　　　　　（後缺）
（三）
　　　　　（前缺）
1. 照驗施行☐☐☐☐
　　　　　（後缺）
（四）
　　　　　（前缺）
1. ☐☐☐☐☐□常令只□□
　　　　　（後缺）
（五）
　　　　　（前缺）
1. ☐☐☐☐☐□
　　　　　（後缺）

15. 元某司關文為交割糧數事

題解：

本件《中國藏黑水城漢文文獻》中原始編號為"HF126下面第二層內正"，出版編號為M1·0136，收於第二冊《提調錢糧文書》第225頁，擬題為《提調錢糧文卷》，並記其尺寸為25.2cm×28cm。《黑城出土文書（漢文文書卷）》一書未收。文書正背雙面書寫，此為正面內容，現存文字13行，前後均缺。

錄文標點：

　　　　　（前缺）

1.　　　壹伯伍拾☐☐☐☐☐☐☐☐☐☐

2.　　　弍斗陸升陸☐☐省剳☐☐☐☐☐☐☐

3.　　　交割數足□□申省，仍☐☐☐禿許☐☐☐☐

4. 聖旨全文抄錄申省去後，不敷申到。今奉前因，省府令下仰照□

5.　　　□行事理照勘，不得短少糧數。交割數足，仍抄錄吾

6.　　　七忍禿元欽奉

7. 聖旨全文，官吏保結申省事。承此，照得先奉剳付亦為此事，已經移

8.　　　　関照勘去訖。今奉前因，當□□行移関請

9.　　　　照驗，早為照勘明白，短少粮數，疾早交割，仍抄錄吾七

10.　　　□①秃元 欽 奉

11.　　聖旨全文　　　　　□希

12.　　　　公文回示，勿請似前遲

13.　　　右　　関

　　　　（後缺）

16. 元魏塔剌孩告支桃杏等爭婚公事案卷（一）

題解：

本件《中國藏黑水城漢文文獻》中原始編號為"HF126下面第二層內背"，出版編號為M1·0137，收於第二冊《提調錢糧文書》第226頁，擬題為《魏塔剌狀告文書》，並記其尺寸為25.2cm×28cm。《黑城出土文書（漢文文書卷）》一書未收。文書正背雙面書寫，此為背面內容，現存文字8行，前後均缺，塗抹嚴重。按，本件文書中出現魏塔剌孩和桃杏等人名，與《中國藏黑水城漢文文獻》第四冊《婚姻案》第686頁"M1·0552［HF111下層A正］"、第694頁"M1·0560［84H·文官府：W10/2907］"等文書同，應為同一組文書，故擬現名。

錄文標點：

　　　　（前缺）

1.　□ 行 ②。據魏塔剌孩③狀告□□ 桃 杏

2.　將□是 婚 ④哉哉⑤，嫂娶与⑥他人⑦，公事人取責問⑧將 河 水斷流⑨。

---

① 據前文第6行可知，此處所缺文字應為"忍"。
② "□行"書寫原誤，塗抹後於右行改寫，現徑改。
③ "孩"字為右行補入，現徑改。
④ "□是婚"為右行補入，現徑改。
⑤ 第二個"哉"字為省文符號，現徑改。
⑥ "与"字為右行補入，現徑改。
⑦ "人"字後原有數字，後塗抹，現徑改。
⑧ "公事人取責問"等字為右行補入，現徑改。
⑨ "將河水斷流"等字為左行補入，現徑改。

3. 揔府官议 得 ，即目正是農忙之際①，百姓所種昨 歲 ②□苗

4. 大半乾③旱④。見今河水⑤到来，□

5. 將元告被淪人□□□还⑥□□□□□

6. 田禾去 候 □□□日□ □ ⑦十一日 本 □□

　　（後缺）

（二）錢糧儲運收支文書

1. 元刘忠翊呈狀為平籴糧米事

題解：

本件《中國藏黑水城漢文文獻》中原始編號為 F51：W13，出版編號為 M1·0138，收於第二冊《錢糧儲運收支文書》第 229 頁，擬題為《和糴糧米文卷》，並記其尺寸為 44.5cm×24cm。本件還收錄於《黑城出土文書（漢文文書卷）》第 112 頁《錢糧類·糧食儲運收支》，其所記文書編號與《中國藏黑水城漢文文獻》原始編號同，並列出文書諸要素為：宣紙，殘，行草書，尺寸為 22.3cm×43.5cm。文書為二紙粘接，第一紙現存簽押二處，第二紙現存文字 12 行。按，文書第一紙兩處簽押符號，《黑城出土文書（漢文文書卷）》未標出，其應為上一件文書之尾，據此可知此文書應為某一文卷之一部分。參考文獻：吳超《〈黑水城出土文書〉所見亦集乃路達魯花赤》，《陰山學刊》2011 年第 2 期。

錄文標點：

　　　　（前缺）

1. □□□□（簽押）（簽押）

---

① "正是農忙之際"等字為右行補入，現徑改。
② "昨歲"為右行補入，現徑改。
③ "乾"字前原衍一字，後塗抹，現徑改。
④ "旱"字書寫原誤，塗抹後於右行改寫，現徑改。
⑤ "河水"原作"泛脹"，塗抹後於右行改寫，現徑改。
⑥ "还"字為右行補入，現徑改。
⑦ "去 候 □□□日□ □"等字為右行補入，現徑改。

2. ☐☐①刘忠翊狀呈：近☐

3. ☐☐每石伍拾伍两，小麦捌拾两，黄②☐

4. ☐☐小麦伍阡石，委卑戢馳驛☐

5. ☐☐之家，照依彼中時價而平籴☐

6. ☐☐數各③該價錢石斗保結連繳

7. ☐☐本路收管驗該支糧食照依

8. ☐☐上④馳驛前去，至七月初十到

9. ☐☐川時價黃米每石壹定，小麦叁

10. ☐☐移関達魯花赤朶列禿

11. ☐☐☐无人納，照此差人下村催趕

12. ☐☐☐日才方令巡檢司答那八貝

13. ☐☐☐☐☐☐☐

（後缺）

2. 元至順元年（1330）九月分見在糧等文書

題解：

本件《中國藏黑水城漢文文獻》中原始編號為F125：W58，出版編號為M1·0139，收於第二冊《錢糧儲運收支文書》第230頁，擬題為《至順元年九月糧米文書》，並記其尺寸為9.9cm×21.4cm。本件還收錄於《黑城出土文書（漢文文書卷）》第114頁《錢糧類·糧食儲運收支》，其所記文書編號與《中國藏黑水城漢文文獻》原始編號同，並列出文書諸要素為：竹紙，殘，行書，尺寸為21cm×8.8cm。本件文書現存文字6行，前後缺。參考文獻：吳超《亦集乃路稅務管理

---

① 此字殘損，《黑城出土文書》錄文作"勾"，現存疑。
② "黃"，《黑城出土文書》錄文未釋讀，現據圖版補。
③ "數各"，《黑城出土文書》錄文作"若如"，現據圖版改。
④ "上"，《黑城出土文書》錄文未釋讀，現據圖版補。

初探》，《陰山學刊》2008 年第 5 期。

錄文標點：

（前缺）

1. ☐☐☐☐☐☐☐☐☐折合☐☐
2. 一帖至順元年九月分見在粮壹千六百一十五
3. 　　　　石七斗令二勺四抄
4. 　　　　黃米一千四百四十四石六斗四升柒
5. 　　　　合八勺四抄
6. ☐☐☐☐☐☐☐☐☐☐

（後缺）

3. 元至正七年（1347）洪字玖拾貳號黃米半印勘合

題解：

本件《中國藏黑水城漢文文獻》中原始編號為"HF193A"，出版編號為 M1·0140—M1·0141，收於第二冊《錢糧儲運收支文書》第 231—232 頁，擬題為《廣積倉支黃米文書》，並記其尺寸為 38cm×35.8cm。《黑城出土文書（漢文文書卷)》一書未收。按，本件文書為正背雙面書寫，正面現存文字 7 行，背面書寫文字 1 行，另印有穿官服人物像三人，正背文字字跡相同，應為同一件文書。杜立暉指出本件文書應為元代勘合文書原件。參考文獻：杜立暉《元代勘合文書探析——以黑水城文獻為中心》，《歷史研究》2015 年第 2 期。

錄文標點：

正：

1. 　　　脱①忽帖木　阿姐②不即　古急乂
2. 　　　怯都麻　　脱忽脱你　刘賽姐
3. 　　　忽剌真　　阿剌③古思　法都麻
4. 　　　阿汝

---

① "脱"，杜立暉文作"眈"，現據圖版改。下同，不再另作說明。
② "姐"，杜立暉文作"妲"，現據圖版改。
③ "剌"，杜立暉文作"忒"，現據圖版改。下同，不再另作說明。

5. 照過①　實支黃米伍碩肆斗整②

6. （八思巴蒙古文左半）③ 〇〇〇〇〇〇④

7. 　　　　右下廣積倉官滿殊失厘，准此。

背：

1. 七月初二日全支訖。⑤

4. 元廣積倉放支文書殘片

題解：

本件《中國藏黑水城漢文文獻》原始編號為84H·F209：W30/2328，出版編號為M1·0142，收於第二冊《錢糧儲運收支文書》第233頁，擬題為《廣積倉支糧文書》，並記其尺寸為9.4cm×18.4cm。《黑城出土文書（漢文文書卷）》一書未收。文書共兩件殘片，均存文字3行，殘片二第2行數字旁有朱點，前後均缺。

錄文標點：

（一）

　　　　　　（前缺）

1. ▢▢▢▢積倉放支▢▢▢▢
2. ▢▢▢▢▢
3. ▢▢▢▢□倉放支▢▢▢▢

　　　　　　（後缺）

---

① "照過"兩字為朱書。
② 此行鈐正方形朱印二枚，印文不清。另斜印長方形朱色戳記一枚，其內容為：

　　1. 至▢
　　2. 於▢
　　3. 付藏▢
　　4. 至正柒年▢

③ 此處鈐朱印，為左半印。
④ 此處鈐朱印，為左半印。
⑤ 此行文字位於文書正面第4—5行之間。

（二）

　　　　　（前缺）
1. ☐☐
2. ☐粮玖石叁斗①
3. ☐付
　　　　　（後缺）

5. 元廣積倉放支文書殘片

題解：

本件《中國藏黑水城漢文文獻》中原始編號為84H・F19：W55/0592，出版編號為M1・0143，收於第二冊《錢糧儲運收支文書》第234頁，擬題為《廣積倉文書》，並記其尺寸為3.5cm×27.2cm。《黑城出土文書（漢文文書卷)》一書未收。文書共三件殘片，殘片一現存文字2行，殘片二、三均存文字1行。

錄文標點：

（一）

　　　　　（前缺）
1. ☐下廣積倉放支去②訖☐
2. ☐☐発☐
　　　　　（後缺）

（二）

　　　　　（前缺）
1. ☐☐厶錯依數☐
　　　　　（後缺）

（三）

　　　　　（前缺）
1. ☐☐重白☐
　　　　　（後缺）

---

① "玖""叁"兩字旁有朱點。
② "去"字書寫原誤，塗抹後於右行改寫，現徑改。

6. 元支鈔文書殘片

題解：

本件《中國藏黑水城漢文文獻》中原始編號為84H·F19：W36/0573，出版編號為M1·0144，收於第二冊《錢糧儲運收支文書》第234頁，擬題為《錢糧收支文書》，並記其尺寸為4.3cm×20cm。《黑城出土文書（漢文文書卷）》一書未收。文書現存文字2行，前後均缺。

錄文標點：

（前缺）

1. 　　十一月廿四支□伯兩，同差外郎　　　　十一月分陸伯兩
2. 者　　　　　　保倉官
3. 　　　　　　　　　　　　　　　　　　　　　　十五①

（後缺）

7. 元支馬料文書殘片

題解：

本件《中國藏黑水城漢文文獻》中原始編號為84H·文官府：W16/2913，出版編號為M1·0145，收於第二冊《錢糧儲運收支文書》第235頁，擬題為《錢糧收支文書》，並記其尺寸為6.4cm×13.8cm。《黑城出土文書（漢文文書卷）》一書未收。文書現存文字4行，前後均缺。

錄文標點：

（前缺）

1. 　　　　□大麥　　　　　□□
2. 　　　　□支二石令二升外，實 支 □□
3. 　　　　五斗八升
4. 　　　在馬 四 十 疋，每疋日 支

（後缺）

---

① "十五"兩字為朱書。

8. 元勘合行下廣積倉文書殘片

題解：

本件《中國藏黑水城漢文文獻》中原始編號為84H·F111：W19/1097，出版編號為M1·0146，收於第二冊《錢糧儲運收支文書》第235頁，擬題為《廣積倉收支文書》，並記其尺寸為5.4cm×16.2cm。《黑城出土文書（漢文文書卷）》一書未收。文書現存文字3行，上完下殘，前後均缺。

錄文標點：

（前缺）

1. □□已 行 勘 合，以下廣積倉□□□□□
2. 照勘接 支 相同，摠府今用□□□□□
3. 前 去 合 □□ 照 驗比對元発号□□□□

（後缺）

9. 北元至正三十年（1370）傅示責領狀為責領正贓事

題解：

本件《中國藏黑水城漢文文獻》中原始編號為F21：W12，出版編號為M1·0147，收於第二冊《錢糧儲運收支文書》第236頁，擬題為《錢糧收支文書》，並記其尺寸為30.8cm×20.2cm。本件還收錄於《黑城出土文書（漢文文書卷）》第114頁《錢糧類·糧食儲運收支》，其所記文書編號與《中國藏黑水城漢文文獻》原始編號同，並列出文書諸要素為：麻紙，殘，行草，尺寸缺載。文書現存文字7行，前缺後完。據文書第4行"責領是實"一語可知文書應為責領狀。

錄文標點：

（前缺）

1. 今當
2. 守禦官処責領□□□□ 前 項正贓小□
3. 倉斗肆石柒斗①，中間並无差錯，□□

---

① "斗"字為後寫補入，現徑改。

4. □①責領是实，伏取

5. 　　台旨。

6. 　　至正卅年四月 取責領人傅示　　狀

7. 　　　　　　連狀人　李曾処（簽押）

10. 元支糧文書殘片

題解：

本件《中國藏黑水城漢文文獻》中原始編號為84H·F116: W118/1290，出版編號為M1·0148，收於第二冊《錢糧儲運收支文書》第237頁，擬題為《錢糧收支文書》，並記其尺寸為27.4cm×16.8cm。《黑城出土文書（漢文文書卷）》一書未收。文書共三件殘片，殘片一僅存1字，字體粗大，墨色濃匀；殘片二現存文字6行，上下殘，前後缺；殘片三僅存文字1行。

錄文標點：

（一）

　　　　　（前缺）

1. 黃□

　　　　　（後缺）

（二）

　　　　　（前缺）

1. □□肆拾肆石□
2. □每名月□□
3. 　□季陸□
4. 　叁拾玖石弌□
5. □□支粮□
6. □□□每□

　　　　　（後缺）

---

① 此字漫漶不清，《黑城出土文書》錄文未標注，現據圖版補。

（三）

　　　　　（前缺）

1. ☐玖斗壹☐

　　　　　（後缺）

11. 元收小麥文書殘片

題解：

本件《中國藏黑水城漢文文獻》中原始編號為84H·F270：W8/2647，出版編號為M1·0149，收於第二冊《錢糧儲運收支文書》第238頁，擬題為《錢糧收支文書》，並記其尺寸為6cm×12.7cm。《黑城出土文書（漢文文書卷）》一書未收。文書現存文字4行，前後均缺。

錄文標點：

　　　　　（前缺）

1. ☐☐
2. ☐☐錢小麦陸斗
3. 　　　　廿二日収小麦大☐
4. ☐☐卜即渠☐☐

　　　　　（後缺）

12. 元收米呈文殘片

題解：

本件《中國藏黑水城漢文文獻》中原始編號為84H·F96：W2/1061，出版編號為M1·0150，收於第二冊《錢糧儲運收支文書》第238頁，擬題為《錢糧收支文書》，並記其尺寸為13.4cm×24.1cm。《黑城出土文書（漢文文書卷）》一書未收。文書現存文字6行，前後均缺。

錄文標點：

　　　　　（前缺）

1. ☐☐
2. 經管粮壹阡伍伯貳拾貳☐☐

3. 　　　　前呈収米壹阡壹☐☐☐☐☐☐
4. 　　　　今呈□米玖伯☐☐☐☐☐☐
5. 　　　　　安帖木兒不花☐
6. 　　　　□得違□□☐☐☐

　　　　（後缺）

13. 元亦集乃路總管府下某司文為放支黃米等物事
題解：

本件《中國藏黑水城漢文文獻》中原始編號為"84HF197A"，出版編號為 M1·0151—M1·0152，收於第二冊《錢糧儲運收支文書》第 239—240 頁，擬題為《錢糧收支文書》，並記其尺寸為 17.7cm×18cm。《黑城出土文書（漢文文書卷）》一書未收。文書共三件殘片，殘片一正背雙面書寫，正面現存文字 3 行，背面為簽押；殘片二無文字殘留；殘片三正背雙面書寫，正面殘存文字 2 行，背面為年款，年款字體扁大。按，據殘片一殘存"管府案呈云云"一語可知文書發文機構應為亦集乃路總管府，殘片三所存文字顯示其是為放支錢糧一事，則其發文對象應為廣積倉或是支持庫。

錄文標點：

（一）

正：

1. 　　　　□管府案呈云云：
2. 　　　　□
3. 　　　　　□用卯

　　　　（後缺）

背：

　　　　（前缺）

1. （墨戳）

　　　　（後缺）

（二）

（無文字殘留）

(三)

正：

　　　　（前缺）

1. ☐☐☐實支黃米伍碩柒斗

2. ☐☐☐支中統鈔肆拾柒兩捌錢

　　　　（後缺）

背：

　　　　（前缺）

1. □□□年　　月　　日

　　　　（後缺）

14. 元放支文書殘片

題解：

本件《中國藏黑水城漢文文獻》中原始編號為84H・Y1采：W13/2683，出版編號為M1・0153，收於第二冊《錢糧儲運收支文書》第241頁，擬題為《錢糧收支文書》，並記其尺寸為7.1cm×8.5cm。《黑城出土文書（漢文文書卷）》一書未收。文書現存文字4行，前後均缺。

錄文標點：

　　　　（前缺）

1. ☐☐☐□□☐

2. ☐☐□号簿□□☐

3. ☐☐責領放支施☐

4. ☐☐伍拾□☐

　　　　（後缺）

15. 元某年正月支鈔文書殘片

題解：

本件《中國藏黑水城漢文文獻》中原始編號為84H・F217：W2/2416，出版編號為M1・0154，收於第二冊《錢糧儲運收支文書》第241頁，擬題為《錢糧收支文書》，並記其尺寸為5.6cm×12.9cm。《黑城出土文書（漢文文書卷）》一書未收。文書現存文字4行，其中有朱書半行，最末一行右旁有朱筆點畫。

錄文標點：

（前缺）

1. 　　　二年正月 初 三日□□
2. 　　　十三支鈔二兩半　　□□兩半
3. 　　　廿□ 支 鈔二兩半　廿九一兩四 錢 五　　①
4. 　　壹伯肆拾陸兩半②

（後缺）

16. 元支米文書殘片

題解：

本件《中國藏黑水城漢文文獻》中原始編號為83H·采:W8/2948，出版編號為M1·0155，收於第二冊《錢糧儲運收支文書》第242頁，擬題為《錢糧收支文書》，並記其尺寸為14.8cm×17cm。《黑城出土文書（漢文文書卷）》一書未收。文書共兩件殘片，殘片一僅存1字；殘片二現存文字3行。

錄文標點：

（一）

（前缺）

1. 　　　米

（後缺）

（二）

（前缺）

1. 　　　　錢可支壹万柒伯
2. 　　　　叁阡石，仰省 緊 行差
3. 　　　　申 承

---

① "廿九一兩四 錢 五　　"為朱書。
② 此行文字右旁有四個朱點。

（後缺）

17. 元某司呈亦集乃路總管府錢糧房文為放支某物事（稿）

題解：

本件《中國藏黑水城漢文文獻》原始編號為Y1：W26A，出版編號為M1·0156，收於第二冊《錢糧儲運收支文書》第243頁，擬題為《錢糧收支文書》，並記其尺寸為16.3cm×23.9cm。《黑城出土文書（漢文文書卷）》一書未收。文書現存文字4行，塗抹嚴重，應為草稿。

錄文標點：

　　　　（前缺）

1. ▭▭▭▭▭▭▭▭▭▭▭▭▭▭▭▭▭▭▭▭▭▭
2. ▭▭▭▭□　仰總府錢粮房照 驗 差去①，依數②放支③
3. 　　奉
4. 　　具④呈者⑤

　　　　（後缺）

18. 元糧食文書殘片

題解：

本件《中國藏黑水城漢文文獻》中原始編號為84H·F249：W2/2535，出版編號為M1·0157，收於第二冊《錢糧儲運收支文書》第244頁，擬題為《錢糧收支文書》，並記其尺寸為10.9cm×29.3cm。《黑城出土文書（漢文文書卷）》一書未收。文書共三件殘片，殘片一現存文字3行，殘片二現存文字4行，殘片三現存文字1行。

---

① "▭▭□　仰總府錢粮房照 驗 差去"原作"▭▭□台旨甘肅□□此□□"，後塗抹於右行改正，且右行所改"差去"後原有數字，後塗抹，現徑改。
② "依數"兩字為左行補入，現徑改。
③ "放支"後原有數字，後塗抹，現徑改。
④ "具"字前原有"□□回示□合行者"數字，且"者"字為右行補入，後塗抹，現徑改。
⑤ 第3、4行之間原有一行文字"甘肅行省宣使厶等　同知厶等官□名□□"，後塗抹，現徑改。

錄文標點：

（一）

   （前缺）

1. □□□□□斗六升四合四

2. □□二石　勺四抄

3. □□□□□□柒合九勺

   （後缺）

（二）

   （前缺）

1. □□八石□斗二升五合□□

2. □□□八十石二斗二升五□

3. □□□三斗

4. □□□□□三□□□

   （後缺）

（三）

   （前缺）

1. □□□□運糧

   （後缺）

19. 元亦集乃路總管府具實收糧文書殘片

題解：

  本件《中國藏黑水城漢文文獻》中原始編號為83H·F2：W45/0112，出版編號為M1·0158，收於第二冊《錢糧儲運收支文書》第245頁，擬題為《錢糧收支文書》，並記其尺寸為23cm×15.3cm。《黑城出土文書（漢文文書卷）》一書未收。文書共兩件殘片，殘片一現存文字6行，殘片二現存文字2行。參考文獻：吳超《〈黑水城出土文書〉所見亦集乃路達魯花赤》，《陰山學刊》2011年第2期。

錄文標點：

（一）

　　　　　　（前缺）

1. ☐正☐
2. ☐自行☐　　蓋依例☐
3. ☐☐際停滯，具实收粮☐
4. ☐達魯花赤俺普亞中依☐☐
5. ☐戡依奉☐
6. ☐事理施☐

　　　　　　（後缺）

（二）

　　　　　　（前缺）

1. ☐提領（簽押）
2. ☐☐（簽押）

　　　　　　（後缺）

20. 元某呈府台書啓為點倉事

題解：

本件《中國藏黑水城漢文文獻》中原始編號為 F9：W11，出版編號為M1·0159，收於第二冊《錢糧儲運收支文書》第 246 頁，擬題為《錢糧收支文書》，並記其尺寸為 18cm×15.6cm。本件還收錄於《黑城出土文書（漢文文書卷）》第 113 頁《錢糧類·糧食儲運收支》，其所記文書編號與《中國藏黑水城漢文文獻》原始編號同，並列出文書諸要素為：草紙，殘，行草書，尺寸為 15.4cm×17.9cm。文書現存文字 7 行，上殘下完，前後均缺。從文書內容來看，其似為書信殘件。

錄文標點：

　　　　　　（前缺）

1. ☐☐☐

2. ☐☐☐☐☐府除將辦①☐☐☐☐☐

3. ☐☐☐☐☐前役②奴交，至正十九③年

4. ☐☐☐☐☐本年若預④點倉

5. ☐☐☐☐☐□府台

6. 大人☐☐主盟完成，甚幸。伏乞

7. 台照。

　　　　　（後缺）

21. 元補填司吏文書殘片（一）

題解：

本件《中國藏黑水城漢文文獻》中原始編號為 F146：W21a，出版編號為 M1·0160，收於第二冊《錢糧儲運收支文書》第 247 頁，擬題為《文書殘件》，並記其尺寸為 14.5cm×23.2cm。本件還收錄於《黑城出土文書（漢文文書卷）》第 114 頁《錢糧類·糧食儲運收支》，其所記文書編號為 F146：W21（1）。該書將本件文書與《中國藏黑水城漢文文獻》同頁 M1·0161［F146：W21b］號文書統一編號為 F146：W21，作為一件文書釋錄，並列出文書諸要素為：麻紙，殘，草書，尺寸為 23.3cm×14.1cm。按，兩號文書字跡、紙張均一致，應為同件文書。文書現存文字 5 行，前後均缺，擬題據綴合後所定。

錄文標點：

　　　　　（前缺）

1. 古八□□□☐☐☐☐☐

2. 開□生理⑤路吏卅日☐☐☐☐☐

3. 當至得⑥代以来中間□☐☐☐☐

4. 至窺避粮草不了等事，到今□☐☐☐

---

① "辦"，《黑城出土文書》錄文作"辦"，現據圖版改。
② "役"，《黑城出土文書》錄文作"後"，現據圖版改。
③ "九"，《黑城出土文書》錄文作"八"，現據圖版改。
④ "預"似為"預"，《黑城出土文書》錄文作"予"，現據圖版改。
⑤ "開□生理"，《黑城出土文書》錄文作"開坐該"，現據圖版改。
⑥ "得"，《黑城出土文書》錄文作"將"，現據圖版改。

5. □□□①其數目如已 帖 候 ②此項再坐開□□

　　　　（後缺）

22. 元補填司吏文書殘片（二）

題解：

本件《中國藏黑水城漢文文獻》中原始編號為 F146：W21b，出版編號為 M1·0161，收於第二冊《錢糧儲運收支文書》第 247 頁，擬題為《文書殘件》，並記其尺寸為 7.8cm×13.5cm。本件文書還收錄於《黑城出土文書（漢文文書卷）》第 114 頁《錢糧類·糧食儲運收支》，其所記文書編號為 F146：W21（2）。該書將本件文書與《中國藏黑水城漢文文獻》同頁M1·0160〔F146：W21a〕號文書統一編號為 F146：W21，作為一件文書釋錄，並列出文書諸要素為：麻紙，殘，草書，尺寸為 18.3cm×6.5cm。按，兩號文書字跡、紙張均一致，應為同件文書。文書現存文字 3 行，有塗抹痕跡，擬題據綴合後所定。

錄文標點：

　　　　（前缺）

1. ＿＿＿＿＿＿□□補填司吏呂文
2. ＿＿＿＿有一月③ 將 自本路④循例點⑤
3. ＿＿＿＿＿＿領□大小二麥⑥

　　　　（後缺）

23. 元糧食文書殘片

題解：

本件《中國藏黑水城漢文文獻》中原始編號為 84H·F144：W22/2055，出版

---

① 此字為右行補入，現徑改。
② " 帖 候 "，《黑城出土文書》未釋讀，現據圖版補。
③ "月"字後於右行補寫數字，後又塗抹，現徑改。
④ "本路"，《黑城出土文書》錄文作"在糧"，現據圖版改。
⑤ "點"，《黑城出土文書》錄文作"驗"，現據圖版改。
⑥ 此行文字《黑城出土文書》錄文未釋讀，現據圖版補。

編號為M1·0162，收於第二冊《錢糧儲運收支文書》第248頁，擬題為《錢糧收支文書》，並記其尺寸為15.6cm×23.8cm。《黑城出土文書（漢文文書卷）》一書未收。文書共五件殘片，均殘損嚴重。

錄文標點：

（一）

　　　　　　（前缺）

1. ☐☐每月每☐☐☐

2. ☐☐☐☐☐

　　　　　　（後缺）

（二）

　　　　　　（前缺）

1. ☐☐☐☐☐石☐☐

　　　　　　（後缺）

（三）

　　　　　　（前缺）

1. ☐☐☐☐☐☐一斗　二日
　　　　　　　　　　　三月初

2. ☐☐☐☐☐一石二斗

　　　　　　（後缺）

（四）

　　　　　　（前缺）

1. 總☐☐☐☐

2. 初☐☐☐

　　　　　　（後缺）

（五）

　　　　　　（前缺）

1. 一日每☐☐☐☐

2. 小麦☐☐☐☐

　　　　　　（後缺）

24. 元文書殘片

題解：

本件《中國藏黑水城漢文文獻》中原始編號為84H・F116：W478/1650，出版編號為M1・0163，收於第二冊《錢糧儲運收支文書》第249頁，擬題為《仁字號收支文書》。文書共五件殘片，《中國藏黑水城漢文文獻》將其分為三組，殘片一、二為一組，殘片三、四為一組，殘片五為一組，並記其尺寸分別為：7.4cm×27.8cm、9.1cm×21.4cm和11.3cm×16cm。《黑城出土文書（漢文文書卷）》一書未收。文書五件殘片字跡非一，其中第一組及第二組四件文書字跡、紙張相同，應為同件文書，從內容來看，可擬題為"元亦集乃路總管府下廣積倉文為放支事"；第三組殘片五與其他四件字跡不同，從內容來看，可擬題為"元至正廿二年（1362）呈文殘尾"。

錄文標點：

（一）

　　　　（前缺）

1. 積倉放支☐☐☐☐☐☐
2. 用　仁　字四十☐☐☐☐
3. 書填前去☐☐☐☐☐

　　　　（後缺）

（二）

（無文字殘留）

（三）

　　　　（前缺）

1. ☐☐☐合子錢等☐☐☐
2. ☐☐月的☐☐

　　　　（後缺）

（四）

　　　　（前缺）

1. ☐☐☐府承奉

2. ☐☐☐☐行。承此，總府

　　　（後缺）

（五）

　　　（前缺）

1. 呈

2. 　至正廿二年十二月☐☐☐☐

3. □□□☐☐☐☐☐☐☐☐

　　　（後缺）

25. 元文書殘片

題解：

本件《中國藏黑水城漢文文獻》中原始編號為83H·F1：W16/0016，出版編號為M1·0164，收於第二冊《錢糧儲運收支文書》第250頁，擬題為《文書殘件》，並記其尺寸為3.5cm×11.4cm。《黑城出土文書（漢文文書卷）》一書未收。文書現存文字1行。

錄文標點：

　　　（前缺）

1. 應支過①被勾□☐☐☐☐

　　　（後缺）

26. 元支黃米文書殘片

題解：

本件《中國藏黑水城漢文文獻》中原始編號為84H·F270：W5/2644，出版編號為M1·0165，收於第二冊《錢糧儲運收支文書》第250頁，擬題為《支黃米文書》，並記其尺寸為7.9cm×18.9cm。《黑城出土文書（漢文文書卷）》一書未收。文書現存文字3行，上部鈐朱印一枚。

---

① "過"字旁有一墨痕，不明何意。

錄文標點：

（前缺）
1. _____□小尽一日不①支米弍斗弍升外，
2. 　　　　　　　实支黄米陆石叁斗捌升。
3. □□□□移│路│_____②

（後缺）

27. 元追徵各軍拖欠文書殘片

題解：

本件《中國藏黑水城漢文文獻》中原始編號為83H·F5：W1/0141，出版編號為M1·0166，收於第二冊《錢糧儲運收支文書》第251頁，擬題為《追繳錢糧文書殘件》，並記其尺寸為5.8cm×10.5cm。《黑城出土文書（漢文文書卷）》一書未收。文書現存文字3行，前後均缺。

錄文標點：

（前缺）
1. _____承奉
2. _____□追徵③各軍拖欠_____
3. _____□拖欠□_____

（後缺）

28. 元納糧文書殘片

題解：

本件《中國藏黑水城漢文文獻》中原始編號為F209：W45，出版編號為M1·0167，收於第二冊《錢糧儲運收支文書》第251頁，擬題為《納糧文書殘件》，並記其尺寸為4.3cm×8cm。本件還收錄於《黑城出土文書（漢文文書卷）》第113頁《錢糧類·糧食儲運收支》，其所記文書編號與《中國藏黑水城漢文文獻》

---

① "不"字上有墨漬，現徑改。
② 文書上部鈐朱印一枚。
③ 從《中國藏黑水城漢文文獻》定名來看，編者將"徵"釋讀為"繳"，現據圖版改。

原始編號同，並列出文書諸要素為：竹紙，整，楷行書，尺寸為 7.8cm×4.1cm。文書現存文字 2 行。

錄文標點：

（前缺）

1. 已納三石六斗，
2. 未納八斗九升四合八勺二抄。

（後缺）

29. 元納糧文書殘片

題解：

本件《中國藏黑水城漢文文獻》中原始編號為 F209：W42，出版編號為 M1·0168，收於第二冊《錢糧儲運收支文書》第 251 頁，擬題為《納糧文書殘件》，並記其尺寸為 4.7cm×7.5cm。本件還收錄於《黑城出土文書（漢文文書卷）》第 113 頁《錢糧類·糧食儲運收支》，其所記文書編號與《中國藏黑水城漢文文獻》原始編號同，並列出文書諸要素為：竹紙，整，楷行書，尺寸為 7.4cm×4.1cm。文書現存文字 2 行。

錄文標點：

（前缺）

1. 已納八石，
2. 未納四石。

（後缺）

30. 元時估追徵文書殘片

題解：

本件《中國藏黑水城漢文文獻》中原始編號為 Y1：W66A，出版編號為 M1·0169，收於第二冊《錢糧儲運收支文書》第 252 頁，擬題為《追繳錢糧文書》，並記其尺寸為 11.1cm×24.8cm。本件還收錄於《黑城出土文書（漢文文書卷）》第 113 頁《錢糧類·糧食儲運收支》，其所記文書編號為 Y1：W65，與《中國藏黑水城漢文文獻》所記原始編號異，並列出文書諸要素為：竹紙，殘，行書，尺寸

154　中國藏黑水城漢文文獻的整理與研究

為 24.2cm×11.1cm。文書現存文字 3 行，前後均缺。

　　錄文標點：

　　　　　（前缺）

1. ＿＿＿＿＿各異①，似難□補擬，
2. 合欽依比照當年得代交割失消
3. 日月②時估追徵③，都省准呈

　　　　　（後缺）

31. 元天字號勘合底簿（二）

題解：

本件《中國藏黑水城漢文文獻》中原始編號為 F111：W54，出版編號為M1·0170，收於第二冊《錢糧儲運收支文書》第 253 頁，擬題為《天字號收米文書》，並記其尺寸為 22.7cm×17.3cm。本件還收錄於《黑城出土文書（漢文文書卷）》第 114 頁《錢糧類·糧食儲運收支》，其所記文書編號與《中國藏黑水城漢文文獻》原始編號同，並列出文書諸要素為：麻紙，殘，行書，凡千字文編號一行均為右半個字，尺寸為 17.3cm×21cm。文書現存文字 11 行，前後缺。杜立暉指出本件文書與《中國藏黑水城漢文文獻》第二冊《錢糧儲運收支文書》第 254 頁 M1·0172［84H·F111：W13/1091］號文書可拼合為一，且本件文書在後，其拼合後應為元代勘合文書原發號簿。參考文獻：杜立暉《元代勘合文書探析——以黑水城文獻為中心》，《歷史研究》2015 年第 2 期。

　　錄文標點：

　　　　　（前缺）

1. ＿＿＿伍拾＿＿＿＿
2. ＿＿＿＿＿＿＿＿＿
3. 忙古歹，米壹伯式拾＿＿
4. ＿＿＿＿＿＿＿＿＿

----
① "異"，《黑城出土文書》錄文作 "開"，現據圖版改。
② "日月"，《黑城出土文書》錄文作 "月日"，現據圖版改。
③ 從《中國藏黑水城漢文文獻》定名來看，編者將 "徵" 釋讀為 "繳"，《黑城出土文書》錄文作 "繳"，現據圖版改。

5. 初一日 [籹] 米肆伯陆拾 [石]☐

6. 　　何惠月，米捌☐

7. 　　弋字佥久号☐

8. 　　☐文進，米陆拾玖☐

9. 　　弋字弍合号☐

10. ☐伯石整

11. 　☐遞告☐①

　　　（後缺）

32. 元收陳米文書殘片

題解：

本件《中國藏黑水城漢文文獻》中原始編號為84H·F125：W25/1875，出版編號為M1·0171，收於第二冊《錢糧儲運收支文書》第254頁，擬題為《收陳米文書殘件》，並記其尺寸為12.3cm×29.7cm。《黑城出土文書（漢文文書卷）》一書未收。文書共三件殘片，均現存文字2行。

錄文標點：

（一）

　　　（前缺）

1. ☐十分為率

2. ☐☐

　　　（後缺）

（二）

　　　（前缺）

1. 樣相同，係是遠年籹到陳米☐

2. 為[見]三分，係是麩糠塵土☐☐

　　　（後缺）

---

① 此行文字《黑城出土文書》錄文未釋讀，現據圖版補。

（三）

（前缺）

1. ☐☐
2. ☐☐司官吏不以邊方

（後缺）

33. 元天字號勘合底簿（一）

題解：

本件《中國藏黑水城漢文文獻》原始編號為84H·F111：W13/1091，出版編號為M1·0172，收於第二冊《錢糧儲運收支文書》第254頁，擬題為《楊三宝收米文書殘件》，並記其尺寸為10.9cm×15.6cm。《黑城出土文書（漢文文書卷）》一書未收。文書現存文字4行，其中兩行千字文編號均為右半個字，與F111：W54號文書同。杜立暉指出本件文書與《中國藏黑水城漢文文獻》第二冊《錢糧儲運收支文書》第253頁M1·0170［F111：W54］號文書可拼合為一，且本件文書在前，其拼合後應為元代勘合文書原發號簿。參考文獻：杜立暉《元代勘合文書探析——以黑水城文獻為中心》，《歷史研究》2015年第2期。

錄文標點：

（前缺）

1. 孟☐
2. 彡☐
3. 楊三宝 奴①米弍☐
4. 彡☐

（後缺）

34. 元某行省官吏支麥買物帳簿

題解：

本件《中國藏黑水城漢文文獻》中原始編號為84HF205A正，出版編號為

---

① 據《中國藏黑水城漢文文獻》原編者定名可知，"奴"字其釋讀為"收"，現據圖版改。

M1·0173，收於第二冊《錢糧儲運收支文書》第255頁，擬題為《宣使三加巴等支小麥文書》，並記其尺寸為24.5cm×16.1cm。《黑城出土文書（漢文文書卷）》一書未收。文書為正背雙面書寫，此為正面內容，現存文字14行。

錄文標點：

（前缺）

1. 　　　一項省□
2. □等支糜子、小麦□
3. 　　日
4. 　　　一項左右司典吏□希宗等支小
5. 　　　一項宣使三加巴支小麦柒升，買柴□
6. 　　　一項典吏秦友德支小麦肆斗，買
7. 　　　一項傳奉　　　省堂鈞旨
8. 　　　　　　　　　總兵官右丞□
9. 　　日
10. 　　　一項左右司官傳奉　省堂鈞旨与□
11. 　　　一項傳奉　　　省堂鈞旨糸政□
12. 　　　　　　　　　總兵差来右丞等官
13. 　　　一項典吏叚汝賢支小麦壹斗，買阿剌吉□
14. 　　　一項奉左右司官台旨与郎中

（後缺）

35. 元元宗書啓殘片

題解：

本件《中國藏黑水城漢文文獻》中原始編號為84HF205A背，出版編號為M1·0174，收於第二冊《錢糧儲運收支文書》第256頁，擬題為《書信》，並記其尺寸為24.4cm×16.4cm。《黑城出土文書（漢文文書卷）》一書未收。文書為正背雙面書寫，此為背面內容，現存文字12行。

158　中國藏黑水城漢文文獻的整理與研究

錄文標點：

1. 元宗拜上
2. 世榮、通甫，　二位賢兄、二位阿▢
3. ▢▢▢得▢三亦到了，千里▢
4. 二兄、　二位阿嫂，　王▢
5. 底苟安，毋足稱　道▢
6. 羊肉一升一斤，牛肉三合▢
7. 子五斗，金肉高者七升▢
8. 平牛貴干姜二斗半▢
9. 肉灵桂花一斤一升，烏藥▢
10. 一斤，大麥米一斗一斗，嶺▢
11. 到黑水，▢知阿嫂眼▢
12. 通甫▢▢

　　　　（後缺）

36. 元只不斤等腳錢文書殘片

題解：

本件《中國藏黑水城漢文文獻》中原始編號為84H・F116：W163/1335，出版編號為M1・0175，收於第二冊《錢糧儲運收支文書》第257頁，擬題為《支腳錢文書》，並記其尺寸為34.6cm×14.4cm。《黑城出土文書（漢文文書卷）》一書未收。文書現存文字3行，行距較大，前後均缺。

錄文標點：

　　　（前缺）
1. ▢▢▢▢不斤腳錢於已夅
　　　（中缺1行）
2. ▢▢▢▢亦不金至只不斤
3. ▢▢▢者

　　　（後缺）

37. 元孤老支糧文書殘片

題解：

本件《中國藏黑水城漢文文獻》中原始編號為84HF205B正，出版編號為M1·0176，收於第二冊《錢糧儲運收支文書》第258頁，擬題為《支孤老錢糧文書》，並記其尺寸為8cm×32.1cm。《黑城出土文書（漢文文書卷）》一書未收。文書為正背雙面書寫，此為正面內容，現存文字4行，其中數字旁均有朱點，前後均缺。參考文獻：1. 吳超《〈黑水城出土文書〉所見亦集乃路的孤老救濟初探》，《西夏研究》2012年第1期；2. 周永傑《黑水城出土亦集乃路孤老養濟文書若干問題研究》，《西夏學》（第十輯），上海古籍出版社2013年版。

錄文標點：

（前缺）

1. 　　男子玖名，　　妇人 壹 ①拾名。②
2. 攵除③無。
3. 实在孤老壹拾玖名，每名月支粮④叁⑤
4. ＿＿＿＿□ 大 ⑥尽該支粮⑦伍石柒 斗 ⑧

（後缺）

38. 元蒙古文文書殘片

題解：

本件《中國藏黑水城漢文文獻》原始編號為84HF205B背，出版編號為M1·0177，收於第二冊《錢糧儲運收支文書》第259頁，擬題為《文書殘件》，並記

---

① "妇人 壹 "，周永傑文未釋讀，現據圖版補。
② 此行文字，吳超文作"□□珍"，現據圖版改。
③ "攵除"，吳超文作"男"，周永傑文作"將任"，現據圖版改。
④ "糧"，周永傑文作"米"，現據圖版改。
⑤ 吳超文於"叁"字後加一缺字符號，周永傑文補一"斗"字，現據圖版改。
⑥ "大"，吳超文未釋讀，現據圖版補。
⑦ "該支粮"，吳超文作"計支米"；"該"，周永傑文未釋讀，現據圖版改。
⑧ " 斗 "，吳超、周永傑文未釋讀，現據圖版補。

其尺寸為8cm×32.1cm。《黑城出土文書（漢文文書卷）》一書未收。文書為正背雙面書寫，此為背面內容，現存蒙古文字2行。

錄文標點：

（略）

39. 元支小麥文書殘片

題解：

本件《中國藏黑水城漢文文獻》中原始編號為84H·F197：W20/2270，出版編號為M1·0178，收於第二冊《錢糧儲運收支文書》第260頁，擬題為《支小麥文書殘件》，並記其尺寸為13.1cm×8.6cm。《黑城出土文書（漢文文書卷）》一書未收。文書共三件殘片，均各存文字1行。

錄文標點：

（一）

　　　　（前缺）

1. ☐壹貫二里伍錢☐

　　　　（後缺）

（二）

　　　　（前缺）

1. ☐支小麦肆斗☐

　　　　（後缺）

（三）

　　　　（前缺）

1. ☐☐☐

　　　　（後缺）

40. 元敬之支中統鈔文書殘片

題解：

本件《中國藏黑水城漢文文獻》中原始編號為84H·F210：W15/2400，出版編號為M1·0179，收於第二冊《錢糧儲運收支文書》第260頁，擬題為《支中統鈔文書殘件》，並記其尺寸為 13.1cm×12.2cm。《黑城出土文書（漢文文書卷）》一書未收。文書共兩件殘片，殘片一現存文字 2 行，殘片二現存文字 1 行，兩件文書各鈐朱印一枚。

錄文標點：

（一）

（前缺）

1. ☐☐敬之今扵支持庫関☐☐
2. ☐☐錢中統鈔☐☐陸☐①

（後缺）

（二）

（前缺）

1. ☐實支中統☐☐②

（後缺）

41. 元今歲支持錢文書殘片

題解：

本件《中國藏黑水城漢文文獻》中原始編號為 84HF224A，出版編號為 M1·0180，收於第二冊《錢糧儲運收支文書》第 261 頁，擬題為《支中統鈔文書》，並記其尺寸為 7.8cm×7.4cm。《黑城出土文書（漢文文書卷）》一書未收。文書現存文字 5 行，前後均缺。

錄文標點：

（前缺）

1. ☐☐今歲支持錢伍拾柒定☐
2. ☐☐今歲支持錢伍伯柒拾☐
3. ☐持錢廿七定廿五兩③

---

① 文書下部鈐朱印一枚。
② 文書中部鈐朱印一枚。
③ 此行文字字跡與其他各行不同，書寫較潦草，應為二次書寫。

4.　　　　　　錢中統鈔二千☐☐☐

5.　　　　　　中統鈔☐☐☐

　　　　（後缺）

42. 元支鈔文書殘片

題解：

本件《中國藏黑水城漢文文獻》中原始編號為83H・F13：W120/0471，出版編號為M1・0181，收於第二冊《錢糧儲運收支文書》第261頁，擬題為《支錢文書殘件》，並記其尺寸為4.6cm×18.6cm。《黑城出土文書（漢文文書卷）》一書未收。文書共兩件殘片，可上下綴合，綴合後現存文字3行。

錄文標點：

　　　　　（前缺）

1. ☐☐☐☐☐☐☐☐☐

2. 拾兩，計支鈔☐☐捌拾☐☐☐☐☐

3. 壹兩弐錢☐分伍毛①

　　　　（後缺）

43. 元支鈔、羊等文書殘片

題解：

本件《中國藏黑水城漢文文獻》中原始編號為84H・F209：W35/2333，出版編號為M1・0182，收於第二冊《錢糧儲運收支文書》第262頁，擬題為《支鈔文書殘件》，並記其尺寸為10.7cm×10.8cm。《黑城出土文書（漢文文書卷）》一書未收。文書現存文字4行，其中有朱筆點畫痕跡，前後均缺。

錄文標點：

　　　　　（前缺）

1. ☐☐☐統抄壹伯伍拾伍定

---

① 據元代計量單位"毛"應通"毫"。另，文書第1行及第2、3行行中缺字符號前文字為殘片一內容，第2、3行行中缺字符號後文字為殘片二內容。

2. ☐兀兒收附
3. ☐月支抄柒拾式定式拾①
4. ☐羊☐
　　（後缺）

44. 元支米麵文書殘片

題解：

本件《中國藏黑水城漢文文獻》中原始編號為84H·F209：W43/2341，出版編號為M1·0183，收於第二冊《錢糧儲運收支文書》第262頁，擬題為《支米麵文書殘件》，並記其尺寸為11cm×9.2cm。《黑城出土文書（漢文文書卷）》一書未收。文書現存文字3行，前後均缺。

錄文標點：

　　（前缺）
1. ☐米面全☐
2. ☐支六个月的☐
3. ☐識者。得此，照☐
　　（後缺）

45. 元支米文書殘片

題解：

本件《中國藏黑水城漢文文獻》中原始編號為F125：W17，出版編號為M1·0184，收於第二冊《錢糧儲運收支文書》第262頁，擬題為《折支糧米文書殘件》，並記其尺寸為5.8cm×26.5cm。《黑城出土文書（漢文文書卷）》一書未收。文書現存文字4行，前後均缺。

錄文標點：

　　（前缺）
1. ＿＿＿＿＿＿＿＿☐☐

---

① 第1行"壹"、第3行"柒""式"兩字右旁有朱點。

164　中國藏黑水城漢文文獻的整理與研究

2.　　　　八石七斗六升六合：

3.　正支米卅二石二斗六升六合，

4.　折支米一十六石五斗，每石①七十五兩

　　　　（後缺）

46. 元某司呈文為支小麥雜色等事

題解：

本件《中國藏黑水城漢文文獻》中原始編號為 AE203ZHi42，出版編號為 M3·0003，收於第二冊《錢糧儲運收支文書》第263頁，擬題為《折支小麥雜色文書》，並記其尺寸為 14cm×20.6cm。本件文書還收於陳炳應《黑城新出土的一批元代文書》一文（《考古與文物》1983年第1期），其指出本件文書出土於T3，所記文書編號為 79∶21，並列出文書諸要素為：行體墨書，屬帳單。陳文載有本件文書錄文，無圖版。文書現存文字5行，第5行鈐朱印一枚，前後均缺。從內容來看，其應為呈文殘片。

錄文標點：

　　　　（前缺）

1.　▢▢▢▢▢▢▢▢升②

2.　　折支小麦壹拾捌石▢斗玖升▢▢▢③

3.　　雜色壹拾石拾肆斗捌升六合二④

4.　　　　勺▢抄八矢⑤

5.　右⑥謹具⑦

　　　　（後缺）

───────

① "石"字為右行補入，現徑改。

② 此行文字《黑城新出土的一批元代文書》錄文未釋讀，現據圖版補。

③ "捌石▢斗玖升"，《黑城新出土的一批元代文書》錄文未釋讀，現據圖版補。

④ 此行文字《黑城新出土的一批元代文書》錄文作"雜色壹拾▢拾▢捌　　"，現據圖版改。

⑤ 此行文字《黑城新出土的一批元代文書》錄文未釋讀，現據圖版補。

⑥ "右"，《黑城新出土的一批元代文書》錄文作"太"，現據圖版改。

⑦ 此行文字下鈐朱色方形印章一枚。

47. 元支黃米文書

題解：

本件《中國藏黑水城漢文文獻》中原始編號為 F249：W27，出版編號為 M1·0185，收於第二冊《錢糧儲運收支文書》第 264 頁，擬題為《支黃米文書》，並記其尺寸為 13cm×14.4cm。本件還收錄於《黑城出土文書（漢文文書卷）》第 114 頁《錢糧類·糧食儲運收支》，其所記文書編號與《中國藏黑水城漢文文獻》原始編號同，並列出文書諸要素為：竹紙，殘，行書，尺寸為 14.1cm×12.7cm。文書原存文字 3 行，其中最末一行被塗抹，故現錄 2 行，前後完。

錄文標點：

1. □□支
2. 　　黃米四十三①石五斗六升②

48. 元某年十二月清平等坊住人借小麥帳簿

題解：

本件《中國藏黑水城漢文文獻》中原始編號為 Y1：W11A，出版編號為 M1·0186，收於第二冊《錢糧儲運收支文書》第 265 頁，擬題為《付令只巴等借糧文書》，並記其尺寸為 7.2cm×20.8cm。本件還收錄於《黑城出土文書（漢文文書卷）》第 114 頁《錢糧類·糧食儲運收支》，其所記文書編號為 Y1：W11，與《中國藏黑水城漢文文獻》所記原始編號異，並列出文書諸要素為：草紙，殘，行書，尺寸為 20.5cm×5.2cm。文書現存文字 7 行，曾經兩次書寫，其中"一户"前部墨筆勾畫及下部所書日期墨色較淺，為二次書寫。

錄文標點：

　　　　（前缺）
1. 一户□□□住人楊文□借　　　　升
2. 　　　　　　　十二月
3. 一户清平坊住人湯文彬借訖市斗小麥貳碩伍斗

---

① "三"字原作"四"，後塗抹於右行改寫，現徑改。
② 此行文字後原有一行文字"大麥四十五石九升"，後塗抹，現徑改。

4.　　　　　　　　　　十二月 初六日
5. 一户極樂坊住人付令只巴借訖市斗小麦壹硕伍斗
6.　　　　　　　　　　十二月初一日
7. 一户崇教坊住人余改受借訖市斗小麦壹硕伍斗
　　　　（後缺）

49. 元阿立嵬追問糧斛文書

題解：

本件《中國藏黑水城漢文文獻》中原始編號為 F116：W301，出版編號為 M1·0187，收於第二冊《錢糧儲運收支文書》第266頁，擬題為《阿立嵬還斛斗文書》，並記其尺寸為27.9cm×13cm。本件文書共兩件殘片，還收錄於《黑城出土文書（漢文文書卷）》第114頁《錢糧類·糧食儲運收支》，其所記文書編號與《中國藏黑水城漢文文獻》原始編號同，並列出文書諸要素為：竹紙，殘，行書，尺寸為11.4cm×21.1cm 和 11.4cm×4.4cm。文書殘片一現存文字7行，殘片二現存文字1行。

錄文標點：

（一）
　　　　　　（前缺）
1. ____差官在外，阿立嵬等候____
2. ____石九斗八升公事。承此____
3. ____又奉
4. ____阿立嵬前来追問 省____
5. ____管節要及侵借粮斛
6. ____便□訖各各詞因及將____
7. ____外據未追粮斛壹
8. ____□再行逐旋追到大小____
　　　　（後缺）

(二)

　　　　（前缺）

1. ☐實支小麥☐

　　　　（後缺）

50. 元某所公文為八月分糧斛事

題解：

本件《中國藏黑水城漢文文獻》中原始編號為 F116：W472，出版編號為 M1·0188，收於第二冊《錢糧儲運收支文書》第 267 頁，擬題為《倉儲糧斛文書》，並記其尺寸為 13.2cm×10.5cm。本件還收錄於《黑城出土文書（漢文文書卷）》第 113 頁《錢糧類·糧食儲運收支》，其所記文書編號為 F116：W422，與《中國藏黑水城漢文文獻》所記原始編號異，並列出文書諸要素為：竹紙，殘，楷書，尺寸為 11.8cm×9.5cm。文書現存文字 5 行，前後均缺。

錄文標點：

　　　　（前缺）

1. ☐李文政狀呈，照得本倉
2. ☐據八月分粮斛數目未
3. ☐已照驗。得此，卑所今將粮數
4. ☐
5. ☐叁勺捌抄

　　　　（後缺）

51. 元司吏房呈文為差璋等前赴甘肅行省起解事

題解：

本件《中國藏黑水城漢文文獻》中原始編號為 F125：W51，出版編號為M1·0189，收於第二冊《錢糧儲運收支文書》第 268 頁，擬題為《甘肅行省起解文書殘件》，並記其尺寸為 13.4cm×20.3cm。本件還收錄於《黑城出土文書（漢文文書卷）》第 113 頁《錢糧類·糧食儲運收支》，其所記文書編號與《中國藏黑水城漢文文獻》原始編號同，並列出文書諸要素為：宣紙，殘，楷書，尺寸為

20.9cm×12.8cm。文書現存文字5行，前完後缺。

　　錄文標點：

　　1. 司吏 房

　　2. 謹呈：近蒙

　　3. 總府差璋前赴

　　4. 甘肅行省起解馬☐☐☐☐

　　5. 照筭了☐☐☐☐☐☐

　　　　　（後缺）

52. 元某司呈文為甘州儹運糧事

題解：

本件《中國藏黑水城漢文文獻》中原始編號為 F125：W13，出版編號為M1·0190，收於第二冊《錢糧儲運收支文書》第 269 頁，擬題為《甘州運糧文書》，並記其尺寸為 20.4cm×23.9cm。本件文書共兩件殘片，其中殘片一還收錄於《黑城出土文書（漢文文書卷）》第 113 頁《錢糧類·糧食儲運收支》，其所記文書編號與《中國藏黑水城漢文文獻》原始編號同，並列出文書諸要素為：宣紙，殘，草書，尺寸為 23.7cm×8.5cm。殘片二《黑城出土文書（漢文文書卷）》未收錄，現存文字2行。

　　錄文標點：

（一）

　　　　　（前缺）

　　1. 總府官台旨既甘州儹①運粮籹②☐☐

　　2. 通以俗申

　　3. 省府及関甘州路總管府照驗者

　　4. ☐☐☐ ☐ ☐☐☐☐☐☐☐

　　　　　（後缺）

---

① "儹"通"攢"，《黑城出土文書》錄文作"攢"。
② "籹"，《黑城出土文書》錄文作"數"，現據圖版改。

（二）

（前缺）

1. 右仰 差☐☐☐☐

2. ☐☐☐☐☐

（後缺）

53. 元僦運黃米等事文書殘片

題解：

本件《中國藏黑水城漢文文獻》中原始編號為 F12：W1，出版編號為M1·0191，收於第二冊《錢糧儲運收支文書》第 270 頁，擬題為《運輸黃米文書》，並記其尺寸為 44.5cm×17cm。本件還收錄於《黑城出土文書（漢文文書卷）》第 113 頁《錢糧類·糧食儲運收支》，其所記文書編號與《中國藏黑水城漢文文獻》原始編號同，並列出文書諸要素為：夾宣紙，殘，行書，尺寸是 16cm×44cm。文書現存文字 10 行，前後均缺。

錄文標點：

（前缺）

1. ☐☐☐☐

2. ☐承攬僦運☐☐☐

3. ☐☐孳生羔兒脚户人等，並

4. ☐☐布倉和中客旅人等

5. ☐☐官民兩便，乞明降。得此，

6. ☐☐河東米粮叁阡石，實☐

7. ☐与已委宣使西卑支置官☐

8. ☐☐☐驗封裝采☐☐

9. ☐☐☐帳數中粮客旅並①☐

———

① "並"，《黑城出土文書》錄文作"花"，現據圖版改。

170　中國藏黑水城漢文文獻的整理與研究

10.　_____運到黃米數目逐_____①

　　　（後缺）

54. 北元亦集乃路總管府申甘肅行省文為糧斛事

題解：

本件《中國藏黑水城漢文文獻》中原始編號為 F14：W6A，出版編號為 M1·0192，收於第二冊《錢糧儲運收支文書》第 271 頁，擬題為《糧食儲運文書》，並記其尺寸為 20.6cm×38.2cm。本件還收錄於《黑城出土文書（漢文文書卷）》第 112 頁《錢糧類·糧食儲運收支》，其所記文書編號為 F14：W6，與《中國藏黑水城漢文文獻》所記原始編號異，並列出文書諸要素為：桑皮紙，殘，楷書，尺寸為 31cm×19.2cm。文書現存文字 12 行，前完後缺。文書第 4 行提到至正三十年，故可知其應為北元文書。參考文獻：楊彥彬《試析元末至北元初期甘肅地區的分省設置——以三件黑城出土文書為中心》，《西夏學》第四輯，寧夏人民出版社 2009 年版。

錄文標點：

1. □□②聖旨裏，_____承奉

2. 　甘肅行中書省_____為

3. 　_____該：准肅州分省咨該：来咨為变_____事，移咨本省左丞袁殊劄付郎中也里帖木提調_____

4. 　_____□放支□□小麦壹伯貳拾石磨_____乾，其子伍拾石去后，囬拠肅州路申至正三十年八月_____

5. 　_____今年等處將人民、頭畜、粮食并未刈③田禾、搶劫殘蕩在倉，止有倉_____肆升_____

6. 　_____④

---

① 此行文字後有大片空白，未書寫文字。
② 據元代公文格式可推知此處所缺文字應為"皇帝"。
③ "刈"楊彥彬文作"割"，現據圖版改。
④ 此行無文字殘留，但是據文書行距推斷，此處應有一行文字。

整理編　第二冊　171

7. ☐☐☐☐☐☐☐☐☐☐☐此事已經差照磨帖①麦☐②移咨肅州分省指办☐☐　　預③俗完俗差☐☐☐非輕，咨☐☐☐

8. ☐☐☐☐☐☐☐☐☐④

9. ☐☐☐☐☐☐☐☐繋☐事繋非輕，除已差本省理☐☐☐☐☐☐咨前去肅州分省投達魯花☐☐☐☐

10. ☐☐☐☐☐☐☐☐☐☐交割⑤☐☐☐☐緊急變磨完俗，特办快便脚力陸續差官与元差去⑥官一同☐☐☐☐☐

11. ☐☐☐☐☐☐☐☐☐☐☐☐☐奉此，府司合行具申，狀乞

12. ☐⑦驗施行，須至申者：

（後缺）

55. 元某司呈文為提調官☐錢軍儲事

題解：

本件《中國藏黑水城漢文文獻》中原始編號為 F224：W10，出版編號為M1·0193，收於第二冊《錢糧儲運收支文書》第 272 頁，擬題為《糧食儲運文書》，並記其尺寸為 14.4cm×30cm。本件還收錄於《黑城出土文書（漢文文書卷）》第 112 頁《錢糧類·糧食儲運收支》，其所記文書編號與《中國藏黑水城漢文文獻》原始編號同，並列出文書諸要素為：草紙，殘，楷行書，尺寸為 29.2cm×12.2cm。文書現存文字 7 行，前完後缺。

錄文標點：

1. ☐☐☐☐☐☐☐☐州☐☐☐☐☐☐

2. ☐☐☐☐軍☐☐等處☐☐☐☐☐☐☐劄付官☐錢⑧軍儲事理，除已差人

---

① 《黑城出土文書》錄文於"帖"字前衍錄一"存"字，楊彥彬文同，現據圖版改。
② "☐"，《黑城出土文書》錄文作"並"，但從圖版看字形不像，現存疑。
③ "預"，《黑城出土文書》錄文作"予"，楊彥彬文同，現據圖版改。
④ 此行文字《黑城出土文書》錄文漏錄，現據圖版補。
⑤ "交割"，《黑城出土文書》錄錄入下一行，現據圖版改。
⑥ "去"，《黑城出土文書》錄文漏錄，現據圖版補。
⑦ 據元代公文格式可推知，此處所缺文字應為"照"。
⑧ "錢"，《黑城出土文書》錄文未釋讀，現據圖版補。

172　中國藏黑水城漢文文獻的整理與研究

　　　　前去本房督勒，提調正官、首領☐☐☐

3.　☒管☒押☐☐☐☐☐☐☒起☒程前赴奉元路所☐倉分送納，取無欠的①本
　　通②關繳申，仍☐☐☐☐☐☐

4.　☐照銷齊足，比至☐☐☐☐通關到府，將銷訖文簿繳申。奉此，依上移
　　關☐☐☐☐☐

5.　粮官前☐☐☐☐☐☐☐☐☐☐☐☐☐大使☐☐舌③管押赴
　　奉☐☐☐☐☐

6.　照驗施行，須至☐☐☐④

7.　　　　　　　　　　元坐☐☐☐☐

　　（後缺）

56. 元至正六年（1346）亦集乃路總管府下廣積倉等處文為放支錢糧事

題解：

本件《中國藏黑水城漢文文獻》中原始編號為F74：W2，出版編號為M1·0194，收於第二冊《錢糧儲運收支文書》第273頁，擬題為《往字九十八號支黃米小麥大麥文書》，並記其尺寸為23.5cm×26.1cm。本件還收錄於《黑城出土文書（漢文文書卷）》第128頁《諸王妃子分例類·諸投下分例》，其所記文書編號與《中國藏黑水城漢文文獻》原始編號同，並列出文書諸要素為：竹紙，殘，草書，尺寸為25.2cm×22cm。文書現存文字12行，前後均缺。參考文獻：杜立暉《元代勘合文書探析——以黑水城文獻為中心》，《歷史研究》2015年第2期。

錄文標點：

　　（前缺）

1.　☐☐☐☐☐☐☐☐☒合☒書☒填☒⑤前去，

---

① "欠的"，《黑城出土文書》錄文作"少"，現據圖版改。
② "通"，《黑城出土文書》錄文作"路"，現據圖版改。
③ "舌"，《黑城出土文書》錄文未釋讀，現據圖版補。
④ 據元代公文格式可推知，此處所缺文字應為"呈者"。
⑤ "合書填"三字《黑城出土文書》錄文未釋讀，現據圖版補。

2.　　　　　　合下仰照比對元号①簿相同，更
3.　　　　　　照②無差，依数責領放支施行。
4.　　　　　開
5.　　　　　實支至元折中統抄壹定肆拾伍兩。
6.　一下廣積倉　　總府除於③今④用徃字九十八
7.　　　　　　号半印勘合書填前去，合下仰照及
8.　　　　　　比對元發⑤号簿相同，更照無差，依數
9.　　　　　　責領放支施行。
10.　　　　　開
11.　　　　　實支粮壹拾⑥壹石肆⑦斗，內黃米
12.　　　　叁石捌斗，小麦叁石捌斗，大麦叁＿＿⑧
13. 右各行
14.　　　至正六年十月　　吏沈克＿＿＿＿＿
　　（後缺）

57. 元下支持庫文書殘片

題解：

本件《中國藏黑水城漢文文獻》中原始編號為 F9：W32，出版編號為 M1·0195，收於第二冊《錢糧儲運收支文書》第 274 頁，擬題為《支持庫》，並記其尺寸為 7.8cm×22.3cm。《黑城出土文書（漢文文書卷）》一書未收。文書現存文字 1 行，前後均缺。

---

① "号"，《黑城出土文書》錄文作"呈"，現據圖版改。
② 《黑城出土文書》錄文將上行"更"字誤錄入本行，且"照"字後衍錄一"驗"字，現據圖版改。
③ 《黑城出土文書》錄文於"於"字前衍錄一"外"字，現據圖版改。
④ "今"，《黑城出土文書》錄文作"公"，現據圖版改。
⑤ "發"，《黑城出土文書》錄文作"有"，現據圖版改。
⑥ "壹拾"，《黑城出土文書》錄文漏錄，現據圖版補。
⑦ "肆"，《黑城出土文書》錄文作"捌"，現據圖版改。
⑧ 據文書數字關係可以推知，此處所缺文字應為"石捌斗"。

174　中國藏黑水城漢文文獻的整理與研究

錄文標點：

　　　　（前缺）

1. 右下支持庫

　　　　（後缺）

（三）大德十一年稅糧文書

1. 元至大元年（1308）亦集乃路總管府照勘大德十一年稅糧文卷（之一）

題解：

本件《中國藏黑水城漢文文獻》中原始編號為F116：W313，出版編號為M1·0196，收於第二冊《大德十一年稅糧文書》第277頁，擬題為《大德十一年稅糧文卷》，並記其尺寸為48cm×15.1cm。本件《中國藏黑水城漢文文獻》共收錄兩件殘片，此兩件殘片還收錄於《黑城出土文書（漢文文書卷）》第116—117頁《錢糧類·大德十一年稅糧文卷》，其所記文書編號與《中國藏黑水城漢文文獻》原始編號同，並列出文書諸要素為：竹紙，殘屑，行書，尺寸為34cm×31.9cm、12cm×12.6cm。另，《黑城出土文書（漢文文書卷）》中所收錄本件文書共三件殘片，其中所記殘片三尺寸為11.5cm×22cm。此殘片《中國藏黑水城漢文文獻》一書收錄於第十冊《其他文書類》第2292頁，未載原始編號，出版編號為M1·2191，並記其尺寸為14.3cm×12.6cm。文書為元大德十一年稅糧文卷之一，殘片一現存文字14行，殘片二現存文字5行，從內容來看，其應為亦集乃路總管府申甘肅行省文。

錄文標點：

（一）

1. ＿＿＿＿總管府承奉

2. ＿＿＿＿劄付該：本路計撥

3. ＿＿＿＿徵粮数，委部粮正官

4. ＿＿＿＿□限赴倉閉納前□

5. ＿＿＿＿□仍具部粮正官並□

整理編　第二冊　175

6. ☐☐申来。承此，照得☐☐
7. ☐☐實徵稅粮移関☐
8. ☐☐訓以下首領官提☐
9. ☐☐司吏徐友義專一催☐☐
10. ☐☐赴
11. ☐☐十一年錢粮計拶至大☐
12. ☐☐☐今承前因移准☐☐
13. ☐☐☐関該：照依元定限次
14. ☐☐☐河渠官荅合
　　　（後缺）

（二）
　　　（前缺）
1. ☐☐省劄付計①拶定
2. ☐☐☐稅粮實徵數目以下本
3. ☐☐☐今准前因，總府除外
4. ☐☐☐☐實收到倉粮②
5. ☐☐☐☐急具申施行
　　　（後缺）

附：
（三）③
　　　（前缺）
1. ☐☐☐趙　　震（簽押）
2. ☐☐案牘羅　孝祥（簽押）
3. 　☐　事　孟　集④（簽押）

――――――――
① "計"字僅存"言"字旁，《黑城出土文書》錄文作"議"，但據上件殘片可推知此字應為"計"。
② 此行文字《黑城出土文書》漏錄，現據圖版補。
③ 本件殘片圖版見《中國藏黑水城漢文文獻》第十冊，第2292頁。
④ "集"，《黑城出土文書》錄文未釋讀，現據圖版補。

4.　　　□　　歷①

　　　（後缺）

2. 元至大元年（1308）亦集乃路總管府照勘大德十一年稅糧文卷（之一）

題解：

本件《中國藏黑水城漢文文獻》中原始編號為 F116：W616，出版編號為 M1·0197，收於第二冊《大德十一年稅糧文書》第 278—281 頁，擬題為《大德十一年稅糧文卷》，並記其尺寸為 103.1cm×23cm。本件文書共四件殘片，還收錄於《黑城出土文書（漢文文書卷）》第 116 頁《錢糧類·大德十一年稅糧文卷》，其所記文書編號為 F116：W610，與《中國藏黑水城漢文文獻》所記原始編號異，並列出文書諸要素為：竹紙，殘屑，行草書，尺寸分別為 21.1cm×15.3cm、20.3cm×27.9cm、21.3cm×26.5cm 和 22cm×28.8cm。文書為元大德十一年稅糧文卷之一，其中殘片一為兩紙粘接，第一紙無文字殘留，第二紙現存文字 3 行；殘片二現存文字 13 行；殘片三為兩紙粘接，第一紙現存文字 1 行，第二紙現存文字 6 行，兩紙粘接處鈐騎縫章一枚；殘片四現存文字 5 行。按，《中國藏黑水城漢文文獻》圖版及《黑城出土文書（漢文文書卷）》錄文對殘片排列順序均有誤，其中殘片二、三應對調，現文書殘片序號按《中國藏黑水城漢文文獻》一書排列排序，但錄文順序按正確順序釋錄。從文書內容來看，本件文書應為亦集乃路總管府奉甘肅行省劄付之後，對於大德十一年稅糧一事之處理方案。

錄文標點：

（一）

　　　（前缺）

――――――――――――――――

1.□□聖旨裏，亦集乃路總管府承奉

2.　□肅等處行中書省劄付云云。承此，

3.　_____奉訓，照得先奉

　　　（後缺）

――――――――

①　此行文字《黑城出土文書》錄文未釋讀，現據圖版補。

（三）

　　　　　（前缺）

1. 　　□禿曾都　　　　　□ 移 関 照驗

————————（騎縫章）————————

2. 　　□今准前因，當敢非敢違限，今將實徵①

3. 　　□各色粮數開坐前去，請照驗事。准此，□

4. 　　□各行開坐具申，伏乞

5. 　　□□施行。

6. 　　　　　開②

7. 　　　肅等行③中書省

　　　　　（後缺）

（二）

　　　　　（前缺）

1. 　　　　　□外，今承前因當

2. 　府除外，合行移関請

3. 　照驗，依奉

4. 　省劄内④事理催併閉納齊足繳

5. 　連無欠通関違限的本招伏，希

6. 　公文發來，待憑具申⑤施行。

7. 一下首領官提控案牘羅孝祥

8. 　照得，先奉

9. 　甘肅行省劄付該：計攢定大德十

10. 　一年稅粮實徵數目，以下本職與

11. 　本路同知小云赤卜花一同催部外，

12. 　今准前因，總府除外，合下仰照

---

① 第1、2行鈐朱印一枚，按，此處為兩紙粘接之處，故此印章應為騎縫章。
② "開"，《黑城出土文書》錄文作"関"，現據圖版改。
③ 《黑城出土文書》錄文於"行"字前衍錄一"處"字，現據圖版改。
④ "内"，《黑城出土文書》錄文作"付"，現據圖版改。
⑤ "具申"原作"申具"，旁加倒乙符號，現徑改。

13.　　　驗，依奉
　　　　　　（後缺）
（四）
　　　　　　（前缺）
1. □謹具
2. □①
3. 　　至大元年三月　　吏趙震呈
4. 　　　　　　　（簽押）
5. 　　　　十六日②

3. 元至大元年（1308）亦集乃路總管府照勘大德十一年稅糧文卷
　　（之一）

題解：

本件《中國藏黑水城漢文文獻》中原始編號為F116：W617，出版編號為M1·0198，收於第二冊《大德十一年稅糧文書》第282—285頁，擬題為《大德十一年稅糧文卷》，並記其尺寸為99.9cm×24.5cm。本件還收錄於《黑城出土文書（漢文文書卷）》第117頁《錢糧類·大德十一年稅糧文卷》。按，本件文書為元大德十一年稅糧文卷之一，共兩件殘片，可拼合，其中殘片一為兩件文書粘接一起，有兩紙粘接痕跡，《黑城出土文書（漢文文書卷）》將其作為兩件文書釋錄，分別編號為F116：W616和F116：W617，與《中國藏黑水城漢文文獻》所記原始編號不同，並列出文書諸要素為：竹紙，殘屑，行書，尺寸分別為22.5cm×46.5cm和22cm×54.2cm。文書殘片一中第一件文書現存文字9行，從內容來看，應為亦集乃路錢糧房呈文；第二件文書現存文字12行，從內容來看，應為亦集乃路總管府下地稅倉官也火苟站禿文。

錄文標點：

　　　　　　（前缺）
1. 　□呈

---

① 據元代文書格式可知，此處應缺一行文字，其所缺文字應為"呈"。《黑城出土文書》錄文未標注，現補。
② "十六日"上鈐墨印一枚。

整理編　第二冊　179

2. 六月初五日承奉

3. □□等処行中書省劄付為大□①□□□□

4. 年税粮事。承此，本房合行具呈者。

5. 右謹具

6. □②

7. 　　至大元年六月　　吏趙震呈

8. 　　　　　　（簽押）（簽押）

9. 　　初七日③

―――――――――――――――――

10. □④帝聖旨裏，亦集乃路總管府承奉⑤

11. 甘肅等処行中書省劄付云云。承□⑥

12. 總⑦府合下仰照驗，照勘实収各色 税 粮

13. □倉，収足月日保結呈来。

14. 右下地税倉官也火苟站禿

15. 　　　　　　　　　趙震（簽押）

16. 　　　　　提控案牘羅　孝祥（簽押）

17. 照勘十一年税粮

18. 　　　　　　□⑧　事　孟　　集（簽押）⑨

――――――――――

① 此處所缺文字《黑城出土文書》錄文推補為"德"。
② 此行文字《黑城出土文書》錄文漏錄，現據圖版補。
③ "初七日"上鈐墨印一枚。另，《黑城出土文書》將第1—9行編號為F116:W616號進行釋錄，現據圖版改。
④ 據元代公文格式可推知，此處所缺文字應為"皇"。
⑤ 第9、10行之間有兩紙粘接痕跡。
⑥ 據元代公文格式可推知，此處所缺文字應為"此"。
⑦ "總"，《黑城出土文書》錄文未釋讀，現據圖版補。
⑧ 此處所缺文字《黑城出土文書》錄文推補為"知"。
⑨ 第1—18行為殘片一內容。

180 中國藏黑水城漢文文獻的整理與研究

19.　　　　　經　歷□□□□□
20.　　　　　　（簽押）　　（簽押）
21.　　　　　十二日①

4. 元至大元年（1308）亦集乃路總管府照勘大德十一年稅糧文卷（之一）

題解：

本件《中國藏黑水城漢文文獻》中原始編號為 F116：W201，出版編號為 M1·0199，收於第二冊《大德十一年稅糧文書》第286頁，擬題為《大德十一年稅糧文卷》，並記其尺寸為 43.6cm×20.3cm。本件文書共四件殘片，還收錄於《黑城出土文書（漢文文書卷）》第115頁《錢糧類·大德十一年稅糧文卷》，其所記文書編號與《中國藏黑水城漢文文獻》原始編號同，並將殘片一、二拼合為一釋錄，且列出文書諸要素為：竹紙，殘屑，行草書，尺寸分別為 19.1cm×14.7cm、7.2cm×7.3cm 和 19.1cm×19.1cm。文書為元大德十一年稅糧文卷之一，其中殘片一現存文字1行，殘片二現存文字4行，殘片三、四各現存文字3行。從文書內容及結合其他文書來看，本件文書應為亦集乃路總管府下地稅倉官也火苟站禿文。

錄文標點：

（一、二）

1.　皇帝聖旨裏，亦集乃路總□□□□②
2.　　甘肅等処行中書省□□□□□
3.　　定大德十一年稅糧數目議□□□
4.　　貴戢及下首領官提控案□□□
5.　　　羅□□□□□□□③

　　　　（後缺）

---

① "十二日"上鈐墨印一枚。另，第19—21行為殘片二內容，可與殘片一相拼合。《黑城出土文書》將第10—21行編號為 F116：W617 號進行釋錄，現據圖版改。
② 此行為殘片一內容，據相關文書內容可推知此處所缺文字應為"管府承奉"。
③ 第2—5行為殘片二內容。

（三）

　　　　　（前缺）

1. ☐☐☐☐☐☐☐☐☐☐

2. ☐☐☐☐☐實在比附

3. ☐☐☐☐☐自重甘保

　　　　　（前缺）

（四）

　　　　　（前缺）

1. ☐☐☐☐☐☐官也火苟☐☐

2. ☐☐元①年七月　　吏趙震（簽押）

3. 　　　　　提控案牘羅　☐☐

　　　　　（後缺）

5. 元至大元年（1308）亦集乃路總管府照勘大德十一年稅糧文卷（之一）

題解：

本件《中國藏黑水城漢文文獻》中原始編號為 F116：W618，出版編號為 M1·0200，收於第二冊《大德十一年稅糧文書》第 287 頁，擬題為《大德十一年稅糧文卷》，並記其尺寸為 54.9cm×20.9cm。本件文書共三件殘片，其中殘片二、三均無文字殘留，殘片一還收錄於《黑城出土文書（漢文文書卷）》第 116 頁《錢糧類·大德十一年稅糧文卷》，其所記文書編號與《中國藏黑水城漢文文獻》原始編號同，並列出文書諸要素為：麻紙，殘，行書，尺寸為 20.3cm×38.4cm。文書為元大德十一年稅糧文卷之一，殘片一現存文字 14 行，從其內容來看，應為亦集乃路總管府申甘肅行省文。

---

① "元"，《黑城出土文書》錄文未釋讀，現據圖版補。另，據相關文書可推知，此處所缺文字應為"至大"。

182　中國藏黑水城漢文文獻的整理與研究

錄文標點：

（一）

1. □□□□①裏，亦集乃路總管

2. 　　　行中書省三月□□日令史李恕

3. 　　　申計□②定大德十一年人户合納稅粮

4. 　　　各自仰照勘，如委納足，開坐實収各色粮

5. 　　　倉収足月日官吏重甘保結申省。承此，

6. 　　　倉官也火苟站禿呈：照勘到大德

7. □十月初五日開倉収至十二月二十八日

8. 　収到各色粮數開坐前去，保結是實，

9. □此府司官吏，合行重甘保結，開

10. 　伏乞

11.

12. 　　開③

13. 　　　中書省

14. □□④元年六月　吏趙震（簽押）

　　　（後缺）

（二）

（無文字殘留）

（三）

（無文字殘留）

---

① 據元代文書格式可知，此處所缺文字應為"皇帝聖旨"。
② 據其他相關文書可知此處所缺文字應為"捴"。
③ "開"，《黑城出土文書》錄文作"関"，現據圖版改。
④ 據相關文書內容可推知，此處所缺文字應為"至大"。

6. 元至大元年（1308）亦集乃路總管府照勘大德十一年稅糧文卷（之一）

題解：

本件《中國藏黑水城漢文文獻》中原始編號為 F116：W549，出版編號為 M1·0201，收於第二冊《大德十一年稅糧文書》第 288 頁，擬題為《大德十一年稅糧文卷》，並記其尺寸為 54.4cm×24.1cm。本件文書共兩件殘片，可拼合，還收錄於《黑城出土文書（漢文文書卷）》第 115 頁《錢糧類·大德十一年稅糧文卷》，其所記文書編號與《中國藏黑水城漢文文獻》原始編號同，並列出文書諸要素為：竹紙，殘，行書，尺寸為 22.2cm×55.2cm。文書為元大德十一年稅糧文卷之一，殘片一現存文字 7 行，殘片二現存文字 3 行，共 10 行。從內容來看，其應為亦集乃路錢糧房呈文。

錄文標點：

（前缺）

1. ▭日承奉
2. ▭等處行中書省劄付為大德十一年▭
3. ▭事。承此，本房合行具呈者

4. □具
5. □①
6. ▭七月　　吏趙震呈
7. ▭▭②
8. 　　　經　　歷
9. 　　（簽押）（簽押）
10. 　　初十日③

---

① 此行文字《黑城出土文書》錄文未釋讀，現據圖版補。據元代文書格式可知，此處所缺文字應為"呈"。
② 第 1—7 行內容為殘片一內容。
③ "初十日"上鈐墨印一枚。另，第 8—10 行為殘片二內容。

7. 元至大元年（1308）亦集乃路總管府照勘大德十一年稅糧文卷（之一）

題解：

本件《中國藏黑水城漢文文獻》中原始編號為 F116：W614，出版編號為 M1・0202，收於第二册《大德十一年稅糧文書》第 289 頁，擬題為《大德十一年稅糧文卷》，並記其尺寸為 50.4cm×24.1cm。本件文書共兩件殘片，可拼合，還收錄於《黑城出土文書（漢文文書卷）》第 116 頁《錢糧類・大德十一年稅糧文卷》，其所記文書編號與《中國藏黑水城漢文文獻》原始編號同，並列出文書諸要素為：麻紙，殘，行書，尺寸為 22.7cm×50.2cm。文書為元大德十一年稅糧文卷之一，其中殘片一現存文字 7 行，殘片二現存文字 5 行，共 12 行。從内容來看，其應為地稅倉官也火苟站禿呈亦集乃路總管府文。參考文獻：李逸友《元代文書檔案制度舉隅——記内蒙古額濟納旗黑城出土元代文書》，《檔案學研究》1991 年第 4 期。

錄文標點：

1. □稅倉官也火苟站禿承奉
2. 　　　總府□□□□承奉
3. 　　　甘肅等處行中書省劄付，仰①照勘大德十一年實収到各□□□
4. 　　　稅粮，粮②同開倉収足月日保結呈来事。承此，依上照□□□
5. 　　　□德③十一年地稅粮數④，自十月初五日為始開倉収□□
6. 　　　□二十八日収足。今將實収到各色粮數開坐前去，保結□□
7. 　　　□□合行具呈，伏乞⑤

　　　（中缺）

8. 　　　□具
9. □

---

① "仰"，《黑城出土文書》錄文漏錄，現據圖版補。
② "粮"，《黑城出土文書》錄文漏錄，現據圖版補。
③ 《黑城出土文書》錄文"德"字前推補一"大"字。
④ 《黑城出土文書》錄文於"數"字後衍錄一"目"字，現據圖版改。
⑤ 第 1—7 行為殘片一内容。

10.　　至大元年六月　日　　即①兀魯都赤　　也火苟站禿
11.　　　　　　　　　　　　　　（簽押）
12.　　　　廿日②

8. 元至大元年（1308）亦集乃路總管府照勘大德十一年稅糧文卷
　（之一）

題解：

本件《中國藏黑水城漢文文獻》中原始編號為 F116：W462，出版編號為 M1·0203，收於第二冊《大德十一年稅糧文書》第 290 頁，擬題為《大德十一年稅糧文卷》，並記其尺寸為 24.6cm×14.8cm。本件還收錄於《黑城出土文書（漢文文書卷）》第 115 頁《錢糧類·大德十一年稅糧文卷》，其所記文書編號與《中國藏黑水城漢文文獻》原始編號同，並列出文書諸要素為：竹紙，殘，行書，尺寸為 14.5cm×24.4cm。文書為元大德十一年稅糧文卷之一，現存文字 5 行，前後均缺，從內容來看，應為廣積倉付使李畯那、大使合真布呈文。

錄文標點：

　　　　　（前缺）

1. ▢▢▢▢▢□碩貳斗

2. ▢▢▢▢▢□肆石捌升肆合陸勺捌抄

3. ▢▢▢□伍伯捌拾柒石柒斗玖升貳合叁勺肆③抄

4. ▢▢▢壹拾柒石

　　　　　（中缺）

5. ▢▢▢▢　日付使李畯那　大使合④真布

　　　　　（後缺）

---

① "即"，《黑城出土文書》錄文作"那"，現據圖版改。
② "廿日"上鈐墨印一枚。另，第 8—12 行為殘片二內容。
③ "肆"，《黑城出土文書》錄文作"玖"，現據圖版改。
④ "合"，《黑城出土文書》錄文作"舍"，現據圖版改。

9. 元至大元年（1308）亦集乃路總管府照勘大德十一年稅糧文卷（之一）

題解：

本件《中國藏黑水城漢文文獻》中原始編號為 F116：W463，出版編號為M1·0204，收於第二冊《大德十一年稅糧文書》第291頁，擬題為《大德十一年稅糧文卷》，並記其尺寸為58.5cm×26.7cm。本件文書共兩件殘片，還收錄於《黑城出土文書（漢文文書卷）》第115頁《錢糧類·大德十一年稅糧文卷》，其所記文書編號與《中國藏黑水城漢文文獻》原始編號同，並列出文書諸要素為：宣紙，殘，行楷書，尺寸分別為25cm×29cm和24.5cm×24.7cm。文書為元大德十一年稅糧文卷之一，其中殘片一為二紙粘接，第一紙存1行文字殘痕，第二紙有文字8行；殘片二現存文字2行。從內容來看，其應為甘肅行省下亦集乃路總管府劄付。

錄文標點：

（一）

　　　　　　（前缺）

1. ☐☐☐☐

--------------------------（騎縫線）--------------------------

2. ☐☐☐☐揀定大德十一年人户合納稅粮☐☐

3. ☐☐☐☐吏趙震依限催徵，須要限内齊足具數

4. ☐☐☐☐路①考較大德十一年錢粮司吏徐友義

5. ☐☐☐☐陸合玖勺肆抄内除並免三分外，實合徵②粮

6. ☐☐☐☐部粮官同知小云失不花等依限徵③納齊

7. ☐☐☐☐到倉數粮④並無不實。得此，省府合下

8. ☐☐☐☐坐實攽各色粮數同開倉攽足☐☐

9. ☐☐☐☐者

---

① "路"，《黑城出土文書》錄文未釋讀，現據圖版補。
② "徵"，《黑城出土文書》錄文作"收"，現據圖版改。
③ "徵"，《黑城出土文書》錄文作"收"，現據圖版改。
④ "數粮"，《黑城出土文書》錄文作"粮數"，現據圖版改。按，此處據文意似為"粮數"。

　　　　（後缺）
（二）
　　　　　（前缺）
1. ☐☐☐☐見申到省府，湏合開下仰照驗
2. ☐☐☐☐☐湏議劄付者①
　　　　（後缺）

10. 元至大元年（1308）亦集乃路總管府照勘大德十一年稅糧文卷
　　（之一）

題解：

本件《中國藏黑水城漢文文獻》中原始編號為 F116：W465，出版編號為 M1·0205，收於第二冊《大德十一年稅糧文書》第 292 頁，擬題為《大德十一年稅糧文卷》，並記其尺寸為 35.9cm×21.5cm。本件文書共兩件殘片，還收錄於《黑城出土文書（漢文文書卷）》第 115 頁《錢糧類·大德十一年稅糧文卷》，其所記文書編號與《中國藏黑水城漢文文獻》原始編號同，並列出文書諸要素為：竹紙，殘屑，行草書，尺寸分別為 20.2cm×7.1cm 和 20.4cm×26.7cm。文書為元大德十一年稅糧文卷之一，其中殘片一現存文字 1 行，殘片二現存文字 9 行。從其內容來看，似為亦集乃路總管府同知小云失卜花呈文。

錄文標點：

（一）
1. ☐訓大夫亦集乃路總管府同知小云失卜②花謹
　　　　（後缺）
（二）
　　　　　（前缺）
1. ☐☐☐☐☐☐☐☐☐☐☐☐☐☐☐☐☐☐☐☐☐
2. ☐☐☐☐☐☐☐☐三撮

---

① 此行文字後有大片空白，但無文字。
② "卜"，《黑城出土文書》錄文作"不"，現據圖版改。

188 中國藏黑水城漢文文獻的整理與研究

3.　　　　　大麥捌拾陸石伍斗捌升弍合弍勺八抄
4.　　　　　六撮
5.　　　　　　　　（簽押）（簽押）
6.　　　　十二日
7. ☐☐☐☐☐☐☐☐☐①
8. ☐☐☐☐☐☐劄付
9. ☐稅粮
　　　　　（後缺）

11. 元至大元年（1308）亦集乃路總管府照勘大德十一年稅糧文卷（之一）

題解：

本件《中國藏黑水城漢文文獻》中原始編號為 F116：W197，出版編號為 M1・0206，收於第二冊《大德十一年稅糧文書》第293頁，擬題為《大德十一年稅糧文卷》，並記其尺寸為 28.2cm×20.4cm。本件文書共三件殘片，還收錄於《黑城出土文書（漢文文書卷）》第109頁《錢糧類・稅收》，其所記文書編號與《中國藏黑水城漢文文獻》原始編號同，並列出文書諸要素為：竹紙，殘屑，行書，尺寸分別為：19.1cm×7.2cm、18.8cm×7.2cm 和 19.4cm×6.3cm。文書為元大德十一年稅糧文卷之一，其中殘片一現存文字3行，殘片二現存文字3行，殘片三現存文字1行。從其內容來看，應為亦集乃路總管府呈文。

錄文標點：

（一）
　　　　　（前缺）

1. 計实徵②到☐☐粮弍伯伍拾玖石柒斗四☐③
2. 　　　六合八勺五抄八撮
3. 　　小麦壹伯柒拾叁石壹斗六升☐合

---

① 此行文字《黑城出土文書》錄文未標注，現據圖版補。
② "徵"，《黑城出土文書》錄文作"收"，現據圖版改。
③ 據文意推斷，此處所缺文字應為"升"。

　　　　　（後缺）
（二）
　　　　　（前缺）
1.　　⬚至⬚大元年三月　　　吏趙震（簽押）
2.　　　　　　　　提控案牘羅　孝祥（簽押）
3.　　⬚⬚⬚⬚①
　　　　　（後缺）

（三）
　　　　　（前缺）
1.　⬚五日②
　　　　　（後缺）

12. 元至大元年（1308）亦集乃路總管府照勘大德十一年稅糧文卷（之一）

題解：

本件《中國藏黑水城漢文文獻》中原始編號為 F116: W351，出版編號為 M1·0207，收於第二冊《大德十一年稅糧文書》第 294 頁，擬題為《大德十一年稅糧文卷》，並記其尺寸為 10.9cm×21.6cm。本件還收錄於《黑城出土文書（漢文文書卷）》第 117 頁《錢糧類·大德十一年稅糧文卷》，其所記文書編號為 F116: W351（1），與《中國藏黑水城漢文文獻》原始編號同，並列出文書諸要素為：竹紙，殘，行草書，尺寸為 21.3cm×10.7cm。《黑城出土文書（漢文文書卷）》中此編號文書共收錄二件殘片，本文書為其中殘片一，殘片二《中國藏黑水城漢文文獻》未收錄，《黑城出土文書（漢文文書卷）》記其尺寸為 12cm×13.5cm，共存文字 4 行。文書為元大德十一年稅糧文卷之一，現存文字 4 行，前後均缺。

錄文標點：

　　　　　（前缺）
1.　_____納稅粮依限

---

①　此行文字《黑城出土文書》錄文未標注，現據圖版改。
②　"⬚五日"，《黑城出土文書》錄文作"十二日"，現據圖版改。另，"⬚五日"上鈐朱印一枚。

2. ＿＿＿＿＿□渠官答合玉阿都赤等①催并人户依限赴
3. ＿＿＿＿＿□徵②足，當戢非敢違限，今將實徵到倉各③
4. ＿＿＿＿＿□開坐前去，合行再算訖。
　　　　　（後缺）

附：李逸友《黑城出土文書（漢文文書卷）》一書所收殘片二：
　　　　　（前缺）
1. ＿＿＿＿＿＿＿＿震（簽押）
2. 　　　　　□□案牘羅孝祥（簽押）
3. 　　　　　□　事孟　集④（簽押）
4. 　　　　　□　歷
　　　　　（後缺）

13. 元至大元年（1308）亦集乃路總管府照勘大德十一年稅糧文卷（之一）

題解：

本件《中國藏黑水城漢文文獻》中原始編號為 F116：W471a，出版編號為 M1・0208，收於第二冊《大德十一年稅糧文書》第 295 頁，擬題為《大德十一年稅糧文卷》，並記其尺寸為 7.4cm×19.1cm。本件還收錄於《黑城出土文書（漢文文書卷）》第 115 頁《錢糧類・大德十一年稅糧文卷》，其所記文書編號為 F116：W471（1），該書將本件文書與《中國藏黑水城漢文文獻》同頁 M1・0209［F116：W471b］號文書統一編號為 F116：W471，作為一件文書釋錄，並列出文書諸要素為：竹紙，殘屑，行草書，尺寸為 18.2cm×7.1cm。按，兩號文書字跡相同，編號相連，應為同件文書。文書為大德十一年稅糧文卷之一，現存文字 4 行，前後均缺。據 M1・0209［F116：W471b］號文書第 3 行"五月　日與收管"一語推斷，本件文書似為收管狀。

---

① "等"，《黑城出土文書》錄文漏錄，現據圖版補。
② "徵"，《黑城出土文書》錄文未釋讀，現據圖版補。
③ "各"，《黑城出土文書》錄文漏錄，現據圖版補。
④ "集"，《黑城出土文書》錄文作"傑"，據同組其他文書可知，應為"集"。

錄文標點：

（前缺）

1. ☐奉
2. ☐劄付即①將本路計撥定大德十一年实徵粮数☐
3. ☐依限赴倉尽納齐足，繳連無欠通開仍☐
4. ☐准此，照得大德十一年☐

（後缺）

14. 元至大元年（1308）亦集乃路總管府照勘大德十一年稅糧文卷（之一）

題解：

本件《中國藏黑水城漢文文獻》中原始編號為F116：W471b，出版編號為M1·0209，收於第二冊《大德十一年稅糧文書》第295頁，擬題為《大德十一年稅糧文卷》，並記其尺寸為10cm×13.7cm。本件還收錄於《黑城出土文書（漢文文書卷）》第115頁《錢糧類·大德十一年稅糧文卷》，其所記文書編號為F116：W471（2），該書將本件文書與《中國藏黑水城漢文文獻》同頁M1·0208〔F116：W471a〕號文書統一編號為F116：W471，作為一件文書釋錄，並列出文書諸要素為：竹紙，殘屑，行草書，尺寸為12.3cm×9.1cm。按，兩號文書字跡相同，編號相連，應為同件文書。文書為大德十一年稅糧文卷之一，現存文字4行，前後均缺。據文書第3行"五月　日與收管"一語推斷，本件文書似為收管狀。

錄文標點：

（前缺）

1. ☐管是实，伏乞
2. ☐
3. ☐年五月　日与收管②☐

---

① "即"，《黑城出土文書》錄文漏錄，現據圖版補。
② 《黑城出土文書》錄文於"管"字後推補一"人"字。

4.　　　　　　　　　連□▢①

　　（後缺）

15. 元至大元年（1308）亦集乃路總管府照勘大德十一年稅糧文卷
　　（之一）

題解：

本件《中國藏黑水城漢文文獻》中原始編號為 F116：W539，出版編號為 M1·0210，收於第二冊《大德十一年稅糧文書》第296頁，擬題為《大德十一年稅糧文卷》，並記其尺寸為 29.4cm×27.7cm。本件還收錄於《黑城出土文書（漢文文書卷）》第115頁《錢糧類·大德十一年稅糧文卷》，其所記文書編號與《中國藏黑水城漢文文獻》原始編號同，並列出文書諸要素為：竹紙，殘，行書，尺寸為 27.5cm×27.5cm。文書為元大德十一年稅糧文卷之一，現存文字11行，前後均缺。

錄文標點：

　　　　（前缺）

1.　　　稅糧▢
2.　　　　式抄壹作肆厘
3.　　　　小麦壹阡壹伯伍拾捌石肆□②
4.　　　　伍合式勺式抄肆作玖厘
5.　　　　大麦叁伯壹拾伍石伍斗柒升叁
6.　　　　合七勺玖抄陸作伍厘
7.　　　屯粮壹阡捌拾陸石柒斗捌升捌合
8.　　　　伍勺捌抄▢
9.　　　　小麦陸伯令叁▢
10.　　　　大麦肆伯捌▢
11.　　　　合伍▢

　　　（後缺）

---

① 此行文字《黑城出土文書》錄文未標注，現據圖版補。
② 據文意推斷，此處所缺文字應為"升"。

（四）至正十一年考校①錢糧文書

1. 元至正十一年（1351）考較錢糧文卷（之一）

題解：

本件《中國藏黑水城漢文文獻》中原始編號為 F116：W555，出版編號為 M1·0211，收於第二冊《至正十一年考較錢糧文書》第 299—303 頁，擬題為《至正十一年考校錢粮文卷》，並記其尺寸為 156.6cm×30.1cm。本件還收錄於《黑城出土文書（漢文文書卷）》第 119—120 頁《錢粮類·至正十一年考較錢糧文卷》，其所記文書編號與《中國藏黑水城漢文文獻》原始編號同，並列出文書諸要素為：竹紙，缺，行草書，尺寸為 28.3cm×156cm。文書為元至正十一年考較錢糧文卷之一，共三紙粘接，第一紙現存 21 行，第二紙現存文字 15 行，第三紙現存文字 4 行，前後均全。杜立暉指出本件文書應為亦集乃路錢糧房呈總管府文書，并擬題為"元至正十一年（1351 年）二月十八日錢糧房呈亦集乃路總管府考較屯田千戶所錢糧事"。據文書第 1 行"錢糧房"及第 26—27 行"覆奉總府官台旨"一語推斷，杜立暉之判斷應無誤。參考文獻：1. 杜立暉《黑水城文書與元代錢糧考較制度》，《首都師範大學學報》（社會科學版）2012 年第 4 期；2. 吳超《〈黑水城出土文書〉所見亦集乃路達魯花赤》，《陰山學刊》2011 年第 2 期。

錄文標點：

1. □②粮房

2. ＿＿＿承奉

3. ＿＿＿等③处行中书省劄付，准

4. ＿＿＿④照得，近為考較行省、腹裏至正九⑤年

---

① 按，文書中"考校"均作"考較"，而《中國藏黑水城漢文文獻》編者誤作"考校"，為方便學人查找圖版，故本部分中，涉及文書原定名之時，均保持用"考校"，而本書新擬定名及錄文中依圖版改為"考較"。
② 杜立暉文指出此處所缺文字應為"錢"。
③ 《黑城出土文書》錄文將此處所缺文字推補為"甘肅"。
④ 杜立暉文指出據《元典章》等有關"行中書省劄付"內容此處所缺文字應為"中書省咨"。
⑤ 杜立暉文指出"九"疑應為"十"。

5. □□办錢粮，就令各处差来椽令史人等分豁

6. 查勘，認定至正十年合办錢粮諸物，已經移

7. ☐省①及劄付户部，照依年例委官提調，用心

8. ☐☐☐☐☐要尽实到官，及取認办咨

9. ☐☐☐☐☐年終，所拠至正十年合办錢

10. ☐☐☐☐☐預為區處，移咨各省，委

11. ☐☐☐☐☐官各一員，不妨本职提調監

12. ☐☐☐☐椽史照依坐去事理，躬親逐一查

13. 勘完偹，各②另開③咨，令知首尾。椽史資应

14. ☐☐☐☐☐□至正十一年二月終，湏要到省，

15. ☐☐☐☐☐④完，定將差⑤来椽史依例先行斷

16. 罪，提調正官、首領官取招別議。先具委定官

17. 員各各⑥职名同管不違悮甘結繳连，咨来腹

18. □⑦等处劄付户部施行，合屬并已委定

19. 局官照依年例，提調監督考較完偹錢

20. ☐☐☐☐⑧月終，粮斛限五月終到省。中間⑨但

21. ☐☐☐☐定，先將當該人吏斷罪，提調正官、首

22. 領官取招別議。所拠額造叚疋、屯田種子

23. 除外，都省咨請照依上施行。准此，省府

24. ☐☐☐合下仰照驗，依上施行。先具委定官

---

① 《黑城出土文書》錄文"省"字前推補一"行"字。杜立暉文則據元代中書省及行中書省行文文體推斷，此處所缺文字應為"咨行"。
② "各"，《黑城出土文書》錄文作"如"，現據圖版改。
③ "開"，《黑城出土文書》錄文作"閈"，現據圖版改。
④ 此處文字殘缺，《黑城出土文書》錄文推補為"中間但有不"，杜立暉文同。
⑤ "差"，《黑城出土文書》錄文未釋讀，現據圖版補。
⑥ 第二個"各"字為後補入省文符號，現徑改。
⑦ 杜立暉文指出此處所缺文字據上文可知應為"裏"。
⑧ 杜立暉文指出據F116:W556號文書相關內容可知，此處所缺文字應為"帛等物限三"。
⑨ "間"，《黑城出土文書》錄文作"官"，現據圖版改。

25. □①各各②戡名同管不违悮，甘結繳连申省，

26. 奉此，覆奉

27. 揔府官台旨，仰移関本③路提調正官達魯花

28. ____禿④中大夫及下首領官提控案牘韓仲文⑤，仍故牒屯

29. 田千户。所依例委定官吏各各⑥戡名同管

30. 不违悮甘結牒来者。承此，開坐⑦合行具呈者：

31. 　　　　□⑧屯田自幾年月日立屯，元撐、開

32. 　　　　□⑨、新收、見在户数、牛具、農噐、

33. 　　　　地土数目，并各屯所拠至正十年

34. 　　　　正月至十二月終額办粮儲攴支、

35. 　　　　見在、分豁俻細数目，各另具报。

36. 右謹具
_____

37. 呈

38. _____⑩年二月吏張丗雄　　呈
39. 　　　　　　　　（簽押）
40. 　十八日（簽押）　（簽押）

_____

① 杜立暉文指出據F116:W556號文書相關内容可知，此處所缺文字應為"貟"。
② 第二個"各"字為省文符號，現徑改。
③ "本"，《黑城出土文書》錄文作"在"，現據圖版改。
④ 杜立暉文指出據F116:W554號文書相關内容可知，"禿"字前所缺文字應為"赤徹徹"。
⑤ "提控案牘韓仲文"字體較小，應為二次書寫。文書應是原来此處留白，後来填寫。
⑥ 第二個"各"字為省文符號，現徑改。
⑦ "開坐"，《黑城出土文書》錄文作"関定"，現據圖版改。
⑧ 杜立暉文指出據F116:W554號文書相關内容可知，此處所缺文字應為"本"。
⑨ 杜立暉文指出據F116:W554號文書相關内容可知，此處所缺文字應為"除"。
⑩ 杜立暉文指出據F116:W556、F116:W554號文書相關内容可知，此處所缺文字應為"至正十一"。

2. 元至正十一年（1351）考較錢糧文卷（之一）

題解：

本件《中國藏黑水城漢文文獻》中原始編號為 F116：W554，出版編號為 M1・0212，收於第二冊《至正十一年考校錢糧文書》第 304—308 頁，擬題為《至正十一年考校錢粮文卷》，並記其尺寸為 142.9cm×30.5cm。本件文書共兩件殘片，還收錄於《黑城出土文書（漢文文書卷）》第 120 頁《錢粮類・至正十一年考較錢糧文卷》，其所記文書編號與《中國藏黑水城漢文文獻》原始編號同，並列出文書諸要素為：竹紙，殘，行草書，末尾有八思巴字三行，尺寸分別為 28.3cm×90.3cm、27.2cm×51.0cm。文書為元至正十一年考較錢糧文卷之一，其中殘片一為三紙粘接，第一紙現存文字 13 行，第二紙現存文字 21 行，第三紙現存文字 1 行，前完後缺；殘片二現存漢文 2 行，八思巴文字 3 行，前缺後完。從內容來看，本件文書應為亦集乃路總管府對考較錢糧一事之處理意見。參考文獻：吳超《〈黑水城出土文書〉所見亦集乃路達魯花赤》，《陰山學刊》2011 年第 2 期。

錄文標點：

（一）

1. 皇帝聖旨裏，亦集乃路揔管府①案呈　云云：
2. 　　　　□②路達魯花赤徹徹禿中大夫③，當府除已行
3. 　　　　下首領官提控案牘韓仲文④　一同⑤提
4. 　　　　調外⑥，合行移関，請
5. 　　　　照驗，依奉
6. 　　　　省劄內事理施行。

---

① "皇帝聖旨裏，亦集乃路揔管府"等字墨色較淺，應為二次書寫。文書應是原來此處留白，後來填寫。
② 據文意推斷此處所缺文字應為"本"。
③ "達魯花赤徹徹禿中大夫"等字墨色較淺，應為二次書寫。文書應是原來此處留白，後來填寫。下同，不再另作說明。
④ "提控案牘韓仲文"等字墨色較淺，應為二次書寫。文書應是原來此處留白，後來填寫。下同，不再另作說明。
⑤ "同"，《黑城出土文書》錄文作"月"，現據圖版改。
⑥ "外"，《黑城出土文書》錄文作"到"，現據圖版改。

整理編　第二冊　197

7.　　　　　　　開
8.　　　提控案牘韓仲文，怱府除已移關本①
9.　　　路達魯花赤徹徹禿中大夫　一同②提
10.　　　調外③，合下仰照驗，依奉
11.　　　省劄內事理施行。
12.　　　　　　　開
13.　　一故牒屯田戶所，　　　　當府除

14.　　外，合行故牒可④
15.　　照驗即將本⑤屯田自幾年月日
16.　　□⑥屯，元撥、開除、新収、見在戶
17.　　□⑦、牛具、農噐、地土數目，并各
18.　　屯所拠至正十年正月至十二月
19.　　終額辦糧儲収支、見在、分豁備
20.　　細數目，各另具报。先具委
21.　　定官吏各各戠名同管不違
22.　　悞甘結文狀，依准同僉細帳
23.　　冊各一本，令⑧當該司吏赴府荅 應⑨ 施行。
24.　　　　　　　　承奉⑩
25.　　□⑪肅等処行中書省劄付，准⑫
26.　　□省咨為考較錢粮公事，

---

① "本"，《黑城出土文書》錄文作"在"，現據圖版改。
② "同"，《黑城出土文書》錄文作"月"，現據圖版改。
③ "外"，《黑城出土文書》錄文作"到"，現據圖版改。
④ "可"，《黑城出土文書》錄文作"即"，現據圖版改。
⑤ "本"字為右行補入，現徑改。
⑥ 據 F116:W555 號文書相關內容可知，此處所缺文字應為"立"。
⑦ 據 F116:W555 號文書相關內容可知，此處所缺文字應為"數"。
⑧ "令"，《黑城出土文書》錄文作"今"，現據圖版改。
⑨ "令當該司吏赴府荅 應"等字原作"牒来"，後塗抹，并於右行改寫，現徑改。
⑩ "承奉"二字後原書"府司云云"四字，後塗抹，現徑改。《黑城出土文書》錄文照錄。
⑪ 據元代行中書省設置可知，此處所缺文字應為"甘"。
⑫ 第24、25 行之間原有一行文字"　要正提調"，後塗抹，現徑改。《黑城出土文書》錄文照錄。

27.　　　　仰照驗依上施行。先具委定
28.　　　　各各職名同管不違悮甘結
29.　　　　繳連申省。奉此，依上除已①移関本②
30.　　　　路達魯花赤中大夫及下首領官
31.　　　　提控案牘韓仲文，令當該司吏一同
32.　　　　查勘提調，另行呈报外③，府司
33.　　　　□提調正官④、首領官吏各各⑤甘結繳连前
34.　　　　_____]具申，　　伏乞
_____

35.　　　　□□施行⑥。
　　　　　（後缺）
（二）
　　　　　（前缺）
1.　　　　至正十一年二月　吏張吉雄（簽押）
2.（八思巴文字）　　　　　　　　（簽押）
3.（八思巴文字）
4.（八思巴文字）　　　　　　　　（簽押）
5.　　　　□四日　　　　　　　　（簽押）

3. 元至正十一年（1351）考較錢糧文卷（之一）

題解：

　　本件《中國藏黑水城漢文文獻》中原始編號為84H·F116：W556/1730，出版編號為M1·0213，收於第二冊《至正十一年考校錢糧文書》第309頁，擬題為《至正十一年考校錢粮文卷》，並記其尺寸為63.1cm×30.6cm。本件還收錄於《黑城出土文書（漢文文書卷）》第119頁《錢粮類·至正十一年考較錢糧文卷》，其所記文書編號為F116：W556，並列出文書諸要素為：宣紙，殘，行草書，

---

① "除已"兩字為另行補入，現徑改。
② "本"，《黑城出土文書》錄文作"在"，現據圖版改。
③ "外"，《黑城出土文書》錄文漏錄，現據圖版補。
④ "正官"兩字為另行補入，現徑改。
⑤ 第二個"各"字為省文符號，現徑改。
⑥ "施行"，《黑城出土文書》錄文作"各行"，現據圖版改。

整理編 第二冊 199

末尾有亦思替非文字和畏兀兒體蒙古文各一行，尺寸為 30.1cm×62.7cm。文書為元至正十一年考較錢糧文卷之一，現存文字 17 行，上殘下完，前後均缺。據文書第 14 行殘存"乃路總管府准此"一語推斷，本件文書應為甘肅行省下亦集乃路總管府劄付。

錄文標點：

　　　　（前缺）

1. ☐☐☐☐☐粮，就令各處差来椽令史人等分豁查勘認定至正
2. ☐☐☐年例委官提調，用心恢办。若有增余，湏要尽实到官，及
3. ☐☐☐☐帛等物，例合預為區處，移咨各省，委文資正
4. ☐☐該椽史照依坐去事理，躬親逐一查勘完備，各另開咨，令知
5. ☐☐二月終，湏要到省，中間①但有不完，定將差来椽史，依例先行斷
6. ☐☐官員各各戢名同管不違悞甘結繳連，咨来腹裏去處，劄
7. ☐☐☐☐考較完備。錢帛限②三月終，粮斛限五月終，到
8. ☐☐☐☐取招別議，所據額造叚疋、屯田種子除外，都省
9. ☐☐☐仰照驗，依上施行。先具委定官吏各各戢名同管
10. ☐☐☐
11. ☐☐☐☐開除、新收、見在户數、牛具、農噐、地土數目，并
12. ☐☐☐☐☐☐終額办粮儲攴、見在分豁③備細數目，
13. ☐☐月終④
14. ☐☐☐乃路總管府准此。
15. （亦思替非文字）
16. （畏兀兒體蒙古文）
17. 　　　　（簽押）（簽押）
　　　　（後缺）

---

① "間"，《黑城出土文書》錄文作"官"，現據圖版改。
② 《黑城出土文書》錄文於"限"字前衍錄"等物"兩字，現據圖版改。
③ "豁"，《黑城出土文書》錄文作"額"，現據圖版改。
④ "月終"兩字為朱書，《黑城出土文書》錄文漏錄，現據圖版改。

4. 元至正十一年（1351）考較錢糧文卷（之一）

題解：

本件《中國藏黑水城漢文文獻》原始編號為 F116：W557，出版編號為 M1·0214，收於第二冊《至正十一年考校錢糧文書》第 310 頁，擬題為《至正十一年考校錢糧文卷》，並記其尺寸為 54.9cm×29.4cm。本件還收錄於《黑城出土文書（漢文文書卷）》第 119 頁《錢糧類·至正十一年考較錢糧文卷》，所記文書編號為 F116：W557，並列出文書諸要素為：竹紙，殘，行草書，尺寸為 28.3cm×54.1cm。文書為元至正十一年考較錢糧文卷之一，現存文字 9 行，前後完。杜立暉指出本件文書發文機關為錢糧房，呈送對象為亦集乃路總管府，內容為錢糧房向總管府匯報錢糧考較之事。參考文獻：杜立暉《黑水城文書與元代錢糧考較制度》，《首都師範大學學報》（社會科學版）2012 年第 4 期。

錄文標點：

1. 錢糧房
2. ▢承奉
3. 甘肅等処行中書省劄付為考較
4. ▢事。奉此，合行具呈者：
5. ▢
6. ▢
7. 　　　至正十一年二月吏張世雄呈
8. ▢錢粮① 　　　（簽押）
9. 　　▢日 　　　　　　（簽押）

5. 元至正十一年（1351）考較錢糧文卷（之一）

題解：

本件《中國藏黑水城漢文文獻》中原始編號為 84H·F116：W582/1756，出版編號為 M1·0215，收於第二冊《至正十一年考校錢糧文書》第 311 頁，共三件

---

① 此行文字《黑城出土文書》錄文漏錄，現據圖版補。

殘片，擬題為《至正十一年考校錢粮文卷》，並記其尺寸為 54.9cm×29.4cm。本件文書殘片一、二還收錄於《黑城出土文書（漢文文書卷）》第 119 頁《錢粮類·至正十一年考較錢糧文卷》，其所記文書編號與《中國藏黑水城漢文文獻》原始編號同，並列出文書諸要素為：宣紙，殘，行書，尺寸分別為 21.8cm×9.1cm 及 23.3cm×31.8cm。文書為元至正十一年考較錢糧文卷之一，其中殘片一現存文字 1 行，殘片二現存文字 9 行，殘片三僅存兩處簽押。據文書殘片二第 6 行殘存"總管府准此"一語可推斷，本件文書應為甘肅行省下亦集乃路總管府劄付。

錄文標點：

（一）

（前缺）

1. ☐☐☐☐☐☐☐☐|定|各路|達|☐☐

（後缺）

（二）

（前缺）

1. ☐☐☐☐☐☐☐|本|處委部粮正官☐☐

2. ☐☐☐繳連攵粮倉①分無欠通關申省☐

3. ☐☐☐□□限不見申到，省府□☐

4. ☐☐☐勒部粮官吏催併閉納齊足繳☐

5. ☐☐☐首領官吏違限的本招伏申来無☐

6. ☐☐|總|管府准此

7. （蒙古文字）

（後缺）

---

① "倉"，《黑城出土文書》錄文漏錄，現據圖版補。

（三）

　　　　　　（前缺）
1.　　　　　（簽押）
2.　　　　　（簽押）
　　　　　　（後缺）

（五）口糧文書

1. 元延祐四年（1317）阿剌不花口糧文卷（之一）

題解：

本件《中國藏黑水城漢文文獻》中原始編號為 F116：W594，出版編號為 M1·0216，收於第二冊《口糧文書》第 315 頁，擬題為《阿剌不花口糧文卷》，並記其尺寸為 66.5cm×20.4cm。本件還收錄於《黑城出土文書（漢文文書卷）》第 117 頁《錢糧類·阿剌不花口糧文卷》，其所記文書編號與《中國藏黑水城漢文文獻》原始編號同，並列出文書諸要素為：竹紙，殘，行草書，尺寸為 20.2cm×64.5cm。文書為元延祐四年阿剌不花口糧文卷之一，共四紙粘接，第一紙無文字殘存，第二紙存文字 9 行，第三紙存文字 1 行，第四紙存文字 2 行。其中第二至四紙為同一件文書，從內容來看，應為呈文；第一紙應為另一文書。

錄文標點：

　　　　　　（前缺）
　────────────

1. 劄子
2. 呈：今蒙
3. 甘肅行省所委官并本路□□□□
4. 分揀到迤北哄散□□□□□
5. 小口數，若便知□□□□
6. 成就人户飢餓□□□□

7.　　大小二麦時估價①□▭

8.　　人户自行収粂▭

9.　　合②行具呈者③。

　　　▭▭▭▭▭▭▭▭▭▭

10.　　右謹□④

　　　▭▭▭▭▭▭▭▭▭▭

11.　　呈

12.　　　　　延祐四年八月▭⑤

　　　（後缺）

2. 元延祐四年（1317）阿剌不花口糧文卷（之一）

題解：

本件《中國藏黑水城漢文文獻》中原始編號為 F116：W574，出版編號為 M1·0217，收於第二冊《口糧文書》第 316—319 頁，擬題為《阿剌不花口糧文卷》，並記其尺寸為 99.1cm×18.9cm。本件還收錄於《黑城出土文書（漢文文書卷）》第 118 頁《錢糧類·阿剌不花口糧文卷》，其所記文書編號與《中國藏黑水城漢文文獻》原始編號同，並列出文書諸要素為：竹紙，殘，行草書，尺寸為 21.5cm×98.4cm。文書為元延祐四年阿剌不花口糧文卷之一，共兩紙粘接，第一紙存文字 19 行，第二紙存文字 3 行，從內容來看應為阿剌不花取狀。參考文獻：張笑峰《黑水城文書中的寧肅王》，《圖書館理論與實踐》2014 年第 7 期。

錄文標點：

1.　　取狀人阿剌不花

---

① "價"，《黑城出土文書》錄文作"低"，現據圖版改。
② "合"，《黑城出土文書》錄文漏錄，現據圖版補。
③ 第 1—9 行為第二紙內容。
④ 據文意推測，此處所缺文字應為"具"。另，此行文字為第三紙內容。
⑤ 第 11—12 行為第四紙內容。

2.　　　　一名阿剌不花，年四十八歲
3. 察歹下
4.　　　　一名禿息魯，年五十五歲，無
5. 阿黑①不花寧肅王位下
6.　　　右阿剌不花等各年甲②開寫在
7.　　　取問③阿剌不花是否係④哄散人
8.　　　家口從实供报事上取狀。今⑤
9.　　　等將实有迤北哄散人
10.　　报，中間並無不係⑥迤北
11.　　捏合不实，亦不係⑦
12.　　　　立内，如蒙官⑧
13.　　旦有差別
14.　　培　更行甘
15.　　詞，保結是实。今
16.　　　總計伍拾柒户
17.　　　　大口
18.　　　　小口

19. 右伏取

20. 台旨。

---

① "黑"，《黑城出土文書》錄文作"里"，現據圖版改。
② "甲"，《黑城出土文書》錄文作"月"，現據圖版改。
③ "問"，《黑城出土文書》錄文作"拘"，現據圖版改。
④ "係"，《黑城出土文書》錄文漏錄，現據圖版補。
⑤ 《黑城出土文書》錄文於"今"字後推補一"来"字。
⑥ "係"，《黑城出土文書》錄文作"保"，現據圖版改。
⑦ "係"，《黑城出土文書》錄文作"保"，現據圖版改。
⑧ "官"，《黑城出土文書》錄文未釋讀，現據圖版改。

21.　　　　延祐四年八月　日 取☐

22.　　　　　　　　連狀 人☐

　　　（後缺）

3. 元延祐四年（1317）阿剌不花口糧文卷（之一）

題解：

本件《中國藏黑水城漢文文獻》中原始編號為F116：W83，出版編號為M1·0218，收於第二冊《口糧文書》第320—323頁，擬題為《阿剌不花口糧文卷》，並記其尺寸為109.2cm×19.3cm。本件還收錄於《黑城出土文書（漢文文書卷）》第118頁《錢糧類·阿剌不花口糧文卷》，其所記文書編號與《中國藏黑水城漢文文獻》原始編號同，並列出文書諸要素為：竹紙，殘，草行書，尺寸為18.3cm×108.1cm。文書為元延祐四年阿剌不花口糧文卷之一，共兩紙粘接，其中第一紙無文字殘留，為一單獨文書；第二紙存文字13行，為一件完整文書，從內容來看應為阿立嵬取狀。

錄文標點：

　　　（前缺）
　────────────

1.　　取狀人阿立嵬

2.　　　右阿立嵬等各年壯無病☐

3. 察歹位下迤北哄散前来 運☐

4.　　　取問① 阿立嵬等☐

5.　　　供报事。上取狀，今来□☐

6.　　　執結，委係迤北哄散☐

7.　　　不实，如虛，情願將☐

8.　　　行，甘當重罪，不詞☐

9.　　　開于右。

────────────

① "取問"，《黑城出土文書》錄文作"收拘"，現據圖版改。

10.　　　　□────
11.　　　　□────□
12.　　右伏取
13.　　台旨
14.　　　　　延祐四年八月　　日□────

15.　　十三日①

4. 元延祐四年（1317）阿剌不花口糧文卷（之一）

題解：

本件《中國藏黑水城漢文文獻》中原始編號為 F116: W99，出版編號為M1·0219，收於第二冊《口糧文書》第 324 頁，擬題為《阿剌不花口糧文卷》，並記其尺寸為 7.5cm×21.1cm。本件文書共三件殘片，還收錄於《黑城出土文書（漢文文書卷）》第 118 頁《錢糧類·阿剌不花口糧文卷》，其所記文書編號與《中國藏黑水城漢文文獻》原始編號同，且將殘片一、二綴合為一處理，並列出文書諸要素為：竹紙，殘屑，行書，尺寸分別為 20cm×49.7cm 和 13.3cm×20cm。文書為元延祐四年阿剌不花口糧文卷之一，其中殘片一為兩紙粘接，第一紙無文字殘存，第二紙存文字 7 行；殘片二現存文字 8 行；殘片三為正背雙面書寫，正面現存文字 2 行，背面圖版《中國藏黑水城漢文文獻》未收錄，《黑城出土文書（漢文文書卷）》也未釋讀，從正面所透字跡看，背面書寫文字 1 行，字體粗大。另，文書殘片一第二紙與殘片二拼合後，從其內容來看應為承務郎同知□海牙呈文，而殘片三之署名為"吏沈"，兩者非一，其應非同件文書。

錄文標點：

（一、二）

　　　　（前缺）

────────────────────

① "十三日"上鈐墨印一枚。另，此行文字《黑城出土文書》錄文漏錄，現據圖版補。

整理編 第二冊 207

1. 皇帝聖旨裏，承务郎同①知☐☐☐☐☐
2. ☐☐海牙准 来文为分揀到☐☐☐
3. ☐☐不花等粮☐大小二麦☐☐☐
4. ☐☐行省所委官②一同☐☐☐☐
5. ☐☐☐粮数保結☐☐☐☐☐☐
6. ☐☐☐官一同☐☐☐☐☐☐
7. ☐☐☐同知③☐☐☐☐☐☐④
8. 如蒙給依自☐☐☐☐☐☐☐
9. 得⑤此，議得買景人户若住☐☐
10. 不能成就，人户飢餓，生受☐☐
11. 时直給散價錢，令⑥人户自☐☐
12. 於當哉。今將 省委官☐☐☐
13. 訖粮数價錢保結，合行☐☐☐
14. 照驗施行。
15. ☐☐☐一捴計⑦

（後缺）

（三）

正：

（前缺）

1. ☐☐☐☐☐月 吏沈☐☐☐
2. ☐☐☐☐☐☐六日⑧

---

① "郎同"，《黑城出土文書》錄文作"即日"。
② "委官"，《黑城出土文書》錄文作"管☐"，現據圖版改。
③ "知"字僅存右半"口"，《黑城出土文書》錄文推補作"如"，但據上下文意似為"知"。
④ 第1—7行為殘片一內容。
⑤ "得"，《黑城出土文書》錄文作"為"，現據圖版改。
⑥ "令"，《黑城出土文書》錄文作"會"，現據圖版改。
⑦ 第8—15行為殘片二內容，第15行後有大片空白，無文字。
⑧ "☐六日"上鈐墨印一枚。

背：

　　　　　（前缺）

1.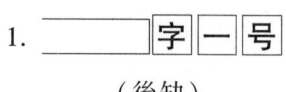

　　　　　（後缺）

5. 元孤老口糧文書

題解：

本件《中國藏黑水城漢文文獻》中原始編號為 Y1：W60A，出版編號為 M1·0220，收於第二冊《口糧文書》第 325 頁，擬題為《孤老口糧文書》，並記其尺寸為 13.1cm×26.7cm。李逸友《黑城出土文書（漢文文書卷）》第 108 頁《錢糧類·賦稅》，其所記文書編號為 Y1：W60，與《中國藏黑水城漢文文獻》原始編號異，並列出文書諸要素為：竹紙，殘，草書，尺寸為 26cm×13cm。文書現存文字 7 行，前後均缺。參考文獻：1. 吳超《〈黑水城出土文書〉所見亦集乃路的孤老救濟初探》，《西夏研究》2012 年第 1 期；2. 徐丹《元代的孤老養濟制度》，《理論界》2014 年第 7 期；3. 周永傑《黑水城出土亦集乃路孤老養濟文書若干問題研究》，《西夏學》（第十輯），上海古籍出版社 2013 年版。

錄文標點：

　　　　　（前缺）

1. 奉
2. 總府官台旨，仰两屯百户所各①□□□②
3. 將孤老至元三年十月分口粮雜色小麦式
4. 石玖③斗，大麦式石玖斗，限十四日絕早赴
5. 府，同司吏倉官 正 錢④前来，□□
6. 當⑤罪。奉此
7. 施行。

　　　　　（後缺）

---

① "各"，周永傑文未釋讀。
② 此處當缺三字，吳超文僅標注一個缺字符，誤。
③ "玖"，周永傑文未釋讀。
④ " 正 錢"，《黑城出土文書》、吳超、周永傑文未釋讀，現據圖版補。
⑤ "當"，《黑城出土文書》、吳超、周永傑文作"委"，現據圖版改。

6. 元阿立嵬口糧文卷（之一）

題解：

本件《中國藏黑水城漢文文獻》中原始編號為84H·F135：W57/2008，出版編號為M1·0221，收於第二冊《口糧文書》第326頁，擬題為《阿立嵬口糧文書》，並記其尺寸為17.5cm×24.6cm。《黑城出土文書（漢文文書卷）》一書未收。文書為元阿立嵬口糧文卷之一，現存文字8行，有塗抹痕跡。

錄文標點：

（前缺）

1. □
2. □□
3. 管 軍 權
4. 阿立嵬車三
5. 月口粮，每 軍 一名□
6. ＿＿＿ 科 要車 三 ＿ ①
7. ＿＿ 粮 笋 渶 柒 勺
8. ＿＿ □□ ②

（後缺）

7. 元阿立嵬口糧文卷（之一）

題解：

本件《中國藏黑水城漢文文獻》中原始編號為84H·F135：W44/1996，出版編號為M1·0222，收於第二冊《口糧文書》第327頁，擬題為《阿立嵬口糧文書》，並記其尺寸為12.9cm×26.7cm。《黑城出土文書（漢文文書卷）》一書未收。文書為元阿立嵬口糧文卷之一，共兩件殘片，殘片一現存文字5行，殘片二

---

① 第5、6兩行文字被墨筆圈抹，尤其是第6行上部，文字均被塗抹。
② 此兩字被塗抹。

現存文字6行，均前後缺。

錄文標點：

（一）

（前缺）
1. ☐年☐
2. ☐支付科☐
3. ☐粮一十五石☐
4. ☐僉各☐
5. ☐立嵬☐

（後缺）

（二）

（前缺）
1. ☐☐該☐
2. ☐等軍☐
3. 息你阿立嵬車☐
4. 治元年十月廿日息你☐
5. 每百戶科僉到鈔一☐
6. 等各百戶勑☐

（後缺）

8. 元阿立嵬口糧文卷（之一）

題解：

本件《中國藏黑水城漢文文獻》中原始編號為84H・F135：W40/1991，出版編號為M1・0223，收於第二冊《口糧文書》第327頁，擬題為《阿立嵬口糧文書》，並記其尺寸為9.5cm×26.1cm。《黑城出土文書（漢文文書卷）》一書未收。文書為元阿立嵬口糧文卷之一，共兩件殘片，殘片一現存文字3行，殘片二現存文字5行，均前後缺。

錄文標點：

（一）

　　　　　（前缺）

1. ☐万户息你阿立①☐

2. ☐年月口粮開☐

3. ☐五石，每☐

　　　　　（後缺）

（二）

　　　　　（前缺）

1. ☐前項

2. ☐收訖廿二

3. ☐支完者

4. ☐完者関

5. ☐月☐

　　　　　（後缺）

9. 元阿立嵬口糧文卷（之一）

題解：

本件《中國藏黑水城漢文文獻》中原始編號為84H・F135：W25/1976，出版編號為M1・0224，收於第二冊《口糧文書》第328頁，擬題為《阿立嵬口糧文書》，並記其尺寸為10.3cm×6.7cm。《黑城出土文書（漢文文書卷）》一書未收。文書為元阿立嵬口糧文卷之一，現存文字5行，前後均缺。

錄文標點：

　　　　　（前缺）

1. 了☐

2. 阿立☐

────────────

① "阿立"兩字之間位置右行有一塗抹痕跡。

212　中國藏黑水城漢文文獻的整理與研究

3. 等□
4. 事□
5. 你□
　　（後缺）

10. 元阿立嵬口糧文卷（之一）

題解：

本件《中國藏黑水城漢文文獻》中原始編號為84H・F135：W27/1978，出版編號為M1・0225，收於第二冊《口糧文書》第328頁，擬題為《阿立嵬口糧文書》，並記其尺寸為20.8cm×10.5cm。《黑城出土文書（漢文文書卷）》一書未收。文書為元阿立嵬口糧文卷之一，現存文字8行，有塗抹痕跡。

錄文標點：

　　　　（前缺）
1. 屯□
2. 足□
3. 忻都
4. 息你阿
5. □□呈関□
6. 前米一斗計一十□①
7. 定二歲 十 一 等
8. 元科盤纏
9. 取②
10. 阿立嵬万户□
　　　　（後缺）

---

①　此行文字字體較小，且與左右兩行行距較窄，應為後寫補入。
②　此行"取"字前文字均被塗抹。

11. 元阿立嵬口糧文卷（之一）

題解：

本件《中國藏黑水城漢文文獻》中原始編號為84H・F135：W31/1982，出版編號為M1・0226，收於第二冊《口糧文書》第329頁，擬題為《阿立嵬口糧文書》，並記其尺寸為6.6cm×26.2cm。《黑城出土文書（漢文文書卷）》一書未收。文書為元阿立嵬口糧文卷之一，共三件殘片，殘片一、二各現存文字2行，殘片三現存文字3行。

錄文標點：

（一）

（前缺）

1. ☐☐☐盤 纏 ☐☐☐
2. ☐☐☐□扎 ☐☐☐

（後缺）

（二）

（前缺）

1. ☐☐☐一定計中 統 ☐☐
2. ☐☐☐□□☐☐☐

（後缺）

（三）

（前缺）

1. ☐☐☐□□□☐☐☐
2. ☐☐☐□是☐☐☐
3. ☐☐☐□息☐☐☐

（後缺）

12. 元阿立嵬口糧文卷（之一）

題解：

本件《中國藏黑水城漢文文獻》中原始編號為84H·F135：W32/1983，出版編號為M1·0227，收於第二冊《口糧文書》第329頁，擬題為《阿立嵬口糧文書》，並記其尺寸為7cm×28.4cm。《黑城出土文書（漢文文書卷）》一書未收。文書為元阿立嵬口糧文卷之一，共三件殘片，每片現存文字3行，均前後缺。

錄文標點：

（一）

　　　　（前缺）

1. ☐☐☐☐☐
2. ☐阿立嵬一
3. ☐☐☐阿立嵬☐

　　　　（後缺）

（二）

　　　　（前缺）

1. ☐☐
2. ☐說稱☐
3. ☐曱☐

　　　　（後缺）

（三）

　　　　（前缺）

1. ☐知前来屯☐
2. ☐管當時苔☐
3. ☐各各①百户☐

　　　　（後缺）

----

① 第二個"各"字為省文符號，現徑改。

13. 元阿立嵬口糧文卷（之一）

題解：

本件《中國藏黑水城漢文文獻》中原始編號為84H・F135：W58/2009，出版編號為M1・0228，收於第二冊《口糧文書》第330頁，擬題為《阿立嵬口糧文書》，並記其尺寸為9.3cm×28.2cm。《黑城出土文書（漢文文書卷）》一書未收。文書為元阿立嵬口糧文卷之一，共三件殘片，殘片一現存文字1行，殘片二現存文字2行，殘片三現存文字5行，均前後缺。

錄文標點：

（一）

　　　　（前缺）

1. ☐接☐

　　　　（後缺）

（二）

　　　　（前缺）

1. ☐地
2. ☐三丁☐

　　　　（後缺）

（三）

　　　　（前缺）

1. ☐只同
2. ☐牛一具計四☐
3. 先給付也先忻都等
4. ☐☐內壹付到計
5. ☐☐☐

　　　　（後缺）

14. 元阿立嵬口糧文卷（之一）

題解：

本件《中國藏黑水城漢文文獻》原始編號為84H・F135：W37/1988，出版編號為M1・0229，收於第二冊《口糧文書》第331頁，擬題為《文書殘件》，並記其尺寸為8.7cm×26.6cm。《黑城出土文書（漢文文書卷）》一書未收。文書共三件殘片，殘片一僅存2字，且均殘損；殘片二現存文字2行；殘片三現存文字5行。按，本件文書與《中國藏黑水城漢文文獻》同頁84H・F135：W15/1967、84H・F135：W18/1969號文書字跡、紙張相同，內容相關，應為同一組文書。從其字跡及內容推斷，本件文書也應為元阿立嵬口糧文卷之一。

錄文標點：

（一）

　　　　　（前缺）

1. ▢▢▢▢▢无与▢▢▢▢

　　　　　（後缺）

（二）

　　　　　（前缺）

1. ▢▢▢▢者帖木▢▢▢
2. ▢▢▢▢付与他▢▢▢

　　　　　（後缺）

（三）

　　　　　（前缺）

1. ▢▢▢▢▢□□□□▢
2. ▢▢▢軍內每名飲訖▢
3. ▢▢一定，當月廿五日晌午
4. ▢▢百户各賫鈔一定，計
5. ▢▢▢▢▢▢▢□

　　　　　（後缺）

15. 元阿立嵬口糧文卷（之一）

題解：

本件《中國藏黑水城漢文文獻》原始編號為84H·F135：W15/1967，出版編號為M1·0230，收於第二冊《口糧文書》第331頁，擬題為《文書殘件》，並記其尺寸為9.0cm×15.8cm。《黑城出土文書（漢文文書卷）》一書未收。文書共兩件殘片，殘片一現存文字5行，殘片二現存文字1行。按，本件文書與《中國藏黑水城漢文文獻》同頁84H·F135：W37/1988、84H·F135：W18/1969號文書字跡、紙張相同，內容相關，應為同一組文書。從其字跡及內容推斷，本件文書也應為元阿立嵬口糧文卷之一。

錄文標點：

（一）

（前缺）

1. ▆▆▆▆▆▆▆□▆▆▆
2. ▆▆户將▆▆与□
3. ▆□㐌扎、盤纏者□▆
4. ▆▆軍內每名飲訖鈔□▆
5. ▆▆月廿五日晌午▆▆

（後缺）

（二）

（前缺）

1. ▆▆□□別▆▆

（後缺）

16. 元阿立嵬口糧文卷（之一）

題解：

本件《中國藏黑水城漢文文獻》原始編號為84H·F135：W18/1969，出版編號為M1·0231，收於第二冊《口糧文書》第331頁，擬題為《口糧文書殘件》，並記其尺寸為9.1cm×9.5cm。《黑城出土文書（漢文文書卷）》一書未收。文書現存文字3行，前後均缺。按，本件文書與《中國藏黑水城漢文文獻》同頁84H·F135：W37/1988、84H·F135：W15/1967號文書字跡、紙張相同，內容相關，應為同一組文書。從其字跡及內容推斷，本件文書也應為元阿立嵬口糧文卷之一。

錄文標點：

（前缺）

1. _____ □ 半 月口粮
2. _____ 米 一十五石， 塔 米 □ _____
3. _____ □ _____

（後缺）

17. 元某司呈文为季分口糧事

題解：

本件《中國藏黑水城漢文文獻》中原始編號為F116：W26，出版編號為M1·0232，收於第二冊《口糧文書》第332頁，擬題為《口糧文書殘卷》，並記其尺寸為21.6cm×21.8cm。本件還收錄於《黑城出土文書（漢文文書卷）》第122頁《俸祿類》，其所記文書編號與《中國藏黑水城漢文文獻》原始編號同，並列出文書諸要素為：竹紙，殘，行草書，尺寸為21.4cm×20.8cm。文書現存文字6行，前後均缺。

錄文標點：

（前缺）

1. _____ 本管千户所申索□ _____
2. _____ 合行下廣積倉放支及具申
3. _____ 省照驗明降去後，今承見奉覆奉
4. □□①官台旨，仰已後季分合支②口粮，依奉
5. _____ 理接支施行者。承此，合行具呈者。

---

① 據元代文書格式可知，此處所缺文字應為"總府"。
② "支"，《黑城出土文書》錄文作"扲"，現據圖版改。

6. □□①具

　　　（後缺）

18. 元某司呈文為扣算合該口糧事殘片

題解：

本件《中國藏黑水城漢文文獻》中原始編號為F13：W116，出版編號為M1·0233，收於第二冊《口糧文書》第333頁，擬題為《支放口糧文書》，並記其尺寸為9.4cm×21.7cm。本件還收錄於《黑城出土文書（漢文文書卷）》第121頁《俸祿類》，其所記文書編號與《中國藏黑水城漢文文獻》原始編號同，並列出文書諸要素為：竹紙，殘，行草書，尺寸為21.5cm×9.1cm。文書現存文字4行，但其中第3行應為第4行所補文字，故實際應為3行。

錄文標點：

　　　（前缺）

1. ＿＿＿三月終口粮依例黄米小麦相兼放□②＿＿＿
2. ＿＿＿□相同，奉③
3. ＿＿＿□　内④大麦黄豆⑤相兼支付者。奉⑥此，扣筭合該粮＿＿＿

　　　（後缺）

19. 元大德年間支正軍口糧文書殘片

題解：

本件《中國藏黑水城漢文文獻》中原始編號為F249：W35，出版編號為M1·0234，收於第二冊《口糧文書》第334頁，擬題為《支正軍口糧文書》，並記其

---

① 據元代文書格式可知，此處所缺文字應為"右謹"。
② 據文意推斷，此處所缺文字應為"支"。
③ "奉"字前原有一"蒙"字，後塗抹，現徑改。
④ "内"字後原有"放支者"三字，後塗抹。《黑城出土文書》錄文"内"字漏錄，"放支者"三字照錄，現徑改。
⑤ "豆"，《黑城出土文書》錄文作"米"，現據圖版改。
⑥ "大麦黄米相兼支付者"等字原作"放支者"，塗抹後於右行改寫，現徑改。《黑城出土文書》錄文將其單獨錄為1行，現徑改。

220　中國藏黑水城漢文文獻的整理與研究

尺寸為8.1cm×28.5cm。本件還收錄於《黑城出土文書（漢文文書卷）》第122頁《俸祿類》，其所記文書編號與《中國藏黑水城漢文文獻》原始編號同，並列出文書諸要素為：麻紙，殘，行書，尺寸為28.2cm×6.7cm。文書現存文字4行，前後均缺。

錄文標點：

　　　　　　（前缺）

1. □①月　一帖大德□□□□□□□□

2. 廿五日已□□②□□□□□

3. 　　　　　　　　三个月口粮小麦叁石柒斗壹升 五合

4. 　　　　　　　　正軍③八名，實④支小麦式石叁斗□□□

　　　　　　（後缺）

20. 元阿立嵬口糧文卷（之一）

題解：

本件《中國藏黑水城漢文文獻》中原始編號為84H·F135：W69/2020，出版編號為M1·0235，收於第二冊《口糧文書》第335頁，擬題為《口糧文書殘件》，並記其尺寸為8.9cm×27.1cm。《黑城出土文書（漢文文書卷）》一書未收。文書共兩件殘片，殘片一現存文字2行，有塗抹痕跡；殘片二僅存"息你阿"三字，據此可以推斷本件文書應為元阿立嵬口糧文卷之一。

錄文標點：

（一）

　　　　　　（前缺）

1. □□□名⑤科欽到⑥□□□□□

---

① 此字《黑城出土文書》錄文作"當"，但從字跡来看，似應非"當"。
② 此處所缺兩字《黑城出土文書》錄文推補為"放支"。且其將上行"□月"與本行"已□□"錄作1行，現據圖版改。
③ "軍"，《黑城出土文書》錄文作"品"，現據圖版改。
④ 《黑城出土文書》錄文於"實"字前衍錄一"已"字，現據圖版改。
⑤ "名"字前有數字被塗抹。
⑥ "到"字後有文字被塗抹。

2. 鈔一十定起發 元 科盤 纏 ①

   （後缺）

（二）

   （前缺）

1. 息你阿

   （後缺）

21. 元阿立嵬口糧文卷（之一）

題解：

本件《中國藏黑水城漢文文獻》中原始編號為84H・F135：W30/1981，出版編號為M1・0236，收於第二冊《口糧文書》第335頁，擬題為《口糧文書殘件》，並記其尺寸為6.4cm×30.5cm。《黑城出土文書（漢文文書卷）》一書未收。文書共三件殘片，殘片一現存文字2行，殘片二現存文字3行，殘片三現存文字2行，均前後缺。據文書之出土地、紙張、字跡、內容等可推斷，本件文書應為元阿立嵬口糧文卷之一。

錄文標點：

（一）

   （前缺）

1. 完者

2. 訖□

   （後缺）

（二）

   （前缺）

1. □万□

2. □□了他

3. □

   （後缺）

---

① "纏"字後原有三字，後塗抹，現逕改。

(三)

　　　　　(前缺)

1. _____人說□_____

2. ___|的|半月口糧□___

　　　　　(後缺)

22. 元阿立鬼口糧文卷（之一）

題解：

本件《中國藏黑水城漢文文獻》中原始編號為84H·F135：W34/1985，出版編號為M1·0237，收於第二冊《口糧文書》第336頁，擬題為《口糧文書殘件》，並記其尺寸為5.2cm×28.2cm。《黑城出土文書（漢文文書卷)》一書未收。文書共三件殘片，殘片一僅存"息你阿立鬼"等字，據此可推斷本件文書應為元阿立鬼口糧文卷之一；殘片二、三各現存文字2行，均前後缺。

錄文標點：

(一)

　　　　　(前缺)

1. 息你阿立鬼_____

　　　　　(後缺)

(二)

　　　　　(前缺)

1. ___一十五具當_____

2. _____□□□___

　　　　　(後缺)

(三)

　　　　　(前缺)

1. ___□床種___在___

2. ___戶沙稱①卜等將___

　　　　　(後缺)

---

① "稱"字右側有墨筆勾畫。

23. 元阿立嵬口糧文卷（之一）

題解：

本件《中國藏黑水城漢文文獻》中原始編號為 84H・F135：W36/1987，出版編號為 M1・0238，收於第二冊《口糧文書》第 337 頁，擬題為《口糧文書殘件》，並記其尺寸為 9.5cm×29.2cm。《黑城出土文書（漢文文書卷）》一書未收。文書共四件殘片，殘片一、二各存文字 1 行，殘片三、四各存文字 3 行，均前後缺。據文書之出土地、紙張、字跡、內容等可推斷，本件文書應為元阿立嵬口糧文卷之一。

錄文標點：

（一）

（前缺）

1. ☐☐ 鑄 ☐分付☐☐☐

（後缺）

（二）

（前缺）

1. 右 省會行☐☐☐

（後缺）

（三）

（前缺）

1. ☐☐ 高 立 ☐
2. ☐你每☐☐
3. 丁☐☐☐☐

（後缺）

（四）

（前缺）

1. ☐☐☐米一十 五 ☐☐
2. ☐☐☐十月廿日納扵倉☐

3. ☐☐扎☐

（後缺）

24. 元阿立嵬口糧文卷（之一）

題解：

本件《中國藏黑水城漢文文獻》中原始編號為84H·F135：W65/2016，出版編號為M1·0239，收於第二冊《口糧文書》第338頁，擬題為《軍人接濟口糧文書》，並記其尺寸為11.7cm×25.7cm。《黑城出土文書（漢文文書卷）》一書未收。文書共三件殘片，殘片一、二各僅存3字，殘片三現存文字6行。據文書之出土地、紙張、字跡、內容等可推斷，本件文書應為元阿立嵬口糧文卷之一。

錄文標點：

（一）

（前缺）

1. ☐田官

（後缺）

（二）

（前缺）

1. 至呈☐

（後缺）

（三）

（前缺）

1. ☐☐不万

2. ☐子數目 通

3. ☐軍人接济口粮

4. 禿 將余剩牀種

5. 月初二日納扵

6. ☐ 百 户 各 ☐

（後缺）

（六）官用錢糧物文書

1. 元延祐六年（1319）某司奉甘肅行省劄付查勘甘州路應辦務造使臣人員分例盃酒支用鈔麥備細數目事

題解：

本件《中國藏黑水城漢文文獻》中原始編號為"F9：W105正"，出版編號為M1·0240，收於第二冊《官用錢糧物文書》第341頁，擬題為《釀酒錢糧文卷》，並記其尺寸為41.2cm×28.1cm。本件還收錄於《黑城出土文書（漢文文書卷）》第143頁《官用錢糧類》，其所記文書編號與《中國藏黑水城漢文文獻》原始編號同，並列出文書諸要素為：竹紙，原為漢文文書，裁去前後半截在背面書寫蒙古文契約，正面漢文楷行書，尺寸為27.1cm×40.2cm。按，本件文書為正背雙面書寫，此為正面內容，現存文字24行，文書右側有大片空白，但其內容並不完整，字跡清晰工整，背面為蒙古文文書。對於本件文書性質，劉秋根、楊小敏認為，這是一件"元代亦集乃路官府管理釀酒業的資料"，楊印民先生認為"這是一件關於元代甘州路的官府酒務槽房由於釀造供應往來使臣祗應分例酒品，與甘肅行省省府關於錢鈔、糧麥撥支審核等方面的'官用錢糧文書'"，由於文書僅載有"甘州路"，所以劉秋根、楊小敏二先生所言非是。本件應為甘肅行省查勘甘州路應辦務造使臣人員分例盃酒支用鈔麥備細數目一事的文書。張重艷則認為本件文書是甘肅行中書省核勘甘州路負責供應使臣杯酒的槽房用糧鈔情況的公文殘卷，並指出在本次事件中，檢驗官、理問所等司法檢驗職官和職能部門起着關鍵作用。參考文獻：1. 劉秋根、楊小敏《從黑城文書看元代官營酒業的變化》，《寧夏社會科學》2007年第1期；2. 楊印民《元代官府祗應酒品的生產與管理——兼與〈從黑城文書看元代官營酒業的變化〉一文商榷》，《寧夏社會科學》2010年第1期；3. 張重艷《从黑城文书看元代酒禁政策下的槽房经济》（待刊）。

錄文標點：

（前缺）

1. 定賒買米麴小麦醞造盃酒支持，直至延祐六年四月內，計
2. 揭借過中統鈔叁伯玖拾貳定叁拾玖兩柒錢伍分。至當月
3. 十三日承奉

4. 甘肅等処行中書省劄付：擬発①延祐六年一周歲造酒米麴
5. 錢中統鈔陸伯定、小麦貳伯石，仰委官提調，依例醞造盃酒，
6. 支持使客須要敷支。據已発并今次鈔、麦俉細支鈔名②項開坐
7. 申省。奉此，世榮等於內止関到中統鈔叁伯定，就便撓③還本
8. 務。上項揭借鈔定錢主，外有未還鈔玖拾貳定叁拾玖两柒
9. 錢伍分并未関鈔定、小麦，欲行関支間，承奉
10. 省府劄付禁斷盃酒，以此到今不蒙支付。今將延祐五年
11. 十月至延祐六年五月十一日終，祇應往来使臣人負分例盃酒④
12. 俉細支銷名⑤項，并規劃出槽房錢元関、已支、揭借過鈔定
13. 数目，開坐前去，中間並無冒破不實，如虛，甘罪培⑥納无
14. 詞，呈乞照驗。得此，開坐延祐五年十月為始至延祐六年五
15. 月十一日禁斷住⑦支俉細名項，承奉
16. 甘肅等処行⑧中書省劄付，送撿驗官查勘去後，回呈督責。
17. 甘州路报到應办務延祐五年十月為始至延祐六年五月
18. 十一日終，支用過使臣人負分例盃酒数目并元発已、未支鈔、
19. 麦俉細数目，為此与甘泉站元批寫支酒分例半印勘合
20. 帖子、使臣起数查勘相同。就取到貨賣白酒户景觀音
21. 奴、都料李天祥狀結，醞造糯酒每石可出乾⑨祚糯酒、麦
22. 酒各各⑩数目，即与官務醞造盃酒升数相同，委不亏官。
23. 得此，送理問所通行查勘得，甘州路刱⑪立槽房自延祐五
24. 年九月內，省府発訖醞造杯酒錢中統鈔叁伯定支持至

（後缺）

---

① "擬発"，《黑城出土文書》錄文作"以撥"，現據圖版改。另，"発"同"發"。下同，不再另作說明。
② "名"，《黑城出土文書》錄文作"各"，現據圖版改。
③ "撓"通"撥"。下同，不再另作說明。
④ 文書第10、11行，《黑城出土文書》錄文釋作一行，現據圖版改。
⑤ "名"，《黑城出土文書》錄文作"各"，現據圖版改。
⑥ "培"據文意推斷應為"賠"。
⑦ "住"據文意推斷，似應為"往"。
⑧ "行"，《黑城出土文書》錄文漏錄，現據圖版補。
⑨ "乾"，《黑城出土文書》錄文作"一十"，現據圖版改。
⑩ 第二個"各"字為省文符號，現徑改。
⑪ "刱"通"創"。下同，不再另作說明。

2. 元蒙古文文書殘件

題解：

本件《中國藏黑水城漢文文獻》中原始編號為"F9：W105背"，出版編號為M1·0241，收於第二冊《官用錢糧物文書》第342頁，擬題為《文書》，並記其尺寸為41.2cm×28.1cm。《黑城出土文書（漢文文書卷）》一書未收錄。文書為正背雙面書寫，此為背面內容，現存蒙古文字19行，前完後缺。

錄文標點：

（略）

3. 元某年正月至六月支用鹽油等物錢鈔帳簿

題解：

本件《中國藏黑水城漢文文獻》中原始編號為Y1：W60B，出版編號為M1·0242，收於第二冊《官用錢糧物文書》第343頁，擬題為《官用錢糧文卷》，並記其尺寸為21.7cm×26.9cm。本件還收錄於《黑城出土文書（漢文文書卷）》第140頁《官用錢糧類》，其所記文書編號為Y1：W62，與《中國藏黑水城漢文文獻》異，並列出文書諸要素為：麻紙，殘，行書，尺寸為26.2cm×21.2cm。文書前後均缺，現存文字17行，除第6、13、14、15行有部分中殘外，其他各行均保存完好，墨色重。本件文書當為記錄某機構支用鹽油等物品的帳簿。

錄文標點：

（前缺）

1. 　　　　　不敷鈔壹拾定玖两伍錢叁分。
2. 　　四月至 六 月 夏季
3. 　　　　官降鈔壹拾伍定：
4. 　　　　　已支鈔壹拾柒定肆拾叁两貳錢伍分，
5. 　　　　　不敷鈔貳定肆拾叁两貳錢伍分。

6. 盐油□□①至六月
7. 　　　官降鈔叁拾定：
8. 　　　　　已支鈔叁拾壹定貳拾玖兩，
9. 　　　　　不敷鈔壹□②貳拾玖兩。
10. 　正月至三月春季
11. 　　　官降鈔壹拾伍定：
12. 　　　　　已支鈔壹拾捌定叁拾柒兩玖錢壹分，
13. 　　　　　不敷鈔叁定叁拾柒兩玖錢壹分。
14. 　四月至六月夏季
15. 　　　官降鈔□③拾伍定：
16. 　　　　　已支鈔壹拾貳定肆拾壹兩壹錢，
17. 　　　　　見在鈔貳定捌兩玖錢。
　　　（後缺）

4. 元延祐六年（1319）某所保結文書為掃里事殘片

題解：

本件《中國藏黑水城漢文文獻》中原始編號為F197：W9，出版編號為M1·0243，收於第二冊《官用錢糧物文書》第344頁，擬題為《錢糧文書》，並記其尺寸為11.8cm×14.7cm。本件文書還收錄於《黑城出土文書（漢文文書卷）》第

---

① "□□"，《黑城出土文書》錄文作"四"，但從圖版来看，此處所缺應為兩字。根據文書書寫格式及數據關係，我們可以推補此處所缺兩字應為"正月"，原因如下：首先，第6行"盐油"兩字頂格書寫，高於其他各行，可知此為一大項之條目，其應包含下面兩個小項之時間，即第10行之正月至三月及第14行之四月至六月，故推知此處所缺兩字應為"正月"；其次，第7行之"官降鈔叁拾定"應為"□□至六月"之官降鈔數目，正好為第11行"正月至三月春季官降鈔壹拾伍定"及第15行"四月至六月夏季官降鈔壹拾伍定"之和，故可知此處所缺應為"正月"；最後，第8行"已支鈔三拾壹定式拾玖兩"與第12行正月至三月"已支鈔壹拾捌定叁拾柒兩玖錢壹分"、第16行四月至六月"已支鈔壹拾式定肆拾壹兩壹錢"兩者之和相差僅"壹分"，而第9行"不敷鈔壹式拾玖兩"與第13行"不敷鈔叁定叁拾柒兩玖錢壹分"、第17行"見在鈔式定捌兩玖錢"兩者之差也相差僅"壹分"，可以視作相同，故此處所缺當為"正月"。
② 此處殘缺，《黑城出土文書》錄文逕作"定"，據上下文之間的數據關係可知，此處所缺文字確當為"定"。
③ 此處殘缺，據上下文之間的數據關係可以推知，第16行"已支鈔壹拾式定肆拾壹兩壹錢"加上第17行"見在鈔式定捌兩玖錢"即為四月至六月官降鈔數目，正好為"壹拾伍定"，故而此處所缺文字當為"壹"。

141頁《官用錢糧類》，其所記文書編號與《中國藏黑水城漢文文獻》原始編號同，並列出文書諸要素為：竹紙，屑，草書，尺寸為14.0cm×9.1cm。文書前後均缺，上下殘，現存文字8行。按，據文書第6行"官吏保結，伏乞照驗"一語可推知，本件文書應為一件保結文書。

錄文標點：

（前缺）

1. ☐等於☐
2. ☐何旺，照依延祐六☐
3. ☐☐值價錢，開坐前去，中間☐
4. ☐虛冒不实，如虛當罪。除已取①☐
5. ☐☐在官外②，卑所今③將④掃里☐
6. ☐☐官吏保結，乞⑤照驗☐
7. ☐☐本路達魯花赤☐
8. ☐☐口赤☐☐⑥

（後缺）

5. 元泰定二年（1325）中書省咨文為救荒急務事（一）

題解：

本件《中國藏黑水城漢文文獻》原始編號為F167：W25a，出版編號為M1·0244，收於第二冊《官用錢糧物文書》第345頁，擬題為《泰定二年米糧文書》，並記其尺寸為18.4cm×40.8cm。本件還收錄於《黑城出土文書（漢文文書卷）》第142頁《官用錢糧類》，所記文書編號為F167：W25（1）。該書將本件文書與《中國藏黑水城漢文文獻》第二冊第359頁M1·0259［F167：W25b］號文書統一編號為F167：W25，作為一件文書釋錄，並列出文書諸要素為：宣紙，殘屑，楷

---

① "取"，《黑城出土文書》錄文作"放"，現據圖版改。
② "官外"，《黑城出土文書》錄文作"於日非"，現據圖版改。
③ "今"，《黑城出土文書》錄文作"上"，現據圖版改。
④ "將"，《黑城出土文書》錄文漏錄，現據圖版補。
⑤ 《黑城出土文書》錄文於"乞"字前衍錄一"伏"字，現據圖版改。
⑥ 此行文字《黑城出土文書》錄文未釋錄，現據圖版改。

書，尺寸為 14.2cm×19.9cm。按，兩號文書字跡一致，編號相連，應為同件文書。文書前完後缺，上下殘，有明顯的裁切痕跡，現存文字 6 行，字跡清晰工整，墨色重。文書定名依綴合後定。

錄文標點：

1. 皇帝聖旨裏，中書省准①中書省咨：來咨議到救荒急務，開咨☐
2. 　　聞奏☐☐中米糧一節另行講究外，泰定二☐
3. 　　　　　　　完者帖木兒必闍赤馬其☐
4. 　　　　　　　米旭邁傑右丞☐
5. 　　　　　　　蒙古☐
6. 　　　　　　☐☐

　　（後缺）

6. 元支至元元年（1335）糧食文書（稿）

題解：

本件《中國藏黑水城漢文文獻》中原始編號為 Y1：W43，出版編號為 M1·0245，收於第二冊《官用錢糧物文書》第 346 頁，擬題為《支至元元年糧食文書》，並記其尺寸為 11.3cm×27cm。本件還收錄於《黑城出土文書（漢文文書卷）》第 142 頁《官用錢糧類》，其所記文書編號與《中國藏黑水城漢文文獻》原始編號同，並列出文書諸要素為：麻紙，缺，行書，尺寸為 26.7cm×11.0cm。文書前完後缺，現存文字 4 行，紙張裁切完整，右側留有空白，但無發文機構，且 4 行文字多有重復，推測其為公文草稿的可能性大，故擬現題。

錄文標點：

1. 　　已支至元元年糧
2. 　　已支至元元年糧式伯壹拾伍碩柒斗捌升
3. 　　　　　　　捌合
4. 　　已支至元元年糧式伯壹拾伍碩
　　　（後缺）

---

① 《黑城出土文書》錄文於"准"字前衍錄一"該"字，現據圖版改。

7. 元至正十年（1340）省府撥發錢鈔帳簿殘片

題解：

本件《中國藏黑水城漢文文獻》原始編號為 Y1：W167，出版編號為 M1·0246，收於第二冊《官用錢糧物文書》第 347 頁，擬題為《至正十年省府撥鈔文書》，並記其尺寸為 9.1cm×22.1cm。本件還收錄於《黑城出土文書（漢文文書卷）》第 142 頁《官用錢糧類》，所記文書編號與《中國藏黑水城漢文文獻》原始編號同，並列出文書諸要素為：麻紙，屑，行草書，尺寸為 21.5cm×9.0cm。文書前後均缺，現存文字 6 行，字跡潦草、模糊。從內容推斷，本件文書應是關於某地收支省府錢鈔情況的記錄帳簿，"省府"在此處當指甘肅行省。

錄文標點：

（前缺）

1. □粮□□①

2. 　　貳錢貳分

3. 省府撥發到鈔玖拾肆定貳拾兩一錢一分□□□

4. 未發鈔②玖拾肆定貳拾兩壹③分□□□

5. 至正十年一月發④

6. 　　□□⑤

（後缺）

8. 元至正二十九年（1369）宣使也先不花呈文為丞相平章五月初八日省堂上擡飯用過酒羊未曾除破事

題解：

本件《中國藏黑水城漢文文獻》中原始編號為 F36：W6，出版編號為 M1·

---

① 此處有四字，漫漶不清，《黑城出土文書》錄文未標注，現據圖版補。
② "鈔"，《黑城出土文書》錄文漏錄，現據圖版補。
③ "壹"，《黑城出土文書》錄文未釋讀，現據圖版補。
④ "發"，《黑城出土文書》錄文作"支"，現據圖版改。
⑤ 此處有兩字，《黑城出土文書》錄文未標注，現據圖版補。

0247，收於第二冊《官用錢糧物文書》第 348 頁，擬題為《至正二十九年官用羊酒米酪文書》，並記其尺寸為 19.3cm×18.2cm。本件還收錄於《黑城出土文書（漢文文書卷）》第 141 頁《官用錢糧類》，其所記文書編號與《中國藏黑水城漢文文獻》原始編號同，並列出文書諸要素為：草紙，缺，行書，尺寸為 17.4cm×18.9cm。文書前完後缺，現存文字 10 行，字跡清晰工整，第 5、6 行有塗改痕跡。朱建路指出本件文書與《俄藏黑水城文獻》第六冊第 135 頁 Дx2158 號《至正廿四年司吏劉融買肉面等物呈文》文書同屬於因造堂食使用過錢物後向上級部門申請除破的報銷文書。馬順平根據本件文書和 M1·0248［F36:W1］號文書內容判定，最晚在北元至正二十九年（1369）五月前，亦集乃分省就已經存在了。吳超則據其他幾件文書指出至正二十九年（1369）之後在設置亦集乃分省的同時，亦集乃路亦同時存在。參考文獻：1. 朱建路《黑城所出〈至正廿四年司吏劉融買肉面等物呈文〉考釋》，《元史論叢》（第十一輯），天津古籍出版社 2009 年版；2. 馬順平《北元宣光二年甘肅等處行中書省亦集乃分省諮文考釋》，《內蒙古大學學報》2008 年第 2 期；3. 吳超《關於亦集乃分省問題的探討——以黑水城出土文書為中心》，《陰山學刊》2011 年第 1 期。

錄文標點：

1. 宣使也先不花
2. 謹呈：至正廿九年五月初八日与
3. 丞相平章就省堂上擡飯用過酒羊未曾除破①，合行具呈②，
4. 照驗施行。湏至呈者：
5.   羊一口③叁斗④；   打饟面叁斤，小麦叁升；
6.   白米半升，折小麦半⑤升；   酪壹升；
7.   葱⑥半升。
8. 右謹具
9. 呈

---

① "除破"，《黑城出土文書》錄文作"破除"，現據圖版改。
② "具呈"，《黑城出土文書》錄文作"呈具"，現據圖版改。
③ "口"，《黑城出土文書》錄文作"只"，現據圖版改。
④ "叁斗"二字，字體較大，墨色較濃，應為二次改寫。
⑤ "半"原作"貳"，塗抹後於右側改寫，現徑改。《黑城出土文書》錄文未釋讀。
⑥ "葱"，《黑城出土文書》錄文作兩個缺字符，現據圖版改。

10.　　　　　至正廿九年五月初九日　宣☐①

（後缺）

9. 元至正二十九年（1369）宣使也先不花呈文為五月初七日分省左右司官與朝廷差來官糧食未曾除破事

題解：

本件《中國藏黑水城漢文文獻》中原始編號為 F36：W1，出版編號為M1・0248，收於第二冊《官用錢糧物文書》第349頁，擬題為《至正二十九年官用糧食文書》，並記其尺寸為19.2cm×20.5cm。本件還收錄於《黑城出土文書（漢文文書卷）》第143頁《官用錢糧類》，其所記文書編號與《中國藏黑水城漢文文獻》原始編號同，並列出文書諸要素為：竹紙，殘，行草書，尺寸為19.2cm×15.2cm。文書共兩件殘片，殘片一前完後缺，現存文字8行；殘片二僅存一簽押。《黑城出土文書（漢文文書卷）》將兩殘片拼合釋錄。從文書內容和格式來看，本件文書與《中國藏黑水城漢文文獻》第二冊第348頁M1・0247[F36：W6]號文書為同一組文書，此件主要為宣使也先不花為除破至正廿九年五月初七日分省左右司官與朝廷差來官糧食一事所撰呈文。馬順平根據本件文書和M1・0247[F36：W6]號文書內容判定，最晚在北元至正二十九年（1369）五月前，亦集乃分省就已經存在了。吳超則據其他幾件文書指出至正二十九年（1369）之後在設置亦集乃分省的同時，亦集乃路亦同時存在。參考文獻：1.朱建路《黑城所出〈至正廿四年司吏劉融買肉面等物呈文〉考釋》，《元史論叢》（第十一輯），天津古籍出版社2009年版；2.馬順平《北元宣光二年甘肅等處行中書省亦集乃分省諮文考釋》，《內蒙古大學學報》2008年第2期；3.吳超《關於亦集乃分省問題的探討——以黑水城出土文書為中心》，《陰山學刊》2011年第1期。

錄文標點：

（一）

1. 宣使也先不花
2. 謹呈：至正廿九年五月初七日

---

① 據元代公文格式可知，此處所缺文字應為"使也先不花"。

3. 分省左右司官与①

4. 朝廷差来官粮食未曾除破，合行具呈，伏乞

5. □②驗施行。須至呈者：

6. 　　与少監□小麦壹碩捌斗□

7. 　　与刑部郎中脫□陸斗，也立赤□

8. 　　与府正不顏古□克列禿小麦□
　　　　（後缺）

（二）
　　　　（前缺）
1. 　□　　　　　　　　　　（簽押）
　　　　（後缺）

10. 元某司文為妝造紙札委官監督照驗事

題解：

本件《中國藏黑水城漢文文獻》中原始編號為F224：W34，出版編號為M1·0249，收於第二冊《官用錢糧物文書》第350頁，擬題為《官用錢物文書》，並記其尺寸為28cm×23cm。本件還收錄於《黑城出土文書（漢文文書卷）》第140頁《官用錢糧類》，其所記文書編號與《中國藏黑水城漢文文獻》原始編號同，並列出文書諸要素為：竹紙，殘，草書，經塗改，尺寸為22.0cm×28.0cm。文書前後均缺，現存文字13行，其中左上方、第2行下部及第3、7行處均有勾畫墨痕。從內容來看，本件文書應為某機構為造公用紙札一事，委官吏監督照驗一事所作公文，據第13行"毋得似前違遲"一語推斷，本件文書應為下行文。

錄文標點：

　　　　（前缺）

1. 　□　　　　　　□□邊□□　　③

---

① "与"，《黑城出土文書》錄文作"為"，該字與下文第6、7、8行第一字相同，與M1·0247〔F36：W6〕文書第2行行尾文字相同，因此應為"与"。
② 據元代公文格式可推知，此處所缺文字應為"照"。
③ 此行文字，《黑城出土文書》錄文未標注，現據圖版補。

整理編　第二冊　235

2. 承公用乕札事理，選委左右司都事。欽
3. 承務劄付椽史、宣使□督勒等事勾
4. 當。該正①官、首領官吏□□工匠人夫，匠②
5. 頭③，妝造公用物色顏□會④□分，照依上
6. 承扵甘州⑤路不得當□錢□□処□□⑥通行照筭⑦，
7. 仍具妝造紙札，逐旋呈辦，□□府官□⑧
8. 已行，委官⑨監督，人吏並□擇日遠不
9. ＿＿＿＿＿＿□盐斤會貫⑩數逐旋□□
10. ＿＿＿＿＿＿至今不見⑪辦到，窒碍妝⑫
11. ＿＿＿＿＿＿等除外，合下仰照驗依□
12. ＿＿＿＿＿＿人吏再行擇揀，故卷秤□
13. ＿＿＿＿＿＿仰，毋得侶前違遲。
　　　　（後缺）

11. 元某司申甘肅行省文為使臣分例米麵及官錢收買煮酒用糧、白麵等事（一）

題解：
本件《中國藏黑水城漢文文獻》中原始編號為 F51：W5a，出版編號為 M1·

---
① "該正"，《黑城出土文書》錄文 "該" 字漏，"正" 釋讀為 "上"，現據圖版改。
② "匠"，《黑城出土文書》錄文作 "匹"，現據圖版改。
③ "頭" 字為《黑城出土文書》釋錄，但從字形來看似 "核"。
④ "會"，《黑城出土文書》錄文未釋讀，現據圖版補。
⑤ "甘州"，《黑城出土文書》錄文作一個缺字符，現據圖版改。
⑥ "□錢□□処□□"，《黑城出土文書》錄文未釋讀，現據圖版補。
⑦ "照筭"，《黑城出土文書》錄文未釋讀，現據圖版補。
⑧ "□□府官□" 此處有 4 字以上，但無法識讀，《黑城出土文書》錄文認為此處缺損 2 字，誤，現據圖版改。
⑨ "委官"，《黑城出土文書》錄文作 "要□"，現據圖版改。
⑩ "會貫"，《黑城出土文書》錄文作 "重量如"，現據圖版改。
⑪ "見"，《黑城出土文書》錄文作 "具"，現據圖版改。
⑫ "妝"，《黑城出土文書》錄文作 "極"，現據圖版改。

236 中國藏黑水城漢文文獻的整理與研究

0250，收於第二冊《官用錢糧物文書》第351頁，擬題為《本路並無出產白米》，並記其尺寸為20cm×33.2cm。本件還收錄於《黑城出土文書（漢文文書卷）》第140頁《官用錢糧類》，其所記文書編號為F51:W5（1），該書將本號文書與《中國藏黑水城漢文文獻》第二冊《官用錢糧物文書》第352頁M1·0251〔F51:W5b〕、第353頁M1·0252〔F51:W5c〕號文書統一編號為F51:W5，作為一件文書釋錄，並列出文書諸要素為：宣紙，殘，行草書，尺寸為31.7cm×18.4cm。按，三號文書字跡一致，內容相關，編號相連，應為同件文書。文書前後均缺，現存文字9行。據本件文書第1行"申省"以及第6—8行所載"凡遇使臣""分例""米麵"等文，以及F51:W5b、F51:W5c所載煮造酒一事推斷，本件文書應是向甘肅行省申報為使臣分例所用米、麵以及煮酒所用原料一事的呈文。文書擬題依綴合後所定。

錄文標點：

　　　　　　　（前缺）

1. ☐☐☐☐勘申省

2. ☐☐☐☐☐通迴當①廣在 前☐☐☐☐☐

3. 　　　　令百姓自備☐☐☐☐

4. 　　前件議得，既本路附近柴薪☐☐☐

5. 　　擾民違錯。

6. 一白米本 路 並無出產白米②，在前凡遇 使 臣 ☐☐

7. 　　☐☐議得③，使臣分例合☐米、白☐☐☐

8. 　　本路伏地所產☐☐☐☐与☐☐

9. 　　☐☐☐☐☐☐☐☐☐☐☐☐☐☐④

　　　　　　　（後缺）

---

① "當"，《黑城出土文書》錄文作"多"，現據圖版改。
② "白米"，《黑城出土文書》錄文漏錄，現據圖版補。
③ "議得"，《黑城出土文書》錄文漏錄，現據圖版補。
④ 此行文字《黑城出土文書》錄文未錄，現據圖版補。

12. 元某司申甘肅行省文為使臣分例米麵及官錢收買煮酒用糧、白麵等事（二）

題解：

本件《中國藏黑水城漢文文獻》中原始編號為 F51：W5b，出版編號為M1·0251，收於第二冊《官用錢糧物文書》第 352 頁，擬題為《釀酒用糧文書》，並記其尺寸為 12.4cm×22.6cm。本件還收錄於《黑城出土文書（漢文文書卷）》第 140 頁《官用錢糧類》，其所記文書編號為 F51：W5（2），該書將本號文書與《中國藏黑水城漢文文獻》第二冊《官用錢糧物文書》第 351 頁 M1·0250［F51：W5a］、第 353 頁 M1·0252［F51：W5c］號文書統一編號為 F51：W5，作為一件文書釋錄，並列出文書諸要素為：宣紙，殘，行草書，尺寸為 22.2cm×11.7cm。按，三號文書字跡一致，內容相關，編號相連，應為同件文書。文書前後均缺，現存文字 4 行，字跡清晰工整，墨色重。文書擬題依綴合後所定。

錄文標點：

（前缺）

1. ▯煮造。每麦一石，官為收買，可用曲子七
2. ▯委官提調，從公支用，按季具報軍
3. ▯官錢
4. ▯酒，每小麦一石，用曲子五十斤①，出好酒 七 十 瓶

（後缺）

13. 元某司申甘肅行省文為使臣分例米麵及官錢收買煮酒用糧、白麵等事（三）

題解：

本件《中國藏黑水城漢文文獻》中原始編號為 F51：W5c，出版編號為M1·0252，收於第二冊《官用錢糧物文書》第 353 頁，擬題為《釀酒錢糧文書》，並記其尺寸為 20.1cm×30.8cm。本件還收錄於《黑城出土文書（漢文文書卷）》第 140 頁《官用錢糧類》，其所記文書編號為 F51：W5（3），該書將本號文書與《中

---

① "斤"，《黑城出土文書》錄文作"个"，現據圖版改。

國藏黑水城漢文文獻》第二冊《官用錢糧物文書》第 351 頁 M1·0250〔F51：W5a〕、第 352 頁 M1·0251〔F51：W5b〕號文書統一編號為 F51：W5，作為一件文書釋錄，並列出文書諸要素為：宣紙，殘，行草書，尺寸為 28.0cm×14.8cm。按，三號文書字跡一致，內容相關，編號相連，應為同件文書。文書前後均缺，現存文字 7 行。文書擬題依綴合後所定。

錄文標點：

（前缺）

1. ☐酒卅五瓶即比其│每│☐
2. ☐│見兌下麦糟如何措│☐
3. ☐│並不曾動支官錢，今廣擬合依例從長計置│☐
4. ☐│□官錢
5. ☐│照│止①是応付白面☐
6. ☐│応│付白面不見有无亏官☐
7. ☐│懸仰再行照│☐

（後缺）

14. 元某司呈亦集乃路總管府文為差人勾喚巴都魯、朶黑答等赴府事（稿）

題解：

本件《中國藏黑水城漢文文獻》中原始編號為 Y1：W84，出版編號為 M1·0253，收於第二冊《官用錢糧物文書》第 354 頁，擬題為《總府差人飲食文書》，並記其尺寸為 16.7cm×28.6cm。本件還收錄於《黑城出土文書（漢文文書卷）》第 141 頁《官用錢糧類》，其所記文書編號與《中國藏黑水城漢文文獻》原始編號同，並列出文書諸要素為：竹紙，殘，草書，尺寸為 28.0cm×14.6cm。文書前後均缺，現存文字 7 行，塗改痕跡較重，似非正式公文，而為公文草稿。據文書第 1 行"揔府官台旨"、第 6 行"合行具呈者"推斷，本件文書應為某司呈亦集乃路總管府文。

---

① "止"，《黑城出土文書》錄文作"正"，現據圖版改。

錄文標點：

（前缺）

1. 揔府官台旨，仰差人齎公文照驗去①□申②
2. 行樞蜜③院依已行照勘，巴都魯曾無与
3. 索索④都大王位下守把⑤隘口，北⑥營住坐，婦人朶黑荅係端
4. 的是否不蘭奚大王位下卜羅歹千戶所管教化的
5. 嫡女，得⑦見明白付下到报紧⑧関人耳孟布差人
6. 勾喚赴府⑨取問。所拠差去人飲食，照依中書省⑩三部定例應付⑪。承此，合行具呈者。

（後缺）

15. 元某司呈文為豐備庫呈報到承帖未支分例軍糧諸名項等錢事

題解：

本件《中國藏黑水城漢文文獻》中原始編號為F116：W21，出版編號為M1·0254，收於第二冊《官用錢糧物文書》第355頁，擬題為《萬億寶源庫錢糧文書》，並及其尺寸為32.5cm×29.3cm。本件還收錄於《黑城出土文書（漢文文書卷）》第140頁《官用錢糧類》，其所記文書編號與《中國藏黑水城漢文文獻》原始編號同，並列出文書諸要素為：竹紙，殘，行草書，尺寸為29.0cm×32.3cm。文書為兩紙粘接，第一紙現存文字4行，第二紙現存文字8行，兩紙粘接處鈐騎縫章一枚。陳瑞青認為本件文書應當形成於大德七年（1303）之後，最有可能是在延祐年間或在延祐之後，是甘肅行省豐備庫給亦集乃路總管府的牒文，可定名

---

① "差人齎公文照驗去"等字為左行補入，現徑改。
② 此處書寫兩字，但是漫漶不清，《黑城出土文書》錄文漏錄，現據圖版補。
③ 據文意推斷"蜜"應為"密"。
④ "索索"，《黑城出土文書》錄文未釋讀，現據圖版補。且第二個"索"為省文符號，現徑改。
⑤ "把"，《黑城出土文書》錄文作"衛"，現據圖版改。
⑥ "北"，《黑城出土文書》錄文作"兵"，現據圖版改。
⑦ "得"，《黑城出土文書》錄文作"將"，現據圖版改。
⑧ "报紧"，《黑城出土文書》錄文一缺字符，現據圖版改。
⑨ "府"字後原有一字，後塗抹，現徑改。
⑩ "省"，《黑城出土文書》錄文作"右"，現據圖版改。
⑪ "取問所拠差去人飲食照依"等字為右行補入，"中書省三部定例應付"等字為左行補入，現徑改。

為 "元中後期甘肅行省豐備庫牒亦集乃路總管府為未發分例、軍糧、俸秩諸名項等錢事",并指出該文書對於研究元代財政制度的運作、萬億寶源庫的職能以及地方財政支出來源等問題具有重要的史料價值。但從文書第 8、9 行 "得此,議得豐儉庫呈報到承帖" 一語推斷,本件文書發文機構似應非甘肅行省豐儉庫,故擬現名。參考文獻:陳瑞青《黑水城所出元代甘肅行省豐備庫錢糧文書考釋》,《寧夏社會科學》2012 年第 2 期。

錄文標點:

（前缺）

1. ☐☐☐☐☐☐☐☐ ☐☐
2. ☐☐ 已 行 關牒去後,回准咨該: 具
3. 拠扵万億宝源庫撥降到中統鈔①
4. 叁万定,就令豐儉庫呈報到承帖

──────（騎縫章）──────

5. 未支②分例、軍粮、俸秩諸名項等鈔③,計
6. 中統鈔壹拾貳万玖阡陸伯陸拾伍定壹
7. 拾肆兩捌錢貳分玖厘陸毛陸絲,開坐各
8. 各帖領字号,呈乞照驗。得此,議 得 豐
9. 儉庫呈報到④承帖未支⑤分例、軍粮諸
10. 名項等錢壹拾貳万玖阡陸伯陸拾伍
11. ☐☐☐☐ ⑥兩捌錢貳分有令,今次
12. ☐☐☐☐☐☐☐ 定 即 ⑦

（後缺）

---

① "鈔",《黑城出土文書》錄文、陳瑞青文均作 "錢",現據圖版改。
② "支",《黑城出土文書》錄文、陳瑞青文均作 "發",現據圖版改。
③ "鈔",《黑城出土文書》錄文、陳瑞青文均作 "錢",現據圖版改。
④ "到",《黑城出土文書》錄文、陳瑞青文均未釋讀,現據圖版補。
⑤ "支",《黑城出土文書》錄文、陳瑞青文均作 "發",現據圖版改。
⑥ 陳瑞青文將此處所缺文字推補為 "定壹拾肆"。
⑦ "即",《黑城出土文書》錄文未釋讀,現據圖版補。

16. 元某司呈指揮文為照算婦人吉木等支糧食、柴薪錢事

題解：

本件《中國藏黑水城漢文文獻》中原始編號為 F14：W102，出版編號為M1·0255，收於第二冊《官用錢糧物文書》第 356 頁，擬題為《支用錢糧柴薪文書》，並記其尺寸為 13.2cm×24.9cm。本件還收錄於《黑城出土文書（漢文文書卷）》第 143 頁《官用錢糧類》，其所記文書編號與《中國藏黑水城漢文文獻》原始編號同，並列出文書諸要素為：麻紙，殘，行草書，尺寸為 23.6cm×12.2cm。文書前後均缺，現存文字 9 行，字跡潦草，墨色重。本件文書為照算婦人吉木等六人支取糧食、柴薪錢公文殘件，從內容來看，其可能為元放支孤老口糧、柴薪公文。

錄文標點：

（前缺）

1. ▭▭▭▭▭▭▭▭▭▭▭▭▭▭▭▭▭▭▭▭▭▭▭□□□□号簿▭▭▭▭▭ ①
2. ▭▭▭□更②為照勘，中間別無重冒、差錯，依數③責領▭▭▭
3. ▭▭▭照算施行，湏呈④指揮。
4. ▭▭▭▭▭壹⑤拾式名：
5. ▭▭▭陸名，　婦人陸名。
6. ▭▭▭□⑥婦人壹拾貳名，每名月支粮叁斗，大尽卅日該支粮▭
7. 　　　陸⑦斗；柴薪錢每月支鈔貳兩伍錢，該支鈔叁拾▭
8. ▭▭名：
9. ▭▭刺　吉木　哈智　脫歡．　掌吉乂兒　耿定兒▭▭▭▭

（後缺）

---

① 此行文字《黑城出土文書》錄文未釋讀，現據圖版改。
② "更"，《黑城出土文書》錄文作"至"，現據圖版改。
③ "依數"，《黑城出土文書》錄文作"□取"，現據圖版改。
④ "呈"，《黑城出土文書》錄文作"至"，現據圖版改。
⑤ 《黑城出土文書》錄文於"壹"字前衍錄一"人"字，現據圖版改。
⑥ 此字殘，《黑城出土文書》錄文作"系"，據圖版不似，現存疑。
⑦ "陸"，《黑城出土文書》錄文作"伍"，現據圖版改。

17. 元亦集乃路總管府呈甘肅行省文為收買公用羊口事

題解：

本件《中國藏黑水城漢文文獻》中原始編號為 F62∶W29，出版編號為 M1·0256，收於第二冊《官用錢糧物文書》第 357 頁，擬題為《收買公用羊口文書》，並記其尺寸為 25cm×40.3cm。本件還收錄於《黑城出土文書（漢文文書卷）》第 142 頁《官用錢糧類》，其所記文書編號與《中國藏黑水城漢文文獻》原始編號同，並列出文書諸要素為：麻紙，殘，草書，尺寸為 39.0cm×21.2cm。文書前完後缺，現存文字 8 行。從內容來看，本件文書應為亦集乃路總管府為收買公用羊口一事呈甘肅行省文。參考文獻：吳超《蒙元時期亦集乃路畜牧業初探》，《農業考古》2012 年第 1 期。

錄文標點：

1. 皇帝聖旨裏，
2. 皇太子令旨裏，亦集乃路揔管府承奉
3. 甘肅等处行中書省劄付，為收買公用羊口事理，仰委□□□□□
4. 本①路從便照依彼②中時值収③買，公 錢④中支持公用羊口印烙□□□
5. 負管押趁逐水草牧放⑤，前来赴省解納，毋將瘦弱□□□□□
6. 毛齒合勘折算□□，如用過粮□⑥保結再申。奉此□□□□
7. 照驗，煩為□□□□□□前去河北等，本⑦渠不⑧□□□□
8. 羊口⑨□□□□□□□□□持⑩公用羊口□□□□□□□□
   （後缺）

---

① "本"，《黑城出土文書》錄文作"在"，現據圖版改。
② "彼"，《黑城出土文書》錄文漏錄，現據圖版補。
③ "収"，《黑城出土文書》錄文作"將"，現據圖版改。
④ "公 錢"，《黑城出土文書》錄文作"引錢"，現據圖版改。
⑤ "牧放"，《黑城出土文書》錄文作"放牧"，現據圖版改。
⑥ "粮□"，《黑城出土文書》錄文作"驗明"，現據圖版改。
⑦ "本"，《黑城出土文書》錄文作"在"，現據圖版改。
⑧ "不"，《黑城出土文書》錄文漏錄，現據圖版補。
⑨ "羊口"，《黑城出土文書》錄文漏錄，現據圖版補。
⑩ "持"，《黑城出土文書》錄文作"將"，現據圖版改。

18. 元某司呈文為報氈脫兒等物尺寸、價錢事殘件

題解：

本件《中國藏黑水城漢文文獻》中原始編號為 F20：W36，出版編號為M1·0257，收於第二冊《官用錢糧物文書》第 358 頁，擬題為《價錢文書》，並記其尺寸為14cm×25.4cm。本件還收錄於《黑城出土文書（漢文文書卷）》第 142 頁《官用錢糧類》，其所記文書編號與《中國藏黑水城漢文文獻》原始編號同，並列出文書諸要素為：竹紙，殘，行草書，尺寸為25.3cm×11.4cm。文書前後均缺，現存文字 5 行，墨色重。按，本件文書與收於《俄藏黑水城文獻》第 4 冊第 204 頁的 TK201 號《天曆二年呈亦集乃路官府文》內容多有相同之處，似為同類文書。俄藏 TK201 號文書為巡檢司向亦集乃路總管府呈報需向孤老发放冬衣之各项衣料折錢清单之呈文，本件文書應也為此。

錄文標點：

（前缺）

1. 甘當罪不詞☐☐☐☐☐☐☐☐

2. 　伏水改機縻糸①長壹拾陸尺，每☐

3. 　　價錢壹拾伍兩；

4. 氈脫兒長壹拾尺，闊②肆尺，每塊

5. 　　價鈔柒兩伍錢

　（後缺）

19. 元某司呈文為使臣支用物色事殘片

題解：

本件《中國藏黑水城漢文文獻》原始編號為 F197：W16，出版編號為M1·0258，收於第二冊《官用錢糧物文書》第 359 頁，擬題為《使臣支用文書》，並記其尺寸為14.4cm×12.8cm。本件還收錄於《黑城出土文書（漢文文書卷）》第 142 頁《官用錢糧類》，所記文書編號與《中國藏黑水城漢文文獻》原始編號同，

---

① "糸"，《黑城出土文書》錄文作"系"，現據圖版改。
② "闊"，《黑城出土文書》錄文作"深"，現據圖版改。

並列出文書諸要素為：麻紙，屑，行楷書，尺寸為 12.4cm×13.4cm。文書為正背雙面書寫，正面現存文字 4 行，背面圖版《中國藏黑水城漢文文獻》未收，《黑城出土文書（漢文文書卷）》也未釋讀，從正面所透字跡看，背面現存文字 1 行。從內容來看，本件文書應為關於使臣支用物品的呈文殘片。

錄文標點：

正：

　　　　　（前缺）

1. ＿＿□起，使臣用過實支＿＿＿＿
2. ＿＿行具呈，伏乞
3. ＿＿□①
4. ＿＿使臣拾壹起，各支日＿＿＿

　　　　　（後缺）

背：

　　　　　（前缺）

1. ＿＿＿＿□□□②

20. 元泰定二年（1325）中書省咨文為救荒急務事（二）

題解：

本件《中國藏黑水城漢文文獻》原始編號為 F167：W25b，出版編號為M1·0259，收於第二冊《官用錢糧物文書》第 359 頁，擬題為《文書殘件》，並記其尺寸為5.2cm×14.6cm。本件還收錄於《黑城出土文書（漢文文書卷）》第 142 頁《官用錢糧類》，所記文書編號為 F167：W25（2）。該書將本號文書與《中國藏黑水城漢文文獻》第二冊第 345 頁M1·0244［F167：W25a］號文書統一編號為 F167：W25，作為一件文書釋錄，並列出文書諸要素為：宣紙，殘屑，楷書，尺寸為14.4cm×5.1cm。按，兩號文書字跡一致，編號相連，應為同件文書。文書前後均缺，現存文字 2 行。文書定名依綴合後定。

---

① 此行文字《黑城出土文書》錄文未標注，現據圖版補。
② 此行文字與正面第 4 行文字重合。

錄文標點：

（前缺）

1. 司□▭
2. 咨都省以憑陞▭

（後缺）

21. 元料錢文書殘片

題解：

本件《中國藏黑水城漢文文獻》中原始編號為 F125：W47，出版編號為M1·0260，收於第二冊《官用錢糧物文書》第 360 頁，擬題為《料錢文書》，並記其尺寸為9.4cm×23.4cm。本件還收錄於《黑城出土文書（漢文文書卷）》第 142 頁《官用錢糧類》，其所記文書編號與《中國藏黑水城漢文文獻》原始編號同，並列出文書諸要素為：竹紙，殘，經塗改，尺寸為 23.1cm×8.4cm。文書上方有符號相同的簽押三處，前後均缺，現存文字 6 行，字跡凌亂且多勾畫，疑為分發料錢帳目。

錄文標點：

（前缺）

1. ▭□□①
2. 　　　　　　　　數一千四百廿二石，計價
3. 　　（簽押）分②俵料③九百六十一④定卅兩。
4. 　　　　　　　　一千一百卅七定卅兩內，先
5. （簽押）（簽押）今次発到料錢鈔一百五十⑤定，
6. 　　　　　　未発□▭價十六定。

（後缺）

---

① 此行文字《黑城出土文書》錄文未標注，現據圖版補。
② "分"，《黑城出土文書》錄文作"交"，現據圖版改。
③ "分俵料"，《黑城出土文書》錄文錄於第 2 行，現據圖版改。
④ "九百六十一"等字被用墨筆圈畫。
⑤ "今次発到料錢鈔一百五十"等字被用墨筆圈畫。

22. 元某年正月初六日糧房椽史頡卍、張舒文為揭貼文簿用紙事

題解：

本件《中國藏黑水城漢文文獻》中原始編號為 F9：W24，出版編號為 M1·0261，收於第二冊《官用錢糧物文書》第 361 頁，擬題為《錢糧房用紙文書》，並記其尺寸為 15.9cm×30.1cm。本件還收錄於《黑城出土文書（漢文文書卷）》第 142 頁《官用錢糧類》，其所記文書編號與《中國藏黑水城漢文文獻》原始編號同，並列出文書諸要素為：草紙，缺，草行書，尺寸為 29.7cm×15.7cm。文書前後完整，現存文字 4 行，第 4 行字跡稍小。本件文書應為糧房椽史頡卍等為購買揭貼文簿用紙所做呈文。

錄文標點：

1. 粮房椽史頡卍，今関到□明吊式
2. 揭貼文簿用，買此為用者。
3. 　　　正月初六日椽史　頡　卍（簽押）
　　　　　　　　　　　　張　舒（簽押）
4. 帖子上得三百一十七張

23. 元李大等買麪文書殘片（一）

題解：

本件《中國藏黑水城漢文文獻》中原始編號為 F9：W30A，出版編號為 M1·0262，收於第二冊《官用錢糧物文書》第 362 頁，擬題為《買麪文書》，並記其尺寸為 12.4cm×24.3cm。《黑城出土文書（漢文文書卷）》一書未收。文書前後均缺，下殘，現存文字 5 行，上方有墨色勾畫痕，勾畫痕下有墨筆圈畫符號兩個。本號文書與《中國藏黑水城漢文文獻》第二冊《官用錢糧物文書》第 366 頁 M1·0266〔83H. F9：W14/0268〕號文書紙張顏色相似，字跡相同，且均有墨色勾畫痕跡，應為同件文書。文書擬題依綴合後所定。

錄文標點：

　　　（前缺）

1. 　　　　　　　初十日乞①

---

① 此行文字字頭向下，與其餘各行文字方向相反。

2. 　　廿□日□李大

3. 　　　　買麵一百廿五斤，□▢

4. 　　　　計鈔壹伯廿五▢

5. 　　　　二月初三日収鈔廿▢①

　　　（後缺）

24. 元某司呈文為匠人張二哥等計料事殘片

題解：

本件《中國藏黑水城漢文文獻》中原始編號為F15：W3，出版編號為M1·0263，收於第二冊《官用錢糧物文書》第363頁，擬題為《木匠張二哥計料文書》，並記其尺寸為14.6cm×24.1cm。本件還收錄於《黑城出土文書（漢文文書卷）》第142頁《官用錢糧類》，其所記文書編號與《中國藏黑水城漢文文獻》原始編號同，並列出文書諸要素為：麻紙，屑，行草書，尺寸為23.9cm×11.2cm。文書前後均缺，現存文字5行。

錄文標點：

　　　　（前缺）

1. ▢各計▢

2. ▢鈅②門戶伕③藝各还作匠人，計料

3. ▢等如後開坐：

4. ▢一木匠張二哥，計料到徧斜面見庫舍

5. 　　或在內有□□□條，各長④壹拾⑤

　　　（後缺）

---

① 第2行右側，第2、3、4、5行上方，有勾畫墨痕。且第3行、第5行開始處有墨筆圈點。

② "鈅"，《黑城出土文書》錄文未釋讀，現據圖版補。

③ "伕"，《黑城出土文書》錄文作"係"，現據圖版改。

④ "條各長"，《黑城出土文書》錄文未釋讀，現據圖版補。

⑤ "壹拾"，《黑城出土文書》錄文作"住於"，現據圖版改。

25. 元支糧帳簿殘片

題解：

本件《中國藏黑水城漢文文獻》中原始編號為 F180∶W3，出版編號為M1·0264，收於第二冊《官用錢糧物文書》第 364 頁，擬題為《錢糧文書》，並記其尺寸為 12.2cm×16.1cm。本件還收錄於《黑城出土文書（漢文文書卷）》第 143 頁《官用錢糧類》，其所記文書編號與《中國藏黑水城漢文文獻》原始編號同，並列出文書諸要素為：麻紙，屑，行楷書，尺寸為 15.7cm×11.8cm。文書前後均缺，現存文字 7 行。

錄文標點：

（前缺）

1. ☐☐☐☐☐☐八斗五合
2. ☐☐☐二①百四石七斗叁升七☐
3. ☐☐☐☐☐粮四百令九斗四升☐
4. ☐☐☐☐支二百石令五升五合
5. ☐☐☐☐支二百令八斗八升七合
6. ☐☐☐☐☐三十四石六斗
7. ☐☐☐☐支三十石七斗五升

（後缺）

26. 元酒麴文書殘片

題解：

本件《中國藏黑水城漢文文獻》中原始編號為 84H·F51∶W17/0842，出版編號為M1·0265，收於第二冊《官用錢糧物文書》第 365 頁，擬題為《錢糧文書殘件》，並記其尺寸為 9.4cm×25.4cm。《黑城出土文書（漢文文書卷）》一書未收。文書共兩件殘片，均前後缺，殘片一現存文字 3 行，殘片二現存文字 5 行。

---

① 《黑城出土文書》錄文於"二"字前推補一"支"字。

錄文標點：

（一）

（前缺）

1. _____□_____

2. _____酒幾□

3. _____□_____

（後缺）

（二）

（前缺）

1. _____□□_____

2. _____酒卅五瓶□

3. _____并□□或□

4. _____劃舐盃

5. _____曲子七□

（後缺）

27. 元李大等買麴文書殘片（二）

題解：

本件《中國藏黑水城漢文文獻》中原始編號為83H・F9：W14/0268，出版編號為M1・0266，收於第二冊《官用錢糧物文書》第366頁，擬題為《文書殘件》，並記其尺寸為21.9cm×9.6cm。《黑城出土文書（漢文文書卷）》一書未收。文書共三件殘片，從墨色、字跡、用紙、文書內容等情況來看，此三件殘片與《中國藏黑水城漢文文獻》第二冊第362頁M1・0262［F9：W30A］號文書應為同一件文書，文書擬題據綴合後所定。

錄文標點：

（一）

（前缺）

1. _____□

2. ☐　　　每兩十一斤　　☐
3. ☐　　陸兩☐
　　　　（後缺）
（二）
　　　　（前缺）
1. ☐・☐①
2. ☐日一十五☐
3. ☐白☐
　　　　（後缺）
（三）
　　　　（前缺）
1. ☐☐　　　②
　　　　（後缺）

（七）軍用錢糧文書

1. 元延祐二年（1315）六月甘肅等處行中書省劄付亦集乃路總管府為暖忽里齒王入川炒米麨事

題解：

本件《中國藏黑水城漢文文獻》中原始編號為 F116：W561，出版編號為 M1・0267，收於第二冊《軍用錢糧文書》第 369 頁，擬題為《軍用錢糧文卷》，並記其尺寸為 66.1cm×35.2cm。本件文書共兩件殘片，其中殘片一還收錄於《黑城出土文書（漢文文書卷）》第 136 頁《軍用錢糧類》，所記文書編號與《中國藏黑水城漢文文獻》原始編號同，並列出文書諸要素為：宣紙，殘，漢文行草書，末尾有畏兀兒體蒙古文及八思巴字年款各 1 行，尺寸為 34.6cm×49.3cm。文書殘片一前後均全，現存文字 17 行，第 17 行為蒙古文年款墨戳，其中年號、月、

---

① 此行右側有墨色畫痕。
② 此行右側有墨痕。

日等字為戳印，具體數字則是手書蒙古文補入，其上鈐朱印一枚；殘片二僅存文字1行。從內容来看，本件文書為延祐二年（1315）六月甘肅行省向亦集乃路總管府為給暖忽里豳王入川支炒米麥一事所下劄付。楊富學、張海娟指出本件文書中的術伯、暖忽里即出伯、南忽里父子。此事《元史》失載。據考，此次暖忽里之"入川"，當是由沙州前線就近進入哈密附近塔失八裏站、攬出去站一帶的戈壁石川，向西攻擊的目標正是察合台汗國。參考文獻：1. 張重艷《黑水城所出元代軍糧文書雜識》，《蘭州學刊》2009 年第 12 期；2. 李治安《元代甘肅行省新探》，《元史論叢》（第十一輯），天津古籍出版社 2009 年版；3. 楊富學、張海娟《蒙古豳王家族與元代西北邊防》，《中國邊疆史地研究》2012 年第 2 期；4. 李志安《元中葉西北"過川"及"過川軍"新探》，《歷史研究》2013 年第 2 期；5. 楊富學、張海娟《蒙古豳王家族與元代亦集乃路之關係》，《敦煌研究》2013 年第 3 期；6. 張笑峰《黑水城文書中的寧肅王》，《圖書館理論與實踐》2014 年第 7 期。

錄文標點：

（一）

1. 皇帝聖旨裏，甘肅等處行中書省據畏□□文①字譯該②：行□□□□

2. 　　　　火者文字裏說有，在先

3. 暖忽里入川去呵，炒□□麪③，這□□今奉

4. □入川去的時分，

5. □□里根底，依在先与来的躰例□□□□□□嗦有，怎生行与亦火□□□

6. 　　　　者④。得此，照得延祐二年六月初一日據肅州路申，忽都伯□□

7. 暖忽里豳王入川炒米麪，依

8. 術伯豳王入川的例与者，申乞明降。得⑤此，照得至元廿六年□□□⑥

---

① "□□文"此處三字殘損，《黑城出土文書》、李志安、楊富學等文迻錄作"兀兒"，但漏釋"文"字。
② "該"，《黑城出土文書》、李志安、楊富學等文作"讀"，現據圖版改。
③ "麪"，《黑城出土文書》、李志安、楊富學等文作"面"，現據圖版改。下同，不再另作說明。
④ "者"，《黑城出土文書》錄文錄作第 5 行，現據圖版改。
⑤ "申乞明降得"，李志安文作"申□□以"，現據圖版改。
⑥ 此行文字《黑城出土文書》、楊富學等文漏錄，現據圖版補。

252　中國藏黑水城漢文文獻的整理與研究

9.　　术伯大①王入川炒米②兩石、麪☐☐☐。本処稅粮并倉屯☐☐☐

10.　　圉王入川炒米麪，照 依 ☐☐ 行劄付肅州路亦只失☐☐

11.　　本位下収管去訖。今☐☐☐省府合下仰照驗明☐☐☐☐

12.　　　　就支③

13.　　本位下収管，年終通行，照算施行。☐☐☐☐☐☐☐☐

14.　　　　　　　右劄付亦集乃路揔管府， 准 此 。

15.　　　　（蒙古文）

16.　　炒米麪

17.　　（蒙古文墨戳年號）④
　　　　（後缺）
（二）
　　　　（前缺）
1.　☐☐☐☐　　劉思忠承⑤
　　　　（後缺）

---

①　"大"，《黑城出土文書》、楊富學等文作"圉"，現據圖版改。
②　《黑城出土文書》、李志安、楊富學等文於"米"字後衍錄一"麪"字，現據圖版改。
③　"就支"，《黑城出土文書》錄文作第11行，現據圖版改。
④　文書第15—17行《黑城出土文書》漏錄，現據圖版補。另，第17行鈐朱印一枚。
⑤　此殘片《黑城出土文書》未錄。

2. 元延祐六年（1319）正月朶立赤翼軍糧文書殘尾

題解：

本件《中國藏黑水城漢文文獻》中原始編號為 F79：W25，出版編號為 M1·0268，收於第二冊《軍用錢糧文書》第 370 頁，擬題為《延祐六年朶立赤翼軍糧文書》，並記其尺寸為 13.4cm×22cm。本件還收錄於《黑城出土文書（漢文文書卷）》第 136 頁《軍用錢糧類》，其所記文書編號與《中國藏黑水城漢文文獻》原始編號同，並列出文書諸要素為：麻紙，屑，行草書，尺寸為 21.5cm×12.1cm。文書前後均缺，現存文字 4 行。從內容來看，其應為延祐六年正月有關"朶立赤翼軍糧"支取的文書殘件。陳瑞青指出本件文書中的"朶立赤"即為安定王朶立只巴。參考文獻：陳瑞青《黑水城元代文獻中的"安定王"及其部隊》，《南京師範大學學報》（社會科學版）2012 年第 5 期。

錄文標點：

（前缺）

1. 　　　延祐六年正月　　▢
2. 　　　　　　　　　　提控案牘▢①　▢
3. 朶立赤翼軍粮
4. 　　　　　　　　　　　　▢　▢②　▢

（後缺）

3. 元泰定四年（1327）七月正軍闊象赤支米糧文書殘片

題解：

本件《中國藏黑水城漢文文獻》中原始編號為 F123：W7，出版編號為 M1·0269，收於第二冊《軍用錢糧文書》第 371 頁，擬題為《泰定四年支正軍米糧文書》，並記其尺寸為 13.9cm×27.3cm。本件還收錄於《黑城出土文書（漢文文書卷）》第 136 頁《軍用錢糧類》，其所記文書編號與《中國藏黑水城漢文文獻》原始編號同，並列出文書諸要素為：竹紙，殘，行草書，尺寸為 26.5cm×11.7cm。

---

① 此字殘缺，《黑城出土文書》錄文作"劉"。
② 此兩字殘缺，《黑城出土文書》錄文推補為"知事"。

文書前後均缺，現存文字4行。參考文獻：張重艷《黑水城所出元代軍糧文書雜識》，《蘭州學刊》2009年第12期。

錄文標點：

（前缺）

1. □①正軍闊象赤②□白③一十八名，各支不等。泰
2. 　　　定四年七月一个月大尽，該支
3. 　　　粮七十六石八斗：
4. 　　　黃米五十六石四斗，

（後缺）

4. 元支持庫放支錢糧柴薪等文書

題解：

本件《中國藏黑水城漢文文獻》中原始編號為F175：W7，出版編號為M1·0270，收於第二冊《軍用錢糧文書》第372頁，擬題為《支持庫支錢糧柴文書》，並記其尺寸為19.5cm×27.9cm。本件還收錄於《黑城出土文書（漢文文書卷）》第138頁《軍用錢糧類》，其所記文書編號與《中國藏黑水城漢文文獻》原始編號同，並列出文書諸要素為：麻紙，殘，行楷書，尺寸為25.7cm×19.0cm。文書前後均缺，現存文字10行。參考文獻：1. 張重艷《黑水城所出元代軍糧文書雜識》，《蘭州學刊》2009年第12期；2. 石坤《從黑水城出土漢文文書看元亦集乃路的西夏遺民》，《敦煌學輯刊》2005年第2期。

錄文標點：

（前缺）

1. 　　　□石④捌斜，
2. 　　　小麦叁石捌斜。
3. 支持庫支：每名月支鈔貳兩伍錢，計鈔壹定肆拾伍兩；

---

① 此處有殘文字一個，《黑城出土文書》錄文、張重艷文錄文均未標注，現據圖版補。
② "闊象赤"，《黑城出土文書》錄文作"□落赤"，現據圖版改。
③ "白"，《黑城出土文書》錄文作"伯"，現據圖版改。"白"通"百"。
④ "石"，《黑城出土文書》錄文未釋讀，現據圖版補。

4.　　　　柴薪：每名月支硬柴伍秤，計柴壹伯玖
5.　　　　　　　拾秤。每秤①價錢鈔叁錢，計鈔壹定
6.　　　　　　　令柒两；
7.　　　　添支鈔：每名壹两，計鈔叁拾捌两。
8.　男子壹拾陸名：
9.　　　　火者王　李即兀束　朶立赤　宋忽芦
10.　　　　苔失蛮　馬合麻　　怯伯　　拜都
　　　　（後缺）

5. 元闊象赤季支錢米文書殘片

題解：

本件《中國藏黑水城漢文文獻》中原始編號為F125：W61，出版編號為M1·0271，收於第二冊《軍用錢糧文書》第373頁，擬題為《闊立赤支米文書》，並記其尺寸為13cm×25.2cm。本件還收錄於《黑城出土文書（漢文文書卷）》第136頁《軍用錢糧類》，其所記文書編號與《中國藏黑水城漢文文獻》原始編號同，並列出文書諸要素為：麻紙，殘，行書，尺寸為25.0cm×11.8cm。文書前後均缺，現存文字4行，文字上方留有較大空白。參考文獻：1. 方齡貴《讀〈黑城出土文書〉》，《元史叢考》，民族出版社2004年版；2. 張重艷《黑水城所出元代軍糧文書雜識》，《蘭州學刊》2009年第12期；3. 石坤《從黑水城出土漢文文書看元亦集乃路的西夏遺民》，《敦煌學輯刊》2005年第2期。

錄文標點：

　　　　（前缺）

1.　　　計②帖支鈔廿四定卅七两五錢。
2.　闊象③赤廿八名，每名季支米四斗，
3.　　　該米一十一石二斗，內除小
4.　　　盡一日不支米一斗八升

---

① "每秤"，《黑城出土文書》錄文漏錄，現據圖版補。
② "帖"，《黑城出土文書》錄文作"該"，現據圖版改。
③ "象"，《黑城出土文書》錄文作"立"，現據圖版改。

256　中國藏黑水城漢文文獻的整理與研究

（後缺）

6. 元支持庫放支各翼軍人閏七月雜色錢文書殘片

題解：

本件《中國藏黑水城漢文文獻》中原始編號為 F62：W18，出版編號為 M1·0272，收於第二冊《軍用錢糧文書》第 374 頁，擬題為《正軍闊錄赤支鈔文書》，並記其尺寸為 18.7cm×21.4cm。本件文書共兩件殘片，其中殘片二還收錄於《黑城出土文書（漢文文書卷）》第 136 頁《軍用錢糧類》，所記文書編號與《中國藏黑水城漢文文獻》原始編號同，並列出文書諸要素為：麻紙，殘，行書，尺寸為 20.2cm×7.1cm。文書殘片一現僅存 3 字，漫漶不清，疑為雜寫；殘片二現存文字 5 行。本件文書主要記載了支持庫放支各翼軍人閏七月一個月雜色錢之事。參考文獻：1. 方齡貴《讀〈黑城出土文書〉》，《元史叢考》，民族出版社 2004 年版；2. 張重艷《黑水城所出元代軍糧文書雜識》，《蘭州學刊》2009 年第 12 期。

錄文標點：

（一）

1. 　　　　　□□
2. 　　　　　□

（二）

　　　　　（前缺）

1. ▭▭□▭
2. ▭|叁|拾玖名；　　闊象赤弍拾名。
3. ▭|以|下支持庫放支各翼軍人閏七月一个月雜色錢中
4. ▭□內除各翼作妥訖，折肆①拾弍定肆②
5. ▭□支③翼正軍、闊象赤弍伯伍拾玖

　　　　　（後缺）

---

① "折肆"，《黑城出土文書》錄文作"折鈔捌"，現據圖版改。
② "肆"，《黑城出土文書》錄文作"捌"，現據圖版改。
③ "支"，《黑城出土文書》錄文未釋讀，現據圖版補。

7. 元也火哈剌章等牌下馬軍名錄（一）

題解：

本件《中國藏黑水城漢文文獻》中原始編號為 F197：W23a，出版編號為 M1・0273，收於第二冊《軍用錢糧文書》第 375 頁，擬題為《馬軍也火哈剌章等》，並記其尺寸為 15.4cm×24.2cm。本件還收錄於《黑城出土文書（漢文文書卷）》第 137 頁《軍用錢糧類》，其所記文書編號為 F197：W23（1）。該書將本號文書與《中國藏黑水城漢文文獻》第二冊第 376 頁 M1・0274［F197：W23b］號文書統一編號為 F197：W23，作為一件文書釋錄，並列出文書諸要素為：麻紙，殘，行書，尺寸為 22.0cm×13.0cm。按，兩號文書紙張、字跡相同，內容相關，應為同件文書。文書前後均缺，現存文字 7 行。文書擬題依綴合後所定。參考文獻：徐悅《元代亦集乃路的屯田開發》，《寧夏社會科學》2008 年第 3 期。

錄文標點：

（前缺）

1. 　　　侯仟南布　　　麦足瓦□□
2. 　　　足兀朶立真苔　梁□□□
3. 　　　吾即思仰布
4. □□①哈剌章牌下：
5. 　　馬軍一十名：
6. 　　　也火哈剌章　　米占受②　　汝足剌
7. 　　　吾即不顏　　　也火不花　　高耳立支

（後缺）

8. 元也火哈剌章等牌下馬軍名錄（二）

題解：

本件《中國藏黑水城漢文文獻》中原始編號為 F197：W23b，出版編號為 M1・0274，收於第二冊《軍用錢糧文書》第 376 頁，擬題為《也火完者等》，並

---

① 此處所缺文字，據下文"也火哈剌章"可推知，應為"也火"。
② "受"，《黑城出土文書》錄文作"愛"，現據圖版改。

記其尺寸爲 16.7cm×22.5cm。本件還收錄於《黑城出土文書（漢文文書卷）》第 137 頁《軍用錢糧類》，其所記文書編號爲 "F197：W23（2）"。該書將本號文書與《中國藏黑水城漢文文獻》第二冊第 375 頁 M1·0273［F197：W23a］號文書統一編號爲 F197：W23，作爲一件文書釋錄，並列出文書諸要素爲：麻紙，殘，行書，尺寸爲 22.0cm×16.0cm。按，兩號文書紙張、字跡相同，內容相關，應爲同件文書。文書前後均缺，現存文字 6 行。文書擬題依綴合後所定。參考文獻：徐悅《元代亦集乃路的屯田開發》，《寧夏社會科學》2008 年第 3 期。

錄文標點：

（前缺）

1. ▭下：
2. □茲即　　也火完者　　也火不花
3. 　　許孛羅　　樊哈剌不花　也火速迭兒
4. ▭：①
5. 　　趙歲力　　脫歡帖木　　嵬名②脫歡
6. ▭　　　　▭　　　　撒剌

（後缺）

9. 元男子名錄

題解：

本件《中國藏黑水城漢文文獻》中原始編號爲 Y1：W14A，出版編號爲 M1·0275，收於第二冊《軍用錢糧文書》第 377 頁，擬題爲《男子火者失等》，並記其尺寸爲 10.1cm×29.8cm。本件還收錄於《黑城出土文書（漢文文書卷）》第 137 頁《軍用錢糧類》，其所記文書編號爲 Y1：W14，與《中國藏黑水城漢文文獻》原始編號異，並列出文書諸要素爲：竹紙，殘，行書，尺寸爲 29.3cm×8.8cm。文書前後均缺，現存文字 4 行。本件文書列舉了十二名男子姓名，由 F175：W7 號文書可知，此似爲支持庫放支軍人錢糧文書後附之名單。

---

① 此處殘缺，無筆畫殘存，但據文書格式及文字行距可知，此處當有一行文字，故作缺字符號，《黑城出土文書》亦作缺字處理。
② "嵬名"，《黑城出土文書》錄文作 "完者"，現據圖版改。

錄文標點：

（前缺）

1. 男子壹拾貳名：
2. 　　買買馿　　　火者失　　　堂剌　　　也丹
3. 　　忽都花①火者　乃馬歹　　　麻哈麻　　苦术
4. 　　牟耳迷　　　馬哈麻　　　孫失剌歹

（後缺）

10. 元魯即柔責等牌下馬軍名錄

題解：

本件《中國藏黑水城漢文文獻》中原始編號為F197：W13，出版編號為M1·0276，收於第二冊《軍用錢糧文書》第378頁，擬題為《馬軍梁兀納答等》，並記其尺寸為12.7cm×26.8cm。本件還收錄於《黑城出土文書（漢文文書卷）》第137頁《軍用錢糧類》，其所記文書編號與《中國藏黑水城漢文文獻》原始編號同，並列出文書諸要素為：麻紙，殘，行書，尺寸為25.3cm×12.3cm。文書前後均缺，現存文字6行。

錄文標點：

（前缺）

1. 　　　□□□□　也□□
2. 魯即柔責牌②下：
3. 　　馬軍一十名：
4. 　　魯即柔責　吾即失剌　周□□
5. 　　也火荅合　　趙海哥　　卜□□
6. 　　梁兀納荅　畏兀兒□干

（後缺）

---

① "都花"原作"花都"，旁加倒乙符號，現徑改。
② "牌"，《黑城出土文書》錄文作"位"，現據圖版改。

260 中國藏黑水城漢文文獻的整理與研究

11. 元男子名錄殘片

題解：

本件《中國藏黑水城漢文文獻》中原始編號為 F19：W28，出版編號為M1·0277，收於第二冊《軍用錢糧文書》第 379 頁，擬題為《朵立赤等》，並記其尺寸為 14.4cm×29.8cm。本件文書共三件殘片，其中殘片一還收錄於《黑城出土文書（漢文文書卷)》第 137 頁《軍用錢糧類》，其所記文書編號與《中國藏黑水城漢文文獻》原始編號同，並列出文書諸要素為：麻紙，屑，行草書，尺寸為 21.0cm×8.2cm。殘片二、三《黑城出土文書（漢文文書卷)》未收。殘片一現存文字 4 行，殘片二、三各存文字 2 行，均前後缺。按，本件文書載有一十九名男子之姓名，其載錄格式與 F175：W7 文書后附軍人名單相似，可推知，此件似亦為支持庫放支軍人錢糧文書後附之名單。

錄文標點：

（一）

　　　　　（前缺）

1. □①子壹拾玖名：
2. 　朵立赤　　李即兀束　　□
3. 　荅失蠻　　吳兀忍布　　□
4. 　怯伯　　　拜□　　　　□

　　　　　（後缺）

（二）

　　　　　（前缺）

1. ____□前去合□____
2. _____□____

　　　　　（後缺）

（三）

　　　　　（前缺）

---

① 據相關文書可以推知，此處所缺文字應為"男"。

1. ☐☐☐☐☐口☐
2. ☐石☐答哈等☐☐
　　　　（後缺）

12. 元某翼正軍名錄殘片

題解：

本件《中國藏黑水城漢文文獻》中原始編號為 F125：W3，出版編號為M1·0278，收於第二冊《軍用錢糧文書》第 380 頁，擬題為《正軍王凹子等》，並記其尺寸為20cm×12.2cm。本件還收錄於《黑城出土文書（漢文文書卷）》第 137 頁《軍用錢糧類》，其所記文書編號與《中國藏黑水城漢文文獻》原始編號同，並列出文書諸要素為：麻紙，屑，行書，尺寸為 12.0cm×19.6cm。文書前後均缺，現存文字 5 行。

錄文標點：

　　　　（前缺）
1. 惣計正軍貳拾名：
2. ☐住① 　王凹子　☐
3. ☐☐　　王三虞　☐
4. ☐住　　吳馬漢　☐
5. ☐口　　張新　　☐
　　　　（後缺）

13. 元放支北庭元帥府軍人冬季口糧文書

題解：

本件《中國藏黑水城漢文文獻》中原始編號為 F13：W124，出版編號為M1·0279，收於第二冊《軍用錢糧文書》第 381 頁，擬題為《往字十九號放支北庭元帥府軍人冬季口糧文書》，並記其尺寸為 9.7cm×14.4cm。本件還收錄於《黑城出土文書（漢文文書卷）》第 137 頁《軍用錢糧類》，其所記文書編號與《中國藏

---

① "住"，《黑城出土文書》錄文未釋讀，現據圖版補。

黑水城漢文文獻》原始編號同，並列出文書諸要素為：竹紙，整，行草書，尺寸為14.2cm×9.3cm。文書前後均全，現存文字3行，載錄放支北庭元帥府軍人冬季口糧之事。參考文獻：張國旺《黑水城元代文獻研究二則》，《隋唐遼宋金元史論叢》（第一輯），紫禁城出版社2011年版。

錄文標點：

1. 一帖往字十九号放支北庭元帥
2. 府軍人冬季口粮：米四十
3. 二石七斗二升。

14. 元放支朵立只罕翼軍人至正廿九年（1369）冬季口糧文書

題解：

本件《中國藏黑水城漢文文獻》中原始編號為F13∶W121，出版編號為M1·0280，收於第二冊《軍用錢糧文書》第381頁，擬題為《暑字伍拾貳號放支朵立只罕翼軍人口糧文書》，並記其尺寸為11.3cm×11.3cm。本件還收錄於《黑城出土文書（漢文文書卷）》第136頁《軍用錢糧類》，其所記文書編號與《中國藏黑水城漢文文獻》原始編號同，並列出文書諸要素為：竹紙，缺，草書，尺寸為10.5cm×11.1cm。文書前後均全，現存文字5行，載錄放支朵立只罕翼軍人至正廿九年冬季口糧之事。陳瑞青指出本件文書中的"朵立赤"即為安定王朵立只巴。參考文獻：1. 陳瑞青《黑水城元代文獻中的"安定王"及其部隊》，《南京師範大學學報》（社會科學版）2012年第5期；2. 張國旺《黑水城元代文獻研究二則》，《隋唐遼宋金元史論叢》（第一輯），紫禁城出版社2011年版。

錄文標點：

1. 一帖暑字伍拾貳号 放
2. 支朵立只罕翼軍人 至
3. 正廿九年冬季口粮：黃 米
4. 伍拾石貳斗陸升式勺□
5. 抄叄作式圭①。

---

① "圭"，《黑城出土文書》錄文未釋讀，現據圖版補。

15. 元放支闊象赤軍糧文書

題解：

本件《中國藏黑水城漢文文獻》中原始編號為 F9：W12，出版編號為 M1·0281，收於第二冊《軍用錢糧文書》第 382 頁，擬題為《放支錢糧文書》，並記其尺寸為 17.9cm×14.1cm。本件還收錄於《黑城出土文書（漢文文書卷）》第 137 頁《軍用錢糧類》，其所記文書編號與《中國藏黑水城漢文文獻》原始編號同，並列出文書諸要素為：竹紙，殘，草行書，尺寸為 13.7cm×17.3cm。文書前後均缺，上完，下部被裁切，現存文字 14 行，鈐蓋紅色印章一枚。參考文獻：方齡貴《讀〈黑城出土文書〉》，《元史叢考》，民族出版社 2004 年版。

錄文標點：

（前缺）

1. 　　　貳伯貳拾☐☐☐☐☐☐
2. 　　　陸勺陸抄捌☐☐☐☐☐
3. 　　　斗叄升叄[合]☐☐☐☐①
4. 　黃米壹伯陸拾捌[石]☐☐☐
5. [正]②支黃米捌拾貳石③☐☐
6. 　黃米肆拾壹石[壹]☐☐☐④
7. 　低支⑤小麦肆⑥拾壹石[壹]☐
8. 　折支⑦米捌拾貳石叄☐☐☐
9. 　　計鈔壹伯捌拾☐☐☐☐

---

① 第 1—3 行鈐朱印一枚。
② "[正]"，《黑城出土文書》錄文作"放"，現據圖版改。
③ "貳石"，《黑城出土文書》錄文作"壹石壹"，現據圖版改。
④ 此行文字《黑城出土文書》錄文漏錄，現據圖版改。
⑤ "支"，《黑城出土文書》錄文作"交"，現據圖版改。
⑥ "肆"，《黑城出土文書》錄文作"捌"，現據圖版改。
⑦ "支"，《黑城出土文書》錄文作"交"，現據圖版改。

10.　　　雜色伍拾肆①石捌斗捌☐☐
11.　闊象赤②玖拾貳名，每名月 支☐
12.　　　　　内除小尽一日③ ☐
13.　　　　　鈔，实支粮伍☐
14.　　　　☐石叁☐
　　　　（後缺）

16. 元甘肅行省劄付亦集乃路總管府為罕答海等寄糧事（一）

題解：

本件《中國藏黑水城漢文文獻》中原始編號為84H·F116：W421/1593，出版編號為M1·0282，收於第二冊《軍用錢糧文書》第383頁，擬題為《為申罕答海籌糧》，並記其尺寸為9.4cm×19.2cm。《黑城出土文書（漢文文書卷）》一書未收。文書現存文字2行，前後均缺。本號文書與《中國藏黑水城漢文文獻》第二冊《軍用錢糧文書》第387頁M1·0287［F116：W160］號文書字跡相同，內容均與糧食有關，且都涉及"罕答海"之名，因此推測，這兩號文書應為同一件文書。文書擬題依綴合後所定。

錄文標點：

　　　　（前缺）
1.　為申罕答海 寄 ④粮☐
2.　　　　經☐
　　　　（後缺）

17. 元文書殘片

題解：

本件《中國藏黑水城漢文文獻》中原始編號為84HF135坑內B，出版編號為

---

① "肆"，《黑城出土文書》錄文作"捌"，現據圖版改。
② "象赤"，《黑城出土文書》錄文作"□赤錢"，現據圖版改。
③ "一日"，《黑城出土文書》錄文作"間"，現據圖版改。
④ " 寄 "從《中國藏黑水城漢文文獻》對本件文書之擬名可見編者將此"寄"字釋讀為"籌"，據圖版來看應為"寄"字，現據圖版改。

M1·0283，收於第二冊《軍用錢糧文書》第384頁，擬題為《文書殘件》，並記其尺寸為6.3cm×5.5cm。《黑城出土文書（漢文文書卷）》一書未收錄。文書前後均缺，現存文字2行。

  錄文標點：

     （前缺）

 1.　　　　□省會事

 2.　　　　伴當怯□

     （後缺）

18. 元迤北軍馬閑散文書殘片

  題解：

本件《中國藏黑水城漢文文獻》中原始編號為84H·Y1 采:W85/2755，出版編號為M1·0284，收於第二冊《軍用錢糧文書》第384頁，擬題為《軍人哈迷失不花文書殘件》，並記其尺寸為8.7cm×30.6cm。《黑城出土文書（漢文文書卷）》一書未收。文書共兩件殘片，殘片一現存文字2行，殘片二現存文字3行，均前後缺。本件文書內容似與迤北軍馬閑散有關。

  錄文標點：

（一）

     （前缺）

 1.　　　□價錢

 2.　　　□□□

     （後缺）

（二）

     （前缺）

 1.　　　　　　迤北軍馬閑散

 2.　　　下溫古軍人哈迷失不花□伍名，馬式疋。

 3.　　　管斤侯迤□

     （後缺）

19. 元至元四年（1338）六月某司為申縈身死軍人燒埋錢事文書殘尾

題解：

本件《中國藏黑水城漢文文獻》中原始編號為F1：W48，出版編號為M1·0285，收於第二冊《軍用錢糧文書》第385頁，擬題為《至元四年六月軍人燒埋錢文書》，並記其尺寸為9.4cm×28.1cm。本件還收錄於《黑城出土文書（漢文文書卷）》第141頁《官用錢糧類》，其所記文書編號與《中國藏黑水城漢文文獻》原始編號同，並列出文書諸要素為：竹紙，屑，行書，尺寸為21.3cm×8.6cm。文書前後均缺，現存文字2行。本件文書應是記載為身死軍人申請燒埋錢之事文書的殘尾。

錄文標點：

　　　　（前缺）
　　　　　　（簽押）
1.　　　至元四年　　六月　　吏劉瑄
　　　　（簽押）
2.　申縈身死軍人燒埋錢□＿＿＿＿＿
　　　　（後缺）

20. 元延祐二年（1315）在逃正軍、闊象赤文書殘片

題解：

本件《中國藏黑水城漢文文獻》中原始編號為F166：W11，出版編號為M1·0286，收於第二冊《軍用錢糧文書》第386頁，擬題為《在逃正軍闊象赤文書》，並記其尺寸為15.8cm×20.5cm。本件還收錄於《黑城出土文書（漢文文書卷）》第136頁《軍用錢糧類》，其所記文書編號與《中國藏黑水城漢文文獻》原始編號同，並列出文書諸要素為：麻紙，殘，行楷書，尺寸為20.2cm×15.1cm。文書前後均缺，現存文字6行。本件文書似為與追捕在逃正軍、闊象赤事件有關的文書殘件。參考文獻：方齡貴《讀〈黑城出土文書〉》，《元史叢考》，民族出版社2004年版。

錄文標點：

（前缺）

1. 　　　　　　　　五月分正軍□▢

（中缺）

2. 　　　　　　　　六月▢①
3. 　　　　　　　　闊彖赤叄▢
4. 　　　　　　　　五月分□▢
5. 　　　　　　　　六月一名魏閃皮▢
6. 在逃正軍、闊彖赤二十八名俱②扵延祐二年月▢

（後缺）

21. 元甘肅行省劄付亦集乃路總管府為罕答海等寄糧事（一）

題解：

本件《中國藏黑水城漢文文獻》中原始編號為 F116：W160，出版編號為 M1·0287，收於第二冊《軍用錢糧文書》第 387 頁，擬題為《罕答海忽失歹畏兀兒文字》，並記其尺寸為 37.6cm×22.3cm。本件文書共三件殘片，還收錄於《黑城出土文書（漢文文書卷）》第 137 頁《軍用錢糧類》，其所記文書編號與《中國藏黑水城漢文文獻》原始編號同，並列出文書諸要素為：宣紙，殘屑，行書，尺寸分別為 21.5cm×12.1cm、18.0cm×12.2cm、18.0cm×10.5cm。文書殘片一現存文字 3 行，殘片二現存文字 2 行，殘片三現存文字 1 行，均前後缺。按，本號文書與《中國藏黑水城漢文文獻》第二冊《軍用錢糧文書》第 383 頁 M1·0282 ［84H·F116：W421/1593］號文書字跡相同，內容相關，應為同一件文書。據文書殘片三殘存"管府准此"一語推斷，本件文書應為甘肅行省下亦集乃路總管府劄付，其內容與罕苔海寄糧有關。文書擬題依綴合後所定。

---

① 《黑城出土文書》一書標記第 1、2 行之間缺文 1 行，但從圖版来看，第 1、2 行之間所缺文字應為 4—5 行。

② "俱"，《黑城出土文書》錄文作"具"，現據圖版改。

錄文標點：

（一）

（前缺）

1. ☐来申，據罕苔海、忽①失歹畏兀兒文字☐
2. ☐伯壹拾柒口過川不得迴来了，☐
3. ☐若不接济，實☐

（後缺）

（二）

（前缺）

1. ☐户每根底与了叁个月粮☐
2. ☐有兩②个月粮本③路應付，壹☐

（後缺）

（三）

（前缺）

1. ☐管府准此

（後缺）

22. 元軍人文書殘片

題解：

本件《中國藏黑水城漢文文獻》中原始編號為84H・大院內a6：W3/2792，出版編號為M1・0288，收於第二冊《軍用錢糧文書》第388頁，擬題為《文書殘件》，並記其尺寸為3.6cm×29.2cm。《黑城出土文書（漢文文書卷）》一書未收。文書前後均缺，現存文字1行。

錄文標點：

（前缺）

1. 灼恐軍人飢餓☐ ☐☐☐

（後缺）

---

① "忽"，《黑城出土文書》錄文漏錄，現據圖版增補。
② "兩"，《黑城出土文書》錄文作"四"，現據圖版改。
③ "本"，《黑城出土文書》錄文作"在"，現據圖版改。

23. 元放支闊象赤錢糧文書殘片

題解：

本件《中國藏黑水城漢文文獻》中原始編號為84H·F21：W20/0737，出版編號為M1·0289，收於第二冊《軍用錢糧文書》第389頁，擬題為《軍用錢糧文書殘件》，並記其尺寸為19.3cm×13.2cm。《黑城出土文書（漢文文書卷）》一書未收。文書共兩件殘片，殘片一現存文字3行，殘片二現存文字2行，均前後缺。

錄文標點：

（一）

（前缺）

1. 　　　闊象赤□□□□

2. 　□收□除無

3. 　□實□在正軍□□□□

（後缺）

（二）

（前缺）

1. □□□□闊象赤壹伯玖拾壹名□□□

2. 　　　　月三个月該□□□□

（後缺）

24. 元文書殘片

題解：

本件《中國藏黑水城漢文文獻》中原始編號為84H·F197：W19/2269，出版編號為M1·0290，收於第二冊《軍用錢糧文書》第390頁，擬題為《文書殘件》，並記其尺寸為10.5cm×11.5cm。《黑城出土文書（漢文文書卷）》一書未收。文書共三件殘片，殘片一現存文字2行，殘片二現存文字1行，殘片三現存文字1行，均前後缺。本件文書提到男子壹拾叁名，其後所缺應為壹拾叁名男子之姓名，由F175：W7號文書可知，支持庫放支軍人錢糧文書後附有軍人名單，故推測本件文書亦似為支持庫放支錢糧文書殘件。

錄文標點：

（一）

（前缺）

1. 　　□□□□每名☐☐☐☐

2. 男子壹拾叁名☐☐☐☐☐☐①

（後缺）

（二）

（前缺）

1. 自□☐☐☐☐

（後缺）

（三）

（前缺）

1. ☐☐☐☐‖斛‖☐☐☐

（後缺）

25. 元軍糧文書殘片

題解：

本件《中國藏黑水城漢文文獻》中原始編號為84H·F116：W156/132，出版編號為M1·0291，收於第二冊《軍用錢糧文書》第391頁，擬題為《軍用錢糧文書殘件》，並記其尺寸為15.3cm×26.2cm。《黑城出土文書（漢文文書卷）》一書未收。文書共三件殘片，殘片一現存文字2行，殘片二現存文字2行，殘片三現存文字5行，均前後缺。

錄文標點：

（一）

（前缺）

1. ☐☐☐☐☐籍軍戶袛受

---

① 文書中鈐朱印一枚。

2. ☐☐☐☐|廣|積倉大使
3. ☐☐☐☐☐|祇受亦集乃路|☐

（後缺）

（二）

（前缺）

1. ☐☐☐☐|寧夏儧運并和中和粜☐|
2. ☐☐☐☐|☐称簽省相公使|秘|☐|

（後缺）

（三）

（前缺）

1. ☐☐☐☐☐|☐夫說簽省|
2. ☐☐☐|黃|米叁伯石止|就|
3. ☐☐☐☐|与壹伯貳拾|
4. ☐☐☐☐☐|共☐|
5. ☐☐☐☐☐|元借|

（後缺）

26. 元放支軍糧文書殘片（稿）

題解：

本件《中國藏黑水城漢文文獻》中原始編號為84HF224B正，出版編號為M1·0292，收於第二冊《軍用錢糧文書》第392頁，擬題為《支軍糧文書》，並記其尺寸為18.5cm×24.4cm。《黑城出土文書（漢文文書卷）》一書未收。文書為正背雙面書寫，此為正面所書內容，現存文字11行，前後均缺，中間有文字被裱壓，文字塗改較多，右下方有朱筆。按，本件文書提到"正軍"以及"雜色""大麥""小麥"等，可以推知應為放支正軍軍糧文書，由於塗改嚴重，似為公文草稿。

錄文標點：

（前缺）

1. ☐☐☐☐麦一石|捌|☐☐

2.　　　　　　麦八十五石二斗八升
3.　　　　正军捌拾名，每名月支雜色一
4.　　　　□□十五□，該雜色式□①
5.　　　　　　四石②
6.　　　　正支小麦四十石③
7.　　　　　　　每大麦一石捌
8.　　　　　　　　麦六十四石，
9.　　　　　名該雜色粮一十三④
10.　　　　　　廿一石六斗八升⑤
11.　　支□麦　　　　四石□□
　　　　（後缺）

27. 元醫案殘片

題解：

本件《中國藏黑水城漢文文獻》中原始編號為 84HF224B 背，出版編號為 M1·0293，收於第二冊《軍用錢糧文書》第 393 頁，擬題為《醫案》，並記其尺寸為 18.5cm×24.4cm。《黑城出土文書（漢文文書卷）》一書未收。文書為正背雙面書寫，此為背面所書內容，現存文字 6 行，前後均缺，內容載風寒症狀，似為醫學案例。

錄文標點：

　　　　　（前缺）
1.　　　　　　　□疾發動
2. 忽於初五日半夜感得風寒，

---

① "弍□" 右行有朱書兩字，字跡不清。
② "四石" 前後均有塗抹痕跡，且其墨色較淺，與左右兩行行距較窄，應為二次補寫，但因其塗抹嚴重，不明其所補何處。
③ 此行右側寫有 "四石" 兩字，其墨色較淺，且其前後均有塗抹痕跡，應為二次書寫。
④ 第 7—9 行前半部分文字被裱壓。
⑤ 此行文字 "廿" 字前有塗抹痕跡，且其墨色較淺，與左右兩行行距較窄，應為二次補寫，但因其塗抹嚴重，不明其所補何處。

3. 心服否 行，心□暈①沉②，

4. 遍身③麻木疼痛，忽寒忽熱，口吐，

5. □涎，咳嗽氣喘④，氣□□□卒⑤，少進飲食。

6. _____訶□令命醫調⑥焉_____

　　　　（後缺）

28. 元放支北庭元帥府軍人冬季口糧雜色文書殘尾

題解：

本件《中國藏黑水城漢文文獻》中原始編號為 F13：W128，出版編號為 M1·0294，收於第二冊《軍用錢糧文書》第 394 頁，擬題為《元帥府軍人冬季口糧雜色》，並記其尺寸為 17.2cm×34.2cm。《黑城出土文書（漢文文書卷）》一書未收。文書前後均缺，現存文字 4 行，第 3 行為蒙古文年款墨戳，墨戳下鈐蓋朱印，行尾有簽押一處，第 4 行為朱筆所書。本件文書應為放支"北庭元帥府軍人冬季口糧雜色"文書殘尾。

錄文標點：

　　　　（前缺）

1. _____□□

2. 北庭元帥府軍人冬季口糧雜色

3. （蒙古文年款墨戳）⑦（簽押）

4. □□□⑧

　　　　（後缺）

---

① "暈"字前原衍一字，後塗抹，現徑改。
② "沉"字右行原補寫兩字，後又塗抹，且"沉"字後原寫"渾身"兩字，也被塗抹，現徑改。
③ "遍身"兩字為右行補入，現徑改。
④ 文書中在"咳嗽氣喘"右行補寫"右□□麻□"等字，後塗抹，現徑改。
⑤ "氣□□□卒"等字為右行補入，現徑改。
⑥ "調"字為右行補入，現徑改。
⑦ 此行文字鈐朱印一枚。
⑧ 此行文字為朱書。

（八）大德四年軍用錢糧文書

1. 元大德四年（1300）為軍糧掃里鈔事文卷（之一）

題解：

本件《中國藏黑水城漢文文獻》中原始編號為 F116：W552，出版編號為 M1·0295，收於第二冊《大德四年軍用錢糧文書》第 397—401 頁，擬題為《大德四年軍用錢糧文卷》，並記其尺寸為 137.4cm×29.2cm。本件還收錄於《黑城出土文書（漢文文書卷）》第 139 頁《軍用錢糧類》，其所記文書編號與《中國藏黑水城漢文文獻》原始編號同，並列出文書諸要素為：竹紙，缺，末尾先用朱批，最後加蓋木刻照刷戳記，正文行書，尺寸為 27.5cm×137.1cm。文書為大德四年為支持朮伯大王入川準備軍糧掃里鈔事文卷之一，前後均全，上完下殘，現存文字 37 行，共由三紙組成，其中第 1—32 行為文書主體，是一件亦集乃路總管府關於計稟軍糧掃里鈔的完整文書，為亦集乃路總管府對於計稟軍糧掃里鈔一事之處理意見。這部分由兩紙組成，第一紙存文字 26 行，第二紙現存文字 6 行，兩紙粘接處鈐騎縫印；第 33—37 行為文書第二部分，為另粘一道紙於文書主體後，是照刷文卷時所附，蓋有刷印，是一件河西隴北道肅政廉訪司照刷文卷的刷尾。參考文獻：1. 叢海平《〈黑城出土文書〉所見海都之亂時期亦集乃路的軍糧供給》，《雲南師範大學學報》（哲學社會科學版）2009 年第 4 期；2. 孫繼民、郭兆斌《從黑水城出土文書看元代的肅州廉訪司刷案制度》，《寧夏社會科學》2012 年第 2 期；3. 李志安《元中葉西北"過川"及"過川軍"新探》，《歷史研究》2013 年第 2 期；4. 楊富學、張海娟《蒙古豳王家族與元代亦集乃路之關係》，《敦煌研究》2013 年第 3 期。

錄文標點：

1. 皇帝聖旨裏，亦集乃①達魯花赤揔管府六月☐
2. 蠻子歹駙馬位下使臣帖失兀、
3. 海山太子位下使臣阿魯灰本路經過，赴

---

① 《黑城出土文書》錄文於"乃"字後衍錄一"路"字，現據圖版改。

4. 术伯大王位下為迤北軍情哃①息勾當等事。在倉粮斛數少，旦夕②不□
5. □③王大軍經過迤北征進到於本路支請口粮，委是不敷支遣，又□□④
6. 　　処人民所種田禾將欲出穗，却被蛆虫食踐，未見□□⑤，
7. 　　特已於五月廿四日、六月十八日二次差人賫解赴
8. 　　省，計稟儹⑥運粮斛准俗支持。去後，今月⑦廿二日有使臣帖失兀、阿魯灰□
9. 术伯大王位下復回说稱：
10. 术伯大王軍馬經由本路入川征進，准俗炒米麨粮⑧等事。本路
11. 　　係小麥一色，又蕉數少，委是不敷，申稟早為於甘州等
12. 　　運米麥前來，供給支持，不致耽悞軍儲，去訖　　　　⑨，
13. 术伯大王位下使臣也帖立禿思不花等赴
14. 晋王位下傳奉
15. 脱忽帖木兒大王、
16. 　　脱忽荅大王令旨，經由本路入川征進，准俗炒米麨⑩
17. 　　　　敬此
18. 　　　一申　甘肅等処行中書省　照得先
19. 　　　　　　粮幷支持掃里鈔定，已行差
20. 　　　　　　省計稟去訖，未蒙
21. 　　　　　　明降，今敬前因，合行作急

---

① "哃"同"聲"。
② "夕"，《黑城出土文書》錄文作"歹"，現據圖版改。
③ 據M1·0296［F116:W553］號文書相關內容可推知，此處所缺文字應為"諸"。另，《黑城出土文書》錄文於此字後衍錄一"大"字，現據圖版改。
④ 《黑城出土文書》錄文將第4、5兩行錄作一行，現據圖版改。
⑤ 此處所缺兩字，《黑城出土文書》、楊富學等文推補為"收成"，李志安文僅補一"收"字。
⑥ "儹"，《黑城出土文書》、李志安、楊富學等文作"攢"，現據圖版改。
⑦ "月"，《黑城出土文書》、李志安、楊富學等文作"有"，現據圖版改。
⑧ "麨粮"，《黑城出土文書》、楊富學等文漏錄，現據圖版補。
⑨ 此行文字，《黑城出土文書》、楊富學等文漏錄，現據圖版補。
⑩ "麨"，《黑城出土文書》、李志安、楊富學等文作"面"，現據圖版改。

22.　　　　　　　照詳①早賜，照例
23.　　　　　　　明降，付下施行，仰望不致失
24.　　　　　一差　站馬户　卜普极合
25.　　　　　　　差本戡②起馬一疋，前
26.　　　　　　　省計稟，回日繳納訖。

――――――（騎縫章）――――――

27.　右各行③

28.　　大德四年六月　日　府吏
29. 為軍糧掃里鈔事　　提控案牘馮
30.　　　　　　　　　知　　事李
31.　　　　　　　　　經　　歷

32.　　　廿九日④
――――――――――――――
33.　㭎行未絕一件為計置軍糧
34.　　　　省檢目為首，至
35.　　別不見差
36. 聖旨檢違錯罪
37. 詔書釋□後劄　　　　　⑤

――――――――――
① "照詳"，《黑城出土文書》錄文作"明降"，現據圖版改。
② "戡"，《黑城出土文書》錄文作"城"，現據圖版改。
③ "右各行"，《黑城出土文書》、李志安文漏錄，現據圖版補。
④ "廿九日"上鈐朱印一枚。
⑤ 文書第35—37行為朱書，《黑城出土文書》未錄，現據圖版補。

整理編　第二冊　277

```
河西隴北道
                刷訖            （朱印）書吏  王信①
肅政廉訪司                             石泉
```

2. 元大德四年（1300）為軍糧掃里鈔事文卷（之一）

題解：

本件《中國藏黑水城漢文文獻》中原始編號為 F116：W553，出版編號為 M1・0296，收於第二冊《大德四年軍用錢糧文書》第 402—406 頁，擬題為《大德四年軍用錢糧文卷》，並記其尺寸為 134.6cm×29.3cm。本件還收錄於《黑城出土文書（漢文文書卷）》第 138 頁《軍用錢糧類》，其所記文書編號與《中國藏黑水城漢文文獻》原始編號同，並列出文書諸要素為：竹紙，缺，行楷書，尺寸為 28.6cm×135.0cm。文書為大德四年為支持朮伯大王入川準備軍糧掃里鈔事文卷之一，前後均全，兩紙粘接，第一紙現存文字 19 行，第二紙現存文字 15 行，兩紙粘接處鈐騎縫章一枚，文尾有簽押一處，日期上鈐墨印一枚。從內容來看，本件文書為亦集乃路總管府申甘肅行省文。參考文獻：1. 李逸友《大德四年軍用錢糧文卷》，《文物天地》1991 年第 4 期；2. 叢海平《〈黑城出土文書〉所見海都之亂時期亦集乃路的軍糧供給》，《雲南師範大學學報》（哲學社會科學版）2009 年第 4 期；3. 孫繼民、郭兆斌《從黑水城出土文書看元代的肅州廉訪司照刷案制度》，《寧夏社會科學》2012 年第 2 期；4. 李逸友《元代文書檔案制度舉隅——記內蒙古額濟納旗黑城出土元代文書》，《檔案學研究》1991 年第 4 期；5. 李志安《元中葉西北"過川"及"過川軍"新探》，《歷史研究》2013 年第 2 期。

錄文標點：

1. 皇帝聖旨裏，亦集乃路總管府今月十八日
2. 　　蠻子歹駙馬位下使臣帖失兀、
3. 　　海山太子位下使臣阿魯灰本路經▢②
4. 　　朮伯大王位下為迤北軍情哨息勾當▢

---

① 文書第 33 行至最後為第三紙，此紙較前兩紙較小，其內容為肅政廉訪司照刷文卷時所留。
② 由 F116：W552 號文書相關內容可推知，此處所缺文字應為"過赴"。

278　中國藏黑水城漢文文獻的整理與研究

5.　　　　　得①本路置在極边，接連川口，緊☐
6.　　　　　迤北，屯駐
7.　　　　　诸王大軍，
8.　　　　　朝廷大官貟即目事务紧急，在倉数②☐
9.　　　　　止有和籴判送見在小麦二千石常例☐
10.　　　　賊道軍粮袛應，實是数少，旦夕不☐
11.　　　　诸王大軍經過迤北征進到於本路，支持☐③
12.　　　　是无可應付。又緣今歲本処人民☐
13.　　　　粮，種子蒙
14.　　　　省府借付給散，佈種在地。所種田 禾☐④
15.　　　　欲出穗，却被蛆虫食踐，未見收成。☐
16.　　　　見闕支持倉⑤粮，已於大德四年五⑥☐
17.　　　　省府照祥，擬不和籴。若於☐
18.　　　　等処預為償⑦運粮斛，急☐
19.　　　　来交割本路，准俻支持去☐☐

──────（騎縫章）──────

20.　　　　明降。今有使臣帖失兀、阿魯灰等⑧
21.　　　　说哢息緊急，儻若
22.　　　　诸王大軍經由本路過往，无不失悞，軍☐
23.　　　　非輕。今差普撒哥馳驛赍解赴

────────

① 文書中，"得"字前缺損，《黑城出土文書》錄文於"得"字前錄一缺字符號，但據文書書寫格式推斷，其前應不缺字。
② "数"字右旁有兩小豎道勾畫，疑為刪除符號。且"数"，《黑城出土文書》錄文作"糧"，現據圖版改。
③ 《黑城出土文書》錄文此處缺文未標注，現據圖版改。
④ 由 F116:W552 號文書相關內容可推知，此處所缺文字應為"將"。
⑤ "倉"，《黑城出土文書》錄文作"食"，現據圖版改。
⑥ 《黑城出土文書》錄文於"五"字後推補一"月"字。
⑦ "償"，《黑城出土文書》錄文作"攢"，現據圖版改。
⑧ 《黑城出土文書》錄文於"等"字後錄一缺字符號，從圖版看，其後不缺字，現據圖版改。

24.　　　　　省計禀外，合行作急具申，▢▢▢▢▢▢▢①
25.　　　　　照驗，早賜
26.　　　　　明降，儧②運軍粮以俻支遣▢▢▢▢▢
27.　右申
28.　甘肅行省
29.　　　　　大德四年六月　　日府吏徐文貴（簽押）
30.　提控案牘▢▢▢▢
31.　檢計禀軍粮事　　　　　知　　事李▢▢
32.　　　　　　　　　　　　經　　歷翟▢▢
33.　　　　　　　　　　　　（簽押）

34.　　　十八日③

3. 元大德四年（1300）為軍糧掃里鈔事文卷（之一）

題解：

本件《中國藏黑水城漢文文獻》中原始編號為F116：W566，出版編號為M1·0297，收於第二冊《大德四年軍用錢糧文書》第407頁，擬題為《大德四年軍用錢糧文卷》並記其尺寸為63cm×36.5cm。本件還收錄於《黑城出土文書（漢文文書卷）》第138頁《軍用錢糧類》，其所記文書編號與《中國藏黑水城漢文文獻》原始編號同，並列出文書諸要素為：宣紙，殘，漢文行草書，末尾有亦思替非文字及八思巴字各一行，尺寸為30.2cm×62.2cm。文書為大德四年為支持术伯大王入川準備軍糧掃里鈔事文卷之一，前後均完，現存文字11行，文尾有蒙古文年款墨戳，其中年號、月、日均為墨戳，具體數字為手寫補入，墨戳上鈐朱印，其後有簽押。從內容來看，本件文書應為甘肅行省下亦集乃路總管府劄付。

---

① 此處所缺文字，《黑城出土文書》錄文推補作"伏乞"。
② "儧"，《黑城出土文書》錄文作"攢"，現據圖版改。
③ "十八日"上鈐印章一枚。

錄文標點：

1. □①肅等處行中書省來申有

2. ＿＿＿＿＿魯灰②經過，赴＿＿＿＿＿

3. ＿＿＿＿＿勾當。本路見在糧斛止有小麥二千余石＿＿＿＿＿

4. ＿＿＿＿＿儲，利害非輕。今差＿＿＿＿＿

5. ＿＿＿＿＿近據來申亦為此事。本路＿＿＿＿＿

6. ＿＿＿＿＿無支用去處，已行照會去＿＿＿＿＿

7. ＿＿＿＿＿＿＿＿＿＿＿＿＿＿＿議劄付者。

8. 　　　□劄付亦集乃路總管府准此。

9. 　　　（亦思替非文字）

10. 　　　（蒙古文年款墨戳）③

11. （簽押）　（簽押）（簽押）

4. 元大德四年（1300）為軍糧掃里鈔事文卷（之一）

題解：

本件《中國藏黑水城漢文文獻》中原始編號為 F116：W565，出版編號為 M1·0298，收於第二冊《大德四年軍用錢糧文書》第 408 頁，擬題為《大德四年軍用錢糧文卷》，並記其尺寸為 69.8cm×36.1cm。本件還收錄於《黑城出土文書（漢文文書卷）》第 139 頁《軍用錢糧類》，其所記文書編號與《中國藏黑水城漢文文獻》原始編號同，並列出文書諸要素為：竹紙，殘，末尾有亦思替非文字和

---

① 據《中國藏黑水城漢文文獻》中所收《大德四年軍用錢糧文卷》其他文書可推知，此處所缺文字應為"甘"。
② "魯灰"，《黑城出土文書》錄文作"曾承"，現據圖版改。
③ 此行文字鈐朱印一枚。

畏兀兒蒙古文各一行，漢文草書，尺寸為 29.0cm×69.2cm。文書為大德四年為支持術伯大王入川準備軍糧掃里鈔事文卷之一，前後均全，現存文字 11 行，末尾有朱印殘跡和簽押。從內容來看，本件文書應為甘肅行省下亦集乃路總管府剳付。

錄文標點：

1. □□□①處行中書省來申：本路見在糧斛數少▢
2. ▢前來支糧，緣本管地面上年不曾收成云云。
3. ▢若蒙發②鈔和糴，決然失悞，擬合預▢
4. ▢運壹万石前來以備支持，似望不致▢
5. ▢照得本③路見在糧斛數多，除月支把道▢
6. ▢省府合下仰照驗施行，湏議剳付者。

7. ▢□亦集乃總④管府准此。

8. （亦思替非文字）

9. （畏兀兒蒙古文）

10. ▢⑤
11. （簽押）　（簽押）

5. 元大德四年（1300）為軍糧掃里鈔事文卷（之一）

題解：

本件《中國藏黑水城漢文文獻》中原始編號為 F116:W581，出版編號為 M1·

---

① 據《中國藏黑水城漢文文獻》中所收《大德四年軍用錢糧文卷》其他文書可推知，此處所缺文字應為"甘肅等"。
② "發"，《黑城出土文書》錄文作"撥"，現據圖版改。
③ "本"，《黑城出土文書》錄文作"在"，現據圖版改。
④ 《黑城出土文書》錄文於"總"字前衍錄一"路"字，現據圖版改。
⑤ 此行文字鈐朱印一枚，據元代文書格式可知，此處所缺應為日期。

0299，收於第二冊《大德四年軍用錢糧文書》第409頁，擬題為《大德四年軍用錢糧文卷》，並記其尺寸為69cm×29.5cm。本件還收錄於《黑城出土文書（漢文文書卷）》第138—139頁《軍用錢糧類》，其所記文書編號與《中國藏黑水城漢文文獻》原始編號同，並列出文書諸要素為：宣紙，殘，末尾有八思巴字年款一行，漢文行草書，尺寸為27.1cm×68.0cm。文書為大德四年為支持朮伯大王入川準備軍糧掃里鈔事文卷之一，共兩件殘片，殘片一前完後缺，現存文字11行；殘片二為印章殘痕。從內容來看，本件文書應為甘肅行省下亦集乃路總管府劄付。

錄文標點：

（一）

1. 皇帝聖旨裏，甘肅等處□□□①省
2. 忽剌朮大王位下使臣老的帖木兒哈
3. 　　　烏兀不花將
4. 令旨省裏去了，一万軍②根底壹石 官 粮休交遲
5. 　　若便應付，別无明③文。又先有无
6. 乞照明降事
7. 都省定奪去訖。今
8. 內先行支付各軍
9. 劄付者

10. 　　　　右劄付亦集乃路揔管府准□④。

11. 　　右亦集乃軍粮事
　　　　（後缺）

---

① 據《中國藏黑水城漢文文獻》中所收《大德四年軍用錢糧文卷》其他文書可推知，此處所缺文字應為"行中書"。
② 《黑城出土文書》錄文於"軍"字後衍錄一"糧"字，現據圖版改。
③ "明"，《黑城出土文書》錄文作"別"，現據圖版改。
④ 此處殘缺，《黑城出土文書》錄文推補為"此"。

（二）

　　　　（前缺）

1. （印章）

　　　　（後缺）

6. 元大德四年（1300）為軍糧掃里鈔事文卷（之一）

題解：

本件《中國藏黑水城漢文文獻》中原始編號為 F116：W390，出版編號為 M1·0300，收於第二冊《大德四年軍用錢糧文書》第 410 頁，擬題為《大德四年軍用錢糧文卷》，並記其尺寸為 24.5cm×29.4cm。本件還收錄於《黑城出土文書（漢文文書卷）》第 139 頁《軍用錢糧類》，其所記文書編號與《中國藏黑水城漢文文獻》原始編號同，並列出文書諸要素為：宣紙，殘，草行書，末尾加蓋木刻刷訖戳記，尺寸為 27.2cm×21.2cm。文書大德四年為支持术伯大王入川準備軍糧掃里鈔事文卷之一，前缺後全，現存文字 3 行。由 F116：W552 號文書可知，本件文書應為照刷文卷時所附，蓋有刷印，是一件河西隴北道肅政廉訪司照刷文卷的刷尾。參考文獻：孫繼民、郭兆斌《從黑水城出土文書看元代的肅州廉訪司刷案制度》，《寧夏社會科學》2012 年第 2 期。

錄文標點：

　　　　（前缺）

1. 接行已絕☐　　　糧事大德☐

2. 　　右|剳||付|為首，至當日|呈|①為☐

3. 　　尾縫司吏張天福行。

|河西隴北道　　　　　　　　　　　　　　　　　　　　　王信|
|　　　　　刷訖　　　　（朱印）書吏　　　　　　　|
|肅政廉訪司　　　　　　　　　　　　　　　　　　　　　石泉|

---

① "|呈|"，《黑城出土文書》錄文漏錄，現據圖版補。

（九）官私錢物帳

1. 元欠帳清單殘片

題解：

本件《中國藏黑水城漢文文獻》中原始編號為 F9：W6，出版編號為 M1・0301，收於第二冊《官私錢物賬》第 413 頁，擬題為《錢物賬》，並記其尺寸為 19.6cm×29.2cm。本件還收錄於《黑城出土文書（漢文文書卷）》第 207 頁《雜類・官私錢物帳》，其所記文書編號與《中國藏黑水城漢文文獻》原始編號同，並列出文書諸要素為：竹紙，殘，將紙對折書寫，帳目文字兩面相對，尺寸為 28.1cm×19cm。文書上半部現存文字 11 行，下半部現存文字 10 行，但從圖版来看圖版似乎上下顛倒了，李逸友《黑城出土文書（漢文文書卷）》錄文即將下半部當作上半部。參考文獻：刘秋根、孙春芳《元代商业信用初探——以黑城文书为中心》，《中國古代社會與思想文化研究論集》（第二輯），黑龍江人民出版社 2007 年版。

錄文標點：

（前缺）

下部：

1. 十二月十六日□□□布[①]一㱏廿两；
2. 　於什的㖏帖杪壹定□取小布一㱏一十六两[②]；
3. 　倪官保㖏黄蠟七十[③]两；
4. 　夏佛保欠布一十两；
5. 　時[④]佛保欠布錢五[⑤]十[⑥]两；

[①] "布"字前所缺一字《黑城出土文書》釋讀為"欠"，但圖版中其字殘損嚴重，現存疑。
[②] "取"字前所缺文字《黑城出土文書》錄文未標注，現據圖版補。另，此行文字"於什的"處有墨筆勾畫痕跡。
[③] "十"字為右行補入，現徑改。
[④] "時"，《黑城出土文書》錄文作"時"，現據圖版改。
[⑤] "五"字原誤，塗抹後於右行改寫，現徑改。
[⑥] "十"，《黑城出土文書》錄文漏錄，現據圖版補。

整理編　第二冊　285

6.　　屯百户欠布錢四十兩①；
7.　　周滁子欠帛□□②兩；
8.　　湯二欠帛錢五兩；
9.　　屯百户欠麻布錢三十二兩半；
10.　　王化布一疋半定③；

上部：

11.　　_____花取改幾④布
12.　　二⑤疋、青布半疋壹定、紅肙⑥
13.　　一疋二十兩；陳判哥欠生肙
14.　　　　　　錢五兩；
15.　　陳揮欠布錢二十兩；
16.　　邵住哥取大靴⑦一對；
17.　　□□布一疋計鈔四十弍兩半；
18.　　吏典欠布錢二兩半；
19.　　_____；
20.　　_____布錢二兩半；
21.　　_____十兩；⑧

　　　（後缺）

2. 元賣末糸帳簿殘片

題解：

本件《中國藏黑水城漢文文獻》中原始編號為 F217：W5，出版編號為M1·0302，收於第二冊《官私錢物賬》第414頁，擬題為《錢物賬》，並記其尺寸為

---

① 此行"屯百户"處有墨筆勾畫痕跡。
② 此兩字殘缺，《黑城出土文書》錄作"錢五"。
③ 文書圖版中第1—10行文字字頭向下。
④ "幾"通"機"。
⑤ "三"，《黑城出土文書》錄文作"二"，現據圖版改。
⑥ "肙"通"絹"。下同，不再另作說明。
⑦ "靴"字前原衍一字，後塗抹，現徑改。
⑧ 文書圖版中第11—21行文字字頭向上。

20.6cm×20.3cm。本件還收錄於《黑城出土文書（漢文文書卷）》第 207 頁《雜類·官私錢物帳》，其所記文書編號與《中國藏黑水城漢文文獻》原始編號同，並列出文書諸要素為：麻紙，殘，行草書，尺寸為 19.2cm×20.2cm。文書現存文字 13 行，前完後缺。

錄文標點：

1. 賣馬 末 糸①弍拾陸箇，大十二，小十四②：

2. 　　太平一个、驢兒二个、来住一个、九住一个、留住一个、黑③□□

3. 　　苔④哥秃一个、叔叔一个、虎苔賣三个，該麦一石，

4. 　　鞍匠三斗，駝錢四斗，散⑤肉一斤三升，一斗面，九升料，

5. 　　□□一升，粉子一升，鱼一升，　　秃⑥使一升， 粮 二升。

6. 虎都賣 末 糸半个⑦，麦斗六升，四升料，又料四升，

7. 　　六升草。

8. 散艮⑧賣 末 糸半，麦斗半，　四升肉，燒并⑨一⑩升。

9. 虎賣末⑪一个，麦三斗半大⑫。　叄□買羊大。　鎖匠⑬□□□

10. 　斗一升料，　二升半牛肉，　七升小麦，　三升□□□

11. 　二升半上氏錢，　□米□⑭酒四升，　半升□□。

12. 　　　□□□□□□□□□大糸⑮一个，　　歡馬赤□□□

---

① " 末 糸"，《黑城出土文書》錄文作"木系"，現據圖版改。下同，不再另作說明。
② "大十二，小十四"，《黑城出土文書》錄文作"大十六，小十個"，現據圖版改。
③ "黑"，《黑城出土文書》錄文作"里"，現據圖版改。
④ "苔"，《黑城出土文書》錄文作"蒼"，現據圖版改。
⑤ "散"字為右行補入，《黑城出土文書》錄文作"敬"，現據圖版改。
⑥ "秃"，《黑城出土文書》錄文作"付"，現據圖版改。
⑦ "个"，《黑城出土文書》錄文作"下"，現據圖版改。
⑧ "艮"，《黑城出土文書》錄文作"良"，現據圖版改。
⑨ 據文意推斷"并"應為"餅"。
⑩ "一"，《黑城出土文書》錄文漏錄，現據圖版補。
⑪ "末"，《黑城出土文書》錄文作"木"，現據圖版改。另，從文書書寫格式看其後應漏一"糸"字。
⑫ "大"，《黑城出土文書》錄文漏錄，現據圖版補。
⑬ "鎖匠"，《黑城出土文書》錄文作"鑵生"，現據圖版改。
⑭ "□米□"，《黑城出土文書》錄文作"□□"，現據圖版改。
⑮ "糸"，《黑城出土文書》錄文作"系"，現據圖版改。

13. ▢▢▢▢▢▢▢▢▢一个， 廿五日賣▢▢▢▢▢
　　　　（後缺）

3. 元質甫外郎等收買物品帳簿殘片

題解：

本件《中國藏黑水城漢文文獻》中原始編號為 F20：W38，出版編號為M1·0303，收於第二冊《官私錢物賬》第 415 頁，擬題為《錢物賬》，並記其尺寸為 17.6cm×26.3cm。本件還收錄於《黑城出土文書（漢文文書卷）》第 206 頁《雜類·官私錢物帳》，其所記文書編號與《中國藏黑水城漢文文獻》原始編號同，並列出文書諸要素為：麻紙，殘，草書，尺寸為 26cm×17cm。文書前後均缺，現存文字 8 行，有塗改痕跡，其內容為質甫外郎收買紅大絹等物帳簿。

錄文標點：

　　　　（前缺）

1. ▢▢▢▢▢▢▢▢壹定▢▢▢▢▢▢▢
2. ▢▢▢▢▢索頂兒壹个，七兩半①；紅納實實②頂兒一个，八兩③；
3. 紅大肙④壹疋，叁拾兩；鴉⑤青好暗花⑥七尺，點⑦▢▢▢花樣⑧，每尺五兩，計卅五兩⑨；
4. 小⑩皮靴一對，五兩五錢⑪；小兒裹⑫脚一對，五兩；
5. 好▢綿⑬裝衣服，壹拾兩。

---

① "七兩半"三字為右行補入，現徑改。
② 第二個"實"字為省文符號，現徑改。
③ "八兩"兩字為右行補入，現徑改。
④ "肙"通"絹"。下同，不再另作說明。
⑤ "鴉"，《黑城出土文書》錄文作"雅"，現據圖版改。
⑥ "花"，《黑城出土文書》錄文作"好"，現據圖版改。
⑦ "點"，《黑城出土文書》錄文未釋讀，現據圖版補。
⑧ "點▢▢▢花樣"為右行補入，墨跡較淺，為二次書寫，現徑改。《黑城出土文書》錄文單獨錄作1行。
⑨ "每尺五兩，計卅五兩"為左行補入，現徑改。另，此處《黑城出土文書》錄文作"每尺五錢，計鈔五兩"，現據圖版改，且單獨列為1行。
⑩ "小"字前原衍"小皮"兩字，後塗抹，現徑改。且"小皮靴"三字處有墨筆勾畫痕跡。
⑪ "五錢"兩字為右行補入，現徑改。
⑫ "裹"字上有墨筆勾畫痕跡。
⑬ "綿"，《黑城出土文書》錄文作"棉"，且其前所缺文字未標注，現據圖版改。

6. 張君傑帶抄肆定壹拾兩，史八哈失南馬

7. 質甫外郎□例收買，質甫外郎回帶數字

8. 為總係於□①已補定十月九日為始支付

　　　　（後缺）

4. 元錢物帳簿殘片

題解：

本件《中國藏黑水城漢文文獻》中原始編號為 Y1：W25A，出版編號為 M1·0304，收於第二冊《官私錢物賬》第 416 頁，擬題為《錢物賬》，並記其尺寸為 12cm×19.9cm。本件還收錄於《黑城出土文書（漢文文書卷）》第 206 頁《雜類·官私錢物帳》，其所記文書編號為 Y1：W25，與《中國藏黑水城漢文文獻》原始編號異，並列出文書諸要素為：麻紙，殘，行草書，尺寸為 19cm×11.2cm。文書前後均缺，現存文字 6 行。

錄文標點：

　　　　（前缺）

1. 西瓜一兩半；　　買㫚馬酒五兩；

2. 買㫚一塊，五百張，六十五兩；

3. □曲②錢一定；

4. □□③錢一定；

5. 各□④通□抄六定十七兩五錢，人丁錢該鈔兩定九兩。

　　　　（後缺）

5. 元庫子高泰取息錢收條

題解：

本件《中國藏黑水城漢文文獻》中原始編號為 F270：W3，出版編號為 M1·

---

① 此字《黑城出土文書》錄文作"將"，但從圖版來看似非"將"字，現存疑。
② "曲"，《黑城出土文書》錄文作"油"，現據圖版改。
③ 從圖版看，此處應缺兩字，《黑城出土文書》錄文標注缺一字，現據圖版改。
④ "各□"，《黑城出土文書》錄文作"各"，現據圖版改。

0305，收於第二冊《官私錢物賬》第416頁，擬題為《錢物賬》，並記其尺寸為6cm×20.2cm。本件還收錄於《黑城出土文書（漢文文書卷）》第208頁《雜類·官私錢物帳》，其所記文書編號與《中國藏黑水城漢文文獻》原始編號同，並列出文書諸要素為：竹紙，整，草書，尺寸為20.1cm×5.5cm。文書前後完整，共文字2行。

錄文標點：

1. 庫子高泰今扵王三処拾弌月分息
2. 錢小麦伍升　高（簽押）[①]

6. 元鄭留奴等錢物帳簿殘片

題解：

本件《中國藏黑水城漢文文獻》中原始編號為84H·F19：W48/0585，出版編號為M1·0306，收於第二冊《官私錢物賬》第417頁，擬題為《錢物賬》，並記其尺寸為20.3cm×25.9cm。《黑城出土文書（漢文文書卷）》一書未收。文書共三件殘片，其各存文字2行，均前後缺。

錄文標點：

（一）

　　　　（前缺）

1. 鄭畱奴裙□□□□□□
2. 樊□□□□□□□□□

　　　　（後缺）

（二）

　　　　（前缺）

1. 路[管]信皮弍伯叁拾張，錢伍伯伍文；
2. 土[住][奴]□□[肆]□，錢[陸]伯文；

　　　　（後缺）

[①] "高"，《黑城出土文書》錄文作"六年十二月"。

（三）

（前缺）

1. ☐☐紫中綾 褲 弐 條，錢叄伯陸 拾 文；
2. ☐☐☐壹百弍☐，錢壹貫弍伯文；

（後缺）

7. 元劉立稱布等鈔錢帳簿殘片

題解：

本件《中國藏黑水城漢文文獻》中原始編號為84H·F111：W41/1119，出版編號為M1·0307，收於第二冊《官私錢物賬》第418頁，擬題為《錢物賬》，並記其尺寸為3.9cm×17.8cm。《黑城出土文書（漢文文書卷）》一書未收。文書前後均缺，現存文字2行。

錄文標點：

（前缺）

1. ☐☐☐ 中 統 抄三十☐ 兩 ；王
2. ☐☐☐抄三十两；刘立称布中統

（後缺）

8. 元支酒錢帳簿殘片（一）

題解：

本件《中國藏黑水城漢文文獻》中原始編號為84H·F20：W42/0691，出版編號為M1·0308，收於第二冊《官私錢物賬》第419頁，擬題為《錢物賬》，並記其尺寸為13.5cm×17.6cm。《黑城出土文書（漢文文書卷）》一書未收。文書前缺後完，現存文字4行，前三行文字較小。按，本號文書與《中國藏黑水城漢文文獻》第二冊《官私錢物賬》第436頁M1·0333［84HF21A］號文書字跡相同，內容相關，應為同件文書。

錄文標點：

（前缺）

1. ☐☐ 初七支酒☐☐， 孫 ☐☐☐☐

2. ▭□定　　廿八支酒□ 十兩 　張外郎▭
3. ▭□　又支酒一并，四十兩　　肆伯兩　□▭
4. ▭　　　酒八十四兩　**除已支鈔捌拾陸兩□**
　　　　　　　□五兩

9. 元乙巳、丙午兩年支物帳簿

題解：

本件《中國藏黑水城漢文文獻》中原始編號為F13：W126，出版編號為M1·0309，收於第二冊《官私錢物賬》第419頁，擬題為《錢物酒肉賬》，並記其尺寸為15.6cm×20.3cm。本件還收錄於《黑城出土文書（漢文文書卷）》第206頁《雜類·官私錢物帳》，其所記文書編號與《中國藏黑水城漢文文獻》原始編號同，並列出文書諸要素為：麻紙，缺，行草書，尺寸為19.8cm×15.4cm。文書前完後缺，現存文字10行，其中有多處圈點痕跡，應為勘驗時所留。按，據陳垣《二十四史朔閏表》元代乙巳年為大德九年（1305）或者至正二十五年（1365），故此文書所記應為大德九年、十年或至正二十五年、二十六年兩年所支物品帳。

錄文標點：

1. 乙巳年十二月通支小麦四斗，次支□
2. 外並无，前後伍碩整①，酒斗二升半旧年肉②。
3. 丙午年二月初八日　酒壹斗，肉壹斤三升③，
4. 豆④兒叁升。　二月初十日支小麦四斗。十六日
5. 肉壹斗四斤，蘿蒲油伍升。　廿二日支小麦酒貳斗。
6. 二月廿七日　　　　　　　廿九日⑤當日⑥
7. 与王三酒錢小麦壹斗，買肉四升，材⑦壹升，小麦二斗。

---

① "整"字右旁有一小圓圈，另第3行"肉"字旁、第4行開始處、第5行"蘿"字旁、第7行"買""材"等字旁、第8行"頡"字旁均有小圓圈圈畫痕跡。
② "肉"，《黑城出土文書》錄文作"內"，現據圖版改。
③ "升"字後有一圖案符號。
④ "豆"，《黑城出土文書》錄文未釋讀，現據圖版補。
⑤ "日"，《黑城出土文書》錄文作"月"，現據圖版改。
⑥ 此行文字較小，應為二次書寫補入。
⑦ "材"，《黑城出土文書》錄文未釋讀，現據圖版補。

8. 廿九日收小①麦一石，与吴忠頡外郎二升半。

9. 三月初一日支摩糸②壹疋，該小麦三斗半

10. ＿＿＿＿＿＿＿＿＿＿＿＿＿＿□日陳③

　　　　（後缺）

10. 元妙上師等支酒肉帳簿殘片

題解：

本件《中國藏黑水城漢文文獻》中原始編號為 F13：W123，出版編號為M1·0310，收於第二冊《官私錢物賬》第 420 頁，擬題為《糧酒賬》，並記其尺寸為 20.5cm×20.7cm。本件還收錄於《黑城出土文書（漢文文書卷）》第 206 頁《雜類·官私錢物帳》，其所記文書編號與《中國藏黑水城漢文文獻》原始編號同，並列出文書諸要素為：麻紙，殘，行草書，尺寸為 20.5cm×19.5cm。文書前後均缺，現存文字 13 行。文書中人名前均有墨筆勾畫痕跡，應為勘驗時所留。參考文獻：楊印民《帝國尚飲：元代酒業與社會》，天津古籍出版社 2009 年版。

錄文標點：

　　　　　　（前缺）

1. 　　　　　仁礼④

2. □上師小麦一斗，妙⑤上師五升，韋⑥那沙馬二人酒一斗，

3. 經⑦長老五升，馬梁三斗⑧，善果五升，惠春米五升，法惠⑨酒一斗，

4. □潤五升，張法師五升，惠⑩海五升，□和尚一□，

---

① "小"字前原衍一字，後塗抹，《黑城出土文書》錄文作缺文處理，現徑改。
② "糸"，《黑城出土文書》錄文作"系"，現據圖版改。
③ "日陳"，《黑城出土文書》錄文作"除"，現據圖版改。
④ "仁礼"，《黑城出土文書》錄文將其作為下一行之補入文字，補寫入下一行，但從圖版看，其應為單獨1行，現據圖版改。
⑤ "妙"，《黑城出土文書》錄文作"效"，且將上行"仁礼"兩字補入其後，現據圖版改。
⑥ "韋"，《黑城出土文書》錄文未釋讀，現據圖版補。
⑦ "經"，《黑城出土文書》錄文未釋讀，現據圖版補。
⑧ "馬梁三斗"四字為右行補入，現徑改。
⑨ "法惠"，《黑城出土文書》錄文作"滇萬"，現據圖版改。
⑩ "惠"，《黑城出土文書》錄文作"鬼"，現據圖版改。

5. 馬元一斗，知德酒一斗，徐九月奴白表山□□□□□

6. 易教受①一斗，霍②先一斗，□□一斗，趙幸□□□□

7. 馬大使酒一斗，推官執公酒一斗，趙知事一斗，

8. 周照麼③一斗，馬喜哥五升，牟大使酒一□，

9. 裴④典酒一斗，翟三五升，蘇和尚價⑤文明二□，

10. 曹德義酒一斗，朱巴巴⑥朴⑦酒一斗，馬果五升，

11. 吳中酒一斗，陳裳家奴白重山二人⑧酒一斗半，

12. 韓四舍肉，形經禮酒一斗，脫火赤□□□□□□□

13. 李文實一斗⑨，提控□□□□□□□□□□

（後缺）

11. 元某年三月收支糧物帳簿殘片

題解：

本件《中國藏黑水城漢文文獻》中原始編號為 F13：W103，出版編號為M1·0311，收於第二冊《官私錢物賬》第 421 頁，擬題為《糧物賬》，並記其尺寸為 12.4cm×20.6cm。本件還收錄於《黑城出土文書（漢文文書卷）》第 206 頁《雜類·官私錢物帳》，其所記文書編號與《中國藏黑水城漢文文獻》原始編號同，並列出文書諸要素為：草紙，殘，行草書，尺寸為 20.2cm×11.8cm。文書為正背雙面書寫，兩面字跡一致，內容相關，應為同一件文書。背面圖版《中國藏黑水城漢文文獻》未收，《黑城出土文書（漢文文書卷）》一書釋讀。背面現存文字 1 行，正面現存文字 6 行。從內容來看，應為背面文字在前，正面文字在後。

---

① "受"通"授"，《黑城出土文書》錄文作"授"。
② "霍"，《黑城出土文書》錄文作"羅"，現據圖版改。
③ "麼"通"磨"，《黑城出土文書》錄文作"磨"。
④ "裴"，《黑城出土文書》錄文作"斐"，現據圖版改。
⑤ 據文意"價"應為"賈"，《黑城出土文書》錄文作"賈"。
⑥ 第二個"巴"字為省文符號，現徑改。
⑦ "朴"，《黑城出土文書》錄文未釋讀，現據圖版改。
⑧ "二人"兩字為另行補入，《黑城出土文書》錄文作"交"，現據圖版改。
⑨ "一斗"為左行補入，現徑改。

錄文標點：

背：

(前缺)

1. 三月初四日收□①式石肆斗三升☐

正：

1. 　　　　三月初五、六二次支小麦□☐②
2. 三月初八日支䵃③貳斗。十三日収小麦④二斗⑤。
3. 三⑥月十九日支好⑦面壹斤⑧四升。
4. 三廿⑨一日面壹斗，火柒⑩升半，
5. 　　　昋火伍升与陳娘娘⑪，
6. 外令⑫支小麦四斗壹升半。

(後缺)

12. 元錢物帳簿殘片

題解：

本件《中國藏黑水城漢文文獻》中原始編號為84H·F19：W48/0685，出版編號為M1·0312，收於第二冊《官私錢物賬》第422頁，擬題為《錢物賬》，並記其尺寸為6.2cm×25.3cm。《黑城出土文書（漢文文書卷）》一書未收。文書前後均缺，現存文字3行。

---

① 此字不清，《黑城出土文書》錄文未標注，現據圖版補。
② 此行文字字號較小，與下行行距較窄，應為二次書寫。
③ "䵃"通"麵"。
④ "小麦"二字為左行補入，現逕改。
⑤ "十三日収小麦二斗"墨蹟較淺，似為二次書寫。
⑥ "三"字右旁有一圓圈勾畫痕跡。
⑦ "好"字為右行補入，《黑城出土文書》錄文未錄，現據圖版補。
⑧ "斤"，《黑城出土文書》錄文作"斗"，現據圖版改。
⑨ 據文意可知，"廿"字前脫一"月"字。
⑩ "柒"，《黑城出土文書》錄文作"昋"，此處字跡被墨跡漫漶，但從字形及下文推斷，其似為"柒"。另，據下文可知，"火"字前應脫一"昋"字。
⑪ 第二個"娘"字為省文符號，現逕改。
⑫ "令"通"零"。

錄文標點：

　　　　（前缺）

1. 　□□□柒拾伍疋，□□壹拾疋。
2. 貟元和□錢壹貫伍伯文
3. _____□□□

　　　　（後缺）

13. 元言荅失帖木等禮單殘片

題解：

本件《中國藏黑水城漢文文獻》中原始編號為84H·Y1：W4/2793，出版編號為M1·0313，收於第二冊《官私錢物賬》第422頁，擬題為《物賬》，並記其尺寸為8.5cm×28.1cm。《黑城出土文書（漢文文書卷）》一書未收。文書前後均缺，現存文字3行，從其內容來看似為一禮單。

錄文標點：

　　　　（前缺）

1. _____一□；　　言荅失帖木，花单一塊；
2. 楊文彬，被兒一張；　　令真貫，花褥子一塊；
3. 白二，单子一塊。

　　　　（後缺）

14. 元廣積倉糧帳殘片

題解：

本件《中國藏黑水城漢文文獻》中原始編號為F209：W44，出版編號為M1·0314，收於第二冊《官私錢物賬》第423頁，擬題為《賬簿》，並記其尺寸為3.9cm×14.5cm。本件還收錄於《黑城出土文書（漢文文書卷）》第113頁《錢糧類·賦稅》，其所記文書編號與《中國藏黑水城漢文文獻》原始編號同，並列出文書諸要素為：竹紙，整，楷行書，尺寸為14.4cm×3.9cm。文書前後均缺，裁切整齊，現存文字2行，其中第1行僅存末尾幾字殘筆畫。

錄文標點：

　　　　（前缺）

1. ▆▆▆▆▆▆▆▆①

2. 少廣積倉粮帳

　　　　（後缺）

15. 元趙阿奇等物帳簿殘片

題解：

本件《中國藏黑水城漢文文獻》中原始編號為 Y1：W20A，出版編號為 M1·0315，收於第二冊《官私錢物賬》第 423 頁，擬題為《物賬》，並記其尺寸為 6.4cm×13.3cm。本件還收錄於《黑城出土文書（漢文文書卷）》第 205 頁《雜類·官私錢物帳》，其所記文書編號為 Y1：W20，與《中國藏黑水城漢文文獻》原始編號異，並列出文書要素為：麻紙，屑，行書，尺寸為 12.3cm×6cm。文書前後均缺，現存文字 5 行。

錄文標點：

　　　　（前缺）

1. □②户趙阿③奇半板；

2. 一户徐和尚壹板；

3. 一户楊保吉祥半板；

4. 一户何完者先半板；

5. 一□□□□□夫加 各 壹④板

　　　　（後缺）

16. 元腦答兒等物帳簿殘片

題解：

本件《中國藏黑水城漢文文獻》中原始編號為 F6：W75，出版編號為 M1·

---

① 此行文字《黑城出土文書》錄文未標注，現據圖版補。
② 據下文可知，此處所缺文字為"一"，《黑城出土文書》錄文即作"一"。
③ "阿"，《黑城出土文書》錄文未釋讀，現據圖版補。
④ "壹"，《黑城出土文書》錄文作"半"，現據圖版改。

0316，收於第二冊《官私錢物賬》第423頁，擬題為《金袍花口袋物賬》，並記其尺寸為11.2cm×11.4cm。本件還收錄於《黑城出土文書（漢文文書卷）》第205頁《雜類·官私錢物帳》，其所記文書編號與《中國藏黑水城漢文文獻》原始編號同，並列出文書諸要素為：麻紙，屑，行書，尺寸為11cm×10.5cm。文書前後均缺，現存文字4行。

錄文標點：

（前缺）

1. ☐度金大小四个　　腦荅兒六个

（中缺2行）

2. ☐真金袍一領　　刁鼠素花真一个

3. ☐☐　　　　　　花口袋一个

4. ☐☐☐☐☐☐☐　☐☐☐☐☐①

（後缺）

17. 元買柴油等物帳簿殘片

題解：

本件《中國藏黑水城漢文文獻》中原始編號為F19：W66，出版編號為M1·0317，收於第二冊《官私錢物賬》第424頁，擬題為《買柴麥油賬》，並記其尺寸為18.8cm×21.2cm。本件還收錄於《黑城出土文書（漢文文書卷）》第205頁《雜類·官私錢物帳》，其所記文書編號與《中國藏黑水城漢文文獻》原始編號同，文書諸要素缺。文書前後均缺，現存文字5行。

錄文標點：

（前缺）

1. ☐☐☐☐☐☐☐☐☐☐☐☐☐☐

2. 廿②日買柴一馱，小麦八升；初三日買柴一馱，小麦壹斗；

3. 初四日買柴三馱，小麦弍斗，米☐☐☐☐；

---

① 此行文字《黑城出土文書》錄文未標注，現據圖版補。
② "廿"，《黑城出土文書》錄文作"初☐"，現據圖版改。

298 中國藏黑水城漢文文獻的整理與研究

4. 初六①日買柴四馱，小麦弍斗肆升半，
5. 　　　　買柴壹馱，小麦 弍 ②升；
6. 初八日買柴壹車，小麦壹斗半，
7. 　　　　又買柴壹馱， 小 麦 五升；
8. 十一日又買柴兩馱，小麦壹斗七囗，
9. 　　　　買油一斤，小麦壹斗；
10. 　囗囗囗囗囗
　　　　（後缺）

18. 元亦集乃路某站赤往来使臣支請祗應分例簿殘片

題解：

本件《中國藏黑水城漢文文獻》中原始編號為 F148：W3，出版編號為 M1·0318，收於第二冊《官私錢物賬》第 425 頁，擬題為《支錢糧賬》，並記其尺寸為 14.6cm×25.5cm。本件還收錄於《黑城出土文書（漢文文書卷）》第 205 頁《雜類·官私錢物帳》，其所記文書編號為 F48：W3，與《中國藏黑水城漢文文獻》原始編號異，並列出文書諸要素為：竹紙，殘，楷書，尺寸為 24.7cm×12.4cm。文書前後均缺，現存文字 9 行。按，本件文書書寫格式及内容均與《俄藏黑水城文獻》第 4 冊第 208 頁 TK204 號文書及第 4 冊第 313—315 頁 TK248 號文書相類，俄藏 TK204 及 TK248 號文書為元代亦集乃路總管府在城站往來使臣支請祗應分例帳簿，故本件文書也應為此。參考文獻：1. 陳高華《黑城元代站赤登記簿初探》，《中國社會科學院研究生院學報》2002 年第 5 期；2. 孫繼民等《俄藏黑水城漢文非佛教文獻整理與研究》，北京師範大學出版社 2012 年版。

錄文標點：

　　　　（前缺）

1. 　　　　　　一起沙洲路囗囗囗囗囗
2. 聖言③前来甘州為支直錢勾當支至初伍日，計伍日分：

---

① "六"，《黑城出土文書》錄文作"七"，現據圖版改。
② " 弍 "，《黑城出土文書》錄文未釋讀，現據圖版補。
③ "言"同"旨"。下同，不再另作說明。

整理編　第二冊　299

3. 　　　　　　　　　面伍斤，　　　米伍升☐☐☐☐
4. 　　　　　　　　　柴伍束，　　　☐☐☐☐
5. 　　　　　　　初二日一起鳳翔府差哈刺☐☐☐☐
6. 聖旨前来甘州管押軍粮勾當支至拾伍日，計壹拾肆日分：
7. 　　　　　　　　　正壹人
8. 　　　　☐☐☐☐拾肆斤，　　　☐☐☐☐
　　　　（後缺）

19. 元寒字八十二號勘合支柴薪等物錢文書殘片

題解：

　　本件《中國藏黑水城漢文文獻》中原始編號為F20：W20，出版編號為M1·0319，收於第二冊《官私錢物帳》第426頁，擬題為《寒字八十二號錢物賬》，並記其尺寸為8cm×13.8cm。本件還收錄於《黑城出土文書（漢文文書卷）》第205頁《雜類·官私錢物帳》，其所記文書編號與《中國藏黑水城漢文文獻》原始編號同，並列出文書諸要素為：竹紙，屑，行書，尺寸為13.5cm×7cm。文書前後均缺，現存文字4行。

錄文標點：

　　　　　（前缺）
1. ☐☐☐☐☐☐☐☐☐☐十☐☐☐☐☐☐☐①
2. 　　　　　拾②定令肆③两。
3. ☐☐☐□寒字八十二号勘合以下支☐☐☐
4. 　　　　老柴薪錢中統鈔壹定 令 ④☐☐☐
　　　　（後缺）

20. 元古都禿等支鈔帳簿殘片

題解：

　　本件《中國藏黑水城漢文文獻》中原始編號為F21：W10，出版編號為M1·

---

① 此行文字《黑城出土文書》錄文未釋讀，現據圖版補。
② 《黑城出土文書》錄文於"拾"字前標注有缺字符號，據圖版其前並不缺字。
③ "肆"，《黑城出土文書》錄文作"捌"，現據圖版改。
④ " 令 "，《黑城出土文書》錄文作"今"，據文意應為"令"字。

0320，收於第二冊《官私錢物帳》第 426 頁，擬題為《他黑不花支鈔賬》，並記其尺寸為 7.9cm×13.4cm。本件還收錄於《黑城出土文書（漢文文書卷）》第 205 頁《雜類·官私錢物帳》，其所記文書編號與《中國藏黑水城漢文文獻》原始編號同，並列出文書諸要素為：麻紙，殘，行草書，尺寸為 13.3cm×7.6cm。文書前後均缺，現存文字 4 行。

錄文標點：

（前缺）

1. 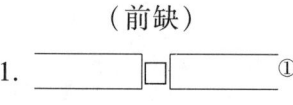①
2. 古都禿ムムム
3. 他里②不花支鈔一十兩
4. 十九日 為 ③定

（後缺）

21. 元買羊酒等物帳簿殘片

題解：

本件《中國藏黑水城漢文文獻》中原始編號為 Y1：W138，出版編號為 M1·0321，收於第二冊《官私錢物賬》第 427 頁，擬題為《姜椒蔥油果肉等賬》，並記其尺寸為 16.7cm×23.4cm。本件還收錄於《黑城出土文書（漢文文書卷）》第 205 頁《雜類·官私錢物帳》，其所記文書編號與《中國藏黑水城漢文文獻》原始編號同，並列出文書諸要素為：麻紙，缺，行書，尺寸為 22.4cm×16.2cm。文書前後均缺，現存文字 6 行。

錄文標點：

（前缺）

1. 羊三口，　酒二□
2. 姜椒一十兩，　鷄兒五兩，　鷄子二兩五錢，

---

① 此行文字《黑城出土文書》錄文未標注，現據圖版補。
② "里"，《黑城出土文書》錄文作"黑"，據《中國藏黑水城漢文文獻》擬題可知，編者將此字也釋讀為"黑"，現據圖版改。
③ " 為 "字《黑城出土文書》錄文所釋，疑應為某數。

3. 菓子一十兩，　　肉五兩，　　　油二兩五錢，

4. 蔥二兩五錢，　　粉七兩五錢，古爻五兩，

5. 面二十兩，　　肚肺一兩五錢

6. 雜支①二定四十六兩五錢，又四十五兩，又一定。廿六日

　　（後缺）

22. 元某年上元節雜用物色帳簿殘片

題解：

本件《中國藏黑水城漢文文獻》中原始編號為 F51：W12，出版編號為 M1·0322，收於第二冊《官私錢物賬》第 428 頁，擬題為《上元雜用物色賬》，並記其尺寸為 42.4cm×16.3cm。本件還收錄於《黑城出土文書（漢文文書卷）》第 205 頁《雜類·官私錢物帳》，其所記文書編號與《中國藏黑水城漢文文獻》原始編號同，並列出文書諸要素為：草紙，殘，行草書，尺寸為 16.1cm×42.1cm。文書前完後缺，現存文字 16 行，內容為記載上元節祭祀所用物品帳。

錄文標點：

1. 上元雜用物色數目：

2. 紅帋廿張七兩，　　　　青□

3. 黃帋一十張二②兩半，　黃□

4. 法明帋五十張一十五兩，枝子□

5. 固青五兩，　　　　　　干脂□

6. 油三兩，　　　　　　　麻□

7. 板一片半四兩半，　　　柴五兩

8. 支与飣③錢五兩④，　　　支与酒□

---

① "雜支"兩字旁有墨筆勾畫痕跡。
② "二"，《黑城出土文書》錄文作"三"，現據圖版改。
③ "飣"，《黑城出土文書》錄文作"饢"，現據圖版改。
④ "錢"，《黑城出土文書》錄文作"兩"，現據圖版改。

9. 趙待詔取昂八張二①兩。

　　　（中空 2 行）

10. 　　總計鈔②

11. 大|燈|物色：

12. □子一条三兩，　　　支帖▭

13. ▭条五兩，　　　支燈▭

14. ▭□　　　　　檁子▭

15. ▭兩

16. ▭計四十七兩　　▭

　　　（後缺）

23. 元滿哥帖木兒等牲畜帳簿

題解：

本件《中國藏黑水城漢文文獻》中原始編號為 F97：W4，出版編號為 M1·0323，收於第二冊《官私錢物賬》第 429 頁，擬題為《馬牛羊駝賬》，並記其尺寸為 30.8cm×26.9cm。本件還收錄於《黑城出土文書（漢文文書卷）》第 206 頁《雜類·官私錢物帳》，其所記文書編號與《中國藏黑水城漢文文獻》原始編號同，並列出文書諸要素為：棉紙，殘，行草書，尺寸為 26.3cm×30.7cm。文書前後均完，現存文字 6 行，文尾有簽押一處。參考文獻：1. 陳瑋《元代亦集乃路伊斯蘭社會探析——以黑城出土文書、文物為中心》，《西域研究》2010 年第 1 期；2. 吳超《蒙元時期亦集乃路畜牧業初探》，《農業考古》2012 年第 1 期。

錄文標點：

1. 滿哥帖木兒 駞三隻 羖羊一十口，③ 樊④□ ▭ 駞▭ ；
　　　　　　　馬二疋　五　　　　　　　　　馬▭

---

① "二"，《黑城出土文書》錄文作 "三"，現據圖版改。

② 此行文字右旁有墨筆勾畫痕跡。

③ "一十口"，《黑城出土文書》錄文作 "支"，"馬二疋五"，《黑城出土文書》錄文作 "五馬疋"，現據圖版改。

④ "樊"，《黑城出土文書》錄文作 "楊"，現據圖版改。

2. 王三驢一頭；　　賈摠官①馲二隻；　　徐昭☐　　　　；

3. 賈寶國②馲三隻③；　　什加宝馬一疋；　　楊道☐　　　　；
   　　　　馬一疋

4. 吉祥奴馬一疋；　　荅麻失里馲二隻；　　齐也先☐　　　；

5. 馬黑麻牛一隻，　　蘇大馲一隻，　　月魯帖木☐☐

6. 　　　　（簽押）

24. 元某年十一月速來蠻等取酒帳簿殘片

題解：

本件《中國藏黑水城漢文文獻》中原始編號為 F175：W8，出版編號為M1·0324，收於第二冊《官私錢物賬》第 430 頁，擬題為《速來蠻取酒賬》，並記其尺寸為27.2cm×28cm。本件還收錄於《黑城出土文書（漢文文書卷）》第 207 頁《雜類·官私錢物帳》，其所記文書編號與《中國藏黑水城漢文文獻》原始編號同，並列出文書諸要素為：竹紙，缺，行草書，尺寸為 26.5cm×26.2cm。文書前缺後完，現存文字 6 行。

錄文標點：

　　　　（前缺）

1. 十一月

2. 　廿日速来蛮④取酒一十两，

3. 　　　不顏卜花胡芦一个將俺伯⑤，

4. 　　　速来蛮取酒貳两伍錢。

5. 　廿一日赤薛那取酒四⑥两，

6. 　　　速来蛮取酒五两。

---

① "官"，《黑城出土文書》錄文作"管"，現據圖版改。
② "國"，《黑城出土文書》錄文未釋讀，現據圖版補。
③ "三"，《黑城出土文書》錄文作"二"，現據圖版改。
④ "速来蛮"三字旁有墨筆勾畫痕跡。
⑤ "伯"，《黑城出土文書》錄文作"的"，現據圖版改。
⑥ "四"，《黑城出土文書》錄文作"五"，現據圖版改。

25. 元紅紬子等錢物帳簿殘片

題解：

本件《中國藏黑水城漢文文獻》中原始編號為 F1：W37，出版編號為M1·0325，收於第二冊《官私錢物賬》第431頁，擬題為《綢子花布手巾等物賬》，並記其尺寸為 10.3cm×20.4cm。本件還收錄於《黑城出土文書（漢文文書卷）》第207頁《雜類·官私錢物帳》，其所記文書編號為 F1：W33，與《中國藏黑水城漢文文獻》原始編號異，並列出文書諸要素為：麻紙，殘，行草書，尺寸為 19.8cm×10.2cm。文書前後均缺，現存文字4行，文書中間有長方形墨跡。

錄文標點：

（前缺）

1. 紅紬①子四疋，　中統鈔肆定半 阿兀二定半，占□素二定。
2. 花布手巾一条，　白胥②二疋，
3. 紅胥一疋，
4. □□中統鈔四定半 玉七沙□□□□

（後缺）

26. 元郭府判等支物帳簿殘片

題解：

本件《中國藏黑水城漢文文獻》中原始編號為 F234：W8，出版編號為M1·0326，收於第二冊《官私錢物賬》第432頁，擬題為《滿德剌等交糧賬》，並記其尺寸為 10.3cm×20.9cm。本件還收錄於《黑城出土文書（漢文文書卷）》第207頁《雜類·官私錢物帳》，其所記文書編號為 F234：W18，與《中國藏黑水城漢文文獻》原始編號異，並列出文書諸要素為：竹紙，殘，行書，尺寸為 21.2cm×10.3cm。文書前後均缺，現存文字5行。文書中名字前均有墨筆勾畫痕

---

① "紬"，《黑城出土文書》錄文作"緞"，現據圖版改。
② "胥"通"絹"。下同，不再另作說明。

跡，應為勘驗時所留。

錄文標點：

（前缺）

1. 郭府判，十八斤，三斗；
2. 滿德剌，四十斤，支①七斗四升；
3. 薛士束②，廿二斤，四斗；
4. 李二嫂，廿四斤，四斗三升；
5. 任狗兒，廿二斤，□③斗；
6. □▭

（後缺）

27. 元羊等物帳簿殘片

題解：

本件《中國藏黑水城漢文文獻》中原始編號為84H·F20：W40/0689，出版編號為M1·0327，收於第二冊《官私錢物賬》第433頁，擬題為《文書殘件》，並記其尺寸為8.2cm×13.6cm。《黑城出土文書（漢文文書卷）》一書未收。文書前後均缺，現存文字4行，文書中有朱色痕跡。

錄文標點：

（前缺）

1. 廿日
2. 　白苫□羊壹□▭④
3. 　客子伍个
4. 廿八日

（後缺）

---

① "支"，《黑城出土文書》錄文作"交"，據《中國藏黑水城漢文文獻》所擬題可知，編者將此字也釋讀為"交"，現據圖版改。
② "束"，《黑城出土文書》錄文作"来"，現據圖版改。
③ 據第3行文字可推知，此處所缺文字應為"四"。
④ 此行文字右旁有墨筆勾畫痕跡。

28. 元支酒、油等錢物帳簿殘片

題解：

本件《中國藏黑水城漢文文獻》中原始編號為84H・F14：W6/0515，出版編號為M1・0328，收於第二冊《官私錢物賬》第433頁，擬題為《支油錢等賬》，並記其尺寸為19.1cm×7.7cm。《黑城出土文書（漢文文書卷）》一書未收。文書前後均缺，左右有大片空白，現存文字7行。

錄文標點：

　　　　　（前缺）

1. 廿□日□□
2. □□一□
3. 又支酒錢□
4. 初四日支鈔□
5. 　酒錢鈔□
6. ○初七支油錢□
7. 針服□□

　　　　　（後缺）

29. 元陳仲和等借欠錢物帳簿殘片

題解：

本件《中國藏黑水城漢文文獻》中原始編號為84H・F18：W40/0577，出版編號為M1・0329，收於第二冊《官私錢物賬》第433頁，擬題為《錢物賬》，並記其尺寸為9cm×31.3cm。《黑城出土文書（漢文文書卷）》一書未收。文書共兩件殘片，殘片一現存文字1行，殘片二現存文字3行，前後均缺。

錄文標點：

（一）

　　　　　（前缺）

1. _____抄壹拾玖定□_____

整理編　第二冊　307

　　　　（後缺）
（二）
　　　　（前缺）
1. ▭▭□□一起▭▭▭▭▭
2. 　　　　陳仲和借小鈷鑹兒二个，
3. 　　　　□□驢欠[私]錢壹伯壹定□▭▭
　　　　（後缺）

30. 元蘇木等物錢帳簿殘片

題解：

本件《中國藏黑水城漢文文獻》中原始編號為83H·F1：W28／0028，出版編號為M1·0330，收於第二冊《官私錢物賬》第434頁，擬題為《白礬等物賬》，並記其尺寸為5.2cm×19.7cm。《黑城出土文書（漢文文書卷）》一書未收。文書前後均缺，現存文字3行。

錄文標點：

　　　　（前缺）
1. ○蘇木一十斤，每斤七兩半，計▭▭①
2. ○白凡②六斤，每斤五兩，計卅兩。
3. ▭▭▭▭▭每斤廿兩
　　　　（後缺）

31. 元借錢帳簿殘片

題解：

本件《中國藏黑水城漢文文獻》中原始編號為83H·F1：W37／0037，出版編號為M1·0331，收於第二冊《官私錢物賬》第435頁，擬題為《欠款條》，並記其尺寸為13.6cm×14.1cm。《黑城出土文書（漢文文書卷）》一書未收。文書前

---

① 據文意推斷，此處所缺文字應為"七十五兩"。
② "凡"通"礬"。

308　中國藏黑水城漢文文獻的整理與研究

後均缺，現存文字5行。

錄文標點：

（前缺）

1. ☐☐☐☐☐☐☐錢五兩
2. ☐☐☐☐☐☐☐☐兩
3. ☐☐☐☐☐☐☐☐兩
4. ☐☐孩借廿八兩，欠二兩☐☐☐
5. ☐☐☐☐☐☐定錢一十八兩

（後缺）

32. 元物帳殘片

題解：

本件《中國藏黑水城漢文文獻》中原始編號為84H·F126：W10/1933，出版編號為M1·0332，收於第二冊《官私錢物賬》第435頁，擬題為《物賬》，並記其尺寸為14.9cm×19cm。《黑城出土文書（漢文文書卷）》一書未收。文書僅存2字，字跡較大，墨色較濃，似為一帳簿封面。

錄文標點：

（前缺）

1. ☐☐☐物帳☐☐☐

（後缺）

33. 元支酒錢帳簿殘片（二）

題解：

本件《中國藏黑水城漢文文獻》中原始編號為84HF21A，出版編號為M1·0333，收於第二冊《官私錢物賬》第436頁，擬題為《文書殘件》，並記其尺寸為9cm×7.2cm。《黑城出土文書（漢文文書卷）》一書未收。文書前後均缺，現存文字4行，前3行字跡較小，後1行字跡較大。本號文書與《中國藏黑水城漢文文獻》第二冊《官私錢物賬》第419頁M1·0308［84H·F20：W42/0691］號文書字跡相同，內容相關，應為同件文書。

錄文標點：

（前缺）

1. ☐☐☐☐☐☐ ☐六支酒一并☐☐☐☐
2. ☐☐☐☐☐☐☐ 卅支酒伍兩 ☐☐☐☐
3. ☐☐☐☐☐☐ 廿支酒二兩☐☐☐☐☐☐☐
4. 一☐☐☐☐

（後缺）

34. 元支鈔文書殘片

題解：

本件《中國藏黑水城漢文文獻》中原始編號為 84H·F19:W56/0593，出版編號為M1·0334，收於第二冊《官私錢物賬》第436頁，擬題為《支鈔賬》，並記其尺寸為3.4cm×23.4cm。《黑城出土文書（漢文文書卷）》一書未收。文書前後均缺，現存文字2行。

錄文標點：

（前缺）

1. ☐☐☐ 房人☐
2. 六月初五丁阿剌号伍兩， 七月十一支鈔二兩半， 廿一兩☐☐☐☐

（後缺）

35. 元欠鈔文書殘片

題解：

本件《中國藏黑水城漢文文獻》中原始編號為 84H·F111:W15/1093，出版編號為M1·0335，收於第二冊《官私錢物賬》第437頁，擬題為《欠鈔文書》，並記其尺寸為6.2cm×29.2cm。《黑城出土文書（漢文文書卷）》一書未收。文書共兩件殘件，殘片一現存文字1行，殘片二現存文字2行。

310　中國藏黑水城漢文文獻的整理與研究

錄文標點：

（一）

　　　　（前缺）

1. 三人通欠鈔叄拾▢▢▢▢▢

　　　　（後缺）

（二）

　　　　（前缺）

1. ▢▢▢▢▢七兩

2. ▢▢▢▢定半①

　　　　（後缺）

36. 元糧物帳簿殘片

題解：

本件《中國藏黑水城漢文文獻》中原始編號為 F160：W5，出版編號為M1·0336，收於第二冊《官私錢物賬》第 438 頁，擬題為《糧物賬》，並記其尺寸為 31.6cm×19.4cm。本件還收錄於《黑城出土文書（漢文文書卷）》第 207 頁《雜類·官私錢物帳》，其所記文書編號與《中國藏黑水城漢文文獻》原始編號同，並列出文書諸要素為：麻紙，殘，行草書，尺寸為 18.5cm×31.3cm。文書前後均缺，現存文字 12 行。

錄文標點：

　　　　（前缺）

1. 又六十絡靴對②料錢二③升

2. 　寒衣二升

3. ▢▢▢▢▢□鉢石小麦一斗

4. 　　□五升麦子④

---

① "半"字左旁有墨筆勾畫痕跡。
② "對"，《黑城出土文書》錄文作"時"，現據圖版改。
③ "錢二"，《黑城出土文書》錄文作"叁"，現據圖版改。
④ 此行文字較小，且與前後兩行行距較窄，應為補寫，但應補於何處不明。

整理編 第二冊 311

5. ☐一斗与柒錢①
6. □□禁子三升②
7. 二月□小麦二斗不□數
8. ☐□盐小三照見
9. 小巴同☐
10. 一斗☐ ③
11. 丹布☐ □□
12. 　　　三日小麦伍升④
13. 廿八日取廿一升⑤，二升半与☐⑥一斗⑦
14. 　　　　　　至□
15. ☐□

（後缺）

37. 元文書殘片

題解：

本件《中國藏黑水城漢文文獻》中原始編號為 F155 正，出版編號為 M1·0337，收於第二冊《官私錢物賬》第 439 頁，擬題為《文書殘件》，並記其尺寸為 22.9cm×34.4cm。《黑城出土文書（漢文文書卷）》一書未收。文書為兩件不相關文書殘片粘接一起，且文書二裱壓文書一部分文字。另，文書一為正背雙面書寫，此為正面文字，前完後缺，現存文字 5 行；文書二現存文字 8 行，前後均缺。

---

① "柒錢"，《黑城出土文書》錄文作"禁子"，現據圖版改。
② 此行文字《黑城出土文書》錄文漏錄，現據圖版補。
③ 《黑城出土文書》錄文於此行文字中衍錄一"與"字，現據圖版改。
④ 《黑城出土文書》錄文將此行文字與上一行錄作 1 行，現據圖版改。
⑤ "廿一升"，《黑城出土文書》錄文作"酒一斗"，現據圖版改。
⑥ "与☐"，《黑城出土文書》錄文作"兩屯百戶"，現據圖版改。
⑦ "一斗"兩字為右行補入，現徑改。

錄文標點：

（一）

正：

1. 皇帝聖旨裏，亦集乃路☐☐☐☐化外，先
2. ☐永昌路本官継☐☐☐☐☐☐☐☐☐①
3. 行省平章完者帖木兒除將☐☐☐治中☐☐
4. 中書省，未蒙明降，續寧夏路☐☐☐☐
5. ☐☐☐☐☐☐☐☐☐☐☐☐☐☐☐☐

　　（後缺）

（二）

　　　（前缺）

1. ☐☐壹拾兩☐
2. ☐☐☐叁☐叁拾伍☐，計鈔肆伯令☐
3. ☐☐叁拾柒定九拾
4. ☐☐壹拾☐☐☐☐☐☐陸拾柒☐
5. ☐☐捌拾
6. ☐☐☐兩☐肆
7. ☐☐皇帝聖旨裏
8. ☐☐☐☐貳兩伍錢

　　（後缺）

38. 元分例羊酒文書殘片

題解：

本件《中國藏黑水城漢文文獻》中原始編號為 F155 背，出版編號為 M1·0338，收於第二冊《官私錢物賬》第 440 頁，擬題為《支酒文書；阿立嵬文書》，並記其尺寸為 22.9cm×34.4cm。《黑城出土文書（漢文文書卷）》一書未收。文

---

① 第 1—2 行下半部分被殘片二裱壓。

書為兩件不相關文書殘片粘接一起，文書一為正背雙面書寫，此為文書一背面文字。文書前後均缺，現存文字10行，其中漢文5行，蒙古文5行，其中有朱筆點勘痕跡。按，此文書內容及書寫格式，與《中國藏黑水城漢文文獻》第三冊所收"分例羊酒文書"相同，故推測其也應為元代分例羊酒文書。

錄文標點：

（前缺）

1. ☐中等羊叁拾捌口半☐☐☐
2. 　　　定，計鈔叁拾定肆拾兩。
3. 酒月支叁拾觔，三个月該支酒玖拾觔，內除☐
4. 　　　八月小尽一日不支凡壹觔外，实支☐☐☐
5. 　　　每觔宝鈔玖兩，計鈔壹拾陸　　　　①

（以下為5行蒙古文）

（後缺）

（十）其他錢糧物文書

1. 元坤只禿等還官錢糧文書殘片

題解：

本件《中國藏黑水城漢文文獻》中原始編號為84H·F135：W33/1984，出版編號為M1·0339，收於第二冊《其他錢糧物文書》第443頁，擬題為《還官錢糧文書》，並記其尺寸為8.8cm×26.7cm。《黑城出土文書（漢文文書卷）》一書未收。文書前後均缺，現存文字4行。

錄文標點：

（前缺）

1. 　　☐☐☐☐☐☐☐具☐
2. 　　戶亦准☐☐坤只禿等余剩
3. 　　計四百四十石，就令坤只禿等

---

① 文書中數字旁多有朱點。

4. ▢▢▢▢▢▢▢▢送納還官□▢▢▢▢▢▢

　　　（後缺）

2. 元文書殘片

題解：

本件《中國藏黑水城漢文文獻》中原始編號為84H·F116：W100/1272，出版編號為M1·0340，收於第二冊《其他錢糧物文書》第444頁，擬題為《鈔錢文書殘件》，並記其尺寸為19cm×12.1cm。《黑城出土文書（漢文文書卷）》一書未收。文書前後均缺，現存文字4行。

錄文標點：

　　　（前缺）

1. ▢▢▢▢省府除外

2. ▢▢▢▢付者

　　　（中缺2行）

3. ▢▢▢▢伍分

　　　（中缺1行）

4. ▢▢▢▢柒分

　　　（後缺）

3. 元甘肅行省劄付亦集乃路總管府為鈔錢事殘片

題解：

本件《中國藏黑水城漢文文獻》原始編號為84H·F116：W223/1395，出版編號為M1·0341，收於第二冊《其他錢糧物文書》第444頁，擬題為《鈔錢文書殘件》，並記其尺寸為15.1cm×8.6cm。《黑城出土文書（漢文文書卷）》一書未收。文書前後均缺，現存文字5行。據文書最後一行推測，其應為甘肅行省下亦集乃路總管府劄付。

錄文標點：

　　　（前缺）

1. ▢▢▢▢▢一項：

2. ☐☐☐☐☐該鈔貳拾☐☐☐

3. ☐☐☐☐☐一項：

4. ☐☐☐☐□該鈔貳拾☐☐☐

5. ☐☐☐□付亦集☐ ①

　　（後缺）

4. 元收管孤老李元僧等文書殘片（一）

題解：

本件《中國藏黑水城漢文文獻》中原始編號為84H・F116：W32/1493，出版編號為M1・0342，收於第二冊《其他錢糧物文書》第445頁，擬題為《收錢文書殘件》，並記其尺寸為27.9cm×14.7cm。《黑城出土文書（漢文文書卷）》一書未收。文書共兩件殘片，殘片一現存文字2行，殘片二無文字殘留。按，文書中提到"李元僧"一名，與第四冊《其他律令與詞訟文書》第962頁M1・0749 ［84H・F116：W530/1704］號文書中"孤老李元僧"同，且兩件文書紙張、字跡相同，故其應為同件文書。文書擬題依綴合後所定。

錄文標點：

（一）

　　　（前缺）

1. ☐☐☐□収管到李元僧等☐☐☐

2. ☐☐☐☐☐元鈔伍兩☐☐☐

　　（後缺）

（二）

（無文字殘留）

---

① 據元代公文格式推斷，此行文字完整似為"右劄付亦集乃路總管府准此"。

5. 元某年八月錢糧文書殘片

題解：

本件《中國藏黑水城漢文文獻》中原始編號為 F114：W9，出版編號為 M1·0343，收於第二冊《其他錢糧物文書》第 446 頁，擬題為《錢糧文書殘件》，並記其尺寸為 18cm×13.5cm。《黑城出土文書（漢文文書卷）》一書未收。文書前後均缺，現存文字 3 行，墨色濃重。

錄文標點：

（前缺）
1. 　中統｜鈔｜
2. 斛斗行人□｜　　　｜
3. 　八月｜　　　｜
（後缺）

6. 元至元四年（1338）支米帳簿殘片

題解：

本件《中國藏黑水城漢文文獻》中原始編號為 84H·F224：W40/2462，出版編號為 M1·0344，收於第二冊《其他錢糧物文書》第 447 頁，擬題為《斛斗文書殘件》，並記其尺寸為 9.8cm×22.8cm。《黑城出土文書（漢文文書卷）》一書未收。文書共兩件殘片，殘片一現存文字 4 行，有塗抹痕跡；殘片二現存文字 2 行，第二行書寫二字，字體粗大，墨色濃重。

錄文標點：

（一）

（前缺）
1. ｜　　　｜□□□
2. ｜　　　｜□伍石貳斗內
3. ｜　　　｜貳日不支米

4. ☐☐☐☐①☐☐☐☐

（後缺）

（二）

（前缺）

1. 　　　至元四年☐☐☐☐

2. 　☐帳

（後缺）

7. 元斛斗文書殘片

題解：

本件《中國藏黑水城漢文文獻》中原始編號為84H・F249：W33/2566，出版編號為M1・0345，收於第二冊《其他錢糧物文書》第447頁，擬題為《斛斗文書殘件》，並記其尺寸為9.7cm×3.6cm。《黑城出土文書（漢文文書卷）》一書未收。文書前後均缺，現存文字2行。

錄文標點：

（前缺）

1. 　　　　☐升八合
2. 　　　　令五升

（後缺）

8. 元高奉祥等處收麥文書殘片

題解：

本件《中國藏黑水城漢文文獻》中原始編號為84H・F249：W15/2548，出版編號為M1・0346，收於第二冊《其他錢糧物文書》第448頁，擬題為《錢糧文書殘件》，並記其尺寸為7.5cm×19.8cm。《黑城出土文書（漢文文書卷）》一書未

---

① 此處兩字被塗抹。

收。文書前後均缺，現存文字3行。

錄文標點：

（前缺）

1. 今房来人高奉祥処□奴計小麦壹斗□①□
2. □此照用☐☐☐☐不顔荅□□□
3. 十二月□□☐☐☐河渠司□

（後缺）

9. 元米麥等物文書殘片

題解：

本件《中國藏黑水城漢文文獻》中原始編號為84H·F501：W3/2665，出版編號為M1·0347，收於第二冊《其他錢糧物文書》第448頁，擬題為《錢糧文書殘件》，並記其尺寸為6.7cm×12.3cm。《黑城出土文書（漢文文書卷）》一書未收。文書前後均缺，現存文字4行。

錄文標點：

（前缺）

1. □☐☐☐☐☐☐☐
2. 小麦 每☐☐☐☐☐
3. 穄子每石該☐☐☐
4. 白米每石貳□☐☐

（後缺）

10. 元文書殘片

題解：

本件《中國藏黑水城漢文文獻》中原始編號為84H·F501：W2/2664，出版編號為M1·0348，收於第二冊《其他錢糧物文書》第448頁，擬題為《錢糧文書殘件》，並記其尺寸為10.2cm×14.5cm。《黑城出土文書（漢文文書卷）》一書

---

① 此字為左行補入，現徑改。

未收。文書前後均缺，現存文字2行。

錄文標點：

（前缺）

1. ▭▭▭▭▭▭▭▭▭▭▭▭□你

（中缺）

2. ▭子一石　趙吉祥□　計張家奴

（後缺）

11. 元錢鈔文書

題解：

本件《中國藏黑水城漢文文獻》中原始編號為F249：W36，出版編號為M1·0349，收於第二冊《其他錢糧物文書》第449頁，擬題為《錢糧文書殘件》，並記其尺寸為26.2cm×36.1cm。本件還收錄於《黑城出土文書（漢文文書卷）》第112頁《錢糧類·賦稅》，其所記文書編號與《中國藏黑水城漢文文獻》原始編號同，並列出文書諸要素為：竹紙，缺，草書，尺寸為35.5cm×25.1cm。文書現存文字2行，左右均有大片空白，內容應完整。

錄文標點：

1. 九百九十八定卅四兩
2. 　　　　二錢三分五厘

12. 元文書殘片

題解：

本件《中國藏黑水城漢文文獻》中原始編號為84H·Y5：W12/2975，出版編號為M1·0350，收於第二冊《其他錢糧物文書》第450頁，擬題為《文書殘件》，並記其尺寸為8.5cm×25.6cm。《黑城出土文書（漢文文書卷）》一書未收。文書內容分為上下兩部分，此兩部分文字成經緯狀，上半部分文字現存2行，文書內容雖不完整，但左側留有大片空白，無文字書寫；下半部分文字現存5行。

錄文標點：

上部文字：

（前缺）

1. ☐斗伍升，余数百姓阙食
2. ☐☐不曾追理施行，問延

（後缺）

下部文字：

（前缺）

1. ☐☐取☐☐
2. ☐☐☐☐
3. ☐☐佃人☐
4. ☐☐慶☐☐
5. ☐☐☐☐

（後缺）

13. 元至大元年（1308）錢糧房申文為照驗錢糧文冊事（一）

題解：

本件《中國藏黑水城漢文文獻》中原始編號為 F116: W39，出版編號為 M1·0351，收於第二冊《其他錢糧物文書》第 451 頁，擬題為《文書殘件》，並記其尺寸為 13.5cm×26cm。本件文書共兩件殘片，還收錄於《黑城出土文書（漢文文書卷）》第 122 頁《俸祿類》，其所記文書編號為 F116: W39（1）、F116: W39（2），並列出文書諸要素為：竹紙，殘屑，行草書，尺寸分別為 8.4cm×8.9cm、12.5cm×13.5cm。該書將本號文書與《中國藏黑水城漢文文獻》第二冊第 452 頁 M1·0352［84H·F116: W39/1211］號文書統一編號為 F116: W39，作為一件文書釋錄。按，兩號文書字跡一致，內容相關，應為同一件文書。文書殘片一現存文字 3 行，殘片二現存文字 5 行，均前後缺。從內容來看，本件文書殘片二第 5 行有"承此，本房"一語，84H·F116: W39/1211 號文書殘片一第 5 行則有"錢糧文冊驗"一語，故可知本件文書應為亦集乃路錢糧房文書。文書擬題依綴合後所定。

錄文標點：

（一）

　　　　　（前缺）

1. ☐☐☐☐☐☐☐☐□順 異①當戥

2. ☐☐☐☐☐☐☐☐神 氣夆発不

3. ☐☐☐☐☐☐☐☐□若不移文

　　　　　（後缺）

（二）

　　　　　（前缺）

1. ☐☐☐☐☐☐☐於厝尾☐

2. ☐☐☐☐☐☐☐過次月初五日已 裏

3. ☐☐☐☐☐☐年七月廿二日八月廿四日

4. ☐☐☐☐☐☐至大元年二月廿九日

5. ☐☐☐☐☐☐申到。承此，本房

　　　　　（後缺）

14. 元至大元年（1308）錢糧房申文為照驗錢糧文冊事（二）

題解：

本件《中國藏黑水城漢文文獻》中原始編號為84H·F116：W39/1211，出版編號為M1·0352，收於第二冊《其他錢糧物文書》第452頁，擬題為《錢糧文書殘件》，並記其尺寸為16.2cm×27.8cm。本件文書共兩件殘片，還收錄於《黑城出土文書（漢文文書卷）》第122頁《俸祿類》，其所記文書編號為F116：W39（3）、F116：W39（4），並列出文書諸要素為：竹紙，殘屑，行草書，尺寸分別為12.7cm×11.8cm、12.9cm×13.5cm。該書將本號文書與《中國藏黑水城漢文文獻》第二冊第451頁M1·0351〔F116：W39〕號文書統一編號為F116：W39，作為一件文書釋錄。按，兩號文書字跡一致，內容相關，應為同一件文書。文書殘

---

① "異"，《黑城出土文書》錄文漏錄，現據圖版補。

片一現存文字5行，殘片二現存文字3行，均前後缺。文書擬題依綴合後所定。

錄文標點：

（一）

　　　　　　　　（前缺）

1. _____闕防為止_____
2. _____擬自七月初一日為始，照依
3. ____年於厝尾見在依例起
4. _____五日巳裏申省，承
5. _____錢糧文冊驗_____

　　　　　　　　（後缺）

（二）

　　　　　　　　（前缺）

1. 　　　_____□①吏趙　震（簽押）
2. 　　　　　　□②控案牘羅　孝祥（簽押）
3. 　　　　　　□　　□孟　集③（簽押）

　　　　　　　　（後缺）

15. 元錢鈔文書殘片

題解：

本件《中國藏黑水城漢文文獻》中原始編號為84H・F150:W10/2101，出版編號為M1・0353，收於第二冊《其他錢糧物文書》第453頁，擬題為《錢糧文書殘件》，並記其尺寸為8.3cm×8.9cm。《黑城出土文書（漢文文書卷）》一書未收。文書前後均缺，現存文字4行。

錄文標點：

　　　　　　　（前缺）

1. _____中統鈔_____

---

① 此處所缺文字《黑城出土文書》推補為"司"。
② 此處所缺文字《黑城出土文書》推補為"提"。
③ "集"，《黑城出土文書》錄文作"傑"，現據圖版改。

2. ☐☐白☐事☐☐☐

3. ☐☐☐☐錢照依每

4. ☐☐☐☐☐☐☐☐

  （後缺）

16. 元錢鈔文書殘片

題解：

本件《中國藏黑水城漢文文獻》中原始編號為83H・F1：W13/0013，出版編號為M1・0354，收於第二冊《其他錢糧物文書》第453頁，擬題為《錢糧文書殘件》，並記其尺寸為3.8cm×9.1cm。《黑城出土文書（漢文文書卷）》一書未收。文書僅存文字1行，為朱筆所書。

錄文標點：

1. 七十四定

17. 元糧斗文書殘片

題解：

本件《中國藏黑水城漢文文獻》中原始編號為84H・F90：W4/1048，出版編號為M1・0355，收於第二冊《其他錢糧物文書》第453頁，擬題為《錢糧文書等殘件》，並記其尺寸為5.8cm×17cm。《黑城出土文書（漢文文書卷）》一書未收。文書前後均缺，現存文字3行，且鈐朱印一枚。

錄文標點：

  （前缺）

1. ☐☐☐☐☐貳☐☐☐☐☐☐

2. ☐☐☐粮玖石叁斗叁升叁☐

3.   黄米肆石①

  （後缺）

---

① 文書第2—3行上半部分鈐朱印一枚。

18. 元錢糧文書殘片

題解：

本件《中國藏黑水城漢文文獻》中原始編號為84H·F117：W13/1805，出版編號為M1·0356，收於第二冊《其他錢糧物文書》第454頁，擬題為《錢糧文書殘件》，並記其尺寸為12.6cm×12.7cm。《黑城出土文書（漢文文書卷）》一書未收。文書前後均缺，現存文字3行。

錄文標點：

（前缺）

1. □ 粮
2. 伍拾定
3. 宗□□□□

（後缺）

19. 元某年七、八月分教授柴薪等錢文書殘片

題解：

本件《中國藏黑水城漢文文獻》中原始編號為84H·F125：W21/1891，出版編號為M1·0357，收於第二冊《其他錢糧物文書》第454頁，擬題為《錢糧文書殘件》，並記其尺寸為10.1cm×15.3cm。《黑城出土文書（漢文文書卷）》一書未收。文書現存文字3行，左側有空白。

錄文標點：

（前缺）

1. □□□教授七月分□□
2. □□□錢叁定壹□□
3. □□□□八月分柴薪□□□

（後缺）

20. 元文書殘片

題解：

本件《中國藏黑水城漢文文獻》中原始編號為 84H・F125：W36/1886，出版編號為 M1・0358，收於第二冊《其他錢糧物文書》第 455 頁，擬題為《錢糧文書殘件》，並記其尺寸為 25cm×14.1cm。《黑城出土文書（漢文文書卷）》一書未收。文書共三件殘片，殘片一現存文字 1 行，殘片二現存文字 3 行，殘片三現存文字 4 行。

錄文標點：

（一）

1. 秋󰂓風󰂔▢▢▢▢▢

　　　（後缺）

（二）

　　　（前缺）

1. ▢▢▢▢▢▢▢▢▢
2. ▢忽魯孫開耕▢
3. ▢每一學子捌拾▢

　　　（後缺）

（三）

　　　（前缺）

1. ▢▢▢十九石▢斗七升

　　　（中空 1 行）

2. ▢▢斗柒升
3. ▢▢▢▢十一石
4. ▢▢▢▢▢石

　　　（後缺）

21. 元錢糧文書殘片

題解：

本件《中國藏黑水城漢文文獻》中原始編號為 84H・F224：W33/2455，出版編號為M1·0359，收於第二冊《其他錢糧物文書》第456頁，擬題為《錢糧文書殘件》，並記其尺寸為7.5cm×20.1cm。《黑城出土文書（漢文文書卷）》一書未收。文書共兩件殘片，殘片一僅存一字；殘片二現存文字2行，前完後缺。

  錄文標點：

   （一）

      （前缺）

  1. 該▢▢▢▢▢▢

      （後缺）

   （二）

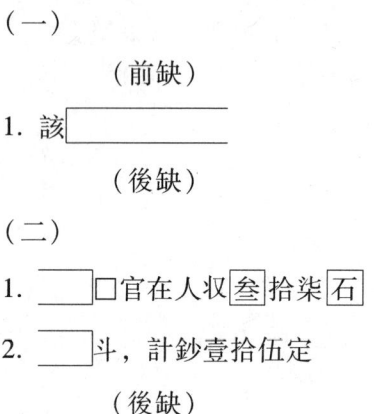

  1. ▢▢▢官在人攴 叁 拾柒 石

  2. ▢▢▢斗，計鈔壹拾伍定

      （後缺）

22. 元錢鈔文書殘片

  題解：

  本件《中國藏黑水城漢文文獻》中原始編號為84H·F197∶W23/2273，出版編號為M1·0360，收於第二冊《其他錢糧物文書》第456頁，擬題為《錢糧文書殘件》，並記其尺寸為4.9cm×10.6cm。《黑城出土文書（漢文文書卷）》一書未收。文書前後均缺，現存文字2行。

  錄文標點：

      （前缺）

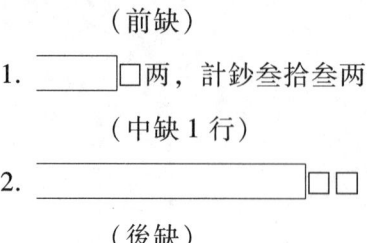

  1. ▢▢▢▢▢兩，計鈔叁拾叁兩

    （中缺1行）

  2. ▢▢▢▢▢▢▢▢▢▢▢▢

      （後缺）

23. 元錢鈔文書殘片

  題解：

  本件《中國藏黑水城漢文文獻》中原始編號為84H·F209∶W83/2331，出版編號為M1·0361，收於第二冊《其他錢糧物文書》第457頁，擬題為《錢糧文書殘件》，並記其尺寸為6.2cm×22cm。《黑城出土文書（漢文文書卷）》一書未收。文書前後均缺，現存文字3行。

錄文標點：

（前缺）

1. 　　　　　　　　令陸兩玖錢；
2. 　　　　正額伍定肆拾貳兩伍錢，
3. 　　□①□□貳拾伍定令玖兩肆錢

（後缺）

24. 元大、小麥文書殘片

題解：

本件《中國藏黑水城漢文文獻》中原始編號為84H·F209：W22/2320，出版編號為M1·0362，收於第二冊《其他錢糧物文書》第457頁，擬題為《錢糧文書殘件》，並記其尺寸為5.6cm×20.6cm。《黑城出土文書（漢文文書卷）》一書未收。文書前後均缺，現存文字2行。

錄文標點：

（前缺）

1. 到家將屬□□承
2. 大麦一石三斗，小麦一石陸升貳

（後缺）

25. 元價錢文書殘片

題解：

本件《中國藏黑水城漢文文獻》中原始編號為84H·F73：W14/0927，出版編號為M1·0363，收於第二冊《其他錢糧物文書》第458頁，擬題為《錢糧文書殘件》，並記其尺寸為9.5cm×18.8cm。《黑城出土文書（漢文文書卷）》一書未

---

① 此字殘，其字字體粗大，墨色濃重。

收。文書前後均缺，現存文字 2 行。

　　錄文標點：

　　　　　　（前缺）

1.　先次添價取到各處☐☐☐☐☐☐

2.　　隴州每石伍十兩

3.　☐☐☐☐☐☐☐☐☐☐①

　　　　　　（後缺）

26. 元雜色價錢文書殘片

題解：

本件《中國藏黑水城漢文文獻》中原始編號為 84H・F209：W15/2313，出版編號為 M1・0364，收於第二冊《其他錢糧物文書》第 458 頁，擬題為《錢糧文書殘件》，並記其尺寸為 11cm×45.2cm。《黑城出土文書（漢文文書卷）》一書未收。文書共兩件殘片，殘片一現存文字 1 行，殘片二僅存朱印殘痕及簽押各一處。

　　錄文標點：

（一）

　　　　　　（前缺）

1.　☐☐☐☐☐☐☐☐添与了来，雜色價錢每壹斗拾两鈔☐☐☐☐

　　　　　　（後缺）

（二）

　　　　　　（前缺）

1.　（印章殘痕）　　　（簽押）

　　　　　　（後缺）

27. 元糧斛文書殘片

題解：

本件《中國藏黑水城漢文文獻》中原始編號為 84H・F20：W24/0673，出版

---

①　此行文字右側有墨筆點畫痕跡。

編號為M1·0365，收於第二冊《其他錢糧物文書》第459頁，擬題為《錢糧文書殘件》，並記其尺寸為7.2cm×13.2cm。《黑城出土文書（漢文文書卷）》一書未收。文書前後均缺，現存文字1行。

錄文標點：

   （前缺）

1. ☐☐☐☐分三厘，該粮一

   （後缺）

28. 元糧斛文書殘片

題解：

本件《中國藏黑水城漢文文獻》中原始編號為84H·F51：W14/0839，出版編號為M1·0366，收於第二冊《其他錢糧物文書》第459頁，擬題為《錢糧文書殘件》，並記其尺寸為8.4cm×20.7cm。《黑城出土文書（漢文文書卷）》一書未收。文書共兩件殘片，殘片一現存文字1行，殘片二僅存簽押一處。

錄文標點：

（一）

   （前缺）

1. 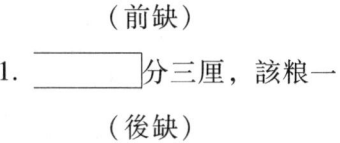粮斛陸阡陸☐☐☐☐

   （後缺）

（二）

   （前缺）

1. ☐☐☐☐☐（簽押）

   （後缺）

29. 元合報錢糧文書殘片

題解：

本件《中國藏黑水城漢文文獻》中原始編號為84H·F116：W424/1596，出版編號為M1·0367，收於第二冊《其他錢糧物文書》第460頁，擬題為《錢糧文書殘件》，並記其尺寸為3.8cm×6.1cm。《黑城出土文書（漢文文書卷）》一書未收。文書前後均缺，現存文字2行。

錄文標點：

（前缺）

1. ▭▭下本▭▭▭
2. ▭▭合报錢粮▭▭

（後缺）

30. 元元首鈔定等物文書殘片

題解：

本件《中國藏黑水城漢文文獻》中原始編號為 F125：W15，出版編號為M1·0368，收於第二冊《其他錢糧物文書》第460頁，擬題為《錢糧文書殘件》，並記其尺寸為7.5cm×26.9cm。《黑城出土文書（漢文文書卷）》一書未收。文書前後均缺，現存文字2行，鈐朱印一枚。

錄文標點：

（前缺）

1. ▭▭□□已行成粮。得此，今將發 哥
2. ▭▭乞施行。得此，今將元首鈔定等物①

（後缺）

31. 元元統二年（1334）支糧文書殘片

題解：

本件《中國藏黑水城漢文文獻》中原始編號為 84H·F20：W27/0676，出版編號為M1·0369，收於第二冊《其他錢糧物文書》第461頁，擬題為《錢糧文書殘件》，並記其尺寸為6.9cm×20.9cm。《黑城出土文書（漢文文書卷）》一書未收。文書共兩件殘片，殘片一現存文字2行，殘片二現存文字3行。

---

① 文書上部鈐朱印一枚。

錄文標點：

（一）

　　　　　（前缺）

1. ☐☐堆☐☐

　　　　　（中缺 1 行）

2. ☐☐官前☐☐

　　　　　（後缺）

（二）

　　　　　（前缺）

1. ☐☐欽此。係欽☐☐☐等已

2. ☐☐男子婦女三人，撥自元統二

3. ☐☐月各☐☐係支粮

　　　　　（後缺）

32. 元永昌路申文為工墨息錢等事殘片

題解：

本件《中國藏黑水城漢文文獻》中原始編號為 84H・F123：W8/1826，出版編號為 M1・0370，收於第二冊《其他錢糧物文書》第 461 頁，擬題為《錢糧文書殘件》，並記其尺寸為 7.1cm×8.9cm。《黑城出土文書（漢文文書卷）》一書未收。文書前完後缺，現存文字 3 行。

錄文標點：

1. ☐☐永昌路申☐☐

2. ☐☐到工墨息錢☐

3. ☐☐子

　　　　　（後缺）

33. 元文書殘片

題解：

本件《中國藏黑水城漢文文獻》中原始編號為 84H・F114：W11/1165，出版編號為M1·0371，收於第二冊《其他錢糧物文書》第462頁，擬題為《錢糧文書殘件》，並記其尺寸為18.9cm×13cm。《黑城出土文書（漢文文書卷）》一書未收。文書共兩件殘片，殘片一現存文字4行，殘片二現存文字3行。按，兩件文書殘片字跡不一，應非同一件文書。從內容來看殘片一似為某申文殘片，殘片二為官用錢鈔文書殘片。

錄文標點：

（一）

（前缺）

1. ☐☐☐☐☐☐　☐
2. ☐☐☐☐見☐☐
3. ☐☐☐驗去訖
4. ☐☐☐

（後缺）

（二）

（前缺）

1. ☐☐令壹拾日☐☐
2. ☐☐貳兩肆錢☐☐
3. ☐☐☐☐官用☐

（後缺）

34. 元錢鈔文書殘片

題解：

本件《中國藏黑水城漢文文獻》中原始編號為84H·F114：W7/1161，出版編號為M1·0372，收於第二冊《其他錢糧物文書》第463頁，擬題為《錢糧文書殘件》，並記其尺寸為9.7cm×18.7cm。《黑城出土文書（漢文文書卷）》一書未收。文書共兩件殘片，殘片一現存文字2行，殘片二現存文字1行。

錄文標點：

（一）

（前缺）

1. ▭▭▭□□▭▭▭▭
2. 定貳两四錢貳分 外 □□▭▭▭
　　　（後缺）
（二）
　　　（前缺）
1. ▭▭▭▭□□至指揮
　　　（後缺）

35. 元米麥等文書殘片

題解：

本件《中國藏黑水城漢文文獻》中原始編號為 84H·F209：W36/2334，出版編號為M1·0373，收於第二冊《其他錢糧物文書》第463頁，擬題為《斛斗文書殘件》，並記其尺寸為 4.9cm×25.5cm。《黑城出土文書（漢文文書卷）》一書未收。文書前後均缺，現存文字3行，並鈐墨印一枚。

錄文標點：

　　　（前缺）
1.　　黄米叁石玖斗陸升，
2.　　大麦肆石肆斗，
3.　　莞 豆 □石肆斗，①
　　　（後缺）

36. 元文書殘片

題解：

本件《中國藏黑水城漢文文獻》原始編號為 84H·Y5：W6/2969，出版編號為M1·0374，收於第二冊《其他錢糧物文書》第464頁，擬題為《錢糧文書殘件》，並記其尺寸為 12.1cm×26.8cm。《黑城出土文書（漢文文書卷）》一書未收。文書共兩件殘片，殘片一現存文字3行，其中數字旁有朱點；殘片二現存文

---

① 文書第1—3行中部鈐墨印一方。

字3行，且有塗抹痕跡。按，兩件殘片字跡非一，內容也不相關，故應非同一件文書殘片。從內容來看，殘片一應與錢物有關，殘片二似為雜寫。

錄文標點：

（一）

    （前缺）

1. ☐☐阡伍伯套

    （中缺1行）

2. ☐定肆拾肆兩式錢☐　　①

3. ☐☐☐☐☐定式拾肆☐

    （後缺）

（二）

    （前缺）

1. ☐　月月☐

2. ☐此事有真☐②

3. ☐☐☐☐的

    （後缺）

37. 元子粒文書殘片

題解：

本件《中國藏黑水城漢文文獻》中原始編號為84H·大院內a6：W50/2839，出版編號為M1·0375，收於第二冊《其他錢糧物文書》第465頁，擬題為《錢糧文書殘件》，並記其尺寸為5.8cm×21.2cm。《黑城出土文書（漢文文書卷）》一書未收。文書前後均缺，原存文字3行，但中間一行被塗抹，現存文字2行。

錄文標點：

    （前缺）

---

① 此行右旁有墨筆勾畫痕跡，且第1、2行右側均有朱筆勾書痕跡。
② "真☐"書寫原誤，塗抹後於右行改寫，現徑改。

整理編　第二冊　335

1. ☐☐柒☐字子粒四①石五斗
2. ☐☐☐☐追名項②
　　　（後缺）

38. 元錢鈔文書殘片

題解：

本件《中國藏黑水城漢文文獻》中原始編號為 84H·Y1 采：W8/2678，出版編號為M1·0376，收於第二冊《其他錢糧物文書》第 465 頁，擬題為《錢糧文書殘件》，並記其尺寸為 7.9cm×14cm。《黑城出土文書（漢文文書卷）》一書未收。文書前後均缺，現存文字 2 行。

錄文標點：

　　　（前缺）
1. ☐☐兩貳伯貳拾☐☐
2. ☐☐該中統鈔貳☐☐
　　　（後缺）

39. 元納壽生錢文書殘片

題解：

本件《中國藏黑水城漢文文獻》原始編號為 F160：W4，出版編號為M1·0377，收於第二冊《其他錢糧物文書》第 466 頁，擬題為《錢糧文書殘件》，並記其尺寸為 7.9cm×15cm。《黑城出土文書（漢文文書卷）》一書未收。文書前後均缺，現存文字 4 行。按，文書內容與壽生經信仰有關，《俄藏黑水城文獻》第 5 冊第 317—337 頁所收錄 A32 號文書除《陰司鬼限》《推定兒女法》兩篇為雜抄外，其餘部分是一個整體，為壽生經的禮懺儀。本件文書與其內容相關。參考文獻：韋兵《俄藏黑水城文獻〈佛說壽生經錄文〉——兼論十一—十四世紀的壽生會與壽生寄庫信仰》，《西夏學》第五輯，上海古籍出版社 2010 年版。

---

① "四"字前原衍"壹拾"兩字，後塗抹，現徑改。
② 此兩行文字之間原有一行文字"☐☐柒拾五斗☐☐"，後塗抹，現徑改。

錄文標點：

（前缺）
1. ☐☐善男子、善女人
2. 早納壽生錢，分明解
3. 說，漏貫薄小，納①在
4. 庫中，庫官収執至百

（後缺）

40. 元錢鈔文書殘片

題解：

本件《中國藏黑水城漢文文獻》中原始編號為84H・Y1：W32/2702，出版編號為M1・0378，收於第二冊《其他錢糧物文書》第466頁，擬題為《錢糧文書殘件》，並記其尺寸為7.4cm×17.7cm。《黑城出土文書（漢文文書卷）》一書未收。文書前後均缺，現存文字1行。

錄文標點：

（前缺）
1. ☐☐諸名項等錢數各各②☐☐☐☐☐☐

（後缺）

41. 元錢鈔文書殘片

題解：

本件《中國藏黑水城漢文文獻》中原始編號為84H・F249：W16/2549，出版編號為M1・0379，收於第二冊《其他錢糧物文書》第467頁，擬題為《錢糧文書殘件》，並記其尺寸為17.4cm×18.7cm。《黑城出土文書（漢文文書卷）》一書未收。文書共兩件殘片，殘片一現存文字3行，其中大部分文字被塗抹；殘片二現存文字5行，其中有勾畫痕跡。

---

① "納"字前原衍一字，後塗抹，現徑改。
② 第二個"各"字為省文符號，現徑改。

整理編　第二冊　337

錄文標點：

（一）

（前缺）

1. ＿＿＿□□□□□①
2. ＿＿＿＿＿＿＿＿四十五②兩
3. ＿＿＿＿＿＿＿□□③

（後缺）

（二）

（前缺）

1. ＿＿＿＿　□　□＿＿＿＿
2. ＿＿＿＿計五百四十五定＿
3. 　　　　三　四・人④
4. ＿＿分六毛三糸四忽＿＿＿
5. ＿＿□仁管畏兀兒＿＿＿＿

（後缺）

42. 元亦集乃路錢糧房呈文殘片

題解：

本件《中國藏黑水城漢文文獻》中原始編號為84H・F116：W585/1759，出版編號為M1・0380，收於第二冊《其他錢糧物文書》第468頁，擬題為《錢糧文書殘件》，並記其尺寸為57.2cm×14.4cm。《黑城出土文書（漢文文書卷）》一書未收。文書前後均完，下部殘損嚴重，現存文字6行。按，文書第1行存"錢糧"兩字，據元代公文格式及機構設置，此應為"錢糧房"，故本件文書應為錢糧房文書。

---

① 此行文字均被塗抹。
② "四十五"三字被塗抹。
③ 文書此行僅存兩字，此兩字被塗抹。
④ 第1—3行下部被墨筆勾畫。

錄文標點：

1.　　錢粮□
2.　　呈□
3.　　　□
4.　　　□
5. 右各[行]

6.　　　初二日①

43. 元劄子為申某路糧斛事

題解：

本件《中國藏黑水城漢文文獻》中原始編號為 F116：W447，出版編號為 M1·0381，收於第二冊《其他錢糧物文書》第 469 頁，擬題為《糧斛文書》，並記其尺寸為 22cm×26.7cm。《黑城出土文書（漢文文書卷）》一書未收。文書前完後缺，現存文字 5 行。

錄文標點：

1. 劄子
2. 　承奉
3. 　甘肅等処行中書省劄付云□
4. 　路粮斛事。承此，合行具呈者。

5. 右謹具

　　　（後缺）

44. 元大麥文書殘片

題解：

本件《中國藏黑水城漢文文獻》中原始編號為 84H·F68：W4/0910，出版編

---

① "初二日"上鈐墨印一枚。

號爲M1·0382，收於第二冊《其他錢糧物文書》第470頁，擬題爲《斛斗文書殘件》，並記其尺寸爲2.9cm×19.7cm。《黑城出土文書（漢文文書卷）》一書未收。文書前後均缺，現存文字1行。

錄文標點：

　　　　（前缺）
1. 大麦式石肆斗伍升
　　　　（後缺）

45. 元斛斗文書殘片

題解：

本件《中國藏黑水城漢文文獻》中原始編號爲84H·F41：W3/0774，出版編號爲M1·0383，收於第二冊《其他錢糧物文書》第470頁，擬題爲《斛斗文書殘件》，並記其尺寸爲6.7cm×11.4cm。《黑城出土文書（漢文文書卷）》一書未收。文書共兩件殘片，均前後缺，各存文字1行。

錄文標點：

（一）
　　　　（前缺）
1. 三斗五升
　　　　（後缺）

（二）
　　　　（前缺）
1. 二石八斗
　　　　（後缺）

46. 元斛斗文書殘片

題解：

本件《中國藏黑水城漢文文獻》中原始編號爲84H·F79：W28/0963，出版編號爲M1·0384，收於第二冊《其他錢糧物文書》第470頁，擬題爲《斛斗文書殘件》，並記其尺寸爲7.4cm×11.5cm。《黑城出土文書（漢文文書卷）》一書未收。文書前後均缺，現存文字4行。

錄文標點：

（前缺）

1. ☐☐☐☐☐☐☐
2. ☐☐☐☐☐捌斗玖升
3. ☐☐☐☐☐捌斗玖升
4. ☐☐☐☐☐☐☐☐☐☐

（後缺）

47. 元术伯糧斛文書殘片

題解：

本件《中國藏黑水城漢文文獻》中原始編號為84H·F116：W159/1331，出版編號為M1·0385，收於第二冊《其他錢糧物文書》第471頁，擬題為《斛斗文書殘件》，並記其尺寸為12.7cm×21.5cm。《黑城出土文書（漢文文書卷）》一書未收。文書共兩件殘片，各存文字5行。按，文書中出現"术伯"兩字，應為"术伯大王"，《中國藏黑水城漢文文獻》第二冊第369頁《軍用錢糧文書》及第397—410頁《大德四年軍用錢糧文書》均出現"术伯大王"一詞，故此件文書或與他們為同一組文書。

錄文標點：

（一）

（前缺）

1. ☐☐☐☐☐☐☐
2. ☐☐粮壹☐☐☐
3. ☐口小六十☐☐
4. 今☐☐
5. 也☐☐

（後缺）

（二）

（前缺）

1. 术伯☐☐☐☐☐
2. ☐个月☐☐☐☐☐
3. ☐粮起去☐☐☐☐
4. ☐☐☐☐不得☐
5. ☐平章亦集☐☐☐☐
　　（後缺）

48. 元斛斗文書殘片

題解：

本件《中國藏黑水城漢文文獻》中原始編號為83H・F18：W110/0481，出版編號為M1・0386，收於第二冊《其他錢糧物文書》第472頁，擬題為《斛斗文書殘件》，並記其尺寸為8.8cm×11.9cm。《黑城出土文書（漢文文書卷）》一書未收。文書前後均缺，現存文字4行。

錄文標點：

　　（前缺）
1. ☐☐☐☐☐☐☐☐☐解
2. ☐☐☐☐☐貳勺
3. ☐☐☐☐陸斗壹升叁合伍勺
4. ☐☐☐☐☐☐☐斗柒升壹合壹勺
　　（後缺）

49. 元大、小二麥斛斗文書殘片

題解：

本件《中國藏黑水城漢文文獻》中原始編號為84H・F21：W19/0736，出版編號為M1・0387，收於第二冊《其他錢糧物文書》第472頁，擬題為《斛斗文書殘件》，並記其尺寸為10.5cm×12.9cm。《黑城出土文書（漢文文書卷）》一書未收。文書前後均缺，現存文字3行。

錄文標點：

（前缺）

1. ☐☐☐二斗□升：
2. 　　大麥一斗□升，
3. 　　小麥一斗。

（後缺）

50. 元某司呈文為小麥斛斗事

題解：

本件《中國藏黑水城漢文文獻》中原始編號為84H·采：W12/2952，出版編號為M1·0388，收於第二冊《其他錢糧物文書》第473頁，擬題為《斛斗文書殘件》，並記其尺寸為20.6cm×10.2cm。《黑城出土文書（漢文文書卷）》一書未收。文書現存文字3行。

錄文標點：

（前缺）

1. ☐☐☐解 發價□□具呈①
2. ☐☐☐就該小麥陸斗肆升
3. ☐☐☐☐□□☐☐☐

（後缺）

51. 元布疋錢文書殘片

題解：

本件《中國藏黑水城漢文文獻》中原始編號為84H·F125：W14/1864，出版編號為M1·0389，收於第二冊《其他錢糧物文書》第474頁，擬題為《布疋文書殘件》，並記其尺寸為4.8cm×18.5cm。《黑城出土文書（漢文文書卷）》一書未收。文書共兩件殘片，均前後缺，殘片一現存文字2行，殘片二僅存一處簽押。

---

① 此行文字前有大片空白，其中有部分墨跡。

錄文標點：

（一）

　　　　（前缺）

1. ▢▢▢▢▢叁拾两▢▢▢▢

2. ▢▢▢馬田布九十疋▢▢▢▢

　　　　（後缺）

（二）

　　　　（前缺）

1. ▢▢▢▢▢（簽押）

　　　　（後缺）

52. 元文書殘片

題解：

本件《中國藏黑水城漢文文獻》中原始編號為84H・F17：W8/0531，出版編號為M1・0390，收於第二冊《其他錢糧物文書》第474頁，擬題為《支鈔與腳錢文書殘件》，並記其尺寸為10.8cm×25.3cm。《黑城出土文書（漢文文書卷）》一書未收。文書共兩件殘片，兩殘片字跡非一，內容也不相關，應非同件文書。殘片一為行草書，現存文字6行，記載幾天的支鈔數目，可擬題為"元某年支鈔帳簿殘片"；殘片二為楷書，現存文字4行，記載收腳錢之事，可擬題為"元收腳錢文書殘片"。

錄文標點：

（一）

　　　　（前缺）

1. 　支鈔一十五①两▢▢▢

2. 　支鈔四十两▢▢▢▢②

3. 　支鈔五錢□▢▢

---

① "五"字為右行補入，現徑改。
② 此行天頭處有一小圓圈。

4. 支鈔二兩五錢□□□□□□

5. 初五日

6. 支鈔□□□□□□□□

　　　（後缺）

（二）

　　　（前缺）

1. □□□□□□□□□貞

2. □□□□□□□通例移准

3. □□□□□無許准帶収脚錢

4. □□□憲臺除外，合下仰照

　　　（後缺）

53. 元管鋪陳褥子等物文書殘片

題解：

本件《中國藏黑水城漢文文獻》中原始編號為84H·大院內 a6：W35/2824，出版編號為M1·0391，收於第二冊《其他錢糧物文書》第475頁，擬題為《鋪陳褥子文書殘件》，並記其尺寸為 8.3cm × 28.2cm。《黑城出土文書（漢文文書卷）》一書未收。文書共兩件殘片，殘片一現存文字3行，殘片二現存文字1行。

錄文標點：

（一）

　　　（前缺）

1. 管鋪陳褥子□□□□□□

2. 　　趙好 德 □□□□

3. 管頂幕賜①府□□□□□

　　　（後缺）

（二）

　　　（前缺）

---

① "賜"字為右行補入，現徑改。

1. ☐☐壹☐肆拾☐☐☐

  （後缺）

54. 元亦集乃路錢糧房文書殘片

題解：

本件《中國藏黑水城漢文文獻》中原始編號為84H・F209：W39/2337，出版編號為M1・0392，收於第二冊《其他錢糧物文書》第476頁，擬題為《錢糧房文書殘件》，並記其尺寸為9.1cm×28.1cm。《黑城出土文書（漢文文書卷）》一書未收。文書前完後缺，現存文字3行，第3行僅存一點文字殘痕。

錄文標點：

1. 錢糧房
2. 承奉
3. ☐☐☐☐☐☐☐

  （後缺）

55. 元亦集乃路錢糧房呈文殘片

題解：

本件《中國藏黑水城漢文文獻》中原始編號為84H・F116：W417/1589，出版編號為M1・0393，收於第二冊《其他錢糧物文書》第477頁，擬題為《錢糧房文書殘件》，並記其尺寸為30.4cm×9.1cm。《黑城出土文書（漢文文書卷）》一書未收。文書共兩紙粘接，第一紙無文字殘留，第二紙現存文字3行。

錄文標點：

  （前缺）

―――――――――――

1. 錢糧房
2. 呈據☐☐☐☐
3. 摠☐☐☐☐☐

  （後缺）

56. 元亦集乃路錢糧房呈文殘片

題解：

本件《中國藏黑水城漢文文獻》中原始編號為 84H・F116：W526/1700，出版編號為M1・0394，收於第二冊《其他錢糧物文書》第477頁，擬題為《錢糧房文書殘件》，並記其尺寸為 33.5cm×15.1cm。《黑城出土文書（漢文文書卷）》一書未收。文書共兩件殘片，殘片一為兩紙粘接，其中第一紙無文字殘留，第二紙現存文字 2 行；殘片二無文字殘留。

錄文標點：

（一）

　　　　　（前缺）

_____

1. 錢糧房

2. 呈 據□□ _____

　　　　　（後缺）

（二）

（無文字殘留）

57. 元文書殘片

題解：

本件《中國藏黑水城漢文文獻》中原始編號為 84H：F249：W10/2543，出版編號為M1・0395，收於第二冊《其他錢糧物文書》第478頁，擬題為《文書殘件》，並記其尺寸為 10.8cm×17cm。《黑城出土文書（漢文文書卷）》一書未收。文書前後均缺，現存文字 4 行。

錄文標點：

　　　　　（前缺）

1. _____ 定 類 為發下本路支銷_____

2. _____ 肅行省照 驗 。今奉照得_____

3. _____ 肅 定□等處_____

　　　　　　　（中缺1行）
4.　　　　　　　　馬疋壹百十八□□□
　　　　　　　（後缺）

58. 元文書殘片

題解：

本件《中國藏黑水城漢文文獻》中原始編號為84H・F116：W213/1385，出版編號為M1・0396，收於第二冊《其他錢糧物文書》第479頁，擬題為《文書殘件》，並記其尺寸為27.2cm×17.6cm。《黑城出土文書（漢文文書卷）》一書未收。文書共四件殘片，其中前三件殘片與第四件殘片字跡不同，內容不相關，應非同件文書。殘片一、二、三為楷書，各存文字1行，其內容與糧食有關；殘片四為行草書，現存文字4行，為總管府用勘合支取某物文書殘片。

錄文標點：

（一）
　　　　　　（前缺）
1.　　　　　中書省□
　　　　　　（後缺）

（二）
　　　　　　（前缺）
1.　　　　　粮食
　　　　　　（後缺）

（三）
　　　　　　（前缺）
1.　　　　　行省季
　　　　　　（後缺）

（四）
　　　　　　（前缺）
1.　　　　　　　□□□

348 中國藏黑水城漢文文獻的整理與研究

2. ▢摠府除外▢
3. 号半印勘合書填前▢
4. ▢比對元發号 簿 ▢ ①
　　　（後缺）

59. 元文書殘片

題解：

本件《中國藏黑水城漢文文獻》中原始編號為84H·F135：W54/2005，出版編號為M1·0397，收於第二冊《其他錢糧物文書》第480頁，擬題為《文書殘件》，並記其尺寸為9.8cm×19.7cm。《黑城出土文書（漢文文書卷）》一書未收。文書共兩件殘片，殘片一現存文字1行，為年款；殘片二現存文字3行。

錄文標點：

（一）
　　　（前缺）
1. ▢年三月▢
　　　（後缺）

（二）
　　　（前缺）
1. ▢▢
2. ▢一十定十九日▢
3. ▢鬼
　　　（後缺）

60. 元亦集乃路錢糧房呈文殘片

題解：

本件《中國藏黑水城漢文文獻》中原始編號為F125：W34，出版編號為M1·0398，收於第二冊《其他錢糧物文書》第481頁，擬題為《錢糧房文書殘件》，

---

① 第2、3行下半部分文字被裱壓。

並記其尺寸為 16cm×23.5cm。《黑城出土文書（漢文文書卷）》一書未收。文書前完後缺，現存文字 3 行。

錄文標點：

1. 錢糧房

2. 呈：承奉

3. 甘肅等処行中書省剳付議奉□▭

　　（後缺）

61. 元亦集乃路錢糧房文書殘片

題解：

本件《中國藏黑水城漢文文獻》中原始編號為 F166：W16，出版編號為M1・0399，收於第二冊《其他錢糧物文書》第 482 頁，擬題為《錢糧房文書殘件》，並記其尺寸為 5.7cm×28.4cm。《黑城出土文書（漢文文書卷）》一書未收。文書前完後缺，現存文字 2 行。

錄文標點：

1. 錢糧房

2. 　□□▭

　　（後缺）

62. 元阿立嵬口糧文卷（之一）

題解：

本件《中國藏黑水城漢文文獻》中原始編號為 84H・F135：W67/2018，出版編號為M1・0400，收於第二冊《其他錢糧物文書》第 483 頁，擬題為《文書殘件》，並記其尺寸為 11.2cm×9.2cm。《黑城出土文書（漢文文書卷）》一書未收。文書前後均缺，現存文字 4 行。據文書之出土地、紙張、字跡、內容等可推斷，本件文書應為元阿立嵬口糧文卷之一。

錄文標點：

　　（前缺）

1. ▭完者□▭

2. ☐☐☐一百名，計中統鈔☐☐☐

3. ☐☐☐蒙万户息阿①立☐☐☐

4. ☐☐☐□他交根底去□☐☐☐

（後缺）

63. 元文書殘片

題解：

本件《中國藏黑水城漢文文獻》中原始編號為 AE202　ZHi41，出版編號為 M3·0004，收於第二冊《其他錢糧物文書》第 484 頁，擬題為《文書殘件》，並記其尺寸為 11.4cm×8.3cm。《黑城出土文書（漢文文書卷）》一書未收。文書前後均缺，現存文字 3 行。

錄文標點：

（前缺）

1. ☐☐☐□□□□

2. ☐☐☐□粮一同依前持

3. ☐☐☐施行。奉此，

（後缺）

---

① 據文意推斷，"阿"字前應脫一"你"。

第三冊

卷三　俸祿與分例文書卷

（一）俸祿文書

1. 元某司照過至順四年（1338）閏三月放支夏季糧文書

題解：

本件《中國藏黑水城漢文文獻》中原始編號為 F209：W60，出版編號為M1·0401，收於第三冊《俸祿文書》第497頁，擬題為《玄字號俸祿文卷》，並記其尺寸為39.7cm×34.5cm。本件還收錄於《黑城出土文書（漢文文書卷）》第123頁《俸祿類》，其所記文書編號為 F209：W66，與《中國藏黑水城漢文文獻》原始編號異，並列出文書諸要素為：麻紙，殘，草行書，後加批"照過"二字，尺寸為33.5cm×39.2cm。文書前後均缺，現存文字10行，其中第3行、第8行所加批"照過"兩字均為朱書。

錄文標點：

　　　　　　（前缺）

1.　　　　　　　　折支小麦⬜⬜⬜升，計折大
2.　　　　　　　　麦肆石肆斗①。
3. 照過②　一帖至順四年閏③三月廿六日玄字七十三号勘合，行下
4.　　　　　　　　廣積倉放④至順四年四月至

---

① 本行文字中"肆"字《黑城出土文書》錄文作"捌"，現據圖版改。
② "照過"兩字《黑城出土文書》錄作第4行，現據圖版改。
③ "至順四年閏"等字右旁有墨筆勾畫痕跡。
④ 《黑城出土文書》錄文於"放"字後衍錄一"支"，現據圖版改。

5.　　　　　　　　　　　六月終夏□①三个月
6.　　　　　　　　　　　柒拾伍石肆②斗
7.　　　　　　　　　　　阿亦令③只收附④。
8. 照過⑤　一帖至順四年閏三月廿六日玄字七十四号勘合，□⑥
9.　　　　　　　　　　下屯田百⑦往玉卜倉放支至順
10.　　　　　　　　　四年四月至六月終夏季三个月
　　　　（後缺）

2. 元高仲德呈文為司獄楊那孩等支六月俸錢祿米事

題解：

本件《中國藏黑水城漢文文獻》中原始編號為 F79: W46，出版編號為 M1·0402，收於第三冊《俸祿文書》第 498 頁，擬題為《俸錢祿米文卷》，並記其尺寸為 42.2cm×27.1cm。本件還收錄於《黑城出土文書（漢文文書卷）》第 121 頁《俸祿類》，其所記文書編號與《中國藏黑水城漢文文獻》原始編號同，並列出文書諸要素為：竹紙，殘，楷行書，尺寸為 25.1cm×42.0cm。文書前缺後完，現存文字 14 行。從內容來看，本件文書應為高仲德為官典二名支俸錢一事呈文。參考文獻：張國旺《黑水城文書所見元代地方官吏俸額考論》，《隋唐遼宋金元史論叢》（第四輯），上海古籍出版社 2014 年版。

錄文標點：

　　　　（前缺）
1.　　　收除無
2.　　　实在官典二名，各支下等⑧，六月一个月該支鈔式定令伍兩。
3.　　　　　　俸錢壹定肆拾兩，

---

①　據下文可知，此處所缺文字應為"季"。
②　"肆"，《黑城出土文書》錄文作"捌"，現據圖版改。
③　"亦令"，《黑城出土文書》錄文作"立合"，現據圖版改。
④　"附"，《黑城出土文書》錄文作"付"，現據圖版改。
⑤　"照過"兩字《黑城出土文書》錄作第 9 行，現據圖版改。
⑥　據文意及上文推斷，此處所缺文字應為"行"。
⑦　"百"，《黑城出土文書》錄文作"户"，現據圖版改。另，據文意推斷，疑"百"字後脫一"户"字。
⑧　"等"，張國旺文作"時"，誤。

4.　　　　　禄米陸斗，□①鈔壹拾伍兩。
5.　　　　司獄楊那孩月支俸錢壹定壹拾兩。
6.　　　　獄典倪文德月支俸錢肆拾伍兩：
7.　　　　　　俸錢叄拾兩，
8.　　　　　　禄米六斗，折鈔壹拾伍兩。
9. □②　謹　具
10. □③
11.　　　　　　　　　行
12.　　　　[　　　]六月　吏高仲德呈
13.　　　　　　　（簽押）
14.　　　　　廿二日④

3. 元亦集乃路吏禮房呈文為儒學教授楊景仁俸禄事

題解：

本件《中國藏黑水城漢文文獻》中原始編號為 Y1：W99，出版編號為 M1·0403，收於第三冊《俸禄文書》第 499 頁，擬題為《儒學教授俸禄文書》，並記其尺寸為 28.2cm×26.4cm。本件還收錄於《黑城出土文書（漢文文書卷）》第 123 頁《俸禄類》，其所記文書編號與《中國藏黑水城漢文文獻》原始編號同，並列出文書諸要素為：竹紙，殘，行草書，尺寸為 26.0cm×28.1cm。文書前完後缺，現存文字 11 行。

錄文標點：

1.　　吏禮房
2.　　呈：據儒孝教授楊景仁狀呈，至正
3.　　[三]年八月内祗受⑤

---

① 據下文及文意可推知，此處所缺文字應為"折"。
② 據元代公文格式可知，此處所缺文字應為"右"，張國旺文未標注，現據圖版補。
③ 據元代文書格式可知，此處所缺文字應為"呈"，《黑城出土文書》、張國旺文未標注，現據圖版補。
④ "廿二日"上鈐朱印一枚。
⑤ "受"，《黑城出土文書》錄文漏錄，現據圖版補。

4. 勅牒，除①充亦集乃路儒孝教授，為無②急

5. 闕，未奉照會，蒙本路將景仁催

6. 促□前来，扵至正四年二月初二日到，

7. ＿＿＿＿＿＿＿＿每坐往，蒙本路

8. 將景仁③俸□□不曾支付，具呈總

9. 府，申奉

10. 甘肅行省扎付該，據④准

11. 中書省咨，照勘⑤到充除卑戥，照□

    （後缺）

4. 元支蒙古教授等俸錢祿米文書殘片

題解：

本件《中國藏黑水城漢文文獻》中原始編號為 F111：W55，出版編號為 M1·0404，收於第三冊《俸祿文書》第 500 頁，擬題為《蒙古教授俸祿文書》，並記其尺寸為 15cm×28.9cm。本件還收錄於《黑城出土文書（漢文文書卷）》第 121 頁《俸祿類》，其所記文書編號與《中國藏黑水城漢文文獻》原始編號同，並列出文書諸要素為：麻紙，殘，行草書，尺寸為 26.3cm×14.3cm。文書前後均缺，現存文字 6 行。參考文獻：1. 蘇力《元代亦集乃路蒙古字學補證》，《東北師範大學學報》（哲學社會科學版）2012 年第 1 期；2. 張國旺《黑水城文書所見元代地方官吏俸額考論》，《隋唐遼宋金元史論叢》（第四輯），上海古籍出版社 2014 年版。

錄文標點：

（前缺）

1. ＿＿＿＿＿五兩

---

① "除"，《黑城出土文書》錄文漏錄，現據圖版補。
② "無"，《黑城出土文書》錄文未釋讀，現據圖版補。
③ "景仁"，《黑城出土文書》錄文未釋讀，現據圖版補。
④ "該據"，《黑城出土文書》錄文未釋讀，現據圖版補。
⑤ "勘"，《黑城出土文書》錄文作"辦"，現據圖版改。

2. 所屬
3. 　　　蒙古教授月支鈔陸十兩，禄米一石。每
4. 　　　　　　石折鈔二十五兩，計鈔八十
5. 　　　　　　伍兩。
6. 　☐典支
　　　（後缺）

5. 元俸禄文書殘片

題解：

本件《中國藏黑水城漢文文獻》中原始編號為 F135：W35，出版編號為M1·0405，收於第三冊《俸禄文書》第 501 頁，擬題為《至順三年俸禄文書》，並記其尺寸為 11.4cm×35.4cm。本件還收錄於《黑城出土文書（漢文文書卷）》第 122 頁《俸禄類》，其所記文書編號為 F125：W35，與《中國藏黑水城漢文文獻》原始編號異，並列出文書諸要素為：竹紙，殘，行草書，尺寸為 21.5cm×18.5cm。文書前後均缺，現存文字 6 行，最末 1 行僅存兩字殘存筆畫。參考文獻：吳超《〈黑水城出土文書〉所見亦集乃路達魯花赤》，《陰山學刊》2011 年第 2 期。

錄文標點：

　　　　（前缺）
1. 　　　　　　所管大中大夫亦
2. 　　　　　　達魯花赤代亦老溫
3. 　　☐月　　支俸錢擬自至順三年二月
4. 　　為始支俸，
5. 停俸
　　　（後缺）

6. 元呈文為照驗北庭元帥府俸秩事

題解：

本件《中國藏黑水城漢文文獻》中原始編號為 F111：W52，出版編號為M1·

0406，收於第三冊《俸祿文書》第502頁，擬題為《北庭元帥府俸秩文書》，並記其尺寸為13.1cm×20.1cm。本件還收錄於《黑城出土文書（漢文文書卷）》第121頁《俸祿類》，其所記文書編號與《中國藏黑水城漢文文獻》原始編號同，並列出文書諸要素為：麻紙，殘，楷書，尺寸為19.2cm×3.3cm。文書前後均缺，現存文字6行。從文書內容來看，本件文書應為呈文。

錄文標點：

（前缺）

1. ☐☐☐從省府俻咨，都省令合干部分☐☐☐
2. ☐☐☐未蒙囬降，咨請照詳，批奉都堂鈞旨☐
3. ☐☐☐樞蜜①院都事呈，照得北庭元帥府鎮☐
4. ☐☐☐過俸秩應與不應，例合户部定擬。又☐
5. ☐☐☐擬呈省事理，具呈照詳。得此，累奉☐
6. ☐☐☐堂鈞旨☐☐☐

（後缺）

7. 元元統元年（1333）閏三月至八月官員俸祿文書

題解：

本件《中國藏黑水城漢文文獻》中原始編號為F65：W1，出版編號為M1·0407，收於第三冊《俸祿文書》第503頁，擬題為《俸祿文書》，並記其尺寸為24.3cm×21.7cm。本件還收錄於《黑城出土文書（漢文文書卷）》第122頁《俸祿類》，其所記文書編號與《中國藏黑水城漢文文獻》原始編號同，並列出文書諸要素為：竹紙，殘，行草書，尺寸為21.3cm×24.1cm。文書前後均缺，現存文字9行。參考文獻：張敏靈《元代黑水城文書中的口糧問題研究》，寧夏大學碩士學位論文，2013年。

錄文標點：

（前缺）

1. ☐☐☐☐☐☐元☐☐☐☐

---

① 據文意"蜜"應為"密"，《黑城出土文書》錄文作"密"。

整理編　第三冊　359

　　　　（中缺 1 行）

2. ☐☐☐☐☐☐　　塔忽 行①

3. ☐☐☐☐☐　　脫脫兀明威

4. ☐☐☐脫卜兒奉議　　八撒兒奉訓

5. ☐☐☐官二負

6. ☐☐☐木兒昭信　　幹羅思昭信

7. ☐☐☐☐☐☐☐統元年閏三月至八月

8. ☐☐☐☐☐☐☐至元折中統鈔二百

　　　　（中缺 1 行）

9. ☐☐☐☐☐☐☐至六个月該

　　　　（後缺）

8. 元至正九年（1349）官員依例補闕文書殘片

題解：

本件《中國藏黑水城漢文文獻》中原始編號為 F146：W28，出版編號為M1·0408，收於第三冊《俸祿文書》第 504 頁，擬題為《文書殘件》，並記其尺寸為 18.1cm×32.5cm。本件還收錄於《黑城出土文書（漢文文書卷）》第 123 頁《俸祿類》，其所記文書編號與《中國藏黑水城漢文文獻》原始編號同，並列出文書諸要素為：竹紙，殘，草書，尺寸為 31.7cm×16.4cm。文書前後均缺，現存文字 8 行。

錄文標點：

　　　　（前缺）

1. ☐☐☐☐至正②☐年③七月初二日，蒙本④☐☐☐☐☐☐☐

---

① 文書第 1、2 行《黑城出土文書》錄文漏錄，現據圖版補。
② "至正"《黑城出土文書》錄文未釋讀，現據圖版補。
③ "年"，《黑城出土文書》錄文作"司"，現據圖版改。
④ "本"，《黑城出土文書》錄文作"在"，現據圖版改。

2. 總府司吏委官□法①中式遇司吏□②闕③，依例収補

3. 照得本路司吏六月④俱如是役，別無案闕，立□⑤依例獲□至⑥

4. 至正九年十二月廿一日⑦至至正十年正月⑧　卅日□請□□□⑨

5. 往歇下名闕⑩，自九年十二月⑪為始至

6. 充前

7. 玖伯

8. 台旨

　　　（後缺）

9. 元薦舉官員書信殘片

題解：

本件《中國藏黑水城漢文文獻》中原始編號為 F24：W101，出版編號為 M1·0409，收於第三冊《俸祿文書》第 505 頁，擬題為《俸祿文書》，並記其尺寸為 23cm×12.2cm。本件還收錄於《黑城出土文書（漢文文書卷）》第 124 頁《俸祿類》，其所記文書編號與《中國藏黑水城漢文文獻》原始編號同，並列出文書諸要素為：麻紙，殘，行草書，尺寸為 12.2cm×22.2cm。文書前後均缺，現存文字 8 行。吳超指出本件文書應為書信，與薦舉官員有關。參考文獻：吳超《黑水城出土文書所見人事變化初探》，《吉林師範大學學報》（人文社會科學版）2011 年第 3 期。

---

① "法"，《黑城出土文書》錄文未釋讀，現據圖版改。
② "□"，《黑城出土文書》錄文漏錄，現據圖版補。
③ "闕"，《黑城出土文書》錄文作"照"，現據圖版改。
④ "六月"，《黑城出土文書》錄文作"已前"，現據圖版改。
⑤ "立□"，《黑城出土文書》錄文漏錄，現據圖版補。
⑥ "□至"，《黑城出土文書》錄文漏錄，現據圖版補。
⑦ "至正九年十二月廿一日"原作"至正十年正月"，塗抹後於右行改寫，現徑改，《黑城出土文書》錄文照錄。
⑧ "至正十年正月"為左行補入，現徑改。《黑城出土文書》錄文將其錄入下一行。
⑨ "卅日□請□□□"，《黑城出土文書》錄文作"將□□□"，現據圖版補。
⑩ "闕"，《黑城出土文書》錄文未釋讀，現據圖版補。
⑪ "九年十二月"原作"正月"，塗抹後於右行改寫，現徑改。《黑城出土文書》錄文作"五月"。

整理編　第三冊　361

錄文標點：

（前缺）

1. ☐經歷王令只拔
2. 准得①必資薦舉，
3. 典曆俸四十五月

（中缺 1 行）

4. ☐山丹州
5. 陞轉②，緣本③☐坐
6. ☐知④事澤书
7. 如蒙擢⑤☐
8. ☐

（後缺）

10. 元亦集乃路廣積倉文書殘片

題解：

本件《中國藏黑水城漢文文獻》中原始編號為 F146：W25，出版編號為M1·0410，收於第三冊《俸祿文書》第 506 頁，擬題為《俸祿文書殘件》，並記其尺寸為 7.5cm×25.8cm。本件還收錄於《黑城出土文書（漢文文書卷）》第 124 頁《俸祿類》，其所記文書編號與《中國藏黑水城漢文文獻》原始編號同，並列出文書諸要素為：麻紙，屑，草書，尺寸為 25.6cm×6.1cm。文書前完後缺，現存文字 2 行。

錄文標點：

1. 亦集乃路廣積倉准本⑥☐☐☐路☐該⑦☐☐

---

① "得"，《黑城出土文書》錄文漏錄，現據圖版補。
② "陞轉"，《黑城出土文書》錄文作 "轉陞"，現據圖版改。
③ "本"，《黑城出土文書》錄文作 "在"，現據圖版改。
④ "☐知"，《黑城出土文書》錄文作 "繞轉"，現據圖版改。
⑤ "擢"，《黑城出土文書》錄文未釋讀，現據圖版補。
⑥ "本"，《黑城出土文書》錄文作 "在"，現據圖版改。
⑦ "該"，《黑城出土文書》錄文作 "狀"，現據圖版改。

2. 學教授所在見在☐

　　　（後缺）

11. 元錢糧房呈文為照驗赤曆單狀事（一）

題解：

本件《中國藏黑水城漢文文獻》中原始編號為 F116：W42a，出版編號為 M1·0411，收於第三冊《俸祿文書》第 507 頁，擬題為《俸祿文書殘件》，並記其尺寸為 33.1cm×14cm。本件文書共兩件殘片，還收錄於《黑城出土文書（漢文文書卷）》第 122 頁《俸祿類》，其所記文書編號為 F116：W42（1）、F116：W42（2），並列出文書諸要素為：竹紙，屑，行書，尺寸分別為 13.8cm×12.4cm、14cm×28.6cm。該書將本號文書與《中國藏黑水城漢文文獻》第二冊第 508 頁 M1·0412［F116：W42b］號文書統一編號為 F116：W42，作為一件文書釋錄。按，兩號文書字跡一致，編號相連，應為同一件文書。本件文書殘片一現存文字 3 行，殘片二現存文字 2 行，文書中出現"書省"兩字，應為"甘肅等處行中書省"。另，F116：W42b 號文書殘片二存"司吏趙震"署名，此署名又見於《中國藏黑水城漢文文獻》第二冊《大德十一年稅糧文卷》，由其可知趙震為亦集乃路錢糧房司吏，故本件文書應為錢糧房文書。文書擬題依綴合後所定。

錄文標點：

（一）

　　　　　（前缺）

1. ☐書省劄付，為赤曆

2. ☐本房照得先奉

3. ☐蒙①驗報除☐

　　　　　（後缺）

（二）

　　　　　（前缺）

1. ☐省劄付，为赤曆单状

---

① "蒙"，《黑城出土文書》錄文作"家"，現據圖版改。

2. ☐行具呈者

　　　（後缺）

12. 元錢糧房呈文為照驗赤曆單狀事（二）

題解：

本件《中國藏黑水城漢文文獻》中原始編號為 F116：W42b，出版編號為 M1・0412，收於第三冊《俸祿文書》第 508 頁，擬題為《俸祿文書殘件》，並記其尺寸為 15.5cm×31.7cm。本件文書共兩件殘片，殘片二還收錄於《黑城出土文書（漢文文書卷）》第 122 頁《俸祿類》，其所記文書編號為 F116：W42（3），並列出文書諸要素為：竹紙，屑，行書，尺寸為 14.0cm×28.6cm。該書將本號文書與《中國藏黑水城漢文文獻》第二冊第 507 頁 M1・0411［F116：W42a］號文書統一編號為 F116：W42，作為一件文書釋錄。按，兩號文書字跡一致，編號相連，應為同一件文書。文書殘片一無文字殘留；殘片二現存文字 2 行，為司吏署名。文書擬題依綴合後所定。

錄文標點：

（一）

（無文字殘留）

（二）

　　　（前缺）

1. ☐司吏趙震呈

2. ☐（簽押）

　　　（後缺）

13. 元王克明俸祿文書殘片（一）

題解：

本件《中國藏黑水城漢文文獻》中原始編號為 F117：W25a，出版編號為 M1・0413，收於第三冊《俸祿文書》第 509 頁，擬題為《俸祿文書殘件》，並記其尺寸為 16.2cm×33.7cm。本件還收錄於《黑城出土文書（漢文文書卷）》第 123 頁《俸祿類》，其所記文書編號為 F117：W25（1），並列出文書諸要素為：麻紙，殘，行草書，尺寸為33.3cm×13.2cm。按，該書將本號文書與《中國藏黑水城漢文文獻》第二冊第510頁M1·0414［F117：W25b］號文書統一編號為F117：W25，作為一件文書釋錄。按，兩號文書內容相關，編號相連，應為同一件文書。文書前後均缺，現存文字7行。文書擬題依綴合後所定。

錄文標點：

　　　　（前缺）
1. 二年◻
2. 闕歷俸一月◻
3. 九月初六才痊疴◻
4. 貼補至正五年八月初◻
5. 填司吏王克明點充倉官◻
6. ◻為始支俸，至正五年十月終，計歷仕一月◻
7. ·◻◻當本①路循例將點充◻
　　　　（後缺）

14. 元王克明俸祿文書殘片（二）

題解：

本件《中國藏黑水城漢文文獻》中原始編號為F117：W25b，出版編號為M1·0414，收於第三冊《俸祿文書》第510頁，擬題為《俸祿文書殘件》，並記其尺寸為13.2cm×33.3cm。本件還收錄於《黑城出土文書（漢文文書卷）》第123頁《俸祿類》，其所記文書編號為F117：W25（2），並列出文書諸要素為：麻紙，殘，行草書，正面為八思巴字年款，背面書人名，尺寸為33.3cm×13.1cm。該書將本號文書與《中國藏黑水城漢文文獻》第二冊第510頁M1·0413［F117：W25a］號文書統一編號為F117：W25，作為一件文書釋錄。按，兩號文書內容相關，編號相連，應為同一件文書。文書正背雙面書寫，正面墨戳印八思巴蒙古文年款，其中年號、月、日均為墨戳，具體數字手寫補入，並鈐朱印一枚，背面圖版《中國藏黑水城漢文文獻》未收，但從正面所透墨跡可

---

① 《黑城出土文書》錄文"當"字未釋讀，"本"作"在"，現據圖版改。

見背面書寫"王克明"三字。文書定名據綴合後所擬。

錄文標點：

正：

（前缺）

1. （八思巴字蒙古文年款）①

背：

1. 王克明

15. 元彌实貴俸錢文書殘片

題解：

本件《中國藏黑水城漢文文獻》中原始編號為 Y1：W37A，出版編號為M1·0415，收於第三冊《俸祿文書》第511頁，擬題為《俸錢文書殘件》，並記其尺寸為5.7cm×22.1cm。本件還收錄於《黑城出土文書（漢文文書卷）》第123頁《俸祿類》，其所記文書編號為 Y1：W37，與《中國藏黑水城漢文文獻》原始編號異，並列出文書諸要素為：竹紙，殘，草書，尺寸為21.8cm×4.9cm。文書正背雙面書寫，正面現存文字3行，有塗抹痕跡；背面圖版《中國藏黑水城漢文獻》未收，《黑城出土文書（漢文文書卷）》也未釋錄。從正面所透墨跡看，背面現存文字1行，位於正面第1、2行之間。參考文獻：張國旺《黑水城文書所見元代地方官吏俸額考論》，《隋唐遼宋金元史論叢》（第四輯），上海古籍出版社2014年版。

錄文標點：

正：

（前缺）

1. 　　　檢户房二月至三月新任
2. 判官彌实貴▢▢▢▢▢▢▢▢
3. 　　　俸②錢肆③拾兩

（後缺）

---

① 本行文字鈐朱印一枚。

② "俸"字前原衍"二月至三月"等五字，後塗抹，《黑城出土文書》，張國旺文照錄，現徑改。

③ "肆"，《黑城出土文書》、張國旺文作"捌"，現據圖版改。

背：

(前缺)

1. 十九名□□▨①

(後缺)

16. 元某年四月分官員支俸錢祿米文書殘片（一）

題解：

本件《中國藏黑水城漢文文獻》中原始編號為 F9：W26a，出版編號為 M1·0416，收於第三冊《俸祿文書》第 512 頁，擬題為《俸錢祿米文卷》，並記其尺寸為 30.5cm×13.4cm。本件還收錄於《黑城出土文書（漢文文書卷）》第 123 頁《俸祿類》，其所記文書編號為 F9：W26（1），並列出文書諸要素為：宣紙，殘，行書，用紅色加點並修改，尺寸為 13.4cm×30.5cm。該書將本號文書與《中國藏黑水城漢文文獻》同頁 M1·0417［F9：W26b］號文書統一編號為 F9：W26，作為一件文書釋錄。按，兩號文書字跡一致，內容相關，編號相連，應為同一件文書。文書前後均缺，現存文字 12 行，數字右旁均有朱點，應為勘驗時所留。文書擬題依綴合後所定。參考文獻：1. 吳超《〈黑水城出土文書〉所見亦集乃路達魯花赤》，《陰山學刊》2011 年第 2 期；2. 張國旺《黑水城文書所見元代地方官吏俸額考論》，《隋唐遼宋金元史論叢》（第四輯），上海古籍出版社 2014 年版；3. 張敏靈《元代黑水城文書中的口糧問題研究》，寧夏大學碩士學位論文，2013 年。

錄文標點：

(前缺)

1. ▨壹拾叁負，各②支不 等ȥ③▨

2. 　　　　四月分俸錢中統鈔□▨

3. ▨錢壹拾定壹拾式兩

---

① 此行文字為背面所書，位於正面第 1、2 行之間。
② "各"，《黑城出土文書》錄文作"如"，張國旺文作"為"，現據圖版改。
③ "等"，《黑城出土文書》、張國旺、張敏靈文未釋讀，現據圖版補。

4. ☐米伍石陸斗，每石折中統鈔☐①，折鈔弌定☐

5. ☐負，該②支鈔弌定弌拾伍☐

6. ☐魯花赤俺普亞中四☐

7. 　　　壹定弌拾兩。

8. ☐□燕赤帖木兒昭信四月☐

9. 　　　伍兩。

10. ☐□塔海帖木兒昭信四☐

11. ☐叁負，該③支鈔弌☐

12. ☐孔從仕四月分支鈔☐

13. ☐王將仕四月分支鈔☐

　　（後缺）

17. 元某年四月分官員支俸錢祿米文書殘片（二）

題解：

本件《中國藏黑水城漢文文獻》中原始編號為F9：W26b，出版編號為M1·0417，收於第三冊《俸祿文書》第512頁，擬題為《文書殘件》，並記其尺寸為14.3cm×7.8cm。本件還收錄於《黑城出土文書（漢文文書卷）》第123頁《俸祿類》，其所記文書編號為F9：W26（2），並列出文書諸要素為：宣紙，殘，行書，用紅色加點並修改，尺寸為7.2cm×13.8cm。該書將本號文書與《中國藏黑水城漢文文獻》同頁M1·0416［F9：W26a］號文書統一編號為F9：W26，作為一件文書釋錄。按，兩號文書字跡一致，內容相關，編號相連，應為同一件文書。文書前後均缺，現存文字7行，數字右旁均有朱點，應為勘驗時所留。文書擬題依綴合後所定。

---

① "每石折中統鈔☐"等字為右行朱筆補寫，現逕改。且"鈔"字後缺文符號張國旺、張敏靈文未標注，現據圖版補。
② "該"，張國旺文作"共"，誤。
③ "該"，張國旺文作"共"，誤。

368　中國藏黑水城漢文文獻的整理與研究

錄文標點：

　　　　（前缺）

1.　　　朶立只巴☐☐☐☐

2.　　　彌实貴☐☐☐☐

3.　　　抄①☐

4.　☐☐官三負，各支☐

5.　　　抄☐

6.　☐☐王令只②☐☐☐

7.　　　　叁☐☐

　　　　（後缺）

18. 元某倉呈亦集乃路總管府文為承攬甘州倉糧事

題解：

本件《中國藏黑水城漢文文獻》中原始編號為 F277：W2，出版編號為M1·0418，收於第三冊《俸祿文書》第 513 頁，擬題為《續借白米》，並記其尺寸為 9.3cm×15.2cm。本件還收錄於《黑城出土文書（漢文文書卷）》第 121 頁《俸祿類》，其所記文書編號與《中國藏黑水城漢文文獻》原始編號同，並列出文書諸要素為：竹紙，殘，草行書，尺寸為 14.7cm×9.1cm。文書前後均缺，現存文字 5 行。按，據文書最後兩行"台旨""此"，結合元代公文格式，可以推知本件文書應為某倉呈亦集乃路總管府文。

錄文標點：

　　　　（前缺）

1.　☐☐不花昭信續借白米伍 千 石 ③

2.　☐☐☐承攬甘州④倉粮白米壹

---

① "抄"通"鈔"，下同，不再另作說明。
② "只"，《黑城出土文書》錄文作"不"，現據圖版改。
③ " 千 石 "，《黑城出土文書》錄文作"斗伍"，現據圖版改。
④ "甘州"，《黑城出土文書》錄文作"等將"，現據圖版改。

3. ☐如數足取，本①倉無欠

4. ☐☐☐☐☐台旨，

5. ☐☐☐☐☐☐☐此。②

   （後缺）

19. 元支糧文書殘片

題解：

  本件《中國藏黑水城漢文文獻》中原始編號為 F155：W18，出版編號為M1·0419，收於第三冊《俸祿文書》第513頁，擬題為《小盡二日不支》，並記其尺寸為9.1cm×14.9cm。本件還收錄於《黑城出土文書（漢文文書卷）》第121頁《俸祿類》，其所記文書編號與《中國藏黑水城漢文文獻》原始編號同，並列出文書諸要素為：竹紙，殘，行書，尺寸為14.7cm×8.5cm。文書前後均缺，現存文字5行。

錄文標點：

   （前缺）

1. ☐☐☐☐粮陸拾柒石二斗，

2. 內除閏十月、十二月小③盡二日不支

3. 粮壹石壹斗弍升五抄六勺

4. 外，实支粮陸拾陸石柒升

5. ☐☐☐☐☐☐☐

   （後缺）

20. 元元統二年（1334）放支譯史等俸秩文書殘片

題解：

  本件《中國藏黑水城漢文文獻》中原始編號為 F125：W26，出版編號為M1·0420，收於第三冊《俸祿文書》第514頁，擬題為《譯史俸秩文書》，並記其尺

---

① "本"，《黑城出土文書》錄文作"在"，現據圖版改。
② 本行文字《黑城出土文書》漏錄，現據圖版補。
③ "小"，《黑城出土文書》錄文作"不"，現據圖版改。

寸為9.5cm×28.6cm。本件還收錄於《黑城出土文書（漢文文書卷）》第121頁《俸祿類》，其所記文書編號與《中國藏黑水城漢文文獻》原始編號同，並列出文書諸要素為：竹紙，殘，行草書，尺寸為28.3cm×7.5cm。文書前後均缺，現存文字3行。

  錄文標點：

    （前缺）

1. 呈：准王①傅等照得本傅令譯史等九名俸秩，除
2. 至順四年十月、十②二月終三个月俸錢已行放支了當
3. 外③，據元統二年正月至三月終三个□□□□□□

    （後缺）

21. 元某司咨文為放支買住太尉府所設僚屬俸秩事

題解：

  本件《中國藏黑水城漢文文獻》中原始編號為F38∶W2，出版編號為M1·0421，收於第三冊《俸祿文書》第515頁，擬題為《支俸文書》，並記其尺寸為6.2cm×21.8cm。本件還收錄於《黑城出土文書（漢文文書卷）》第121頁《俸祿類》，其所記文書編號與《中國藏黑水城漢文文獻》原始編號同，並列出文書諸要素為：棉紙，殘，行楷書，尺寸為21.3cm×5.7cm。文書前後均缺，現存文字4行。

  錄文標點：

    （前缺）

1. □□□□□此，議得買住太尉府所設僚屬糸軍□□□□
2. □□馬赤各一名，糸軍府令史一名外，分省合□□
3. 秩各各④數目開坐前去，合行移咨，伏請
4. 照驗，依例放支施行。

    （後缺）

---

① "王"，《黑城出土文書》錄文未釋讀，現據圖版補。
② 《黑城出土文書》錄文於"十"字前衍錄一"至"字，現據圖版改。
③ "外"，《黑城出土文書》錄文作"別"，現據圖版改。
④ 第二個"各"字為省文符號，現徑改。

22. 元支糧文書殘片

題解：

本件《中國藏黑水城漢文文獻》中原始編號為 F209：W56，出版編號為M1・0422，收於第三冊《俸祿文書》第516頁，擬題為《月支米麥文書》，並記其尺寸為 22.8cm×20.9cm。本件還收錄於《黑城出土文書（漢文文書卷）》第122頁《俸祿類》，其所記文書編號與《中國藏黑水城漢文文獻》原始編號同，並列出文書諸要素為：麻紙，殘，行草書，尺寸為 20.5cm×21.5cm。文書前後均缺，現存文字7行，數字右旁均有朱點，應為勘驗時所留。

錄文標點：

（前缺）

1. ☐☐每名月①支粮弍斗，三个月

2. 該粮壹拾玖石捌斗，內除小尽

3. 一日不支粮弍斗弍升外，実支粮

4. 壹拾玖石伍斗捌升。

5. 黄米壹拾弍石玖斗捌升。

6. 雜色陸石陸斗，計折小麦伍石柒斗☐☐

7. 正支小麦弍石弍斗

（後缺）

23. 元俸錢文書殘片

題解：

本件《中國藏黑水城漢文文獻》中原始編號為 83H・F2：W33/0100，出版編號為M1・0423，收於第三冊《俸祿文書》第517頁，擬題為《俸祿文書殘件》，並記其尺寸為 7.7cm×10cm。《黑城出土文書（漢文文書卷）》一書未收。文書僅存文字1行，但前後均有大片空白。

---

① "月"，《黑城出土文書》錄文漏錄，現據圖版補。

錄文標點：

1. ☐☐俸錢端望

24. 元至正二十一年（1361）六月、七月兩月司吏、奏差支俸鈔文書

題解：

本件《中國藏黑水城漢文文獻》中原始編號為 F2：W201 正，出版編號為 M1·0424，收於第三冊《俸祿文書》第 518 頁，擬題為《段克明等司吏俸鈔文書》，並記其尺寸為 19.6cm×30.2cm。本件還收錄於《黑城出土文書（漢文文書卷）》第 124 頁《俸祿類》，其所記文書編號與《中國藏黑水城漢文文獻》原始編號同，並列出文書諸要素為：竹紙，殘；草行書，尺寸為 30.0cm×19.5cm。按，本號文書為正背雙面書寫，兩面字跡不同，內容不相關，為兩件不同文書，此為正面內容。文書前後均缺，現存文字 13 行，數字及人名右旁均有朱點，應為勘驗時所留。參考文獻：張國旺《黑水城文書所見元代地方官吏俸額考論》，《隋唐遼宋金元史論叢》（第四輯），上海古籍出版社 2014 年版。

錄文標點：

（前缺）

1. 司吏捌名，各月俸叁定叁拾☐☐六月、七月兩个月該①

2. 　　　鈔陸拾定。

3. 　收俸收名司吏捌名，各月不等，該鈔伍拾陸定壹拾式②

4. 　　　兩伍錢：

5. 　六月、七月兩个月：

6. 　　　段克明　謝故秀　刘荣祖　潘谷　伴舅③

7. 　　　華嚴奴　李断④先；

8. 　七月一个月：林☐忠。

---

① "該"，《黑城出土文書》錄文錄入下一行，現據圖版改。
② "拾式"，《黑城出土文書》錄文錄入下一行，現據圖版改。
③ "舅"，《黑城出土文書》錄文作"旧男"，現據圖版改。
④ "断"，《黑城出土文書》錄文作"繼"，現據圖版改。

9. 收俸不收名司吏王復初校①过，至正二②十一年六月俸鈔叁③
10. 　　　　　　定叁拾柒兩伍錢。
11. 奏差伍名，月俸壹定肆拾柒④兩伍錢，六月、七月兩个□⑤
12. 　　　　　　該鈔壹拾玖定式拾伍兩。
13. 　　　　武师孟　万德富　邵脱月⑥　張貴里⑦赤⑧
　　（後缺）

25. 元亦集乃路吏房呈文為鄭忠歷仕事

題解：

本件《中國藏黑水城漢文文獻》中原始編號為 F2：W201 背，出版編號為 M1·0425，收於第三冊《俸祿文書》第 519 頁，擬題為《劉連代鄭忠充任扎黑稅務副使文書》，並記其尺寸為 19.6cm×30.2cm。本件還收錄於《黑城出土文書（漢文文書卷）》第 90 頁《人事類》，其所記文書編號與《中國藏黑水城漢文文獻》原始編號同，並列出文書諸要素為：竹紙，殘，草行書，尺寸為 30.0cm×19.5cm。按，本號文書為正背雙面書寫，兩面字跡不同，內容不相關，為兩件不同文書，此為背面內容。文書前完後缺，現存文字 10 行。劉廣瑞指出本件文書應為元代解由文書。參考文獻：1. 劉廣瑞《黑水城所出元代解由文书初探》，《承德民族師專學報》2012 年第 2 期；2. 吳超《黑水城出土文書所見人事變化初探》，《吉林師範大學學報》（人文社會科學版）2011 年第 3 期；3. 杜立暉《黑水城文獻所見元代稅使司的幾個問題》，《西夏學》（第十輯），上海古籍出版社 2013 年版。

錄文標點：

1. 吏房

---

① "初校"，《黑城出土文書》錄文作"到後"，張國旺文作"初□"，現據圖版改。
② "二"，《黑城出土文書》、張國旺文漏錄，現據圖版補。
③ "俸鈔叁"，《黑城出土文書》錄文錄入下一行，現據圖版改。
④ "柒"，《黑城出土文書》、張國旺文漏錄，現據圖版補。
⑤ 據前後文可知，此處所缺文字應為"月"。《黑城出土文書》錄文作"月"，並將其錄入下一行。
⑥ "月"，張國旺文作"卣"，誤。
⑦ "里"，《黑城出土文書》錄文作"黑"，現據圖版改。
⑧ 文書第 11—13 行鈐朱印一枚。

2. 呈：據扎黑稅務申：准前付史鄭忠関①：除前歷仕外，至大三年六月
3. 十六日□
4. □□等処行中書省將忠發充扎黑湯稅務付史。奉此，扵至大三年
5. 七月初一日到任，勾當至至大四年七月初一日有新任官付使劉连
6. ＿＿＿＿＿□了當差曆，勾當過壹拾弍月，界内収到課程鈔定節坂②
7. ＿＿＿＿＿□了當，中間並無隱虛漏報不實，亦無侵借③係官
8. ＿＿＿＿□伯錢，合由□□□□収付□□④＿＿＿＿邊遠酷寒重

（後缺）

（二）諸投下分例文書

1. 元至大四年（1311）七月亦集乃路總管府文為放支阿黑不花寧肅王分例米麵事

題解：

本件文書正背雙面書寫，兩面內容應為同一件文書。其中，正面內容《中國藏黑水城漢文文獻》中原始編號為 F26：W101 正，出版編號為 M1·0426，收於第三冊《諸投下分例文書》第 523 頁，擬題為《至大四年七月阿黑不花寧肅王分例文卷》；背面內容《中國藏黑水城漢文文獻》中原始編號為 F26：W101 背，出版編號為 M1·0427，收於第三冊《諸投下分例文書》第 524 頁，擬題為《領帖人月魯帖木》，並記其尺寸為 63.3cm×27.7cm。本件還收錄於《黑城出土文書（漢文文書卷）》第 127 頁《諸王妃子分例類·諸投下分例》，其所記文書編號與《中國藏黑水城漢文文獻》原始編號同，並列出文書諸要素為：竹紙，缺，行書，兩面書寫，尺寸為 27.3cm×63.7cm。按，文書正面內容前後均全，現存文字 23 行，鈐朱印五枚；背面內容僅 1 行。參考文獻：1. 張笑峰《黑水城文書中的寧肅王》，

---

① "関"，《黑城出土文書》、劉廣瑞、吳超文作"開"，現據圖版改。
② "節坂"，《黑城出土文書》錄文未釋讀，現據圖版補。
③ "借"，《黑城出土文書》錄文漏錄，現據圖版補。
④ "□伯錢，合由□□□□収付□□"等字，《黑城出土文書》、劉廣瑞、吳超等文未釋讀，現據圖版補。

《圖書館理論與實踐》2014 年第 7 期；2. 杜立暉《元代勘合文書探析——以黑水城文獻為中心》，《歷史研究》2015 年第 2 期。

錄文標點：

正：

1. 皇帝聖旨裏，亦□□路揔□□①拠都思帖木畏兀兒文

2. 　　　字譯該②：▭

3. 　　　　一下廣積倉　除外③，揔府今□字④□□号⑤半印勘合

4. 　　　　　　書填前去，合下仰照驗比對 元 ⑥□□⑦簿墨跡字樣

5. 　　　　　　相同，更照无差，依数⑧責□⑨放支施行。

6. 　　　　　　開

7. 　　　　**實支白米壹拾貳碩**⑩。

8. 　　　　一下支持 庫 ⑪　除米另行放支外，拠⑫白麵合折小麦，

9. 　　　　　　□□无見在，揔府擬⑬照依巡撿司报到至大四年

10. 　　　　　□月分麵貨实直⑭時價扣筭，合□▭□□□⑮

11. 　　　　　　字十四号半印勘合書填前去，合下仰照▭⑯

12. 　　　　　　発号簿墨跡字樣相同，更照无差，依数責

---

① 據文意推斷，"亦□□路揔□□" 應為 "亦集乃路揔管府"。
② "該"，《黑城出土文書》錄文作 "讀"，現據圖版改。
③ "外"，《黑城出土文書》錄文作 "將"，現據圖版改。
④ "字"，《黑城出土文書》錄文作 "系"，現據圖版改。
⑤ "号"，《黑城出土文書》、張笑峰文未釋讀，現據圖版補。
⑥ "元"，張笑峰文未釋讀。
⑦ "元□□"，《黑城出土文書》錄文作缺一字處理，現據圖版改。另，據其他相關文書可知，此處應為 "元發号"。
⑧ "数"，《黑城出土文書》錄文作 "例"，現據圖版改。
⑨ 據下文可知，此處所缺文字應為 "領"。
⑩ 此處鈐朱印兩枚。
⑪ "庫"，張笑峰文未釋讀。
⑫ "拠"，張笑峰文作 "處"，誤。
⑬ "擬" 字為後補寫，現徑改。
⑭ "直" 通 "值"，《黑城出土文書》錄文作 "值"。
⑮ 此處三字殘，《黑城出土文書》、張笑峰文補為 "分例天"。
⑯ 此處缺文《黑城出土文書》錄文作缺兩字處理，但據上文可知，此處所缺文字應為 "驗比對元"。

13.　　　　　　領放支施行。

14.　　　　　開

15.　　　　實支中統鈔□拾肆定弍拾①兩②。

16.　右各行

17.　　　至大四年七月　吏劉大明（簽押）張誠（簽押）

18.　　　　提控案牘史③

19. 阿黑不花寧肅王分例米麵

20.　　　　　知　事

21.　　　　經歷亦黑迷失（簽押）

22.　廿二日④

23.（簽押）

背：

1.　　　　領帖人　月魯帖木

2. 元延祐三年（1316）八月某司申狀為放支阿黑不花寧肅王分例事

題解：

本件《中國藏黑水城漢文文獻》中原始編號為 F249：W23，出版編號為 M1·0428，收於第三冊《諸投下分例文書》第 525 頁，擬題為《延祐三年八月仁字二十號阿黑不花寧肅王分例文卷》，並記其尺寸為 17.3cm×27.4cm。本件還收錄於《黑城出土文書（漢文文書卷）》第 126 頁《諸王妃子分例類·諸投下分例》，其所記文書編號與《中國藏黑水城漢文文獻》原始編號同，並列出文書諸要素為：竹紙，殘，行楷書，尺寸為 27.0cm×16.0cm。文書前後均缺，現存文字 9 行。參考文獻：張笑峰《黑水城文書中的寧肅王》，《圖書館理論與實踐》2014 年第 7 期。

錄文標點：

　　　　（前缺）

1.　　　　　　一下延祐三年八月　日仁字二十号支

---

① "拾"，張笑峰文漏錄。
② 此處鈐朱印兩枚。
③ "史"，張笑峰文作"吏"，誤。
④ "廿二日"上鈐朱印一枚。

2. 阿黑不花寧肅王八月至九月兩个月分例小麦壹拾陸石整：

3.　　　　　　　延祐二年糧小麦陸斗柒升式合，

4.　　　　　　　延祐三年糧小麦壹拾伍石叁①斗式升捌②合。

5.　　實有見在糧肆伯令③柒升式合：

6.　　　　　　　小麦式伯捌拾肆石陸斗柒升式合，

7.　　　　　　　大麦壹伯壹拾伍石令肆斗。

8. ☐ 申

9. ☐ 謹④狀

10.　（朱印）
　　　（後缺）

3. 元某年四月至六月某王分例羊酒文書殘片

題解：

本件《中國藏黑水城漢文文獻》中原始編號為 Y1：W15，出版編號為 M1·0429，收於第三冊《諸投下分例文書》第 526 頁，擬題為《分例羊酒文卷》，並記其尺寸為 17.5cm×26.2cm。本件還收錄於《黑城出土文書（漢文文書卷）》第 126 頁《諸王妃子分例類·諸投下分例》，其所記文書編號與《中國藏黑水城漢文文獻》原始編號同，並列出文書諸要素為：麻紙，殘，行書，尺寸為 25.2cm×17.3cm。文書前後均缺，現存文字 9 行。按，本件文書與《中國藏黑水城漢文文獻》第三冊《桑哥失里大王分例羊酒文卷》中同類文書內容及書寫格式相同，可知其應為元某王分例羊酒文書殘片，故擬現名。

錄文標點：

　　　（前缺）

1.　　　　　　　　　　☐☐　　　　⑤

---

① "叁"，《黑城出土文書》錄文作"式"，現據圖版改。
② "捌"，《黑城出土文書》錄文作"式"，現據圖版改。
③ 據下文數字推算，"令"字前應脫一"石"字。
④ "謹"，《黑城出土文書》、張笑峰文作"詳"，現據圖版改。
⑤ 此行文字《黑城出土文書》錄文未標注，現據圖版補。

2. ☐年 四①月至六月三个☐

3. 　　　　錢中統抄②壹伯式拾定③。

4. 　　　羊中等，月支壹拾叁口，三个月該羊叁

5. 　　　　　拾玖口，每口價錢中統鈔壹定，

6. 　　　　　計鈔叁拾玖定；

7. 　　　酒月支壹伯伍拾瓿④，三个月該酒肆伯

8. 　　　　　伍拾瓿，每瓿價錢中統鈔玖

9. 　　　　　兩，計鈔捌拾壹定。

　　　（後缺）

4. 元分例羊酒文書殘片

題解：

本件《中國藏黑水城漢文文獻》中原始編號為 Y1：W139，出版編號為 M1·0430，收於第三冊《諸投下分例文書》第 527 頁，擬題為《分例羊酒文書》，並記其尺寸為 14.3cm×29.5cm。《黑城出土文書（漢文文書卷）》一書未收。文書前完後缺，現存文字 3 行。

錄文標點：

1. 分例羊酒

2. 　　七月至九月秋支

3. 　　十月至十二月終外閏四个月冬支

　　　（後缺）

5. 元某年八月分例羊酒文書殘尾

題解：

本件《中國藏黑水城漢文文獻》中無原始編號，出版編號為 M1·0431，收於

---

① 《黑城出土文書》錄文"四"字前位標注缺文，現據圖版改。
② "抄"通"鈔"。
③ "定"，《黑城出土文書》錄文未釋讀，現據圖版補。
④ "瓿"，《黑城出土文書》錄文作"瓶"，現據圖版改。下同，不再另作說明。

第三冊《諸投下分例文書》第528頁，擬題為《分例羊酒文書》，並記其尺寸為 16.9cm×11.2cm。《黑城出土文書（漢文文書卷）》一書未收。文書前後均缺，現存文字6行。

錄文標點：

（前缺）

1. ☐☐☐☐者。
2. ☐☐年八月　　吏☐☐☐☐
3. 　　　　　　　提☐☐☐☐
4. ☐☐分例羊酒
5. 　　　　　　　知☐☐☐☐
6. 　　　　　　　經歷☐☐

（後缺）

6. 元錢糧房文書殘片

題解：

本件《中國藏黑水城漢文文獻》中原始編號為84H·F197：W15/2255，出版編號為M1·0432，收於第三冊《諸投下分例文書》第528頁，擬題為《分例文書殘件》，並記其尺寸為7.8cm×12.1cm。《黑城出土文書（漢文文書卷）》一書未收。文書前完後缺，現存文字3行。

錄文標點：

1. 　　錢粮房
2. 　　據畏兀兒文字譯☐☐☐
3. 聖旨裏，

　　　（後缺）

7. 元亦集乃路總管府下廣積倉文書殘片

題解：

本件《中國藏黑水城漢文文獻》中原始編號為84H·F116：W531/1705，出版編號為M1·0433，收於第三冊《諸投下分例文書》第529頁，擬題為《分例文書殘件》，並記其尺寸為39.8cm×16.7cm。《黑城出土文書（漢文文書卷）》一書未收。文書共兩紙粘接，第一紙無文字殘留，第二紙現存文字5行，為一文書開頭，由此推斷本件文書應為一文卷之殘存部分。從內容來看，文書現存部分應為亦集乃路總管府下廣積倉文書殘片。

錄文標點：

（前缺）

1. 皇帝聖旨裏，亦集乃
2. 　一下廣積倉□
3. 　　雨字
4. 　　仰照
5. 　　相

（後缺）

8. 元亦集乃路錢糧房呈文為分例事殘片

題解：

本件《中國藏黑水城漢文文獻》中原始編號為84H·F116：W328/1500，出版編號為M1·0434，收於第三冊《諸投下分例文書》第529頁，擬題為《分例文書殘件》，並記其尺寸為35.2cm×16.4cm。《黑城出土文書（漢文文書卷）》一書未收。文書共兩紙粘接，第一紙無文字殘留，第二紙現存文字5行，為一文書開頭，由此推斷本件文書應為一文卷之殘存部分。從內容來看，文書現存部分應為錢糧房呈文，其與《中國藏黑水城漢文文獻》第三冊《桑哥失里大王分例羊酒文卷》及《卜魯罕妃子分例米麵文卷》中同類文書內容及書寫格式相同，故可推知其應為某王妃子分例文卷之殘存部分。

錄文標點：

（前缺）

1. 　　錢糧房

2. 　　呈：據畏兀兒□□□□□
3. 　　官人每根底□□□□□
4. 　　文字裏□□□□□□
5. □□□□□□□□□□
　　　（後缺）

9. 元某司下廣積倉文書殘片

題解：

本件《中國藏黑水城漢文文獻》中無原始編號，出版編號為M1·0435，收於第三冊《諸投下分例文書》第530頁，擬題為《分例文書殘件》，並記其尺寸為19.3cm×11.9cm。《黑城出土文書（漢文文書卷）》一書未收。文書前後均缺，現存文字2行。

錄文標點：

　　　（前缺）
1. 　　實支小□□□□□
2. 一下廣積倉□□□□□
　　　（後缺）

10. 元諸王投下文書殘片

題解：

本件《中國藏黑水城漢文文獻》中原始編號為84H·F217:W4/2418，出版編號為M1·0436，收於第三冊《諸投下分例文書》第530頁，擬題為《文書殘件》，並記其尺寸為12.9cm×8.7cm。《黑城出土文書（漢文文書卷）》一書未收。文書前後均缺，現存文字3行。

錄文標點：

　　　（前缺）
1. 朝□□□□□□□□
2. 諸王□□□□□□□
　　　（中缺2行）

382　中國藏黑水城漢文文獻的整理與研究

3. 諸王投下□□▭
　　　　　（後缺）

11. 元支小麥文書殘片

題解：

本件《中國藏黑水城漢文文獻》中原始編號為84H・F116：W224/1396，出版編號為M1・0437，收於第三冊《諸投下分例文書》第531頁，擬題為《分例文書殘件》，並記其尺寸為27.8cm×11.3cm。《黑城出土文書（漢文文書卷）》一書未收。文書前後均缺，現存文字3行。

錄文標點：

　　　　　（前缺）
1.　　　拾□□▭
2.　　實支小麥▭①

3. 右各行
　　　　　（後缺）

12. 元文書殘片

題解：

本件《中國藏黑水城漢文文獻》中原始編號為84H・F116：W74/1246，出版編號為M1・0438，收於第三冊《諸投下分例文書》第531頁，擬題為《分例文書殘件》，並記其尺寸為33.3cm×10.6cm。《黑城出土文書（漢文文書卷）》一書未收。文書前完後缺，上全下殘，現存文字4行。

錄文標點：

1. 皇帝聖旨裏，▭
2. 　一下▭
　　　　（中缺）
3. 　　□▭

———————

①　此處鈐墨印一枚。

4.　　一下☐☐☐☐☐☐
　　　　（後缺）

13. 元文書殘片

題解：

本件《中國藏黑水城漢文文獻》中原始編號為84H・F116：W56/1228，出版編號為M1・0439，收於第三冊《諸投下分例文書》第532頁，擬題為《分例文書殘件》，並記其尺寸為31.5cm×15cm。《黑城出土文書（漢文文書卷）》一書未收。文書共兩件殘片，殘片一前完後缺，現存文字2行；殘片二僅存日期。

錄文標點：

（一）

1.　皇帝聖旨裏，☐☐☐☐☐☐
2.　　一下☐☐☐☐☐☐
　　　　（後缺）

（二）
　　　　（前缺）
1.　　初☐☐①

14. 元某司下廣積倉文書殘片

題解：

本件《中國藏黑水城漢文文獻》中原始編號為84H・F116：W416/1588，出版編號為M1・0440，收於第三冊《諸投下分例文書》第532頁，擬題為《分例文書殘件》，並記其尺寸為21.6cm×8.7cm。《黑城出土文書（漢文文書卷）》一書未收。文書共兩紙粘接，第一紙無文字殘留，第二紙現存文字2行，為一文書開頭，由此推斷本件文書應為一文卷之殘存部分。從內容來看，文書現存部分為某司下廣積倉文書殘片。

錄文標點：

　　　　（前缺）

---

① "初☐☐"上鈐印章一枚。

1. 皇帝聖旨☐☐☐☐☐☐☐☐
2. 　一下廣☐☐☐☐☐
　　（後缺）

15. 元某司下廣積倉文書殘片

題解：

本件《中國藏黑水城漢文文獻》中原始編號為 84H・F116: W687/1761，出版編號為M1・0441，收於第三冊《諸投下分例文書》第533頁，擬題為《天字號分例文書殘卷》，並記其尺寸為 53.1cm × 13.4cm。《黑城出土文書（漢文文書卷）》一書未收。文書前完後缺，現存文字8行。

錄文標點：

1. ☐☐聖☐☐☐☐☐☐
2. 　一下廣積☐☐☐☐
3. 　　天
4. 　　填前☐☐
5. 　　發☐☐
　　（中缺）
6. 　　☐
7. 　　開
8. 　　寶☐☐☐☐☐☐①
　　（後缺）

16. 元妃子分例糧米文書殘片

題解：

本件《中國藏黑水城漢文文獻》中原始編號為 AE195ZHi34，出版編號為 M3・0005，收於第三冊《諸投下分例文書》第534頁，擬題為《妃子分例糧米文

---

① 此行文字鈐朱印一枚。

書》，並記其尺寸為 4.3cm×17.5cm。本件文書還收於陳炳應《黑城新出土的一批元代文書》一文（《考古與文物》1983 年第 1 期），其指出本件文書出土於 T3，所記文書編號為 79:18，並列出文書諸要素為：楷體墨書，原為兩片，屬帳單。陳文載有本件文書錄文，無圖版。文書正背雙面書寫，正面現存文字 2 行，前後均缺；背面圖版《中國藏黑水城漢文文獻》未收，陳炳應《黑城新出土的一批元代文書》一文也未釋錄，通過正面所透墨蹟，可見背面現存文字 1 行，在正面兩行文字中間。從正面內容來看，其應為放支某妃子分例米麵文書殘片，非帳單。

錄文標點：

正：

（前缺）

1. ☐一日①妃子分例粮壹拾肆☐☐②石
2. 　　　　　　　　白米陸石

（後缺）

背：

（前缺）

1. ☐☐嵎中☐　買入☐

（後缺）

17. 元至元六年（1340）亦集乃路總管府文為放支分例米麵事

題解：

本件《中國藏黑水城漢文文獻》中原始編號為 F116:W72，出版編號為 M1·0442，收於第三冊《諸投下分例文書》第 535 頁，擬題為《分例米麵文書》，並記其尺寸為 29.9cm×14.3cm。本件還收錄於《黑城出土文書（漢文文書卷）》第 127 頁《諸王妃子分例類·諸投下分例》，其所記文書編號與《中國藏黑水城漢文文獻》原始編號同，並列出文書諸要素為：竹紙，殘，行草書，尺寸為 12.7cm×28.4cm。文書前完後缺，現存文字 13 行。

---

① "☐一日"，《黑城新出土的一批元代文書》錄文作"百"，現據圖版改。
② 此處所缺兩字，《黑城新出土的一批元代文書》錄文未標注，現據圖版補。

錄文標點：

1. □□□□裏①，亦集乃路總管｜　　　　　　｜
2. ｜　　　｜宝兒赤武的右立朶｜　　　　｜
3. ｜　　　｜分例米面，這兔兒年□｜　　｜
4. ｜　　　｜正月為始，至三月終春季｜　｜
5. ｜　　　｜每識者。得此，照得先據｜　｜
6. ｜　　　｜元五年十月至十二月終冬季｜　｜
7. ｜　　　｜□②支相同，總府除外，今③｜
8. ｜　　　　　｜對④元發號簿墨⑤｜　｜
9. ｜　　　　｜放支施行，須至｜　　　｜
10. ｜　　　　｜至元六年正月｜　　　　｜
11. ｜　　　　｜舊⑥界主管｜　　　　　｜
12. ｜　　　　｜新界主管｜　　　　　　｜

13. ｜實支小麥｜　　　　　　⑦

（後缺）

18. 元泰定四年（1327）甘肅行省劄付亦集乃路總管府為照算諸王妃子駙馬屯住分例羊口事

題解：

本件《中國藏黑水城漢文文獻》中原始編號為 F20：W57，出版編號為 M1・

---

① 《黑城出土文書》錄文於"裏"字前推補一"旨"字，據元代公文格式可知，此處完整應為"皇帝聖旨裏"。
② 此字《黑城出土文書》錄文作"接"，據殘存筆畫似非"接"字。
③ "外今"，《黑城出土文書》錄文作"非會"，現據圖版改。
④ "對"，《黑城出土文書》錄文作"府"，現據圖版改。
⑤ "墨"，《黑城出土文書》錄文作"為"，現據圖版改。
⑥ 《黑城出土文書》錄文於"舊"字前衍錄一"在"字，現據圖版改。
⑦ 此處鈐印章一枚。

0443，收於第三冊《諸投下分例文書》第536頁，擬題為《諸王妃子駙馬屯住分例羊口文書》，並記其尺寸為14.2cm×55.4cm。本件還收錄於《黑城出土文書（漢文文書卷）》第127頁《諸王妃子分例類·諸投下分例》，其所記文書編號與《中國藏黑水城漢文文獻》原始編號同，並列出文書諸要素為：草紙，殘，楷書，尺寸為57.0cm×13.6cm。文書前後均缺，現存文字5行。據文書第4、5行"得此，都省咨請比例應付施行。准此，劄付各路比例應付施行去訖。"一語推斷，本件文書似為甘肅行省下亦集乃路總管府劄付。

錄文標點：

（前缺）

1. 　　　　□①；叁拾斤之上至叁拾肆斤，肆拾□，即係
2. 內府支持通例。本部議得，
3. 諸王妃子駙馬屯住分例羊口②，比依
4. 內府支持上中下等弟羊口斤重則例支付，具呈照③詳。得此，都省咨請比例應付施行。准此，劄付
5. 　　　　各路比例應付施行去訖。別卷內泰定四年五月初七日照筭局付，見行照筭泰定④

（後缺）

19. 元甘肅行省下亦集乃路總管府劄付為提調正官首領官吏依准申省事（一）

題解：

本件《中國藏黑水城漢文文獻》中原始編號為F51∶W3a，出版編號為M1·0444，收於第三冊《諸投下分例文書》第537頁，擬題為《阿裏不花寧肅王分例文書》，並記其尺寸為15.1cm×18.2cm。本件還收錄於《黑城出土文書（漢文文書卷）》第126頁《諸王妃子分例類·諸投下分例》，其所記文書編號為F51∶W3(1)，並列出文書諸要素為：麻紙，殘，楷行書，尺寸為17.5cm×14.0cm。該書

---

① "□"，《黑城出土文書》錄文漏錄，現據圖版補。
② "羊口"，《黑城出土文書》錄文漏錄，現據圖版補。
③ "照"，《黑城出土文書》錄文漏錄，現據圖版補。
④ 第4—5行中部鈐朱印一枚。

將本號文書與《中國藏黑水城漢文文獻》第三冊第538頁M1·0445［F51：W3b］號文書統一編號為F51：W3，作為一件文書釋錄。按，兩號文書字跡、紙張相同，編號相連，內容前後對應，應為同一件文書。本件文書前完後缺，現存文字4行。從內容來看，其應為甘肅行省下亦集乃路總管府劄付。文書擬題依綴合後所定。

錄文標點：

1. 皇帝聖旨裏，甘肅等①

2. 　　　　見今供給

3. 　阿里不花寧肅王等位下分例

4. 　　費□　　　□給

　　　（後缺）

20. 元甘肅行省下亦集乃路總管府劄付為提調正官首領官吏依准申省事（二）

題解：

本件《中國藏黑水城漢文文獻》中原始編號為F51：W3b，出版編號為M1·0445，收於第三冊《諸投下分例文書》第538頁，擬題為《阿裏不花寧肅王分例文書》，並記其尺寸為22.9cm×56.6cm。本件還收錄於《黑城出土文書（漢文文書卷）》第126頁《諸王妃子分例類·諸投下分例》，其所記文書編號為F51：W3（2），並列出文書諸要素為：麻紙，殘，楷行書，尺寸為52.0cm×21.4cm。該書將本號文書與《中國藏黑水城漢文文獻》第三冊第537頁M1·0444［F51：W3a］號文書統一編號為F51：W3，作為一件文書收錄。按，兩號文書字跡、紙張相同，編號相連，內容前後對應，應為同一件文書。本件文書前後均缺，現存文字5行。從內容來看，其應為甘肅行省下亦集乃路總管府劄付。文書擬題依綴合後所定。

錄文標點：

　　　　（前缺）

1. 　　　　　　　　　　各

---

① "甘肅等"，《黑城出土文書》錄文漏錄，現據圖版補。

2. ☐☐☐☐☐☐☐☐☐☐☐去後，至今不到省府，湏|合|①

|坐|開下：

3. ☐☐☐☐☐坐去正官首領|官||用|②心提調關防，其餘官吏協力□集收支，無

4. 得③妄分彼我，耽悮公務。先□提調正官首領官吏依准申省，湏議剖付者。

5. 右剖付亦集乃路捴管府官|用|④☐☐☐☐

（後缺）

21. 元某司呈文為支寧肅王位下掃里官員羊酒等事（一）

題解：

本件《中國藏黑水城漢文文獻》中原始編號為 F197：W11a，出版編號為 M1·0446，收於第三冊《諸投下分例文書》第 539 頁，擬題為《分例羊酒米麵文書》，並記其尺寸為 13.1cm×20.5cm。本件還收錄於《黑城出土文書（漢文文書卷）》第 128 頁《諸王妃子分例類·諸投下分例》，但其將本號文書與《中國藏黑水城漢文文獻》第三冊第 540 頁 M1·0447［F197：W11b］號文書拼合為一件文書釋錄，此為其錄文的第 1—6 行，其所記編號為 F197：W11，並列出文書諸要素為：麻紙，殘，草行書，尺寸為 26.2cm×25.7cm。按，本號文書與 M1·0447［F197：W11b］號文書字跡一致，內容相關，應為同一件文書。文書前後均缺，現存文字 7 行。文書擬題依綴合後所定。

錄文標點：

（前缺）

1. ☐☐☐☐☐☐☐☐☐☐☐☐☐☐⑤

（中缺 1 行）

---

① "|合|"，《黑城出土文書》錄文漏錄，現據圖版補。
② 《黑城出土文書》錄文於"官用"兩字之間加一缺字符號，但據圖版字距來看，此處應不缺字。
③ "得"，《黑城出土文書》錄文作"將"，現據圖版改。
④ "|用|"，《黑城出土文書》錄文未釋讀，現據圖版改。
⑤ 此行文字《黑城出土文書》錄文未標注，現據圖版補。

2. _____□的位①□裏，如今②
3. _____ 肅 ③王往肅州来，這个月的初五日亦
4. _____ 裏 ④下与有，怎生依在先
5. _____肅王的躰⑤例裏，与三个掃里的官人
6. _____巡撿司估計回呈，依上喚到
7. _____□□□各該價錢開⑥
　　　　（後缺）

22. 元某司呈文為支寧肅王位下掃里官員羊酒等事（二）

題解：

本件《中國藏黑水城漢文文獻》中原始編號為 F197：W11b，出版編號為 M1·0447，收於第三冊《諸投下分例文書》第540頁，擬題為《分例羊酒米麵文書》，並記其尺寸為 16.1cm×27.2cm。本件還收錄於《黑城出土文書（漢文文書卷）》第128頁《諸王妃子分例類·諸投下分例》，但其將本號文書與《中國藏黑水城漢文文獻》第三冊第539頁M1·0446［F197：W11a］號文書錄為一件，此為其錄文的第7—14行，其所記編號為F197：W11，並列出文書諸要素為：麻紙，殘，草行書，尺寸為26.2cm×25.7cm。按，本號文書與M1·0446［F197：W11a］號文書字跡一致，內容相關，應為同一件文書。文書前後均缺，現存文字9行。文書擬題依綴合後所定。

錄文標點：

　　　　（前缺）
1. _____□計⑦

---

① 《黑城出土文書》錄文於"位"字後衍錄一"下"字，現據圖版改。
② "今"，《黑城出土文書》錄文作"下"，現據圖版改。
③ " 肅 "，《黑城出土文書》未釋讀，現據圖版補。
④ " 裏 "，《黑城出土文書》錄文作"依"，現據圖版改。
⑤ "躰"，《黑城出土文書》錄文未釋讀，現據圖版補。
⑥ "該價錢開"，《黑城出土文書》錄文未釋讀，現據圖版補。
⑦ 此行文字《黑城出土文書》錄文未釋讀，現據圖版補。

2. ☐脫歡廣

3. ☐取実①坐去☐合該②價錢，有無相③

4. 應④，保結回示者，☐合行開坐具呈者：

5. 一摠計掃里叁処，該⑤鈔壹拾壹定令捌兩叁錢：

6. 　　二等羊叁口，每口柒拾兩，計肆定壹拾☐；

7. 　　酒叁拾瓹⑥，每瓹玖兩，計伍定式拾☐；

8. 　　白米叁斗，每斗壹拾伍兩，計肆⑦☐；

9. 　　面叁☐；

　　（後缺）

23. 元泰定四年（1327）禿忽魯等支夏季分例文書殘片（一）

題解：

本件《中國藏黑水城漢文文獻》中原始編號為 F20：W31a，出版編號為 M1·0448，收於第三冊《諸投下分例文書》第 541 頁，擬題為《分例羊錢文書》，並記其尺寸為 12.2cm×16cm。本件還收錄於《黑城出土文書（漢文文書卷）》第 125 頁《諸王妃子分例類·諸投下分例》，其所記文書編號為 F20：W31（1），並列出文書諸要素為：竹紙，殘，行草書，尺寸為 26.7cm×9.1cm。該書將本號文書與《中國藏黑水城漢文文獻》第三冊第 542 頁 M1·0449［F20：W31b］、第 543 頁 M1·0450［84H·F20：W38/0687］兩號文書統一編號為 F20：W31，作為一件文書釋錄。按，三號文書字跡、紙張一致，內容相關，應為同一件文書。本件文書前後均缺，現存文字 5 行。文書定名依綴合後所定。

錄文標點：

　　　　（前缺）

---

① "取実"，《黑城出土文書》錄文作"教寫"，現據圖版改。
② "該"，《黑城出土文書》錄文作"鈔"，現據圖版改。
③ "有無相"，《黑城出土文書》錄文作"開坐拎"，現據圖版改。
④ "應"，《黑城出土文書》錄文作"后"，現據圖版改。
⑤ "該"，《黑城出土文書》錄文作"給"，現據圖版改。
⑥ "瓹"，《黑城出土文書》錄文作"瓶"，現據圖版改。下同，不再另作說明。
⑦ "肆"，《黑城出土文書》錄文未釋讀，現據圖版改。

1. 禿忽魯☐☐等支夏季分例：

2. 　羊月支二位，共支一十四口，三个月該羊四十二口，每①

3. 　　　　口價錢不等，計抄②七十定令③四錢④。

4. ☐☐☐☐齋戒四日，計一十二日，當除不支。

5. ☐☐☐☐☐☐☐☐☐☐☐☐☐☐☐☐☐一分☐☐☐☐☐☐☐⑤

　　（後缺）

24. 元泰定四年（1327）禿忽魯等支夏季分例文書殘片（二）

題解：

本件《中國藏黑水城漢文文獻》中原始編號為F20：W31b，出版編號為M1·0449，收於第三冊《諸投下分例文書》第542頁，擬題為《分例羊錢文書》，並記其尺寸為14.9cm×25cm。本件還收錄於《黑城出土文書（漢文文書卷）》第125頁《諸王妃子分例類·諸投下分例》，其所記文書編號為F20：W31（2），並列出文書諸要素為：竹紙，殘，行草書，尺寸為24.2cm×11.2cm。該書將本號文書與《中國藏黑水城漢文文獻》第三冊第541頁M1·0448〔F20：W31a〕、第543頁M1·0450〔84H·F20：W38/0687〕兩號文書統一編號為F20：W31，作為一件文書釋錄。按，三號文書字跡、紙張一致，內容相關，應為同一件文書。本件文書前後均缺，現存文字5行。文書擬題依綴合後所定。

錄文標點：

　　　　（前缺）

1. 　　　　二分外，实支☐☐☐☐☐☐☐☐☐☐

2. 　　　上等四十斤，每⑥月二⑦位，共支四口，三个月☐☐☐

---

① "口，每"，《黑城出土文書》錄文作"口羊"，並錄入下一行，現據圖版改。

② "抄"通"鈔"。

③ "令"，《黑城出土文書》錄文作"今"，現據圖版改。

④ "錢"字原作"五"，塗抹後於右行改寫，現徑改。另，"四錢"兩字《黑城出土文書》錄文未釋讀，現據圖版補。

⑤ 此行文字《黑城出土文書》錄文未標注，現據圖版補。

⑥ "每"字為右行補入，現徑改。

⑦ "二"字前原衍一字，後塗抹，現徑改。

3.　　　　　　一十二口。照依泰定四年四月分 時 價 ，

4.　　　　　每斤價錢二兩五錢，每口該抄二定

5.　　　　　抄廿四定①。　　內除每月齋戒

　　（後缺）

25. 元泰定四年（1327）禿忽魯等支夏季分例文書殘片（三）

題解：

本件《中國藏黑水城漢文文獻》中原始編號為84H·F20:W38/0687，出版編號為M1·0450，收於第三冊《諸投下分例文書》第543頁，擬題為《分例羊錢文書》，並記其尺寸為14.9cm×25.3cm。本件還收錄於《黑城出土文書（漢文文書卷）》第125頁《諸王妃子分例類·諸投下分例》，其所記文書編號為F20:W31(3)，與《中國藏黑水城漢文文獻》原始編號異，並列出文書諸要素為：竹紙，殘，行草書，尺寸為21.2cm×12.4cm。該書將本號文書與《中國藏黑水城漢文文獻》第三冊第541頁M1·0448［F20：W31a］、第542頁M1·0449［F20:W31b］兩號文書統一編號為F20:W31，作為一件文書釋錄。按，三號文書字跡、紙張一致，內容相關，應為同一件文書。本件文書前後均缺，現存文字7行。文書擬題依綴合後所定。

錄文標點：

　　（前缺）

1.　　 時 價 錢

2.　　兩六錢，計抄廿定五

3.　　每月齋戒四日，計一十二日，每

4.　　價抄②一十一③兩二錢八分，計抄二定卅兩

5.　　　　　　　　定廿九兩六錢四分

6.　　　　　　　　二位，共支六口，三个月該羊

---

① "鈔廿四定"等字墨色較淺，字跡潦草，應為二次書寫，但應補寫入何處，不明。

② "抄"，《黑城出土文書》錄文作"錢"，現據圖版改。

③ "一"，《黑城出土文書》錄文漏錄，現據圖版補。

394　中國藏黑水城漢文文獻的整理與研究

7.　　　　　　　四年四月分時估，每斤
　　　（後缺）

26. 元放支只兒哈迷失妃子春季羊錢文書殘片

題解：

本件《中國藏黑水城漢文文獻》中原始編號為 F20：W39，出版編號為M1·0451，收於第三冊《諸投下分例文書》第544頁，擬題為《卯字二十四號只兒哈迷失妃子春季羊錢文書》，並記其尺寸為14cm×24.7cm。本件還收錄於《黑城出土文書（漢文文書卷）》第126頁《諸王妃子分例類·諸投下分例》，其所記文書編號與《中國藏黑水城漢文文獻》原始編號同，並列出文書諸要素為：竹紙，殘，草書，尺寸為24.5cm×11.5cm。文書前後均缺，現存文字5行，有塗改痕跡。

錄文標點：

　　　（前缺）
1.　　　　合 照①
2.　　　一帖卯字廿四号，放支
3.　　只兒哈迷失妃子春季羊錢一百五十六
4.　　　　定卅九兩，內除減②放夏季多
5.　　　　支羊錢一十三定令二兩八分③□□
　　　（後缺）

27. 元至正年間放支寧肅王分例錢文書殘片

題解：

本件《中國藏黑水城漢文文獻》中原始編號為 F146：W18，出版編號為M1·0452，收於第三冊《諸投下分例文書》第545頁，擬題為《寧肅王分例錢文書》，並記其尺寸為11.2cm×21.8cm。本件還收錄於《黑城出土文書（漢文文書卷）》

---

①　"照"，《黑城出土文書》錄文未釋讀，現據圖版改。
②　"減"，《黑城出土文書》漏錄，現據圖版補。
③　"令二兩八分"原作"四十五兩"，後塗抹，並於右行改寫。《黑城出土文書》錄文作"四十五兩令二錢八分"，現據圖版改。

第 127 頁《諸王妃子分例類·諸投下分例》，其所記文書編號與《中國藏黑水城漢文文獻》原始編號同，並列出文書諸要素為：竹紙，殘，行草書，尺寸為 21.6cm×9.4cm。文書前後均缺，現存文字 5 行。

錄文標點：

（前缺）

1. 　　　三个月分例錢肆伯式拾□□□□□□□
2. 　　　已支去訖，今来照得①
3. 亦②憐真③实監寧肅王扵至正十□□□□□
4. □□□卅日薨逃外，據十月至十二月終□□□
5. □□□例錢未曾□

（後缺）

28. 元帖木兒不花呈文為班的失加大王分例事

題解：

本件《中國藏黑水城漢文文獻》中原始編號為 F2∶W51，出版編號為 M1·0453，收於第三冊《諸投下分例文書》第 546 頁，擬題為《班的失加大王分例文書》，並記其尺寸為 21.4cm×20.6cm。本件還收錄於《黑城出土文書（漢文文書卷）》第 127 頁《諸王妃子分例類·諸投下分例》，其所記文書編號與《中國藏黑水城漢文文獻》原始編號同，並列出文書諸要素為：草紙，殘，草書，尺寸為 20.2cm×20.7cm。文書前後均缺，現存文字 10 行，有塗改痕跡。

錄文標點：

（前缺）

1. □□□赤④帖木兒不花呈⑤畏兀兒文字譯該⑥：

---

① "得"，《黑城出土文書》錄文未釋讀，現據圖版補。
② "亦"，《黑城出土文書》錄文未釋讀，現據圖版補。
③ "真"，《黑城出土文書》錄文作"其"，現據圖版改。
④ "□□□赤"，《黑城出土文書》錄文漏錄，現據圖版補。
⑤ "呈"字為左行補入，現徑改。
⑥ "該"，《黑城出土文書》錄文作"得"，現據圖版改。另，"帖木兒不花呈畏兀兒文字譯該"原作"歹者□呈"，後塗抹，並於右行改寫，現徑改。

396　中國藏黑水城漢文文獻的整理與研究

2. 亦集乃路總管府官人每根底

3. 班的失加大王的賜印的身□裏①合得分

4. 例，自鼠兒年正月初□□□□□王位下

5. 今□②合得③□④分例錢□□□□来⑤，如今

6. 亦集乃路官人每怎生⑥

7. 甘肅省裏与⑦將文書去，□得⑧官人每

8. 識者。牛兒年四月初五日。帖木兒不花呈⑨。

9. 准此。

10. 　　　　楊　　皇⑩（簽押）

　　　（後缺）

29. 元支羊酒文書殘片

題解：

本件《中國藏黑水城漢文文獻》中原始編號為 F125：W10a，出版編號為 M1・0454，收於第三冊《諸投下分例文書》第 547 頁，擬題為《分例羊酒文書》，並記其尺寸為 16.8cm×32.6cm。《黑城出土文書（漢文文書卷）》一書未收。文書前後均缺，現存文字 7 行。

錄文標點：

　　　（前缺）

1. 　　两叁錢□□□□□□□□□□□□□□

2. 　　捌分外，实支鈔□□□□□□□□□□□

---

① "身□裏"，《黑城出土文書》錄文作"身□□共"，現據圖版改。
② "今□"，《黑城出土文書》錄文漏錄，現據圖版補。
③ "合得"兩字為右行補入，且"得"字前原衍一字，後塗抹，現徑改。
④ 此字《黑城出土文書》錄文未標注，現據圖版補。
⑤ "来"，《黑城出土文書》錄文作"未"，現據圖版改。
⑥ 此字《黑城出土文書》錄文未標注，現據圖版補。
⑦ "与"，《黑城出土文書》錄文作"當"，現據圖版改。
⑧ "得"字為右行補入，現徑改。
⑨ "牛兒年四月初五日。帖木兒不花呈"等字被墨筆圈抹。
⑩ "皇"，《黑城出土文書》錄文漏錄，現據圖版補。

3. 酒每月共支柒拾伍瓱，三个月該□兩，該酒玖拾瓱，每 瓱

4. _____ 定例 價 中 統 抄 貳定貳拾□

5. _____ 拾伍 _____ 日，每日不支羊價壹定壹①

6. _____ □貳定壹拾陸兩

7. _____ □□ 分

   （後缺）

30. 元至正五年（1345）放支分例文書殘片

題解：

本件《中國藏黑水城漢文文獻》中原始編號為 HF249A 正，出版編號為M1·0455，收於第三冊《諸投下分例文書》第 548 頁，擬題為《黃字號分例文書》，並記其尺寸為 17.3cm×27.9cm。《黑城出土文書（漢文文書卷）》一書未收。文書共兩件殘片，殘片一為正背雙面書寫，此為正面內容，前後均缺，現存文字 6 行；殘片二為紙錢一串。邱瑞中指出殘片二應為冥錢。參考文獻：邱瑞中《黑城元代文獻札記》，《中國典籍與文化》1996 年第 2 期。

錄文標點：

（一）

   （前缺）

1. 一 帖 □ 字 _____

2.   至九②月終秋③季分例

3.   小麦一石玖斗④

4.   伍□七□七勺七抄。

5. 一帖黃⑤字九⑥号 放 支 至正五

---

① 第 4—5 行中部鈐朱印一枚。
② "九"字原作"三"，塗抹後於右行改寫，現徑改。
③ "秋"字原作"春"，塗抹後於右行改寫，現徑改。
④ "斗"字後原有"伍升伍合"四字，後塗抹，現徑改。
⑤ "黃"字書寫原誤，塗抹後於右行改寫，現徑改。
⑥ "九"字書寫原誤，塗抹後於右行改寫，現徑改。

6.　　　　　　年□月三个月①春季分例小麦一石

7.　　　　　　□□三升三合三勺三抄②。

　　　　　　（後缺）

（二）

（略）

31. 元藥方

題解：

本件《中國藏黑水城漢文文獻》中原始編號為HF249A背，出版編號為M1·0456，收於第三冊《諸投下分例文書》第549頁，擬題為《藥方》，並記其尺寸為17.3cm×27.9cm。《黑城出土文書（漢文文書卷）》一書未收錄。文書共兩件殘片，殘片一為紙錢一串；殘片二為正背雙面書寫，此為背面內容，現存文字6行。

錄文標點：

（一）

（略）

（二）

1. 狀元□湯：

2. 香附子 炒去皮／卅二錢

3. 儲砂廿八兩　　甘草③ 四兩／□□　為

4. 　　　　為為　　除千④

5. 　　右驗據□，每服一錢，盐湯點下。常

6. 　　服生氣□火，飲食養脾。

　　　　（後缺）

---

① "□月三个月"等字為右行補入，現徑改。
② 此行文字中的 "三"原書寫均誤，塗抹後於右行改寫，現徑改。
③ "甘草"右旁重復寫 "甘草"兩字。
④ 第3行末尾 "為"及第4行文字應為雜寫。

32. 元譯史譯文為支鷄兒年分例米麥事殘片

題解：

本件《中國藏黑水城漢文文獻》中原始編號為 F116：W19，出版編號為 M1·0457，收於第三冊《諸投下分例文書》第 550 頁，擬題為《鷄兒年分例米麥》，並記其尺寸為 11.3cm×27.2cm。本件還收錄於《黑城出土文書（漢文文書卷）》第 125 頁《諸王妃子分例類·諸投下分例》，其所記文書編號與《中國藏黑水城漢文文獻》原始編號同，並列出文書諸要素為：竹紙，殘，草行書，尺寸為 24.6cm×10.6cm。文書前後均缺，現存文字 5 行。據文書及其他分例文卷相關內容推斷，本件文書應為譯史關於分例事譯文。

錄文標點：

（前缺）

1. 終冬季全得了也，如今官人每道是嗦☐
2. 鷄兒年正月為頭至十二月終春夏秋冬☐
3. 支，計一十二个月的分例米麦嗦有，怎生般☐
4. 依先例支与明白☐
5. ☐兒赤唐兀的☐

（後缺）

33. 元大德二年（1228）陝西行省文為起運安西王位下四月細茶事

題解：

本件《中國藏黑水城漢文文獻》中原始編號為 F111：W44，出版編號為 M1·0458，收於第三冊《諸投下分例文書》第 551 頁，擬題為《安西王位下大德二年四月分一個月細茶》，並記其尺寸為 11.1cm×28.1cm。本件還收錄於《黑城出土文書（漢文文書卷）》第 126 頁《諸王妃子分例類·諸投下分例》，其所記文書編號與《中國藏黑水城漢文文獻》原始編號同，並列出文書諸要素為：竹紙，殘，行書，尺寸為 27.0cm×10.4cm。文書前完後缺，現存文字 2 行。

錄文標點：

1. 皇帝聖旨裏，陝西等處行中書省據掌饍☐

2. 　　　舉呈起運

3. 　　　安西王位下大德二年四月分一个月細茶□▨

4. 　　　作二分①

　　　（後缺）

34. 元延祐四年（1317）十月河西隴北道肅政廉訪司刷尾

題解：

本件《中國藏黑水城漢文文獻》中原始編號為 F20：W56，出版編號為M1·0459，收於第三冊《諸投下分例文書》第 552 頁，擬題為《延祐四年十月分例文書》，並記其尺寸為 16.3cm×37cm。本件還收錄於《黑城出土文書（漢文文書卷）》第 125 頁《諸王妃子分例類·諸投下分例》，其所記文書編號與《中國藏黑水城漢文文獻》原始編號同，並列出文書諸要素為：竹紙，殘，行書，尺寸為 36.5cm×16.3cm。文書前缺後完，現存文字 3 行，其後有"河西隴北道肅政廉訪司"刷訖墨戳，下有書吏墨戳。按，本件文書應為廉訪司照刷文書時所留刷尾。參考文獻：孫繼民《黑水城文獻所見元代肅政廉訪司"刷尾"工作流程——元代肅政廉訪司文卷照刷制度研究之一》，《南京師範大學學報》（社會科學版）2012 年第 5 期。

錄文標點：

　　　（前缺）

1. ▨▨▨▨▨▨|伍|日②畏兀兒文字為首，行至③九月二十五日④

2. 　　　行撿為⑤尾，計㭪貳拾貳張，司吏沈□□

3. 　　　延祐四年十月　日

河西隴北道		張□（簽押）
刷訖	**書吏**	王□（簽押）
肅政廉訪司		□□（簽押）

---

① "二分"，《黑城出土文書》錄文未釋讀，現據圖版補。

② "|伍|日"，《黑城出土文書》錄文作"各用"，現據圖版改。

③ "為首，行至"，《黑城出土文書》錄文作"寫有蛇年"，現據圖版改。

④ 此行鈐朱印一枚。

⑤ "為"，《黑城出土文書》錄文作"寫"，現據圖版改。

35. 元泰定四年（1327）帖赤責保狀為某位下分例羊酒米麵錢事

題解：

本件《中國藏黑水城漢文文獻》中原始編號為 F20：W35，出版編號為 M1·0460，收於第三冊《諸投下分例文書》第 553 頁，擬題為《泰定四年分例羊酒米麵錢》，並記其尺寸為 12.2cm×27.9cm。本件還收錄於《黑城出土文書（漢文文書卷）》第 126 頁《諸王妃子分例類·諸投下分例》，其所記文書編號與《中國藏黑水城漢文文獻》原始編號同，並列出文書諸要素為：竹紙，殘，行草書，尺寸為 27.6cm×10.5cm。文書前缺後完，現存文字 5 行。從內容來看，本件文書應為帖赤為分例羊酒米麵錢事責保狀。

錄文標點：

（前缺）

1. ☐歹位下分例羊酒米面錢☐
2. 壹錢柒分；白米叁石陸斗柒升伍合☐
3. 委保是实，伏取
4. 台旨。
5. 　　泰定四年七月　責保人帖赤　　狀
6. 　　　　　　　　　　　　（簽押）

36. 元放支至正四年（1344）五月至九月分例黃米文書

題解：

本件《中國藏黑水城漢文文獻》中原始編號為 F9：W33，出版編號為 M1·0461，收於第三冊《諸投下分例文書》第 554 頁，擬題為《玄字九十八號放支至正四年五月至九月分例黃米文書》，並記其尺寸為 8.3cm×12.4cm。本件還收錄於《黑城出土文書（漢文文書卷）》第 125 頁《諸王妃子分例類·諸投下分例》，其所記文書編號與《中國藏黑水城漢文文獻》原始編號同，並列出文書諸要素為：竹紙，殘，行草書，尺寸為 11.9cm×8.1cm。文書前後完整，現存文字 4 行。

錄文標點：

1. 一帖至正四年　月　日玄字九十

2. 八号放支至正四年五月至
3. 九月五个月分例黄米叁石肆
4. 斗陆升壹合伍勺。

37. 元元統元年（1333）分例錢內支鹽引文書殘片（一）

題解：

本件《中國藏黑水城漢文文獻》中原始編號為 F62：W16a，出版編號為M1·0462，收於第三冊《諸投下分例文書》第 555 頁，擬題為《分例山東浙江等地鹽引》，並記其尺寸為 12.1cm×24.9cm。本件還收錄於《黑城出土文書（漢文文書卷）》第 125 頁《諸王妃子分例類·諸投下分例》，其所記文書編號為 F62：W16 （3），並列出文書諸要素為：宣紙，殘，行書，尺寸為 24.5cm×11.2cm。該書將本號文書與《中國藏黑水城漢文文獻》第三冊第 556 頁M1·0463 ［F62：W16b］、第 557 頁M1·0464 ［F62：W16c］兩號文書統一編號為 F62：W16，作為一件文書釋錄。按，三號文書字跡、紙張一致，內容相關，應為同一件文書。本件文書前後均缺，現存文字 3 行。文書擬題依綴合後所定。參考文獻：1. 张国旺《元代権鹽與社會》，天津古籍出版社 2009 年版；2. 李春圓《元代鹽引制度及其歷史意義》，《史學月刊》2014 年第 10 期。

錄文標點：

（前缺）

1. 　　　鈔弍伯弍拾弍定
2. ☐淮壹拾肆①☐弍拾叁道
3. ☐浙弍拾伍道☐壹拾弍道

（後缺）

38. 元元統元年（1333）分例錢內支鹽引文書殘片（二）

題解：

本件《中國藏黑水城漢文文獻》中原始編號為 F62：W16b，出版編號為M1·

---

① 《黑城出土文書》錄文於"肆"字後推補一"道"字。

0463，收於第三冊《諸投下分例文書》第556頁，擬題為《分例山東浙江等地鹽引》，並記其尺寸為10.7cm×24.6cm。本件還收錄於《黑城出土文書（漢文文書卷）》第125頁《諸王妃子分例類·諸投下分例》，其所記文書編號為F62:W16(1)，並列出文書諸要素為：宣紙，殘，行書，尺寸為24.0cm×9.2cm。該書將本號文書與《中國藏黑水城漢文文獻》第三冊第555頁M1·0462［F62:W16a］、第557頁M1·0464［F62:W16c］兩號文書統一編號為F62:W16，作為一件文書釋錄。按，三號文書字跡、紙張一致，內容相關，應為同一件文書。本件文書前後均缺，現存文字4行。文書擬題依綴合後所定。參考文獻：1. 张国旺《元代榷鹽與社會》，天津古籍出版社2009年版；2. 李春園《元代鹽引制度及其歷史意義》，《史學月刊》2014年第10期。

錄文標點：

（前缺）

1.　　　支鈔并夏季分例錢內，今①支盐引肆

2.　　　拾道　　　　　叁定，計鈔壹伯弐

3.　　　拾定　　　　②

4.　　□拾壹道　　　□壹拾弐③道

（後缺）

39. 元元統元年（1333）分例錢內支鹽引文書殘片（三）

題解：

本件《中國藏黑水城漢文文獻》中原始編號為F62:W16c，出版編號為M1·0464，收於第三冊《諸投下分例文書》第557頁，擬題為《分例山東浙江等地鹽引》，並記其尺寸為16.7cm×25.8cm。本件還收錄於《黑城出土文書（漢文文書卷）》第125頁《諸王妃子分例類·諸投下分例》，其所記文書編號為F62:W16(2)，並列出文書諸要素為：宣紙，殘，行書，尺寸為25.0cm×16.5cm。該書將本號文書與《中國藏黑水城漢文文獻》第三冊第555頁M1·0462［F62:W16a］、

---

① "今"，《黑城出土文書》錄文漏錄，李春園文作"令"，現據圖版補。
② 第1—3行上部鈐朱印一枚。
③ "弐"，《黑城出土文書》錄文作"肆"，現據圖版改。

第 556 頁 M1·0463［F62:W16b］兩號文書統一編號為 F62:W16，作為一件文書釋錄。按，三號文書字跡、紙張一致，內容相關，應為同一件文書。本件文書前後均缺，現存文字 6 行。文書擬題依綴合後所定。參考文獻：1. 张国旺《元代榷鹽與社會》，天津古籍出版社 2009 年版；2. 李春園《元代鹽引制度及其歷史意義》，《史學月刊》2014 年第 10 期。

錄文標點：

（前缺）

1. ☐☐未支鈔并元統元年秋冬二 季 ①
2. ☐☐ 錢 ②內今③支盐引叁拾捌道，每道折④
3. 鈔叁定，計鈔壹伯壹拾肆定。
4. 浙江弍拾肆道　山東壹拾肆道

（中缺 2 行）

5. ☐☐☐定，

（中缺 1 行）

6. ☐☐☐伍，

（後缺）

40. 元譯史譯文為支只立兀歹大王豬兒年分例文書殘片

題解：

本件《中國藏黑水城漢文文獻》中原始編號為 F209:W26，出版編號為 M1·0465，收於第三冊《諸投下分例文書》第 558 頁，擬題為《只立兀歹大王分例羊酒米麵》，並記其尺寸為 6.8cm×24.9cm。本件還收錄於《黑城出土文書（漢文文書卷）》第 127 頁《諸王妃子分例類·諸投下分例》，其所記文書編號與《中國藏黑水城漢文文獻》原始編號同，並列出文書諸要素為：竹紙，殘，行書，尺寸

---

① "二 季"，李春園文漏錄。
② "☐☐錢"，《黑城出土文書》錄文作缺兩字處理，李春園文作缺三字處理，據 F62:W16a 號文書可知，此處應為 "分例錢"。
③ "今"，《黑城出土文書》、李春園文作 "令"，現據圖版改。
④ "折"，《黑城出土文書》錄文錄作下一行，現據圖版改。

為 24.5cm×5.6cm。文書前後均缺，現存文字 3 行。據文書及其他分例文卷相關內容推斷，本件文書應為譯史關於分例事譯文。

錄文標點：

（前缺）

1. 亦集乃路☐☐☐☐☐☐☐☐☐☐☐☐☐☐☐☐
2. 只立兀①歹大王的分例羊酒米面狗兒年十月☐☐☐☐☐
3. 至十二月終三个月的全得了也。如今豬 兒 ②☐☐☐

（後缺）

41. 元放支羊口折鈔文書殘片

題解：

本件《中國藏黑水城漢文文獻》中原始編號為 F209：W28，出版編號為 M1·0466，收於第三冊《諸投下分例文書》第 559 頁，擬題為《分例羊錢文書》，並記其尺寸為 12.1cm×25.5cm。本件還收錄於《黑城出土文書（漢文文書卷）》第 126 頁《諸王妃子分例類·諸投下分例》，其所記文書編號與《中國藏黑水城漢文文獻》原始編號同，並列出文書諸要素為：竹紙，殘，行書，尺寸為 24.2cm×11.5cm。文書為正背雙面書寫，正面現存文字 6 行，前後均缺；背面圖版《中國藏黑水城漢文文獻》未收，《黑城出土文書（漢文文書卷）》一書也未釋錄，從正面所透墨跡看，背面現存文字 2 行。

錄文標點：

正：

（前缺）

1. ☐☐☐☐☐☐☐☐☐☐☐☐☐☐☐☐
2. 羊壹拾叁③口，價錢不等，計鈔叁定令捌两。
3. ☐☐☐☐☐ ☐口，每口價鈔壹拾肆两，計鈔壹定
4. ☐☐☐☐☐

---

① "兀"，《黑城出土文書》錄文漏錄，現據圖版補。
② " 兒 "，《黑城出土文書》錄文未釋讀，現據圖版補。
③ "叁"，《黑城出土文書》錄文漏錄，現據圖版補。

5. _____壹拾兩，計壹定壹拾兩
6. _____柒定壹拾兩
　　　（後缺）
背：
　　　（前缺）
1. ____□□人脫孩欠
2. _____□□□□
　　　（後缺）

42. 元泰定四年（1327）六月預前放支七月至九月分例酒錢文書殘片（一）

題解：

本件《中國藏黑水城漢文文獻》中原始編號為F20：W14a，出版編號為M1·0467，收於第三冊《諸投下分例文書》第560頁，擬題為《兔兒年六月分例》，並記其尺寸為9.1cm×32.6cm。本件還收錄於《黑城出土文書（漢文文書卷）》第126頁《諸王妃子分例類·諸投下分例》，其所記文書編號為F20：W14（1），並列出文書諸要素為：夾竹紙，殘屑，行書，尺寸為32.2cm×8.1cm。該書將本號文書與《中國藏黑水城漢文文獻》第三冊第561頁M1·0468［F20：W14b］、第562頁M1·0469［F20：W14c］兩號文書統一編號為F20：W14，作為一件文書釋錄。按，三號文書字跡、紙張一致，內容相關，F20：W14c中之泰定四年為丁卯年，正與F20：W14a中之兔兒年相合，故其應為同一件文書。本件文書前後均缺，現存文字1行。文書擬題依綴合後所定。

錄文標點：

　　　（前缺）
1. 兔兒年六月初十日譯
　　　（後缺）

43. 元泰定四年（1327）六月預前放支七月至九月分例酒錢文書殘片（二）

題解：

本件《中國藏黑水城漢文文獻》中原始編號為 F20：W14b，出版編號為 M1·0468，收於第三冊《諸投下分例文書》第 561 頁，擬題為《分例酒價錢》，並記其尺寸為 7.9cm×30.1cm。本件還收錄於《黑城出土文書（漢文文書卷）》第 126 頁《諸王妃子分例類·諸投下分例》，其所記文書編號為 F20：W14（2），並列出文書諸要素為：夾竹紙，殘屑，行書，尺寸為 30.9cm×7.4cm。該書將本號文書與《中國藏黑水城漢文文獻》第三冊第 560 頁 M1·0467［F20：W14a］、第 562 頁 M1·0469［F20：W14c］兩號文書統一編號為 F20：W14，作為一件文書釋錄。按，三號文書字跡、紙張一致，內容相關，F20：W14c 中之泰定四年為丁卯年，正與 F20：W14a 中之兔兒年相合，故其應為同一件文書。本件文書前後均缺，現存文字 1 行。文書擬題依綴合後所定。

錄文標點：

（前缺）

1. 也，如今七月為頭至九月并閏四个月的酒價錢預前

（後缺）

44. 元泰定四年（1327）六月預前放支七月至九月分例酒錢文書殘片（三）

題解：

本件《中國藏黑水城漢文文獻》中原始編號為 F20：W14c，出版編號為 M1·0469，收於第三冊《諸投下分例文書》第 562 頁，擬題為《泰定四年六月分例文書》，並記其尺寸為 8.6cm×30.7cm。本件還收錄於《黑城出土文書（漢文文書卷）》第 126 頁《諸王妃子分例類·諸投下分例》，其所記文書編號為 F20：W14（3），並列出文書諸要素為：夾竹紙，殘屑，行書，尺寸為 30.4cm×8.1cm。該書將本號文書與《中國藏黑水城漢文文獻》第三冊第 560 頁 M1·0467［F20：W14a］、第 561 頁 M1·0468［F20：W14b］兩號文書統一編號為 F20：W14，作為一件文書釋錄。按，三號文書字跡、紙張一致，內容相關，F20：W14c 中之泰定四年為丁卯年，正與 F20：W14a 中之兔兒年相合，故其應為同一件文書。本件文書

前後均缺，現存文字 1 行。文書擬題依綴合後所定。

錄文標點：

（前缺）

1. 泰定四年六月　吏吳友直（簽押）

（後缺）

（三）桑哥失里大王分例羊酒文書

1. 元延祐四年（1317）桑哥失里大王分例羊酒文卷（一）

題解：

本件《中國藏黑水城漢文文獻》中原始編號為 F116：W595，出版編號為 M1·0470，收於第三冊《桑哥失里大王分例羊酒文書》第 565—567 頁，擬題為《桑哥失里大王分例羊酒文卷》，並記其尺寸為 82.1cm × 26.9cm。本件還收錄於《黑城出土文書（漢文文書卷）》第 128 頁《諸王妃子分例類·桑哥失里大王分例羊酒文卷》，其所記文書編號與《中國藏黑水城漢文文獻》原始編號同，並列出文書諸要素為：竹紙，殘，前半部為畏兀兒體蒙古文，漢文楷行書，尺寸為 27.0cm × 81.0cm。文書為元延祐四年桑哥失里大王分例羊酒文卷之一，共兩紙粘接，其中第一紙較小，現存畏兀兒體蒙古文 10 行；第二紙現存漢文 8 行，兩紙粘接處鈐騎縫章一枚。從內容來看，其應為禿怯里所呈畏兀兒文文書及譯史也火不花譯文。李逸友指出其蒙古文文書為関文。參考文獻：1. 潘潔、陳朝輝《元代亦集乃路大王妃子分例文書復原》，《寧夏社會科學》2007 年第 1 期；2. 李逸友《元代文書檔案制度舉隅——記內蒙古額濟納旗黑城出土元代文書》，《檔案學研究》1991 年第 4 期。

錄文標點：

（10 行畏兀兒體蒙古文）

——————（騎縫章）——————

1.　　亦集乃路總管府官人每根底＿＿＿＿＿＿①

---

① 潘潔、陳朝輝文認為此處所缺文字應為"禿怯裏文字裏說有"。

2.　　　桑哥失里大王的分例羊酒竜兒　　　　　　　①

3.　　　三个月的全得了也，如今　　　　　　　　②

4.　　　三月終，通閏四个月的分例　　　　　　　③

5.　　　在先的躰例与的④，官人每識□⑤。

6.　　　　　延祐四年正月　日譯史也火　　　　

7.　　　　　（簽押）

8.　初九日⑥

2. 元延祐四年（1317）桑哥失里大王分例羊酒文卷（二）

題解：

本件《中國藏黑水城漢文文獻》中原始編號為84H·F116：W583/1757，出版編號為M1·0471，收於第三冊《桑哥失里大王分例羊酒文書》第568—571頁，擬題為《桑哥失里大王分例羊酒文卷》，並記其尺寸為103.9cm×27.6cm。本件還收錄於《黑城出土文書（漢文文書卷）》第128頁《諸王妃子分例類·桑哥失里大王分例羊酒文卷》，其所記文書編號為F116：W509，與《中國藏黑水城漢文文獻》原始編號異，並列出文書諸要素為：竹紙，殘，草行書，尺寸為26.2cm×104.8cm。文書為元延祐四年桑哥失里大王分例羊酒文卷之一，前缺後完，共三紙粘接，其中第一紙現存文字11行，第二紙現存文字3行，第一紙與第二紙粘接處鈐騎縫章一枚，第三紙無文字殘留。據文書及其他相關文書推斷，本件文書應為錢糧房呈總管府文。參考文獻：潘潔、陳朝輝《元代亦集乃路大王妃子分例文書復原》，《寧夏社會科學》2007年第1期。

錄文標點：

　　（前缺）

1. 桑哥失里大王延祐三年　　　　　　　⑦

---

① 潘潔、陳朝輝文認為此處所缺文字應為"年十月為頭至十二月終"。
② 潘潔、陳朝輝文認為此處所缺文字應為"蛇兒年正月為頭至"。
③ 潘潔、陳朝輝文認為此處所缺文字應為"羊酒噤有，怎生依"。
④ "的"，《黑城出土文書》錄文漏錄，現據圖版改。
⑤ 潘潔、陳朝輝文認為此處所缺文字應為"者"。
⑥ "初九日"上鈐朱印一枚。
⑦ 據其他相關文書可知，此處所缺文字應為"十月為頭至十二月終三个月分例羊酒"。

410 中國藏黑水城漢文文獻的整理與研究

2. 已行放支了當，今據☐①
3. 總府官台旨既禿怯里☐②
4. 肆个月分例羊酒☐③
5. 先行放支正月閏正月☐④
6. 再呈者。
7. 　　延祐四年正月閏☐⑤

（中缺）⑥

8. 　　　　酒月支柒拾伍⑦瓩⑧，兩个月該☐⑨
9. 　　　　每瓩價錢中統鈔☐⑩
10. 　　　　拾柒定☐⑪

11. 右謹具
———————（騎縫章）———————

12. ☐⑫

————————

① 據其他相關文書可知，此處所缺文字應為"前因勘合接支相同，奉"。
② 據其他相關文書可知，此處所缺文字應為"文字嗦要延祐四年正月至三月通閏"。
③ 據《中國藏黑水城漢文文獻》第580頁M1·0474［F116:W569］號文書可推知，此處所缺文字似為"價錢，為見在不敷，扣筭合☐"。
④ 據前後文意推斷，此處所缺文字應包括"兩个月分例羊酒價錢"等字。
⑤ 據其他相關文書及前後數字關係推斷，此處所缺文字應為"正月兩个月分例中統鈔肆拾定"。
⑥ 據其他相關文書及前後數字關係推斷，此處所缺文字應為"羊中等月支陸☐半，兩个月該羊壹拾叁☐，每☐價錢中統鈔壹定，計鈔壹拾叁定"。
⑦ "伍"，《黑城出土文書》錄文漏錄，現據圖版補。
⑧ "瓩"，《黑城出土文書》錄文作"瓶"，現據圖版改。下同，不再另作說明。
⑨ 據其他相關文書及前後數字關係推斷，此處所缺文字應為"酒壹伯伍拾瓩"。
⑩ 據其他相關文書及前後數字關係推斷，此處所缺文字應為"玖兩，計鈔貳"。
⑪ 據其他相關文書及前後數字關係推斷，此處所缺文字應為"整"。
⑫ 此行文字《黑城出土文書》錄文未標注，現據圖版補。另，據其他相關文書可知，此處所缺文字應為"呈"。

13.　　　　延祐四年正月　吏□□□□□□①
14.　　　　　　　（簽押）
15.　　　　**初九日**②

──────────────────────────

3. 元延祐四年（1317）桑哥失里大王分例羊酒文卷（三）

題解：

本件《中國藏黑水城漢文文獻》中原始編號為 F116：W546，出版編號為 M1·0472，收於第三冊《桑哥失里大王分例羊酒文書》第 572—575 頁，擬題為《桑哥失里大王分例羊酒文卷》，並記其尺寸為 82.6cm×21.5cm。本件還收錄於《黑城出土文書（漢文文書卷）》第 129 頁《諸王妃子分例類·桑哥失里大王分例羊酒文卷》，其所記文書編號與《中國藏黑水城漢文文獻》原始編號同，並列出文書諸要素為：竹紙，殘，草行書，尺寸為 25.3cm×85.0cm。文書為元延祐四年桑哥失里大王分例羊酒文卷之一，前後均全，共三紙粘接，其中第一紙無文字殘留，第二紙現存文字 14 行，第三紙現存文字 4 行。從內容來看，其應為錢糧房下支持庫文。參考文獻：潘潔、陳朝輝《元代亦集乃路大王妃子分例文書復原》，《寧夏社會科學》2007 年第 1 期。

錄文標點：

　　　　（前缺）

──────────────────────────

1.　　　錢糧房
2.　　　據禿怯里文字裏說有
3. 桑哥失里大王的分例羊酒，竜兒年十月為頭至十二月□□□③
4.　　　羊酒全得了也，如今蛇兒年正月為頭至三□□□□④

──────────────

① 據《中國藏黑水城漢文文獻》第 605 頁 84H·F116：W380/1552 號文書可知，延祐四年二月時吏為"張文興"，所以此處所缺文字似為"張文兴（簽押）"。
② "初九日"上鈐朱印一枚。
③ 此處所缺文字《黑城出土文書》錄文作"終三□□"。潘潔、陳朝輝文認為此處所缺文字應為"終三个月"。
④ 潘潔、陳朝輝文認為此處所缺文字應為"月通閏四个月"。

5. 的分例羊酒喿有，怎生依① _____②
6. 得此，照_____③
7. 云□_____④
8. 勘合書填前去，合下仰_____⑤
9. 相同，更照無差，依數責領_____⑥
10. 　　　　開
11. 　　　实支中統鈔_____⑦

12. 右下支持庫
13. 　　　延祐四年正月　吏張_____⑧
14. 　　　　　　提控案_____⑨

_____

15. 桑哥失里大王分例羊酒
16. 　　　　　　知　事
17. 　　　　　　經　歷_____

18. 　　　初九日⑩

_____

① "依"，《黑城出土文書》錄文作"按"，現據圖版改。潘潔、陳朝輝文作"按"。
② 潘潔、陳朝輝文認為此處所缺文字應為"在先的躰例与的，官人每識者"。
③ 據《中國藏黑水城漢文文獻》第580頁M1·0474［F116:W569］號文書可推知，此處所缺文字似應包括"得為見在不敷，先行放支正月閏正月兩个月分例"等。
④ 此行文字《黑城出土文書》錄文漏錄，現據圖版改。潘潔、陳朝輝文同缺，故潘潔、陳朝輝文第6行所補文字有誤。此行所缺文字中後半部分應為"總府今用□字□號半印"。
⑤ 潘潔、陳朝輝文認為此處所缺文字應為"照驗，比對元發號簿墨跡字樣"。
⑥ 潘潔、陳朝輝文認為此處所缺文字應為"放支施行"。
⑦ 潘潔、陳朝輝文此處僅推補一"鈔"字，但據其他相關文書可知，此處所缺文字應為"鈔肆拾定"。
⑧ 此處所缺文字《黑城出土文書》錄文作"世琴"，潘潔、陳朝輝文同。但據《中國藏黑水城漢文文獻》第605頁84H·F116:W380/1552號文書可知，延祐四年二月時吏為"張文兴"，所以此處所缺文字似為"文兴"。
⑨ 此處所缺文字《黑城出土文書》錄文作"牘孔"。
⑩ "初九日"上鈐印章一枚。

4. 元延祐四年（1317）桑哥失里大王分例羊酒文卷（四）

題解：

本件《中國藏黑水城漢文文獻》中原始編號為 F116：W204，出版編號為 M1·0473，收於第三冊《桑哥失里大王分例羊酒文書》第 576—579 頁，擬題為《桑哥失里大王分例羊酒文卷》，並記其尺寸為 86.4cm×24.2cm。本件還收錄於《黑城出土文書（漢文文書卷）》第 129 頁《諸王妃子分例類·桑哥失里大王分例羊酒文卷》，其所記文書編號與《中國藏黑水城漢文文獻》原始編號同，並列出文書諸要素為：宣紙，殘，前面為畏兀兒體蒙古文，漢文行楷書，尺寸為 23.9cm×84.5cm。文書為元延祐四年桑哥失里大王分例羊酒文卷之一，共兩件殘片，其中殘片一為兩紙粘接，第一紙較小，現存畏兀兒體蒙古文 11 行，第二紙現存漢文 6 行，兩紙粘接處鈐騎縫章一枚；殘片二僅存日期。從內容來看，其應為禿怯里所呈畏兀兒文文書及譯史也火不花譯文。參考文獻：潘潔、陳朝輝《元代亦集乃路大王妃子分例文書復原》，《寧夏社會科學》2007 年第 1 期。

錄文標點：

（一）

（11 行畏兀兒體蒙古文）

———————（騎縫章）———————

1.　　　亦集乃路總管府官　　　　　　　①

2.　　　裏說有：

3. 桑哥失里大王的分例羊酒蛇兒年　　　②

4.　　　春季四个月的羊酒嗦來，正月閏③　　④

5.　　　个月的全得了也，如今　　　　⑤

---

① 潘潔、陳朝輝文認為此處所缺文字應為"人每根底禿怯里文字"。
② 潘潔、陳朝輝文認為此處不缺文，但從圖版来看，其應缺兩至三個字，據文意推斷，似可補"通閏"。
③ "閏"，《黑城出土文書》錄文作"一"，現據圖版改。
④ 潘潔、陳朝輝文認為此處所缺文字應為"正月兩"。
⑤ 潘潔、陳朝輝文認為此處所缺文字應為"二月為頭至三月兩"。

6.　　　个月的分例羊酒□□□□□□□□①
　　　　（後缺）
（二）
　　　　　（前缺）
1.　　　初九日②

5. 元延祐四年（1317）桑哥失里大王分例羊酒文卷（五）

題解：

本件《中國藏黑水城漢文文獻》中原始編號為 F116：W569，出版編號為 M1·0474，收於第三冊《桑哥失里大王分例羊酒文書》第 580—583 頁，擬題為《桑哥失里大王分例羊酒文卷》，並記其尺寸為 94.4cm×25.5cm。本件還收錄於《黑城出土文書（漢文文書卷）》第 129 頁《諸王妃子分例類·桑哥失里大王分例羊酒文卷》，其所記文書編號與《中國藏黑水城漢文文獻》原始編號同，並列出文書諸要素為：宣紙，殘，行書，尺寸為 24.0cm×102.7cm。文書為元延祐四年桑哥失里大王分例羊酒文卷之一，共三紙粘接，其中第一紙為一件文書，僅剩部分印章殘跡；第二、三紙為一件文書，其中第二紙現存文字 24 行，第三紙現存文字 1 行，第二、三紙粘接處鈐騎縫章一枚。按，本件文書與《中國藏黑水城漢文文獻》第三冊第 584 頁 M1·0475 號文書殘片三可拼合。從拼合後內容來看，其應為錢糧房呈亦集乃路總管府文。參考文獻：潘潔、陳朝輝《元代亦集乃路大王妃子分例文書復原》，《寧夏社會科學》2007 年第 1 期。

錄文標點：

　　　　　（前缺）
（印章殘痕）
―――――――――――――――――
1.　　　錢糧房
2.　　　據禿合立文字裏□□□□□□□③

―――――――――――――――――

① 潘潔、陳朝輝文認為此行及其後所缺文字應為"嗦有，怎生依在先的躰例与的，官人每識者。/延祐四年二月"。
② "初九日"上鈐印章一枚。
③ 據同類文書可知，此處所缺文字應為"說有"。

整理編　第三冊　415

3. 桑哥失里大王的分例羊　　　　　　　　　　①

4. 　　　四个月的羊酒嗦　　　　　　　　　　②

5. 　　　了也，如今差③二月三月兩个月　　　　④

6. 　　　有，怎生与的，官人每識者。蛇兒　　　⑤

7. 　　　六日。得此，照得延祐四年正月初九日，據

8. 　　　畏兀兒文字嗦要

9. 桑哥失里大王延祐四年正月至三月通閏　　　⑥

10. 　　　例羊酒價錢爲見在不敷，扣筭合□⑦，

11. 　　　先行放支訖正月閏正月兩个月　　　　⑧

12. 　　　前因照勘接支相同，奉⑨

13. 　　　總府官台旨既禿怯　　　　　　　　　⑩

14. 　　　兩个月分例羊酒　　　　　　　　　　⑪

15. 　　　依數放支者。承　　　　　　　　　　⑫

16. 　　　　　延祐四年二月　　　　　　　　　⑬

17. 　　　　　　　　　　　　　　　　　　　　⑭

---

① 潘潔、陳朝輝文認爲此處所缺文字應爲"酒蛇兒年正月爲頭至三月終通閏"。
② 潘潔、陳朝輝文認爲此處所缺文字應爲"来，正月閏正月兩個月的全得了"。
③ "差"，《黑城出土文書》錄文作"□得"，現據圖版改。
④ 潘潔、陳朝輝文認爲此處所缺文字應爲"分例羊酒嗦"。
⑤ 潘潔、陳朝輝文認爲此處所缺文字應爲"年二月初"。
⑥ 潘潔、陳朝輝文認爲此處所缺文字應爲"四个月的分"。
⑦ 潘潔、陳朝輝文認爲此處所缺文字應爲"該"。
⑧ 潘潔、陳朝輝文認爲此處所缺文字應爲"當今據"。但據文書所缺字數及其他相關文書推斷，似可補"分例了當，今據"等字。
⑨ 《黑城出土文書》錄文於"奉"字後衍錄一"此"字，潘潔、陳朝輝文同，現據圖版改。
⑩ 潘潔、陳朝輝文認爲此處所缺文字應爲"里文字嗦要二月三月"。
⑪ 潘潔、陳朝輝文認爲此處所缺文字應爲"價錢，支持庫"。
⑫ 潘潔、陳朝輝文認爲此處不缺文，但據圖版及文意此處應缺文字，所缺文字應包括"此，照得"等。
⑬ 潘潔、陳朝輝文認爲此處所缺文字應爲"三月分例"。
⑭ 潘潔、陳朝輝文認爲此處所缺文字應爲"中統鈔肆拾定整"。

416　中國藏黑水城漢文文獻的整理與研究

18.　　　　　　羊中等月支☐①
19.　　　　　　壹☐②
20.　　　　　　定☐③
21.　　　　　　酒月支☐④
22.　　　　　　伯伍拾瓩☐⑤
23.　　　　　　玖兩，計鈔弍拾☐⑥
24. 右謹具

──────（騎縫章）──────

25. 呈⑦

　　　　（後缺）

6. 元延祐四年（1317）桑哥失里大王分例羊酒文卷（九、八、五）

題解：

　　本件《中國藏黑水城漢文文獻》無原始編號，出版編號為M1·0475，收於第三冊《桑哥失里大王分例羊酒文書》第584頁，擬題為《桑哥失里大王分例羊酒文卷》，並記其尺寸為51.1cm×12.9cm。本件還收錄於《黑城出土文書（漢文文書卷）》第129頁《諸王妃子分例類·桑哥失里大王分例羊酒文卷》，其所記文書編號為F116：W208，並列出文書諸要素為：宣紙，殘，行草書，尺寸為12.5cm×48.2cm。文書為元延祐四年桑哥失里大王分例羊酒文卷之一，共三件殘片，殘片一為兩紙粘接，其中第一紙無文字殘留，第二紙現存文字1行，為一件新文書之抬頭；殘片二為兩紙粘接，其中第一紙現存文字4行，第二紙現存文字3行；殘片三現存文字2行。按，本件文書三件殘片應非同一件文書殘片，其中殘片一可與《中國藏

---

① 因潘潔、陳朝輝文按照《黑城出土文書》錄文將第19、20行錄作一行作"定壹"，并將其改為"壹定"，故第18、19、20行所補文字有誤。按照其他相關文書此處所缺文字應為"陸口半，兩個月該羊"。
② 據其他相關文書可知，此處所缺文字應為"拾叁口，每口價錢壹"。
③ 據其他相關文書可知，此處所缺文字應為"計鈔壹拾叁定"。
④ 潘潔、陳朝輝文認為此處所缺文字應為"柒拾伍瓩（瓶），兩个月該酒壹"。
⑤ 潘潔、陳朝輝文認為此處所缺文字應為"每瓩（瓶）價錢中統鈔"。
⑥ 潘潔、陳朝輝文認為此處所缺文字應為"柒定"。
⑦ 《黑城出土文書》錄文於此行文字後衍錄"初九日"三字，現據圖版改。

《黑水城漢文文獻》第三冊第 602 頁 M1·0482 [84H·F116：W568/1742] 號文書拼合；殘片二可與第 590—593 頁 M1·0478 [F116：W573] 號文書拼合，其應位於 F116：W573 號文書兩件殘片之間；殘片三可與第 580—583 頁 M1·0474 [F116：W569] 號文書拼合。參考文獻：潘潔、陳朝輝《元代亦集乃路大王妃子分例文書復原》，《寧夏社會科學》2007 年第 1 期。

錄文標點：

（一）

（前缺）

────────────

1. 皇帝 聖 旨 裏

（後缺）

（二）

（前缺）

1. 　　三个月的分例　　　　①
2. 　　識者。得此，　　　　②
3. 桑哥失里大王分例　　　　③
4. 　　前因照勘　　　　　　④

────────────

5. 　　摁府官⑤台旨　　　　⑥
6. 　　月分例羊酒　　　　　⑦
7. 　　支持庫依⑧　　　　　⑨

（後缺）

────────────

① 據其他相關文書可知，此處所缺文字應為"羊酒喫有，怎生与的，官人每"。
② 據其他相關文書可知，此處所缺文字應為"照得延祐四年□月□日據畏兀兒文字喫要"。
③ 據其他相關文書可知，此處所缺文字應為"羊酒錢，當今據"。
④ 據其他相關文書可知，此處所缺文字應為"接支相同，奉"。
⑤ "官"，《黑城出土文書》錄文漏錄，現據圖版補。
⑥ 據其他相關文書可知，此處所缺文字應為"既禿怯里文字喫要□月至□月三个"。
⑦ 據其他相關文書可知，此處所缺文字應為"價錢，仰"。
⑧ "依"，《黑城出土文書》錄文作"放"，現據圖版改。
⑨ 據其他相關文書可知，此處所缺文字應為"數放支者"。

(三)

　　　　　(前缺)

1.　　　延祐四年☐☐☐☐☐☐

2.　桑哥失里大王二月☐☐☐☐☐☐

　　　　　(後缺)

7. 元延祐四年（1317）桑哥失里大王分例羊酒文卷（七）

題解：

本件《中國藏黑水城漢文文獻》中原始編號為 F116：W572，出版編號為 M1·0476，收於第三冊《桑哥失里大王分例羊酒文書》第 585—588 頁，擬題為《桑哥失里大王分例羊酒文卷》，並記其尺寸為 101.2cm×24.3cm。本件還收錄於《黑城出土文書（漢文文書卷）》第 130 頁《諸王妃子分例類·桑哥失里大王分例羊酒文卷》，其所記文書編號與《中國藏黑水城漢文文獻》原始編號同，並列出文書諸要素為：宣紙，殘，前頭面畏兀兒體蒙古文，漢文楷書，尺寸為 24.0cm×92.7cm。文書為元延祐四年桑哥失里大王分例羊酒文卷之一，共兩件殘片，殘片一為兩紙粘接，其中第一紙較大，僅存日期，第二紙較小，現存蒙古文 2 行；殘片二為三紙粘接，其中第一紙現存蒙古文 6 行，第二紙現存漢文 8 行，為一完整文書，第三紙無文字殘留，第一紙與第二紙粘接處鈐騎縫章一枚。從內容來看，其應為禿怯里所呈畏兀兒文文書及譯史也火不花譯文。正月、高娃指出文書蒙古文為回鶻式蒙古文。參考文獻：1. 潘潔、陳朝輝《元代亦集乃路大王妃子分例文書復原》，《寧夏社會科學》2007 年第 1 期；2. 正月、高娃《延祐四年一份回鶻式蒙古文文書釋讀》，《民族語文》2009 年第 5 期。

錄文標點：

(一)

　　　　　(前缺)

1.　　　　初九日①

　　————————————

　　(2 行畏兀兒體蒙古文)

　　　　　(後缺)

————————

① "初九日"上鈐朱印一枚。

（二）

（前缺）

（6行畏兀兒體蒙古文）

────────（騎縫章）────────

1.　　亦集乃路總管府官人每▢①
2.　桑哥失里大王的分例羊酒▢②
3.　　三月通閏四个月▢③
4.　　至六月三个月的▢④
5.　躰例与的，官人每識者。
6.　　延祐四年四月▢⑤
7.　　　（簽押）
8.　　廿九日⑥

（後缺）

8. 元延祐四年（1317）桑哥失里大王分例羊酒文卷（六）

題解：

本件《中國藏黑水城漢文文獻》中原始編號為 F116：W593，出版編號為 M1·0477，收於第三冊《桑哥失里大王分例羊酒文書》第 589 頁，擬題為《桑哥失里大王分例羊酒文卷》，並記其尺寸為 55.5cm×24.2cm。本件還收錄於《黑城出土文書（漢文文書卷）》第 130 頁《諸王妃子分例類·桑哥失里大王分例羊酒文卷》，其所記文書編號與《中國藏黑水城漢文文獻》原始編號同，並列出文書諸要素為：宣紙，殘，行草書，尺寸為 24.0cm×67.2cm。文書為元延祐四年桑哥失里大王分例羊酒文卷之一，前完後缺，現存文字 15 行。從內容來看，其應為

---

① 潘潔、陳朝輝文認為此處所缺文字應為"根底禿怯里文字里說有"。
② 潘潔、陳朝輝文認為此處所缺文字應為"蛇兒年正月為頭至"。
③ 潘潔、陳朝輝文認為此處所缺文字應為"的全得了也。如今四月為頭"。
④ 潘潔、陳朝輝文認為此處所缺文字應為"分例羊酒嗏有，怎生依在先的"。
⑤ 潘潔、陳朝輝文認為此處所缺文字應為或為申請日期，或為譯者姓名。或二者均有。
⑥ "廿九日"上鈐朱印一枚。《黑城出土文書》錄文未錄，現據圖版補。

420　中國藏黑水城漢文文獻的整理與研究

亦集乃路總管府下支持庫文。參考文獻：潘潔、陳朝輝《元代亦集乃路大王妃子分例文書復原》，《寧夏社會科學》2007年第1期。

錄文標點：

1. 皇帝聖旨裏，亦集乃路揔府①拠禿☐②
2. 　　兒文字譯該云云③：照勘接支相│同│☐④
3. 　　用宙字四十八号半印勘│合│☐⑤
4. 　　下仰照驗，比對元發號簿墨跡☐⑥
5. 　　更照无差，依數責領放支施行。
6. 　　　　　　開
7. 　　實支中統鈔☐⑦
8. 右下支持庫
9. 　　延祐四年二☐⑧
10. 　　　　提控案☐⑨
11. 桑哥失里大王二月
12. 　　三月分例羊酒
13. 　　　　知　　事
14. 　　　　經　　歷亦⑩黑迷失
15. 　　　　　（簽押）⑪

　　（後缺）

---

① 《黑城出土文書》錄文於"府"字前衍錄一"管"字，現據圖版改。
② 潘潔、陳朝輝文認為此處所缺文字應為"怯里畏兀"。
③ "云"，《黑城出土文書》錄文作"等"，文書中其為省文符號，應為"云"，現據圖版改。
④ "同"，《黑城出土文書》及潘潔、陳朝輝文均未釋讀，現據圖版補。另，此處所缺文字潘潔、陳朝輝文未補，據其他相關文書可知，其應為"總府今"。
⑤ 《黑城出土文書》及潘潔、陳朝輝文均認為此處不缺文，但據其他相關文書可知，此處缺文，所缺文字應為"前去，合"。
⑥ 潘潔、陳朝輝文認為此處所缺文字應為"字樣相同"。
⑦ 潘潔、陳朝輝文認為此處所缺文字應為"肆拾定整"。
⑧ 潘潔、陳朝輝文認為此處所缺文字應為"月　吏張文興"。
⑨ 潘潔、陳朝輝文認為此處所缺文字應為"牘孔"。
⑩ "亦"，《黑城出土文書》及潘潔、陳朝輝文均作"赤"，現據圖版改。
⑪ 《黑城出土文書》及潘潔、陳朝輝文於此行後均衍錄"初九日"一行。

9. 元延祐四年（1317）桑哥失里大王分例羊酒文卷（八）

題解：

本件《中國藏黑水城漢文文獻》中原始編號為 F116：W573，出版編號為 M1·0478，收於第三冊《桑哥失里大王分例羊酒文書》第 590—593 頁，擬題為《桑哥失里大王分例羊酒文卷》，並記其尺寸為 103.7cm×25cm。本件文書共兩件殘片，還收錄於《黑城出土文書（漢文文書卷）》第 130 頁《諸王妃子分例類·桑哥失里大王分例羊酒文卷》，其所記文書編號與《中國藏黑水城漢文文獻》原始編號同，並列出文書諸要素為：竹紙，殘，行書，尺寸分別為 24.0cm×8.8cm、23.9cm×94.7cm。文書為元延祐四年桑哥失里大王分例羊酒文卷之一，殘片一現存文字 3 行，殘片二為兩紙粘接，其中第一紙現存文字 7 行，第二紙現存文字 4 行，兩紙粘接處鈐騎縫章一枚。按，本件文書與《中國藏黑水城漢文文獻》第 584 頁M1·0475 號文書殘片二拼合，拼合後從內容來看，其應為錢糧房呈亦集乃路總管府文。參考文獻：潘潔、陳朝輝《元代亦集乃路大王妃子分例文書復原》，《寧夏社會科學》2007 年第 1 期。

錄文標點：

（一）

1. 錢糧房
2. 　據禿怯里文字裏說有
3. 桑哥失里大王☐☐☐☐☐☐☐☐☐

　　　（後缺）

（二）

　　　（前缺）

1. 　　　羊中等☐☐☐☐☐☐☐☐①
2. 　　　　拾玖口半，每口價②☐☐☐③
3. 　　　　壹定，計壹拾玖定☐☐☐④

---

① 據其他相關文書可知，此處所缺文字應為"月支陸口半，三个月該羊"。
② "價"，《黑城出土文書》錄文作"折"，現據圖版改。
③ 據文意推斷，此處所缺文字應為"錢中統鈔"。
④ 據文意推斷，此處所缺文字應為"貳拾伍兩"。

422　中國藏黑水城漢文文獻的整理與研究

4.　　　　　酒月支柒拾伍瓩① ☐②
5.　　　　　式拾伍瓩，每☐③
6.　　　　　鈔肆④拾☐⑤

10. 右謹具
　　——————（騎縫章）——————

11. 呈
12.　　　延祐四年四月　吏沈 天 祿
13. （簽押）
14.　　　廿九日⑥

10. 元延祐四年（1317）桑哥失里大王分例羊酒文卷（十一）

題解：

本件《中國藏黑水城漢文文獻》中原始編號為 F116：W596，出版編號為 M1·0479，收於第三冊《桑哥失里大王分例羊酒文書》第 594—597 頁，擬題為《桑哥失里大王分例羊酒文卷》，並記其尺寸為 97.1cm×24.5cm。本件還收錄於《黑城出土文書（漢文文書卷）》第 131 頁《諸王妃子分例類·桑哥失里大王分例羊酒文卷》，其所記文書編號與《中國藏黑水城漢文文獻》原始編號同，並列出文書諸要素為：竹紙，殘，行草書，尺寸為 23.7cm×97.8cm。文書為元延祐四年桑哥失里大王分例羊酒文卷之一，共兩紙粘接，其中第一紙現存文字 20 行，第二紙現存文字 4 行，兩紙粘接處鈐騎縫章一枚。從內容來看，其應為錢糧房呈亦

---
① "瓩"，《黑城出土文書》錄文作"瓶"，現據圖版改。下同，不再另作說明。
② 據其他相關文書可知，此處所缺文字應為"三个月該酒式伯"。
③ 據其他相關文書可知，此處所缺文字應為"瓩價錢玖兩，計"。
④ "肆"，《黑城出土文書》錄文作"捌"，現據圖版改。
⑤ 據其他相關文書可知，此處所缺文字應為"定貳拾伍兩"。
⑥ "廿九日"上鈐朱印一枚。

集乃路總管府文。參考文獻：潘潔、陳朝輝《元代亦集乃路大王妃子分例文書復原》，《寧夏社會科學》2007 年第 1 期。

錄文標點：

1. 　　錢糧房
2. 　　　據禿怯裏畏兀兒文字譯該：
3. 桑哥失里大王的分例羊酒蛇兒年肆月為☐①
4. 　　月的全得了也。如今七月為頭至九☐②
5. 　　羊酒嗦有，怎生依在先躰例与☐③
6. 　　得此，照得延祐四年四月二十九日☐④
7. 桑哥失里大王四月至☐⑤
8. 　　當，今據☐⑥
9. 　總府官台旨☐⑦
10. 　例羊酒價錢，仰☐⑧
11. 　持庫依數放☐⑨
12. 　　延祐四年☐⑩
13. 　　　統鈔陸☐⑪
14. 　　　羊中等月支☐⑫

---

① 潘潔、陳朝輝文認為此處所缺文字應為"頭至六月終三个"。
② 潘潔、陳朝輝文認為此處所缺文字應為"月終三个月的分例"。
③ 潘潔、陳朝輝文認為此處所缺文字應為"的，官人每識者。蛇兒年七月☐"，據此處殘缺空隙，似應不包括"蛇兒年七月☐"等字。
④ 潘潔、陳朝輝文認為此處所缺文字應為"據畏兀兒文字嗦要"。
⑤ 潘潔、陳朝輝文認為此處所缺文字應為"六月三个月的分例羊酒已行放支了當"，按據下文可知，潘潔、陳朝輝文多補一"當"字。
⑥ 潘潔、陳朝輝文認為此處所缺文字應為"前因照勘接支相同，奉此"。
⑦ 潘潔、陳朝輝文認為此處所缺文字應為"既禿怯里畏兀兒文字嗦要七月至九月三个月分"。
⑧ 潘潔、陳朝輝文認為此處所缺文字中末尾一字應為"支"。
⑨ 潘潔、陳朝輝文認為此處所缺文字應為"支者。承☐"。按，據元代公文格式可知此處所缺文字應為"支者。承此，照得"。
⑩ 潘潔、陳朝輝文認為此處所缺文字應為"七月至九月分例中"。
⑪ 潘潔、陳朝輝文認為此處所缺文字應為"拾定整"。
⑫ 潘潔、陳朝輝文認為此處所缺文字應為"陸口半，三个月該羊壹"。

424　中國藏黑水城漢文文獻的整理與研究

15.　　　　　拾☐①
16.　　　　　定☐②
17.　　　　　酒月支柒拾伍瓨☐③
18.　　　　　拾伍瓨，每瓨☐④
19.　　　　　肆拾定☐⑤

20. 右謹具
—————（騎縫章）—————

21. 呈

22.　　　　延祐四年七月☐⑥
23.　　　　　　　　☐⑦
24.　　　　初三日⑧

11. 元延祐四年（1317）桑哥失里大王分例羊酒文卷（十二）

題解：

本件《中國藏黑水城漢文文獻》中原始編號為 F116：W598，出版編號為 M1·0480，收於第三冊《桑哥失里大王分例羊酒文書》第598—600頁，擬題為

---

① 潘潔、陳朝輝文認為此處所缺文字應為"玖口半，每口價錢中統鈔壹"。
② 潘潔、陳朝輝文認為此處所缺文字應為"計鈔壹拾玖定貳拾伍"。
③ 潘潔、陳朝輝文認為此處所缺文字應為"三个月該酒貳伯貳"。
④ 潘潔、陳朝輝文認為此處所缺文字應為"價錢中統鈔玖兩，計鈔"。
⑤ 潘潔、陳朝輝文認為此處所缺文字應為"貳拾伍"。
⑥ 潘潔、陳朝輝文認為此處所缺文字應為"吏沈天祿"。
⑦ 據其他相關文書可知，此處所缺應為簽押。
⑧ "初三日"上鈐朱印一枚。

《桑哥失里大王分例羊酒文卷》，並記其尺寸為 89.5cm×24.3cm。本件還收錄於《黑城出土文書（漢文文書卷）》第 131 頁《諸王妃子分例類·桑哥失里大王分例羊酒文卷》，其所記文書編號與《中國藏黑水城漢文文獻》原始編號同，並列出文書諸要素為：宣紙，殘，行草書，尺寸為 22.6cm×90.8cm。文書為元延祐四年桑哥失里大王分例羊酒文卷之一，共兩紙粘接，其中第一紙無文字殘留，第二紙為一完整文書，現存文字 14 行。從內容來看，其應為亦集乃路總管府下支持庫文。參考文獻：潘潔、陳朝輝《元代亦集乃路大王妃子分例文書復原》，《寧夏社會科學》2007 年第 1 期。

錄文標點：

（前缺）

1. 皇帝聖旨裏，亦集
2. 　　總府今用① 　　　　　　②
3. 　　前去，合下仰照驗 　　　③
4. 　　樣相同，更照無差 　　　④
5. 施行。
6. 　　　　開
7. 　　實支中統鈔 　　　　　⑤
8. 右下支持庫
9. 　　　延祐四年七月　吏沈 　⑥
10. 　　　　　提控案牘
11. 桑哥失里大王分
12. 　例羊酒錢　　知
13. 　　　　　　　經

---

① "今用"，《黑城出土文書》錄文未釋讀，現就圖版補。
② 據其他相關文書可知，此處所缺文字應為"囗字囗號半印勘合書填"。
③ 據其他相關文書可知，此處所缺文字應為"比對元發號簿墨跡字"。
④ 據其他相關文書可知，此處所缺文字應為"依數責領放支"。
⑤ 據其他相關文書可知，此處所缺文字應為"陸拾定整"。
⑥ 據其他相關文書可知，此處所缺文字應為"天祿（簽押）"。

14.　　　　　初三日①

12. 元延祐四年（1317）桑哥失里大王分例羊酒文卷（十三）

題解：

本件《中國藏黑水城漢文文獻》中原始編號為84H·F116：W511/1683，出版編號為M1·0481，收於第三冊《桑哥失里大王分例羊酒文書》第601頁，擬題為《桑哥失里大王分例羊酒文卷》，並記其尺寸為47.9cm×21.4cm。《黑城出土文書（漢文文書卷）》一書未收。文書為元延祐四年桑哥失里大王分例羊酒文卷之一，共兩紙粘接，其中第一紙較大，現存畏兀兒體蒙古文8行；第二紙現存漢文6行，兩紙粘接處鈐騎縫章一枚。從內容來看，其應為禿怯里所呈畏兀兒文文書及譯史也火不花譯文。參考文獻：潘潔、陳朝輝《元代亦集乃路大王妃子分例文書復原》，《寧夏社會科學》2007年第1期。

錄文標點：

（8行畏兀兒體蒙古文）

　　　　　—————（騎縫章）—————

1.　　亦集乃路總管府官人每根底□　　　②
2. 桑哥失里大王的分例羊酒蛇兒年□　　③
3.　　九月□　　　　　　　　　　　　④
4.　　至十二月終□　　　　　　　　　⑤
5.　　依在先的躰□　　　　　　　　　⑥
6.　　年□　　　　　　　　　　　　　⑦

　　　　（後缺）

---

① "初三日"上鈐印章一枚。
② 據其他相關文書可知，此處所缺文字應為"禿怯里文字裏說有"。
③ 據其他相關文書可知，此處所缺文字應為"七月為頭至"。
④ 據其他相關文書可知，此處所缺文字應為"三个月的全得了也。如今十月為頭"。
⑤ 據其他相關文書可知，此處所缺文字應為"三个月的分例羊酒嗦有，怎生"。
⑥ 據其他相關文書可知，此處所缺文字應為"例与的，官人每識者。蛇兒"。
⑦ 據其他相關文書可知，此處所缺文字應為"十月（日期或譯者姓名）"。

13. 元延祐四年（1317）桑哥失里大王分例羊酒文卷（九）

題解：

本件《中國藏黑水城漢文文獻》中原始編號為84H·F116：W568/1742，出版編號為M1·0482，收於第三冊《桑哥失里大王分例羊酒文書》第602頁，擬題為《桑哥失里大王分例羊酒文卷》，並記其尺寸為58.8cm×23.8cm。本件還收錄於《黑城出土文書（漢文文書卷）》第130頁《諸王妃子分例類·桑哥失里大王分例羊酒文卷》，其所記文書編號為F116：W568，並列出文書諸要素為：宣紙，殘，行書，尺寸為23.4cm×59.2cm。文書為元延祐四年桑哥失里大王分例羊酒文卷之一，現存文字10行。按，本件文書與《中國藏黑水城漢文文獻》第584頁M1·0475號文書殘片一可拼合，從拼合後內容來看，其應為亦集乃路總管府下支持庫文。

錄文標點：

（前缺）

1. 　　驗，比對元發　　　　　　　①
2. 　　責領放支施行。
3. 　　　　開
4. 　　　　實支中統鈔陸拾定整。
5. 右下支持庫
6. 　　　延祐四年四月
7. 桑哥失里大王分例　　提控
8. （蒙古文）
9. （蒙古文）

10. 　　　　　廿九日②

---

① 據其他同類文書可知，此處所缺文字應為"号簿墨跡字樣相同，更照無差，依數"。
② "廿九日"上鈐朱印一枚。

14. 元延祐四年（1317）桑哥失里大王分例羊酒文卷（十）

題解：

本件《中國藏黑水城漢文文獻》中原始編號為 F116：W521，出版編號為 M1·0483，收於第三冊《桑哥失里大王分例羊酒文書》第603頁，擬題為《桑哥失里大王分例羊酒文卷》，並記其尺寸為 56cm×22.6cm。本件還收錄於《黑城出土文書（漢文文書卷）》第130頁《諸王妃子分例類·桑哥失里大王分例羊酒文卷》，其所記文書編號與《中國藏黑水城漢文文獻》原始編號同，並列出文書諸要素為：竹紙，殘，前面為畏兀兒體蒙古文，漢文楷行書，尺寸為 21.7cm×89.8cm。文書為元延祐四年桑哥失里大王分例羊酒文卷之一，共兩件殘片，殘片一為兩紙粘接，其中第一紙現存畏兀兒體蒙古文9行，第二紙現存漢文1行，兩紙粘接處鈐騎縫章一枚；殘片二現存漢文5行。按，本件文書可與《中國藏黑水城漢文文獻》第607頁M1·0487［84H·F116：W405/1577］號文書拼合，從拼合後內容來看，其應為禿怯里所呈畏兀兒文文書及譯史也火不花譯文。參考文獻：潘潔、陳朝輝《元代亦集乃路大王妃子分例文書復原》，《寧夏社會科學》2007年第1期。

錄文標點：

（一）

（9行畏兀兒體蒙古文）

———————（騎縫章）———————

1.　　亦集乃路摠管府☐　　　　　　①

　　（後缺）

（二）

　　　　（前缺）

1. 桑哥失里大王☐　　　　　　②
2. 　　頭至六☐　　　　　　　③

---

① 潘潔、陳朝輝文認為此處所缺文字應為"官人每根底禿怯里文字裏說有"。
② 潘潔、陳朝輝文認為此處所缺文字應為"的分例羊酒蛇兒年四月為"。
③ 潘潔、陳朝輝文認為此處所缺文字應為"月終三个月的全得了也。如今七月"。

3. 　　　為頭至九▢▢▢▢▢▢▢▢①
4. 　　　怎生依在▢▢▢▢▢▢▢▢②
5. 　　　蛇兒年▢▢▢▢▢▢▢▢▢③
　　　（後缺）

15. 元延祐四年（1317）亦集乃路總管府下支持庫文為放支錢鈔事

題解：

本件《中國藏黑水城漢文文獻》中無原始編號，出版編號為M1·0484，收於第三冊《桑哥失里大王分例羊酒文書》第604頁，擬題為《桑哥失里大王分例羊酒文卷》，並記其尺寸為25.3cm×23.2cm。本件還收錄於《黑城出土文書（漢文文書卷）》第97頁《禮儀類》，其所記文書編號為F116:191（2），並列出文書諸要素為：竹紙，殘，行書，尺寸為22.3cm×25.6cm。該書將本號文書與《中國藏黑水城漢文文獻》第七冊第1407頁M1·1132［F116:W191a］號文書統一編號為F116:W191，作為一件文書收錄。按，兩號殘片字跡不同，文體亦不同，M1·1132［F116:W191a］號文書為添支祭祀錢文書，其中有"合行具呈者"等字，為上行文；而本件文書中"右下支持庫"一語證明其為下行文，故兩件殘片應非同一件文書。另，本件文書也應非元延祐四年桑哥失里大王分例羊酒文卷之一，據F116:W596、F116:W598兩件文書可知，延祐四年七月支桑哥失里大王分例錢應為陸拾定，而非本件文書中之"肆定壹拾兩整"。文書前後均缺，現存文字7行。從內容來看，其應為亦集乃路總管府下支持庫文。

錄文標點：

　　　（前缺）
1. 　　　開
2. 　　　實支中統鈔肆定壹拾兩整
3. ▢▢④支持庫

---

① 潘潔、陳朝輝文認為此處所缺文字應為"月終三个月的分例羊酒嗦有"。
② 潘潔、陳朝輝文認為此處所缺文字應為"先的躰例与的，官人每識者"。
③ 潘潔、陳朝輝文認為此處所缺文字應為"七月▢▢▢▢"。另，《黑城出土文書》錄文於此行後衍錄"初二日"三字，潘潔、陳朝輝文同，現據圖版改。
④ 據元代文書格式可知，此處所缺文字應為"右下"。

4. 　　　　延祐四年七月　吏沈天祿（簽押）
5. ☐等錢　　　提控案牘☐
6. 　　　　　　知　事馮☐
7. 　　　　　　經　歷☐
　　　（後缺）

16. 元延祐四年（1317）亦集乃路總管府下支持庫文為放支錢鈔事

題解：

本件《中國藏黑水城漢文文獻》中原始編號為84H·F116：W380/1552，出版編號為M1·0485，收於第三冊《桑哥失里大王分例羊酒文書》第605頁，擬題為《桑哥失里大王分例羊酒文卷》，並記其尺寸為25.9cm×23.7cm。本件還收錄於《黑城出土文書（漢文文書卷）》第129頁《諸王妃子分例類·桑哥失里大王分例羊酒文卷》，其所記文書編號為F116：W380，並列出文書諸要素為：竹紙，殘，行楷書，尺寸為23.2cm×45.2cm。文書前後均缺，現存文字8行。按，本件文書從內容來看，應非元延祐四年桑哥失里大王分例羊酒文卷之一，據相關文書可推知，桑哥失里大王二月所申請分例羊酒錢應為肆拾定，與本件文書中之"肆定壹拾兩"不同。從內容來看，其應為亦集乃路總管府下支持庫文。

錄文標點：

　　　　（前缺）
1. 　☐①相同，更照無差，依數責領放☐②
2. 　☐③行。
3. 　　　　　開
4. 　　實支中統鈔肆定壹拾兩。
5. ☐④下支持庫
6. 　　　　延祐四年二月　吏張文興（簽押）

---

① 據其他相關文書可知，此處所缺文字應為"樣"。
② 據其他相關文書可知，此處所缺文字應為"支"。
③ 據其他相關文書可知，此處所缺文字應為"施"。
④ 據其他相關文書可知，此處所缺文字應為"右"。

7.　　　　　　提控案牘孔　☐☐☐☐

8.　☐☐☐☐錢

9.　　　　　　　　　知　事　　①

　　　（後缺）

17. 元亦集乃路總管府文書殘尾

題解：

本件《中國藏黑水城漢文文獻》中原始編號為84H·F116：W358/1529，出版編號為M1·0486，收於第三冊《桑哥失里大王分例羊酒文書》第606頁，擬題為《桑哥失里大王分例羊酒文卷》，並記其尺寸為36.1cm×24.2cm。本件文書共兩件殘片，還收錄於《黑城出土文書（漢文文書卷）》第131頁《諸王妃子分例類·桑哥失里大王分例羊酒文卷》，其所記文書編號為F116：W358，並列出文書諸要素為：竹紙，屑，行書，尺寸分別為24.5cm×8.0cm、23.0cm×27.0cm。文書殘片一現存文字1行，殘片二現存文字3行。按，本件文書非元延祐四年桑哥失里大王分例羊酒文卷之一，其書寫格式與其他桑哥失里大王分例羊酒文卷不同。從內容來看，其應為亦集乃路總管府文書殘尾。

錄文標點：

（一）

　　　（前缺）

1. 右各行

　　　（後缺）

（二）

　　　（前缺）

1.　　　　　知　事☐☐☐☐
2.　　　　經歷亦黑②迷失（簽押）
3.　　　　　（簽押）
4.　　　　　　　（簽押）

---

① 《黑城出土文書》錄文於此行文字後衍錄"☐九日"等字。
② "黑"，《黑城出土文書》及潘潔、陳朝輝文均作"里"，現據圖版改。

5.　　　　　初二日①

18. 元延祐四年（1317）桑哥失里大王分例羊酒文卷（十）

題解：

本件《中國藏黑水城漢文文獻》中原始編號為84H·F116：W405/1577，出版編號為M1·0487，收於第三冊《桑哥失里大王分例羊酒文書》第607頁，擬題為《桑哥失里大王分例羊酒文卷》，並記其尺寸為36.5cm×16cm。《黑城出土文書（漢文文書卷）》一書未收。文書為元延祐四年桑哥失里大王分例羊酒文卷之一，前缺，現僅存日期。按，本件文書可與《中國藏黑水城漢文文獻》第三冊第603頁M1·0483［F116：W521］號文書拼合，拼合後從內容來看，其應為禿怯里所呈畏兀兒文文書及譯史也火不花譯文。參考文獻：潘潔、陳朝輝《元代亦集乃路大王妃子分例文書復原》，《寧夏社會科學》2007年第1期。

錄文標點：

（前缺）

1.　　　　　初三日②

（四）卜魯罕妃子分例米麵文書

1. 元延祐四年（1317）卜魯罕妃子分例米麵文卷（之一）

題解：

本件《中國藏黑水城漢文文獻》中原始編號為F116：W367，出版編號為M1·0488，收於第三冊《卜魯罕妃子分例米麵文書》第611頁，擬題為《卜魯罕妃子分例米麵文卷》，並記其尺寸為73.4cm×29.1cm。本件還收錄於《黑城出土文書（漢文文書卷）》第132頁《諸王妃子分例類·卜魯罕妃子分例米麵文卷》，其所記文書編號為F116：W65，與《中國藏黑水城漢文文獻》原始編號異。文書共六件殘片，《黑城出土文書（漢文文書卷）》將其拼合為兩件釋錄（殘片一單獨為一件，殘片二至六拼合為一件），並列出文書諸要素為：竹紙，殘，草行書，

---

① "初二日"鈐朱印一枚。
② "初三日"鈐朱印一枚。

尺寸分別為 26.3cm×7.6cm、26.3cm×54.4cm。文書為元延祐四年卜魯罕妃子分例米麵文卷殘片，殘片一現存文字 2 行，殘片二現存文字 3 行，殘片三現存文字 3 行，殘片四現存文字 2 行，殘片五現存文字 3 行，殘片六現存文字 1 行。按，《黑城出土文書（漢文文書卷）》對該件文書之綴合有誤，據其他分例米麵文卷相關內容可知，文書殘片一、二應為亦集乃路總管府下廣積倉文；殘片三、四、五、六應為錢糧房呈亦集乃路總管府總管府文，此六件殘片非同一件文書殘片，其中殘片四、五、六可直接綴合，殘片三、四之間應缺文 2 行。另，薄嘉指出本件文書殘片一可與《中國藏黑水城漢文文獻》第 620 頁M1·0497［F116:W73］號文書殘片三、四、五、六拼合，拼合後為正月亦集乃路總管府下廣積倉文；殘片二可與第 621 頁M1·0498［F116:W86］號文書殘片一拼合；殘片三、四、五、六可與第 620 頁M1·0497［F116:W73］號文書殘片一、二拼合，從拼合後內容來看，應為正月錢糧房呈亦集乃路總管府文。參考文獻：潘潔、陳朝輝《元代亦集乃路大王妃子分例文書復原》，《寧夏社會科學》2007 年第 1 期。

錄文標點：

（一）

　　　　　（前缺）

1. 譯該云云，照勘接支相合，據依▢▢▢▢▢▢

2. 　一下廣積倉　今①用辰字　号半②▢▢▢▢

　　　　　（後缺）

（二）

　　　　　（前缺）③

1. 　　對元發号簿墨跡字樣相同，更

2. 　　照无差，依数責領放支施行。

3　　開

　　　　　（後缺）

（三）

　　　　　（前缺）

---

① "今"，《黑城出土文書》錄文作"公"，現據圖版改。
② "半"，《黑城出土文書》錄文未釋讀，現據圖版補。
③ 據其他相關文書可知，殘片一、二之間所缺文字應為"印勘合前去，合下仰照驗，比"。

4.　　　　延祐四年正月至☐☐☐☐粮肆石

5.　　　　　　　式斗：

6.　　　　米月支肆斗伍升，肆个月該☐☐☐

　　　　　（後缺）

（四、五、六）

　　　　　（前缺）

1.　　　　☐☐☐☐☐☐①

2. ☐②謹具③

——————（騎縫章）——————

3. ☐④

4.　　　延祐四年正月　吏張文兴⑤呈

5.　　　　　（簽押）（簽押）

6.　　**初九日**⑥

2. 元延祐四年（1317）卜魯罕妃子分例米麵文卷（之一）

題解：

本件《中國藏黑水城漢文文獻》中原始編號為 F116：W363，出版編號為 M1·0489，收於第三冊《卜魯罕妃子分例米麵文書》第612頁，擬題為《卜魯罕妃子分例米麵文卷》，並記其尺寸為 57.1cm×27.1cm。本件還收錄於《黑城出土文書（漢文文書卷）》第133頁《諸王妃子分例類·卜魯罕妃子分例米麵文卷》，其所記文書編號與《中國藏黑水城漢文文獻》原始編號同，並列出文書諸要素為：竹紙，殘，行草書，尺寸為 26.1cm×55.6cm。文書為元延祐四年卜魯罕妃子分例米麵文卷之一，前後均完，現存文字17行。從內容來看，其應為六月錢糧

---

① 此行文字《黑城出土文書》錄文未標注，現據圖版補。
② 據元代公文格式可知，此處所缺文字應為"右"。
③ 文書第1—2行為殘片四內容，第3—5行為殘片五內容，第6行為殘片六內容。
④ 此字《黑城出土文書》錄文未標注，現據圖版補。據元代公文格式可知，此處所缺文字應為"呈"。
⑤ "文兴"，《黑城出土文書》錄文作"世恭"，現據圖版改。
⑥ "初九日"上鈐朱印一枚。

房下廣積倉文。參考文獻：潘潔、陳朝輝《元代亦集乃路大王妃子分例文書復原》，《寧夏社會科學》2007年第1期。

錄文標點：

1.　　　錢糧房
2.　　　　　據撒里乂畏兀兒文字譯該：
3. 不①魯罕妃子的分例米面粮蛇兒②年四月为頭至六月三个□③
4.　　　的全得了也，如今七月为頭至九月三个月_____④
5.　　　米面嗦有，怎生依在先躰例与_____⑤
6.　　　去，合下仰照驗，比對元發号簿字樣相同，_____⑥
7.　　　無差，依数責領放支施行。
8.　　　　　開
9.　　　　　實支粮叁碩壹斗伍升：白米⑦_____⑧
10.　　　　　叁斗伍升；小麦壹碩⑨_____⑩
11. 右下廣積倉
12.　　　延祐四年六月　吏沈天祿（簽押）

---

① "不"，《黑城出土文書》錄文作"卜"，據後文第13行應為"不"。
② "兒"，《黑城出土文書》錄文漏錄，現據圖版補。
③ 潘潔、陳朝輝文認為此處所缺文字應為"月"。
④ 潘潔、陳朝輝文認為此處所缺文字應為"的分例"。
⑤ 潘潔、陳朝輝文認為此處所缺文字應為"的，官人每識者。得此，照得_____号半印勘合書填前"。按，從圖版来看，此處所缺文字應無這麼多。據文意推斷，其似為"的。今用□字□号半印勘合書填前"。
⑥ 《黑城出土文書》錄文及潘潔、陳朝輝文均認為此處不缺文，但據圖版及文意，此處應缺"更照"兩字。
⑦ "伍升：白米"，《黑城出土文書》錄文及潘潔、陳朝輝文作"大麦"，圖版中此處殘損，據其他相關文書可知，其應為"伍升白米"。
⑧ 潘潔、陳朝輝文認為此處所缺文字應為"壹石"，但據前面"叁碩"可知應為"壹碩"。
⑨ "碩"，《黑城出土文書》錄文作"石"，現據圖版改。
⑩ 潘潔、陳朝輝文認為此處所缺文字應為"柒斗伍升"，但據其他相關文書可知，此處所缺文字應為"捌斗"。

13. 不①魯罕妃子分例　　提控案牘孔　寬☐
14. 　　　　　　　　　　知　　事馮　☐
15. 　　　　　　　　　　經　　歷☐　　②
16. 　　廿四日③

3. 元延祐四年（1317）卜魯罕妃子分例米麵文卷（之一）

題解：

本件《中國藏黑水城漢文文獻》中原始編號為 F116：W62，出版編號為M1·0490，收於第三冊《卜魯罕妃子分例米麵文書》第 613 頁，擬題為《卜魯罕妃子分例米麵文卷》，並記其尺寸為 38.8cm×27.4cm。本件還收錄於《黑城出土文書（漢文文書卷）》第 131 頁《諸王妃子分例類·卜魯罕妃子分例米麵文卷》，其所記文書編號為 F116：W357，與《中國藏黑水城漢文文獻》原始編號異。（《黑城出土文書（漢文文書卷）》第 132 頁所收 F116：W62 號文書與本件文書不同，其内容與《中國藏黑水城漢文文獻》第 615 頁所收M1·0492［F116：W629］號文書内容相符。）並列出文書諸要素為：宣紙，殘屑，前頭為畏兀兒體蒙古文，漢文行書，尺寸為 26.4cm×37.1cm。文書為元延祐四年卜魯罕妃子分例米麵文卷殘片，共六件殘片，其中殘片一僅存部分印章殘痕，似可與殘片三拼合；殘片二現存蒙古文 2 行；殘片三為兩紙粘接，第一紙存蒙古文 3 行，第二紙無文字殘留，兩紙粘接處鈐騎縫章；殘片四現存漢文文字 3 行；殘片五現存漢文 2 行；殘片六僅存日期。李逸友《黑城出土文書（漢文文書卷）》錄文將殘片四、五、六拼合釋錄，據其他相關文書可知，其拼合合理。從内容來看，其應為正月不蘭奚所呈畏兀兒文文書及譯史也火所呈譯文。參考文獻：潘潔、陳朝輝《元代亦集乃路大王妃子分例文書復原》，《寧夏社會科學》2007 年第 1 期。

錄文標點：

（一）
　　　　（前缺）

---

① "不"，《黑城出土文書》錄文作 "卜"，現據圖版改。
② 潘潔、陳朝輝文認為此處所缺文字應為 "亦黑迷失"。
③ "廿四日" 上鈐朱印一枚。

1. （印章殘痕）
            （後缺）
（二）
            （前缺）
（2行畏兀兒體蒙古文）
            （後缺）
（三）
            （前缺）
（3行畏兀兒體蒙古文）
————————（騎縫章）————————
            （後缺）
（四、五、六）
            （前缺）①

1.　頭至十二月終三个月全得了也，如☐②
2.　兒年正月為頭至三月通閏四个月☐③
3.　分例米面嗦有，怎生 依 在 先 的 躰 例 与
4.　的，官人每識 者 。
5.　　　　延祐四年正月　譯史也先不花（簽押）
6.　 初 九 日 ④

4. 元延祐四年（1317）卜魯罕妃子分例米麵文卷（之一）

題解：

本件《中國藏黑水城漢文文獻》中原始編號為 F116：W29，出版編號為 M1·0491，收於第三冊《卜魯罕妃子分例米麵文書》第614頁，擬題為《卜魯罕妃子

---

① 潘潔、陳朝輝文認為此前所缺文字應為"亦集乃路總管府官人每根底，不蘭溪文字裏說有，卜魯罕妃子的分例米麵竜兒年十月為"。
② 潘潔、陳朝輝文認為此處所缺文字應為"今蛇"。
③ 《黑城出土文書》推補此處所缺文字為"的"，潘潔、陳朝輝文同。
④ "初九日"上鈐朱印一枚。另，文書第1—3行為殘片四內容；第4—5行為殘片五內容；第6行為殘片六內容。

分例米麵文卷》，並記其尺寸為 44.6cm×26.6cm。本件文書共三件殘件，還收錄於《黑城出土文書（漢文文書卷）》第 132 頁《諸王妃子分例類·卜魯罕妃子分例米麵文卷》，其所記文書編號與《中國藏黑水城漢文文獻》原始編號同，並列出文書諸要素為：竹紙，殘屑，前頭為畏兀兒體蒙古文，漢文楷行書，尺寸分別為 25.3cm×16.5cm、25.5cm×15.5cm、26.2cm×7.8cm。文書為元延祐四年卜魯罕妃子分例米麵文卷殘片，其中殘片一為兩紙粘接，第一紙現存畏兀兒體蒙古文 3 行，第二紙現存漢文 2 行，兩紙粘接處鈐騎縫章；殘片二現存漢文 3 行；殘片三僅存日期；其中殘片二、三可綴合。從內容來看，其應為三月不蘭奚所呈畏兀兒文文書及譯史也火不花譯文。參考文獻：潘潔、陳朝輝《元代亦集乃路大王妃子分例文書復原》，《寧夏社會科學》2007 年第 1 期。

錄文標點：

（一）

　　　　　　（前缺）

（3 行畏兀兒體蒙古文）

————————（騎縫章）————————

1.　　亦集乃路總管府官人每根▭▭▭①

2.　　字裏說有

　　　　　　（後缺）

（二、三）

　　　　　　（前缺）②

1.　　為頭至六▭▭▭▭▭▭▭③

2.　　生依躰例与的，官人每識者。蛇兒年

3.　　三月初九日▭▭▭▭▭▭④

4.　　[初][九][日]⑤

————————

① 據《中國藏黑水城漢文文獻》第 612 頁 F116: W363 號文書及其他相關文書可知，此處所缺文字應為"底撒里乂文"。

② 據其他相關文書可知，殘片一、二之間所缺文字應為"卜（或不）魯罕妃子的分例米麵蛇兒年正月為頭至三月通閏四个月的分例全得了也，如今蛇兒年四月"。

③ 據其他相關文書可知，此處所缺文字應為"月三个月的分例米面㬠有怎"。

④ 據其他相關文書可知，此處所缺文字應為譯史姓名。

⑤ "初九日"上鈐朱印一枚。另，文書第 1—3 行為殘片二內容；第 4 行為殘片三內容。

5. 元延祐四年（1317）卜魯罕妃子分例米麵文卷（之一）

題解：

本件《中國藏黑水城漢文文獻》中原始編號為 F116：W629，出版編號為 M1·0492，收於第三冊《卜魯罕妃子分例米麵文書》第 615 頁，擬題為《卜魯罕妃子分例米麵文卷》，並記其尺寸為 58.5cm×27.5cm。本件文書共五件殘片，還收錄於《黑城出土文書（漢文文書卷）》第 132 頁《諸王妃子分例類·卜魯罕妃子分例米麵文卷》，其所記文書編號為 F116：W62，與《中國藏黑水城漢文文獻》原始編號異。（《黑城出土文書（漢文文書卷）》第 132 頁所收 F116：W62 號文書與《中國藏黑水城漢文文獻》第 613 頁所收 M1·0490 [F116：W62] 號文書內容不符。）《黑城出土文書（漢文文書卷）》將本文書五件殘片拼合釋錄，並列出文書諸要素為：竹紙，殘，前頭為畏兀兒體蒙古文，漢文行書，尺寸為 25.8cm×42.3cm。從圖版看，本件文書前並無畏兀兒體蒙古文，據其他相關文書也可知，此類文書前並無畏兀兒體蒙古文，故《黑城出土文書（漢文文書卷）》所言有誤。文書為元延祐四年卜魯罕妃子分例米麵文卷殘片，其中殘片一現存文字 3 行；殘片二現存文字 4 行；殘片三為兩紙粘接，第一紙現存文字 1 行，第二紙現存文字 2 行，兩紙粘接處鈐騎縫章；殘片四現存文字 4 行；殘片五僅存日期。從內容來看，其應為三月錢糧房呈亦集乃路總管府文。參考文獻：潘潔、陳朝輝《元代亦集乃路大王妃子分例文書復原》，《寧夏社會科學》2007 年第 1 期。

錄文標點：

（一、二）

   （前缺）①

1. 四个月的分例米面全得了也，如今四月
2. 為頭至六月三个月的米面嗦有，怎生依
3. 先躰例与的，　　　　　　　②

---

① 據其他相關文書可知，此前所缺文字應為"錢糧房，據不蘭奚文字里說有，卜（或不）魯罕妃子的分例米面蛇兒年正月為頭至三月通閏"。

② 據其他相關文書可知，此處所缺文字應為"官人每識者。蛇兒年四月"。

4. 初九日。得此，_____①蘭

5. 奚畏兀兒文字嗦要

6. 卜魯罕妃子延祐四年正月至三月四个月分例米②

7. 　面已行放支了當，今據前因照勘_____③

　　　　　（後缺）

（三、四、五）

　　　　（前缺）

1. 右謹具

——————（騎縫章）——————

2. 呈

3. 　延祐四年三月_____

4. 　提控案|牘|

5. 卜魯罕妃子分例④

6. 米面事

7. 　　知　事　馮_____

8. 　　□　□⑤

9. 　□□日⑥

6. 元延祐四年（1317）卜魯罕妃子分例米麵文卷（之一）

題解：

本件《中國藏黑水城漢文文獻》中原始編號為 F116：W349，出版編號為 M1·0493，收於第三冊《卜魯罕妃子分例米麵文書》第616頁，擬題為《卜魯罕

---

① 據其他相關文書可知，此處所缺文字應為"照得，先據不"。
② "米"，《黑城出土文書》錄文錄作下一行，現據圖版改。
③ 據其他相關文書可知，此處所缺文字應為"接支相同，奉"。另，文書第1—3行為殘片一內容，第4—7行為殘片二內容。
④ "分例"，《黑城出土文書》錄文漏錄，現據圖版補。
⑤ 據其他相關文書可知，此處所缺文字應為"經歷"。
⑥ "□□日"上鈐朱印。另，此三字《黑城出土文書》錄文作"十一日"，但圖版殘缺，不能釋讀，但如其與殘片一、二為同一件文書的話，則此處三字應為"初九日"。文書第1—3行為殘片三內容，第4—7行為殘片四內容，第8行為推補內容，第9行為殘片五內容。

妃子分例米麵文卷》，並記其尺寸為48.2cm×26.6cm。本件還收錄於《黑城出土文書（漢文文書卷）》第133頁《諸王妃子分例類·卜魯罕妃子分例米麵文卷》，其所記文書編號與《中國藏黑水城漢文文獻》原始編號同，並列出文書諸要素為：宣紙，殘屑，前頭為畏兀兒體蒙古文，漢文行楷書，尺寸為26.1cm×37.1cm。文書共五件殘片，《黑城出土文書（漢文文書卷）》僅釋錄其中殘片三之內容。文書為元延祐四年卜魯罕妃子分例米麵文卷殘片，殘片一、二各存蒙古文2行；殘片三為兩紙粘接，其中第一紙現存蒙古文1行，第二紙現存漢文4行，兩紙粘接處鈐騎縫章；殘片四、五綴合後存日期。從內容來看，其應為六月撒里乂所呈畏兀兒文文書及譯史也火不花譯文。參考文獻：潘潔、陳朝輝《元代亦集乃路大王妃子分例文書復原》，《寧夏社會科學》2007年第1期。

錄文標點：

（一）

　　　　　（前缺）

（2行畏兀兒體蒙古文）

　　　　　（後缺）

（二）

　　　　　（前缺）

（2行畏兀兒體蒙古文）

　　　　　（後缺）

（三）

　　　　　（前缺）

（1行畏兀兒體蒙古文）

―――――――（騎縫章）―――――――

1.　　　亦集乃路總管府官人每根底撒里乂文字裏說有①，

2. □②魯罕妃子的分例米面蛇　　　　　③

3.　　　六月三个月的全得了也，如今七月為頭④

――――――――――

① "裏說有"三字《黑城出土文書》錄文錄作下一行，現據圖版改。
② 潘潔、陳朝輝文認為此處所缺文字應為"卜"，據其他相關文書也可能為"不"。
③ 潘潔、陳朝輝文認為此處所缺文字應為"兒年四月為頭至"。
④ "頭"，《黑城出土文書》錄文未釋讀，現據圖版補。

4.　　　至九月☐☐☐☐☐①分例米面嗦有，怎生
　　　　　　（後缺）②

（四、五）
　　　　　　（前缺）
1.　　初九日③

7. 元延祐四年（1317）卜魯罕妃子分例米麵文卷（之一）
題解：
本件《中國藏黑水城漢文文獻》中原始編號為 F116：W92，出版編號為M1·0494，收於第三冊《卜魯罕妃子分例米麵文書》第 617 頁，擬題為《卜魯罕妃子分例米麵文卷》，並記其尺寸為 17.8cm×26.6cm。本件還收錄於《黑城出土文書（漢文文書卷）》第 133 頁《諸王妃子分例類·卜魯罕妃子分例米麵文卷》，其所記文書編號為 F116：W92（1），並列出文書諸要素為：宣紙，殘屑，前頭為畏兀兒體蒙古文，漢文行書，尺寸為 26.0cm×16.0cm。該書將本號文書與《中國藏黑水城漢文文獻》第 618 頁M1·0495 號文書統一編號為 F116：W92，作為一件文書釋錄。本件文書為元延祐四年卜魯罕妃子分例米麵文卷殘片，共兩件殘片，殘片一現存蒙古文 4 行；殘片二為兩紙粘接，第一紙無文字殘留，第二紙現存漢文 2 行，兩紙粘接處鈐騎縫章。《黑城出土文書（漢文文書卷）》僅釋錄殘片二。從內容來看，其應為九月不蘭奚所呈畏兀兒文文書及譯史也火不花譯文。參考文獻：潘潔、陳朝輝《元代亦集乃路大王妃子分例文書復原》，《寧夏社會科學》2007年第 1 期。

錄文標點：
（一）
　　　　　　（前缺）
（4 行畏兀兒體蒙古文）
　　　　　　（後缺）

---

① 潘潔、陳朝輝文認為此處所缺文字應為"三个月的"。
② 潘潔、陳朝輝文認為此處所缺文字應為"依在先的躰例与的，官人每識者。/延祐四年七月☐☐☐"。據其他相關文書可知，"七月"後所缺應為譯史姓名及簽押。
③ "初九日"上鈐印章一枚。另，此殘片《黑城出土文書》錄文及潘潔、陳朝輝文未釋讀。

（二）

（前缺）

────────（騎縫章）────────

1. 亦集乃路總管府官人每根底不蘭奚文字裏說有①
2. □②魯罕妃子的分例米麵蛇兒年七月為頭　　　　③

（後缺）

8. 元延祐四年（1317）卜魯罕妃子分例米麵文卷（之一）

題解：

本件《中國藏黑水城漢文文獻》中無原始編號，出版編號為M1·0495，收於第三冊《卜魯罕妃子分例米麵文書》第618頁，擬題為《卜魯罕妃子分例米麵文卷》，並記其尺寸為24.2cm×14.6cm。本件還收錄於《黑城出土文書（漢文文書卷）》第133頁《諸王妃子分例類·卜魯罕妃子分例米麵文卷》，其所記文書編號為F116:W92（2），並列出文書諸要素為：宣紙，殘屑，尺寸為14.7cm×24.2cm。該書將本號文書與《中國藏黑水城漢文文獻》第617頁M1·0494[F116:W92]號文書統一編號為F116:W92，作為一件文書釋錄。文書為元延祐四年卜魯罕妃子分例米麵文卷殘片，現存文字2行。參考文獻：潘潔、陳朝輝《元代亦集乃路大王妃子分例文書復原》，《寧夏社會科學》2007年第1期。

錄文標點：

（前缺）

1. 　　　□祐　　　　　　　④
2. 　　廿五日⑤

────────

① "裏說有"三字《黑城出土文書》錄文錄作下一行，現據圖版改。
② 潘潔、陳朝輝文認為此處所缺文字應為"卜"，據其他相關文書也可能為"不"。
③ 潘潔、陳朝輝文認為此處所缺文字應為"至九月三个月的全得了也，如今十月為頭至十二月三个月的分例米麵嗦有，怎生依在先的躰例与的，官人每識者"。
④ 潘潔、陳朝輝文認為此行文字補全應為"延祐四年十月廿五日"，此處"廿五日"應為文尾之簽押日期，此行文字補全應為"延祐四年十月譯史姓名"。
⑤ "廿五日"上鈐印章一枚。

9. 元至正四年（1344）河西隴北道肅政廉訪司照刷卜魯罕妃子分例米麵文卷刷尾

題解：

本件《中國藏黑水城漢文文獻》中原始編號為 F111：W17，出版編號為M1・0496，收於第三冊《卜魯罕妃子分例米麵文書》第619頁，擬題為《卜魯罕妃子分例米麵文卷》，並記其尺寸為 10cm×21.9cm。本件還收錄於《黑城出土文書（漢文文書卷）》第126頁《諸王妃子分例類・諸投下分例》，其所記文書編號與《中國藏黑水城漢文文獻》原始編號同，並列出文書諸要素為：麻紙，殘，楷行書，尺寸為 21.4cm×9.2cm。文書前後均缺，現存文字4行。從內容來看，本件文書為卜魯罕妃子分例米麵文卷，但其非延祐四年文卷，而應為至正四年分例文卷，其性質為河西隴北道肅政廉訪司照刷文書所留刷尾。

錄文標點：

（前缺）

1. 　　　　　　□□①
2. 卜魯罕妃子分例米面至正四年四月②初三日□③
3. 　　　　　　揀為尾，計昜貳拾貳張④
4. 　　　　　　至正四年　月司吏柳文

（後缺）

10. 元延祐四年（1317）卜魯罕妃子分例米麵文卷（之一）

題解：

本件《中國藏黑水城漢文文獻》中原始編號為 F116：W73，出版編號為M1・0497，收於第三冊《卜魯罕妃子分例米麵文書》第620頁，擬題為《卜魯罕妃子分例米麵文卷》，並記其尺寸為 75.6cm×29.7cm。本件還收錄於《黑城出土文書（漢文文書卷）》第131頁《諸王妃子分例類・卜魯罕妃子分例米麵文卷》，其所記文書編號與《中國藏黑水城漢文文獻》原始編號同。文書共六件殘片，《黑城

---

① 此行文字《黑城出土文書》錄文未標注，現據圖版補。
② "四月"，《黑城出土文書》漏錄，現據圖版補。
③ "□"，《黑城出土文書》錄文作"接"，但從圖版看應非"接"字，現存疑。
④ "張"，《黑城出土文書》錄文未釋讀，現據圖版補。

出土文書（漢文文書卷）》將其拼合為兩件釋錄（將殘片一、二拼合為一件，殘片三、四、五、六拼合為一件），並列出文書諸要素為：竹紙，殘，草書，尺寸分別為 26.3cm×14.8cm、26.5cm×34.8cm。文書為元延祐四年卜魯罕妃子分例米麵文卷殘片，殘片一現存文字 3 行；殘片二現存文字 3 行；殘片三現存文字 4 行；殘片四現存文字 3 行，並殘存騎縫章殘印；殘片五、六綴合存日期。按，本件文書六件殘片應非同件文書，據其他分例米麵文卷相關內容可知，其中殘片一、二為錢糧房呈亦集乃路總管府文；殘片三、四、五、六為亦集乃路總管府下廣積倉文。另，薄嘉指出，本件文書殘片一、二可與《中國藏黑水城漢文文獻》第三冊第 611 頁M1·0488［F116∶W367］殘片、三、四、五、六拼合；殘片三、四、五、六可與M1·0488［F116∶W367］號文書殘片一拼合。參考文獻：潘潔、陳朝輝《元代亦集乃路大王妃子分例文書復原》，《寧夏社會科學》2007 年第 1 期。

錄文標點：

（一）

1.　　□①粮房

2.　　據卜蘭奚文字裏說有

3. □□②罕妃子的分例米面竜兒年十月為頭至十二□□□□□

　　　（後缺）

（二）

　　　（前缺）③

1.　　□④通閏肆个月米面，仰扣筭合該數目，白米⑤以下廣

2.　　□⑥倉放支外，據小麦令⑦屯田百户陸文政支付者，奉此

3.　　□□□合行再呈者。

　　　（後缺）

---

① 據其他相關文書可知，此處所缺文字應為"錢"。
② 據其他相關文書可知，此處所缺文字應為"卜魯"或"不魯"。
③ 據其他相關文書可知，殘片一、二之間所缺文字應為"終三个月分例已行放支了當，今據總府官台旨及卜蘭奚文字嗦要蛇兒年正月為頭至三"。
④ 據其他相關文書可知，此處所缺文字應為"月"。
⑤ "白米"，《黑城出土文書》錄文作"即□"，現據圖版改。
⑥ 據其他相關文書可知，此處所缺文字應為"積"。
⑦ "令"，《黑城出土文書》錄文漏錄，現據圖版補。

（三）

(前缺)

1.　　　　比對元發▭①
2.　　　　照無差，依數責領放▭②
3.　　　　開
4.　　　　實支小麦弍石▭③

(後缺)

（四）

(前缺)

──────（騎縫章）──────

1.　　　　延祐四年正月▭④
2.　　　　　　提控案牘　孔（簽押）
3. □□□⑤妃子分例米面⑥

(後缺)

（五、六）

(前缺)⑦

1.　　　　初九日⑧

11. 元延祐四年（1317）卜魯罕妃子分例米麵文卷（之一）

題解：

本件《中國藏黑水城漢文文獻》中原始編號為 F111：W86，出版編號為 M1·0498，收於第三冊《卜魯罕妃子分例米麵文書》第 621 頁，擬題為《卜魯罕妃子分例米麵文卷》，並記其尺寸為 73.4cm×27.8cm。本件還收錄於《黑

---

① 據其他相關文書可知，此處所缺文字應為"号簿墨跡字樣相同，更"。
② 據其他相關文書可知，此處所缺文字應為"支施行"。
③ 《黑城出土文書》錄文認為此處不缺字，但據圖版及其他相關文書可知，此處應缺"肆斗"兩字。
④ 據其他相關文書可知，此處所缺文字應為"吏張文兴（簽押）"。
⑤ 據其他相關文書可知，此處所缺文字應為"卜魯罕"或"不魯罕"。
⑥ 此行文字《黑城出土文書》錄文漏錄，現據圖版補。
⑦ 據其他相關文書可知，殘片四、五之間所缺文字應為"知事某（簽押）/經歷某（簽押）"。
⑧ "廿五日"上鈐印章一枚。

城出土文書（漢文文書卷）》第133頁《諸王妃子分例類・卜魯罕妃子分例米麵文卷》，其所記文書編號與《中國藏黑水城漢文文獻》原始編號同。文書共五件殘片，《黑城出土文書（漢文文書卷）》將其拼合為三件釋錄（殘片一單獨為一件，殘片二單獨為一件，殘片三、四、五拼合為一件），並列出文書諸要素為：竹紙，殘，行草書，尺寸分別為 2.6cm × 7.8cm、26.3cm × 31.2cm、26.0 × 22.5cm。文書為元延祐四年卜魯罕妃子分例米麵文卷殘片，殘片一現存文字2行，殘片二現存文字6行，殘片三現存文字1行，殘片四現存文字1行，殘片五存簽押及日期。按，本件文書五件殘片應非同件文書，據其他分例米麵文卷相關內容可知，其中殘片一為亦集乃路總管府下廣積倉文；殘片二、三、四、五為錢糧房呈亦集乃路總管府文。另，本件文書殘片一可與《中國藏黑水城漢文文獻》第三冊第611頁M1・0488［F116：W367］號文書殘片二拼合。參考文獻：1. 潘潔、陳朝輝《元代亦集乃路大王妃子分例文書復原》，《寧夏社會科學》2007年第1期；2. 張敏靈《元代黑水城文書中的口糧問題研究》，寧夏大學碩士學位論文，2013年。

錄文標點：

（一）

1. 皇帝聖旨裏，亦集乃路總管府准呈云云，
2. 　　一下廣積倉

　　　　（後缺）

（二）

　　　　（前缺）

1. 　　　①四年七月至九月　　　②
2. 　　　　　粮叁石壹斗伍升：
3. 　　　　　白米月支肆斗伍升，三个月該米壹石
4. 　　　　　叁斗伍□③；
5. 　　　　　面月支肆拾伍斤，三个月該面壹伯叁

---

① 據其他相關文書可知，此處所缺文字應為"延祐"。
② 據其他相關文書可知，此處所缺文字應為"三个月分例"。
③ 據其他相關文書可知，此處所缺文字應為"升"。

6.　　　　　　　拾伍斤，每柒拾伍斤折小麦
　　　　　（後缺）
（三）
　　　　　（前缺）①
1. 右謹具
　　　　　（後缺）
（四、五）
　　　　　（前缺）②
1.　　　　延祐四年六月　吏沈天祿（簽押）③
2.　　　　　（簽押）
3.　　　　廿五日④（簽押）

12. 元延祐四年（1317）卜魯罕妃子分例米麵文卷（之一）

題解：

本件《中國藏黑水城漢文文獻》中原始編號為 F116：W371，出版編號為M1·0499，收於第三冊《卜魯罕妃子分例米麵文書》第 622 頁，擬題為《卜魯罕妃子分例米麵文卷》，並記其尺寸為36cm×27.2cm。本件文書共四件殘片，還收錄於《黑城出土文書（漢文文書卷）》第 133 頁《諸王妃子分例類·卜魯罕妃子分例米麵文卷》，其所記文書編號與《中國藏黑水城漢文文獻》原始編號同，並列出文書諸要素為：宣紙，殘屑，行草書，尺寸分別為 26.2cm × 8.4cm、26.2cm × 6.4cm、24.7cm×8.0cm、25.7cm×6.7cm。文書為元延祐四年卜魯罕妃子分例米麵文卷殘片，其中殘片一現存文字 4 行，殘片二現存文字 3 行，殘片三現存文字 2 行，殘片四現存文字 1 行。按，薄嘉指出本件文書四件殘片應非同件文書，其中殘片一、二可與《中國藏黑水城漢文文獻》第 623 頁M1·0500［F11 6：W90］號文書殘片二、四、五、六拼合，拼合後為九月錢糧房呈亦集乃路總管府文；殘片三、四可與M1·0500［F116：W90］號文書殘片一、三拼合，拼合後為九月亦集乃路總管府下廣積

---

①　據其他相關文書可知，此處所缺文字應為"壹石，計小麦壹石捌斗"。
②　據其他相關文書可知，殘片三、四之間所缺文字為"呈"字。
③　"簽押"，《黑城出土文書》錄文作"呈"，現據圖版改。
④　"廿五日"上鈐印章一枚。

倉文。參考文獻：潘潔、陳朝輝《元代亦集乃路大王妃子分例文書復原》，《寧夏社會科學》2007 年第 1 期。

錄文標點：

（一、二）

（前缺）

1. 　　的全得了也，如今十月为頭至十二月三个月① ②
2. 　　怎生依在先的躰例交与的，官人每識者。得□③
3. 　　照得先據撒里乂嗦要
4. □④魯罕妃子七月至九月　　　　　　　　⑤
5. 　　摠府官台旨既□⑥前来嗦要　　　　　⑦
6. 　　分例米面，仰扣算合該數目　　　　　⑧
7. 　　積倉放支，小　　　　　　　　　　　⑨

（後缺）

（三）

（前缺）

1. 　　　　延祐四年九月　吏沈天禄（簽押）⑩
2. 　　　　　　　　　孔　　　　　　　　⑪

（後缺）

（四）

（前缺）

---

① "月"，《黑城出土文書》錄文作"的"，現據圖版改。
② 據其他相關文書可知，此處所缺文字應為"的分例嗦有"。
③ 據其他相關文書可知，此處所缺文字應為"此"。
④ 據其他相關文書可知，此處所缺文字應為"卜"或"不"。
⑤ 據其他相關文書可知，此處所缺文字應為"三个月分例已行放支了當，今據"。
⑥ 此字殘損，《黑城出土文書》錄文作"系"，但從圖版看，其為一省文符號，指代"撒里乂"。
⑦ 此處《黑城出土文書》錄文作"九至十二月"，但圖版中此處殘缺，所缺文字據其他相關文書可知，應為"九月至十二月三个月"。
⑧ 據其他相關文書可知，此處所缺文字應為"白米以下廣"。
⑨ 文書第 1—4 行為殘片一內容，第 5—7 行為殘片二內容。
⑩ "簽押"，《黑城出土文書》錄文作"呈"，現據圖版改。
⑪ 此行文字《黑城出土文書》錄文未錄，現據圖版補。據其他相關文書可知，此行文字補全應為"提控案牘孔（簽押）"。

1.　　　　　　經歷亦黑迷失（簽押）
　　　（後缺）

13. 元延祐四年（1317）卜魯罕妃子分例米麵文卷（之一）

題解：

本件《中國藏黑水城漢文文獻》中原始編號為 F116：W90，出版編號為M1·0500，收於第三冊《卜魯罕妃子分例米麵文書》第 623 頁，擬題為《卜魯罕妃子分例米麵文卷》，並記其尺寸為 69cm×30cm。本件文書共六件殘片，還收錄於《黑城出土文書（漢文文書卷）》第 133 頁《諸王妃子分例類·卜魯罕妃子分例米麵文卷》，其所記文書編號與《中國藏黑水城漢文文獻》原始編號同，並列出文書諸要素為：竹紙，殘，行草書，尺寸分別為 26.3cm×6.2cm、26.7cm×6.4cm、24.4cm×7.8cm、25.4cm×8.3cm、25.7cm×11.7cm、25.8cm×11.3cm。文書為元延祐四年卜魯罕妃子分例米麵文卷殘片，殘片一現存文字 2 行，殘片二現存文字 2 行，殘片三現存文字 3 行，殘片四現存文字 1 行，殘片五現存文字 1 行，殘片六現存日期。按，薄嘉指出本件文書六件殘片應非同件文書，其中殘片一、三可與《中國藏黑水城漢文文獻》第 622 頁M1·0499〔F116：W371〕號文書殘片三、四拼合，拼合後為九月亦集乃路總管府下廣積倉文；殘片二、四、五、六可與M1·0499〔F116：W371〕號文書殘片一、二拼合，拼合後為九月錢糧房呈亦集乃路總管府文。參考文獻：潘潔、陳朝輝《元代亦集乃路大王妃子分例文書復原》，《寧夏社會科學》2007 年第 1 期。

錄文標點：

（一）

1. 皇帝聖旨裏，亦集乃路揔管府案呈云云：
2. 　　　一下廣積倉　　　除小麦另行放支□　①
　　　（後缺）

（二）
　　　（前缺）
1. 　　　面月支肆拾伍斤，三个月該面壹伯

---

① "除小麦另行放支□"等文字《黑城出土文書》錄文漏錄，現據圖版補。

2.　　　　　　叁拾伍斤，每柒拾伍斤折小

　　　　　（後缺）

（三）

　　　　　（前缺）

1.　　外，據小▢▢▢▢▢▢▢▢

2.　　号半印勘合書填前去，□□①

3.　　仰照驗，比對元發号簿字□

　　　　　（後缺）

（四）

　　　　　（前缺）

1.　　右謹具

　　　　　（後缺）

（五）

　　　　　（前缺）

1.　　延祐四年九月　吏沈天祿　呈

　　　　　（後缺）

（六）

　　　　　（前缺）

1.　　**廿五日**②

14. 元延祐四年（1317）卜魯罕妃子分例米麵文卷（之一）

題解：

本件《中國藏黑水城漢文文獻》中原始編號為 F116: W63，出版編號為M1·0501，收於第三冊《卜魯罕妃子分例米麵文書》第 624 頁，擬題為《卜魯罕妃子分例米麵文卷》，並記其尺寸為 49.6cm×26cm。本件文書共四件殘片，其中殘片一、三、四還收錄於《黑城出土文書（漢文文書卷）》第 132 頁《諸王妃子分例類·卜魯罕妃子分例米麵文卷》，其所記文書編號與《中國藏黑水城漢文文獻》

---

① 據其他相關文書可知，此處所缺文字應為"合下"。
② "廿五日"上鈐朱印一枚。

原始編號同。該書將殘片三、四拼合為一件釋錄，並列出文書諸要素為：竹紙，殘，行草書，尺寸分別為 25.3cm×16.0cm、24.4cm×29.8cm。文書為元延祐四年卜魯罕妃子分例米麵文卷殘片，其中殘片一現存文字 6 行，殘片二現存文字 2 行，殘片三現存文字 1 行，殘片四現存文字 3 行。從內容來看，應為亦集乃路總管府下廣積倉及陸文政文。參考文獻：張敏靈《元代黑水城文書中的口糧問題研究》，寧夏大學碩士學位論文，2013 年。

錄文標點：

（一）

（前缺）

1. 　　　白米月支▭▭▭▭▭▭▭▭▭▭▭①
2. 　　　石▭▭▭▭▭▭▭▭▭▭②
3. 　　　面月支肆拾伍斤，三个月▭▭▭▭③
4. 　　　伯▭▭▭▭▭▭▭▭▭▭
5. 　　　　▭▭▭▭▭▭▭▭▭▭④
6. 廣積倉实支白米壹碩⑤叁斗伍升，
7. 屯田百户陸文政合行实支小麦壹石▭▭▭

（後缺）

（二）

（前缺）

1. 元發号 簿▭▭▭▭▭
2. ▭▭▭▭▭▭▭▭⑥

（後缺）

---

① 據其他相關文書可知，此處所缺文字應為"肆斗伍升，三个月該米壹"。
② 據其他相關文書可知，此處所缺文字應為"叁斗伍升"。
③ 據其他相關文書可知，此處所缺文字應為"該面壹"。
④ 此行文字殘，《黑城出土文書》、張敏靈文推補作"▭▭小麥壹石捌斗"。據其他相關文書可知，第 4、5 行所缺文字應為"叁拾伍斤，每柒拾伍斤折小麦壹石，計小麦壹石捌斗"，《黑城出土文書》推補文字無誤。
⑤ "碩"，張敏靈文作"石"，誤。
⑥ 此殘片《黑城出土文書》錄文未釋錄。

（三）

（前缺）

1. 右各行

（後缺）

（四）

（前缺）

1.　　　　　□①　　事
2.　　　　　□②　　歷③

（簽押）

（後缺）

15. 元某年正月譯史也先不花譯文

題解：

本件《中國藏黑水城漢文文獻》中原始編號為 F209：W50，出版編號為 M1·0502，收於第三冊《卜魯罕妃子分例米麵文書》第 625 頁，擬題為《卜魯罕妃子分例米麵文卷》，並記其尺寸為 10.9cm×29cm。《黑城出土文書（漢文文書卷）》一書第 203 頁所收 F209：W50 號文書與本件文書內容不符，其內容與《中國藏黑水城漢文文獻》第 1643 頁 M1·1329［F209：W48］號文書相同。文書前後均缺，現存文字 2 行。按，薄嘉指出本件文書應非延祐四年卜魯罕妃子分例米麵文卷殘片，據《中國藏黑水城漢文文獻》第三冊第 613 頁 M1·0490［F116：W62］號文書可知，延祐四年正月也先不花呈申請分例譯文為初九日，而本件文書為初十日，兩件文書不符，故知其應非延祐四年卜魯罕妃子分例文卷。

錄文標點：

（前缺）

1. 怎生依在□□□□□□□□□□□□□④
2. 兒年正月初十日　　　譯史也先不花（簽押）

---

① 據其他相關文書可知，此處所缺文字應為"知"。
② 據其他相關文書可知，此處所缺文字應為"經"。
③ 《黑城出土文書》錄文於此行文字後衍錄"□二日"等字。
④ 據其他相關文書可知，此處所缺文字應為"先的躰例与的，官人每識者。□"。

（五）納冬妃子分例米麵文書

1. 元至正二年（1342）河西隴北道肅政廉訪司照刷至元四年納冬妃子分例米麵文卷刷尾

題解：

本件《中國藏黑水城漢文文獻》中原始編號為 F116：W496，出版編號為 M1·0503，收於第三冊《納冬妃子分例米麵文書》第 629 頁，擬題為《納冬妃子分例米麵文卷》，並記其尺寸為 30.5cm×22.1cm。本件還收錄於《黑城出土文書（漢文文書卷）》第 134 頁《諸王妃子分例類·納冬妃子分例米麵文卷》，其所記文書編號與《中國藏黑水城漢文文獻》原始編號同，並列出文書諸要素為：竹紙，缺，楷書，尺寸為 22.0cm×49.6cm。文書共三紙粘接，其中第一紙、第三紙較小，均無文字殘留；第二紙較大，現存文字 3 行，據內容推斷，其應為元至正二年河西隴北道肅政廉訪司照刷至元四年納冬妃子分例文卷所留刷尾。參考文獻：孫繼民《黑水城文獻所見元代肅政廉訪司"刷尾"工作流程——元代肅政廉訪司文卷照刷制度研究之一》，《南京師範大學學報》（社會科學版）2012 年第 5 期。

錄文標點：

（前缺）

_____

1. 　　　創行未絕一件：
2. 納冬妃子分例至元四年十一月初五日呈解為首，施行至當日行▭
3. 　　　　　　　至正二年十一月　　　　　▭

_____

（後缺）

2. 元納冬妃子分例米麵文卷（之一）

題解：

本件《中國藏黑水城漢文文獻》中原始編號為 F116：W589，出版編號為

M1·0504，收於第三冊《納冬妃子分例米麵文書》第630頁，擬題為《納冬妃子分例米麵文卷》，並記其尺寸為42.9cm×14cm。本件還收錄於《黑城出土文書（漢文文書卷）》第135頁《諸王妃子分例類·納冬妃子分例米麵文卷》，其所記文書編號與《中國藏黑水城漢文文獻》原始編號同，並列出文書諸要素為：竹紙，殘，行草書，尺寸為14.0cm×43.3cm。文書為元納冬妃子分例米麵文卷之一，共兩紙粘接，第一紙無文字殘留，第二紙現存文字9行。從內容來看，其應為錢糧房為申請夏季分例呈亦集乃路總管府文。

錄文標點：

（前缺）

1. 錢糧房
2. 呈據蒙古
3. 每根底宝兒①
4. 納冬妃子的分例米麵
5. 終春季三个月的
6. 六月終夏季
7. 怎生般□
8. 先據宝
9. 納冬妃子分

（後缺）

3. 元納冬妃子分例米麵文卷（之一）

題解：

本件《中國藏黑水城漢文文獻》中原始編號為F116：W454，出版編號為M1·0505，收於第三冊《納冬妃子分例米麵文書》第630頁，擬題為《納冬妃子分例米麵文卷》，並記其尺寸為33cm×9.2cm。本件還收錄於《黑城出土文書

---

① "兒"，《黑城出土文書》錄文作"公"，此字殘缺，但據F116：W325號文書可推知，其應為"兒"。

（漢文文書卷）》第134頁《諸王妃子分例類·納冬妃子分例米麵文卷》，其所記文書編號與《中國藏黑水城漢文文獻》原始編號同，並列出文書諸要素為：竹紙，殘，前頭為畏兀兒體蒙古文，漢文行書，尺寸為 7.8cm×32.4cm。文書為元納冬妃子分例米麵文卷之一，共兩紙粘接，第一紙現存畏兀兒體蒙古文2行，第二紙現存漢文5行。從內容來看，其應為蒙古官吏所呈畏兀兒文文書及譯史譯文。

錄文標點：

（前缺）
（2行畏兀兒體蒙古文）
_____
1. 亦集乃路
2. 都魯火者①
3. 納敦妃子分②
4. 四个月的
5. 三个③的
6. 人　　　　　　　④
（後缺）

4. 元納冬妃子分例米麵文卷（之一）

題解：

本件《中國藏黑水城漢文文獻》中原始編號為 F116：W325，出版編號為 M1·0506，收於第三冊《納冬妃子分例米麵文書》第631頁，擬題為《納冬妃子分例米麵文卷》，並記其尺寸為 35.6cm×14.8cm。本件還收錄於《黑城出土文書（漢文文書卷）》第135頁《諸王妃子分例類·納冬妃子分例米麵文卷》，其所記文書編號與《中國藏黑水城漢文文獻》原始編號同，並列出文書諸要素為：竹紙，殘，行書，尺寸為 14.6cm×34.2cm。文書為元納冬妃子分例米麵文卷之一，

---

① "者"，《黑城出土文書》錄文作"迷"，現據圖版改。
② 《黑城出土文書》錄文於"分"字後補錄一"例"字。
③ 《黑城出土文書》錄文於"个"字後衍錄一"月"字，現據圖版改。
④ 此行文字《黑城出土文書》錄文未釋讀，現據圖版補。

共兩件殘片，殘片一無文字殘留，殘片二現存文字8行。從內容來看，其應為錢糧房呈亦集乃路總管府文。

錄文標點：

（一）

（無文字殘留）

（二）

1. 錢糧房
2. 　呈據畏兀兒文字譯▢▢▢▢▢▢
3. 　官人每根底我宝兒①▢▢▢▢▢
4. 　呈有
5. 納冬妃子分例▢▢▢▢▢
6. 　并閏四个月▢▢▢▢▢
7. 　例米面▢▢▢▢▢
8. 　照▢▢▢▢▢▢

（後缺）

5. 元納冬妃子分例米麵文卷（之一）

題解：

本件《中國藏黑水城漢文文獻》中原始編號為F116∶W545，出版編號為M1·0507，收於第三冊《納冬妃子分例米麵文書》第631頁，擬題為《納冬妃子分例米麵文卷》，並記其尺寸為39.4cm×8.9cm。本件還收錄於《黑城出土文書（漢文文書卷）》第134頁《諸王妃子分例類·納冬妃子分例米麵文卷》，其所記文書編號與《中國藏黑水城漢文文獻》原始編號同，並列出文書諸要素為：竹紙，殘，行草書，尺寸為9.0cm×39.2cm。文書為元納冬妃子分例米麵文卷之一，前後均缺，現存文字12行。從內容來看，其應為錢糧房呈亦集乃路總管府文。

---

① 《黑城出土文書》錄文"宝"字未釋讀，"兒"字後衍錄一"年"字，現據圖版改。

錄文標點：

（前缺）

1. 月□
2. 先例①□
3. 兒赤忽者□
4. 納敦妃子□
5. 例米麵□
6. 接支相②□
7. 總府官□
8. 合行③下□
9. 責領放□
10. 一總計□

（中缺）

11. □

（中缺）

12. 右謹具

（後缺）

6. 元納冬妃子分例米麵文卷（之一）

題解：

本件《中國藏黑水城漢文文獻》中原始編號為 F116：W590，出版編號為 M1·0508，收於第三冊《納冬妃子分例米麵文書》第 632 頁，擬題為《納冬妃子分例米麵文卷》，並記其尺寸為 72.1cm×14.3cm。本件文書共兩件殘片，還收錄於《黑城出土文書（漢文文書卷）》第 134 頁《諸王妃子分例類·納冬妃子分例米麵文卷》，其所記文書編號與《中國藏黑水城漢文文獻》原始編號同，並列出

---

① "例"，《黑城出土文書》錄文作"系"，現據圖版改。
② "相"，《黑城出土文書》錄文作"放"，現據圖版改。
③ "行"，《黑城出土文書》錄文作"以"，現據圖版改。

文書諸要素為：竹紙，殘，行書，尺寸分別為 14.7cm × 52.0cm、10.4cm × 16.2cm。文書為元納冬妃子分例米麪文卷之一，其中殘片一共三紙粘接，第一紙無文字殘留，第二紙現存文字 9 行，第三紙現存文字 1 行，第二、三紙粘接處鈐騎縫章；殘片二現存文字 2 行。《黑城出土文書（漢文文書卷）》一書錄文將文書殘片一第 1、2 行文字錄作 F116: W590（1）；將殘片一第 3—10 行文字及殘片二錄作 F116: W590（2），誤。從內容來看，文書應為亦集乃路總管府下廣積倉等處文。

錄文標點：

（一）

（前缺）

1. 皇帝聖旨裏，
2. 　一下廣積倉
3. 　　□
4. 　一下
5. 　　計
6. 　　仰照驗①
7. 　　樣相同
8. 　　如实
9. 　实支

———（騎縫章）———

10. 　一下

（後缺）

（二）

（前缺）

1. 　　實支　　　②

---

① 《黑城出土文書》錄文於"驗"字後衍錄一"施"字，現據圖版改。
② 文書此行文字上有印章殘痕。

2. 右各行

   （後缺）

7. 元納冬妃子分例米麵文卷（之一）

題解：

本件《中國藏黑水城漢文文獻》中原始編號為 F116：W183，出版編號為 M1·0509，收於第三冊《納冬妃子分例米麵文書》第 633 頁，共兩件殘片，擬題為《納冬妃子分例米麵文卷》，並記其尺寸分別為 26.1cm × 15cm、42.5cm × 12.7cm。本件還收錄於《黑城出土文書（漢文文書卷）》第 134 頁《諸王妃子分例類·納冬妃子分例米麵文卷》，其所記文書編號與《中國藏黑水城漢文文獻》原始編號同，並列出文書諸要素為：竹紙，殘屑，行書，尺寸為 14.5cm × 66.3cm。文書為元納冬妃子分例米麵文卷之一，其中殘片一僅存日期，殘片二現存文字 8 行，其中有兩處墨戳殘痕。《黑城出土文書（漢文文書卷）》將兩件文書拼合釋錄，並將殘片一置於殘片二之後。從內容來看，文書現存內容應為至元七年譯史譯文殘片。

錄文標點：

（一）

   （前缺）

1. 初十日

   （後缺）

（二）

   （前缺）

1. 四月

2. 的分例米

3. 的官人每

4.

5. 至元七年

6. （墨戳殘痕）

7. 納冬妃子

8. _____

9. （墨戳殘痕）

10. 呈
    （後缺）

8. 元河西隴北道肅政廉訪司照刷至元六年納冬妃子分例米麵文卷刷尾

題解：

本件《中國藏黑水城漢文文獻》中原始編號為 F116：W485，出版編號為 M1·0510，收於第三冊《納冬妃子分例米麵文書》第 634 頁，擬題為《納冬妃子分例米麵文卷》，並記其尺寸為 13.6cm×12.7cm。本件還收錄於《黑城出土文書（漢文文書卷）》第 135 頁《諸王妃子分例類·納冬妃子分例米麵文卷》，其所記文書編號與《中國藏黑水城漢文文獻》原始編號同，並列出文書諸要素為：竹紙，殘，楷書，尺寸為 12.7cm×13.2cm。文書現存文字 2 行，據內容推斷，其應為河西隴北道肅政廉訪司照刷至元六年納冬妃子分例文卷所留刷尾。參考文獻：孫繼民《黑水城文獻所見元代肅政廉訪司"刷尾"工作流程——元代肅政廉訪司文卷照刷制度研究之一》，《南京師範大學學報》（社會科學版）2012 年第 5 期。

錄文標點：

1.　　　　接行未絕一件：
2. 納冬妃子分例米麵至元六年二月_____
   （後缺）

9. 元納冬妃子分例米麵文卷（之一）

題解：

本件《中國藏黑水城漢文文獻》中原始編號為 F116：W588，出版編號為 M1·0511，收於第三冊《納冬妃子分例米麵文書》第 635 頁，擬題為《納冬妃子分例米麵文卷》，並記其尺寸為 50.9cm×13cm。本件還收錄於《黑城出土文書（漢文文書卷）》第 135 頁《諸王妃子分例類·納冬妃子分例米麵文卷》，其所記文書編號與《中國藏黑水城漢文文獻》原始編號同，並列出文書諸要素為：竹紙，殘，草行書，尺寸為 12.7cm×51.2cm。文書為元納冬妃子分例米麵文卷之一，共兩件殘片，殘片一現存文字 10 行，殘片二僅存日期殘跡，《黑城出土文書（漢文文書卷）》將其拼合釋錄。從內容來看，其應為錢糧房呈亦集乃路總管府文。

錄文標點：

（一）

　　　　　　　（前缺）

1. 納☐
2. ☐☐
3. ☐☐☐①
4. 的☐
5. 得此☐
6. 等呈嗦要☐
7. 納冬妃子至正元☐
8. 例米面已行☐
9. 勘接支相②
10. 揔府官台旨

　　　　　（後缺）

（二）

　　　　　　　（前缺）

1. 廿九日

10. 元納冬妃子分例米麵文卷（之一）

題解：

本件《中國藏黑水城漢文文獻》中原始編號為 F116：W75，出版編號為

---

① 文書第 1—3 行《黑城出土文書》錄文未釋讀，現據圖版補。
② "相"，《黑城出土文書》錄文未釋讀，現據圖版補。

M1・0512，收於第三冊《納冬妃子分例米麵文書》第635頁，擬題為《納冬妃子分例米麵文卷》，並記其尺寸為35cm×12.7cm。本件還收錄於《黑城出土文書（漢文文書卷）》第135頁《諸王妃子分例類・納冬妃子分例米麵文卷》，其所記文書編號與《中國藏黑水城漢文文獻》原始編號同，並列出文書諸要素為：竹紙，殘，行草書，尺寸為11.9cm×32.1cm。文書為元納冬妃子分例米麵文卷之一，共兩件殘片，殘片一現存文字3行，殘片二現存文字7行，《黑城出土文書（漢文文書卷）》將其拼合釋錄。從內容來看，其應為錢糧房呈亦集乃路總管府文。

錄文標點：

（一）

1. 錢糧 房

2. 呈：據

3. 府

（後缺）

（二）

（前缺）

1. 生

2. 納冬妃子

3. 分例

4. 勘接支

5. 摠府官台旨

6. 行①下廣積倉

7. 数責領

8. 一總

（後缺）

---

① "行"，《黑城出土文書》錄文作"以"，現據圖版改。

11. 元納冬妃子分例米麵文卷（之一）

題解：

本件《中國藏黑水城漢文文獻》中無原始編號，出版編號為M1・0513，收於第三冊《納冬妃子分例米麵文書》第636頁，擬題為《納冬妃子分例米麵文卷》，並記其尺寸為14.9cm×14cm。《黑城出土文書（漢文文書卷）》一書未收。文書為元納冬妃子分例米麵文卷殘片，前後均缺，現存文字4行，第1行僅存1字之殘筆畫，第2行為一墨戳，第4行為八思巴字蒙古文。

錄文標點：

（前缺）
1. □▭
2. （墨戳）
3. 納冬妃子春季米▭
4. （八思巴字蒙古文）▭

（後缺）

12. 元文書殘片

題解：

本件《中國藏黑水城漢文文獻》中原始編號為84H・F114：W77/1171，出版編號為M1・0514，收於第三冊《納冬妃子分例米麵文書》第637頁，擬題為《納冬妃子分例米麵文卷殘件》，並記其尺寸為12cm×18.6cm。《黑城出土文書（漢文文書卷）》一書未收。文書僅存一行蒙古文年款，其中年號及年月日三字均為墨戳印刷，字體較大，具體數字則為手寫填入。

錄文標點：

（前缺）
（蒙古文年款）

13. 元文書殘片

題解：

本件《中國藏黑水城漢文文獻》中原始編號為84H・F116：W324/1496，出版編號為M1·0515，收於第三冊《納冬妃子分例米麵文書》第638頁，擬題為《納冬妃子分例米麵文卷殘件》，並記其尺寸為27.2cm×15.6cm。《黑城出土文書（漢文文書卷）》一書未收。文書共八件殘片，最多者殘存文字3行，最少者1行，字跡不同，應非同件文書。其中殘片八存"納冬妃"三字，其似為納冬妃子分例米麵文卷殘片。

錄文標點：

（一）

　　　　（前缺）

1. ＿＿＿＿□字

　　　　（後缺）

（二）

　　　　（前缺）

1. ＿＿具呈，伏取＿＿＿

　　　　（後缺）

（三）

　　　　（前缺）

1. ＿＿□在家為＿＿＿＿

　　　　（後缺）

（四）

　　　　（前缺）

1. ＿＿亦集＿

　　　　（後缺）

（五）

　　　　（前缺）

1. ＿依＿
2. 支取＿

　　　　（後缺）

（六）

　　　　（前缺）

1. ☐倉収受☐
2. ☐下仰照☐
3. ☐各呈者☐
      （後缺）

（七）

（墨印殘痕）

（八）

    （前缺）
1. 納冬妃☐
    （後缺）

14. 元納冬妃子分例米麵文卷（之一）

題解：

本件《中國藏黑水城漢文文獻》中原始編號為84H·F116：W455/1627，出版編號為M1·0516，收於第三冊《納冬妃子分例米麵文書》第638頁，擬題為《納冬妃子分例米麵文卷殘件》，並記其尺寸為36.4cm×9.1cm。《黑城出土文書（漢文文書卷）》一書未收。文書為元納冬妃子分例米麵文卷殘片，前後均缺，現存文字8行。從內容來看，其應為譯史譯文。

錄文標點：

    （前缺）
1. ☐
2. 納冬☐
3. ☐
4. 依☐
5. ☐
6. 支
7. 官人每

8.　□□□①

15. 元納冬妃子分例米麵文卷（之一）

題解：

本件《中國藏黑水城漢文文獻》中原始編號為84H·F116：W505/1677，出版編號為M1·0517，收於第三冊《納冬妃子分例米麵文書》第639頁，擬題為《納冬妃子分例米麵文卷》，並記其尺寸為28.9cm×11.5cm。《黑城出土文書（漢文文書卷）》一書未收。文書為元納冬妃子分例米麵文卷殘片，共兩紙粘接，其中第一紙現存畏兀兒體蒙古文5行，第二紙現存漢文3行。從內容來看，其應為蒙古官吏所呈畏兀兒文文書及譯史譯文殘片。

錄文標點：

（前缺）

（5行畏兀兒體蒙古文）

1. 亦 集
2. 　 文
3. 納冬 妃

（後缺）

16. 元納冬妃子分例米麵文卷（之一）

題解：

本件《中國藏黑水城漢文文獻》中原始編號為84H·F116：W514/1686，出版編號為M1·0518，收於第三冊《納冬妃子分例米麵文書》第639頁，擬題為《納冬妃子分例米麵文卷》，並記其尺寸為30.7cm×7.8cm。《黑城出土文書（漢文文書卷）》一書未收。文書為元納冬妃子分例米麵文卷殘片，共兩件殘片，殘片一現存漢文1行；殘片二現存畏兀兒體蒙古文8行。從內容來看，其應為蒙古

---

① 此行僅存一印章殘痕，據其他相關文書可知，其所缺應為日期。

官吏所呈畏兀兒文文書及譯史譯文殘片。

錄文標點：

（一）

　　　　（前缺）

1. 納冬☐☐☐☐☐☐

　　　　（後缺）

（二）

（8 行畏兀兒體蒙古文）

17. 元納冬妃子分例米麵文卷（之一）

題解：

本件《中國藏黑水城漢文文獻》中無原始編號，出版編號為M1·0519，收於第三冊《納冬妃子分例米麵文書》第 640 頁，擬題為《納冬妃子分例米麵文卷》，並記其尺寸為35cm×9.3cm。《黑城出土文書（漢文文書卷）》一書未收。文書為元納冬妃子分例米麵文卷殘片，現存文字 4 行，第 3 行為蒙古文，第 4 行為墨戳殘痕。

錄文標點：

　　　　（前缺）

1.　　至正☐☐☐☐☐☐

　　　　（中缺 1 行）

2. 納冬妃子☐☐☐☐

3.　　　（蒙古文）

4.　　　（墨戳殘痕）

　　　　（後缺）

18. 元納冬妃子分例米麵文卷（之一）

題解：

本件《中國藏黑水城漢文文獻》中原始編號為 84H·F116: W519/1691，出版編號為M1·0520，收於第三冊《納冬妃子分例米麵文書》第 640 頁，擬題為

《納冬妃子分例米麵文卷》，並記其尺寸為 28.8cm×14.1cm。《黑城出土文書（漢文文書卷）》一書未收。文書為元納冬妃子分例米麵文卷殘片，共兩紙粘接，第一紙現存畏兀兒體蒙古文字 7 行，第二紙現存漢文 3 行。從內容來看，其應為蒙古官吏所呈畏兀兒文文書及譯史譯文殘片。

錄文標點：

（前缺）

（7 行畏兀兒體蒙古文）

───────────────────

1. 亦集▢
2. ▢▢
3. 納冬▢

（後缺）

19. 元納冬妃子分例米麵文卷（之一）

題解：

本件《中國藏黑水城漢文文獻》中無原始編號，出版編號為 M1·0521，收於第三冊《納冬妃子分例米麵文書》第 641 頁，擬題為《納冬妃子分例米麵文卷》，並記其尺寸為 24cm×13.1cm。《黑城出土文書（漢文文書卷）》一書未收。文書為元納冬妃子分例米麵文卷殘片，前後均缺，現存文字 8 行。從內容來看，其應為錢糧房呈亦集乃路總管府文。

錄文標點：

（前缺）

1. 納冬妃▢
2. ▢▢
3. ▢照▢
4. 的分例米▢
5. 官人每識者▢
6. 等呈嗦
7. 納冬妃子▢

8.　　面已行☐

　　　　（後缺）

20. 元文書殘片

題解：

本件《中國藏黑水城漢文文獻》中無原始編號，出版編號為M1·0522，收於第三冊《納冬妃子分例米麵文書》第641頁，擬題為《納冬妃子分例米麵文卷》，並記其尺寸為25.1cm×6.8cm。《黑城出土文書（漢文文書卷）》一書未收。文書前後均缺，現存文字2行。

錄文標點：

　　　　（前缺）

1.　　實☐

　　　　（中缺）

2. 右各行

　　　　（後缺）

21. 元納冬妃子分例米麵文卷（之一）

題解：

本件《中國藏黑水城漢文文獻》中無原始編號，出版編號為M1·0523，收於第三冊《納冬妃子分例米麵文書》第642頁，擬題為《納冬妃子分例米麵文卷》，並記其尺寸為6.9cm×4.3cm。《黑城出土文書（漢文文書卷）》一書未收。文書為元納冬妃子分例米麵文卷殘片，前後均缺，現存文字4行。

錄文標點：

　　　　（前缺）

1. 納冬☐

2.　　三☐

3.　　　☐

4.　　　☐

　　　　（後缺）

22. 元納冬妃子分例米麵文卷（之一）

題解：

本件《中國藏黑水城漢文文獻》中無原始編號，出版編號為M1·0524，收於第三冊《納冬妃子分例米麵文書》第642頁，擬題為《納冬妃子分例米麵文卷》，並記其尺寸為10.8cm×5.2cm。《黑城出土文書（漢文文書卷）》一書未收。文書為元納冬妃子分例米麵文卷殘片，前後均缺，現存文字1行。

錄文標點：

（前缺）

1. 納冬 妃

（後缺）

23. 元納冬妃子分例米麵文卷（之一）

題解：

本件《中國藏黑水城漢文文獻》中無原始編號，出版編號為M1·0525，收於第三冊《納冬妃子分例米麵文書》第642頁，擬題為《納冬妃子分例米麵文卷》，並記其尺寸為22.6cm×9.4cm。《黑城出土文書（漢文文書卷）》一書未收。文書為元納冬妃子分例米麵文卷殘片，前缺後完，現存文字4行。

錄文標點：

（前缺）

1. 呈
2. 至元
3. 納冬妃子冬 季

（中缺）

4. □□□①

---

① 據文書書寫格式推斷，此处應為日期。

24. 元納冬妃子分例米麵文卷（之一）

題解：

本件《中國藏黑水城漢文文獻》中原始編號為84H·F116：W32/1204，出版編號為M1·0526，收於第三冊《納冬妃子分例米麵文書》第643頁，擬題為《納冬妃子分例米麵文卷》，並記其尺寸為15.5cm×8.9cm。《黑城出土文書（漢文文書卷）》一書未收。文書為元納冬妃子分例米麵文卷殘片，前後均缺，現存文字1行。

錄文標點：

　　　　（前缺）

1. 納冬妃子春□□□□□□

　　　　（後缺）

25. 元納冬妃子分例米麵文卷（之一）

題解：

本件《中國藏黑水城漢文文獻》中原始編號為84H·F116：W194/1366，出版編號為M1·0527，收於第三冊《納冬妃子分例米麵文書》第644頁，擬題為《納冬妃子分例米麵文卷》，並記其尺寸為21.5cm×7.4cm。《黑城出土文書（漢文文書卷）》一書未收。文書為元納冬妃子分例米麵文卷殘片，前後均缺，現存文字2行。

錄文標點：

　　　　（前缺）

1. 　　至□□□□□□

　　　　（中缺）

2. 納冬妃子□□□□□

　　　　（後缺）

第四冊

卷四　律令與詞訟文書卷

（一）律令與審判文書

1. 元亦集乃路總管府牒呈河西隴北道肅政廉訪司甘肅、永昌等處分司為照刷文卷、審理罪囚等事

題解：

本件《中國藏黑水城漢文文獻》中原始編號為 F125：W71，出版編號為 M1·0528，收於第四冊《律令與審判文書》第 665 頁，擬題為《審理罪囚文卷》，並記其尺寸為 22.4cm×36.1cm。本件還收錄於《黑城出土文書（漢文文書卷）》第 144 頁《律令與詞訟類·審理罪囚》，其所記文書編號為 F125：W5，與《中國藏黑水城漢文文獻》原始編號異，並列出文書諸要素為：竹紙，殘，楷書，尺寸為 35.6cm×21.9cm。文書現存文字 6 行，前完後缺。

錄文標點：

1. 皇帝聖旨裏，亦集乃路揔管府：今蒙
2. 　　河西隴北道肅政廉訪司甘肅、永昌等處分司按臨到路照刷文卷、審理罪囚，仰將審理過見禁已、未斷放罪
3. 　　囚起數、元発事由、犯人招詞、畧節情犯、前件議擬，開坐保結牒司。承此，府司今將審理過⬜⬜⬜⬜⬜
4. 　　⬜⬜⬜⬜①由、犯人招詞、畧②節情犯逐一對款，議擬已、未斷放起數開坐前去，保結牒呈，伏□③

---

① 據上文推斷，第 3 行末、第 4 行始兩處所缺文字應為"見禁已、未斷放罪囚起數、元発事"。
② "畧"，《黑城出土文書》錄文漏錄，現據圖版補。
③ 根據元代公文格式可知，此處所缺文字應為"乞"。

5.　　　　　照驗施行。須至牒呈①者：
6.　　　　　一總

　　　　（後缺）

2. 元習書

題解：

本件《中國藏黑水城漢文文獻》中原始編號為84H·大院內a6：W90/2879，出版編號為M1·0529，收於第四冊《律令與審判文書》第666頁，擬題為《審判文書》，並記其尺寸為7.8cm×27.9cm。《黑城出土文書（漢文文書卷）》一書未收。文書現存文字4行，文字大小不一，書寫混亂，應非正式文書。

錄文標點：

　　　　　　（前缺）
1.　　命立　　报
2.　　　　　照會到
3.　《大元通制》檢會到此□到者
4.　《大元通制》內一款請會□②及米粉□□到
　　　　　　（後缺）

3. 元刻本《大元通制》殘頁

題解：

本件《中國藏黑水城漢文文獻》中原始編號為F14：W6B、F14：W7A，出版編號為M1·0530—0531，收於第四冊《律令與審判文書》第667—668頁，共兩件殘片，擬題為《〈大元通制·詔令〉殘頁》，並記其尺寸分別為10.8cm×21.6cm、11.7cm×20.8cm。本件還收錄於《黑城出土文書（漢文文書卷）》第144頁《律令與詞訟類·律令》，其所記文書編號為F146：W5—6，與《中國藏黑水城漢文文獻》原始編號異，並列出文書諸要素為：《大元通制·詔令》印本殘頁兩张，竹紙印刷，為一頁的右左兩面，損毀痕跡相同，殘頁每面均為190毫

---

① "呈"，《黑城出土文書》錄文漏錄，現據圖版補。
② "會□"兩字有塗抹痕跡。

米×130毫米，版粗欄，內細欄，每面約18行，每行最多25字，字為楷體，現每面殘存10行，係《大德八年正月恤隱省刑詔》的後半段。該書僅收錄圖版，未作錄文。參考文獻：1. 李逸友《黑城出土的元代律令文書》，《文物》1991年第7期；2. 方齡貴《讀黑城出土文書》，《內蒙古社會科學》1994年第6期。

錄文標點：

（一）M1·0530［F14:W6B］：

（前缺）

1. 給，　　　　①毋致失所，借過貸粮，豐年逐旋帰還。田主無

2. 　　　　②者治罪。③

3. 　　　　　　同、山北等処外，大都週圍各禁五

4. 　　　　　山場、河泊，依舊例並行開禁一年，

5. 　　　　　得因而執把弓箭，二十人之上

6. 　　　　　司提调，廉訪司常加体察，違

7. 　　　④

8. 　　　　　　地面兩平□買隨即對

9. 　　　　　　□營餘□者並行追

10. 　　　　　　取會給降

（後缺）

（二）M1·0531［F14:W7A］：

（前缺）

1. 　　　　　　　　　　寄

2. 　　　　　　　民。今後　　　外

———————

① 據《元典章·聖政卷之二·典章三·減私租》相關內容可知，此處所缺文字應為"各主接濟"。

② 據《元典章·聖政卷之二·典章三·減私租》相關內容可知，此處所缺文字應為"以巧計多取租數，違"。

③ 文書第1、2行係"大德八年正月欽奉詔書內一款"，載於《元典章·聖政卷之二·典章三·減私租》，也載於《通制條格》卷16《田令·江南私租》。

④ 文書第3—7行係"大德八年□月□日（據《元史》卷二一應為正月初七日），欽奉詔書內一款"，載於《元典章·聖政卷之二·典章三·賑饑貧》。

3. _____役不闕，及有□仲侍養父

4. _____當是实，申覆各路給拠，方許簪

5. _____①

6. _____繁滋，除巴②到官見有文案，并典質

7. _____歸結。其餘在元貞元年正月已前者，

8. _____③

9. ___□覬斂財_____凶□□徵嘉与群生同躋仁壽之域，故兹詔

10. ___□想宜□□_____大德八年正月　日④

　　（後缺）

4. 元刻本《至正條格》殘頁

題解：

本件《中國藏黑水城漢文文獻》中原始編號為 F20：W9A、F209：W1、F20：W7A、F20：W8B、F19：W16、F210：W5、F20：W6、F247：W2，出版編號為M1·0532—0539，收於第四冊《律令與審判文書》第 669—671 頁，共八件殘片，擬題為《〈至正條格〉殘頁》，並記其尺寸分別為 7.8cm × 13.4cm、7.1cm × 17.9cm、5.1cm × 7.9cm、10.1cm × 7cm、13.8cm × 5.6cm、12.3cm × 6.1cm、3.2cm × 4.8cm、6.2cm × 8.3cm。本件還收錄於《黑城出土文書（漢文文書卷）》第 144 頁《律令與詞訟類·律令》其所記文書編號分別為 F20：W9、F209：W1、F20：W7、F20：W8、F19：W16、F210：W5、F20：W6、F247：W2，並列出文書諸要素為：《至正條格》印本殘頁 8 张，有宣紙和麻紙兩種，刻印文字均為趙孟頫體大字，字體風格完全相同，應是同一雕版先後印造的。原版心約高 225 毫米、寬 140 毫米，四邊粗欄，每行寬約 18 毫米，每行最多 20 個，每頁左右兩面各 8 行，兩面間中縫上半部刻單魚尾，以下刻書名"條格"，依次為卷次、頁碼，卷首中

---

① 文書第 1—5 行係"大德八年正月欽奉詔書內一款"，載於《通制条格》卷二九《僧道·給據簪剃》。

② "巴"，據《元典章·聖政卷之二·典章三·簡詞訟》應為"已"。

③ 文書第 6—8 行係"大德八年八月欽奉恤隱省刑詔書內一款"，載於《元典章·聖政卷之二·典章三·簡詞訟》。

④ 文書第 9—10 行，內容係和買方面，《元典章》、《通制條格》均無載。

縫下刻有小字刻工姓名及總頁碼，其中 6 張殘存文字較多，F19：W16 尺寸為 4.5cm×11.1cm、F209：W1 尺寸為 13.0cm×6.9cm、F210：W5 尺寸為 5.8cm×11.2cm、F20：W7A 尺寸為 6.8cm×4.1cm、F20：W8B 尺寸為 6.5cm×9.2cm、F20：W9A 尺寸為 12.3cm×6.8cm，另 F20：W6 及 F247：W2 上各僅存兩字，從略。該書僅收錄圖版，未作錄文。參考文獻：1. 李逸友《黑城出土的元代律令文書》，《文物》1991 年第 7 期；2. 方齡貴《讀黑城出土文書》，《內蒙古社會科學》1994 年第 6 期。

錄文標點：

（一）M1·0532［F20：W9A］：

　　（前缺）

1. ＿＿＿＿＿營盤地土却自九＿＿＿＿＿
2. ＿＿＿＿＿大厨房內止納二＿＿＿＿＿
3. ＿＿＿＿＿要諸物搔擾＿＿＿＿＿

　　（後缺）

（二）M1·0533［F209：W1］：

　　（前缺）

1. 同，數目多者，就＿＿＿
2. 鈔開申。都省准擬①。＿＿＿②
3. 　庫藏被盜遇□＿＿＿
4. 元統二年五月□＿＿＿

　　（後缺）

（三）M1·0534［F20：W7A］：

　　（前缺）

1. 　【條格卷四十一　＿＿＿
2. ＿＿＿□主，都省准＿＿＿
3. ＿＿＿年閏四月□＿＿＿

---

① "擬"《通制條格》卷一四《倉庫·倒換昏鈔》作"呈"。
② 文書第1—2行收於《通制條格》卷一四《倉庫·倒換昏鈔》。

（後缺）

（四）M1·0535［F20∶W8B］：

（前缺）

1. ▢▢▢▢▢相糸住▢▢▢▢▢
2. ▢▢▢▢▢▢明白除依▢▢▢▢
3. ▢▢▢▢▢▢
4. ▢▢▢▢▢▢色人等責▢▢▢▢
5. ▢▢▢▢▢

（後缺）

（五）M1·0536［F19∶W16］：

（前缺）

1. ▢▢▢▢▢此。
2. ▢▢▢▢▢八日欽▢
3. ▢▢▢▢▢史，廉訪司
4. ▢▢▢▢▢邪詢求
5. ▢▢▢▢▢治功▢
6. ▢▢▢▢▢受路▢▢

（後缺）

（六）M1·0537［F210∶W5］：

（前缺）

1. ▢▢▢▢▢▢前侵害百姓▢
2. ▢▢▢▢▢▢一　　沈▢
　　　　　　　　　四百▢
3. ▢▢▢▢▢▢左稅禁止違
4. ▢▢▢▢▢▢家照依▢
5. ▢▢▢▢▢▢▢
6. ▢▢▢▢▢▢·來多
7. ▢▢▢▢▢▢之意

（後缺）

（七）M1·0538［F20: W6］:

　　　　（前缺）

1. ▢▢▢▢▢▢□

2. ▢▢▢▢▢□各处▢▢▢▢▢

　　　　（後缺）

（八）M1·0539［F247: W2］:

　　　　（前缺）

1. ▢▢▢▢▢▢▢

2. ▢▢▢▢▢▢▢▢▢▢議擬

3. ▢▢▢▢▢▢▢

4. ▢▢▢▢▢▢▢

　　　　（後缺）

5. 元律令抄本殘件

題解：

本件《中國藏黑水城漢文文獻》中原始編號為 F19: W21，出版編號為 M1·0540，收於第四冊《律令與審判文書》第 672 頁，擬題為《文書殘件》，並記其尺寸為 6.4cm×12.3cm。本件還收錄於《黑城出土文書（漢文文書卷）》第 144 頁《律令與詞訟類·律令》，其所記文書編號與《中國藏黑水城漢文文獻》原始編號同，並列出文書諸要素為：麻紙，屑，楷書，尺寸為 1.1cm×5.5cm。文書前後均缺，現存文字 2 行。從內容來看，似為姦污罪的斷例。參考文獻：李逸友《黑城出土的元代律令文書》，《文物》1991 年第 7 期。

錄文標點：

　　　　（前缺）

1. ▢▢▢▢已成，七十七下。

2. ▢▢▢罪強已成者，五十七下。

　　　　（後缺）

6. 元刻本《洗冤集錄》殘頁

題解：

本件《中國藏黑水城漢文文獻》中原始編號為 F207：W1，出版編號為M1·0541，收於第四冊《律令與審判文書》第672頁，擬題為《刻本律令殘頁》，並記其尺寸為3.4cm×7.8cm。本件還收錄於《黑城出土文書（漢文文書卷）》第144頁《律令與詞訟類·律令》，其所記文書編號與《中國藏黑水城漢文文獻》原始編號同，並列出文書諸要素為：竹紙，屑，木版印刷，刻文為趙孟頫體楷書，僅存文字3行，尺寸為12.0cm×6.0cm。該書僅收錄圖版，未作錄文。文書前後均缺，現存文字3行。方齡貴指出其內容為南宋宋慈所著《洗冤集錄》卷之一《四疑難雜說（上）》，故擬現名。參考文獻：方齡貴《讀黑城出土文書》，《內蒙古社會科學》1994年第6期。

錄文標點：

（前缺）

1. ＿＿＿所傷透過者，須看內□＿＿＿＿
2. ＿＿＿首爛須看其元衣□□＿＿＿＿
3. ＿＿＿物及□頭之 領 ＿＿＿＿

（後缺）

7. 元至元十五年（1278）二月中書省所擬印造偽鈔罪行斷例

題解：

本件《中國藏黑水城漢文文獻》中原始編號為 F114：W1，出版編號為M1·0542，收於第四冊《律令與審判文書》第672頁，擬題為《律令條文》，並記其尺寸為11.4cm×15.4cm。本件還收錄於《黑城出土文書（漢文文書卷）》第144頁《律令與詞訟類·律令》，其所記文書編號與《中國藏黑水城漢文文獻》原始編號同，並列出文書諸要素為：抄本，麻紙，殘，楷行書，尺寸為14.5cm×10.5cm。文書現存文字4行，左右兩側均為空白，似為一完整條文，其內容可參見《元典章·户部卷之六·典章二十·造偽鈔不分首從處死》。按，據《元典章·户部卷之六·典章二十·造偽鈔不分首從處死》條可知，本件文書應為至元

整理編　第四冊　483

十五年二月中書省所擬法律條文。

　　錄文標點：

　　1. ☐☐造☐☐☐之人 数 内①，起修底、雕板底②、抄唇☐☐
　　2. ☐☐☐家裏窩藏着印造底③、收買顏色物☐☐☐☐
　　3. ☐☐☐☐造，皆合處死。☐④知是偽鈔分使底，工☐☐
　　4. ☐☐☐☐☐一百七下，捉事 人 依 上 ⑤給賞⑥，應補人☐

（二）驅口案

1. 北元宣光元年（1371）亦集乃路總管府為強奪驅口等事文書殘尾

題解：

本件《中國藏黑水城漢文文獻》中原始編號為 T9：W3，出版編號為 M1·0543，收於第四冊《驅口案》第 675 頁，擬題為《宣光元年強奪驅口案》，並記其尺寸為 33.2cm×27.8cm。本件還收錄於《黑城出土文書（漢文文書卷）》第 145 頁《律令與詞訟類·驅口案》，其所記文書編號與《中國藏黑水城漢文文獻》原始編號同，並列出文書諸要素為：竹紙，殘，楷行書，尺寸為 27.3cm×32.5cm。文書前後均缺，現存文字 10 行，為一文卷殘尾。按，元代路總管府實行群官圓署制，群官圓署的政務範圍甚廣，推官專管刑獄，與總管府官員聯合處理刑獄案件。從內容來看，其應為群官圓署署名。參考文獻：1. 吳超《〈黑水城出土文書〉所見亦集乃路達魯花赤》，《陰山學刊》2011 年第 2 期；2. 侯愛梅《黑水城所出元代詞訟文書研究》，中央民族大學博士學位論文，2013 年。

錄文標點：

　　（前缺）

---

① "数内"，《黑城出土文書》錄文作"為"，現據圖版改。
② "底"，《黑城出土文書》錄文漏錄，現據圖版補。
③ "底"，《黑城出土文書》錄文漏錄，現據圖版補。
④ 此字《黑城出土文書》錄文未標注，現據圖版補。據《元典章·户部卷之六·典章二十·造偽鈔不分首从處死》條可知，其應為"外"。
⑤ "人依上"，《黑城出土文書》錄文未釋讀，現據圖版補。
⑥ "賞"，《黑城出土文書》錄文作"尝"，現據圖版改。

1.　　　　　　宣光元年閏三月二十①一日申司吏崔文玉等
2.　□坐髒②□□強奪驅口等事③

3.　　　　　亦 集 乃 路 摠 管 府 推 官 閆
4.　　　　　亦 集 乃 路 摠 管 府 判 官
5.　　　　　亦 集 乃 路 摠 管 府 治 中
6.　　　　　同 知 亦 集 乃 路 摠 管 府 事（蒙古文簽章）
7.　　　　　亦 集 乃 路 摠 管 府 摠 管
8.　　　　　亦 集 乃 路 摠 管 府 達 魯 花 赤（蒙古文簽章）
9.　　　　　亦 集 乃 路 摠 管 府 達 □ □④ 赤
10.　　　　奉議大夫亦集乃路摠管府達魯花赤□□脫歡

（後缺）

2. 元至順四年（1334）甘州路錄事司申保結狀爲拘收不蘭奚人口頭疋事

題解：

本件《中國藏黑水城漢文文獻》中原始編號爲 F125：W72，出版編號爲 M1·0544，收於第四冊《驅口案》第 676 頁，擬題爲《不蘭奚人口案》，並記其尺寸爲 29.1cm×28.5cm。本件還收錄於《黑城出土文書（漢文文書卷）》第 145 頁《律令與詞訟類·驅口案》，其所記文書編號與《中國藏黑水城漢文文獻》原始編號同，並列出文書諸要素爲：竹紙，缺，草書，塗改稿，尺寸爲 27.9cm×29.2cm。文書前完後缺，現存文字 9 行。從內容來看，其應爲甘州路錄事司所申保結文書。參考文獻：1. 杜立暉《黑水城所出元代錄事司文書考》，《出土文獻與華北中古經濟史研討會論文集》，2011 年 12 月，石家莊；2. 武波《元代法律問題研究——以蒙漢二元視角的觀察爲中心》，南開大學博士學位論文，2010 年；3. 侯愛梅《黑水城所出元代詞訟文書研究》，中央民族大學博士學位論文，2013 年。

---

① "二十"，《黑城出土文書》錄文作"廿"，現據圖版改。
② "髒"，侯愛梅文未釋讀。
③ 文書第 1—2 行鈐朱印一枚。
④ 據元代官職設置可知，此處所缺兩字應爲"魯花"。

錄文標點：

1. 皇帝聖旨裏，甘州路錄事司照得：至順四年
2. 　正月至六月終上半年不蘭奚人口頭疋，
3. 　已行具申①
4. 　揔府照驗外②，據七月至十二月終
5. 　下半年照勘得本司③並無拘收到不蘭奚
6. 　人口頭疋，如申已後，却④有隱漏拘收到
7. 　不蘭奚人口頭目，依例當罪⑤，無詞。卑司官
8. 　吏保結，合行具申，伏乞
9. 　照驗者。
　　　　（後缺）

3. 元大德二年（1298）也火着屈承管狀為捉拿本家逃驅到官事

題解：

本件《中國藏黑水城漢文文獻》中原始編號為F111：W31，出版編號為M1·0545，收於第四冊《驅口案》第677頁，擬題為《捉拿逃驅忙古歹案》，並記其尺寸為23.3cm×22.5cm。本件還收錄於《黑城出土文書（漢文文書卷）》第145頁《律令與詞訟類·驅口案》，其所記文書編號與《中國藏黑水城漢文文獻》原始編號同，並列出文書諸要素為：竹紙，缺，行書，尺寸為21.7cm×22.7cm。文書為正背雙面書寫，正面前後均完，現存文字8行；背面圖版《中國藏黑水城漢文文獻》一書未收，現按《黑城出土文書（漢文文書卷）》一書錄文釋錄。文書正背雙面內容相關，應為同件文書。從內容來看，其應為也火着屈承管狀。參考文獻：1. 張國旺《黑水城文獻研究二則》，《成吉思汗與六盤山國際學術研討會論文集》，甘肅人民出版社2010年版；2. 侯愛梅《黑水城所出元代詞訟文書研究》，中央民族大學博士學位論文，2013年。

---

① "申"字後原衍一字，後塗抹，現逕改。
② "外"字前原衍三字，後塗抹，現逕改。
③ "本司"兩字為右行補入，現逕改。
④ "却"，《黑城出土文書》錄文漏錄，現據圖版補。
⑤ "罪"字為右行補入，現逕改。

486　中國藏黑水城漢文文獻的整理與研究

錄文標點：

正：

1. 承管人也火着屈
2. 　今當
3. 官承管，限今月初十日將本家
4. 迯躯忙古歹捉拿到官，如違，
5. 甘當違限罪犯，不詞。承管执①結
6. 是实，伏取
7. 台旨。
8. 　　大德二年五月　日承管人也火着屈（簽押）狀

背：

1. 　捉拿②

4. 元至元三年（1337）驅口案文書

題解：

本件《中國藏黑水城漢文文獻》中原始編號為 Y1：W29，出版編號為M1·0546，收於第四冊《驅口案》第678頁，擬題為《至元三年九月驅口》，並記其尺寸為11.1cm×28.4cm。本件還收錄於《黑城出土文書（漢文文書卷）》第145頁《律令與詞訟類·驅口案》，其所記文書編號與《中國藏黑水城漢文文獻》原始編號同，並列出文書諸要素為：竹紙，殘，行草書，經塗改，尺寸為26.5cm×10.5cm。文書前完後缺，現存文字4行，有塗改痕跡。

錄文標點：

1. 本人為躯李③
2. 及④教化的等招詞在官外，照得
3. 至元三年九月十三⑤日、十一月初四日

---

① "执"，《黑城出土文書》錄文作"據"，現據圖版改。
② 此兩字書寫於文書背面，位於正面第3行天頭處。
③ "李"字前原衍"公事　　"數字，後塗抹，現徑改。
④ "及"字前原衍數字，後塗抹，且"及"跟被塗抹字均為右行補寫，現徑改。
⑤ "三"，《黑城出土文書》錄文作"二"，現據圖版改。

整理編　第四冊　487

4. 二次①牒呈

　　　（後缺）

5. 元至正十六年（1356）阿里巴訴狀為驅口在逃事

題解：

本件《中國藏黑水城漢文文獻》中原始編號為 F192：W9，出版編號為 M1·0547，收於第四冊《驅口案》第 679 頁，擬題為《驅口逃跑案》，並記其尺寸為 21cm×28.9cm。本件還收錄於《黑城出土文書（漢文文書卷）》第 145 頁《律令與詞訟類·驅口案》，其所記文書編號與《中國藏黑水城漢文文獻》原始編號同，並列出文書諸要素為：竹紙，殘，'草行書，經塗改，尺寸為 28.0cm×20.8cm。文書前完後缺，現存文字 8 行。從內容來看，其應為阿里巴訴狀。

錄文標點：

1. 告首告人□▢▢▢▢▢▢

2. 右阿里巴五十二歲▢▢▢▢▢▢▢

3. 站户，見在本路莎伯②渠住坐，伏為狀③首，扵至正十④

4. 六年六月廿日夜□□急用庭衫逊⑤□⑥本家元買到軀男⑦一名，喚合

5. 必⑧▢▢▢称十尺⑨▢▢▢昏⑩，本家年五歲⑪紫全鼠⑫行馬一疋□▢▢

---

① 文書第 2 行"教化的"至第 4 行"二次"字均被墨筆圈畫。
② "見在本路莎伯"等字《黑城出土文書》錄文未釋讀，現據圖版補。
③ "狀"，《黑城出土文書》錄文作"伏"，現據圖版改。
④ "十"，《黑城出土文書》錄文未釋讀，現據圖版補。
⑤ "□□急用庭衫逊"等字為右行補入，《黑城出土文書》錄文作"得意行起在外"。
⑥ 此字殘損，《黑城出土文書》錄文作"於"。
⑦ "男"，《黑城出土文書》錄文作"□"，現據圖版改。
⑧ "必"字後原衍一字，後塗抹，現徑改。
⑨ "▢▢稱十尺"等字為右行補入，其中"十尺"兩字《黑城出土文書》未釋讀，現據圖版補。
⑩ "昏"，《黑城出土文書》錄文未釋讀，現據圖版補。
⑪ "年五歲"為右行補入，且此三字後原衍數字，後塗抹，現徑改。
⑫ "全鼠"，《黑城出土文書》錄文作"金鼠"，現據圖版改。

6. 花扇馬一疋，身穿青衫☐☐一件，得者☐白☐帽子一个，☐☐①，☐

俱各拐②者在逊☐☐☐

7. 繞，根尋不獲，今来③☐☐皮靴☐☐④具⑤

8. 在外，別生事端☐☐☐☐☐☐☐☐☐☐☐

（後缺）

6. 元補獲家奴文書殘片

題解：

本件《中國藏黑水城漢文文獻》中原始編號為 Y1：W57，出版編號為 M1·0548，收於第四冊《驅口案》第 680 頁，擬題為《家奴案》，並記其尺寸為 14.3cm×28.2cm。本件還收錄於《黑城出土文書（漢文文書卷）》第 145 頁《律令與詞訟類·驅口案》，其所記文書編號與《中國藏黑水城漢文文獻》原始編號同，並列出文書諸要素為：竹紙，殘，草行書，尺寸為 28.0cm×14.0cm。文書前後均缺，現存文字 5 行。

錄文標點：

（前缺）

1. ☐☐　單目多示☐☐☐☐☐

2. 　　家奴得獲捕，府牢內監押⑥施行。

3. 　　在城巡檢司

4. 　　孔古列巡檢司　　昔宝赤巡 檢 司

---

① "身穿青衫☐☐一件，得者☐白☐帽子一个，☐☐"等字為右行補入，現徑改。《黑城出土文書》錄文中將此文字單錄 1 行，但從圖版看，其字體較小，墨跡較淺，與其他後補寫文字一致，故應為補寫文字，現與左行文字錄為 1 行。另，"得者"兩字，《黑城出土文書》錄文未釋讀，現據圖版補。

② "各拐"，《黑城出土文書》錄文作"為☐"，現據圖版改。

③ "来"，《黑城出土文書》錄文作"未"，現據圖版改。

④ "☐☐皮靴☐☐"為右行補入，現徑改。

⑤ 《黑城出土文書》錄文將"具"字錄於"皮靴"等所補字之前，但從圖版來看，其應位於行末。

⑥ "牢內監押"四字為左行補入，現徑改。

5. 右各①行

(後缺)

7. 元曹巴兒等告被賣文書殘片

題解：

本件《中國藏黑水城漢文文獻》中原始編號為 F80：W12，出版編號為M1·0549，收於第四冊《驅口案》第 681 頁，擬題為《曹巴兒等告被賣案》，並記其尺寸為 26cm×31.9cm。本件還收錄於《黑城出土文書（漢文文書卷）》第 145 頁《律令與詞訟類·驅口案》，其所記文書編號與《中國藏黑水城漢文文獻》原始編號同，並列出文書諸要素為：竹紙，屑，楷書，末尾書八思巴字年款，尺寸為 31.0cm×21.2cm。文書前後均缺，現存文字 2 行，其中漢文 1 行，八思巴年款 1 行，并鈐朱印一枚。

錄文標點：

(前缺)

1. 曹巴兒等告被賣
2. (八思巴文蒙古文年款)②(簽押)

(後缺)

8. 元照勘供詞文書殘片

題解：

本件《中國藏黑水城漢文文獻》中原始編號為 F130：W3，出版編號為M1·0550，收於第四冊《驅口案》第 682 頁，擬題為《案卷殘件》，並記其尺寸為 11.1cm×27cm。本件還收錄於《黑城出土文書（漢文文書卷）》第 146 頁《律令與詞訟類·驅口案》，其所記文書編號與《中國藏黑水城漢文文獻》原始編號同，並列出文書諸要素為：麻紙，殘，行草書，尺寸為 26.5cm×10.1cm。文書前後均缺，現存文字 4 行。

---

① "各"，《黑城出土文書》錄文作"施"，現據圖版改。
② 此行鈐朱印一枚。

錄文標點：

（前缺）

1. ☐☐奪①☐☐☐☐☐☐家躯使☐
2. ☐☐計筭，以致同伴李德甫妻韋氏將☐
3. ☐☐☐来，今蒙取問所拱②前詞，並是☐
4. ☐☐勘得已供言詞，稍有不实，至日甘☐

（後缺）

（三）婚姻案

1. 元答失帖木與忽都歹婚姻案卷殘片

題解：

本件《中國藏黑水城漢文文獻》中原始編號為 F13：W301，出版編號為M1·0551，收於第四冊《婚姻案》第 685 頁，擬題為《答失帖木婚姻案》，並記其尺寸為25.4cm×27.8cm。本件還收錄於《黑城出土文書（漢文文書卷）》第 146 頁《律令與詞訟類·婚姻案》，其所記文書編號與《中國藏黑水城漢文文獻》原始編號同，並列出文書諸要素為：竹紙，殘，行書，尺寸為25.6cm×25.2cm。文書為正背雙面書寫，正面前後均缺，現存文字 9 行；背面圖版《中國藏黑水城漢文文獻》未收，現按《黑城出土文書（漢文文書卷）》一書錄文釋錄。文書正背雙面內容相關，應為同件文書。參考文獻：張笑峰《聖容寺研究——以黑水城出土文書為中心》，《西夏研究》2011 年第 1 期。

錄文標點：

正：

（前缺）

1. 前③，經過前去聖容寺井內取水。以
2. 此荅失帖木思想要以刺罕殘病夆

---

① "奪"，《黑城出土文書》錄文未釋讀，現據圖版改。
② 據文意推斷，"拱"應為"供"，《黑城出土文書》錄文作"供"。
③ "前"，《黑城出土文書》錄文作"兰"，張笑峰文同，現據圖版改。

3. 發，眼目昏暗，無人縫補衣服，將忽都

4. 歹詐認係是姊妹，恐再告爭。若断

5. 從①為良，就作妾妻不妄②。至正六③年閏

6. 十月初八日苔失帖木在聖容寺門前④坐

7. 間⑤，有帖木海牙元⑥過房親女忽朝歹

8. 又行南来寺院井⑦内取水，以此苔失帖

9. ＿＿□□□□＿＿＿＿＿＿＿＿＿⑧

　　　　（後缺）

背：

1. 右卷　准此⑨

2. 元魏塔剌孩告支桃杏等爭婚公事案卷（二）

題解：

本件《中國藏黑水城漢文文獻》中原始編號為 HF111 下層 A 正，出版編號為 M1·0552，收於第四冊《婚姻案》第 686 頁，擬題為《魏塔剌孩爭婚案》，並記其尺寸為 15.3cm×29cm。《黑城出土文書（漢文文書卷）》一書未收。文書正背雙面書寫，此為正面內容，有明顯塗改痕跡，現存文字 4 行。從內容来看，本號文書應與《中國藏黑水城漢文文獻》第二冊第 226 頁"HF126 下面第二層內背"、第四冊第 694 頁"M1·0560［84H·文官府:W10/2907］"等文書為同一組文書，故擬現名。

錄文標點：

　　　　（前缺）

---

① "從"張笑峰文作"以"，現據圖版改。
② "妄"，《黑城出土文書》錄文作"委"，張笑峰文同，現據圖版改。
③ "六"，《黑城出土文書》錄文漏錄，張笑峰文同，現據圖版補。
④ "前"，《黑城出土文書》錄文作"兰"，張笑峰文同，現據圖版改。
⑤ "間"，《黑城出土文書》錄文作"官"，張笑峰文同，現據圖版改。
⑥ "元"，《黑城出土文書》錄文漏錄，現據圖版補。
⑦ "井"，《黑城出土文書》錄文漏錄，現據圖版補。
⑧ 此行文字《黑城出土文書》錄文未標注，現據圖版補。
⑨ 此行文字書寫於文書背面，位於正面第 3、4 行之間。

1. 責出勾帖該①寫魏塔剌孩告②支
2. 桃杏等爭婚③公事。說有④王興祖与⑤厶等同座
3. 飲酒⑥，不⑦多時⑧王興祖說："桃杏姐妹見我來了，立等日趕我看行⑨，有⑩我今日見事好歹鑕他將去。"後一日有⑪興⑫師妻速卜⑬說⑭
4. 項上⑮拴鑕⑯，說係是支桃杏妻室厶向前勸說
　　　　（後缺）

3. 元百戶頭疋文書殘片

題解：

本件《中國藏黑水城漢文文獻》中原始編號為 HF111 下層 A 背，出版編號為 M1·0553，收於第四冊《婚姻案》第 687 頁，擬題為《牲畜等賬》，並記其尺寸為 15.3cm×29cm。《黑城出土文書（漢文文書卷）》一書未收。文書正背雙面書寫，此為背面內容，現存文字 8 行。

錄文標點：

　　　（前缺）
1. 　　自係
2. 　　頭疋：

---

① "該"字前原衍一字，後塗抹，現徑改。
② "告"字前原衍一字，後塗抹，現徑改。
③ "爭婚"兩字為右行補入，且"爭"字原誤寫，塗抹後於旁改寫，現徑改。
④ "有"字原誤寫為兩字，塗抹後於右行改寫，現徑改。
⑤ "与"字書寫原誤，塗抹後於右行改寫，現徑改。
⑥ "酒"字後原衍兩字，後塗抹，現徑改。
⑦ "不"字前原衍一字，後塗抹，現徑改。
⑧ "不多時"三字為右行補入，現徑改。
⑨ "桃杏姐妹見我來了，立等日趕我看行"等字為右行補入，現徑改。
⑩ "有"字前原衍一"行"字，後塗抹，現徑改。
⑪ "'有我今日見事好歹鑕他將去.'後一日有"等字為左行補入，現徑改。
⑫ "興"字前原衍一字，後塗抹，現徑改。
⑬ "速"字前原於右行補寫一字，後塗抹；"卜"字後原衍兩字，後塗抹，現徑改。
⑭ "說"字為左行補入，且"說"字後原衍三字，後塗抹，現徑改。
⑮ "項上"兩字原作"鑕"，後塗抹，並於右行改寫，現徑改。
⑯ "鑕"字為右行補入，現徑改。

3.　　　　騾馬一疋，　　牛壹隻，
4.　　　　馬壹疋。
5.　百户津□
6.　　頭疋：
7.　　　　騾馬五疋，　　駱駝二疋，
8.　　　　牛壹隻，　　　羊一十口。
　　　　（後缺）

4. 元大德三年（1299）各丑昔承管狀殘片

題解：

本件《中國藏黑水城漢文文獻》中原始編號為 F111：W73，出版編號為 M1·0554，收於第四冊《婚姻案》第 688 頁，擬題為《婚姻案》，並記其尺寸為 41cm×22.5cm。本件還收錄於《黑城出土文書（漢文文書卷）》第 146 頁《律令與詞訟類·婚姻案》，其所記文書編號與《中國藏黑水城漢文文獻》原始編號同，並列出文書諸要素為：麻紙，殘，草行書，尺寸為 22.5cm×40.6cm。文書前缺後完，現存文字 6 行，從内容來，其應為各丑昔承管狀。

錄文標點：

　　　　（前缺）
1.　☐□□至今月☐
2.　☐崽①妻夫二人各☐
3.　如違限不到之时，至日各□☐
4.　甘當罪犯，不詞，执結☐
5.　台旨

6.　大德三年六②月　日与承管人各丑昔（簽押）狀

---

① "崽"，《黑城出土文書》錄文作"鬼"，現據圖版改。
② "六"，《黑城出土文書》錄文作"七"，現據圖版改。

5. 元拜也倫取狀殘片

題解：

本件《中國藏黑水城漢文文獻》中原始編號為 F124：W10，出版編號為M1·0555，收於第四冊《婚姻案》第 689 頁，擬題為《拜也倫婚姻案》，並記其尺寸為 23.8cm×26.1cm。本件還收錄於《黑城出土文書（漢文文書卷）》第 146 頁《律令與詞訟類·婚姻案》，其所記文書編號與《中國藏黑水城漢文文獻》原始編號同，並列出文書諸要素為：竹紙，殘，草行書，尺寸為 25.6cm×23.3cm。文書前完後缺，現存文字 7 行。按，本件文書與《中國藏黑水城漢文文獻》第四冊第 690 頁 M1·0556［F1：W65］號文書均出現"失列門"一人，似為同組文書。

錄文標點：

1. 取狀婦人拜也倫
2. 右①拜也倫年卅五歲，無疾孕，係本
3. 路在城站戶張唐兀乃子失列②門躯
4. □，見在額迷渠□史③同居。除俗細
5. 詞因，另行別立短狀招伏，不合扲至正
6. 八年正月廿二日听④從史⑤妻朶忽
7. 脫⑥你向拜也倫言説："我与沙⑦立温八
　　（後缺）

6. 元拜顏取狀殘片

題解：

本件《中國藏黑水城漢文文獻》中原始編號為 F1：W65，出版編號為M1·0556，收於第四冊《婚姻案》第 690 頁，擬題為《拜顏婚姻案》，並記其尺寸為

---

① "右"，《黑城出土文書》錄文作"有"，現據圖版改。
② "列"，《黑城出土文書》錄文作"烈"，現據圖版改。
③ "□史"，《黑城出土文書》錄文錄文作"與夫"，現據圖版改。
④ "听"字前原衍一字，後塗抹，現逕改。
⑤ "史"，《黑城出土文書》錄文錄文作"夫"，現據圖版改。
⑥ "脫"，《黑城出土文書》錄文錄文作"說"，現據圖版改。
⑦ "沙"，《黑城出土文書》錄文錄文作"乃"，現據圖版改。

18.5cm×22.4cm。本件還收錄於《黑城出土文書（漢文文書卷）》第146頁《律令與詞訟類·婚姻案》，其所記文書編號與《中國藏黑水城漢文文獻》原始編號同，並列出文書諸要素為：竹紙，殘，草書，經塗改，尺寸為22.0cm×18.5cm。文書前完後缺，現存文字8行。按，本件文書與《中國藏黑水城漢文文獻》第四冊第689頁M1·0555［F124:W10］號文書均出現"失列門"一人，似為同組文書。

錄文標點：

1. 　　　取狀人拜顏
2. 　　　右拜顏年四十三歲，無病，係
3. □干合兒大王位下怯薛丹戶，計見
4. 　　　渠①住坐，今為照火都丁布②位下委任咠官□③□□④朝魯嫁与
5. 　　　　　　右烏朝魯□男失列⑤門為妾⑥
6. 　　　　　　　　　　　　取狀
7. 　　　　　　　　　　　　年九月初
8. 　　　　　　　　　　　　　□□女大⑦
9. 　　　　　　　　　　　　　　□□　　⑧

　　（後缺）

7. 元亦集乃路總管府申甘肅行省文為某婦改嫁趙外郎事

題解：

本件《中國藏黑水城漢文文獻》中原始編號為F14:W7，出版編號為M1·0557，收於第四冊《婚姻案》第691頁，擬題為《改嫁趙外郎為妻案》，並記其

---

① "渠"，《黑城出土文書》錄文未釋讀，現據圖版補。
② "布"，《黑城出土文書》錄文漏錄，現據圖版補。
③ "今為照火都丁布位下委任咠官□"等字為右行補入，現徑改。
④ 此兩字原衍數字，後塗抹，現徑改。另，此兩字《黑城出土文書》錄文未標注，現據圖版補。
⑤ "列"，《黑城出土文書》錄文作"烈"，現據圖版改。
⑥ "右烏朝魯□男失列門為妾"原作"　　□□与□兀取狀人□　　"，後塗抹，並於右行改寫，現徑改。
⑦ "□女大"等字被墨筆圈抹。
⑧ 此行文字《黑城出土文書》錄文未標注，現據圖版補。

尺寸為11.7cm×20.8cm。本件還收錄於《黑城出土文書（漢文文書卷）》第146頁《律令與詞訟類·婚姻案》，其所記文書編號為F79：W42，與《中國藏黑水城漢文文獻》原始編號異，並列出文書諸要素為：竹紙，殘，行書，尺寸為21.5cm×49.4cm。文書前缺後完，為二紙粘接，第一紙現存文字5行，第二紙現存文字6行，兩紙粘接處鈐朱文騎縫章。按，文書第8—10行存"提控案牘""知事""經歷"等官吏署名簽押，其均為總管府屬吏，第6—7行又云"申（甘）肅等處行中書省"，故可知本件文書應為亦集乃路總管府申甘肅行省文。馬立群通過對本件文書及黑城出土其他婚姻類文書的解讀，對元代亦集乃路地區婚姻聘禮的形式、聘財的高低與婦女改嫁及經濟因素對婦女改嫁的影響等問題進行了探討。參考文獻：馬立群《黑水城出土婚姻類文書探析》，《圖書館理論與實踐》2012年第11期。

錄文標點：

（前缺）

1. ▢▢▢▢▢六年▢▢▢▢▢①
2. 婦改嫁趙外郎為妻▢▢▢▢▢
3. 還屯園聚，伏乞此②合行具呈，仰
4. 照詳。▢楊▢③塔趙外郎，將
5. 四十九④發付施行。

──────（騎縫章）──────

6. ▢⑤申
7. ▢⑥肅等処⑦行中書省
8. ▢▢▢▢▢▢▢提控案牘馮

────────────

① 此行文字《黑城出土文書》錄文未標注，現據圖版補。
② "此"，《黑城出土文書》錄文漏錄，現據圖版補。
③ 此處缺字《黑城出土文書》錄文未標注，現據圖版補。
④ "九"，《黑城出土文書》錄文作"七"，現據圖版改。
⑤ 據元代公文格式可知，此處所缺文字應為"右"。
⑥ 據元代地方行政設置可知，此處所缺文字應為"甘"。
⑦ "等処"，《黑城出土文書》錄文漏錄，現據圖版補。

整理編　第四冊　497

9.　　　　　　□　事　李　　□□①（簽押）

10.　　　　　　經　歷②　瑾

11.　　　廿六日③（簽押）

8. 元至順年間小張大婚姻案卷殘片

題解：

本件《中國藏黑水城漢文文獻》中原始編號為F255：W34，出版編號為M1・0558，收於第四冊《婚姻案》第692頁，擬題為《婚姻案》，並記其尺寸為15.8cm×23.8cm。《黑城出土文書（漢文文書卷）》一書未收。文書共兩件殘片，殘片一現存文字4行；殘片二現存文字8行，右側有一墨戳痕跡，雙欄，中間2行文字，字跡不清，且有朱印殘痕。

錄文標點：

（一）

　　　　　（前缺）

1.　　　昔有妻□

2.　　　□說將上項元立婚 書 氏分付，毋

3.　　　　於當年十二月十八日狗兒□

4.　　　　　　　曉

　　　　　（後缺）

（二）

　　　　　（前缺）

1.　　　寄居，伏為狀告，至順三年□

---

① 此兩字《黑城出土文書》錄文未標注，現據圖版改。

② " 經 歷 "，《黑城出土文書》錄文未釋讀，現據圖版補。

③ "廿六日"上鈐朱印一枚。

2. ＿＿＿＿□伯堅男小張大為妻＿＿

3. ＿＿＿＿即目無人恩養，要＿＿

4. ＿＿＿＿想婚書□□□＿

5. ＿＿＿＿當□□巡檢既＿

6. ＿＿＿＿於上令只沙完婚＿

7. ＿＿＿＿□□□訖□＿

8. ＿＿＿＿□□狗兒言＿＿

（後缺）

9. 元投毒案卷殘片

題解：

本件《中國藏黑水城漢文文獻》中原始編號為84H・F111：W32/1110，出版編號為M1・0559，收於第四冊《婚姻案》第693頁，擬題為《毒夫案》，並記其尺寸為7.5cm×16.2cm。《黑城出土文書（漢文文書卷）》一書未收。文書前後均缺，現存文字2行。

錄文標點：

（前缺）

1. 些小毒藥為他喫□＿＿＿

2. 隨好來□□□然＿＿

（後缺）

10. 元魏塔剌孩告支桃杏等爭婚公事案卷（三）

題解：

本件《中國藏黑水城漢文文獻》中原始編號為84H・文官府：W10/2907，出版編號為M1・0560，收於第四冊《婚姻案》第694頁，擬題為《魏塔剌孩》，並記其尺寸為6.1cm×17.9cm。《黑城出土文書（漢文文書卷）》一書未收。文書前後均缺，現存文字1行。從文書內容来看，本件文書應與《中國藏黑水城漢文文獻》第二冊第226頁"HF126下面第二層內背"、第四冊第686頁"M1・0552

［HF111下層A正］"號文書為同一組文書，故擬現名。

錄文標點：

（前缺）

1. 魏塔剌孩

（後缺）

（四）鬥殺案

1. 元王漢卿取狀為毀罵西卑祿壽、毆打阿立嵬等事

題解：

本件《中國藏黑水城漢文文獻》中原始編號為 F116：W294，出版編號為 M1·0561，收於第四冊《鬥殺案》第 697 頁，擬題為《王漢卿鬥殺案》，並記其尺寸為 29.4cm×28.9cm。本件還收錄於《黑城出土文書（漢文文書卷）》第 147 頁《律令與詞訟類·鬥殺案》，其所記文書編號與《中國藏黑水城漢文文獻》原始編號同，並列出文書諸要素為：竹紙，缺，行書，經塗改，尺寸為 27.4cm×39.1cm。文書前完後缺，現存文字 9 行，末尾有墨筆簽押。從內容來看，其應為王漢卿毀罵西卑祿壽、毆打阿立嵬一案之王漢卿取狀。

錄文標點：

1. 取狀人王漢卿
2. 右漢卿，年四十六歲，無病，係冀寧路汾
3. 州孝①義縣附藉②民户，家③在 舊 屯④住坐⑤，即目⑥見在亦集乃
4. 屯田耳卜渠羅信甫家安下。今為務官西
5. 卑祿寿狀呈漢卿等將伊毀罵，將欄
6. 頭阿立嵬毆打等事，已蒙取允漢卿署

---

① "孝"字原作"教"，後塗抹，於右行改寫，現徑改。
② "藉"，《黑城出土文書》錄文作"獲"，現據圖版改。
③ "家"字前原衍一字，後塗抹，現徑改。
④ " 舊 屯"，《黑城出土文書》錄文作"□□宅"，現據圖版改。
⑤ "家在 舊 屯住坐"等字為右行補寫，現徑改。
⑥ "目"，《黑城出土文書》錄文作"自"，現據圖版改。

7. 節①招伏，監②收在禁，致蒙再責。已来漢

8. 卿依实招責，根③脚元係冀寧路汾州

9. 孝義縣附藉④屯⑤户。

（签押）

（後缺）

2. 元亦集乃路總管府文為根勾合干人事

題解：

本件《中國藏黑水城漢文文獻》中原始編號為 F111：W74，出版編號為M1·0562，收於第四冊《鬥殺案》第 698 頁，擬題為《毆鬥案》，並記其尺寸為 46cm×22.5cm。本件還收錄於《黑城出土文書（漢文文書卷）》第 148 頁《律令與詞訟類·鬥殺案》，其所記文書編號與《中國藏黑水城漢文文獻》原始編號同，並列出文書諸要素為：草紙，缺，草行書，經塗改，尺寸為 22.4cm×4.6cm。（此處《黑城出土文書（漢文文書卷）》應誤，應為 22.4cm×46.0cm。）文書為正背雙面書寫，正面現存文字 12 行；背面圖版《中國藏黑水城漢文文獻》未收，《黑城出土文書（漢文文書卷）》也未釋錄，從正面所透墨跡看，背面似存文字 8 行，也應為法律文書。

錄文標點：

正：

（前缺）

1. 貝位▢▢▢▢狀告云云。得⑥此，

2. 　　一下醫工⑦王⑧吉茂　　　摠府除外，合

3. 　　　　下仰照驗，速將被係人

---

① "節"，《黑城出土文書》錄文錄作上一行，現據圖版改。
② "監"，《黑城出土文書》錄文作 "照"，現據圖版改。
③ "根" 為右行補入，現徑改。
④ "藉"，《黑城出土文書》錄文作 "獲"，現據圖版改。
⑤ "屯"，《黑城出土文書》錄文作 "民"，現據圖版改。
⑥ "得"，《黑城出土文書》錄文作 "將"，現據圖版改。
⑦ "醫工"，《黑城出土文書》錄文作 "毆鬥"，現據圖版改。
⑧ "王" 字書寫原誤，塗抹後於右行改寫，現徑改。

4.　　　　　耳為立等混①身有无傷損、

5.　　　　　是何地，將毆打圍固長

6.　　　　　闊指定明白，保結呈来，

7.　　　　　毋得責偖、違錯□至去外，②

8.　　　　　　　摠府□□今差祇候厶

9.　　　　　前去根勾狀内合干人

10.　　　　　等各各正身，監押前来，赴

11.　　　　　府取問③施行。

12.　右各行

　　　　　（後缺）

背：

　　　　　（前缺）

1. □　　　_____

2. □　　　_____

3. □　　　_____

4. _____厶

5. 前去根勾狀内合干人

6. 等，名　　□　　正身____

7. 府　　□　　呈。

8. 右各行

　　　　　（後缺）

3. 元至治二年（1322）亦不剌興訴狀為被喬典毆傷事（稿）

題解：

本件《中國藏黑水城漢文文獻》中原始編號為 F80：W9，出版編號為 M1·

---

① "混"，《黑城出土文書》錄文作"沿"，現據圖版改。
② "□至去外"，《黑城出土文書》錄文作"湏至拎"，現據圖版改。另，文書第4—7行文字均被墨筆塗抹，用意不明。
③ "取問"，《黑城出土文書》錄文作"照驗"，現據圖版改。

0563，收於第四冊《鬥殺案》第699頁，擬題為《回回包銀户亦不剌興鬥毆案》，並記其尺寸為32.8cm×26.4cm。本件還收錄於《黑城出土文書（漢文文書卷）》第147頁《律令與詞訟類·鬥殺案》，其所記文書編號與《中國藏黑水城漢文文獻》原始編號同，並列出文書諸要素為：竹紙，殘，行草書，尺寸為26.0cm×32.0cm。文書為正背雙面書寫，正面現存文字13行，塗抹痕跡嚴重，字體大小不一，且有重復內容，應為草稿，《黑城出土文書（漢文文書卷）》中錄文對該文書分行有誤；背面圖版《中國藏黑水城漢文文獻》未收，《黑城出土文書（漢文文書卷）》也未釋錄，從正面所透墨跡看，背面現存文字1行，位於正面第9、10行之間。

錄文標點：

正：

1. 右①亦集　　　人　　告狀人亦不剌興

2. 　　告狀人亦不剌興，右亦不剌興年四十六歲，无病②

3. 　　右亦不剌興年口③十六歲，無病，係本路所管囬

4. 包銀户④

5. 　　囬⑤包銀户計見口　　　身後⑥本⑦　　　伏為狀告至治二年

6. 　　九月初三日⑧

7. 　　　　　　口処取柴⑨羊錢鈔一十両。厶⑩前去

---

① "右"，《黑城出土文書》錄文作 "左"，現據圖版改。
② 從文意推斷，此行文字應為衍文，但未塗抹，《黑城出土文書》一書未錄此行文字。
③ 據上行文字可知，此處所缺文字應為 "四"。
④ 據文意推斷，此行文字應為衍文，但未塗抹。《黑城出土文書》錄文將其錄入下一行，並衍錄一 "計" 字。
⑤ 此 "囬" 字為省文符號，現徑改。
⑥ "見口　　　身後" 為右行補入，現徑改。
⑦ "本"，《黑城出土文書》錄文未釋讀，現據圖版補。
⑧ "日" 字後原有 "有本路口口石口口口口" 等字，後塗抹，現徑改。《黑城出土文書》錄文照錄 "有本路" 三字。
⑨ "柴"，《黑城出土文書》錄文作 "菜"，現據圖版改。
⑩ "厶"，《黑城出土文書》錄文作 "已"，現據圖版改。

整理編　第四冊　503

8.　　　到在☐逢①見侄女婿②喬典，厶向本人言③說："你④

9.　　　与馬☐使処說有羊錢鈔一十两与⑤我者⑥。"其⑦喬典不知因⑧何⑨便行発⑩

10.　　怒，☐付張哈三等將厶⑪百端穢語辱罵⑫☐☐☐　⑬

11.　　於⑭厶之⑮目前撞訖二頭

12.　　又用☐二下☐打訖☐柴⑯

13.　　幾☐打⑰死

　　　（後缺）

背：

1. 令典史☐

4. 元捨赤德殺人案卷取狀殘片

題解：

本件《中國藏黑水城漢文文獻》中原始編號為F2∶W54，出版編號為M1·0564，收於第四冊《鬥殺案》第700頁，擬題為《唐兀人氏鬥殺案》，並記其尺寸為21cm×

---

① "逢"，《黑城出土文書》錄文作"遇"，現據圖版改。
② "侄女婿"三字為右行補入，現徑改。
③ "言"字為右行補入，現徑改。
④ "你"字前原衍一字，後塗抹，現徑改。
⑤ "与"字前原衍一字，後塗抹，現徑改。
⑥ "有羊錢鈔一十两与我者"原作"則☐☐"，塗抹後於右行改寫，現徑改。
⑦ "其"字為右行補入，現徑改。
⑧ "因"，《黑城出土文書》錄文作"為"，現據圖版改。
⑨ "不知因何"四字為左行補入，現徑改。
⑩ "発"字前原衍一字，後塗抹，現徑改。
⑪ "厶"字後原誤寫數字，後塗抹，現徑改。
⑫ "百般穢語辱罵"等字為右行補入，現徑改。另"辱罵"，《黑城出土文書》錄文作"各"，現據圖版改。
⑬ "☐☐☐　"為左行補入，現徑改。
⑭ "扵"，《黑城出土文書》錄文作"索"，現據圖版改。
⑮ "之"，《黑城出土文書》錄文未釋讀，現據圖版補。
⑯ "二下☐打訖☐"等字為右行補入，現徑改。《黑城出土文書》錄文將其單獨錄作一行，且"訖"字未釋讀，現據圖版改。
⑰ "打"，《黑城出土文書》錄文未釋讀，現據圖版補。

30.9cm。本件還收錄於《黑城出土文書（漢文文書卷）》第147頁《律令與詞訟類·鬥殺案》，其所記文書編號與《中國藏黑水城漢文文獻》原始編號同，並列出文書諸要素為：竹紙，殘，草行書，經塗改，尺寸為28.0cm×19.7cm。文書共兩件殘片，殘片一現存文字6行，殘片二現存文字8行。《黑城出土文書（漢文文書卷）》將兩件殘片拼合釋錄，據圖版推斷，其拼合無誤，此錄文即參照《黑城出土文書（漢文文書卷）》拼合後錄文，依據圖版釋錄。參考文獻：張笑峰《聖容寺研究——以黑水城出土文書為中心》，《西夏研究》2011年第1期。

錄文標點：

（前缺）

1. ☐☐☐☐☐年卅①六歲，无病②☐☐☐☐☐☐☐☐☐☐

2. 次男在③本渠種田④住坐☐☐☐為捨⑤赤德告☐☐耳友將厶等壓良為駈⑥，不与養⑦起意斜

3. 合，怗竹為從同情將☐☐☐呎死語願賈耳友打死☐⑧☐☐号當⑨官面對⑩揭，厶說⑪☐⑫☐捨赤德⑬用縻糸當⑭

---

① "卅"，《黑城出土文書》錄文作"州"，張笑峰文同，現據圖版改。
② 《黑城出土文書》錄文於"病"字後錄一"告"字，但從圖版来看，"告"字較小，且另處一行，應為後一行所補寫文字，故應錄入下一行。
③ "在"字前原衍"唐兀人氏"四字，後塗抹，現徑改。《黑城出土文書》錄文照錄，張笑峰文同。
④ "種田"兩字為右行補入，現徑改。
⑤ "捨"，《黑城出土文書》錄文作"舍"，現據圖版改。
⑥ "耳友將厶等壓良為駈"，《黑城出土文書》錄文作"耳落將某身厭食為經"，現據圖版改，張笑峰文同，現據圖版改。
⑦ "告☐☐☐耳友將厶等壓良為駈，不与養"等字為右行補入，現徑改。《黑城出土文書》錄文將此處補寫文字補入"為捨赤德"等幾字前，張笑峰文同，但從圖版来看，補入符號位於"德"字之後，現據圖版改。
⑧ "呎死語願賈耳友打死☐"，《黑城出土文書》錄文作"紛死諾賴買"，張笑峰文同，現據圖版改。
⑨ "當"字前原有數字誤寫，塗抹後於右旁改寫為"☐☐号"，現徑改。
⑩ "對"，《黑城出土文書》錄文作"封"，張笑峰文同，現據圖版改。
⑪ "厶說"，《黑城出土文書》錄文作"等語"，張笑峰文同，現據圖版改。
⑫ "呎死語願賈耳友打死☐☐☐号當官面封揭，厶說☐"等字字體較小，與左右兩行行距較窄，應為補寫文字，所補位置現存文字中未見補入符號，應為殘缺部位補寫內容，《黑城出土文書》錄文單獨錄作一行，張笑峰文同，現徑改。
⑬ "德"，《黑城出土文書》錄文作"压"，張笑峰文同，現據圖版改。
⑭ "糸當"，《黑城出土文書》錄文作"系☐"，張笑峰文同，現據圖版改。

4. 褐一捲①□②內填塞身死③□□□蒙檢驗官將捨赤德④

5. 申解到路⑤，取札略⑥招伏扵□□□□蒙取狀，今来捨赤

6. □⑦從实招責根脚⑧□□□□□路聖容寺前

7. □□□□□□□□□聖容寺⑨□□□

8. □□□□□□□□□說我⑩根 脚 ⑪元⑫係迤北

　　　（後缺）

5. 元王伯通等毆打鄭□案卷取狀殘片

題解：

本件《中國藏黑水城漢文文獻》中原始編號為F111：W57，出版編號為M1·0565，收於第四冊《鬥殺案》第701頁，擬題為《王伯通鬥毆案》，並記其尺寸為14.3cm×27.1cm。本件還收錄於《黑城出土文書（漢文文書卷）》第147頁《律令與詞訟類·鬥殺案》，其所記文書編號與《中國藏黑水城漢文文獻》原始編號同，並列出文書諸要素：麻紙，殘，行書，尺寸為26.9cm×14.2cm。文書前後均缺，現存文字8行，《黑城出土文書（漢文文書卷）》一書錄文作9行，其中第9行僅錄有兩個缺字符號，但從圖版来看，現存文字應為8行，未見第9行。文書中有朱筆點畫痕跡。

錄文標點：

　　　（前缺）

---

① "捲"，《黑城出土文書》錄文作"卷"，現據圖版改。
② "褐一捲□"右旁書寫"不□□上"四字，不知何意。《黑城出土文書》錄文作"不要□上"，且單獨錄作一行。
③ "身死"，《黑城出土文書》錄文作"死身"，現據圖版改。
④ "德"，《黑城出土文書》錄文未釋讀，張笑峰文同，現據圖版改。
⑤ 從第3行"用糜糸當"到第5行"申解到路"均用墨筆圈畫。
⑥ "略"字為右行補入，現徑改。
⑦ 據文意推斷，此處所缺文字應為"德"。
⑧ 《黑城出土文書》錄文將"根"字釋讀為"於"，"脚"字未釋讀，張笑峰文同，現據圖版改。
⑨ "聖容寺"，《黑城出土文書》錄文作"所生兒"，張笑峰文同，現據圖版改。
⑩ "我"字為右行補入，現徑改。
⑪ "脚"，《黑城出土文書》錄文未釋讀，張笑峰文同，現據圖版改。
⑫ "元"字書寫原誤，塗抹後於右行改寫，現徑改。

506　中國藏黑水城漢文文獻的整理與研究

1. ☐☐☐☐☐☐☐☐☐☐☐次来有☐☐☐☐☐
2. ☐☐☐☐☐對刺①麻巴等前 月②
3. ☐☐☐☐☐☐☐等向前勸散，又有 韋③
4. 歹炳、王伯通、黃慶各賫小雪木棍一条， 亦④將鄭
5. ☐左肐⑤膊等処乱行致打。又有王伯通將☐☐⑥
6. ☐☐☐☐☐上打訖一下。今蒙取問，所供☐☐☐
7. ☐☐☐☐☐☐已後，但与各人面☐☐☐☐
8. ☐☐☐☐☐☐是实，伏取

（後缺）

6. 元不蘭奚弟子打人案卷殘片

題解：

本件《中國藏黑水城漢文文獻》中原始編號為 F146∶W23，出版編號為M1·0566，收於第四冊《鬥殺案》第 702 頁，擬題為《不蘭奚弟子鬥毆案》，並記其尺寸為 12.8cm×26cm。本件還收錄於《黑城出土文書（漢文文書卷）》第 148 頁《律令與詞訟類·鬥殺案》，其所記文書編號與《中國藏黑水城漢文文獻》原始編號同，並列出文書諸要素為：竹紙，殘，草書，尺寸為 25.9cm×12.7cm。文書前後均缺，現存文字4行，有塗抹痕跡。

錄文標點：

（前缺）

1. 往来間☐⑦☐☐☐☐☐☐☐☐☐☐☐☐☐☐☐☐☐

---

① "刺"，《黑城出土文書》錄文作 "敕"，現據圖版改。
② " 月 "，《黑城出土文書》錄文作 "自"，現據圖版改。
③ "有 韋 "，《黑城出土文書》錄文作 "自者"，現據圖版改。
④ " 亦 "，《黑城出土文書》錄文作 "并"，現據圖版改。
⑤ "肐" 通 "胳"。
⑥ 此兩字《黑城出土文書》錄文作 "細繩"，據圖版不似，疑為某人姓名，現存疑。
⑦ "間☐"，《黑城出土文書》錄文作 "官府"，現據圖版改。另，"間" 字後原衍一字，後塗抹，現徑改。

2. 定下馬，不蘭奚弟子孩兒隨扵①地上拾取②舊有

3. 撇放③小雪柴一条，扵④本人左肐膊打訖⑤

4. 一棍，有傷⑥。

　　　　（後缺）

7. 元耳羅呈亦集乃路總管府訴狀為被贊布等辱罵毆打事

題解：

本件《中國藏黑水城漢文文獻》中原始編號為 F17：W2，出版編號為 M1·0567，收於第四冊《鬥殺案》第 703 頁，擬題為《耳羅鬥殺案》，並記其尺寸為 31.5cm×19.7cm。本件文書共兩件殘片，還收錄於《黑城出土文書（漢文文書卷）》第 147 頁《律令與詞訟類·鬥殺案》，其所記文書編號與《中國藏黑水城漢文文獻》原始編號同，並列出文書諸要素為：夾竹紙，殘，行楷書，末尾眉批"照過"，尺寸分別為 18.2cm×12.1cm、18.3cm×12.1cm。文書殘片一現存文字 9 行，殘片二現存文字 3 行，其第一行為"照過"兩字，應為肅政廉訪司照刷文卷所留。從內容來看，其應為耳羅為被毆打事呈亦集乃路總管府訴狀。

錄文標點：

（一）

　　　　　　（前缺）

1. ＿＿＿＿＿＿＿＿□本処鄰＿＿＿＿＿

2. ＿＿＿＿＿＿貫布思吉并伊男 贊 ⑦＿＿＿

3. ＿＿＿＿＿＿以責令布一同前到敦古魯家薦⑧＿

4. □將耳羅用言毀罵："潑雜種，你緣何赴＿＿＿

---

① "扵"，《黑城出土文書》錄文作"將"，現據圖版改。
② "取"，《黑城出土文書》錄文作"得"，現據圖版改。
③ "放"字前原衍一字，後塗抹，現徑改。
④ "扵"，《黑城出土文書》錄文作"將"，現據圖版改。
⑤ "訖"，《黑城出土文書》錄文作"將"，現據圖版改。
⑥ "傷"字後原有"換有平常実□□不動教隨"等字，後塗抹，《黑城出土文書》錄文照錄，現徑改。
⑦ " 贊 "，《黑城出土文書》錄文作"替"，圖版中此字殘損，僅存上半部分，但據第 5 行之"伊男贊布"可知，此字應為"贊"。
⑧ "薦"，《黑城出土文書》錄文漏錄，現據圖版補。

5. 羅依前毀罵，隨有伊男贊布向前添□□□□□□□
6. 立吉阿哥①兀即等向前將行兇人贊布□□□□□
7. 不止，切恐②被傷損目，因此前來伸③訴，有此□□
8. 亦集乃路摠管④府，伏乞
9. 詳狀施行□□□□□□□⑤

   （後缺）

（二）

   （前缺）

1. 照過
2.   （簽押）
3.   廿二日

8. 元泰定二年（1325）枷收罪犯文書殘片

題解：

  本件《中國藏黑水城漢文文獻》中原始編號為 F166：W12，出版編號為M1·0568，收於第四冊《鬥殺案》第704頁，擬題為《泰定二年紅柳棒打傷身死案》，並記其尺寸為24.4cm×16.6cm。本件還收錄於《黑城出土文書（漢文文書卷）》第148頁《律令與詞訟類·鬥殺案》，其所記文書編號與《中國藏黑水城漢文文獻》原始編號同，並列出文書諸要素為：竹紙，殘，行書，尺寸為12.5cm×21.4cm。文書為正背雙面書寫，正面現存文字6行；背面圖版《中國藏黑水城漢文文獻》未收，現按《黑城出土文書（漢文文書卷）》一書錄文釋錄。

錄文標點：

  正：

   （前缺）

1. □□□□壹拾名

---

① "哥"，《黑城出土文書》錄文漏錄，現據圖版補。
② 《黑城出土文書》錄文將"不止切恐"四字錄作上一行，現據圖版改。
③ "伸"通"申"，《黑城出土文書》錄文作"申"。
④ 《黑城出土文書》錄文將"亦集乃路摠管"等字錄作上一行，現據圖版改。
⑤ 此處缺文《黑城出土文書》錄文未標注，現據圖版補。

2. ⬜⬜⬜□招，不①合於泰定二年二月初九日獨□⬜⬜⬜

3. ⬜⬜⬜等物罪犯，計枷攸男②子③壹名：李咬⬜⬜⬜

4. ⬜⬜⬜於泰定二年五月初七日將同伴郭伯通⬜⬜⬜

5. ⬜⬜⬜□燒殘紅柳棒打傷身死罪犯，計收男子玖名：

　　　　（中缺2行）

6. ⬜⬜⬜□貴　喬德　　馬思泰④　許五宝

背：

1. 申⑤

9. 元譚教化夫婦鬥毆案卷殘片

題解：

本件《中國藏黑水城漢文文獻》中原始編號為F20：W22，出版編號為M1·0569，收於第四冊《鬥殺案》第705頁，擬題為《鬥殺案》，並記其尺寸為15.3cm×21.1cm。本件還收錄於《黑城出土文書（漢文文書卷）》第147頁《律令與詞訟類·鬥殺案》，其所記文書編號與《中國藏黑水城漢文文獻》原始編號同，並列出文書諸要素為：棉紙，屑，行草書，尺寸為20.5cm×15.0cm。文書前後缺，上下殘，現存文字7行。

錄文標點：

　　　　（前缺）

1. ⬜⬜⬜□來□⬜⬜⬜⑥

2. ⬜⬜⬜順娥与夫⑦譚教化支⑧荅⬜⬜⬜

---

① "不"《黑城出土文書》錄文作"分"，現據圖版改。
② "男"，《黑城出土文書》錄文漏錄，現據圖版補。
③ "子"，《黑城出土文書》錄文作"人"，現據圖版改。
④ "馬思泰"，《黑城出土文書》錄文漏錄，現據圖版補。
⑤ 此字為背面所書，位於正面第6行"喬德"與"馬思泰"之間。
⑥ 此行文字《黑城出土文書》錄文未釋錄，現據圖版補。
⑦ "夫"，《黑城出土文書》錄文作"天"，現據圖版改。
⑧ "支"，《黑城出土文書》錄文作"於"，現據圖版改。

3.　　　　　路供訖詞①因，虛指男糞堆身　　　　
4.　　　　咽喉等處俱有青赤傷痕外②，咽喉　　
5.　　　　□探得艮③色青赤④，如此虛詞破殘⑤　
6.　　　　　　□応有家私　　　　　　
7.　　　　□□□　　　　　⑥
　　　　（後缺）

10. 元皇慶元年（1312）令只僧吉殺死錯卜案卷殘片

題解：

本件《中國藏黑水城漢文文獻》中原始編號為 F21：W3，出版編號為 M1·0570，收於第四冊《鬥殺案》第 706 頁，擬題為《鬥殺案》，並記其尺寸為 16.2cm×23.3cm。本件還收錄於《黑城出土文書（漢文文書卷）》第 148 頁《律令與詞訟類·鬥殺案》，其所記文書編號與《中國藏黑水城漢文文獻》原始編號同，並列出文書諸要素為：竹紙，殘，行書，尺寸為 22.5cm×15.7cm。文書前後均缺，現存文字 7 行。按，本件文書與《俄藏黑水城文獻》第 6 冊第 134 頁 ДX1403 號文書"皇慶元年（1312）刑房奉詔赦除令"內容相關，應為同一卷宗，故擬現名。參考文獻：陳志英《〈元皇慶元年（西元1312年）十二月亦集乃路刑房文書〉初探》，《內蒙古社會科學》（漢文版）2004 年第 5 期。

錄文標點：

　　　　（前缺）

1. 睡着不醒。約至三更以來，有奸夫　　　　
2. 向忽都竜說："先曾說將你夫　　　　
3. 竜⑦□從不令夫錯卜知竟，穿衣　　　

---

① "詞"，《黑城出土文書》錄文作"問"，現據圖版改。
② "外"，《黑城出土文書》錄文作"於"，現據圖版改。
③ "艮"，《黑城出土文書》錄文未釋讀，現據圖版補。
④ "赤"，《黑城出土文書》錄文作"亦"，現據圖版改。
⑤ "殘"，《黑城出土文書》錄文未釋讀，現據圖版補。
⑥ 此行文字《黑城出土文書》未標注，現據圖版補。
⑦ "竜"，《黑城出土文書》錄文未釋讀，現據圖版補。

整理編　第四冊　511

4. 睡帳內①納定，咽喉上用右手擒搭②☐☐☐☐☐☐

5. 忽都竜是曾出門外解☐☐☐☐☐☐☐☐☐☐

6. 一条迎③与☐☐☐☐☐☐☐☐☐☐☐☐☐☐

7. 只僧吉☐☐☐☐☐☐☐☐☐☐☐☐☐☐☐☐

　　（後缺）

11. 元你昝毆打唐兀歹案卷殘片（一）

題解：

本件《中國藏黑水城漢文文獻》中原始編號為 F135：W48a，出版編號為 M1·0571，收於第四冊《鬥殺案》第 707 頁，擬題為《唐兀歹鬥殺案》，並記其尺寸為 13.4cm×22.3cm。本件還收錄於《黑城出土文書（漢文文書卷）》第 147 頁《律令與詞訟類·鬥殺案》，其所記文書編號為 F135：W48，並列出文書諸要素為棉紙，殘，行書，尺寸為 22.2cm×19.2cm。文書前後均缺，現存文字 5 行，殘損較重。按，本號文書與《中國藏黑水城漢文文獻》第 708 頁 M1·0572 ［F135：W48b］號文書均出現"兀歹"，且編號相連，應為同一組文書，文書擬題依綴合後所定。

錄文標點：

　　（前缺）

1. ☐☐☐☐☐你昝与伊弟☐☐☐☐☐☐☐☐☐☐

2. ☐☐☐☐☐人佃說有口袋都在☐☐☐☐☐☐

3. ☐☐☐☐☐口你昝便行発怒，言罵澪下☐☐☐有他④☐

4. ☐☐☐百端⑤穢☐☐摔身倒地混身乱☐⑥，你⑦昝又行添力將唐⑧兀歹

---

① "帳內"，《黑城出土文書》錄文作 "到☐"，現據圖版改。
② "搭"，《黑城出土文書》錄文作 "扼"，現據圖版改。
③ "迎"，《黑城出土文書》錄文作 "遞"，現據圖版改。
④ "有他"，《黑城出土文書》錄文未釋讀，現據圖版改。
⑤ "端"，《黑城出土文書》錄文作 "揚"，現據圖版改。
⑥ "乱☐"，《黑城出土文書》錄文作 "☐"，現據圖版改。
⑦ "你"，《黑城出土文書》錄文未釋讀，現據圖版補。
⑧ "唐"，《黑城出土文書》錄文漏錄，現據圖版補。

512　中國藏黑水城漢文文獻的整理與研究

5.　☐☐見本人如此☐☐☐①被見向②☐☐☐☐前☐☐☐指各③人為證

　　（後缺）

12. 元你眘毆打唐兀歹案卷殘片（二）

題解：

本件《中國藏黑水城漢文文獻》中原始編號為 F135：W48b，出版編號為 M1・0572，收於第四冊《鬥殺案》第 708 頁，擬題為《文書殘件》，並記其尺寸為 9.3cm×7.3cm。《黑城出土文書（漢文文書卷）》一書未收。文書前缺後完，現存文字 1 行。按，本號文書與《中國藏黑水城漢文文獻》第 707 頁 M1・0571 ［F135：W48a］號文書均出現"兀歹"，且編號相連，應為同一組文書，文書擬題依綴合後所定。本件文書從內容來看，應為唐兀歹訴狀殘尾。

錄文標點：

　　（前缺）

1.　☐☐☐☐☐☐④兀歹　（簽押）　狀

13. 元文書殘片

題解：

本件《中國藏黑水城漢文文獻》中原始編號為 84H・F125：W59/1909，出版編號為M1・0573，收於第四冊《鬥殺案》第 709 頁，擬題為《打奪案殘件》，並記其尺寸為 16.7cm×21.3cm。《黑城出土文書（漢文文書卷）》一書未收。文書共兩件殘片，兩件殘片字跡不一，應非同一件文書。殘片一現存文字 2 行，字跡較小，應為某鬥毆案殘片；殘片二現存文字 3 行，字跡較大，應為某保結文書殘片。按，本號文書殘片一還收錄於《中國藏黑水城漢文文獻》第四冊《其他律令與詞訟文書》第 959 頁，所記文書編號為M1・0746［84HF125A］，不知為何將同

---

①　此處缺文《黑城出土文書》錄文錄作"如此"，不知何據。
②　"向"，《黑城出土文書》錄文作"問"，現據圖版改。
③　"各"，《黑城出土文書》錄文漏錄，現據圖版補。
④　據M1・0571［F135：W48a］號文書可知，此處所缺文字應為"唐"。

一件文書重復收錄，且編號不同。

錄文標點：

（一）

　　　　　　（前缺）

1. ☐☐☐☐打奪去後，更將禿亦不
2. ☐☐☐☐☐☐☐☐☐☐☐☐

　　　　　　（後缺）

（二）

　　　　　　（前缺）

1. ☐☐☐☐☐☐☐☐☐☐☐☐☐☐☐
2. 問得但与合 帖 ☐☐☐☐☐☐☐☐
3. 詞 實 當罪不詞，执結是☐☐☐☐

　　　　　　（後缺）

14. 元驗傷文書殘片

題解：

本件《中國藏黑水城漢文文獻》中原始編號為84H·F116：W6/1177，出版編號為M1·0574，收於第四冊《鬥殺案》第710頁，擬題為《傷殺案殘件》，並記其尺寸為5.4cm×15.7cm。《黑城出土文書（漢文文書卷）》一書未收。文書前後均缺，現存文字2行，並鈐印章一枚。

錄文標點：

　　　　　　（前缺）

1. ☐☐☐☐☐☐☐☐☐☐☐☐☐☐☐☐
2. ☐☐☐☐糞出，項上赤紫傷①痕一道☐☐

　　　　　　（後缺）

---

① "傷"字原作"裳"，塗抹後於右行改寫，現徑改。

（五）盜賊案

1. 元某司獄呈文為禿綿帖赤等辱罵毆打本人事（稿）

題解：

本件《中國藏黑水城漢文文獻》中原始編號為 Y1：W86A，出版編號為 M1·0575，收於第四冊《盜賊案》第 713 頁，擬題為《至正十二年盜賊案》，並記其尺寸為 19.6cm×27.5cm。本件還收錄於《黑城出土文書（漢文文書卷）》第 149 頁《律令與詞訟類·盜賊案》，其所記文書編號為 Y1：W86，並列出文書諸要素為：竹紙，殘，草書，塗改稿，尺寸為 26.5cm×18.0cm。文書前後均缺，現存文字 9 行。

錄文標點：

（前缺）

1. 總府指揮仰厶權悉司獄司事。奉此，
2. 除呈□例外①，至正十二年六月二十三日酉時以来，
3. 厶前②去牢內點視③到彼④有禿綿帖赤帶酒
4. 不醉，將人百端穢語毀罵。又以言說："我每要□，
5. 你將我躯脱朶疋□⑤禿忽魯每夜於匣床內切匣。"不得商
6. 量續說，用伊項帶帖索扯取在手，□⑥將
7. □⑦雄厶⑧用帖索毆打，厶⑨□□□，此兇惡奔走出牢。
8. 如蒙准呈，將鄰囚⑩張僧二并盜馳⑪賊人前那

---

① "呈□例外"四字不清，《黑城出土文書》錄文作"另等依例"，現存疑。
② "前"字前原衍一字，後塗抹，現徑改。
③ "點視"兩字原作"看"，後塗抹並於右行改寫，現徑改。
④ "彼"，《黑城出土文書》錄文未釋讀，現據圖版補。
⑤ "脱朶疋□"四字為右行補入，《黑城出土文書》錄文作"脱雜屯"，現據圖版改。
⑥ 此字殘，僅存右半"頁"旁，且其前原有一字，後塗抹，《黑城出土文書》錄文將此兩字錄作"管頭"，現存疑。
⑦ 此處缺字《黑城出土文書》錄文未標注，現據圖版補。
⑧ "雄厶"右旁原補寫數字，後塗抹，現徑改。
⑨ "厶"，《黑城出土文書》錄文未釋讀，現據圖版補。
⑩ "囚"，《黑城出土文書》錄文漏錄，現據圖版補。
⑪ "馳"，《黑城出土文書》錄文作"招"，現據圖版改。

9.　　　黑巴□①子、車立帖木、張買②□到官③，便見的実
　　　（後缺）

2. 元至元五年（1339）興即等被盜物件文書殘尾

題解：

本件《中國藏黑水城漢文文獻》中原始編號為 F1：W57，出版編號為 M1·0576，收於第四冊《盜賊案》第 714 頁，擬題為《至元五年盜物案》，並記其尺寸為 20.4cm×27.7cm。本件還收錄於《黑城出土文書（漢文文書卷）》第 149 頁《律令與詞訟類·盜賊案》，其所記文書編號與《中國藏黑水城漢文文獻》原始編號同，並列出文書諸要素為：竹紙，殘，行草書，尺寸為 27.1cm×15.8cm。文書前後均缺，現存文字 4 行，從內容判斷應為一文書殘尾。

錄文標點：

　　　（前缺）
1.　　　至元五年二月　　吏趙　韓④
2.　　　　提控案牘兼照磨承発架閣倪
3.　興即等被盜物件
4.　　　　知　事　袁
　　　（後缺）

3. 元皇慶元年（1312）古都不花認狀為識認本家元逃驅口答失事

題解：

本件《中國藏黑水城漢文文獻》原始編號為 HF193B 正，出版編號為 M1·0577，收於第四冊《盜賊案》第 715 頁，擬題為《皇慶元年認狀文書》，並記其尺寸為 40.7cm×28.8cm。《黑城出土文書（漢文文書卷）》未收。文書為正背雙面書寫，兩面字跡不同，內容不相關，為兩件不同文書。此為正面內容，前後均完，現存文字 14 行。從內容來看，其應為一識認狀。參考文獻：宋坤《黑水城

---

① 此字殘，《黑城出土文書》錄文作"之"，現存疑。
② "買"，《黑城出土文書》錄文未釋讀，現據圖版改。
③ "到官"，《黑城出土文書》錄文作"所管"，現據圖版改。
④ "趙　韓"原作"趙季五、韓文丑"，後將名字塗抹，《黑城出土文書》錄文照錄，現徑改。

所出識認狀問題淺探》,《西夏研究》2014 年第 3 期。

錄文標點:

1. 寫認狀人古都不花
2. 一名古都不花,年廿五歲,无病,係
3. 御位下昔宝赤頭目哈剌帖倫次男,見在迤北党魯地面住
4. 坐,前来亦集乃買賣寄居。
5. 一名識保人荅失哈①剌,年四十六歲,无係②,係曲典不花
6. 翼軍人,見在本營住坐。
7. 右古都不花各開年甲在前,今當
8. 惣府識認到本家元逃馺婦荅失,如後但有詐
9. 認,不係本家馺口,至日古都不花等甘當謝官
10. 罪,不詞,执結是实,伏取
11. 台旨。
12. 皇慶元年十二月　日寫認狀人古都不花(簽押)狀
13. 連狀識保人荅失哈□□□□③
14. 十三日

4. 元宣光元年 (1371) 某路總管府関文為馺隻被盜事

題解:

本件《中國藏黑水城漢文文獻》中原始編號為 HF193B 背,出版編號為 M1·0578,收於第四冊《盜賊案》第 716 頁,擬題為《宣光元年偷盜案》,並記其尺寸為 40.7cm×28.8cm。《黑城出土文書(漢文文書卷)》一書未收。文書為正背雙面書寫,兩面字跡不同,內容不相關,為兩件不同文書。此為背面內容,前缺後完,現存文字 9 行。從內容來看,其應為一関文殘片。

錄文標點:

(前缺)

---

① "哈"字為後補寫,現徑改。
② 據文意推斷,"係"字應為"病"。
③ 據文意推斷,此處所缺文字應為"剌(簽押)"。

1. ☐☐☐☐☐☐☐☐☐☐☐☐☐☐☐☐☐☐☐☐☐路總管府達☐☐☐☐☐☐☐
2. 伯忽前於宣光元年四月十九日有☐☐☐☐☐☐☐
3. 所養駞三隻內：駞一隻，年十☐☐☐☐☐☐☐
4. 年十歲；駞一隻，年十歲☐☐☐☐☐☐☐
5. 草☐內牧放，至不當 將 放☐ 處 養☐☐☐☐☐☐
6. 人偷盜去訖，諸処根尋不獲，差人
7. 移文，切恐臨時點 驗 ，敗露到官，當戢
8. 合行移関，請
9. 照驗者。

5. 元某司呈文為河渠官等揖捉賊人事

題解：

本件《中國藏黑水城漢文文獻》中原始編號為 F111：W43，出版編號為 M1·0579，收於第四冊《盜賊案》第 717 頁，擬題為《偷盜案》，並記其尺寸為 15.5cm×22.1cm。本件還收錄於《黑城出土文書（漢文文書卷）》第 148 頁《律令與詞訟類·盜賊案》，其所記文書編號與《中國藏黑水城漢文文獻》原始編號同，並列出文書諸要素為：草紙，殘，草行書，經塗改，尺寸為 21.7cm×15.1cm。文書前後均缺，現存文字 7 行。參考文獻：霍紅霞《元代亦集乃路水利管理初探》，《農業考古》2012 年第 4 期。

錄文標點：

（前缺）

1. 年因解☐， 不 得①同常遲滯②。
2. ☐移関叮嚀省會百姓人等无致隱藏謀 逆 ③賊人，更當催督軍兵人等④領功

---

① " 不 得"，《黑城出土文書》錄文作 "☐將"，現據圖版改。
② "滯" 字後原衍 "承此，當" 三字，後塗抹，《黑城出土文書》照錄，現徑改。
③ " 逆 "，《黑城出土文書》錄文未釋讀，現據圖版補。
④ "人等"，《黑城出土文書》錄文作 "并行"，現據圖版改。

揖捉施行。① 准此，當戡引領巡檢吾七耳布、
3. 河渠官忻都、應捕②官兵人等前去，於
4. 可疑停藏去處，同莊鄰右親戚人等
5. 揖③捉賊人去来。到彼差河渠官等④根捉到也火耳立
6. 戚親、省⑤魁妻并賊人沙剌妻哈朵
7. 果你赤、鄰右人等并馬五⑥疋、駝四隻，一就関⑦発。⑧
　　　　（後缺）

6. 元羅春丙招認狀為縱放盜賊事

題解：

本件《中國藏黑水城漢文文獻》中原始編號為 Y1：W110，出版編號為M1・0580，收於第四冊《盜賊案》第 718 頁，擬題為《縱放盜賊在逃案》，並記其尺寸為 13.8cm×20.5cm。本件還收錄於《黑城出土文書（漢文文書卷）》第 148 頁《律令與詞訟類・盜賊案》，其所記文書編號與《中國藏黑水城漢文文獻》原始編號同，並列出文書諸要素為：麻紙，殘，楷行書，尺寸為 23.0cm×13.3cm。文書前後均缺，現存文字 6 行，其中"中統鈔"及數字右旁有朱點。

錄文標點：

　　　　（前缺）
1.　　　羅訖妙祥中統鈔兩定，年□⑨　　　⑩抛下羅鍋

---

① "□移関叮嚀省會百姓人等無致隱藏謀逆賊人，更當催督軍兵人等領功揖捉施行"等字原作"□養"，後塗抹，並於左右兩行補寫，其中"□移関叮嚀省會百姓人等無致隱藏謀逆"為右行補寫，"賊人，更當催督軍兵人等領功揖捉施行"等字為左行補寫。《黑城出土文書》錄文照原文順序釋錄，將其錄作 3 行文字，文意不順，現徑改。
② "捕"，《黑城出土文書》錄文作"鋪"，現據圖版改。
③ "揖"，《黑城出土文書》錄文作"根"，現據圖版改。
④ "差河渠官等"五字為右行補入，現徑改。
⑤ "省"，《黑城出土文書》錄文作"眷"，現據圖版改。
⑥ "五"字前原衍"馳馬"兩字，後塗抹，現徑改。
⑦ "関"字前原衍"隨此"兩字，後塗抹，《黑城出土文書》錄文照錄，現徑改。
⑧ "四隻，一就関発"等字為補寫內容，其補寫在第 5、6 行之間，但據文意應補寫於此處，《黑城出土文書》錄文將其單獨錄作 1 行，錄於第 5、6 行之間，現徑改。
⑨ "年□"，《黑城出土文書》錄文作"壓於"，現據圖版改。
⑩ 此處缺文《黑城出土文書》錄文未標注，現據圖版補。

整理編　第四冊　519

2.　　　□等定①兩 文 字 一 㕦②。羅春丙□□□取要中統鈔
3.　　　壹定并□二十兩文字一㕦，到於誓虎鋪過
4.　　　夜，縱放本賊在迯。罪犯招伏是實。
5.　　　□名③
6.　　　羅春丙狀招，年二十六歲，無病，係納溪縣所管
　　　　　（後缺）

7. 元阿思蘭等偷盜劉譯鋪內財物案卷殘片（一）

題解：

本件《中國藏黑水城漢文文獻》中原始編號為F1：W22a，出版編號為M1·0581，收於第四冊《盜賊案》第719頁，擬題為《阿思蘭盜竊案殘件》，並記其尺寸為5.5cm×18.6cm。本件還收錄於《黑城出土文書（漢文文書卷）》第149頁《律令與詞訟類·盜賊案》，其所記文書編號為F1：W22（1），並列出文書諸要素為：竹紙，殘，行草書，尺寸為18.3cm×4.6cm。該書將本號文書與《中國藏黑水城漢文文獻》同頁M1·0582［F1：W22b］號文書統一編號為F1：W22，作為一件文書釋錄。按，兩號文書字跡、紙張一致，內容相關，編號相連，應為同件文書。文書前後均缺，現存文字1行。文書擬題依綴合後所定。

錄文標點：

　　　　（前缺）
1.　　　□□□乃居住，亦是生受，以④此心生賊徒□□□□
　　　　（後缺）

8. 元阿思蘭等偷盜劉譯鋪內財物案卷殘片（二）

題解：

本件《中國藏黑水城漢文文獻》中原始編號為F1：W22b，出版編號為M1·

---

① "定"，《黑城出土文書》錄文作"銀"，現據圖版改。
② " 文 字 一 㕦 "，《黑城出土文書》錄文未釋讀，現據圖版補。
③ 此行文字《黑城出土文書》錄文漏錄，現據圖版補。
④ "以"，《黑城出土文書》錄文作"到"，現據圖版改。

0582，收於第四冊《盜賊案》第 719 頁，擬題為《阿思蘭盜竊案殘件》，並記其尺寸為 15.4cm×28.9cm。本件還收錄於《黑城出土文書（漢文文書卷）》第 149 頁《律令與詞訟類·盜賊案》，其所記文書編號為 F1：W22（2），並列出文書諸要素：竹紙，殘，行草書，尺寸為 28.1cm×12.3cm。該書將本號文書與《中國藏黑水城漢文文獻》同頁 M1·0581［F1：W22a］號文書統一編號為 F1：W22，作為一件文書釋錄。按，兩號文書字跡、紙張一致，內容相關，編號相連，應為同件文書。文書前後均缺，現存文字 7 行。文書擬題依綴合後所定。

錄文標點：

（前缺）

1. □□□ _____ ①

2. 要行偷盜他人財物。阿思蘭起 意 _____

3. 思蘭、陈②玉立沙元带

4. 白羊角靶大刀子一把③，抽夯与阿厘、杜長寿④一同前去，行⑤至在城永

5. 平坊今告事主刘⑥譯鋪兒門首⑦，听探得鋪內无人

6. 看 守睡卧，以此令阿厘、杜長壽、四面的五人

7. _____ □扵到

（後缺）

9. 元某路錄事司文為唐兀乂等偷盜事

題解：

本件《中國藏黑水城漢文文獻》中原始編號為 F116：W171，出版編號為 M1·0583，收於第四冊《盜賊案》第 720 頁，擬題為《偷盜案》，並記其尺寸為 11.3cm×12.3cm。本件還收錄於《黑城出土文書（漢文文書卷）》第 148 頁《律

---

① 此行文字《黑城出土文書》錄文未標注，現據圖版補。
② "陳"字前原衍"与阿厘杜長壽賷夯"等字，後塗抹，現徑改。
③ "把"，《黑城出土文書》錄文作"抽"，現據圖版改。
④ "抽夯与阿厘、杜長寿"等字為右行補入，現徑改。
⑤ "行"，《黑城出土文書》錄文作"以"，現據圖版改。
⑥ "刘"字為右行補入，現徑改。
⑦ "兒門首"等字原誤寫為一字，塗抹後於右行改寫，現徑改。

令與詞訟類·盜賊案》，其所記文書編號與《中國藏黑水城漢文文獻》原始編號同，並列出文書諸要素為：竹紙，殘，行書，尺寸為 11.7cm×11.3cm。文書前後均缺，現存文字 6 行。參考文獻：侯愛梅《黑水城所出元代詞訟文書研究》，中央民族大學博士學位論文，2013 年。

錄文標點：

（前缺）

1. ☐☐☐☐☐路①錄事司抠不苓失里狀告☐☐☐☐☐☐☐☐☐
2. ☐☐☐☐☐畏②兀兒户計，見在甘州豐樂坊 住③ 坐 ☐
3. ☐☐☐☐☐有本家躯男普失的弟完者帖 木 ☐
4. ☐☐☐☐☐躯婦④唐兀义將本家男子那☐☐
5. ☐☐☐☐☐掃里一頭，年七歲；兒驢一頭☐☐
6. ☐☐☐☐☐獲，已行具狀☐☐☐☐☐☐☐

（後缺）

10. 元真布等盜麦案卷殘片

題解：

本件《中國藏黑水城漢文文獻》中原始編號為 F207：W4，出版編號為 M1·0584，收於第四冊《盜賊案》第 721 頁，擬題為《真布盜麦案》，並記其尺寸為 20cm×17.3cm。本件還收錄於《黑城出土文書（漢文文書卷）》第 149 頁《律令與詞訟類·盜賊案》，其所記文書編號與《中國藏黑水城漢文文獻》原始編號同，並列出文書諸要素為：竹紙，殘，草書，尺寸為 17.0cm×19.3cm。文書前後均缺，現存文字 12 行。

錄文標點：

（前缺）

---

① "路"，《黑城出土文書》漏錄，現據圖版補。
② 《黑城出土文書》、侯愛梅文於"畏"字前衍錄一"管"字，現就圖版改。
③ "住"，侯愛梅文漏錄，現據圖版補。
④ "躯婦"，《黑城出土文書》、侯愛梅文作"処掃"，現據圖版改。

1. ▭□孝①
2. ▭各年甲開寫在前，俱
3. ▭□所管②落不尅站提領。
4. ▭户吾即都的將軀口在吾即渠住
5. ▭今為前③真布④等盜事主完者忻
6. ▭木小麦口袋罪賊捉拿到官，當面問□⑤
7. ▭今来將⑥真布等除俗細詞⑦
8. ▭合⑧短狀招狀，既係吾即
9. ▭虽是家貧，自令⑨守分
10. ▭廿九年四月廿二日巳時以
11. ▭起意為首，別令⑩同使軀
12. ▭□木為從，首⑪真布向沙真⑫
　　（後缺）

11. 元至正四年（1344）責領狀為盜馬賊人事殘片

題解：

本件《中國藏黑水城漢文文獻》中原始編號為 F1：W62，出版編號為M1·0585，收於第四冊《盜賊案》第722頁，擬題為《盜馬賊人案》，並記其尺寸為

---

① 此行文字《黑城出土文書》錄文未標注，現據圖版補。
② "所管"，《黑城出土文書》錄文未釋讀，現據圖版補。
③ "前"，《黑城出土文書》錄文漏錄，現據圖版補。
④ "真布"，《黑城出土文書》錄文作"直布"，現據圖版改。下同，不再另作說明。
⑤ "面問□"，《黑城出土文書》錄文作"于四月"，現據圖版改。
⑥ "將"，《黑城出土文書》錄文作"有"，現據圖版改。
⑦ "除俗細詞"，《黑城出土文書》錄文漏錄，現據圖版補。
⑧ "合"，《黑城出土文書》錄文作"今"，現據圖版改。
⑨ "令"，《黑城出土文書》錄文作"當"，現據圖版改。
⑩ "別令"，《黑城出土文書》錄文作"犯合"，現據圖版改。
⑪ "首"，《黑城出土文書》錄文作"有"，現據圖版改。
⑫ "真"，《黑城出土文書》錄文作"直"，現據圖版改。

5.1cm×27.7cm。本件還收錄於《黑城出土文書（漢文文書卷）》第 150 頁《律令與詞訟類·盜賊案》，其所記文書編號與《中國藏黑水城漢文文獻》原始編號同，並列出文書諸要素為：竹紙，屑，行草書，尺寸為 27.2cm×4.9cm。文書前後均缺，現存文字 2 行。從內容來看，本件文書似為責領狀殘片。參考文獻：張笑峰《元代亦集乃路諸案成因及處理初探——以黑水城出土元代律令與詞訟文書為中心》，《西夏學》（第十輯），上海古籍出版社 2013 年版。

錄文標點：

（前缺）

1. 至正四年三月　日扵本管社長高夂石處責
2. 領到甘州路已斷 趂 發①徒役盜馬賊人倒 死

（後缺）

12. 元盜竊銀盞等物取狀殘片

題解：

本件《中國藏黑水城漢文文獻》中原始編號為 83H·F1：W26/0026，出版編號為 M1·0586，收於第四冊《盜賊案》第 722 頁，擬題為《盜賊案》，並記其尺寸為 9.7cm×18.9cm。《黑城出土文書（漢文文書卷）》一書未收。文書前後均缺，現存文字 4 行。

錄文標點：

（前缺）

1. ＿＿＿＿＿＿＿＿＿□ 貳 年＿＿
2. ＿＿＿＿＿＿＿＿合行 陸 □事上取狀
3. ＿＿＿□崽普招狀，既係元首告賊
4. ＿＿＿＿＿＿＿隻，艮②盞等物

（後缺）

---

① "趂 發"，《黑城出土文書》、張笑峰文作"迚管"，現據圖版改。
② "艮"據文意疑為"銀"字。

13. 元某司為盜賊案下錄事司等文書殘片

題解：

本件《中國藏黑水城漢文文獻》中原始編號為84H・F36：W4/0763，出版編號為M1・0587，收於第四冊《盜賊案》第723頁，擬題為《盜賊案》，並記其尺寸為14.2cm×28cm。《黑城出土文書（漢文文書卷）》一書未收。文書前後均缺，現存文字6行。

錄文標點：

（前缺）

1. ＿＿＿＿交割外，合行移関□
2. 　　　照驗＿＿＿＿將収管＿＿＿＿
3. 　　　楊希
4. 　　　公文回示施行。
5. 一下錄事司　来申解到不□四日□彼
6. 　　　□□公事，責得首賊桑空

（後缺）

14. 元甘肅行省劄付亦集乃路總管府為捉拿盜賊事

題解：

本件《中國藏黑水城漢文文獻》中原始編號為F131：W4，出版編號為M1・0588，收於第四冊《盜賊案》第724—725頁，擬題為《盜賊案》，共五件殘片，分為三組，第一組共三件殘片，尺寸為35.7cm×34.4cm；第二組殘片四尺寸為11.2cm×9.5cm；第三組殘片五尺寸為9.5cm×43cm。本件文書殘片一、四、五還收錄於《黑城出土文書（漢文文書卷）》第149頁《律令與詞訟類・盜賊案》，其所記文書編號與《中國藏黑水城漢文文獻》原始編號同，並列出文書諸要素為：宣紙，殘，行書，尺寸分別為20.8cm×28.1cm、9.3cm×10.8cm、42.1cm×8.0cm。文書殘片一現存文字12行，殘片二現存文字3行，殘片三無文字殘留，殘片四現存文字3行，殘片五現存文字1行。從內容來看，其應為甘肅行省下亦集乃路總管府劄付。參考文獻：侯愛梅《黑水城所出元代詞訟文書研究》，中央民族大學博士學位論文，2013年。

錄文標點：

（一）

　　　　　　（前缺）

1. _____平_____
2. □①若襲至_____
3. 作過②其里之_____
4. 賊徒不能得獲，主盜□_____
5. 指出窩主，捉拿下獄_____
6. 或不傷③事主，已看明_____
7. 物之賊。今止以□_____
8. 善騎射者殺之_____
9. 追襲至近何□□④_____
10. 与以草莽林木□_____
11. 賊盜或死或⑤_____
12. 合各從前_____

　　　　　　（後缺）

（二）

　　　　　　（前缺）

1. _____□
2. _____眾相搀
3. _____頭王乂

　　　　　　（後缺）⑥

---

① 此字殘，僅存左半"言"，《黑城出土文書》錄文未標注，侯愛梅文作"言"，現存疑。
② "過"，《黑城出土文書》、侯愛梅文作"遇"，現據圖版改。
③ "傷"，《黑城出土文書》錄文作"飭"，現據圖版改。
④ 此兩字殘損，《黑城出土文書》、侯愛梅文作"由事"，現存疑。
⑤ "死或"，《黑城出土文書》錄文未釋讀，現據圖版補。
⑥ 此殘片《黑城出土文書》一書未收。

(三)

(無文字殘留)

(四)

   (前缺)

1. ▭行盜及行
2. ▭或經斷怙
3. ▭請照驗，依上

   (後缺)

(五)

   (前缺)

1. 右劄付亦集乃路總管府准①

   (後缺)

15. 元某司申亦集乃路總管府文為管押盜馬賊人赴府事

題解：

本件《中國藏黑水城漢文文獻》中原始編號為 F116：W288a，出版編號為 M1·0589，收於第四冊《盜賊案》第 726 頁，擬題為《盜馬賊人案》，並記其尺寸為 19.2cm×32.8cm。本件還收錄於《黑城出土文書（漢文文書卷）》第 148 頁《律令與詞訟類·盜賊案》，其所記文書編號為 F116：W288，並列出文書諸要素為：竹紙，殘屑，楷書，尺寸為 15.3cm×18.2cm。文書共兩件殘片，殘片一現存文字 8 行，殘片二僅存日期，《黑城出土文書（漢文文書卷）》將其拼合釋錄。按，文書第 2 行云"管押前去亦集乃路交割處理"，第 6 行云"須至申者"，據此推斷，其應為某司申亦集乃路總管府文。參考文獻：張笑峰《元代亦集乃路諸案成因及處理初探——以黑水城出土元代律令與詞訟文書為中心》，《西夏學》（第十輯），上海古籍出版社 2013 年版。

錄文標點：

(一)

   (前缺)

---

① 《黑城出土文書》錄文於"准"字後加一缺字符號，圖版中未見缺字，現據圖版改。

1. ☐☐☐☐等公事，除①將盜馬賊人婁朋布等☐☐☐☐
2. ☐☐☐☐管押前去亦集乃路交割処理☐☐☐☐
3. ☐☐☐奉此，卑司除將已斷盜馬賊人婁朋☐☐
4. ☐☐☐管押前赴
5. ☐☐☐   伏乞
6. ☐☐☐湏至②申者
7. ☐☐☐肆名：
8. ☐☐☐馬忽魯丁　李狗兒　兀☐☐☐
9. ☐☐☐☐　伏③　　　　魯兒不花④　☐☐

　　　　（後缺）

（二）

　　　　（前缺）

1. 　　　　廿日

　　　　（後缺）

16. 元盜賊案卷殘片

題解：

本件《中國藏黑水城漢文文獻》中原始編號為 F204：W1，出版編號為 M1·0590，收於第四冊《盜賊案》第 727 頁，擬題為《盜賊案》，並記其尺寸為 18.3cm×15.9cm。本件還收錄於《黑城出土文書（漢文文書卷）》第 149 頁《律令與詞訟類·盜賊案》，其所記文書編號與《中國藏黑水城漢文文獻》原始編號同，並列出文書諸要素為：草紙，屑，草書，尺寸為 18.3cm×15.5cm。文書前後均缺，現存文字 7 行。

錄文標點：

　　　　（前缺）

---

① "除"，《黑城出土文書》錄文漏錄，現據圖版改。
② "至"，《黑城出土文書》、張笑峰文作"呈"，現據圖版改。
③ "伏"，《黑城出土文書》錄文漏錄，現據圖版補。
④ "魯兒不花"，《黑城出土文書》、張笑峰文錄作上行"兀"字之後，現據圖版改。

528　中國藏黑水城漢文文獻的整理與研究

1. 裝盛那孩□□□□□□□□
2. 向囚賊□□①□□□□□□
3. 至廿三日被事主②□□□□
4. 官理問、巡檢者踏盤□□□
5. 贓搜捉拿，隨狀告□□□□
6. 伏是实，如□③□□□□□
7. 罪家奴义□□□□□□□□
　　　（後缺）

17. 元盜賊案卷殘片

題解：

本件《中國藏黑水城漢文文獻》中原始編號為84H・F116：W305/1477，出版編號為M1・0591，收於第四冊《盜賊案》第728頁，擬題為《盜賊案殘件》，並記其尺寸為19.6cm×14.9cm。《黑城出土文書（漢文文書卷）》一書未收。文書共兩件殘片，殘片一現存文字2行；殘片二現存文字3行。

錄文標點：

（一）
　　　（前缺）
1. ＿＿＿＿□發賊人衣有□□□
2. ＿＿＿＿□□□□□□□□
　　　（後缺）

（二）
　　　（前缺）
1. □□□□□□□□

―――――――――

① 此兩字漫漶，《黑城出土文書》錄文作"罪犯"，據圖版不似，現存疑。
② "事主"，《黑城出土文書》錄文未釋讀，現據圖版補。
③ "如□"，《黑城出土文書》錄文作"故牒"，現據圖版改。

2. □此□□
3. 発□□

　　　（後缺）

18. 元文書殘片

題解：

本件《中國藏黑水城漢文文獻》中無原始編號，出版編號為M1·0592，收於第四冊《盜賊案》第729頁，擬題為《文書殘件》，並記其尺寸為19.1cm×27.1cm。《黑城出土文書（漢文文書卷）》一書未收。文書共六件殘片，字跡非一，應非同件文書。殘片一現存文字3行，殘片二現存文字3行，殘片三現存文字2行，殘片四現存文字3行，殘片五現存文字3行，殘片六現存文字1行。

錄文標點：

（一）

　　　（前缺）

1. □
2. 丙
3. 昻該□

　　　（後缺）

（二）

　　　（前缺）

1. □□□□
2. 扵不老荅
3. 物斛頭□

　　　（後缺）

（三）

　　　（前缺）

1.
2. 　　□字

　　　（後缺）

（四）
　　　　　（前缺）
1. 一領□□_____
2. 三疋山布□_____
3. 口袋□□_____
　　　　　（後缺）

（五）
　　　　　（前缺）
1. _____□十七下，徒□□___
2. _____亦集乃路居住_____
3. _____各賊主賚□□_____
　　　　　（後缺）

（六）
　　　　　（前缺）
1. _____□□_____
　　　　　（後缺）

附

1. 元訴狀文書殘片

題解：

本件文書收於《黑城出土文書（漢文文書卷）》第150頁《律令與詞訟類·盜賊案》，其所記文書編號為F155：W10，並列出文書諸要素為：草紙，原為訴狀，經裁剪在背面寫書信，原文書殘存一隅，尺寸為27.0cm×17.6cm。文書為正背雙面書寫，此為正面內容，其圖版《中國藏黑水城漢文文獻》未收（該書中第2198頁所收84H·F155：W10/2112號文書與此不同），從內容來看，其應為訴狀文書殘片；背面圖版收錄於《中國藏黑水城漢文文獻》第六冊《書信》第1329頁，編號為M1·1077［F115：W11］，其還收錄於《黑城出土文書（漢文文書卷）》第191頁《書信類》，所記文書編號為F155：W11。

錄文標點：

（前缺）

1. 譯狀無信，所告如虛，甘罪不詞，執結是實，伏乞
2. 台旨。

（後缺）

（六）財物案

1. 元忙古歹等偷盜財物案卷殘片

題解：

本件《中國藏黑水城漢文文獻》中原始編號為F73∶W16，出版編號為M1·0593，收於第四冊《財物案》第733頁，擬題為《財物案》，並記其尺寸為24.7cm×27.2cm。本件還收錄於《黑城出土文書（漢文文書卷）》第150頁《律令與詞訟類·財物案》，其所記文書編號與《中國藏黑水城漢文文獻》原始編號同，並列出文書諸要素為：竹紙，殘，行書，尺寸為20.3cm×24.1cm。文書前後均缺，現存文字9行。

錄文標點：

（前缺）

1. ＿＿＿＿＿＿＿＿＿＿＿＿＿＿＿＿＿＿知何処借到
2. 旧損不堪鞍子一付，俱各將馬俗了，又収拾到
3. 粮食黄米五椀、孔立麻五椀、弓箭二付、銅鑼
4. 鍋一囗①、元蓋卧旧毡二片、羊皮被二張，將粮餅②
5. 用荅連毛囗③袋盛放，俱各④縛抓定⑤，在彼等候。至
6. 一⑥更前後，有今⑦相識刘丑僧背夯旧鞍子一付、

---

① "鍋一囗"，《黑城出土文書》錄文錄作上一行，現據圖版改。
② "餅"，《黑城出土文書》錄文作"饢"，現據圖版改。
③ "囗"，《黑城出土文書》錄文漏錄，現據圖版補。
④ 《黑城出土文書》錄文於"各"字後衍錄一"各"字，現據圖版改。
⑤ "定"字為後寫補入，現徑改。
⑥ "一"，《黑城出土文書》錄文錄作上一行，現據圖版改。
⑦ "今"，《黑城出土文書》錄文作"个旧"字，現據圖版改。

7. 彎①頭一付前来。有忙古歹向丑僧言說："既来了
8. 呵，去来，將应有行李稍帶作一馱，扵陈忠小青②
9. 白③扇馬上馳訖。"忙古歹与来保重騎烏花□□
　　（後缺）

2. 元羅信甫取狀為質典玉帶事
題解：
本件《中國藏黑水城漢文文獻》原始編號為 F234：W9，出版編號為 M1·0594，收於第四冊《財物案》第 734 頁，擬題為《僧人任义兒狀告案》，並記其尺寸為 28.2cm×28.9cm。本件還收錄於《黑城出土文書（漢文文書卷）》第 151 頁《律令與詞訟類·財物案》，所記文書編號與《中國藏黑水城漢文文獻》原始編號同，並列出文書諸要素為：麻紙，殘，草行書，經塗改，尺寸為 28.5cm×26.5cm。文書為正背雙面書寫，正面現存文字 12 行，背面圖版《中國藏黑水城漢文文獻》未收，《黑城出土文書（漢文文書卷）》也未釋錄，從正面所透墨跡看，背面現存文字 3 行。

錄文標點：
正：
1. 　　取狀人羅信甫
2. 　　右奉取狀者見年四十八歲，無病，係
3. 御位下安西路刘万户所管城粮所④□勾當。
4. 　　見⑤扵亦集乃在城價賃到王豚月狗⑥土房一間⑦，
5. 　　□凡馿□⑧　　　　住坐。今為僧人任义兒狀告伊

---

① "彎"，《黑城出土文書》錄文錄作上一行，現據圖版改。
② "青"，《黑城出土文書》錄文作"麦"，現據圖版改。
③ "白"，《黑城出土文書》錄文錄作上一行，現據圖版改。
④ "城粮所"，《黑城出土文書》錄文作"祗候府"，現據圖版改。
⑤ 《黑城出土文書》錄文於"見"字前衍錄一缺字符，現據圖版改。
⑥ "狗"，《黑城出土文書》錄文作"將"，現據圖版改。
⑦ "間"，《黑城出土文書》錄文錄作下一行，現據圖版改。
⑧ "□凡馿□"，《黑城出土文書》錄文作"計鈔"，現據圖版改。

6. ＿＿＿＿＿＿＿＿＿＿＿＿隻□①。本②年五③月初二日向厶④
7. ＿＿＿＿＿＿＿＿＿＿＿＿到官⑤取狀俱实，任乂兒⑥先扵
8. ＿＿＿＿＿＿＿＿＿＿＿＿揭□□＿＿＿＿□□□⑦
9. ＿＿＿＿＿＿＿＿＿＿交質典玉帶內一＿＿＿
10. ＿＿＿＿＿＿＿＿＿＿在官司⑧直。五月初二日早
11. ＿＿＿＿＿＿＿＿＿＿＿＿了，至當日⑨□囬
12. ＿＿＿＿＿＿＿＿＿＿＿＿＿＿□□□□⑩
　　　（後缺）

背：
　　　（前缺）
1. ＿＿＿＿＿＿＿□斷罪□□
2. 　　　　　（簽押）
3. 　　初三日⑪

3. 元亦集乃路總管府文為押解孫直正身赴府事

題解：

　　本件《中國藏黑水城漢文文獻》中原始編號為F193：W12，出版編號為M1·0595，收於第四冊《財物案》第735頁，擬題為《陳礼狀告孫直欠少伊貨錢不肯歸案》，並記其尺寸為32.8cm×23.9cm。本件還收錄於《黑城出土文書（漢文文書卷）》第150頁《律令與詞訟類·財物案》，其所記文書編號與《中國藏黑水城

---

① "隻□"，《黑城出土文書》錄文未釋讀，現據圖版補。
② "本"字前原衍四字，後塗抹，現徑改。
③ "年五"兩字為右行補入，現徑改。
④ "厶"字原作"本家"，塗抹後於右行改寫，《黑城出土文書》錄文作"本家"，現據圖版改。
⑤ "到官"兩字為右行補入，現徑改。
⑥ "任乂兒"，《黑城出土文書》錄文未釋讀，現據圖版補。
⑦ 此行文字《黑城出土文書》錄文漏錄，現據圖版補。
⑧ "司"，《黑城出土文書》錄文作"至"，現據圖版改。
⑨ "當日"為右行補入，現徑改。
⑩ 第11、12行文字《黑城出土文書》錄文未釋讀，現據圖版補。
⑪ 此3行文字為背面所書，第1行書於正面第11、12行之間，第2行書於正面第4、5行之間，第3行書於正面第3、4行之間。

漢文文獻》原始編號同，並列出文書諸要素為：麻紙，殘，草行書，尺寸為23.5cm×30.7cm。文書前完後缺，現存文字8行。參考文獻：侯愛梅《黑水城所出元代詞訟文書研究》，中央民族大學博士學位論文，2013年。

錄文標點：

1. 皇帝聖旨裏，亦集乃路總管府據甘州路
2. 錄事司狀申云云①。得②此，更③行官議④。准甘州路
3. 関，亦為⑤此事。准此，照得，先據當⑥司申
4. 陳礼狀告孫直欠少伊貨錢不肯歸
5. 還公事⑦，已將本人発下當⑧司取問明白，依理
6. 帰結去訖。今准前因⑨，總府今⑩差本
7. 役前⑪ ☐☐☐☐☐ 孫直正身押来
8. 赴府 ☐☐☐ 施 行

　　　　（後缺）

4. 元某人訴狀為小麥事殘片

題解：

本件《中國藏黑水城漢文文獻》中原始編號為F4:W7，出版編號為M1·0596，收於第四冊《財物案》第736頁，擬題為《亦集乃路在城聖陰寺住人狀告案》，並記其尺寸為17.5cm×21.2cm。本件還收錄於《黑城出土文書（漢文文書卷）》第150頁《律令與詞訟類·財物案》，其所記文書編號與《中國藏黑水城漢文文獻》原始編號同，並列出文書諸要素為：草紙，殘，草行書，尺寸為20.9cm×17.4cm。

---

① 第二個"云"為省文符號，現逕改。
② "得"，《黑城出土文書》、侯愛梅文作"將"，現據圖版改。
③ "更"，《黑城出土文書》、侯愛梅文作"施"，現據圖版改。
④ "議"，《黑城出土文書》、侯愛梅文未釋讀，現據圖版補。
⑤ "為"，《黑城出土文書》、侯愛梅文作"將"，現據圖版改。
⑥ "先據當"，《黑城出土文書》、侯愛梅文作"該路在"，現據圖版改。
⑦ "事"，《黑城出土文書》、侯愛梅文作"文"，現據圖版改。
⑧ "當"，《黑城出土文書》、侯愛梅文作"在"，現據圖版改。
⑨ "今准前因"，《黑城出土文書》、侯愛梅文作"方准原因"，現據圖版改。
⑩ "今"，《黑城出土文書》、侯愛梅文作"公"，現據圖版改。
⑪ "前"，《黑城出土文書》、侯愛梅文作"若"，現據圖版改。

文書前後均缺，現存文字9行。參考文獻：張笑峰《聖容寺研究——以黑水城出土文書為中心》，《西夏研究》2011年第1期。

錄文標點：

（前缺）

1. ▢告，年三十六歲，無病，係
2. 亦集乃在城聖陰寺前住坐，伏为狀告近扵
3. 壹名，喚愛的斤，与貝寧普擇①赶到②▢
4. 麦▢斛盐米③，至當月二十④六日到貝寧普
5. 的斤存留，初三▢⑤止在屯田渠朱和尚家
6. 駄小麦前来赴城還家。至直九月初二日
7. 式頭⑥，賫夯口袋二對，前
8. 初二所俱備駝鞍，復⑦
9. 到家一口得⑧羅▢

（後缺）

5. 元某人訴狀為王九賫夯客貨錢事殘片

題解：

本件《中國藏黑水城漢文文獻》中原始編號為F114∶W6，出版編號為M1·0597，收於第四冊《財物案》第737頁，擬題為《王七弟王旭賫夯客貨案》，並記其尺寸為19.6cm×31.2cm。本件還收錄於《黑城出土文書（漢文文書卷）》第150頁《律令與詞訟類·財物案》，其所記文書編號與《中國藏黑水城漢文文獻》原始編號同，並列出文書諸要素為：竹紙，殘，行草書，尺寸為30.3cm×

---

① 《黑城出土文書》錄文於"擇"字後衍錄一"采"字，張笑峰文同，現據圖版改。
② "到"，《黑城出土文書》錄文作"動"，張笑峰文同，現據圖版改。
③ "▢斛盐米"，《黑城出土文書》錄文作"當科差末"，張笑峰文同，現據圖版改。
④ "二十"，《黑城出土文書》錄文作"廿"，張笑峰文同，現據圖版改。
⑤ 此字《黑城出土文書》錄文作"為"，張笑峰文同，據圖版不似，現存疑。
⑥ "式頭"原作"頭弍"，旁加倒乙符號，《黑城出土文書》錄文作"弍"，張笑峰文同，現據圖版改。
⑦ "復"，《黑城出土文書》錄文作"後"，張笑峰文同，現據圖版改。
⑧ "一口得"，《黑城出土文書》錄文作"戶均"，張笑峰文同，現據圖版改。

18.5cm。文書共三件殘片，殘片一現存文字 2 行，殘片二現存文字 4 行，殘片三現存文字 1 行，《黑城出土文書（漢文文書卷）》將其拼合釋錄，現按圖版分開釋錄。從内容來看，其應為訴狀殘片。

錄文標點：

（一）

（前缺）

1. ▭▭▭▭▭▭▭□户，見在本路在城①与徐提領□▭▭▭▭

2. ▭▭▭▭▭▭▭▭▭□▭▭▭▭▭▭

（後缺）

（二）

（前缺）

1. 王七令弟王九②賷夯客貨▭▭▭▭▭▭▭有余，王七承③伏不肯歸▭▭▭

2. 難以取嗦。今来若不狀告，思忖④得王七令弟王九⑤賷夯客貨錢⑥，不知何往去訖⑦，故意推▭▭▭

3. 下街客貨錢，私下實在▭▭▭▭▭此情理難容。今不免⑧具狀上訴

4. 亦集乃路總管府，乞賜▭▭▭▭

（後缺）

（三）

（前缺）

1. ▭▭▭▭告狀人▭▭▭▭

（後缺）

---

① "在城"，《黑城出土文書》錄文漏錄，現據圖版補。
② "王九"，《黑城出土文書》錄文作"差"，現據圖版改。
③ "承"，《黑城出土文書》錄文作"弟"，現據圖版改。
④ "思忖"，《黑城出土文書》錄文作"忍耐"，現據圖版改。
⑤ "九"，《黑城出土文書》錄文作"旭"，現據圖版改。
⑥ "錢"，《黑城出土文書》錄文作"名"，現據圖版改。
⑦ "不知何往去訖"原作"甘州買賣去訖"，塗抹後於右行改寫，《黑城出土文書》錄文作"名知何往去處名甘州買賣去訖"，現據圖版改。
⑧ "免"，《黑城出土文書》錄文作"先"，現據圖版改。

整理編　第四冊　537

6. 元大德六年（1302）楊寶取狀

題解：

本件《中國藏黑水城漢文文獻》中原始編號為F79：W41，出版編號為M1·0598，收於第四冊《財物案》第738頁，擬題為《朶立赤趕去黑花牛案》，並記其尺寸為37.5cm×29.1cm。本件還收錄於《黑城出土文書（漢文文書卷）》第150頁《律令與詞訟類·財物案》，其所記文書編號與《中國藏黑水城漢文文獻》原始編號同，並列出文書諸要素為：竹紙，殘，草書，尺寸為27.2cm×31.8cm。文書共兩件殘片，可拼合，拼合後現存文字9行。從內容來看，其應為大德六年楊宝取狀。

錄文標點：

（前缺）

1. ＿＿＿＿＿＿＿＿＿索 徐□等□□至十七日楊宝与
2. ＿＿＿＿＿＿＿朶立赤元①赶去黑花牛一隻，上駄麦面，
3. ＿＿＿＿＿＿＿便取問所責前詞，並是的實，別
4. 無＿＿＿＿＿磨②問，伏与各人□對与上狀，稍
5. 有不同＿＿＿＿＿重罪不詞，□□□③，執結④是
6. 實，伏取
7. 裁＿＿＿＿
8. 大德六年十二月　日取狀人楊宝（簽押）　　狀

9. 　　　十四日⑤

---

① "元"，《黑城出土文書》錄文作"又"，現據圖版改。
② "磨"，《黑城出土文書》錄文作"麽"，現據圖版改。
③ 此處所缺文字《黑城出土文書》錄文作缺一字標注，現據圖版改。
④ "結"，《黑城出土文書》錄文作"法"，現據圖版改。
⑤ 文書第4—7行中間缺文符號前為殘片二內容，其餘為殘片一內容。

7. 元也火却丁取狀為和糴小麥價錢事

題解：

本件《中國藏黑水城漢文文獻》中原始編號為 F111：W70，出版編號為 M1·0599，收於第四冊《財物案》第 739 頁，擬題為《財物案》，並記其尺寸為 21.7cm×21.7cm。本件還收錄於《黑城出土文書（漢文文書卷）》第 151 頁《律令與詞訟類·財物案》，其所記文書編號與《中國藏黑水城漢文文獻》原始編號同，並列出文書諸要素為：麻紙，殘，行楷書，經塗抹，尺寸為 21.4cm×21.2cm。文書前完後缺，現存文字 7 行。從內容來看，其應為也火却丁取狀。

錄文標點：

1. 取狀人也火却丁□□□□□
2. □奉①取狀者見年□□□
3. 無病，係本府吾即合□
4. 管站户。今為厶与②本管百户吾即
5. 合合③一④同
6. 赴行省⑤宣使烏麻兒等⑥処買訖和糴小⑦麦，價
7. 錢⑧中統⑨鈔□□□□□厶却行赴官陳告昏賴⑩

　　　（後缺）

---

① "□奉"，《黑城出土文書》錄文作缺一字處理，據同類文書可推知，此處應為"右奉"。
② "厶与"兩字為右行補入，現徑改。
③ 第二個"合"字為省文符號，《黑城出土文書》錄文作"今"，現據圖版改。
④ "一"字前原衍"狀招指却丁布与伊"等字，後塗抹，《黑城出土文書》錄文照錄，現徑改。
⑤ "行省"兩字為右行補入，現徑改。
⑥ "等"字為右行補入，現徑改。
⑦ "和糴小"等字為右行補入，現徑改。
⑧ "錢"，《黑城出土文書》錄文作"鈔"，現據圖版改。
⑨ "錢中統"等字為右行補入，現徑改。
⑩ "厶却行赴官陳告昏賴"等字為右行補寫，且"賴"字後原衍"烏麻兒"三字，後塗抹，《黑城出土文書》錄文照錄，現徑改。

8. 元丟失驢隻案卷殘片

題解：

本件《中國藏黑水城漢文文獻》中原始編號為 Y1：W32，出版編號為M1·0600，收於第四冊《財物案》第 740 頁，擬題為《丟失駱駝案》，並記其尺寸為 6.1cm×30.3cm。本件還收錄於《黑城出土文書（漢文文書卷）》第 151 頁《律令與詞訟類·財物案》，其所記文書編號與《中國藏黑水城漢文文獻》原始編號同，並列出文書諸要素為：麻紙，殘，楷行書，尺寸為 30.3cm×5.2cm。文書前後均缺，現存文字 4 行。參考文獻：吳超《蒙元時期亦集乃路畜牧業初探》，《農業考古》2012 年第 1 期。

錄文標點：

（前缺）

1. ［　　］囬泉水邊止宿，將驢隻於彼草地內撒放。至二十八日巳時以来，只帖等□［　　］
2. ［將］赶點覷得，於內不見訖①，驢一十三隻內，只帖駝七隻，內：七歲黃母駝一隻，左腮上有ㄣ如此印記，［上］②
3. 隻左後腿上有朩如此印記；七歲黑母駝一隻；十歲黃扇駝二隻，七□③［　　］
4. 記；五歲黃母駝一隻，左眼瞎，左後腿上有ㄣ如此印記［　　］

（後缺）

9. 元某司呈甘肅行省文為典錢鈔事殘片

題解：

本件《中國藏黑水城漢文文獻》中原始編號為 F180：W4，出版編號為M1·0601，收於第四冊《財物案》第 741 頁，擬題為《財物案殘件》，並記其尺寸為

---

① “訖”，《黑城出土文書》錄文未釋讀，現據圖版補。

② “［上］”，《黑城出土文書》錄文未釋讀，現據圖版補。

③ “七□”，《黑城出土文書》錄文作“左□下”，現據圖版改。

12.9cm×14.9cm。本件還收錄於《黑城出土文書（漢文文書卷）》第 150 頁《律令與詞訟類·財物案》，其所記文書編號與《中國藏黑水城漢文文獻》原始編號同，並列出文書諸要素為：草紙，殘，行草書，尺寸為 14.2cm×12.1cm。文書前後均缺，現存文字 5 行。

錄文標點：

　　　　　（前缺）
1. ____□典錢鈔①定向何賢____
2. ____孩②具議赴亦集乃路____
3. ____壹拾陸定責付何保奴____
　　　　（中缺 1 行）
4. ____具呈甘肅行省□
5. ____□藉□③____
　　　　（後缺）

10. 元某司呈文殘片

題解：

本件《中國藏黑水城漢文文獻》中原始編號為 F111：W65，出版編號為M1·0602，收於第四冊《財物案》第 742 頁，擬題為《財物案殘件》，並記其尺寸為 18.9cm×23.1cm。本件還收錄於《黑城出土文書（漢文文書卷）》第 150 頁《律令與詞訟類·財物案》，其所記文書編號與《中國藏黑水城漢文文獻》原始編號同，並列出文書諸要素為：竹紙，殘，行草書，背面畫有花押，尺寸為 21.2cm×23.2cm。文書為正背雙面書寫，正面現存文字 5 行，從內容來看，其應為呈文殘片；背面圖版《中國藏黑水城漢文文獻》未收，《黑城出土文書（漢文文書卷）》也未釋讀，從正面所透墨蹟看，背面文字現存 4 行，應為雜寫。

錄文標點：

正：

　　　　（前缺）

---

① "鈔"，《黑城出土文書》錄文漏錄，現據圖版補。
② "孩"，《黑城出土文書》錄文作"該"，現據圖版改。
③ "□藉□"前後兩字漫漶不清，《黑城出土文書》錄文作"如藉遊"，現存疑。

整理編　第四冊　541

1. ☐①

2. 時②月，比及玉的拜到來③，仰將④被⑤論⑥

3. 人員責⑦羈管⑧省會運割⑨，

4. ☐差⑩人到府施行⑪，奉此合行

5. 具呈者。

6. 　　差人⑫

　　　（後缺）

背：

1. 剉　剉　剉

2. 剉

3. 剉　剉　剉

4. 　　　（簽押）⑬

（七）土地案

1. 元告攔文狀為陳伴舊、孫占住等爭地土事

題解：

本件《中國藏黑水城漢文文獻》中原始編號為F116:W98，出版編號為M1·

---

① 《黑城出土文書》錄文此處錄為3行文字，其文作"歸結，/今蒙/總府官議得即目正是農忙"。圖版無。
② "時"字前原衍四字，後塗抹，且前兩字塗抹後於右行改寫為"田禾"，再次塗抹，現徑改。《黑城出土文書》錄文將所有塗抹文字釋錄為"之際，田禾將熟"。
③ "比及玉的拜到來"為右行補入，且"玉"字前原衍三字，後塗抹，現徑改。
④ "仰將"，《黑城出土文書》錄文將其錄入"比及"之後，現據圖版改。
⑤ "被"字前原衍一字，後塗抹，現徑改。
⑥ 此行文字前《黑城出土文書》錄文多錄"歸結/今蒙/總府官議得即目正是農忙"三行，圖版未見，不知何據。
⑦ "員責"，《黑城出土文書》錄文作"省實"，現據圖版改。
⑧ "省責羈管"為右行補入，現徑改。
⑨ 此字後原衍"收刈田苗"四字，後塗抹，《黑城出土文書》錄文照錄，現徑改。
⑩ "☐差"，《黑城出土文書》錄文作"將☐"，現據圖版改。
⑪ "差人到府施行"等字書寫原誤，塗抹後於右行改寫，現徑改。
⑫ 此行文字《黑城出土文書》錄文未釋讀，現據圖版補。
⑬ 背面文字位於正面第3行之左，字頭向下。

0603，收於第四冊《土地案》第745—747頁，擬題為《陳伴旧等爭地案》，共三件殘片，尺寸分別為23.5cm×35.2cm、22.9cm×29.5cm、25cm×22.9cm。本件還收錄於《黑城出土文書（漢文文書卷）》第151頁《律令與詞訟類·地土案》，其所記文書編號與《中國藏黑水城漢文文獻》原始編號同，並列出文書諸要素為：竹紙，殘，楷行書，尺寸分別為34.8cm×22.5cm、29.5cm×22.6cm、22.0cm×24.5cm。文書殘片一現存文字15行，殘片二現存文字1行，殘片三僅存日期。蘇力先生曾指出本件文書是元代的"告攔狀"，告攔的雙方是亦集乃路的屯田軍人，通過其可以得出元代的告攔狀需要具備以下幾個條件：一要陳述爭訟產生的原委；二要說明雙方自願休和並以告攔方式解決爭訟，寫明爭訟財產的處理方案；三要寫清當事雙方若不依告攔、再生訴訟的懲罰措施；四文狀末尾還要將當事雙方與調解勸和之人的姓名、年齡以及身體健康狀況予以標明。王盼則指出本件文書與《麥足朶立只答站户案文卷》為黑水城文書中僅有的兩件告攔狀，為研究元代民事糾紛的調解機制提供了實物資料。參考文獻：1. 蘇力《黑城出土F116:W98號元代文書研究》，《古代文明》2011年第4期；2. 王盼《由黑城文書看亦集乃路民事糾紛的調解機制》，《西夏研究》2010年第2期；3. 侯愛梅《黑水城所出元代詞訟文書研究》，中央民族大學博士學位論文，2013年。

錄文標點：

（一）

（前缺）

1. 甘肅等処管軍萬
2. 萬户府委差鎮
3. 旧処，將各人勸說休□①
4. 擾乱官司，李文通衆人等商量告攔文狀，以 此② 情願當官告攔休和，將上項
5. 元爭地土壹石均分叁分，內分与孫占住貳分，陳伴旧分与壹分。意願將孫占住元種地小麥叁斗陳伴旧収持，碾

---

① 據下文可知，此處所缺文字應為"和"。
② "此"，《黑城出土文書》錄文未釋讀，現據圖版補。蘇力文、王盼文、侯愛梅錄文均與《黑城出土文書》錄文同，下不再另作說明。

6. 到市斗小麦壹石陸斗，就交付与孫占住了當。如蒙准告，於民相□□①，告攔休和之後，占住永無再行經官陳

7. 告争競。如後不依告攔，却有二人争競之日②，占住情願當官罰騙馬叁疋、白米壹拾石充本管官司公

8. 用，更甘當重罪不詞，執結是實。得此，

9. 告攔狀人陳伴旧等：

10. 　　　一名被告人陳伴旧，年四十三歲，无病。

11. 　　　一名被人陳六月③狗，年三十八歲，无病。

12. 　　　一名孫占住，年三十一歲，无病。

13. 告攔勸和人：

14. 　　　一名李文④通，年五十五歲，无病。

15. 　　　一名閔用，年六十三歲，无病。

16. 　　　＿＿＿＿＿＿＿歲，无病。⑤

　　　（後缺）

（二）

　　　（前缺）

1. ＿＿＿＿＿＿＿年三月　　　日

　　　（後缺）

（三）

　　　（前缺）

1. 　　　廿七日⑥（簽押）

---

① 此處應缺兩字，《黑城出土文書》錄文標注缺一字，現據圖版改。
② "之日"，《黑城出土文書》錄文作"者"，現據圖版改。
③ "六月"，《黑城出土文書》錄文作"育"，現據圖版改。
④ "文"，《黑城出土文書》錄文作"久"，現據圖版改。
⑤ 此行文字《黑城出土文書》錄文未標注，現據圖版補。
⑥ "廿七日"上鈐朱印一枚。

2. 元吾七玉至羅訴狀為土地事

題解：

本件《中國藏黑水城漢文文獻》中原始編號為 F17：W1，出版編號為 M1·0604，收於第四冊《土地案》第 748 頁，擬題為《債錢主逼取站戶吾七玉至羅土地案》，並記其尺寸為 14.9cm×36.1cm。本件還收錄於《黑城出土文書（漢文文書卷）》第 153 頁《律令與詞訟類·地土案》，其所記文書編號與《中國藏黑水城漢文文獻》原始編號同，並列出文書諸要素為：竹紙，殘，行楷書，尺寸為 35.0cm×14.2cm。文書前完後缺，現存文字 6 行。從內容來看，其應為吾七玉至羅訴狀。

錄文標點：

1. 告狀人吾七玉至羅
2. 右玉至羅，年三十歲，無病，係本路所管落卜尅站戶，見在沙立渠住坐，伏為狀告累年以來節次
3. 月日不等①揭借他人錢債，錢主日逐逼取，無可打兌。今將忽魯地面元占到②開荒地一段，計地伍拾
4. 畝：已開③熟地叁拾畝，生地貳拾畝。其地東至徐荅失帖木兒為界，南至賣□□□□□□
5. 丁伯沙乞荅地為界，北至梁耳孩④地為界，四至分明，欲□□□□□□□
6. 擅⑤□□□□□□□□□□□□□□具狀上告

　　　　（後缺）

---

① "等"，《黑城出土文書》錄文未釋讀，現據圖版補。
② "到"，《黑城出土文書》錄文作"得"，現據圖版改。
③ "開"，《黑城出土文書》錄文未釋讀，現據圖版補。
④ "孩"，《黑城出土文書》錄文作"債"，現據圖版改。
⑤ "擅"，《黑城出土文書》錄文作"壇"，現據圖版改。

3. 元訛屈等不遵官司區處均俵水分案卷殘片

題解：

本件《中國藏黑水城漢文文獻》中原始編號為Y1：W66B，出版編號為M1·0605，收於第四冊《土地案》第749頁，擬題為《俵水糾紛案》，並記其尺寸為21cm×28cm。本件還收錄於《黑城出土文書（漢文文書卷）》第154頁《律令與詞訟類·地土案》，其所記文書編號為Y1：W66，並列出文書諸要素為：麻紙，殘，草行書，尺寸為27.3cm×20.5cm。文書前後均缺，現存文字7行，經塗抹。參考文獻：1. 李艷、謝繼忠《從黑城文書看元代亦集乃路的水利管理和糾紛》，《邊疆經濟與文化》2010年第1期；2. 霍紅霞《元代亦集乃路水利管理初探》，《農業考古》2012年第4期。

錄文標點：

（前缺）

1. 均俵，訛屈自合①依奉，却②不合
2. 不遵③官司區處。訛屈主意，都領汝足梅、
3. 吾即④貀汝中玉、亦稱布、買⑤驢并嵬如法師雇□⑥
4. 人班的等二十余人⑦將⑧水攪奪⑨，尽行閙澆訖⑩訛屈
5. 并吾即、汝足梅、嵬如法師⑪等大小二麦粆穀。　拾
6. □□至二十日有馬旺前来向訛屈言說：你⑫

---

① "合"字右旁先不寫一"遵"字，後塗抹，且"合"字後原衍"安分"兩字，後塗抹，《黑城出土文書》錄文照錄，現徑改。
② "却"字前原衍"官司"兩字，後塗抹，《黑城出土文書》錄文照錄，現徑改。
③ "遵"字原作"合"，塗抹後於右旁改寫，《黑城出土文書》錄文作"遵合"，現徑改。
④ "吾即"兩字為右行補入，現徑改。
⑤ "買"，《黑城出土文書》錄文作"賈"，現據圖版改。
⑥ 此處所缺字《黑城出土文書》錄文未標注，現據圖版補。
⑦ "人"，《黑城出土文書》錄文漏錄，現據圖版補。
⑧ "將"字為右行補入，現徑改。
⑨ "攪奪"兩字為右行補入，且"攪"字《黑城出土文書》錄文作"攬"，現據圖版改。
⑩ "訖"，《黑城出土文書》錄文作"溉"，現據圖版改。
⑪ "嵬如法師"為右行補入，現徑改。
⑫ "你"，《黑城出土文書》錄文漏錄，現據圖版補。

7. ☐遵官司自下而上均俵水分恣①

　　　（後缺）

4. 元至正十八年（1358）站戶汝中吉等爭訟土地案卷殘片

題解：

本件《中國藏黑水城漢文文獻》中原始編號為 F9：W34，出版編號為 M1·0606，收於第四冊《土地案》第 750 頁，擬題為《強奪站戶汝中吉土地案》，並記其尺寸為 18.2cm×26.4cm。本件還收錄於《黑城出土文書（漢文文書卷）》第 153 頁《律令與詞訟類·地土案》，其所記文書編號與《中國藏黑水城漢文文獻》原始編號同，並列出文書諸要素為：草紙，殘，楷行書，尺寸為 25.9cm×17.7cm。文書前後均缺，現存文字 12 行。

錄文標點：

　　　（前缺）

1. ☐☐☐☐☐前去帰斷囬示②☐☐☐
2. ☐☐☐本人所賫排年納粮☐☐☐
3. ☐☐擬☐☐魯☐☐徹③☐☐
4. 　　文炳已斷站戶依旧為主相應。
5. 一次至正十八年四月十九日，又據站戶汝中吉等赴省狀告，將
6. 　　前項地土有小的☐尉☐☐領人衆強行奪
7. 　　占布種，除已差檢校席敬前去帰斷。
8. 　　囬據委官呈上項地土互④爭二年，虽☐⑤
9. 　　二次擬斷，文繁逗留⑥☐☐☐杜絕，將站

---

① "恣"，《黑城出土文書》錄文未釋讀，現據圖版補。
② "示"，《黑城出土文書》錄文未釋讀，現據圖版補。
③ "☐徹"，《黑城出土文書》錄文作"結繳"，現據圖版改。
④ "互"，《黑城出土文書》錄文作"幺"，現據圖版改。
⑤ 此處缺文《黑城出土文書》錄文未標注，現據圖版補。據文意推斷，此處所缺文字應為"經"。
⑥ "逗留"，《黑城出土文書》錄文未釋讀，現據圖版補。

整理編　第四冊　547

10.　　　　　戶汝中吉等①地土照依②元統二年元租歲
11.　　　　　結執照內靠西石川棗忽魯，漢語沙
12.　　　　　棗樹□□五百余石，依旧佃種納稅外
　　（後缺）

5. 元亦集乃路昔寶赤軍戶地基爭訟案卷殘片

題解：

本件《中國藏黑水城漢文文獻》中原始編號為 F209：W55，出版編號為M1·0607，收於第四冊《土地案》第 751 頁，擬題為《昔寶赤軍戶在城地界案》，並記其尺寸為 31cm × 25.4cm。本件還收錄於《黑城出土文書（漢文文書卷）》第 152 頁《律令與詞訟類·地土案》，其所記文書編號與《中國藏黑水城漢文文獻》原始編號同，並列出文書諸要素為：草紙，殘，行草書，尺寸為 31.7cm × 30.0cm。文書前後均缺，現存文字 15 行。

錄文標點：

　　（前缺）
1. 柏竒帖木兒大王位下理司馬元帥所管昔宝
2. 赤軍戶，見在亦集乃在城住坐。伏為狀為本
3. _____□□□蒙本路申，奉
4. 甘肅_____省劄③，張科文降召
5. 暮④諸人戶蓋刱立街衢⑤。承此，汝林踏巡
6. 到在城天牢南无主□地基一段，其地東
7. 至陳大房□□□□，西至李洪宝房，北至天
8. 牢城墻為界_____□⑥鑿人工起□□□
9. 住坐，緣在予別无官給公憑，私下_____

---

① "等"，《黑城出土文書》錄文漏錄，現據圖版補。
② "照依"，《黑城出土文書》錄文作"依照"，現據圖版改。
③ 《黑城出土文書》錄文於"劄"字後衍錄一"付"字，現據圖版改。
④ 據文意推斷，"暮"應為"募"，《黑城出土文書》錄文作"募"。
⑤ "衢"，《黑城出土文書》錄文未釋讀，現據圖版補。
⑥ 此字殘，《黑城出土文書》錄文作"外"，據圖版不似，現存疑。

10. 便告☐☐☐☐☐☐☐☐☐☐☐☐☐☐☐☐☐事。得①此，☐☐☐☐☐☐☐☐

11. 前去。後回☐☐☐☐☐☐依☐无干照☐☐☐☐

12. 告上項地土☐☐☐☐☐☐☐☐☐☐☐☐☐☐☐☐

13. 結呈乞②☐照驗。得③此，☐☐④得☐☐☐☐

14. 供，即与☐告取問⑤。得⑥此，泴☐⑦☐☐☐

15. ☐☐☐☐☐☐☐仰照驗，別無⑧違處☐☐☐

　　　　　（後缺）

6. 元某司呈文為勾喚朵立只弟一千人等赴官事

題解：

本件《中國藏黑水城漢文文獻》中原始編號為 F245：W31，出版編號為 M1·0608，收於第四冊《土地案》第 752 頁，擬題為《吾即朵立只等爭地案》，並記其尺寸為 24.7cm×30cm。本件還收錄於《黑城出土文書（漢文文書卷）》第 151 頁《律令與詞訟類·地土案》，其所記文書編號與《中國藏黑水城漢文文獻》原始編號同，並列出文書諸要素為：竹紙，殘，行書，尺寸為 29.4cm×24.0cm。文書共三件殘片，殘片一現存文字 7 行，殘片二現存文字 3 行，殘片三現存文字 10 行。《黑城出土文書（漢文文書卷）》將其拼合釋錄，從內容來看，其拼合無誤。本錄文依據圖版，參照《黑城出土文書（漢文文書卷）》釋錄。

錄文標點：

　　　　　（前缺）

1. 總☐☐☐☐☐☐☐☐☐☐☐☐☐☐☐☐☐☐☐☐☐☐☐☐☐☐

---

① "事"，《黑城出土文書》錄文未釋讀；"得"，《黑城出土文書》錄文作"將"，現據圖版改。
② "乞"，《黑城出土文書》錄文未釋讀，現據圖版補。
③ "得"，《黑城出土文書》錄文作"將"，現據圖版改。
④ 此兩字不清，《黑城出土文書》錄文作"房屋"，據圖版不似，現存疑。
⑤ "☐告取問"，《黑城出土文書》錄文作缺兩字標注，現據圖版改。
⑥ "得"，《黑城出土文書》錄文作"將"，現據圖版改。
⑦ "泴☐"，《黑城出土文書》錄文作"總府"，現據圖版改。
⑧ "无"，《黑城出土文書》錄文漏錄，現據圖版補。

2. 丑□□□□□□等并地土 典① □□□□□□□
3. 勾唤□□□□ 朵 立只弟□②一干人等赴官取□□□
4. 行具呈□□□□
5. 　　　　　吾即朵立只所告弟
6. 　　　莎□□□不来　　苔干布　　　□□□□
7. 　　　嵬□□□□苔③　也火朵立只　□□
8. 　　　□□□□□　　阿不来　　　　□□
9. 　　　□□□□　　　吾即沙真布　　□
10. 　　　□□□布　　　梁耳羅　　　許□□
11. 　　　□□□立布　　麦足合真布　　□□□□④
　　　（後缺）

7. 元土地塊畝文書殘片

題解：

本件《中國藏黑水城漢文文獻》中原始編號為 F14：W14，出版編號為 M1·0609，收於第四冊《土地案》第 753 頁，擬題為《質佃土地案》，並記其尺寸為 20.9cm×19.9cm。本件還收錄於《黑城出土文書（漢文文書卷）》第 152 頁《律令與詞訟類·地土案》，其所記文書編號與《中國藏黑水城漢文文獻》原始編號同，並列出文書諸要素為：麻紙，殘，行草書，尺寸為 18.2cm×20.7cm。文書前後均缺，現存文字 8 行。

錄文標點：

　　　（前缺）

---

① "典"，《黑城出土文書》錄文作"與"，現據圖版改。
② 此處缺文《黑城出土文書》錄文未標注，現據圖版補。
③ "苔"，《黑城出土文書》錄文作"兒"，現據圖版改。
④ 文書第 1—8 行除第 5 行外，行中缺文符號前為殘片一內容，第 5 行及第 2—11 行，行中缺文符號後為殘片三內容，第 9 行"□□□□"為殘片二內容。

1.　　壹拾叄①碩三十七畝二②分：
2.　　　　一塊一十畝二分：
3.　　　　　　長七十步，闊三十五步；
4.　　　　一塊二十七畝：
5.　　　　　　長一百六▢▢▢▢▢▢
6. 本渠地式伯捌拾柒畝▢▢▢▢▢▢
7.　　　除渠塝③伍畝式分柒厘肆毛，
8.　　　質佃捌拾式畝陸分式厘陸毛
　　　（後缺）

8. 元僧人梁日立合只告令只偷種糜子案卷殘片

題解：

本件《中國藏黑水城漢文文獻》中原始編號為 F116：W491，出版編號為 M1·0610，收於第四冊《土地案》第754頁，擬題為《無得耕種澆溉地內偷種糜子案》，並記其尺寸為20.8cm×18.3cm。本件還收錄於《黑城出土文書（漢文文書卷）》第153頁《律令與詞訟類·地土案》，其所記文書編號與《中國藏黑水城漢文文獻》原始編號同，並列出文書諸要素為：竹紙，殘，楷行書，尺寸為17.2cm×20.6cm。文書前後均缺，現存文字11行。

錄文標點：

　　　　（前缺）
1.　▢▢▢▢▢▢▢▢▢▢□又蒙
2. 達魯花赤省會，僧人梁日立合只見告令④只將前項▢▢▢▢
3. 无得耕種澆溉煞地內有令⑤只偷種訖㡰子▢▢▢

---

① "壹拾叄"，《黑城出土文書》錄文未釋讀，現據圖版補。
② "二"，《黑城出土文書》錄文作"一"，現據圖版改。
③ "塝"同"壠"。
④ "令"，《黑城出土文書》錄文作"合"，現據圖版改。
⑤ "令"，《黑城出土文書》錄文作"合"，現據圖版改。

4. 朵立①赤不即再行前去踏驗，曾无怖②種床☐☐☐☐☐☐☐☐☐☐

5. ☐☐☐☐☐☐☐☐☐☐☐☐☐☐☐☐☐☐☐各人无令耕種併☐☐☐☐☐☐☐☐☐

6. ☐☐☐☐☐☐☐☐☐☐☐☐☐☐☐☐☐☐☐☐☐☐朵立赤不即☐☐☐☐☐☐☐☐☐

7. 称前項煞地五石，委係僧人日立合只去☐☐☐☐☐☐☐☐☐

8. 失赤馬合麻、令③只二人割種床子約有四☐☐☐☐☐☐☐

9. 司斷与我的地土，因此令④只与古失赤⑤馬合麻割☐☐☐☐

10. ☐☐☐☐☐☐☐☐☐☐☐☐☐府，伏乞

　　　　（後缺）

9. 元至正五年（1345）吳子忠告地土文書殘尾

題解：

本件《中國藏黑水城漢文文獻》中原始編號為 F9：W9，出版編號為M1·0611，收於第四冊《土地案》第 755 頁，擬題為《吳子忠告地土案卷》，並記其尺寸為15.8cm×18.2cm。本件還收錄於《黑城出土文書（漢文文書卷）》第 154 頁《律令與詞訟類·地土案》，其所記文書編號與《中國藏黑水城漢文文獻》原始編號同，並列出文書諸要素為：竹紙，屑，行書，末尾年款為宋體大字，尺寸為17.8cm×15.6cm。文書前缺後完，現存文字 3 行，末尾年款下鈐朱印。從內容來看，其應為一文書殘尾。

錄文標點：

　　　　（前缺）

1. ☐☐☐☐☐☐☐☐☐☐☐☐☐☐☐☐☐⑥

2. 　　　吳子忠告地土

3. **至正五年　月　日**⑦

---

① "立"，《黑城出土文書》錄文作"朵"，現據圖版改。
② "怖"，《黑城出土文書》錄文作"播"，現據圖版改。
③ "令"，《黑城出土文書》錄文作"合"，現據圖版改。
④ "令"，《黑城出土文書》錄文作"合"，現據圖版改。
⑤ "赤"，《黑城出土文書》錄文漏錄，現據圖版補。
⑥ 此行文字《黑城出土文書》錄文未標注，現據圖版補。
⑦ 此行文字似為墨戳，且鈐朱印一枚。

10. 元大德三年（1299）撒立吉思地土文書殘尾

題解：

本件《中國藏黑水城漢文文獻》中原始編號為 F116: W10，出版編號為 M1·0612，收於第四冊《土地案》第 756 頁，擬題為《撒立吉思地土事文卷》，並記其尺寸為 13.1cm×29.7cm。本件還收錄於《黑城出土文書（漢文文書卷）》第 154 頁《律令與詞訟類·地土案》，其所記文書編號與《中國藏黑水城漢文文獻》原始編號同，並列出文書諸要素為：宣紙，屑，行草書，末尾年款為宋體大字，尺寸為 29.5cm×12.1cm。文書前缺後完，現存文字 2 行。從內容來看，其應為一文書殘尾。

錄文標點：

（前缺）
1.　　　為撒立吉思地圡事
2.　**大德三年　月　日**①

11. 元仲文元告見爭地土文書殘片

題解：

本件《中國藏黑水城漢文文獻》中原始編號為 84H·大院內 a6: W62/2851，出版編號為 M1·0613，收於第四冊《土地案》第 756 頁，擬題為《爭地案殘件》，並記其尺寸為 3.8cm×16.8cm。《黑城出土文書（漢文文書卷）》一書未收。文書前後均缺，現存文字 1 行。

錄文標點：

（前缺）
1.　▢▢▢道仲②文元告見爭地圡▢▢▢▢
　　　（後缺）

---

① 此行文字似為墨戳。
② "仲"字前原衍兩字，後塗抹，現徑改。

12. 元戶房呈文為曹阿立嵬爭贍站地事殘片

題解：

本件《中國藏黑水城漢文文獻》中原始編號為 Y1：W37B，出版編號為M1·0614，收於第四冊《土地案》第 757 頁，擬題為《贍站地典押案》，並記其尺寸為 14.1cm×27.4cm。本件還收錄於《黑城出土文書（漢文文書卷）》第 152 頁《律令與詞訟類·地土案》，其所記文書編號為 Y1：W137，與《中國藏黑水城漢文文獻》原始編號異，並列出文書諸要素為：竹紙，殘，行草書，尺寸為 26.9cm×13.0cm。文書前後均缺，現存文字 4 行。參考文獻：1. 張重艷《從黑水城文書看亦集乃路的司法部門》，《西夏學學術研討會暨李範文先生治史 60 周年論文集》，2012 年；2. 侯愛梅《從黑水城出土文書看元代亦集乃路的司法機構》，《商丘師範學院學報》2015 年第 8 期。

錄文標點：

1. 戶房
2. 呈：見行①曹阿立嵬告父曹我稱布存
3. ☐將贍站②地廿石作鈔八定典与任忍布☐
4. ＿＿＿＿＿＿＿＿☐☐☐☐☐＿＿＿＿＿③
　　　　　（後缺）

13. 元地土案卷殘片

題解：

本件《中國藏黑水城漢文文獻》中原始編號為 F13：W115，出版編號為M1·0615，收於第四冊《土地案》第 758 頁，擬題為《土地案》，並記其尺寸為 30.2cm×23.9cm。本件還收錄於《黑城出土文書（漢文文書卷）》第 153 頁《律令與詞訟類·地土案》，其所記文書編號與《中國藏黑水城漢文文獻》原始編號同，並列出文書諸要素為：竹紙，殘，行草書，尺寸為 17.1cm×29.5cm。文書

---

① "行"，《黑城出土文書》、侯愛梅文作"得"，現據圖版改。
② "站"，《黑城出土文書》錄文作"給"，現據圖版改。
③ 此行文字《黑城出土文書》、侯愛梅文未標注，現據圖版補。

共兩件殘片，殘片一現存文字 8 行，殘片二現存文字 8 行。《黑城出土文書（漢文文書卷）》將其拼合釋錄，從其斷裂痕跡來看，不能肯定其拼合無誤，故本錄文依據圖版分開釋錄。

錄文標點：

（一）

（前缺）

1. ☐田☐ ①
2. 於遠年間蒙
3. ☐有檁撥②當差地土伍拾
4. ☐從不曾有☐近年
5. 拾畝大半水鹼生荒 不 ③
6. ☐地东至使水小渠
7. ☐孫閑僧地為界
8. ☐☐魯孫地土壹

（後缺）

（二）

（前缺）

1. 拾伍 畝 ④
2. 地一段，沙河
3. 拾伍畝余，东南至
4. 如蒙憐憫，允將上項 ⑤
5. 所生受告訖詳狀事

---

① 此行文字《黑城出土文書》錄文未標注，現據圖版補。
② "檁撥"，《黑城出土文書》錄文作"檀椂"，現據圖版改。
③ " 不 "，《黑城出土文書》錄文作"下"，現據圖版改。
④ " 畝 "，《黑城出土文書》錄文未釋讀，現據圖版補。
⑤ 《黑城出土文書》錄文將殘片二第 1—4 行接於殘片一第 5—8 行之後，《中國藏黑水城漢文文獻》將殘片二第 1—3 行對齊殘片一第 6—8 行之後。

6. ☐☐☐☐☐前去所告地內呼来①☐☐☐☐

7. ☐☐☐☐☐得及照勘本人水☐☐☐☐

8. ☐☐☐☐☐事②湏至指望☐☐☐

9. ☐☐☐☐☐右下☐☐☐☐☐③

（後缺）

14. 元至元三年（1337）某司發信牌勾追抵奴赴府文書

題解：

本件《中國藏黑水城漢文文獻》原始編號為 Y1：W64，出版編號為 M1·0616，收於第四冊《土地案》第 759 頁，擬題為《贍站地典與闊闊歹耕種案》，並記其尺寸為 22.4cm×34.3cm。本件還收錄於《黑城出土文書（漢文文書卷）》第 154 頁《律令與詞訟類·地土案》，所記文書編號與《中國藏黑水城漢文文獻》原始編號同，並列出文書諸要素為：麻紙，殘，行草書，尺寸為 34.5cm×21.3cm。文書前後均完，現存文字 8 行。從內容來看，其應為亦集乃路總管府所屬某司（房）發信牌勾追抵奴赴府一事公文。參考文獻：侯愛梅《黑水城所出元代詞訟文書研究》，中央民族大學博士學位論文，2013 年。

錄文標點：

1. 奉

2. 總府官台旨，據撒蘭伯告李典病故，伊☐☐抵奴將

3. 贍站地典与闊闊④歹耕種，將站☐☐☐☐☐☐應當事，憑

4. 今發信牌壹面，仰☐☐☐☐抵奴限十一月初九日早赴

5. ☐☐☐☐☐☐☐☐☐☐奉此，

6. 　　　右仰⑤

---

① "来"，《黑城出土文書》錄文未釋讀，現據圖版補。

② "事"，《黑城出土文書》錄文作"行"，現據圖版改。

③ 此行文字《黑城出土文書》錄文未釋讀，現據圖版補。

④ 第二個"闊"字為省文符號，現徑改。

⑤ "仰"，《黑城出土文書》、侯愛梅文作"行"，現據圖版改。

556　中國藏黑水城漢文文獻的整理與研究

7.　　　　　　　忙不及印
8.　　　　　至元三年十一月初七日發行

15. 元亦集乃路總管府下某司文為馮春等所告土地事

題解：

本件《中國藏黑水城漢文文獻》中原始編號為F123：W6，出版編號為M1·0617，收於第四冊《土地案》第760頁，擬題為《土地案》，並記其尺寸為13.7cm×26.8cm。本件還收錄於《黑城出土文書（漢文文書卷）》第153頁《律令與詞訟類·地土案》，其所記文書編號與《中國藏黑水城漢文文獻》原始編號同，並列出文書諸要素為：竹紙，殘，草書，經塗改，尺寸為26.3cm×12.7cm。文書前後均缺，現存文字4行。從內容來看，其應為亦集乃路總管府下某司文。

錄文標點：

（前缺）

1. 據馮①春等　　連名狀告云云②。得③此，
2. 總府合下仰照驗，照④勘馮春等所告⑤
3. 地土是否⑥係⑦官荒地土⑧，合行速擬⑨，得无⑩
4. ＿＿＿＿＿＿＿□甘保結呈府施行。

（後缺）

---

① "馮"字前原衍一字，後塗抹，現徑改。
② 第二個"云"字為省文符號，現徑改。
③ "得"，《黑城出土文書》錄文作"將"，現據圖版改。
④ "照"字前原衍"速為"兩字，後塗抹，《黑城出土文書》錄文照錄，現徑改。
⑤ "馮春等所告"等字原作"前項"，塗抹後於右行改寫，《黑城出土文書》錄文照錄，現徑改。
⑥ "是否"，《黑城出土文書》錄文作"在□"，且"是"字前原衍"是實速仰"四字，後塗抹，《黑城出土文書》錄文照錄，現據圖版改。
⑦ "係"，《黑城出土文書》錄文作"保"，現據圖版改。
⑧ "圡"，《黑城出土文書》錄文作"下"，現據圖版改。
⑨ "合行速擬"等字為右行補入，現徑改。
⑩ "得无"，《黑城出土文書》錄文作"將見"，現據圖版改。

16. 元朵立只等財物案卷殘片

題解：

本件《中國藏黑水城漢文文獻》中原始編號為 F245：W16，出版編號為 M1·0618，收於第四冊《土地案》第 761 頁，擬題為《文書殘卷》，並記其尺寸為 17.4cm×15cm。本件還收錄於《黑城出土文書（漢文文書卷）》第 153 頁《律令與詞訟類·地土案》，其所記文書編號與《中國藏黑水城漢文文獻》原始編號同，並列出文書諸要素為：竹紙，殘，行書，尺寸為 13.5cm×17.2cm。文書前後均缺，現存文字 14 行。

錄文標點：

（前缺）

1. 石朵立只□
2. 火即合地七石，并□
3. 渠地一段一十石，并弟□
4. 馬黑牟地一十石；也火□
5. 布地二①石；許六十地一十石□
6. 羅要訖爐鏊一付，紅白□
7. 門三合、窗二付；苔立麦要訖②□
8. 婦女一名：兀那昔俱各隱□
9. 丑□□有朵立只委係□
10. □□所□関行，據經歷□
11. □內該古忒却係吾即丑□
12. 明白，所據一干人等未曾到□
13. 總官議得，既藉內③□

---

① "二"，《黑城出土文書》錄文作 "一"，現據圖版改。
② "訖"，《黑城出土文書》錄文未釋讀，現據圖版補。
③ "內"，《黑城出土文書》錄文作 "田"，現據圖版改。

14. ☐☐☐弟☐☐☐☐①
　　（後缺）

17. 元答干玉等爭土地案卷殘片

題解：

本件《中國藏黑水城漢文文獻》中原始編號為 Y1：W55，出版編號為M1·0619，收於第四冊《土地案》第 762 頁，擬題為《土地案》，並記其尺寸為 13.8cm×24.3cm。本件還收錄於《黑城出土文書（漢文文書卷）》第 153 頁《律令與詞訟類·地土案》，其所記文書文書編號與《中國藏黑水城漢文文獻》原始編號同，並列出文書諸要素為：麻紙，殘，草書，經塗改，尺寸為 23.3cm×12.8cm。文書前後均缺，現存文字 5 行。

錄文標點：

　　　　（前缺）

1. 取問，所供☐☐☐☐☐☐☐☐☐②
2. 班的據③苔干玉等結定，今爭④前項地土
3. 先扵至正二年四月⑤委係故父忽都達魯花赤存日，扵
4. 今則渠占到荒⑥涼地土⑦
5. 耕⑧種。

　　　　（後缺）

---

① 此行文字，《黑城出土文書》錄文漏錄，現據圖版補。
② 此行文字《黑城出土文書》錄文未釋讀，現據圖版補。
③ "據"，《黑城出土文書》錄文作"總"，現據圖版改。
④ "今爭"兩字為右行補入，且．"今"，《黑城出土文書》錄文漏錄，現據圖版改。
⑤ "先扵至正二年四月"等字為右行補入，現徑改。
⑥ "荒"字前原衍二字，後塗抹，現徑改。《黑城出土文書》錄文釋作"再西"。
⑦ "玉"字後原有六字，後塗抹，現徑改。《黑城出土文書》錄文釋讀其中兩字為"再除"。另，此行文字原作"遠年☐石荒到☐☐☐稅糧"，塗抹後於右行改寫，《黑城出土文書》錄文照錄，現據圖版改。
⑧ "耕"字前原書"逐年赴倉頌納☐"後塗抹，並於右行改寫一行文字，再將改寫文字塗抹，《黑城出土文書》錄文照錄，現徑改。

18. 元李朶立只地土案卷殘片（一）

題解：

本件《中國藏黑水城漢文文獻》中原始編號為F114：W9a，出版編號為M1·0620，收於第四冊《土地案》第763頁，擬題為《土地案》，並記其尺寸為14.4cm×27.6cm。本件還收錄於《黑城出土文書（漢文文書卷）》第152頁《律令與詞訟類·地土案》，其所記文書編號為F114：W4（1），與《中國藏黑水城漢文文獻》原始編號異，並列出文書諸要素為：麻紙，殘屑共6張（釋錄2張），草書，經塗改，尺寸為27.2cm×14.2cm。該書將本號文書與《中國藏黑水城漢文文獻》第764頁M1·0621 [F114：W9b]、第765頁M1·0622 [F114：W9c] 號文書統一編號為F114：W4，作為一件文書釋錄。按，三號文書字跡相同，內容相關，應為同件文書。本件文書前後均缺，《黑城出土文書（漢文文書卷）》中錄文混亂，共錄文字8行，圖版顯示文字為7行。文書擬題依綴合後所定。參考文獻：張笑峰《聖容寺研究——以黑水城出土文書為中心》，《西夏研究》2011年第1期。

錄文標點：

　　　　　（前缺）

1. ___ 子 粒①□□事関完俻，囬付差人②敬此，敬他將
2. ___□与地土二③百畒，其地東至
3. 南至　　　　　西至④
4. 　　　　修理
5. 北至⑤□□　　　撥⑥付李万貴　　種□⑦□□　⑧

---

① "子 粒"，《黑城出土文書》錄文未釋讀，現據圖版補。
② "差人"，《黑城出土文書》錄文作"為□"，張笑峰文同，且其將"付"釋讀為"府"，現據圖版改。另"完俻""囬付差人"各用墨筆圈畫。
③ "二"字前原衍一字，後塗抹，現徑改。
④ "至"，《黑城出土文書》錄文作"北"，張笑峰文同，現據圖版改。
⑤ 張笑峰文將"北至"錄於上一行，現據圖版改。
⑥ "撥"，《黑城出土文書》錄文作"接"，現據圖版改。
⑦ "種□"為右行補入，現徑改，《黑城出土文書》錄文未釋讀。
⑧ 《黑城出土文書》錄文將第4、5行顛倒釋錄，張笑峰文未釋錄第5行，現據圖版改。

560　中國藏黑水城漢文文獻的整理與研究

6. 为无人□将其不□①忘

7. ▭有李万贵因病身故，将②聖容寺不曾③

　　　（後缺）

19. 元李朵立只地土案卷殘片（二）

題解：

本件《中國藏黑水城漢文文獻》中原始編號為F114∶W9b，出版編號為M1・0621，收於第四冊《土地案》第764頁，擬題為《文書殘件》，並記其尺寸為15.3cm×15.5cm。本件還收錄於《黑城出土文書（漢文文書卷）》第152頁《律令與詞訟類・地土案》，其所記文書編號為F114∶W4（2），與《中國藏黑水城漢文文獻》原始編號異，並列出文書諸要素為：麻紙，殘屑共6張（釋錄2張），草書，經塗改，尺寸為14.3cm×15.2cm。該書將本號文書與《中國藏黑水城漢文文獻》第763頁M1・0620［F114∶W9a］、第765頁M1・0622［F114∶W9c］號文書統一編號為F114∶W4，作為一件文書釋錄。按，三號文書字跡相同，內容相關，應為同件文書。本件文書前後均缺，現存文字5行。文書擬題依綴合後所定。

錄文標點：

　　　（前缺）

1. ▭將元侄李□▭

2. ▭掌管酒事，本官④与李朵立只▭

3. ▭我□□李朵立只故⑤父李束苔▭

　　　（中缺2行）

4. ▭說⑥你每修□□

　　　（中缺1行）

---

① "將其不□"等字為右行補入，《黑城出土文書》將其單獨作一行，作"此為□將其不必"，張笑峰文同，現據圖版改。
② "將"字前原衍一字，後塗抹，張笑峰文將其釋讀為"罪"，現徑改。
③ "將聖容寺不曾"等字被墨筆圈畫。
④ "官"，《黑城出土文書》錄文作"府"，現據圖版改。
⑤ "李朵立只故"，《黑城出土文書》錄文作"委解立點苦"，現據圖版改。
⑥ "說你"，《黑城出土文書》錄文作"權稱"，現據圖版改。

整理編　第四冊　561

5. ▭▭▭▭▭▭▭▭▭▭|從將发押

　　　　（後缺）

20. 元李朶立只地土案卷殘片（三）

題解：

本件《中國藏黑水城漢文文獻》中原始編號為F114：W9c，出版編號為M1·0622，收於第四冊《土地案》第765頁，擬題為《文書殘件》，並記其尺寸為13cm×24.1cm。《黑城出土文書（漢文文書卷）》中僅收錄本件文書，編號為F114：W9，但未作錄文。該書將本號文書與《中國藏黑水城漢文文獻》第763頁M1·0620［F114：W9a］、第764頁M1·0621［F114：W9b］號文書統一編號為F114：W4，作為一件文書釋錄。按，三號文書字跡相同，內容相關，應為同件文書。本件文書共四件殘片，殘片一現存文字3行，殘片二現存文字2行，殘片三現存文字1行，殘片四現存文字2行。文書擬題依綴合後所定。

錄文標點：

（一）

　　　　（前缺）

1. ▭▭▭▭▭□計交付□▭▭▭▭
2. ▭▭▭▭□□□因此上交□▭▭
3. ▭▭▭▭▭▭▭□□▭

　　　　（後缺）

（二）

　　　　（前缺）

1. ▭▭▭▭▭□□□□
2. ▭▭▭▭▭▭▭

　　　　（後缺）

（三）

　　　　（前缺）

1. 詭勤□▭▭▭▭

　　　　（後缺）

562　中國藏黑水城漢文文獻的整理與研究

（四）

　　　　　（前缺）

1.　▭▭▭▭▭▭□交

2.　▭▭▭□有我①父李

　　　　　（後缺）

21. 元某司呈文為供報雜色人户地土事殘片

題解：

本件《中國藏黑水城漢文文獻》中原始編號為 F245：W15，出版編號為M1·0623，收於第四册《土地案》第766頁，擬題為《諸色人户地土案》，並記其尺寸為 19.3cm×18.3cm。本件還收錄於《黑城出土文書（漢文文書卷）》第152頁《律令與詞訟類·地土案》，其所記文書編號與《中國藏黑水城漢文文獻》原始編號同，並列出文書諸要素為：宣紙，殘屑，行書，末尾加有"照訖"二字，並鈐官印，前半段尺寸為17.4cm×7.5cm。文書共兩件殘片，殘片一現存文字1行，為"照訖"兩字，並鈐朱印一枚，應為河西隴北道肅政廉訪司照刷文卷所留，《黑城出土文書（漢文文書卷）》未作錄文，並將其位置排於殘片二之後；殘片二現存文字3行，前後均缺。

錄文標點：

（一）

　　　　　（前缺）

1. 照訖②

　　　　　（後缺）

（二）

　　　　　（前缺）

1.　▭▭▭奉

2.　▭▭▭雜③色人户地土從实供报，無得

---

① "有我"兩字為右行補入，現徑改。
② 此兩字上斜向鈐長方形朱印一枚。另，此殘片《黑城出土文書（漢文文書卷）》未釋錄。
③ 據《中國藏黑水城漢文文獻》擬題可知，編者將"雜"釋讀為"諸"，現據圖版改。

整理編　第四冊　563

3. ☐式結罪文狀供报外，今又

　　　（後缺）

22. 元至正二年（1342）某司呈亦集乃路總管府文為地土事

題解：

本件《中國藏黑水城漢文文獻》中原始編號為F116：W476，出版編號為M1·0624，收於第四冊《土地案》第767頁，擬題為《至正二年土地案》，並記其尺寸為20.3cm×11.4cm。本件還收錄於《黑城出土文書（漢文文書卷）》第152頁《律令與詞訟類·地土案》，其所記文書編號與《中國藏黑水城漢文文獻》原始編號同，並列出文書諸要素為：竹紙，屑，楷行書，尺寸為10.2cm×20.3cm。文書前後均缺，現存文字8行。從內容來看，其應為某司呈文殘片。

錄文標點：

　　　　　（前缺）

1. 買☐①☐

2. 長玖拾步，東西☐☐

3. 西至城角囬囬②墳墓，四☐

4. 亦集乃路揔管府　伏☐

5. 照驗施行。湏至呈者。

6. 右　　謹　　　具

7. 呈

8. 　　　至正二年五☐

　　　（後缺）

---

① 此字僅殘存左半"馬"，據其他文書推斷似為"驢"。
② 第二個"囬"字為省文符號，現徑改。

23. 元某司呈文為沙蘭古等地土案事

題解：

本件《中國藏黑水城漢文文獻》中原始編號為 F178：W4，出版編號為M1・0625，收於第四冊《土地案》第 768 頁，擬題為《土地案殘件》，並記其尺寸為 19cm×29.7cm。本件還收錄於《黑城出土文書（漢文文書卷）》第 154 頁《律令與詞訟類・地土案》，其所記文書編號與《中國藏黑水城漢文文獻》原始編號同，並列出文書諸要素為：竹紙，屑，行草書，尺寸為 29.0cm×17.5cm。文書前後均缺，現存文字 4 行。從內容來看，其應為某司呈文殘片。

錄文標點：

（前缺）

1. ＿＿＿＿＿＿＿＿＿＿＿＿＿＿＿＿＿＿＿＿＿＿前項地土□□□□＿＿＿＿＿①
2. ＿＿＿＿＿＿＿＿＿＿＿＿＿＿＿＿＿＿＿＿□□四至分明，委是本人己業，中間並
3. ＿＿＿＿＿＿＿＿□人□②沙蘭古等結罪文狀在官外逃□，合行具呈，伏乞
4. ＿＿＿＿＿＿須至呈者

（後缺）

24. 元至順三年（1332）朵立只爭地文書殘尾

題解：

本件《中國藏黑水城漢文文獻》中原始編號為 F245：W20，出版編號為M1・0626，收於第四冊《土地案》第 769 頁，擬題為《爭地案殘件》，並記其尺寸為 19.8cm×17.8cm。本件還收錄於《黑城出土文書（漢文文書卷）》第 154 頁《律令與詞訟類・地土案》，其所記文書編號與《中國藏黑水城漢文文獻》原始編號同，並列出文書諸要素為：竹紙，屑，行書，尺寸為 13.3cm×14.7cm。文書共兩件殘片，殘片一現存文字 2 行，殘片二現存文字 2 行，《黑城出土文書（漢文文書卷）》將其拼合釋錄，據元代文書書寫格式可知，其拼合合理，今從。

---

① 此行文字《黑城出土文書》錄文未釋讀，現據圖版補。
② "人□"，《黑城出土文書》錄文作"今為"，現據圖版改。

整理編　第四冊　565

錄文標點：

（前缺）

1. 　　至順三年☐
2. 　　　　提 控 ☐
3. ☐朵立只爭地
4. 　　　　知① 　　　　②

（後缺）

25. 元地土文書殘片

題解：

本件《中國藏黑水城漢文文獻》中原始編號為84H·F124：W5/1831，出版編號為M1·0627，收於第四冊《土地案》第770頁，擬題為《地界案殘件》，並記其尺寸為4cm×8.3cm。《黑城出土文書（漢文文書卷）》一書未收。文書前後均缺，現存文字3行。

錄文標點：

（前缺）

1. ☐至王☐妾歹地為界，
2. 北至鎖直你地為界，
3. 南至朵☐歹地為界。

（後缺）

26. 元地土文書殘片

題解：

本件《中國藏黑水城漢文文獻》中原始編號為84H·大院內a6：W64/2853，出版編號為M1·0628，收於第四冊《土地案》第770頁，擬題為《官地案殘件》，並記其尺寸為5cm×25cm。《黑城出土文書（漢文文書卷）》一書未收。文

---

① 《黑城出土文書》錄文於"知"字後推補一"事"字。
② 文書第1—2行為殘片一內容，第3—4行為殘片二內容。

書共三件殘片，殘片一現存文字 3 行，殘片二現存文字 2 行，殘片三現存文字 3 行。

錄文標點：

（一）

　　　　　（前缺）
1. ＿＿＿＿□至他人房□＿＿＿＿
2. ＿＿＿□北係官地＿＿＿＿＿
3. ＿＿＿□至东西□＿＿＿＿＿
　　　　　（後缺）

（二）

　　　　　（前缺）
1. ＿＿＿＿＿＿麻巴南
2. ＿＿＿＿＿＿為界告
　　　　　（後缺）

（三）

　　　　　（前缺）
1. ＿＿＿＿＿＿＿□□
2. ＿＿＿＿＿＿□哈剌
3. ＿＿＿＿＿□係①＿＿＿＿
　　　　　（後缺）

27. 元地土文書殘片

題解：

本件《中國藏黑水城漢文文獻》中原始編號為 HF111（下層）B 正，出版編號為M1·0629，收於第四冊《土地案》第 771 頁，擬題為《地土案殘件》，並記其尺寸為6.3cm×26.8cm。《黑城出土文書（漢文文書卷）》一書未收。文書為正背雙面書寫，兩面字跡不一，內容不相關，應非同一件文書。此為正面內容，前

---

① "□係" 兩字為右行補入，現徑改。

後均缺，現存文字3行，塗抹嚴重。參考文獻：張笑峰《聖容寺研究——以黑水城出土文書為中心》，《西夏研究》2011年第1期。

錄文標點：

（前缺）

1. ☐☐☐①☐去外②，據額迷渠麦子廿石③
2. ☐☐二年☐花蘭不④曾耕種⑤
3. 地一⑥段，今☐聖容寺☐年布☐☐☐連⑦☐☐會⑧

（後缺）

28. 元大德三年（1299）丁和尚租地文書殘片

題解：

本件《中國藏黑水城漢文文獻》中原始編號為HF111（下層）B背，出版編號為M1·0630，收於第四冊《土地案》第772頁，擬題為《文書殘件》，並記其尺寸為6.2cm×26.8cm。《黑城出土文書（漢文文書卷）》一書未收。文書為正背雙面書寫，兩面字跡不一，內容不相關，應非同一件文書。此為背面內容，前後均缺，現存文字2行，有塗改痕跡。

錄文標點：

（前缺）

1. ☐丁和尚租阿☐往屯田☐壹☐
2. 是与阿旺☐照☐☐壹叚☐至大德三年⑨四月

（後缺）

---

① 此字後原衍"粮☐☐"三字，後塗抹，現逕改。
② "外"字前原衍一"為"字，後塗抹，張笑峰文將"外"釋讀為"仆"，現據圖版改。
③ "據額迷渠麦子廿石"張笑峰文作"據速迷……自若"，現據圖版改。
④ "花蘭不"張笑峰文釋讀為"茵如"，現據圖版改。
⑤ "種"字後原衍"及有合只立嵬☐☐各☐"等字，後塗抹，張笑峰文釋讀為"有合只立嵬☐☐各"，現據圖版改。
⑥ "一"張笑峰文漏錄，現據圖版補。
⑦ "連"張笑峰文釋讀為"種"，現據圖版改。
⑧ 此行文字前原補寫一行文字，後塗抹，現逕改。
⑨ "☐至大德三年"書寫原誤，塗抹後於右行改寫，現逕改。

（八）麥足朶立只答站戶案

1. 元亦集乃路麥足朶立只答站戶案文卷（之一）

題解：

本件《中國藏黑水城漢文文獻》中原始編號為 F116：W467，出版編號為 M1·0631，收於第四冊《麥足朶立只答站戶案》第 775—777 頁，共六件殘片，分為三組，擬題為《麥足朶立只答站戶案卷》，並記其尺寸分別為 5.9cm×15.5cm、20.7cm×21.7cm、18cm×21.8cm。本件還收錄於《黑城出土文書（漢文文書卷）》第 154 頁《律令與詞訟類·麥足朶立只答站戶案文卷》，其將殘片三、四拼合釋錄，所記文書編號與《中國藏黑水城漢文文獻》原始編號同，並列出文書諸要素為：麻紙，殘，行書，尺寸分別為：15.1cm×5.1cm、21.5cm×13.7cm、16.2cm×5.1cm、19.2cm×4.2cm、21.3cm×9.8cm。文書為元亦集乃路麥足朶立只答站戶案文卷之一，其中殘片一現存文字 4 行；殘片二現存文字 11 行；殘片三現存文字 2 行；殘片四現存文字 4 行；殘片五現存文字 3 行；殘片六為二紙粘接，第一紙現存文字 2 行，第二紙無文字殘留，兩紙粘接處鈐騎縫章一枚。參考文獻：1. 石坤《從黑水城出土漢文文書看元亦集乃路的西夏遺民》，《敦煌學輯刊》2005 年第 2 期；2. 王盼《麥足朶立只答站戶案文卷初探》，《西夏學》（第四輯），寧夏人民出版社 2009 年版；3. 朱建路《黑水城文獻〈麥足朶立只答站戶案卷〉再研究》，《西夏學》（第十輯），上海古籍出版社 2013 年版。

錄文標點：

（一）

（前缺）

1. ☐☐☐☐☐☐☐☐☐歲，無病；　一名汝真布☐☐
2. ☐☐☐☐☐，年三十七歲，無病；　一名梁汝☐☐
3. ☐☐火亦苫，年三十一歲，無病；　一名戴☐☐
4. ☐☐☐開寫在前，俱係本路所 管 ☐☐☐

（後缺）

(二)

（前缺）

1. _____□人為妻去訖，至至正八年
2. _____你每□
3. _____對前人喬昝布等前①分付
4. _____荅合□布同至②投下官喬昝
5. _____□具各畫③手字，分付朵立只荅□
6. ____等三名依舊當役，不曾有悮。至至正廿年□□內有本管在城□
7. ____□言說你每如何不行④赴站應役，此時朵立只荅向本人囬說：我的站□
8. ____布等囬言：你虸亦稱布累次令人催趕，並不前來應役，說稱不係□
9. ____喂養官馬。得此，朵立只荅赴本路告過前因，蒙省會你是正身□
10. ____合將本站官給馬一疋収管，在站喂養。向虸亦稱布等言說：既你不□
11. _____給付与我，你⑤依舊在家為虸，与我作活去来。說此，其虸□

（後缺）

(三、四)

（前缺）

1. _____□於⑥上虸李保虸男亦稱布、汝□____

---

① "前"，《黑城出土文書》錄文漏錄，現據圖版補。
② "至"，《黑城出土文書》錄文作"在"，現據圖版改。
③ "畫"同"畫"。下同，不再另作說明。
④ 《黑城出土文書》錄文於"行"字後衍錄一"不"字，現據圖版改。
⑤ "你"，《黑城出土文書》錄文漏錄，現據圖版補。
⑥ "□於"，《黑城出土文書》錄文作"站干"，現據圖版改。

2. ▢合干布於天▢ ▢分付朶立只荅等収执，本躯另居▢ ▢

3. ▢力交他李保▢ ▢兄①等五名依前當役，節次年月日 期

4. ▢ 省 ▢ ▢▢淡住哥▢ ②

　　　　（後缺）

（五）

　　　　（前缺）

1. ▢等勸説這躯李保与 你③父麦足合干布出▢ ▢▢年

2. ▢兄二人應當軍站。听④此，朶立只荅等思想躯李保本家▢

3. ▢▢牛一具，羊二十口，對衆 分 付 ▢⑤躯李保等収管，本人自願▢

　　　　（後缺）

（六）

　　　　（前缺）

1. ▢當站文字同躯男亦称布等元立文字似▢▢⑥ 相 連 ▢

2. ▢取

　　————（騎縫章）————

　　　　（後缺）

---

① "兄"，《黑城出土文書》錄文未釋讀，現據圖版補。
② 第2、3行行中缺文符號前文字為殘片三內容；其餘內容為殘片四內容。
③ " 你 "，《黑城出土文書》錄文未釋讀，現據圖版補。
④ "听"，《黑城出土文書》錄文作"等"，現據圖版改。
⑤ " 分 付 ▢"，《黑城出土文書》錄文作缺兩字處理，現據圖版改。
⑥ 此處應缺兩字，其中第一字僅存左半"扌"，《黑城出土文書》錄文釋讀為"才"，誤；第二字缺文《黑城出土文書》錄文未標注，現據圖版補。

2. 元亦集乃路麥足朵立只答站戶案文卷（之一）

題解：

本件《中國藏黑水城漢文文獻》中原始編號為 F116：W242，出版編號為 M1·0632，收於第四冊《麥足朵立只答站戶案》第 778—787 頁，共十八件殘片，分為十組，擬題為《麥足朵立只答站戶案卷》，並記其尺寸分別為 16.5cm×20.3cm、18.6cm×19.8cm、20.8cm×12.9cm、13cm×21cm、11.5cm×20.2cm、13.5cm×19.5cm、11.4cm×20cm、15cm×20cm、15.4cm×20.5cm、26.7cm×20.9cm。本件還收錄於《黑城出土文書（漢文文書卷）》第 156 頁《律令與詞訟類·麥足朵立只答站戶案文卷》，其將十八件殘片綴合為十二件，所記文書編號與《中國藏黑水城漢文文獻》原始編號同，並列出文書諸要素為：麻紙，殘，行書，尺寸分別為 19.5cm×16.3cm、19.3cm×18.5cm、8.5cm×3.4cm、12.0cm×15.1cm、21.0cm×12.2cm、19.5cm×10.5cm、18.8cm×13.0cm、18.8cm×13.0cm、19.7cm×4.7cm、17.9cm×4.8cm、19.8cm×15.0cm、19.5cm×22.7cm。該書中殘片排列順序與《中國藏黑水城漢文文獻》多有不同。文書為元亦集乃路麥足朵立只答站戶案文卷之一，其中殘片一現存文字 11 行；殘片二現存文字 2 行；殘片三現存文字 12 行；殘片四現存文字 2 行；殘片五現存文字 6 行；殘片六現存文字 4 行；殘片七現存文字 8 行；殘片八為兩紙粘接，第一紙現存文字 3 行，第二紙現存文字 5 行，兩紙粘接處鈐騎縫章一枚；殘片九現存文字 6 行；殘片十現存文字 1 行；殘片十一現存文字 7 行，其中殘存騎縫章半枚；殘片十二現存文字 2 行；殘片十三現存文字 3 行；殘片十四現存文字 6 行；殘片十五現存文字 3 行；殘片十六為二紙粘接，第一紙現存文字 2 行，第二紙現存文字 9 行，兩紙粘接處鈐騎縫章一枚；殘片十七現存文字 2 行；殘片十八現存文字 2 行。從內容來看，本件文書似為亦集乃路刑房呈文。參考文獻：1. 石坤《從黑水城出土漢文文書看元亦集乃路的西夏遺民》，《敦煌學輯刊》2005 年第 2 期；2. 王盼《麥足朵立只答站戶案文卷初探》，《西夏學》（第四輯），寧夏人民出版社 2009 年版；3. 朱建路《黑水城文獻〈麥足朵立只答站戶案卷〉再研究》，《西夏學》（第十輯），上海古籍出版社 2013 年版。

錄文標點：

（一）

　　　　　　（前缺）

1. ▭▭▭▭▭名①向▭▭父▭▭
2. ▭▭▭▭▭男亦稱布、汝直
3. ▭嵬▭荅合兀荅干②布正立也火統布亦
4. 卜汝中玉梁瓦散玉等知見，各畧手字
5. 分付朵立只荅等权执，本躯男居當
6. 役去訖。次後有躯李保并③躯婦单赤
7. 節次病故，抛下躯男亦稱布弟兄等伍
8. 名，依前依前④當役，節次年月日期不
9. 等⑤。朵立只荅等与弟撒蘭伯商議
10. ▭▭▭▭▭▭▭▭以此將▭所生的
11. ▭▭▭▭▭朵立只荅你自行

　　　　　　（後缺）

（二）⑥

　　　　　　（前缺）

1. ▭▭▭▭▭
2. 一十五石▭▭▭▭

　　　　　　（後缺）

（三）⑦

　　　　　　（前缺）

---

① "名"，《黑城出土文書》錄文未釋讀，現據圖版補。
② "干"，《黑城出土文書》錄文漏錄，現據圖版補。
③ "保并"，《黑城出土文書》錄文漏錄，現據圖版補。
④ "依前"，《黑城出土文書》錄文漏錄，現據圖版補。但據文意推斷，其應為衍文。
⑤ 《黑城出土文書》錄文將"等"字錄作上一行，現據圖版改。
⑥ 《黑城出土文書》錄文將殘片一、二綴合釋錄，編號為F116∶W242（4）。其將殘片二兩行文字補入殘片一第10、11行所缺之處，錄作"▭▭▭▭以此將▭所生的／一十五石▭▭朵立只荅你自行"。如此綴合文意不同，故分開釋錄。
⑦ 此殘片《黑城出土文書》編號為F116∶W242（1）。

1. 刑 房

2. 呈：拠朵立只荅狀告，年六十八①歲，

3. 無病，係本路所管在城站戶，見在

4. 額迷渠住坐。自朵立只荅省事

5. 以來，有故父興都赤存日常向朵立

6. □②荅孝說：有你父麦足合干布根脚

7. ＿＿＿＿＿＿＿＿＿甘 或

8. ＿＿＿＿＿＿有你故父麦足合□③

9. ＿＿＿＿＿＿＿間用□□

10. ＿＿＿＿＿＿□哥財礼錢

11. ＿＿＿＿＿＿＿壹拾伍畆

12. ＿＿＿＿＿＿＿＿□嫁

（後缺）

（四）④

（前缺）

1. 勒名布等向＿＿＿

2. 將你所造＿

（後缺）

（五）

（前缺）

1. 站。听此，朵立只荅＿＿＿

2. 出力年深，听從各⑤＿＿

3. 額迷渠□＿＿＿

4. 用價□□＿＿＿

---

① "八"，《黑城出土文書》錄文漏錄，現據圖版補。
② 據文意推斷，此處所缺文字應為"只"。
③ 據文意推斷，此處所缺文字應為"干"。
④ 此殘片《黑城出土文書》編號為 F116∶W242（2）。
⑤ "各"，《黑城出土文書》錄文作"名"，現據圖版改。

5. 次後所生男亦称☐☐☐☐☐☐☐☐
6. ☐荅干布於☐☐☐☐☐☐☐☐

（六）①

（前缺）

1. 弍拾两☐☐☐☐☐☐☐☐☐☐☐
2. 男壹名喚李保☐☐☐☐☐☐☐☐
3. 又用乳牛一隻，土黃馬②☐☐☐
4. ☐☐忽剌孩☐③☐☐☐☐☐☐☐

（後缺）

（七）④

（前缺）

1. ☐☐☐☐☐名額迷渠地 價 錢⑤☐☐☐☐
2. ☐☐☐☐☐對前人喬昝⑥布等前⑦勸付亦☐
3. ☐☐☐☐☐人収管為主，應當軍站一切☐
4. ☐☐☐☐☐ 亦 称 布 正立☐弟⑧☐
5. 嵬兀荅合兀不荅干布同至⑨投下官喬☐
6. 昝⑩布、趙荅麻勸和，亦卜汝、宋玉、梁瓦☐
7. ☐☐☐☐☐荅合兀等知見各各⑪地土等物☐☐
8. ☐☐☐☐☐☐☐☐☐☐為主耕種☐☐☐

（後缺）

---

① 《黑城出土文書》錄文將殘片五、六綴合釋錄，編號為 F116: W242（3）。
② "土黃馬"，《黑城出土文書》錄文 "土" 作 "上"，"馬" 未釋讀，現據圖版改。
③ 此字《黑城出土文書》錄文釋讀為錢，但圖版漫漶不清，現存疑。
④ 此殘片《黑城出土文書》編號為 F116: W242（5）。
⑤ " 價 錢 "，《黑城出土文書》錄文作 "住坐"，現據圖版改。
⑥ "昝"，《黑城出土文書》錄文作 "智"，現據圖版改。
⑦ "前"，《黑城出土文書》錄文漏錄，現據圖版補。
⑧ "弟"，《黑城出土文書》錄文未釋讀，現據圖版補。
⑨ "至"，《黑城出土文書》錄文作 "在"，現據圖版改。
⑩ "昝"，《黑城出土文書》錄文作 "智"，現據圖版改。
⑪ 第二個 "各" 字為省文符號，《黑城出土文書》錄文漏錄，現據圖版改。

整理編　第四冊　575

（八）①

　　　　（前缺）

1. 賣与各人☐☐☐☐至正☐☐☐☐

2. 月内有軀亦称布等求令②投下官喬沓③

3. 布等向沓④立只荅等勸說：站役差発

————————（騎縫章）————————

4. 　　　　地土大半硝碱，不堪耕

5. 種，當役不前，你每弟兄二人再撑与他

6. ☐☐呵怎生。朶立只荅等依従，又令不

7. ☐☐☐☐☐漢兒文字一尜，朶立只

8. ☐☐☐☐☐☐訖，本軀

　　　　（後缺）

（九）

　　　　（前缺）

1. ☐☐☐☐☐農忙時分，只恐耽⑤

2. 歲計。又軀亦称布与朶立只荅等

3. 當站已久，俱娶良人為妻，各有所

4. 生男女，以此听從各人勸道，令亦

5. 称布、汝真布、嵬兀等妻男俱各

6. ☐良，將元与地土壹拾伍石依旧為

　　　　（後缺）

（十）⑥

　　　　（前缺）

————————————————————

① 此殘片《黑城出土文書》編號為 F116: W242（6）。
② "令"，《黑城出土文書》錄文作"今"，現據圖版改。
③ "沓"，《黑城出土文書》錄文作"智"，現據圖版改。
④ 據文意推斷，"荅"應為"朶"。
⑤ "耽"，《黑城出土文書》錄文未釋讀，現據圖版補。"耽"同"耽"，下同，不再另作說明。
⑥ 《黑城出土文書》錄文將殘片九、十綴合釋錄，編號為 F116: W242（7）。

576 中國藏黑水城漢文文獻的整理與研究

1. 當站役，听此，朶立只□□□□□□□
　　　　　　　（後缺）

（十一）①
　　　　　　（前缺）

1. □□□□□□真②布等囬③下□
2. □□□□□催赶，並不前来應役
3. □称不係你軀口，与你無相干。因此我
4. □□□□你每當站喂養官馬，以此苔
5. □□□□□□□□蒙省會你
6. 是正身，站役你當，你的軀口你區処去者。
7. 听此，朶立只苔將本路官給馬一疋収管④
　　　　　　——（骑縫章）——

　　　　　　（後缺）

（十二）⑤
　　　　　　（前缺）

1. 病故，有亦称布等三⑥名依旧當役，不曾
2. 有悮，至至正廿年正月內有本管在城
　　　　　　（後缺）

（十三）⑦
　　　　　　（前缺）

1. 朶立只苔言說：你每如何不行赴站
2. 應役。此時朶立只苔向本人囬說：我的

————————————————

① 此殘片《黑城出土文書》編號為 F116: W242 (8)。
② "真"，《黑城出土文書》錄文未釋讀，現據圖版補。
③ "囬"，《黑城出土文書》錄文未釋讀，現據圖版補。
④ "収管"，《黑城出土文書》錄文作"□官"，現據圖版改。
⑤ 此殘片《黑城出土文書》編號為 F116: W242 (9)。
⑥ "三"，《黑城出土文書》錄文作"二"，現據圖版改。
⑦ 此殘片《黑城出土文書》編號為 F116: W242 (10)。

整理編　第四冊　577

3. ☐☐☐☐☐☐☐亦称布等一面替我☐☐☐☐

　　　　（後缺）

（十四）

　　　　（前缺）

1. ☐☐①不知主②何情意？言称：我父 李 保

2. 元係良人，不係你每③軀口。如此不伏，及

3. 將元要贍站地土等物亦不囘付。若便

4. 捉拿称責，切恐因而別生事端，謀賴

5. 昏争不便，今来若不狀告，实是情理

6. 難 容，今將元買軀李保文契并李

　　　　（後缺）

（十五）④

　　　　（前缺）

1. ☐☐☐苔合根⑤☐☐☐☐☐☐

2. 於内該寫軀李 保 并同軀男亦

3. 称布☐☐☐本抄☐☐在前

　　　　（後缺）

（十六）

　　　　（前缺）

1. 　倒死，朶立只苔☐☐☐亦称布☐☐☐☐

2. 　偽鈔定補買印烙或有官降馬料

　　―――――――（騎縫章）―――――――

---

① 此處所缺兩字《黑城出土文書》錄文未標注，現據圖版補。
② "主"，《黑城出土文書》錄文作"是"，現據圖版改。
③ "你每"，《黑城出土文書》錄文漏錄，現據圖版補。
④ 《黑城出土文書》錄文將殘片十四、十五綴合釋錄，編號為 F116: W242（11）。
⑤ "根"，《黑城出土文書》錄文作"提"，現據圖版改。

3. 祇應□□① _____ 一面支用，如此

4. 休和，前項詞理委係朵立只荅并

5. _____ □同□□等_____

6. _____ □官吏 占 □□_____

7. 如此② _____ 或有反攔之人，依□□

8. □當罪不詞。今与勸和人等一同告□_____

9. 施行_____ 朵立只_____

10. 荅并被詞人亦称布等连名_____

11. □□□_____

　　　　（後缺）

（十七）

　　　　（前缺）

1. _____府官議得_____

2. _____□□□_____

　　　　（後缺）

（十八）③

　　　　（前缺）

1. _____續拠元□④_____

2. _____连名告攔人_____

　　　　（後缺）

3. 元亦集乃路麥足朵立只荅站戶案文卷（之一）

題解：

本件《中國藏黑水城漢文文獻》中原始編號為 F116：W237，出版編號為

---

① 此兩字《黑城出土文書》錄文作"其實"，但據圖版看不似，現存疑。
② "如此"，《黑城出土文書》錄文未釋讀，現據圖版補。
③ 《黑城出土文書》錄文將殘片十六、十七、十八綴合釋錄，編號為 F116：W242（12）。
④ 此字《黑城出土文書》錄文作"駈"，但據圖版不似，現存疑。

M1·0633，收於第四冊《麥足朵立只荅站戶案》第788—789頁，共三件殘片，分為兩組，擬題為《麥足朵立只荅站戶案卷》，並記其尺寸分別為：10.1cm×20.6cm、20.4cm×21.2cm。本件還收錄於《黑城出土文書（漢文文書卷）》第155頁《律令與詞訟類·麥足朵立只荅站戶案文卷》，其所記文書編號與《中國藏黑水城漢文文獻》原始編號同，並列出文書諸要素為：竹紙，殘屑，草行書，尺寸分別為20.4cm×9.5cm、20.4cm×7.8cm、20.4cm×9.6cm。文書為元亦集乃路麥足朵立只荅站戶案文卷之一，其中殘片一現存文字4行；殘片二現存文字3行，殘片三僅存日期。從內容來看，其應為亦集乃路總管府下某司文為勾追狀內合干人等赴府一事。參考文獻：1. 石坤《從黑水城出土漢文文書看元亦集乃路的西夏遺民》，《敦煌學輯刊》2005年第2期；2. 王盼《麥足朵立只荅站戶案文卷初探》，《西夏學》（第四輯），寧夏人民出版社2009年版；3. 朱建路《黑水城文獻〈麥足朵立只荅站戶案卷〉再研究》，《西夏學》（第十輯），上海古籍出版社2013年版；4. 侯愛梅《黑水城所出元代詞訟文書研究》，中央民族大學博士學位論文，2013年。

錄文標點：

（一）

（前缺）

1. □□①聖旨裏，亦集乃路揔管府拠麥足

2. 朵立只荅狀告云云②。得③此，揔管府今

3. 差人前去勾追④狀內一干人等

4. 押来赴府，照驗施行。

（後缺）

（二）

（前缺）

1. 　　　　亦称布　　汝真布

2. 　　　干連人

---

① 據元代公文格式可知，此處所缺文字應為"皇帝"。
② 第二個"云"為省文符號，現徑改。
③ "得"，《黑城出土文書》、侯愛梅文作"為"，現據圖版改。
④ "追"，《黑城出土文書》、侯愛梅文作"返"，現據圖版改。

3.　　　　　　梁汝中玉　　也火苔合兒
　　　　（後缺）
（三）
　　　　（前缺）
1.　　廿六日①　　　　（簽押）

4. 元亦集乃路麥足朵立只答站戶案文卷（之一）

題解：

本件《中國藏黑水城漢文文獻》中原始編號為 F116：W501，出版編號為M1·0634，收於第四冊《麥足朵立只答站戶案》第790頁，擬題為《麥足朵立只答站戶案卷》，並記其尺寸為 12.9cm×19.4cm。本件還收錄於《黑城出土文書（漢文文書卷）》第 155 頁《律令與詞訟類·麥足朵立只答站戶案文卷》，其所記文書編號與《中國藏黑水城漢文文獻》原始編號同，並列出文書諸要素為：竹紙，殘，行書，尺寸為 18.9cm×12.7cm。文書為元亦集乃路麥足朵立只答站戶案文卷之一，前缺後完，現存文字5行。從內容來看，其應為某人呈狀為勾追亦稱布等赴府事。參考文獻：1. 石坤《從黑水城出土漢文文書看元亦集乃路的西夏遺民》，《敦煌學輯刊》2005年第2期；2. 王盼《麥足朵立只答站戶案文卷初探》，《西夏學》（第四輯），寧夏人民出版社2009年版；3. 朱建路《黑水城文獻〈麥足朵立只答站戶案卷〉再研究》，《西夏學》（第十輯），上海古籍出版社2013年版。

錄文標點：

　　　　（前缺）
1.　＿＿＿布、汝真布、嵬兀各正身赴府。承此，依奉前去，將
2.　＿＿＿亦稱布等正身前來，隨呈前去。所呈如虛，甘罪
3.　＿＿＿伏取
4.　□旨。
5.　　　＿＿＿＿＿□□也失哥（簽押）狀
　　　　（後缺）

---

① "廿六日"上鈐朱印一枚。

5. 元亦集乃路麥足朵立只荅站戶案文卷（之一）

題解：

本件《中國藏黑水城漢文文獻》中原始編號為 F116：W502，出版編號為 M1·0635，收於第四冊《麥足朵立只荅站戶案》第 791 頁，共三件殘片，分為兩組，擬題為《麥足朵立只荅站戶案卷》，並記其尺寸分別為 12.5cm×19.5cm、18.9cm×21.4cm。本件還收錄於《黑城出土文書（漢文文書卷）》第 155 頁《律令與詞訟類·麥足朵立只荅站戶案文卷》，其所記文書編號與《中國藏黑水城漢文文獻》原始編號同，並列出文書諸要素為：竹紙，殘，行楷書，尺寸分別為 19.5cm×11.2cm、20.0cm×7.5cm、20.7cm×10.1cm。文書為元亦集乃路麥足朵立只荅站戶案文卷之一，其中殘片一現存文字 7 行；殘片二現存文字 2 行，殘存騎縫章半枚；殘片三現存文字 4 行。從內容來看，其應為訴狀殘片。參考文獻：1. 石坤《從黑水城出土漢文文書看元亦集乃路的西夏遺民》，《敦煌學輯刊》2005 年第 2 期；2. 王盼《麥足朵立只荅站戶案文卷初探》，《西夏學》（第四輯），寧夏人民出版社 2009 年版；3. 朱建路《黑水城文獻〈麥足朵立只荅站戶案卷〉再研究》，《西夏學》（第十輯），上海古籍出版社 2013 年版。

錄文標點：

（一）

（前缺）

1. ＿＿＿＿＿＿＿＿＿＿＿＿＿＿＿＿＿＿＿＿＿＿亦称布等將□元承站
2. ＿＿＿＿＿＿＿＿＿＿＿＿＿＿＿□官①□□□間有親眷亦卜工卜②巴本站
3. ＿＿＿＿□中間勸說將你所告故軀李保男亦称布、汝真③布、嵬兀當站，多
4. ＿＿＿令亦称布等依旧為主耕種，朵立只荅你逐年貼与亦称布等
5. ＿＿＿當站役。听④此，朵立只荅思忖得即目農忙時月，恐躭歲計，又軀亦
6. ＿＿＿久，俱娶良人為妻，各有所生男女，以此听從各人勸道，令亦称

---

① "官"，《黑城出土文書》錄文未釋讀，現據圖版改。
② "卜"，《黑城出土文書》錄文漏錄，現據圖版補。
③ "汝真"，《黑城出土文書》錄文作"沙其"，現據圖版改。
④ "听"，《黑城出土文書》錄文作"得"，現據圖版改。

布、汝

7. _____壹拾伍石，依旧為主承當站役，朶立只荅逐年貼補
与亦

   （後缺）

（二）

   （前缺）

1. _____□等一同上告
2. _____詞①。伏取

————————（騎縫章）————————

   （後缺）

（三）

   （前缺）

1. 連狀人 朶立只荅（簽押）
2.   亦称布（簽押）
3.   汝真布（簽押）
4.   梁汝中□②（簽押）

   （後缺）

（九）也火汝足立嵬土地案

1. 元也火汝足立嵬地土案文卷（之一）

題解：

本件《中國藏黑水城漢文文獻》中原始編號為 F116：W186a，出版編號為 M1·0636，收於第四冊《也火汝足立嵬土地案》第 795 頁，擬題為《也火汝足立嵬地土案卷》，並記其尺寸為 15.7cm×19cm。本件還收錄於《黑城出土文書（漢文文書卷）》第 157 頁《律令與詞訟類·也火汝足立嵬地土案文卷》，其所記文書編號為 F116：W186（1），並列出文書諸要素為：宣紙，殘，行草書，尺寸為

---

① "詞"，《黑城出土文書》錄文未釋讀，現據圖版補。
② 據相關文書可知，此處所缺文字應為"玉"。

18.9cm×15.5cm。該書將本號文書與《中國藏黑水城漢文文獻》第 796 頁 M1·0637〔84H·F116：W366/1538〕、第 797 頁 M1·0638〔F116：W186c〕、第 798 頁 M1·0639〔F116：W186d〕、第 799 頁 M1·0640〔F116：W186e〕、第 800 頁 M1·0641〔F116：W186f〕等號文書統一編號為 F116：W186，作為一件文書釋錄。按，此六號文書字跡、紙張一致，內容相關，應為同件文書。本件文書為元也火汝足立嵬土地案文卷殘片，前完後缺，現存文字 5 行，殘損嚴重。

錄文標點：

1. ▢▢▢▢▢▢省来申：據也火汝足▢▢▢
2. ▢▢▢▢▢▢站户，見當永昌路扎▢▢
3. ▢▢▢▢▢▢如今前来亦集乃▢▢
4. ▢▢▢▢▢▢火①耳立，時常▢▢
5. ▢▢▢▢▢▢曾祖父▢▢▢

（後缺）

2. 元也火汝足立嵬地土案文卷（之一）

題解：

本件《中國藏黑水城漢文文獻》中原始編號為 84H·F116：W366/1538，出版編號為 M1·0637，收於第四冊《也火汝足立嵬土地案》第 796 頁，擬題為《也火汝足立嵬地土案卷》，並記其尺寸為 26.7cm×29.5cm。本件還收錄於《黑城出土文書（漢文文書卷）》第 157 頁《律令與詞訟類·也火汝足立嵬地土案文卷》，其所記文書編號為 F116：W186（2），與《中國藏黑水城漢文文獻》原始編號異，並列出文書諸要素為：宣紙，殘，行草書，尺寸為 28.9cm×26.0cm。該書將本號文書與《中國藏黑水城漢文文獻》第 795 頁 M1·0636〔F116：W186a〕、第 797 頁 M1·0638〔F116：W186c〕、第 798 頁 M1·0639〔F116：W186d〕、第 799 頁 M1·0640〔F116：W186e〕、第 800 頁 M1·0641〔F116：W186f〕等號文書統一編號為 F116：W186，作為一件文書釋錄。按，此六號文書字跡、紙張一致，內容相關，應為同件文書。本件文書為元也火汝足立嵬地土案文卷殘片，前後均缺，現

---

① "火"，《黑城出土文書》錄文作"大"，現據圖版改。

存文字10行。

錄文標點：

（前缺）

1. ☐ 將各各塊 數 ☐
2. ☐ 見年七十五☐☐，因占地後附籍時役 ☐
3. ☐ 革立嵬轉寫石革阿立嵬，取勘戶 ☐
4. ☐ 石 革立嵬拋下地土供報到官。吾即渠 ☐
5. ☐ 頃在後。經遇渾都孩軍馬叛乱 後 ，☐
6. ☐ 等將應有莊業各家① 拋弃迯移☐
7. ☐ 也火汝足前来復業，有石革立嵬元 拋
8. ☐ 絕荒閑，撐作公地，人戶占種在後，於 不 ☐
9. ☐ 府幹事於彼見有前人石革立嵬 ☐
10. ☐ ☐涼州地面 ☐

（後缺）

3. 元也火汝足立嵬地土案文卷（之一）

題解：

本件《中國藏黑水城漢文文獻》中原始編號為F116：W186c，出版編號為M1·0638，收於第四冊《也火汝足立嵬土地案》第797頁，擬題為《也火汝足立嵬地土案卷》，並記其尺寸為23.6cm×28.2cm。本件還收錄於《黑城出土文書（漢文文書卷）》第157頁《律令與詞訟類·也火汝足立嵬地土案文卷》，其所記文書編號為F116：W186（3），並列出文書諸要素為：宣紙，殘，行草書，尺寸為27.8cm×23.5cm。該書將本號文書與《中國藏黑水城漢文文獻》第795頁M1·0636〔F116：W186a〕、第796頁M1·0637〔84H·F116：W366/1538〕、第798頁M1·0639〔F116：W186d〕、第799頁M1·0640〔F116：W186e〕、第800頁M1·0641〔F116：W186f〕等號文書統一編號為F116：W186，作為一件文書釋錄。按，

---

① "家"，《黑城出土文書》錄文作"將"，現據圖版改。

此六號文書字跡、紙張一致，內容相關，應為同件文書。本件文書為元也火汝足立嵬地土案文卷殘片，前後均缺，現存文字11行。

錄文標點：

（前缺）

1. ☐二子①，長
2. 立嵬，弟石監布
3. 到②你母攬都③奴倫
4. ☐明次，三男朶立赤
5. 年間④蒙⑤
6. 来⑥取勘，無差役人户將我每簽
7. 听⑦此汝足立嵬記懷在心。後有父阿玉
8. 爹爹⑧亦立吉你，俱各節次亡殁。每年
9. 文，內坐到汝足立嵬曾祖父石革立嵬
10. 十一年十月內汝足立
11. ☐☐⑨

（後缺）

4. 元也火汝足立嵬地土案文卷（之一）

題解：

本件《中國藏黑水城漢文文獻》中原始編號為F116：W186d，出版編號為M1·0639，收於第四冊《也火汝足立嵬土地案》第798頁，擬題為《也火汝足立

---

① "二子"，《黑城出土文書》錄文作"字"，現據圖版改。
② "到"，《黑城出土文書》錄文作"砧"，現據圖版改。
③ "都"，《黑城出土文書》錄文作"教"，現據圖版改。
④ "年間"，《黑城出土文書》錄文"☐甘"，現據圖版改。
⑤ "蒙"，《黑城出土文書》錄文作"承"，現據圖版改。
⑥ 《黑城出土文書》於"來"字前推補一"前"字。
⑦ "听"，《黑城出土文書》錄文未釋讀，現據圖版補。
⑧ 第二個"爹"字為省文符號，現逕改。
⑨ 此行文字《黑城出土文書》錄文未標注，現據圖版補。

崀地土案卷》，並記其尺寸為 34.3cm×27.9cm。本件還收錄於《黑城出土文書（漢文文書卷）》第 157 頁《律令與詞訟類·也火汝足立崀地土案文卷》，其所記文書編號為 F116:W186（4），並列出文書諸要素為：宣紙，殘，行草書，尺寸為 27.2cm×32.8cm。該書將本號文書與《中國藏黑水城漢文文獻》第 795 頁 M1·0636 [F116:W186a]、第 796 頁 M1·0637 [84H·F116:W366/1538]、第 797 頁 M1·0638 [F116:W186c]、第 799 頁 M1·0640 [F116:W186e]、第 800 頁 M1·0641 [F116:W186f] 等號文書統一編號為 F116:W186，作為一件文書釋錄。按，此六號文書字跡、紙張一致，內容相關，應為同件文書。本件文書為元也火汝足立崀地土案文卷殘片，前後均缺，現存文字 12 行。

錄文標點：

（前缺）

1. ＿＿＿＿＿＿＿＿＿＿＿＿＿＿＿簽充永昌路扎①剌兒＿＿＿
2. ＿＿＿＿＿＿＿＿＿亦集乃路差人將汝足立崀□＿＿＿
3. ＿＿＿＿＿＿□前来復業，応當祖上差役＿＿＿
4. ＿＿＿＿＿＿父石革立崀元抛地土作絕户撥＿＿
5. ＿＿＿＿＿＿只住為主，如蒙怜憫，揭照汝②
6. ＿＿＿＿＿＿撥付汝足立崀復業応＿＿＿
7. ＿＿＿＿＿＿定立扎③剌兒站役除免□＿＿
8. ＿＿＿＿＿＿種人户④姓名開坐，告乞⑤□＿＿
9. ＿＿＿□官當⑥斤將元頓木櫃開鎖，揭照到□⑦＿
10. ＿＿□□□兀沙来元拱廿五户人数內，一＿＿＿
11. ＿＿＿＿＿＿有户口站百户卜兀沙来＿＿＿

---

① "扎"，《黑城出土文書》錄文作 "孔"，現據圖版改。
② "汝"，《黑城出土文書》錄文作 "將"，據相關文書可推知，應為 "汝"。
③ "扎"，《黑城出土文書》錄文作 "孔"，現據圖版改。
④ "户"，《黑城出土文書》錄文作 "產"，現據圖版改。
⑤ "告乞"，《黑城出土文書》錄文作 "具訖"，現據圖版改。
⑥ "當"，《黑城出土文書》錄文作 "每"，現據圖版改。
⑦ 此字殘存嚴重，《黑城出土文書》錄文作 "事"，現存疑。

12. ☐＿＿＿＿＿＿＿＿＿＿＿＿＿今將全籍户面地土☐
　　　（後缺）

5. 元也火汝足立嵬地土案文卷（之一）

題解：

本件《中國藏黑水城漢文文獻》中原始編號為 F116: W186e，出版編號為 M1·0640，收於第四冊《也火汝足立嵬土地案》第 799 頁，擬題為《也火汝足立嵬地土案卷》，並記其尺寸為 38.1cm×28.4cm。本件還收錄於《黑城出土文書（漢文文書卷）》第 157 頁《律令與詞訟類·也火汝足立嵬地土案文卷》，其所記文書編號為 F116: W186（5），並列出文書諸要素為：宣紙，殘，行草書，尺寸為 27.3cm×37.7cm。該書將本號文書與《中國藏黑水城漢文文獻》第 795 頁 M1·0636［F116: W186a］、第 796 頁 M1·0637［84H·F116: W366/1538］、第 797 頁 M1·0638［F116: W186c］、第 798 頁 M1·0639［F116: W186d］、第 800 頁 M1·0641［F116: W186f］等號文書統一編號為 F116: W186，作為一件文書釋錄。按，此六號文書字跡、紙張一致，內容相關，應為同件文書。本件文書為元也火汝足立嵬地土案文卷殘片，前後均缺，現存文字 12 行。

錄文標點：

　　　（前缺）

1. ＿＿＿＿＿＿＿＿＿＿＿＿＿於 至元廿四＿
2. ＿＿＿＿＿＿＿＿＿＿＿革阿立嵬地畝冊＿
3. ＿＿＿＿＿＿＿所管遜移站户。延祐元年取＿
4. ＿＿＿立嵬前後雖①有姓名单☐☐始＿
5. ＿＿＿異。又兼本人即目見在西涼州住坐＿
6. ＿＿＿路西涼州取勘，破調不曾＿
7. ＿＿＿地土撐付，却緣公田子②粒并永 昌＿
8. ＿＿＿＿＿＿未敢擅專，宜從省府☐＿

---

① "雖"，《黑城出土文書》錄文作"曾"，現據圖版改。
② 《黑城出土文書》錄文於"子"字前衍錄一"種"字，現據圖版改。

9. ☐☐☐☐事相開全 籍 戶面撐付公地☐☐☐☐

10. ☐☐☐☐明 降 付下施行。得此，若 便 准 仰☐

11. ☐☐☐☐管，係亦集乃路附籍站戶 遠 年 ☐

12. ☐☐☐☐☐☐元置地土拋弃，驚移勘☐☐☐

13. ☐☐☐☐☐☐☐☐☐☐☐☐☐☐☐☐

　　　（後缺）

6. 元也火汝足立嵬地土案文卷（之一）

題解：

本件《中國藏黑水城漢文文獻》中原始編號為 F116：W186f，出版編號為 M1·0641，收於第四冊《也火汝足立嵬土地案》第 800 頁，擬題為《也火汝足立嵬地土案卷》，並記其尺寸為 11.5cm×21cm。本件還收錄於《黑城出土文書（漢文文書卷）》第 157 頁《律令與詞訟類·也火汝足立嵬地土案文卷》，其所記文書編號為 F116：W186（6），並列出文書諸要素為：宣紙，殘，行草書，尺寸為 21.7cm×11.2cm。該書將本號文書與《中國藏黑水城漢文文獻》第 795 頁 M1·0636〔F116：W186a〕、第 796 頁 M1·0637〔84H·F116：W366/1538〕、第 797 頁 M1·0638〔F116：W186c〕、第 798 頁 M1·0639〔F116：W186d〕、第 799 頁 M1·0640〔F116：W186e〕等號文書統一編號為 F116：W186，作為一件文書釋錄。按，此六號文書字跡、紙張一致，內容相關，應為同件文書。本件文書為元也火汝足立嵬地土案文卷殘片，前後均缺，現存文字 4 行。

錄文標點：

　　　（前缺）

1. ☐☐☐☐☐☐七十五畝三分一☐☐☐

2. ☐☐☐□三塊一頃令一畝，一段九塊二☐

3. ☐☐☐☐☐☐五畝六分，遠年取☐☐

4. ☐☐☐☐☐☐地土拋弃，今☐☐

　　　（後缺）

7. 元也火汝足立嵬地土案文卷（之一）

題解：

本件《中國藏黑水城漢文文獻》中原始編號為 F116：W541，出版編號為 M1·0642，收於第四冊《也火汝足立嵬土地案》第 801 頁，擬題為《也火汝足立嵬地土案卷》，並記其尺寸為 21.5cm×34.9cm。本件文書共兩件殘片，還收錄於《黑城出土文書（漢文文書卷）》第 158 頁《律令與詞訟類·也火汝足立嵬地土案文卷》，其所記文書編號為 F116：W475，與《中國藏黑水城漢文文獻》原始編號異，並列出文書諸要素為：宣紙，殘，行書，尺寸分別為 25.3cm×21.3cm、6.9cm×7.9cm。文書為元也火汝足立嵬地土案文卷殘片，其中殘件一現存文字 11 行，殘片二現存文字 4 行。

錄文標點：

（一）

　　　　　（前缺）

1. _____①軍 馬 經 過

2. _____寧夏，娶到你阿婆蔡玉阿賽，所生二子，長男你父____

3. _____到你母攬都奴倫，所生到三子，長子是你，安名汝足立嵬__

4. _____剌兒站户應當差役。听此，汝足立嵬記懷在心。後有父②阿玉、叔父耳_____

5. ____累次差人前來関文，内③坐到汝足立嵬曾祖父石革立嵬名字，將汝足立嵬等起□____

6. ____根脚元係亦集乃路站户，為本処軍馬叛乱，抛弃地土，全家趂④避西凉州雜木____

7. ____差人將汝足立嵬起遣，實是⑤重併，以此⑥汝足立嵬情願前来復業，應

---

① 此行文字《黑城出土文書》錄文未釋讀，現據圖版補。
② "父"，《黑城出土文書》錄文漏錄，現據圖版補。
③ "内"，《黑城出土文書》錄文漏錄，現據圖版補。
④ "趂"同"躲"。
⑤ "實是"，《黑城出土文書》錄文作"是實"，現據圖版改。
⑥ "此"，《黑城出土文書》錄文作"及"，現據圖版改。

　　　　當祖父①差□□□□□
8.　□□管公地及賀哥哥②等，見今朦朧③占種為主。如蒙怜憫，揭照汝足立嵬
　　　曾祖父石革立□□□□
9.　□□移永昌路將定立扎剌兒站除免，不致重役生受。今將曾祖元④拋地土
　　　条叚□□□□□
10.　□□□□□□□□□吾迷僧判地，南至沙灘□□□□□
11.　□□□□□□□□□□□實為照陳□□□
　　　　　（後缺）
（二）
　　　　　（前缺）
1.　□□|涼|州雜木口杜善善⑤社下住坐□□□□
2.　□□|係|曾祖父也火石革立嵬|地|⑥□□
3.　□□□九畝一分；一段一塊一頃八十九□□
4.　□□□軍馬經過月□□□□
　　　　　（後缺）

8. 元也火汝足立嵬地土案文卷（之一）

題解：

　　本件《中國藏黑水城漢文文獻》中原始編號為 F116：W116a，出版編號為 M1·0643，收於第四冊《也火汝足立嵬土地案》第802頁，擬題為《也火汝足立嵬地土案卷》，並且記其尺寸為44cm×23cm。本件還收錄於《黑城出土文書（漢文文書卷）》第161頁《律令與詞訟類·也火汝足立嵬地土案文卷》，其所記文書編號為 F116：W116（1），並列出文書諸要素為：竹紙，殘，行書，尺寸為

---

① "祖父"，《黑城出土文書》錄文作"視之"，現據圖版改。
② 第二個"哥"為省文符號，現徑改。
③ "臕"同"朧"。
④ 《黑城出土文書》錄文於"元"字前衍錄一"父"字，現據圖版改。
⑤ 第二個"善"字為省文符號，現徑改。
⑥ "|地|"，《黑城出土文書》錄文未釋讀，現據圖版補。

22.3cm×44.3cm。該書將本號文書與《中國藏黑水城漢文文獻》第 803 頁 M1·0644［F116∶W116b］號文書統一編號為 F116∶W116，作為一件文書釋錄。按，兩號文書字跡、紙張相同，應為同件文書。本件文書為元也火汝足立嵬地土案文卷殘片，前後均缺，現存文字 21 行，最末兩行鈐有黑色方印，應為騎縫章。文書原應為兩紙粘接，現僅存第一紙，第二紙無。從其綴合後內容來看，應為某司呈文。

錄文標點：

（前缺）

1. ☐年廿七歲，☐
2. 　　役在西凉州雜木口
3. 　　自汝足立嵬省事以来
4. 　　每根脚元係亦集①
5. 　☐扵本処②置到地土九段內吾③
6. 　☐塊，伍拾畝壹分
7. 　塊柒拾玖畝壹分；壹殷
8. 壹頃令壹畝；壹段玖④塊，弍頃弍畝
9. 即⑤渠地一段貳塊，柒拾伍畝陸分
10. 過有祖父石革立嵬將前項地土抛
11. 雜木口置買到地土耕種住坐，為☐
12. 婆蔡玉阿賽⑥所生二子，長男你
13. 革立嵬，弟石⑦監布所生男亦立吉你⑧

---

① 《黑城出土文書》錄文於"集"字後推補一"乃"字。
② "処"，《黑城出土文書》錄文作"管"，現據圖版改。
③ 《黑城出土文書》錄文於"吾"字後推補一"即"字。
④ "玖"，《黑城出土文書》錄文作"伍"，現據圖版改。
⑤ "即"，《黑城出土文書》錄文作"及"，現據圖版改。
⑥ "賽"，《黑城出土文書》錄文作"寶"，現據圖版改。
⑦ "弟石"，《黑城出土文書》錄文作缺一字處理，現據圖版改。
⑧ "你"，《黑城出土文書》錄文未釋讀，現據圖版補。

14. 到你母攬都倫，所生到叄子，長男 是 你
15. ▢ □你叔耳立布，所生到男一名▢
16. ▢ 孩院判 前 来取勘，無差役人户▢
17. ▢ 當差役。听此，□□①立嵬記懷在▢
18. ▢ 祖叔爹爹②亦立吉你，俱▢
19. ▢ 文内坐汝足立嵬曾祖父 石 ▢
20. ▢ 永昌路遮當至至正十一年▢
21. ▢ 嵬 ③根脚元係亦集乃路站户，為▢

──────（騎縫章）──────

（後缺）

9. 元也火汝足立嵬地土案文卷（之一）

題解：

本件《中國藏黑水城漢文文獻》中原始編號為 F116：W116b，出版編號為 M1·0644，收於第四冊《也火汝足立嵬土地案》第 803 頁，擬題為《也火汝足立嵬地土案卷》，並記其尺寸為 21.3cm×20.2cm。本件還收錄於《黑城出土文書（漢文文書卷）》第 162 頁《律令與詞訟類·也火汝足立嵬地土案文卷》，其所記文書編號為 F116：W116（2），並列出文書諸要素為：竹紙，殘，行書，尺寸為 19.1cm×21.2cm。該書將本號文書與《中國藏黑水城漢文文獻》第 802 頁M1·0643〔F116：W116a〕號文書統一編號為 F116：W116，作為一件文書釋錄。按，兩號文書字跡、紙張相同，應為同件文書。本件文書為元也火汝足立嵬地土案文卷殘片，前完後缺，共兩紙粘接，第一紙現存文字 2 行，第二紙現存文字 1 行。從其綴合後內容來看，應為某司呈文。

---

① 此處缺字《黑城出土文書》錄文未標注，現據圖版補。據文意推斷，此處所缺兩字應為"汝足"。
② 第二個"爹"字為省文符號，《黑城出土文書》錄文未釋讀，現徑改。
③ " 嵬 "，《黑城出土文書》錄文作"元"，現據圖版改。

錄文標點：

（前缺）

1. 右謹具
2. □①

————————————

3. 初二日②

（後缺）

10. 元也火汝足立嵬地土案文卷（之一）

題解：

本件《中國藏黑水城漢文文獻》中原始編號為 F116：W479，出版編號為 M1·0645，收於第四冊《也火汝足立嵬土地案》第 804—808 頁，共八件殘片，分為五組，擬題為《也火汝足立嵬地土案卷》，並記其尺寸分別為 21cm × 26.8cm、22.7cm × 25.6cm、20.9cm × 26.2cm、9.2cm × 36.4cm、14.7cm × 8.2cm。本件文書殘片一至五還收錄於《黑城出土文書（漢文文書卷）》第 158 頁《律令與詞訟類·也火汝足立嵬地土案文卷》，其所記文書編號與《中國藏黑水城漢文文獻》原始編號同，並列出文書諸要素為：宣紙，殘屑，楷書，尺寸分別為 26.1cm × 21.0cm、24.5cm × 21.0cm、26.4cm × 21.0cm、10.5cm × 7.5cm、8.5cm×7.5cm。文書為元也火汝足立嵬地土案文卷殘片，其中殘片一現存文字 10 行；殘片二為兩紙粘接，第一紙現存文字 2 行，第二紙現存文字 11 行，兩紙粘接處鈐騎縫章一枚；殘片三現存文字 11 行；殘片四現存文字 4 行；殘片五現存文字 4 行；殘片六無文字殘留；殘片七現存文字 2 行；殘片八現存文字 2 行。從內容來看，其應為某司呈文。

錄文標點：

（一）

（前缺）

————————————

① 據元代文書格式，此處疑缺一行，《黑城出土文書》錄文未標注，此處所缺文字應為"呈"。
② "初二日"上鈐朱印一枚。

594　中國藏黑水城漢文文獻的整理與研究

1. _____ 奉①

2. 總府指揮，為也火汝足立嵬告復業公事，早為於本_____

3. 立嵬有無姓名，是何站戶，並元拱地土籍冊得見明白，具上
    檢_____

4. 施行。奉此，依上於

5. 提調官當斤將元頓木櫃開鎖，揭照到至元廿四年地頃冊，內揭
    得_____

6. 人妻口一戶石革立嵬，地土頃畞②、上挨③下靠、條段數目外，有戶口站
    在_____

7. 坐站戶也火失革阿立嵬姓名。今將全籍戶④面地土條段頃畞⑤
    寬_____

8. 亦集口口口⑥管府，　伏乞

9. _____

10. _____已籍人戶外未抄申
    来_____

　　　　　　（後缺）

（二）

　　　　　　（前缺）

1.　　　　　　貳拾伍畞：

2.　　　　　　長壹伯步，_____

————————（騎縫章）————————

3.　　　　　一段柒拾玖畞壹分，未耕 水 ⑦ _____

————————————

① 此行文字《黑城出土文書》錄文推補為"口奉"。
② "畞"，《黑城出土文書》錄文作"數"，現據圖版改。
③ "挨"，《黑城出土文書》錄文作"俟"，現據圖版改。
④ 《黑城出土文書》錄文於"戶"字後衍錄一"地"字，現據圖版改。
⑤ "畞"，《黑城出土文書》錄文作"數"，現據圖版改。
⑥ 據元代地方行政設置可推知，此處所缺文字應為"乃路摠"。
⑦ " 水 "，《黑城出土文書》錄文未釋讀，現據圖版補。

整理編　第四冊　595

4.　　　　一塊陸拾貳畝伍分：①
5.　　　　　　　長壹伯伍拾步，☐
6.　　　　一塊壹拾陸畝陸分：
7.　　　　　　　長壹伯☐
8.　　　一段壹頃捌拾玖畝☐：
9.　　　　　　　長叁伯陸拾☐
10.　　一段壹頃令壹畝，未耕水☐：
11.　　　一塊捌畝②伍分：
12.　　　　　　長捌拾③☐
13.　　　一塊貳拾畝④☐：

　　　　（後缺）

（三）

　　　　（前缺）

1.　　　　　　　長貳☐
2.　　　一段貳頃令貳畝肆分：
3.　　　　　見佃壹頃伍拾陸畝叁□⑤：
4.　　　　　一塊貳拾壹畝伍分：
5.　　　　　　　長壹伯☐
6.　　　　一塊叁拾肆畝捌分：
7.　　　　　　長叁伯壹拾步，☐
8.　　　　一塊叁拾叁畝叁分：
9.　　　　　　　長壹伯陸拾□⑥，☐
10.　　　一塊叁拾陸畝柒分：

————————

① 第1—4行鈐墨印一枚。
② "畝"，《黑城出土文書》錄文作"伯"，現據圖版改。
③ "捌拾"，《黑城出土文書》錄文未釋讀，現據圖版補。
④ "畝"，《黑城出土文書》錄文作"玖"，現據圖版改。
⑤ 據文意推斷，此處所缺文字應為"分"。
⑥ 據文意推斷，此處所缺文字應為"步"。

11.　　　　　　長壹伯☐☐☐☐
————————（騎縫章）————————

　　　　　（後缺）
（四）
　　　　　（前缺）
1.　　　　　一塊貳拾畝令☐☐☐☐：
2.　　　　　　長壹伯壹拾☐☐
3.　　　未耕城硬叁拾玖畝：
4.　　　　　　　長☐☐☐

　　　　　（後缺）
（五）
　　　　　（前缺）
1.　　　　一塊伍拾☐☐☐☐：
2.　　　　　　　長☐☐☐
3.　　　一塊貳畝柒分：
4.　　　　　　　長☐☐

　　　　　（後缺）
（六）
（無文字殘留）
（七）
　　　　　（前缺）
1.　☐☐☐☐☐☐☐☐☐
2.　☐☐土自俗已☐☐☐

　　　　　（後缺）
（八）①
　　　　　（前缺）

---

① 文書殘片六、七、八《黑城出土文書》一書未收錄。

1. ▢▢▢▢▢▢▢户▢▢▢▢▢▢
2. ▢▢▢▢作三塊
   （後缺）

11. 元也火汝足立嵬地土案文卷（之一）

題解：

本件《中國藏黑水城漢文文獻》中原始編號為 F116：W474，出版編號為 M1·0646，收於第四冊《也火汝足立嵬土地案》第809頁，擬題為《也火汝足立嵬地土案卷》，並記其尺寸為 19.3cm×26.1cm。本件還收錄於《黑城出土文書（漢文文書卷）》第164頁《律令與詞訟類·也火汝足立嵬地土案文卷》，其所記文書編號與《中國藏黑水城漢文文獻》原始編號同，並列出文書諸要素為：竹紙，殘，楷書，尺寸為 25.5cm×18.9cm。文書為元也火汝足立嵬地土案文卷殘片，現存文字3行。從內容來看，其應為至正十三年（1353）河西隴北道肅政廉訪司照刷《也火汝足立嵬地土案文卷》所留刷尾。

錄文標點：

1. 革前創行未絕壹件：也火汝足立嵬告復業▢▢▢▢▢▢▢
2. 　　　　　　　至當日行檢為尾，計①▢▢▢▢▢▢
3. 　　　　至正十三年正月　　日司吏張㐀雄②▢▢▢▢

12. 元也火汝足立嵬地土案文卷（之一）

題解：

本件《中國藏黑水城漢文文獻》中無原始編號，出版編號為M1·0647，收於第四冊《也火汝足立嵬土地案》第810頁，擬題為《也火汝足立嵬地土案卷》，並記其尺寸為 20.3cm×18.1cm。本件還收錄於《黑城出土文書（漢文文書卷）》第159頁《律令與詞訟類·也火汝足立嵬地土案文卷》，其所記文書編號為F116：W23（2），並列出文書諸要素為：竹紙，殘屑，行書，尺寸為 17.9cm×20.0cm。

---

① "計"，《黑城出土文書》錄文作"訖"，現據圖版改。
② 《黑城出土文書》錄文於"雄"字後補一"等"字。

598　中國藏黑水城漢文文獻的整理與研究

該書將本號文書與《中國藏黑水城漢文文獻》第 811 頁M1·0648、第 865—866 頁M1·0661〔F116：W23〕等號文書統一編號為 F116：W23，作為一件文書釋錄。按，三號文書字跡、紙張一致，內容相關，應為同件文書。本件文書為元也火汝足立嵬地土案文卷殘片，前後均缺，為兩紙粘接，第一紙現存文字 4 行，第二紙現存文字 3 行。從綴合後內容來看，似為訴狀殘片。

錄文標點：

　　　　　（前缺）
1. ☐置買到☐
2. 不曾迴还，我於寧夏①☐
3. 阿賽所生二子，長男☐
4. 父耳立。有曾祖父☐
　————————————

5. 布，所生到男亦☐☐
6. 父親阿玉娶到你母揽②☐
7. 長子是你，安名☐
　　　　（後缺）

13. 元也火汝足立嵬地土案文卷（之一）

題解：

本件《中國藏黑水城漢文文獻》中無原始編號，出版編號為M1·0648，收於第四冊《也火汝足立嵬土地案》第 811 頁，擬題為《也火汝足立嵬地土案卷》，並記其尺寸為 21.4cm×17.9cm。本件還收錄於《黑城出土文書（漢文文書卷）》第 159 頁《律令與詞訟類·也火汝足立嵬地土案文卷》，其所記文書編號為 F116：W23（4），並列出文書諸要素為：竹紙，殘屑，行書，尺寸為 17.3cm×20.9cm。該書將本號文書與《中國藏黑水城漢文文獻》第 810 頁M1·0647、第 865—866 頁M1·

————————————
①　"夏"，《黑城出土文書》錄文作"長"，現據其他相關文書改。
②　"揽"，《黑城出土文書》錄文未釋讀，現據圖版補。

0661［F116：W23］等號文書統一編號為 F116：W23，作為一件文書釋錄。按，三號文書字跡、紙張一致，内容相關，應為同件文書。本件文書為元也火汝足立嵬地土案文卷殘片，前後均缺，現存文字 8 行。從綴合後內容來看，似為訴狀殘片。

錄文標點：

(前缺)

1. 耳立布，祖父耳☐
2. 各節次亡歿，每☐
3. 人前來関文，内坐 到① ☐
4. 立嵬名字，將汝足立☐
5. 遮當至至正十一年十② ☐
6. 得曾父③石革立嵬根☐
7. ☐户④，為本処軍馬☐
8. ☐來到☐

(後缺)

14. 元也火汝足立嵬地土案文卷（之一）

題解：

本件《中國藏黑水城漢文文獻》中原始編號為 F116：W104，出版編號為 M1·0649，收於第四冊《也火汝足立嵬土地案》第 812—826 頁，共十五件殘片，擬題為《也火汝足立嵬地土案卷》，並記其尺寸分別為 10.4cm×28cm、11.3cm×27.4cm、11.1cm×23.6cm、11.7cm×22.1cm、11.8cm×27.8cm、13.7cm×28cm、13.8cm×27.3cm、10.7cm×27.2cm、10.6cm×27.7cm、13.2cm×28.1cm、11.4cm×28.6cm、11.9cm×27.4cm、14cm×28.2cm、10.8cm×28.7cm、10.7cm×27.2cm。本件文書殘片一至十四還收錄於《黑城

---

① "到"，《黑城出土文書》錄文未釋讀，現據圖版改。
② 《黑城出土文書》錄文於"十"字後推補一"月"字。
③ 據文意推斷，此處脱一"祖"字，《黑城出土文書》錄文添錄。
④ "户"，《黑城出土文書》錄文作"產"，現據圖版改。另，據相關文書可推知，"户"字前所缺文字應為"站"。

出土文書（漢文文書卷）》第160頁《律令與詞訟類·也火汝足立嵬地土案文卷》，其所記文書編號與《中國藏黑水城漢文文獻》原始編號同，並列出文書諸要素為：宣紙，殘屑，行草書，尺寸分別為27.2cm×9.8cm、12.7cm×10.8cm、21.5cm×9.3cm、17.3cm×9.3cm、27.0cm×9.8cm、27.6cm×11.0cm、27.1cm×11.3cm、26.8cm×9.5cm、27.0cm×9.7cm、26.9cm×12.0cm、29.4cm×10.3cm、27.1cm×10.6cm、28.6cm×11.0cm、28.5cm×10.0cm。文書為元也火汝足立嵬地土案文卷殘片，其中殘片一、二、四、十一、十四各現存文字4行；殘片三、五、七、八、九、十、十二、十三各現存文字5行；殘片六現存文字6行；殘片十五無文字殘留。從內容來看，其應為某司照勘也火汝足立嵬所告地土呈文。

錄文標點：

（一）

　　　　（前缺）

1. ＿＿＿革立嵬有無元拋各各①地土，得見以此②＿＿＿
2. ＿＿＿□。准此，當戡依准將引③司吏張歸□＿＿
3. ＿＿＿□照勘得④地土占種人户已經年深＿＿＿
4. ＿＿＿＿＿＿＿□汝足立嵬曾祖父＿＿＿

　　　　（後缺）

（二）

　　　　（前缺）

1. ＿＿＿＿＿＿＿即耳梅地，南至＿＿＿
2. ＿＿地，西至吾□□玉赤伯地并白沙山，北至来来⑤＿
3. 你曾祖父因病亡殁，上項地土我□＿
4. 父賀汝足亦是病故，拋下来＿＿＿

　　　　（後缺）

---

① 第二個"各"字為省文符號，現徑改。
② "此"，《黑城出土文書》錄文未釋讀，現據圖版補。
③ "引"，《黑城出土文書》錄文作"行"，現據圖版改。
④ "得"，《黑城出土文書》錄文漏錄，現據圖版補。
⑤ 第二個"来"為省文符號，現徑改。

（三）

　　　　　（前缺）

1. 不知去向，至今大半不曾□□□□□□

2. 公地，此時將本處迯移人户□□□□□

3. 地叁拾□①畝揹付達魯花赤□□□□

4. □□□□□□行，改挑渠道耕□□□

5. □□□□□□□□狀，扵前②□□□

　　　　　（後缺）

（四）

　　　　　（前缺）

1. □□□□□□□□□四至内每□□

2. □□□□伍斗，大③麦貳石伍□□□

3. 到今，以□④躰勘過。今⑤蒙取問⑥所□

4. 隣人許閏僧等狀結□□□□□□□

　　　　　（後缺）

（五）

　　　　　（前缺）

1. 有父吾即令只，時常向令只□□□

2. 都孩軍馬叛乱迯移，不知去所。後蒙□

3. 石革立嵬元抛本渠下支水合即小渠麦子地柒□

4. □□□□□□□□地⑦壹拾壹畝，共計玖□

5. □□□□□□□□□□□⑧

---

① 此處缺文《黑城出土文書》録文未標注，現據圖版補。
② "前"，《黑城出土文書》録文作"落"，現據圖版改。
③ "大"，《黑城出土文書》録文作"小"，現據圖版改。
④ 據其他相關文書可知，此處所缺文字應為"致"。
⑤ "今"，《黑城出土文書》録文作前一字省文符號作"過"，現據圖版改。
⑥ "取問"，《黑城出土文書》録文作"寫"，現據圖版改。
⑦ "□地"，《黑城出土文書》録文作"以北"，現據圖版改。
⑧ 此行文字《黑城出土文書》録文未標注，現據圖版補。

602　中國藏黑水城漢文文獻的整理與研究

（後缺）

（六）

（前缺）

1. ▢▢▢▢▢▢▢▢▢▢每係鄰人▢▢▢▢▢
2. ▢▢▢▢▢▢▢▢□承納大小二麦壹拾▢
3. 伍石，▢▢壹拾馱，得此語句後，有父何▢
4. 狗依前送納，以致躰勘過。今①蒙取問②所供▢
5. 及責得隣人梁令當布等▢▢▢▢▢▢▢▢
6. □□□▢▢▢▢▢▢▢▢▢▢▢▢▢▢▢③

（後缺）

（七）

（前缺）

1. ▢▢▢▢▢▢▢▢玉立嵬開占訖▢
2. ▢▢▢▢▢▢▢捌畝令捌分并撑付公地▢
3. 畝令□分，其地東至卜④觀音宝，南至▢
4. 宝，北至卜觀⑤音宝⑥，四至內▢▢已開▢
5. 以致躰勘過。今⑦蒙取問⑧□▢

（後缺）

（八）

（前缺）

1. 人下玉立嵬開占訖地▢▢▢▢▢▢▢▢

---

① "今"，《黑城出土文書》錄文漏錄，現據圖版補。
② "取問"，《黑城出土文書》錄文作"寫"，現據圖版改。
③ 此行文字《黑城出土文書》錄文未標注，現據圖版補。
④ 《黑城出土文書》錄文於"卜"字前衍錄一"玉"字，現據圖版改。
⑤ "卜觀"兩字原作"觀卜"，旁加倒乙符號，現徑改。
⑥ "宝"，《黑城出土文書》錄文漏錄，現據圖版補。
⑦ "今"，《黑城出土文書》錄文作前一字省文符號作"過"，現據圖版改。
⑧ "取問"，《黑城出土文書》錄文作"寫"，現據圖版改。

整理編　第四冊　603

2. 叁拾畝令捌分，其地東至□□□①宝，南②_____
3. 觀音宝，北至觀音宝，四至內見今③觀音_____
4. _____□，供執結④是实，得_____
5. _____□官蒙□_____

（後缺）

（九）

（前缺）

1. _____有伊姪男卜孔都_____
2. _____手□過。今⑤蒙取問⑥所供，執結是实_____
3. _____人卜觀音宝狀結，即与梁汝中布所供_____⑦
4. _____一塊地壹頃貳拾柒畝肆分，始初計□塊_____
5. _____種地人卜觀音_____

（後缺）

（十）

（前缺）

1. _____都赤所供相同
2. _____一段地貳頃令貳畝肆分，九塊，踏驗過，為是荒閑之_____
3. _____將_____分作二塊，
4. _____開耕作一塊，責得□_____
5. _____有故父梁_____

（後缺）

---

① 據其他相關文書可推知，此處所缺文字應為"卜觀音"。
② "南"，《黑城出土文書》錄文未釋讀，現據圖版補。
③ "見今"原作"今見"，旁加倒乙符號，現徑改。
④ "結"，《黑城出土文書》錄文作"給"，現據圖版改。
⑤ "今"，《黑城出土文書》錄文作前一字省文符號作"過"，現據圖版改。
⑥ "取問"，《黑城出土文書》錄文作"寫"，現據圖版改。
⑦ 據其他相關文書可推知，此處所缺文字應為"相同"。

（十一）

　　　　（前缺）

1.　　　　　　九段，計壹拾頃☐☐☐☐拾玖畝壹分。

2.　　　吾即渠地一段，計壹頃壹拾伍畝陸分，計伍塊，為是拋故☐☐

3.　　　　　　作一段，踏驗過，責得種地人喬沓布☐☐

4.　　　　　　以来有故父①☐☐☐

　　　　（後缺）

（十二）

　　　　（前缺）

1. 後有叔父☐☐☐☐

2. 壹頃貳拾柒畝令肆分，其地东至☐☐☐

3. 至孔都☐的，北至沙山，并令告人也火汝☐☐

4. ☐☐☐墙痕②小③渠為界，内次④北☐☐

5. ☐☐☐☐可以耕種地陸拾☐☐

　　　　（後缺）

（十三）

　　　　（前缺）

1.　　　　　　　　　　　执⑤結是实，得此☐☐

2.　　　　　　　　　　沙羅所供相同。

3.　　　吾即渠地六段，内屯田，合即渠地⑥三段，計壹拾壹塊，該☐

4.　　　　　　令肆分。本渠下支水合即小☐⑦地三段，計☐

① "故父"，《黑城出土文書》錄文作"放支"，現據圖版改。
② 此兩字處顏色深，不能釋讀，《黑城出土文書》錄文作"墙痕"，疑應為"使水"。
③ "小"，《黑城出土文書》錄文作"支"，現據圖版改。
④ "次"，《黑城出土文書》錄文作"項"，現據圖版改。
⑤ "执"，《黑城出土文書》錄文未釋讀，現據圖版改。
⑥ "地"，《黑城出土文書》錄文漏錄，現據圖版補。
⑦ 據其他相關文書推斷，此處所缺文字應為"渠"。

5.　　　　　　　　　　拾伍畝肆分。
　　　　　（後缺）
（十四）
　　　　　（前缺）
1. 了當，每歲承納子粒大小二麦壹拾☐
2. 斗，大麦柒拾伍斗，穰草壹拾伍馱，逐年☐
3. 內☐鋪①子一座，以致躰勘過☐
4. ☐隣人徐鎮撫，男，☐
　　　　　（後缺）
（十五）
（無文字殘留）

15. 元也火汝足立嵬地土案文卷（之一）

題解：

　　本件《中國藏黑水城漢文文獻》中原始編號為F116：W27，出版編號M1·0650，收於第四冊《也火汝足立嵬土地案》第827—828頁，共四件殘片，分為兩組，擬題為《也火汝足立嵬地土案卷》，並記其尺寸分別為：30.7cm×20.3cm、15.1cm×15.1cm。本件還收錄於《黑城出土文書（漢文文書卷）》第159頁《律令與詞訟類·也火汝足立嵬地土案文卷》，其所記文書編號為F116：W27（1—4），並列出文書諸要素為：竹紙，屑，行書，尺寸分別為：16.2cm×5.5cm、19.7cm×21.1cm、11.7cm×4.1cm、14.6cm×7.5cm。該書將本號文書與《中國藏黑水城漢文文獻》第862頁M1·0658號文書統一編號為F116：W27，作為一件文書釋錄。按，五件殘片字跡、紙張均一致，應為同一件文書。文書為元也火汝足立嵬地土案文卷殘片，其中殘片一現存文字2行；殘片二現存文字9行；殘片三現存文字2行；殘片四現存文字3行。從綴合後內容來看，其應為亦集乃路總管府下某司文。

---

① "鋪"，《黑城出土文書》錄文作"補"，現據圖版改。

錄文標點：

（一）

　　　　　（前缺）

1. 皇帝聖旨裏，亦集乃☐☐☐☐☐
2. 　☐案☐呈☐☐☐☐☐☐☐☐

　　　　　（後缺）

（二）

　　　　　（前缺）

1. 集乃路站户，見當永昌☐☐☐☐
2. 木口杜善①社下住，見今前☐☐
3. 居，伏為狀告，自汝足立嵬省事☐
4. 也火耳立，時常向☐也②☐☐☐
5. 元係亦集乃路站户，有你曾祖☐
6. 嵬於本處置到地土玖段，☐☐☐
7. 伍塊壹頃壹拾伍畝六分，本渠☐
8. ☐☐合即渠地六段，内一段☐☐
9. ☐☐拾玖畝壹☐☐☐☐☐☐

　　　　　（後缺）

（三）

　　　　　（前缺）

1. ☐☐復業☐☐☐☐☐☐☐
2. ☐☐乃路將汝足立嵬☐☐

　　　　　（後缺）

（四）

　　　　　（前缺）

---

① 據其他相關文書可知，"善"字後應脱一"善"字，《黑城出土文書》錄文作"善善"。
② "也"，《黑城出土文書》錄文未釋讀，現據圖版補。

1. ☐☐☐☐府 官① 議得☐☐
2. ☐☐也火汝足立 嵬 ☐☐供②☐☐
3. ☐☐☐☐站户并☐☐

　　　（後缺）

16. 元也火汝足立嵬地土案文卷（之一）

題解：

本件《中國藏黑水城漢文文獻》中原始編號為 F116：W93，出版編號為 M1·0651，收於第四冊《也火汝足立嵬土地案》第 829—834 頁，共十二件殘片，分為六組，擬題為《也火汝足立嵬地土案卷》，並記其尺寸分別為 10.1cm×12.3cm、22.8cm×24.7cm、23.3cm×16.5cm、13.8cm×35.5cm、18.6cm×35.6cm、8.7cm×31.7cm。本件還收錄於《黑城出土文書（漢文文書卷）》第 160 頁《律令與詞訟類·也火汝足立嵬地土案文卷》，其所記文書編號與《中國藏黑水城漢文文獻》原始編號同，並列出文書諸要素為：宣紙，屑，行草書，尺寸分別為 12.2cm×8.9cm、8.5cm×9.5cm、6.7cm×8.5cm、6.9cm×9.0cm、9.1cm×11.8cm、16.5cm×23.0cm、15.3cm×10.5cm、15.3cm×8.3cm、15.3cm×9.5cm、13.7cm×10.7cm、16.3cm×8.5cm、10.9cm×6.1cm。該書殘片排列順序與《中國藏黑水城漢文文獻》略有不同。文書為元也火汝足立嵬地土案文卷殘片，其中殘片一現存文字 4 行，殘片二現存文字 1 行；殘片三、四各存文字 2 行；殘片五現存文字 1 行；殘片六現存文字 7 行；殘片七、八各存文字 5 行；殘片九、十各存文字 4 行；殘片十一、十二各存文字 2 行。

錄文標點：

（一）

　　　　（前缺）

1. 經☐☐☐☐☐☐③
2. 为軍馬寧息☐☐☐

---

① "官"，《黑城出土文書》錄文作 "臺"，現據圖版改。
② "供"，《黑城出土文書》錄文未釋讀，現據圖版補。
③ 此行文字《黑城出土文書》錄文未釋讀，現據圖版補。

3. 不曾前来①復業
4. 元拋吾即渠麦□
　　　　（後缺）
（二）②
　　　　（前缺）
1.　　　　一塊壹
　　　　（後缺）
（三）③
　　　　（前缺）
1. 赴
2. 元
　　　　（後缺）
（四）④
　　　　（前缺）
1. 有地
2. 以致
　　　　（後缺）
（五）⑤
　　　　（前缺）
1. 迴還
　　　　（後缺）
（六）⑥
　　　　（前缺）

---

① "来"，《黑城出土文書》錄文作"年"，現據圖版改。
② 此殘片《黑城出土文書》一書編號為 F116: W93 (7)。
③ 此殘片《黑城出土文書》一書編號為 F116: W93 (9)。
④ 此殘片《黑城出土文書》一書編號為 F116: W93 (8)。
⑤ 此殘片《黑城出土文書》一書編號為 F116: W93 (10)。
⑥ 此殘片《黑城出土文書》一書編號為 F116: W93 (2)。

1. 年深①開 耕 ②
2. 孔都
3. 地壹

　　　　（中缺）

4. 卜 沙
5. 渠麦子地肆拾
6. 另居扵忘記年
7. 趠不知去向，大半不曾

　　　　（後缺）

（七）③

　　　　（前缺）

1. 　　□□　□□　　　　　④
2. 　　送⑤納子粒到今，以致□
3. 　　責得隣人崑名能□
4. 　　一段柒拾玖畝壹分
5. 　　責得□

　　　　（後缺）

（八）⑥

　　　　（前缺）

1. 屯田
2. 　　一段計地 壹 頃
3. 　　供先扵遠年□

---

① "深"，《黑城出土文書》錄文漏錄，現據圖版補。
② "開"，《黑城出土文書》錄文作"閑"，"耕"未釋讀，現據圖版改。
③ 此殘片《黑城出土文書》一書編號為 F116:W93（5）。
④ 此行文字《黑城出土文書》錄文未標注，現據圖版補。
⑤ "送"，《黑城出土文書》錄文漏錄，現據圖版補。
⑥ 此殘片《黑城出土文書》一書編號為 F116:W93（6）。

4.　　　　　家逃移，不曾迴還☐

5.　　　　　人元拋屯田合即渠☐

　　　　（後缺）

（九）①

　　　　（前缺）

1.　　　　　任脱脱②亦為氣力☐

2.　　　　　項公地內踏驗得☐

3.　　　　　赴官將任脱脱③☐

4.　　　　　壹頃☐

　　　　（後缺）

（十）④

　　　　（前缺）

1.　　　　　頃伍拾玖畝貳分☐

2.　　　　　文德赴官与訖認☐

3.　　　　　壹石伍斗大☐

4.　　　　　子☐

　　　　（後缺）

（十一）⑤

　　　　（前缺）

1.　　　　　開⑥耕作一段，責⑦得☐

2.　　　　　☐⑧省事以来有故☐

　　　　（後缺）

---

① 此殘片《黑城出土文書》一書編號為 F116∶W93（3）。
② 第二個"脱"字為省文符號，現徑改。
③ 第二個"脱"字為省文符號，現徑改。
④ 此殘片《黑城出土文書》一書編號為 F116∶W93（4）。
⑤ 此殘片《黑城出土文書》一書編號為 F116∶W93（11）。
⑥ "開"，《黑城出土文書》錄文作"闢"，現據圖版改。
⑦ "責"，《黑城出土文書》錄文作"貢"，現據圖版改。
⑧ 此處所缺文字《黑城出土文書》錄文未標注，現據圖版補。

（十二）①

    （前缺）

1. 本渠下▢

2.   一段計地四塊▢

    （後缺）

17. 元也火汝足立嵬地土案文卷（之一）

題解：

本件《中國藏黑水城漢文文獻》中原始編號為84H·F116：W213/1385，出版編號為M1·0652，收於第四冊《也火汝足立嵬土地案》第835—836頁，共六件殘片，分為兩組，擬題為《也火汝足立嵬地土案卷》，並記其尺寸分別為17.5cm×22.1cm、7.5cm×22.3cm。《黑城出土文書（漢文文書卷）》一書未收。文書為元也火汝足立嵬地土案文卷殘片，其中殘片一無文字殘留；殘片三僅存日期；殘片二、四、五、六各存文字2行。

錄文標點：

（一）

（無文字殘留）

（二）

    （前缺）

1. 州雜口②杜▢

2. ▢▢▢▢

    （後缺）

（三）

    （前缺）

1. 廿▢日

（四）

    （前缺）

---

① 此殘片《黑城出土文書》一書編號為 F116：W93（12）。
② 據其他相關文書可知，"口"字前應脫一"木"字。

1. ☐☐荅失☐☐
2. ☐☐☐☐☐
　　　（後缺）

（五）
　　　（前缺）
1. 也火汝足立☐☐☐
2. ☐☐☐☐☐☐
　　　（後缺）

（六）
　　　（前缺）
1. 渠將☐☐☐☐
2. ☐☐☐☐☐☐
　　　（後缺）

18. 元也火汝足立嵬地土案文卷（之一）

題解：

本件《中國藏黑水城漢文文獻》中原始編號為84H·F116：W214/1386，出版編號為M1·0653，收於第四冊《也火汝足立嵬土地案》第837頁，共三件殘片，擬題為《也火汝足立嵬地土案卷》，並記其尺寸為11.2cm×20.1cm。《黑城出土文書（漢文文書卷）》一書未收。文書為元也火汝足立嵬地土案文卷殘片，其中殘片一、三各存文字1行，殘片二現存文字4行。

錄文標點：

（一）
　　　（前缺）
1. ☐☐立嵬時☐☐
　　　（後缺）

（二）
　　　（前缺）
1. ☐☐☐☐

2. 移永昌路☐☐☐☐☐☐☐☐☐

3. 役生受，今將☐☐☐☐☐☐

4. ☐☐☐☐□□□☐☐☐

　　　（後缺）

（三）

　　　（前缺）

1. ☐☐☐麦 地☐☐☐

　　　（後缺）

19. 元也火汝足立嵬地土案文卷（之一）

題解：

本件《中國藏黑水城漢文文獻》中原始編號為 F116：W24，出版編號為M1·0654，收於第四冊《也火汝足立嵬土地案》第838—848頁，共十二件殘片，擬題為《也火汝足立嵬地土案卷》，並記其尺寸分別為21.6cm×18.8cm、28.5cm×18.8cm、21.1cm×19.4cm、26cm×20.7cm、26cm×20.7cm、21.4cm×19cm、17.2cm×19.6cm、7.6cm×15cm、8.6cm×14cm、21.8cm×19.1cm、12cm×14.6cm、25.2cm×19.4cm。本件還收錄於《黑城出土文書（漢文文書卷）》第162頁《律令與詞訟類·也火汝足立嵬地土案文卷》，其所記文書編號與《中國藏黑水城漢文文獻》原始編號同，並列出文書諸要素為：竹紙，殘屑，行書，尺寸分別為 17.9cm×21.2cm、18.2cm×28.1cm、19.4cm×20.5cm、20.5cm×25.7cm、20.1cm×18.4cm、18.3cm×20.2cm、17.5cm×17.0cm、14.9cm×7.6cm、11.3cm×8.4cm、19.0cm×21.2cm、14.0cm×12.0cm、19.2cm×24.0cm。另，《黑城出土文書（漢文文書卷）》中本件文書共十三件殘片，其中F116：W24（2）《中國藏黑水城漢文文獻》未收錄圖版，今按《黑城出土文書（漢文文書卷）》一書錄文釋錄，附於後。文書為元也火汝足立嵬地土案文卷殘片，其中殘片一現存文字10行；殘片二現存文字8行；殘片三現存文字7行；殘片四現存文字9行；殘片五現存文字8行；殘片六現存文字3行；殘片七現存文字5行；殘片八現存文字2行；殘片九現存文字1行；殘片十共兩紙粘接，第一紙現存文字2行，第二紙現存文字4行，兩紙粘接處鈐騎縫章；殘片十一現存文字3行；殘片十二僅存日期。

錄文標點：

（一）

　　　　　（前缺）

1. □□□①靠，条段数☐
2. 元呈西涼州住坐站户☐
3. 今將全籍户面地土条段、頃畝、寬☐
4. 呈乞照驗。得此，照得☐
5. 鬼扵至元廿四年站户除附☐
6. 元供已前，逃移西涼州住坐☐
7. 畝冊內，揭示得別無也火石革☐
8. 石革立鬼姓名冊，全籍地頃☐
9. □□官园②議得，仰行下照☐
10. ☐站户也火汝足立鬼☐

　　　　　（後缺）

（二）

　　　　　（前缺）

1. 　　沙刺渠地☐
2. 　　□　　　　③

　　　　　（中缺）

3. 　　至元廿四年☐

　　　　　（中缺）

4. 　　一户☐
5. 　　拾玖畝☐
6. 　　見佃肆頃捌拾☐

---

① 據其他相關文書可推知，此處所缺三字應為"上挨下"。
② "园"，《黑城出土文書》錄文漏錄，現據圖版補。
③ 此行文字《黑城出土文書》錄文未標注，現據圖版補。

7.　　　　　　　除渠☐☐☐☐☐☐☐

8.　　　　　　　陸兀☐☐☐☐☐☐☐

　　　（後缺）

（三）

　　　（前缺）

1.　☐吾☐即渠：

2.　　　　一段柒拾伍畞：

3.　　　　　一塊叁拾捌畞：

4.　　　　　　長壹伯叁拾貳☐☐☐

5.　　　　一塊陸畞捌分：

6.　　　　　　長☐☐☐☐☐☐☐

7.　　　　　一塊☐☐☐☐☐☐☐

————————（騎縫章）————————

　　　（後缺）

（四）

　　　（前缺）

1.　　　　一段貳頃☐☐☐☐☐

2.　　　　　頃撙作☐☐☐☐☐

3.　　　　一段壹頃，撙作府☐☐☐

4.　　　　一段叁拾畞，河渠司☐☐

5.　　　　　于占種☐☐☐☐☐

6.　　　　　　☐☐☐☐☐☐☐

7.　　　　　　☐☐☐☐☐☐☐①

8.　　　　一段☐☐☐☐☐☐☐

---

①　第6—7行文字《黑城出土文書》錄文未標注，現據圖版補。

616 中國藏黑水城漢文文獻的整理與研究

9.　　　　二叚　　　　　　　①

　　　（後缺）

（五）

　　　（前缺）

1.　　　　　一塊叁拾

2.　　　　　　長壹伯陸②

3.　　　一段壹頃叁拾畝令捌分：

4.　　　　　　長叁伯陸拾壹步

5.　　沙立渠：

6.　　一段柒拾伍畝：

7.　　　　見佃

8.　　　　一□③

　　　（後缺）

（六）

　　　（前缺）

1.　　　　一塊

2.　　　　　　　　　　④

3.　　　　一叚

　　　（後缺）

（七）

　　　（前缺）

1.　　　一段肆拾 畝 ⑤

2.　　　　人狀結，自省

3.　　　　賀嵬赤

---

① 此行文字《黑城出土文書》錄文未釋讀，現據圖版補。
② 《黑城出土文書》錄文於"陸"字後推補一"拾"字。
③ 《黑城出土文書》錄文作"叚"字，但據文書書寫格式，其應為"塊"。
④ 此行文字《黑城出土文書》錄文作"一塊　　"，但據文書書寫格式應非，現存疑。
⑤ " 畝 "，《黑城出土文書》錄文作"陸"，現據圖版改。

4.　　　　何處得
5.　　荒閑無
　　　　（後缺）
（八）
　　　　（前缺）
1.　　　　未耕
2.　　　　吾即渠
　　　　（後缺）
（九）
　　　　（前缺）
1.　　　　一段
　　　　（後缺）
（十）
　　　　（前缺）
1.　　　　不知下
2.　　　　沙刺渠地一段二塊陸
————————（騎縫章）————————

3.
4.
5.　　　　　　　　　　　　　　　　　①
6.　　　　屈曲
　　　　（後缺）
（十一）
　　　　（前缺）
1.　　　　至正十一年十二月
2.　（蒙古文墨戳）②

————————
① 文書第3—5行《黑城出土文書》錄文未標注，現據圖版補。
② 此行蒙古文《黑城出土文書》錄文未標注，現據圖版補。

618　中國藏黑水城漢文文獻的整理與研究

　　3. 汝足立嵬告☐☐☐☐☐☐☐☐☐
　　　　　（後缺）
（十二）
　　　　　（前缺）
　　1.　　☐三日①
　　附：《黑城出土文書（漢文文書卷）》所收 F116：W24（2）號殘片：
　　　　　（前缺）
　　1.　　一下架閣庫☐☐☐☐☐☐
　　2.　　　照驗☐☐☐☐☐
　　3.　　　告人也火汝☐☐☐
　　4.　　　石革立嵬地☐☐☐
　　5.　　　站戶☐☐☐☐☐☐
　　6.　　　考卷宗得☐☐☐☐
　　7.　　　下靠地☐☐☐☐☐
　　8.　　　結呈府☐☐☐☐☐
　　　　　（後缺）

20. 元也火汝足立嵬地土案文卷（之一）

題解：
　　本件《中國藏黑水城漢文文獻》中原始編號為 F116：W25，出版編號為 M1·0655，收於第四冊《也火汝足立嵬土地案》第 849—859 頁，共十一件殘片，擬題為《也火汝足立嵬地土案卷》，並記其尺寸分別為 18cm×18.3cm、16.5cm×21.3cm、10.4cm×16.9cm、20.7cm×20.4cm、26.1cm×21cm、9.4cm×17.1cm、31.8cm×21.4cm、26.3cm×19.7cm、10.4cm×13.7cm、22.4cm×17.3cm、22.7cm×18.9cm。本件還收錄於《黑城出土文書（漢文文書卷）》第 163 頁《律令與詞訟類·也火汝足立嵬地土案文卷》，其所記文書編號與《中國藏黑水城漢文文獻》原始編號同，並列出文書諸要素為：竹紙，殘屑，行書，尺

---

① "☐三日"上鈐印章一枚。

寸分別為 18.2cm × 17.9cm、21.0cm × 16.2cm、16.7cm × 10.1cm、20.0cm × 20.5cm、20.7cm × 25.8cm、17.1cm × 8.3cm、21.1cm × 31.2cm、17.2cm × 22.0cm、13.2cm × 8.6cm、13.2cm × 8.6cm、17.4cm × 22.4cm。該書將殘片九、十拼合釋錄為一件殘片，編號為 F116：W25（9），殘片十一編號為 F116：W25（10），其所記 F116：W25（11）殘片《中國藏黑水城漢文文獻》未收錄圖版，今按《黑城出土文書（漢文文書卷）》一書錄文釋錄，附於後。文書為元也火汝足立嵬地土案文卷殘片，其中殘片一現存文字 8 行；殘片二現存文字 7 行；殘片三現存文字 6 行；殘片四現存文字 9 行；殘片五現存文字 11 行；殘片六現存騎縫章半枚，其上粘貼一小紙片，存文字 2 行，其紙片可與殘片八第 2、3 行拼合；殘片七現存文字 15 行；殘片八為兩紙粘接，第一紙現存文字 3 行，其中第 2、3 行可與殘片六所粘小紙片拼合，第二紙現存文字 7 行，兩紙粘接處鈐騎縫章一枚；殘片九為兩紙粘接，第一紙現存文字 2 行，第二紙現存文字 1 行，兩紙粘接處鈐騎縫章一枚；殘片十為兩紙粘接，第一紙現存文字 2 行，第二紙現存文字 1 行，兩紙粘接處鈐騎縫章一枚；殘片十一現存文字 5 行。

錄文標點：

（一）

（前缺）

1. 拋地土作絕户，拼付各①官
2. 朦朧占種為主，如蒙憐憫
3. 石革立嵬籍面挨究勘驗
4. 應當曾祖父石革立
5. 立札剌兒站除免，不致重役生②
6. 条叚，占種人户姓名開坐
7. 閣庫呈，依上於提調官
8. ☐☐☐☐☐ ③

（後缺）

---

① "各"，《黑城出土文書》錄文作"為"，現據圖版改。
② "生"，《黑城出土文書》錄文作"坐"，現據圖版改。
③ 此行文字《黑城出土文書》錄文未標注，現據圖版補。

620　中國藏黑水城漢文文獻的整理與研究

（二）

　　　　（前缺）

1.　　　　条叚
2.　　　　俻細緣由
3.　　　　公文囬示施行。
4.　　一下架閣庫来呈為也火
5.　　　　復業公事，繳呈
6.　　　　勘户絕地土文卷
7.　　　　十四張①隨呈②

　　　　（後缺）

（三）

　　　　（前缺）

1.　　　　一叚　　　　　　③
2.　　　　觀音宝
3.　　　　音宝挩付□
4.　　一段柒拾伍畝，东至
5.　　　　小渠，西至梁④
6.　　　　孔都的□

　　　　（後缺）

（四）

　　　　（前缺）

1.　　　　　　□　　　　⑤
2.　　　　墳墓□

---

① "張"，《黑城出土文書》錄文作"年"，現據圖版改。
② "呈"，《黑城出土文書》錄文未釋讀，現據圖版補。
③ 此行文字《黑城出土文書》錄文未釋讀，現據圖版補。
④ "梁"，《黑城出土文書》錄文作"渠"，現據圖版改。
⑤ 此行文字《黑城出土文書》錄文未標注，現據圖版補。

3.　　　　　石革立巟□□□□□□
4.　　　　　至大沙土地□□□□□
5.　　　合即渠地陸段：□□□□□□□□□
6.　　　　見□□□□□□□□
7.　　　一段撐付□□□□□□□
8.　　　一段撐付□□□□□□□
9.　　　一段□□□□□□

　　（後缺）

（五）

　　（前缺）

1.　　　一段壹□□□□□□□□
2.　　　　　　□□□□□□□□
3.　　　　　　□□□□□□□□
4.　　　　　　□□□□□□□□①
5.　　　一段約麦子地□□□□□
6.　　　　中布地，南至李□□□□
7.　　　　下支水小渠，西至□□□
8.　　　　梁令只撐付總管□□□
9.　　吾即渠一段壹頃壹拾伍□□
10.　　　　撫②，南至③大沙□□□
11.　　　　又布，北至④□□□

　　（後缺）

（六）

　　（前缺）

---

① 文書第2—4行缺文《黑城出土文書》錄文未標注，現據圖版補。
② "撫"，《黑城出土文書》錄文作"接"，現據圖版改。
③ "至"，《黑城出土文書》錄文作"支"，現據圖版改。
④ "至"，《黑城出土文書》錄文作"事"，現據圖版改。

1.　　　　　□□　　　　　①
2.　　　碱硬叁拾陸②　　　③
　　――――（騎縫章）――――

3.　　　　長壹伯肆拾肆步
4.　　河渠司大使帖木立不
5.　　挨④究不見
　　　　（後缺）

（七）
　　　　（前缺）

1.　　　　長壹伯步
2.　　一段壹頃捌拾玖畝貳□⑤：
3.　　　　長叁伯陸拾
4.　　一段壹頃令壹畝
5.　　　　一塊捌拾　：
6.　　　　長
7.　　　　一塊　：
8.　　　　　　　⑥
9.　　　　一塊柒　：
10.　　　長貳伯壹拾
11.　　一段貳頃令貳畝肆分：
12.　　見佃壹頃伍拾陸畝

① 此行文字《黑城出土文書》錄文未標注，現據圖版補。
② "陸"，《黑城出土文書》錄文作"畝"，現據圖版改。
③ 文書第2、3行為另一小紙片，其可與殘片八地2、3行拼合。
④ "挨"，《黑城出土文書》錄文未釋讀，現據圖版補。
⑤ 據文意推斷，此處所缺文字應為"分"。
⑥ 此行文字《黑城出土文書》錄文未標注，現據圖版補。

整理編 第四冊 623

13.　　　　　一塊貳拾壹畞☐☐☐

14.　　　長壹伯☐☐☐☐

15.　　　　　一塊叁拾☐☐☐

　　　　（後缺）

（八）

　　　　（前缺）

1.　　　　　一塊貳☐☐☐

2.　　　　長壹伯☐☐☐

3.　　未耕碱☐☐☐☐☐☐①

————（騎縫章）————

4.　　　　　一塊貳拾☐☐

5.　　　　　長壹伯步　☐

6.　　一段柒拾玖畞壹分未耕☐

7.　　　　一塊陸拾貳畞伍分：

8.　　　　長壹伯伍拾步☐☐

9.　　　☐☐☐陸畞陸分：

10.　　　　　　☐☐步　☐

　　　　（後缺）

（九）

　　　　（前缺）

1.　　　　与②禿古☐☐☐

2.　　　一段捌拾畞禿③☐☐☐

————（騎縫章）————

————————

①　此殘片第2、3行可與殘片六第1、2行拼合，拼合後文字為："☐☐☐☐☐☐未耕碱硬叁拾陸☐☐"。

②　"与"，《黑城出土文書》錄文作"分"，現據圖版改。

③　"禿"，《黑城出土文書》錄文未釋讀，現據圖版補。

3.　　　　　　一叚伍拾畒□□□□□
　　　　　（後缺）
（十）①
　　　　　（前缺）
1.　　　　沙立渠：
2.　　　　　一叚□□□□□□□□
————————（騎縫章）————————

3.　　　　　　　□□□□□□□②
　　　　　（後缺）
（十一）
　　　　　（前缺）
1.　　　　　　一塊□□□
2.　　　　　　　長□□□
3.　　　　　合即渠□□□
4.　　　　　　一叚□□□
　　　　　（中缺）
5.　　　　　　　長□□□③
　　　　　（後缺）
附：《黑城出土文書（漢文文書卷）》所收 F116：W25（11）號殘片：
　　　　　（前缺）
1. **廿八日**（印章）

———————————

① 《黑城出土文書》錄文將殘片九、十拼合為一釋錄，編號為 F116：W24（9），據圖版看其應為兩件殘片，現分開釋錄。
② 此行文字《黑城出土文書》錄文未標注，現據圖版補。
③ 此殘片《黑城出土文書》編號為 F116：W25（10）。

21. 元也火汝足立嵬地土案文卷（之一）

題解：

本件《中國藏黑水城漢文文獻》中原始編號為 F116∶W97，出版編號為M1·0656，收於第四冊《也火汝足立嵬土地案》第860頁，擬題為《也火汝足立嵬地土案卷》，並記其尺寸為18.2cm×28.2cm。本件文書共兩件殘片，還收錄於《黑城出土文書（漢文文書卷）》第159頁《律令與詞訟類·也火汝足立嵬地土案文卷》，其所記文書編號與《中國藏黑水城漢文文獻》原始編號同，並列出文書諸要素為：竹紙，屑，行書，尺寸分別為12.1cm×8.9cm、15.8cm×11.3cm。文書為元也火汝足立嵬地土案文卷殘片，其中殘片一、二各存文字4行，均前後缺。

錄文標點：

（一）

（前缺）

1. 下住坐，見☐☐☐☐☐☐☐☐
2. 為狀告。自汝☐☐☐☐☐☐☐
3. 耳立，時常向汝足☐☐☐☐
4. ☐☐☐路站戶有☐☐☐☐☐

（後缺）

（二）

（前缺）

1. ☐☐☐次男什的為☐☐☐☐
2. ☐☐立布所生到男一名，息你☐
3. ☐☐那孩院判前來取勘☐☐
4. ☐☐每簽充永昌路扎☐☐☐

（後缺）

22. 元也火汝足立嵬地土案文卷（之一）

題解：

本件《中國藏黑水城漢文文獻》中原始編號為 84H·Y1 采∶W99/2769，出版編號為M1·0657，收於第四冊《也火汝足立嵬土地案》第861頁，擬題為《也火汝足立嵬地土案卷》，並記其尺寸為9.5cm×25.6cm。《黑城出土文書（漢文文書卷）》一書未收錄。文書元也火汝足立嵬地土案文卷殘片，前完後缺，現存文字3行，經塗抹，應非正式文書。從內容來看，其應為也火汝足立嵬取狀殘片。

  錄文標點：

  1. 取狀人也火汝足立嵬

  2. 右汝足立嵬，年廿七歲，無病☐☐☐☐①

  3. ☐☐雜木口杜善善②社下③☐☐☐☐④

    （後缺）

23. 元也火汝足立嵬地土案文卷（之一）

題解：

本件《中國藏黑水城漢文文獻》中無原始編號，出版編號為M1·0658，收於第四冊《也火汝足立嵬土地案》第862頁，擬題為《也火汝足立嵬地土案卷》，並記其尺寸為11.6cm×18.6cm。本件還收錄於《黑城出土文書（漢文文書卷）》第159頁《律令與詞訟類·也火汝足立嵬地土案文卷》，其所記文書編號為F116:W27（5），並列出文書諸要素為：竹紙，屑，行書，尺寸為17.5m×10.0cm。該書將本號文書與《中國藏黑水城漢文文獻》第827—828頁M1·0650〔F116:W27〕號文書統一編號為F116:W27，作為一件文書釋錄。按，兩號文書字跡、紙張一致，內容相關，應為同件文書。文書為元也火汝足立嵬地土案文卷殘片，前後均缺，現存漢文1行，蒙古文2行。從綴合後內容來看，其應為亦集乃路總管府下某司文。

---

 ① "無病☐☐☐☐"書寫原誤，塗抹後於右行改寫，現徑改。
 ② 第二個"善"字為省文符號，現徑改。
 ③ "往西涼州杜善善社下"等字字跡較小，應為改寫內容，現徑改。
 ④ 此行文字右原有一行文字，其行文字中部分文字書寫原誤，後於誤字右旁改寫，後又將整行文字及改寫文字均塗抹，現徑改。

錄文標點：

（前缺）

1. ☐足立嵬告☐
2. （蒙古文）
3. （蒙古文）①

（後缺）

24. 元也火汝足立嵬地土案文卷（之一）

題解：

本件《中國藏黑水城漢文文獻》中原始編號為 F116：W231，出版編號為 M1・0659，收於第四冊《也火汝足立嵬土地案》第863頁，擬題為《也火汝足立嵬地土案卷》，並記其尺寸為 24.5cm×15.2cm。本件文書共四件殘片，還收錄於《黑城出土文書（漢文文書卷）》第158頁《律令與詞訟類・也火汝足立嵬地土案文卷》，其將殘片一、二拼合為一釋錄，所記文書編號 F116：W231（4）、F116：W231（5）、F116：W231（1），並列出文書諸要素為：宣紙，殘屑，行書，尺寸分別為 14.7cm×7.4cm、14.3cm×5.0cm、14.3cm×4.5cm。該書將本號文書與《中國藏黑水城漢文文獻》第864頁M1・0660［84H・F116：W231/1403］號文書統一編號為 F116：W231，作為一件文書釋錄。按，兩號文書字跡一致，紙張相同，應為同一件文書。文書為元也火汝足立嵬地土案文卷殘片，其中殘片一現存文字1行，殘片二、三、四各存文字2行。

錄文標點：

（一）

（前缺）

1. ☐蒙取問②所供，執結是实，外☐

（後缺）

（二）

（前缺）

---

① 此兩行蒙古文《黑城出土文書》錄文未標注，現據圖版補。
② "蒙取問"，《黑城出土文書》錄文作"家寫"，現據圖版改。

1. ▭至撒的，四至內為賀来▭
2. ▭大麦捌石伍▭▭①

  （後缺）

（三）

  （前缺）

1. ▭付在路總管公地有②▭
2. ▭納大小二麦伍石內▭▭③

  （後缺）

（四）

  （前缺）

1. ▭□迴還復業外有▭
2. ▭蒙亦集乃路取勘公地▭④

  （後缺）

25. 元也火汝足立嵬地土案文卷（之一）

題解：

  本件《中國藏黑水城漢文文獻》中原始編號為84H·F116：W231/1403，出版編號為M1·0660，收於第四冊《也火汝足立嵬土地案》第864頁，擬題為《也火汝足立嵬地土案卷》，並記其尺寸為14.3cm×15.1cm。本件文書共兩件殘片，還收錄於《黑城出土文書（漢文文書卷）》第158頁《律令與詞訟類·也火汝足立嵬地土案文卷》，其所記文書編號為F116：W231（2）、F116：W231（3），並列出文書諸要素為：宣紙，殘屑，行書，尺寸分別為13.5cm×6.2cm、14.0cm×6.2cm。該書將本號文書與《中國藏黑水城漢文文獻》第863頁M1·0659［F116：W231］號文書統一編號為F116：W231，作為一件文書釋錄。按，兩號文書字跡一致，紙張相同，應為同一件文書。文書為元也火汝足立嵬地土案文卷殘片，其中殘片一現存文字2行，殘片

---

① 《黑城出土文書》錄文將殘片一、二綴合釋錄，編號為F116：W231（4）。據文意推斷，兩件殘片似不能直接綴合，現分開釋錄。
② "有"，《黑城出土文書》錄文作"內"，現據圖版改。
③ 此殘片《黑城出土文書》一書編號為F116：W231（5）。
④ 此殘片《黑城出土文書》一書編號為F116：W231（1）。

二現存文字 3 行。

錄文標點：

(一)①

(前缺)

1. ☐革立嵬元拋吾即、沙立等☐
2. ☐阿立嵬別因事前☐

(後缺)

(二)②

(前缺)

1. ☐吾即令只取問已③，所供相同☐
2. ☐令壹畎，計叄塊踏驗過☐
3. ☐伏供☐

(後缺)

26. 元也火汝足立嵬地土案文卷（之一）

題解：

本件《中國藏黑水城漢文文獻》中原始編號為 F116：W23，出版編號為 M1·0661，收於第四冊《也火汝足立嵬土地案》第 865—866 頁，共兩件殘片，擬題為《也火汝足立嵬地土案卷》，並記其尺寸分別為 10.8cm×12.4cm、10.8cm×12.4cm。本件還收錄於《黑城出土文書（漢文文書卷）》第 159 頁《律令與詞訟類·也火汝足立嵬地土案文卷》，其所記文書編號為 F116：W23（3）、F116：W23（1），並列出文書諸要素為：竹紙，殘屑，行書，尺寸分別為 18.5cm×11.3cm、12.2cm×10.3cm。該書將本號文書與《中國藏黑水城漢文文獻》第 810 頁 M1·0647、第 811 頁 M1·0648 號文書統一編號為 F116：W23，作為一件文書釋錄。按，三號文書字跡、紙張一致，內容相關，應為同件文書。本件文書為元也火汝足立嵬地土案文卷殘片，殘片一、二各存文字 4 行。從綴合後內容來看，似為訴

---

① 此殘片《黑城出土文書》一書編號為 F116：W231（2）。
② 此殘片《黑城出土文書》一書編號為 F116：W231（3）。
③ "取問已"，《黑城出土文書》錄文作"巴"，現據圖版改。

狀殘片。

錄文標點：

（一）①

　　　　　　（前缺）

1.　　　　一名息你立嵬至順☐☐☐
2. 朝廷官那孩院判前来取☐☐☐
3.　　　每簽充永昌路扎②☐☐
4.　　　火汝足立嵬記懷☐☐☐
　　　　　　（後缺）

（二）③

　　　　　　（前缺）

1.　☐☐☐汝足立嵬年☐☐☐
2.　☐☐☐乃路站户，見當永昌路☐☐
3.　☐☐☐雜木口杜善善④社下☐☐
4.　☐☐☐寄居，伏為狀
　　　　　　（後缺）

27. 元也火汝足立嵬地土案文卷（之一）

題解：

本件《中國藏黑水城漢文文獻》中原始編號為84H·F116：W227/1399，出版編號為M1·0662，收於第四冊《也火汝足立嵬土地案》第867頁，擬題為《也火汝足立嵬地土案卷》，並記其尺寸為25.1cm×19.7cm。《黑城出土文書（漢文文書卷）》一書未收。文書為元也火汝足立嵬地土案文卷殘片，共六件殘片，殘片一至四各存文字1行，殘片五、六各存文字2行。

---

① 此殘片《黑城出土文書》一書編號為 F116：W23（3）。
② "扎"，《黑城出土文書》錄文未釋讀，現據圖版補。
③ 此殘片《黑城出土文書》一書編號為 F116：W23（1）。
④ 第二個"善"字為省文符號，現徑改。

錄文標點：

（一）

　　　　（前缺）

1. □▭

　　　　（後缺）

（二）

　　　　（前缺）

1. ▭革立巋地土□▭

　　　　（後缺）

（三）

　　　　（前缺）

1. ▭

　　　　（後缺）

（四）

　　　　（前缺）

1. 　　　一段也▭

　　　　（後缺）

（五）

　　　　（前缺）

1. ▭
2. 　　□▭

　　　　（後缺）

（六）

　　　　（前缺）

1. ▭
2. ▭

　　　　（後缺）

28. 元也火汝足立嵬地土案文卷（之一）

題解：

本件《中國藏黑水城漢文文獻》中原始編號為 84H・F116：W259/1431，出版編號為M1・0663，收於第四冊《也火汝足立嵬土地案》第868頁，擬題為《也火汝足立嵬地土案卷》，並記其尺寸為 12.9cm×17cm。《黑城出土文書（漢文書卷）》一書未收。文書為元也火汝足立嵬地土案文卷殘片，共三件殘片，殘片一、三各存文字1行，殘片二現存文字2行。

錄文標點：

（一）

   （前缺）

1. 始□□□□□□□□□

   （後缺）

（二）

   （前缺）

1. □□□□□年□□□□

2. □□祖父石革立□□□

   （後缺）

（三）

   （前缺）

1. 等朦朧□□□□□□

   （後缺）

（十）失林婚書案

1. 元至正廿二年（1362）失林婚書案文卷（之一）

題解：

本件《中國藏黑水城漢文文獻》中原始編號為 F116：W117，出版編號為M1・0664，收於第四冊《失林婚書案》第871—873頁，擬題為《失林婚書案卷》，並記其尺寸為61.8cm×19.7cm。本號文書共三件殘片，還收錄於《黑城出土文書（漢文文書卷）》第170頁《律令與詞訟類·失林婚書案文卷》，其將殘片一、二拼合為一釋錄，所記文書編號與《中國藏黑水城漢文文獻》原始編號同，並列出文書諸要素為：竹紙，殘，行書，尺寸分別為18.2cm×50.9cm、19.3cm×9.7cm。文書為元至正廿二年（1362）失林婚書案文卷之一，其中殘片一為兩紙粘接，第一紙無文字殘留，第二紙現存文字5行；殘片二為兩紙粘接，第一紙現存文字4行，第二紙現存文字12行，兩紙粘接處鈐騎縫章一枚；殘片三現存文字4行。從內容來看，本號文書三件殘片非同件文書，其中殘片一、二為閆從亮取狀；殘片三應與《中國藏黑水城漢文文獻》第884頁M1·0670［F116:W79］號文書殘片一綴合，綴合後為失林識認狀。侯愛梅指出《失林婚書案文卷》反映出元代審理民事訴訟案件有一整套完備的司法程式。參考文獻：1. 侯愛梅《〈失林婚書案文卷〉初探》，《寧夏社會科學》2007年第2期；2. 宋坤《黑水城所出識認狀問題淺探》，《西夏研究》2014年第3期。

錄文標點：

（一）

（前缺）

———————————————

1. 取狀人小閆名從亮
2. 右從良①年廿四歲，無病，係☐☐☐☐☐☐
3. 鞏西縣所管軍戶，現在城☐☐☐☐☐
4. 家寄居☐☐ 阿 兀 ②☐☐☐☐
5. ☐☐☐☐☐☐☐☐③

（後缺）

（二）

（前缺）

———————————————

① 據文意推斷，此"良"字應為"亮"。
② " 阿 兀 "，《黑城出土文書》錄文錄作下一行，現據圖版改。
③ 此行文字《黑城出土文書》錄文未標注，現據圖版補。

634　中國藏黑水城漢文文獻的整理與研究

1. □□　　　　　　　　　　　　①
2. 的婚書呵，你奴了者
3. 將伊家去訖。從亮還
4. 廿六日，從亮將失林
　　　　———（騎縫章）———
5. 叄□□□□□□　　　　　　②
6. 紙賚去，向史外
7. 才往东街等柴去来
8. 字二叄，你与我看覷，則
9. 麼文書③？有史外郎將文
10. 從亮言說：一叄係失林 合同 □□
11. 一叄是荅孩元買 駆 婦 倒
12. 你 的 這文字 □□
13. 識認④了時，取此⑤
14. 文字是人家中用的文字
15. 得此，至廿七日，從亮 約 婦
16. 書一叄⑥留下，於本家房
　　　　（後缺）
（三）
　　　　（前缺）

---

① 此行文字《黑城出土文書》錄文未標注，現據圖版補。
② 此行文字《黑城出土文書》錄文未標注，現據圖版補。
③ "書"，《黑城出土文書》錄文作"字"，現據圖版改。
④ "識認"，《黑城出土文書》錄文作"認識"，現據圖版改。
⑤ "此"，《黑城出土文書》錄文作"些"，現據圖版改。
⑥ 《黑城出土文書》錄文於"一叄"兩字後衍錄"一叄"兩字。

1. 倒剌契書貳紙，委係失林☐
2. 遞与小閆文契，中間並無詐☐
3. 識認①是实，伏取
4. 台旨。
　　　（後缺）

2. 元至正廿二年（1362）失林婚書案文卷（之一）

題解：

本件《中國藏黑水城漢文文獻》中原始編號為F116∶W58，出版編號為M1·0665，收於第四冊《失林婚書案》第874—876頁，擬題為《失林婚書案卷》，並記其尺寸為58cm×24cm。本號文書共四件殘片，還收錄於《黑城出土文書（漢文文書卷）》第164頁《律令與詞訟類·失林婚書案文卷》，其將四件殘片拼合為一釋錄，所記文書編號與《中國藏黑水城漢文文獻》原始編號同，並列出文書諸要素為：宣紙，殘，楷書，尺寸為24.5cm×56.1cm。文書為元至正廿二年（1362）失林婚書案文卷之一，其中殘片一現存文字4行，殘片二現存文字8行，殘片三現存文字5行，殘片四現存文字1行。本錄文按《黑城出土文書（漢文文書卷）》一書錄文，參照圖版釋錄。其中殘片一、二拼合時有1行文字重合，故本文書現存文字17行。從內容來看，其應為阿兀呈亦集乃路總管府訴狀。邱樹森指出本件文書中阿兀是回回包銀戶，即回回商人，屬哈的大師即奧丁管轄。由此可見，遲至元末至正二十二年（1362）時，即使在邊遠地區的亦集乃路，哈的大師仍然對回回人有管轄權。這種管轄權，似乎不僅僅是元律中所規定的"諸哈的大師，止令掌教念經"，還包含哈的大師管理着回回人的戶婚、錢糧、詞訟等事務。其還指出由"本府禮拜寺即奧丁哈的所管"可知，元回回哈的司多設於禮拜寺中，禮拜寺不僅成為回回人宗教活動中心，也是處理回回人內部糾紛的辦事機構。參考文獻：1. 邱樹森《從黑城出土文書看元"回回哈的司"》，《南京大學學報》（哲學·人文科學·社會科學版）2001年第3期；2. 侯愛梅《〈失林婚書案文卷〉初探》，《寧夏社會科學》2007年第2期；3. 陳瑋《元代亦集乃路伊斯蘭社會探析——以黑城出土文書、文物為中心》，《西域研究》2010年第1期；4.

---

① "識認"，《黑城出土文書》錄文作"認識"，現據圖版改。

侯愛梅《黑水城所出元代詞訟文書研究》，中央民族大學博士學位論文，2013年。

錄文標點：

1. 告狀人阿兀
2. 右阿兀，年三十歲，無病，係本府礼拜寺即奧丁哈的所管□
3. _____①正廿二年十一月二十②九日午時以來，阿兀前去街上，因幹事忙□
4. 史外郎於_____向阿兀_____裏不見□人 寄 □
5. 回說：恰才有_____
6. 你每的文字_____
7. 得於内短少_____
8. 見當時阿兀_____
9. □□_____③
10. 文字一昂有_____
11. 於倉前徐_____

      （中缺）

12. 本婦_____不見，若不狀告，有此事因。今將□到_____
13. 具狀上告

14. 亦集乃路總管府，　　伏乞

15. 詳狀施行。所告如虛，甘罪不詞，伏取
————————（騎縫章）————————

---

① 此處所缺文字《黑城出土文書》錄文作"至"，但從圖版看，此處所缺應非一字。
② "二十"，《黑城出土文書》錄文作"廿"，現據圖版改。
③ 此行文字《黑城出土文書》錄文未標注，現據圖版補。

整理編　第四冊　637

16.　□□①

17.　　　　　　至正二十二年十一月　　　告狀人②　　　　　③

3. 元至正廿二年（1362）失林婚書案文卷（之一）

題解：

本件《中國藏黑水城漢文文獻》中原始編號為 F116：W71A，出版編號為 M1·0666，收於第四冊《失林婚書案》第 877 頁，擬題為《失林婚書案卷》，其所記文書編號為 56.3cm×21cm。本號文書共二件殘片，還收錄於《黑城出土文書（漢文文書卷）》第 170 頁《律令與詞訟類·失林婚書案文卷》，其所記文書編號為 F116：W45（1）、F116：W45（2），與《中國藏黑水城漢文文獻》原始編號異，並列出文書諸要素為：竹紙，殘，行書，尺寸分別為 20.1cm×41.1cm、20.3cm×11.5cm。該書將本號文書與《中國藏黑水城漢文文獻》第 908 頁 M1·0683［F116：W48］號文書統一編號為 F116：W45。（《中國藏黑水城漢文文獻》中第 892 頁所收 M1·0674［F116：W45］號文書圖版與此內容不同。）作為一件文書釋錄。按，文書為元至正廿二年（1362）失林婚書案文卷殘片，其中殘片一為兩紙粘接，第一紙無文字殘留，第二紙現存文字 12 行；殘片二現存文字 5 行。從內容來看，本號文書兩件殘片非同件文書，其中殘片一應為刑房呈亦集乃路總管府文；殘片二應為失林取狀殘片。參考文獻：1. 侯愛梅《〈失林婚書案文卷〉初探》，《寧夏社會科學》2007 年第 2 期；2. 侯愛梅《黑水城所出元代詞訟文書研究》，中央民族大學博士學位論文，2013 年。

錄文標點：

（一）

　　　　（前缺）

━━━━━━━━━━━━━━━━

① 據元代文書書寫格式可推知，此處所缺文字應為"台旨"。
② "人"，《黑城出土文書》錄文未釋讀，現據圖版補。且據文意推斷，其後所缺文字應為"阿兀"。
③ 文書第 1—3 行及第 4 行"於"字後文字為殘片一內容；第 4 行"史外郎於"及第 5—11 行文字為殘片二內容；第 12—16 行為殘片三內容；第 17 行為殘片四內容。

1. 刑房

2. 呈：見行阿兀狀告妾妻失林□

3. 書来偷遞与閆從亮燒毀

4. 此，責得閆從亮狀招云云①

5. 責得婦人失林

6. 揔府官議得，既閆從亮

7. 失林已招明白，仰將閆從亮

8. 責付牢子，亦擬如法监

9. 據干照人帖木兒徐明善□

10. 家者。承此，合行具呈者：

11. 　　鎖收男子一名　閆從亮

12. 　　散收婦人一名　□□②

　　　　（後缺）

（二）

　　　　（前缺）

1. 小木匣內鎖放③漢兒文字

2. 偷遞与從亮，賚夯令史

3. 看過，將買人文契二昂回付

4. 林奴接外，將本婦失林

5. 妻婚書一昂，從亮与失

　　　　（後缺）

4. 元至正廿二年（1362）失林婚書案文卷（之一）

題解：

本件《中國藏黑水城漢文文獻》中無原始編號，出版編號為M1·0667，收於

---

① 第二個"云"為省文符號，現徑改。
② 據文意推斷，此處所缺文字應為"失林"。
③ "放"，《黑城出土文書》、侯愛梅文作"收"，現據圖版改。

第四冊《失林婚書案》第 878 頁，擬題為《失林婚書案卷》，並記其尺寸為 67.5cm×19.2cm。本號文書共三件殘片，其中殘片一、二還收錄於《黑城出土文書（漢文文書卷）》第 170 頁《律令與詞訟類·失林婚書案文卷》，其所記文書編號為 F116:W202（3）、F116:W202（4），並列出文書諸要素為：竹紙，殘屑，行草書，尺寸分別為 17.8cm×43.2cm、15.9cm×10.0cm。該書將本號文書與《中國藏黑水城漢文文獻》第 893 頁 M1·0675［F116:W202］左半文字、第 894 頁 M1·0676［F116:W107］號文書殘片二統一編號為 F116:W202，作為一件文書釋錄。按，《黑城出土文書（漢文文書卷）》一書對此三號文書綴合有誤，本件文書從內容來看，應為失林取狀殘片，而［F116:W202］左半文字、M1·0676［F116:W107］號文書殘片二等兩件文書則為閆從亮取狀殘片，故其應非同件文書。文書為元至正廿二年（1362）失林婚書案文卷之一，其中殘片一為兩紙粘接，第一紙現存文字 13 行，第二紙現存文字 9 行，兩紙粘接處鈐朱文騎縫章一枚；殘片二為兩紙粘接，第一紙現存文字 2 行，第二紙無文字殘留，兩紙粘接處鈐朱文騎縫章一枚；殘片三無文字殘留。參考文獻：侯愛梅《〈失林婚書案文卷〉初探》，《寧夏社會科學》2007 年第 2 期。

錄文標點：

（一）

（前缺）

1. 林隻身前去到閆從 亮
2. 又 於 房內取到漢兒文字一
3. □① 這文字係你的婚書。婦人
4. 良為躯
5. 咱每兩个永遠做夫 妻
6. 罷。有閆從亮將失林合同

---

① 此處缺文《黑城出土文書》錄文未標注，現據圖版補。據其他相關文書可知，此處所缺文字應為"於"。

7. □① 竈 壇 內 用 火 燒毀了當。失 林 ☐

8. 至廿九日，有夫阿兀於元頓放☐

9. 匣兒內檢尋失林婚書，并☐

10. 見有夫阿兀於失林処挨問☐

11. 曾隱諱招說不□□文字三昂☐

12. 鄰人閆從 亮 ☐

13. 文字二昂外，有我婚書一昂，有☐

―――――（騎縫章）―――――

14. 火燒毀了也。失林將☐

15. 昂分付夫阿兀收接。□☐

16. 告發到官。今蒙取問所供前☐

17. 实，別無虛冒，如狀結已後☐

18. 隔別對問得已結言詞，但与☐

19. 差別不同。至日②失林除☐

20. 更□官罪犯不詞。所據出☐

21. 既係阿兀以礼求取☐

22. 与夫作活③，却將合☐

　　　　　（後缺）

（二）

　　　　　（前缺）

1. 招伏，如蒙斷罪，別無☐

2. 伏是实，伏取

―――――（騎縫章）―――――

　　　　　（後缺）

―――――――――

① 此字《黑城出土文書》錄文未標注，現據圖版補。
② "不同。至日"四字，為用後貼補紙條改寫，現徑改。
③ "活"，《黑城出土文書》錄文作"恬"，現據圖版改。

（三）
（無文字殘留）

5. 元至正廿二年（1362）失林婚書案文卷（之一）

題解：

本件《中國藏黑水城漢文文獻》中原始編號為 F116：W71B，出版編號為 M1·0668，收於第四冊《失林婚書案》第 879—882 頁，共八件殘片，分為四組，擬題為《失林婚書案卷》，並記其尺寸分別為 40.6cm×20.9cm、40.6cm×20.9cm、29.3cm×20.7cm、40.8cm×18.4cm。本件還收錄於《黑城出土文書（漢文文書卷）》第 165—168 頁《律令與詞訟類·失林婚書案文卷》，並列出文書諸要素為：竹紙，殘，行草書，尺寸分別為 18.8cm×15.2cm、20.1cm×7.8cm、20.7cm×11.4cm、18.9cm×10.3cm、20.4cm×27.5cm、20.7cm×11.0cm、20.5cm×31.7cm、18.8cm×41.2cm。該書將本號文書殘片一、二、三、四、六統一編號為 F116：W71，作為一件文書釋錄；將殘片五與《中國藏黑水城漢文文獻》第 894 頁M1·0676［F116：W107］殘片一統一編號為 F116：W107，作為一件文書釋錄；將殘片七與《中國藏黑水城漢文文獻》第 883 頁M1·0669［F116：W37］、第 912 頁M1·0686［F116：W37］號文書（《中國藏黑水城漢文文獻》此處編號重復）統一編號為 F116：W37，作為一件文書釋錄；將殘片八編號為 F116：W188，單獨釋錄。另，《黑城出土文書（漢文文書卷）》一書所釋錄 F116：W71 共六件殘片，F116：W188 共兩件殘片，其中 F116：W71（6）、F116：W188（2）兩殘片《中國藏黑水城漢文文獻》未收錄圖版，本書錄文現按《黑城出土文書（漢文文書卷）》所作錄文釋錄，附於後。文書為元至正廿二年（1362）失林婚書案文卷殘片，其中殘片一為兩紙粘接，第一紙無文字殘留，第二紙現存文字 4 行；殘片二現存文字 4 行；殘片三現存文字 7 行；殘片四現存文字 6 行；殘片五現存文字 17 行；殘片六現存文字 2 行；殘片七為兩紙粘接，第一紙現存文字 18 行，第二紙無，僅存粘接痕跡；殘片八為兩紙粘接，第一紙僅存簽押一處，第二紙現存文字 8 行。按，從內容來看，本號文書八件殘片非一件文書，其中，殘片一、二、三、四、六應為失林取狀殘片；殘片五應為阿兀訴狀，殘片七為另一件失林取狀；殘片八應為閆從亮識認狀。馬立群通過對本件文書及黑城出土其他婚姻類文書的解讀，對元代亦集乃路地區婚姻聘禮的形式、聘財的高低與婦女改嫁，及經濟因素對婦女改嫁的影響等問題進行了探討。參考文獻：1. 馬立群《黑水城出土婚姻類文書探析》，《圖書館理論與實踐》2012 年第 11 期；2. 侯愛梅《〈失林婚書案文卷〉初探》，《寧夏社會科學》2007 年第 2 期；3. 侯愛梅《黑水城所出元代詞訟文書研究》，中央民族大學博士學位論文，2013 年；4. 宋坤《黑水城所出識認狀問題淺探》，《西夏研究》2014 年第 3 期。

錄文標點：

（一）①

　　　　（前缺）

1. 取狀婦人失林
2. 右失林，年廿四歲，無疾孕，係②本府所管荅失□
3. 阿兀妻室，見在城內与夫阿兀同居。今為□□
4. 告失林將本家頓③

　　　　（後缺）

（二）④

　　　　（前缺）

1. 上到⑤官，當厅⑥對問過所狀⑦，今来失林除備細詞
2. 招責外⑧，今短狀招伏不合，於至正廿二年十□月廿七日
3. 失林於側近井頭拽水間⑨，有今到官小閆前
4. 說我前者⑩与你說的文書，你將来了麼

　　　　（後缺）

---

① 此殘片《黑城出土文書》一書編號為 F116：W71（1）。
② "係"，《黑城出土文書》錄文漏錄，現據圖版補。
③ "頓"，《黑城出土文書》錄文作 "頭"，現據圖版改。
④ 此殘片《黑城出土文書》一書編號為 F116：W71（2）。
⑤ "上到"，《黑城出土文書》錄文作 "前"，現據圖版改。
⑥ "厅"，《黑城出土文書》錄文作 "不"，現據圖版改。
⑦ "當厅對問過所狀"，《黑城出土文書》錄文作 "當於對囬過取狀"，現據圖版改。
⑧ "外"，《黑城出土文書》錄文作 "於"，現據圖版改。
⑨ "間"，《黑城出土文書》錄文作 "曾"，現據圖版改。
⑩ "者"，《黑城出土文書》錄文作 "曾"，現據圖版改。

(三)①

　　　　（前缺）

1. 三□□□□□□□□□□□□□□□□□□□□□

2. 言說係失林合同婚 書 □□又荅□元買□□□□

3. 契一𠱾，却行分付②從亮攸係还家的失林合同婚□□□

4. 并未曾看讀文字一𠱾。至廿七日時，從亮賚去阿□□

5. 門首見失林到院內立地，從亮向本婦喚叫□□□□

6. 二𠱾分付失林収接。從亮又向本婦言說到□□□□

7. 我交別人看来，係你的婚書，我取了，你明日□□□

　　　　（後缺）

(四)③

　　　　（前缺）

1. □□□□□□□□□失林□□□□□□□□□□□

2. 於房內取到漢兒文字一𠱾④向失林言說□□□□

3. 婚書。如今⑤我每燒了者，等候一二日，赴官□□

4. 兀將你娶為妾妻，却行压良為姃，若□□□□□

5. 做筵會娶你，咱每兩个永遠做夫妻不好□□□

6. 林依⑥從有閆從亮將婚書一𠱾，對失林前□□□

　　　　（後缺）

(五)⑦

　　　　（前缺）

---

① 此殘片《黑城出土文書》一書編號為 F116: W71 (3)。
② "分付"，《黑城出土文書》錄文作 "不符"，現據圖版改。
③ 此殘片《黑城出土文書》一書編號為 F116: W71 (4)。
④ "𠱾"，《黑城出土文書》錄文作 "面"，現據其他相關文書改。
⑤ "如今"，《黑城出土文書》錄文作 "明日"，現據圖版改。
⑥ "依"，《黑城出土文書》錄文作 "信"，現據圖版改。
⑦ 此殘片《黑城出土文書》一書編號為 F116: W107 (2)。

644 中國藏黑水城漢文文獻的整理與研究

1. 言□□□門首□□□
2. 你家裏不見了①文書。有阿兀□說□②
3. 史外郎囬③說：恰才有人与我④根前□
4. 我處看過，於內有你兄苔孩并你的名字，係
5. 文字，你且家裏看去。听此，阿兀即迥⑤本家
6. 內元頓放諸雜文字紅匣兒內看覷，將於
7. 買躯男木八剌并躯婦倒剌契書二弔文書
8. 失林婚書一弔，俱各不見。當時阿兀言問⑥
9. 室，這匣兒內放的文字發付在那兒了
10. 文書三弔，是我取了，与隣人小閆看□□
11. 与了我文字二弔。我插入這鋪蓋
12. 閆不曾囬付与我。說罢，有本婦於鋪蓋內
13. 分付阿⑦兀収接，賷去於房前徐典處□
14. 元買躯男木八剌并兄苔孩躯婦倒剌
15. 婦婚書一弔不⑧見，若不狀告，有此事⑨
16. 續狀在前，告乞□□□□□
17. 都住人張二□

　　　　（後缺）

（六）⑩

　　　　（前缺）

────────
① "了"，《黑城出土文書》錄文漏錄，現據圖版補。
② "有阿兀□說□"，《黑城出土文書》錄文未釋讀，現據圖版補。
③ "囬"，《黑城出土文書》錄文漏錄，現據圖版補。
④ "我"，《黑城出土文書》錄文作"到"，現據圖版改。
⑤ "迥"，《黑城出土文書》錄文作"迥還"，現據圖版改。
⑥ "問"，《黑城出土文書》錄文作"向"，現據圖版改。
⑦ 《黑城出土文書》錄文於"阿"字前衍錄一"与"字，現據圖版改。
⑧ "不"，《黑城出土文書》錄文作"一"，現據圖版改。
⑨ "事"，《黑城出土文書》錄文未釋讀，現據圖版補。
⑩ 此殘片《黑城出土文書》一書編號為 F116∶W71（5）。

整理編　第四冊　645

──────（騎縫章）──────

1. 台旨
2. 　　　至正廿二年十二月　　取狀婦人失林
　　　（後缺）

（七）①
　　　（前缺）

1. 後②知名小閆，名從亮，於沈坊正房上瞰③曬熟造④□　⑤
2. 生活。及於
3. 識失林於閆從亮
4. 阿兀前徃⑥嶺北達達⑦地面作買賣
5. 因活⑧，將前因文字說与閆從亮
6. 阿兀元娶你婚書偷来，我交人 看 ⑨
7. 告也不遲。說罢，有本婦迴还伊家去訖⑩。至
8. 有夫阿兀迴还本⑪家。至十一月廿三日，失林
9. 放諸雜文字紅匣兒内漢兒文字叄
10. 至當日晌⑫午後，失林於井上拽水間⑬，有今到⑭

---

① 此殘片《黑城出土文書》一書編號為 F116: W37（3）。
② "後"，《黑城出土文書》錄文作"得"，現據圖版改。
③ "瞰"，《黑城出土文書》錄文作"晾"，現據圖版改。
④ "造"，《黑城出土文書》錄文作"過"，現據圖版改。
⑤ 《黑城出土文書》錄文於此行文字前有"改嫁不曾得便本處又無親戚人　/居至至正廿二年正月内有隣社住人沈坊政家有　"等兩行文字，但圖版中未見。
⑥ "徃"，《黑城出土文書》錄文作"去"，現據圖版改。
⑦ 第二個"達"字為省文符號，現徑改。
⑧ "活"，《黑城出土文書》錄文作"話"，現據圖版改。
⑨ " 看 "，《黑城出土文書》錄文作"頭"，現據圖版改。
⑩ "訖"，《黑城出土文書》錄文作"後"，現據圖版改。
⑪ "本"，《黑城出土文書》錄文作"在"，現據圖版改。
⑫ "晌"，《黑城出土文書》錄文作"响"，現據圖版改。
⑬ "間"，《黑城出土文書》錄文作"□見"，現據圖版改。
⑭ "到"，《黑城出土文書》錄文未釋讀，現據圖版補。

11. 向失林言說：我前者与你說的文書你① ☐
12. 林於懷內取出前項漢兒文字三昂分付与閆 ☐
13. 向本人言說：你交人看去，是我的婚書呵，你將☐ ☐
14. 人去訖②，失林將水还家。至廿六日晚，失林於本家 ☐
15. 閆從亮隔墙望見失林③，有本人將失林呼☐☐ ☐
16. 於閆從亮根前。有閆從亮賫出文字二昂，囬付 ☐
17. 說外有文字一昂，我交別☐☐④来，係是你的婚 ☐
18. 日你我 不 曾 来，我每有商量的話說 ☐

（後缺）

（八）⑤

（前缺）

1. 　　　（簽押）

2. 取識認⑥狀人閆從亮
3. 今當
4. 摠府官識認得見到官阿 ☐
5. 男木八剌并兄苔孩元買 駈 ☐
6. 書貳昂委係失林元偷遞与 ☐
7. 字中間並無詐冒，識認是实，☐☐⑦

---

① "你"，《黑城出土文書》錄文未釋讀，現據圖版補。
② "訖"，《黑城出土文書》錄文作 "後"，現據圖版改。
③ "失林"，《黑城出土文書》錄文漏錄，現據圖版補。
④ 此處所缺兩字《黑城出土文書》錄文作缺一字，現據圖版補。另，據其他相關文書可知，此處所缺文字應為 "人看"。
⑤ 此殘片《黑城出土文書》一書編號為 F116：W188（1）。
⑥ "識認"，《黑城出土文書》錄文作 "認識"，現據圖版改。下同，不再另作說明。
⑦ 據元代文書書寫格式可知，此處所缺文字應為 "伏取"。

8. 台旨

9.　　　至正廿二年十二月取識認狀人閆□□①

附：

（一）《黑城出土文書（漢文文書卷）》一書所收 F116: W71（6）

　　（前缺）

1.　初二日（印章）

（二）《黑城出土文書（漢文文書卷）》一書所收 F116: W188（2）

　　（前缺）

1.　初□日（印章）

6. 元至正廿二年（1362）失林婚書案文卷（之一）

題解：

本件《中國藏黑水城漢文文獻》中原始編號為 F116: W37，出版編號為 M1·0669，收於第四冊《失林婚書案》第 883 頁，擬題為《失林婚書案卷》，並記其尺寸為 19.1cm×37.9cm。本件還收錄於《黑城出土文書（漢文文書卷）》第 165 頁《律令與詞訟類·失林婚書案文卷》，其所記文書編號為 F116: W37（4），並列出文書諸要素為：竹紙，殘，行書，尺寸為 20.5cm×35.8cm。該書將本號文書與《中國藏黑水城漢文文獻》第 912 頁 M1·0686 [F116: W37] 號文書（《中國藏黑水城漢文文獻》此處編號重復）、第 881 頁 M1·0668 [F116: W71B] 號文書殘片七統一編號為 F116: W37，作為一件文書釋錄。文書為元至正廿二年（1362）失林婚書案文卷殘片，共兩紙粘接，第一紙現存文字 17 行，第二紙現存文字 6 行，兩紙粘接處鈐騎縫章一枚。從綴合後內容來看，其應為失林取狀。馬立群通過對本件文書及黑城出土其他婚姻類文書的解讀，對元代亦集乃路地區婚姻聘禮的形式、聘財的高低與婦女改嫁，及經濟因素對婦女改嫁的影響等問題進行了探討。參考文獻：1. 馬立群《黑水城出土婚姻類文書探析》，《圖書館理論與實踐》2012 年第 11 期；2. 侯愛梅《〈失林婚書案文卷〉初探》，《寧夏社會科學》2007 年第 2 期。

---

① 據文意推斷，此處所缺文字應為"從亮"。

648　中國藏黑水城漢文文獻的整理與研究

錄文標點：

　　　　（前缺）

1. 我 家 裏 ①来□□□□□□□□□□□□□□□
2. 當日上灯後，從亮在家坐□□□□□□□□□□□
3. 從亮於房内將元藏放②漢兒□□□□□□□□□□
4. 林□說：文字係阿兀元③娶你 為 □ 妾□□□□
5. 燒者。今④等候一二日，我每赴官司告阿兀將你□
6. 却行壓良為驅。若將斷出来，□⑤我做□□□□□
7. 每兩个永遠夫妻。說罢，有本婦□□□□□□□□
8. 一弔，對失林前於⑥竈壇内用火燒毀了當。有□□
9. 还伊家⑦去訖⑧，以⑨□□□□□□□□□□□□
10. 婚書不見，告發到官，今蒙取問所供前□□□□
11. 的实，別無⑩虛冒外，據從亮結定除充□□□□□
12. 至正廿二年十一月廿三日，有今⑪告人阿兀 字 □
13. 從亮漢兒文字三弔奴⑫接。從亮於廿二日□□□□
14. 二弔令史外郎看過，係婦人失林⑬合同□⑭□□□
15. 孩⑮元買驅婦倒刺文契一弔。有本人却行□□□□

---

①　"家裏"，《黑城出土文書》錄文未釋讀，現據圖版改。
②　"放"，《黑城出土文書》錄文漏錄，現據圖版補。
③　"元"，《黑城出土文書》錄文漏錄，現據圖版補。
④　"今"，《黑城出土文書》錄文釋讀為前"者"字省文符號，現據圖版改。
⑤　據其他相關文書可知，此處所缺文字應為"你"。
⑥　"於"，《黑城出土文書》錄文作"去"，現據圖版改。
⑦　"家"，《黑城出土文書》錄文未釋讀，現據圖版補。
⑧　"訖"，《黑城出土文書》錄文作"後"，現據圖版改。
⑨　"以"，《黑城出土文書》錄文未釋讀，現據圖版補。
⑩　"無"，《黑城出土文書》錄文漏錄，現據圖版補。
⑪　"今"，《黑城出土文書》錄文作"上"，現據圖版改。
⑫　"奴"，《黑城出土文書》錄文作"取"，現據圖版改。
⑬　"失林"，《黑城出土文書》錄文漏錄，現據圖版補。
⑭　此處缺文《黑城出土文書》錄文推補作"婚書"，據圖版不似，現存疑。
⑮　"孩"，《黑城出土文書》錄文作"該"，現據圖版改。

16. 林收执。從亮將失林合同在家頓放外，將☐
17. 廿七日分付失林収接。至當日上①☐
———————（騎縫章）———————

18. 来②本家，從亮將失林婚書一扇☐
19. 內用火燒毀了③當。如④狀結已後，別經☐
20. 但☐☐☐⑤稍有差別不同，至日☐
21. 誑官⑥罪犯不詞，执結是实，所☐
22. ☐⑦西縣所管軍户逊兵，前☐
23. 至正廿二年正月廿三日從亮☐
（後缺）

7. 元至正廿二年（1362）失林婚書案文卷（之一）

題解：

本件《中國藏黑水城漢文文獻》中原始編號為 F116: W79，出版編號為M1·0670，收於第四冊《失林婚書案》第884—885頁，共三件殘片，分為兩組，擬題為《失林婚書案卷》，並記其尺寸分別為 25.6cm×18.1cm、40.8cm×17.8cm。本件還收錄於《黑城出土文書（漢文文書卷）》第169頁《律令與詞訟類·失林婚書案文卷》，其所記文書編號與《中國藏黑水城漢文文獻》原始編號同，並列出文書諸要素為：竹紙，殘，行書，尺寸分別為 18.2cm×40.6cm、16.2cm×7.3cm、17.7cm×15.3cm。文書為元至正廿二年（1362）失林婚書案文卷殘片，其中殘片一為兩紙粘接，第一紙無文字殘留，第二紙現存文字 4 行；殘片二現存文字 3 行；殘片三為兩紙粘接，第一紙現存文字 5 行，第二紙現存文字 11 行，兩

---

① 《黑城出土文書》錄文於"上"字後推補一"灯"字。
② "来"，《黑城出土文書》錄文作"於"，現據圖版改。
③ "了"，《黑城出土文書》錄文作"今"，現據圖版改。
④ "如"，《黑城出土文書》錄文漏錄，現據圖版補。
⑤ 此處所缺三字《黑城出土文書》錄文作缺兩字處理，現據圖版改。
⑥ "官"，《黑城出土文書》錄文作"言"，現據圖版改。
⑦ 此處所缺一字《黑城出土文書》錄文作缺兩字處理，現據圖版改。

650　中國藏黑水城漢文文獻的整理與研究

紙粘接處鈐騎縫章一枚。從內容來看，本號文書三件殘片非同件文書，其中殘片一應與《中國藏黑水城漢文文獻》第 871—873 頁 M1·0664［F116:W117］號文書殘片三綴合，綴合後為失林識認狀；殘片二、三應為閆從亮取狀。參考文獻：1. 侯愛梅《〈失林婚書案文卷〉初探》，《寧夏社會科學》2007 年第 2 期；2. 宋坤《黑水城所出識認狀問題淺探》，《西夏研究》2014 年第 3 期。

錄文標點：

（一）

（前缺）

_____

1. 取識認①狀婦人失林
2. 今當
3. 惣府官識認得見到官夫阿☐☐☐
4. 買䎡男木八剌并答孩所②☐☐☐

（後缺）

（二）

（前缺）

1. 頓放契書偷遞燒毀☐☐☐
2. 厅③對問過取狀，今来從亮☐☐☐
3. 細招詞另行招責外，今短☐☐☐

（後缺）

（三）

（前缺）

1. 亮☐☐☐☐☐
2. 將文字二昂分付☐収执☐☐☐
3. 外，有文字一昂，我交別人看来☐

───────────────

① "識認"，《黑城出土文書》錄文作"認識"，現據圖版改。下同，不再另作說明。
② "所"，《黑城出土文書》錄文未釋讀，現據圖版改。
③ "厅"，《黑城出土文書》錄文作"听"，現據圖版改。

4. 你的婚書，我取了，明日☐
5. 来，我每有商量的話。說罷☐
　　　　　　（騎縫章）　　　　　　
6. 家。至廿七日上灯時，從亮☐
7. 間有失林隻身前往☐
8. 於房壋①內取出元藏☐
9. 一咼，向失林言②：這☐
10. 娶你為妾妻婚☐
11. 者，等候一二日，我☐
12. 兀將你做妾妻，却行☐
13. 得斷出來時，我做筵☐
14. 每兩个永遠做夫妻。說罷☐
15. 將婚書對失林前於竈☐
16. 火燒毀☐
　　（後缺）

8. 元至正廿二年（1362）失林婚書案文卷（之一）

題解：

本件《中國藏黑水城漢文文獻》中原始編號為 F116:W78，出版編號為 M1·0671，收於第四冊《失林婚書案》第 886 頁，擬題為《失林婚書案卷》，並記其尺寸為 55.8cm×20.9cm。本號文書共兩件殘片，還收錄於《黑城出土文書（漢文文書卷）》第 168 頁《律令與詞訟類·失林婚書案文卷》，其所記文書編號與《中國藏黑水城漢文文獻》原始編號同，並列出文書諸要素為：竹紙，殘，行書，尺寸分別為 20.3cm×27.3cm、18.8cm×25.9cm。文書為元至正廿二年（1362）失林婚書案文卷殘片，其中殘片一為兩紙粘接，第一紙無文字殘留，第二紙現存文字 6 行；殘片二現存文字 7 行，殘存半個騎縫章。從內容來看，其應為刑房呈亦集乃路總管府文。參考文獻：1. 侯愛梅《〈失林婚書案文卷〉初探》，《寧夏社

---

① "壋"同"檔"。下同，不再另作說明。
② 《黑城出土文書》錄文於"言"字後衍錄一"說"字，現據圖版改。

會科學》2007年第2期；2. 侯愛梅《黑水城所出元代詞訟文書研究》，中央民族大學博士學位論文，2013年。

錄文標點：

（一）

（前缺）

_____

1. 刑房
2. 呈：承奉
3. 判在前，今蒙
4. 惣府官議得①，婦人失林等各各②▢
5. 一對款開坐，合行具呈者：
6. 　　犯人二名

（後缺）

（二）

（前缺）

1. 呈③
2. 　　　至正廿二年十二月　　吏 賈▢
　　　　　　　　　　　　　　　　侯志▢
3. 阿兀告妾妻失林
4. 　　　　提控案牘趙▢
5. 　　　　知　　事　▢
6. 　　　　經　　歷　▢

7. 　　　　初▢日④

---

① "得"，《黑城出土文書》、侯愛梅文作"將"，現據圖版改。
② 第二個"各"字為省文符號，現徑改。
③ 此行文字殘存騎縫章半枚。
④ "初▢日"上鈐印章一枚。

9. 元至正廿二年（1362）失林婚書案文卷（之一）

題解：

本件《中國藏黑水城漢文文獻》中原始編號為 F116：W144，出版編號為 M1·0672，收於第四冊《失林婚書案》第 887—888 頁，共兩件殘片，擬題為《失林婚書案卷》，並記其尺寸分別為 33.4cm×20.2cm、48.5cm×20cm。本件還收錄於《黑城出土文書（漢文文書卷）》第 167 頁《律令與詞訟類·失林婚書案文卷》，其所記文書編號與《中國藏黑水城漢文文獻》原始編號同，並列出文書諸要素為：竹紙，殘，行草書，尺寸分別為 20.5cm×29.7cm、19.7cm×47.7cm。文書為元至正廿二年（1362）失林婚書案文卷殘片，其中殘片一為兩紙粘接，第一紙現存文字 9 行，第二紙現存文字 5 行，兩紙粘接處鈐騎縫章一枚；殘片二為兩紙粘接，第一紙現存文字 6 行，第二紙現存文字 4 行，兩紙粘接處鈐騎縫章一枚。從內容來看，其應為失林取狀。參考文獻：1. 侯愛梅《〈失林婚書案文卷〉初探》，《寧夏社會科學》2007 年第 2 期；2. 侯愛梅《黑水城所出元代詞訟文書研究》，中央民族大學博士學位論文，2013 年。

錄文標點：

（一）

（前缺）

1. 小閆根前有本☐
2. 接言說到：有一咎文書我交別人看來☐
3. 你的婚書，我取了，明日你我家裏☐☐
4. 商量的話。得①此，各散還家。失林將小閆交
5. 付文字二咎，插於鋪 蓋 內 ☐
6. 阿兀睡了，失林隻身前去到小閆 家 ☐
7. 小閆於房擔②內取出漢兒文字一咎，☐
8. 言說：這文書係你的婚書。如今☐

---

① "得"，《黑城出土文書》錄文作"將"，現據圖版改。
② "擔"同"檐"。下同，不再另作說明。

9. 燒了者，等候一二日，我每赴官司告① ☐

———————（騎縫章）———————

10. 將②你為妾妻，却行 壓 良 為 妪， ☐
11. 出来時，我做筵會娶你。咱每 ☐
12. 妻。說罢，有小閆於竈壇內將 ☐
13. 毀了當。失③林即迴本家。至廿九日，有夫阿☐
14. 元頓放諸雜文字小紅匣兒內覷 ☐

　　　　（後缺）

（二）

　　　　（前缺）

1. 不曾隱諱☐☐☐
2. 閆看去来，止囲付与④我文字二⑤乕 ☐
3. 一乕有小閆燒毀了也。至三十⑥日，有夫阿兀 ☐
4. 到官。據失林有此，合將罪犯續⑦狀招 ☐
5. 蒙断罪，別無詞訴招伏 ☐
6. 伏取

———————（騎縫章）———————

7. 台旨

8. 　　　　至正廿二年十二月　取狀婦人 ☐⑧

---

① 《黑城出土文書》錄文漏錄"司"字，並於"告"字後推補一"狀"字，現據圖版改。
② "將"，《黑城出土文書》錄文作"取"，現據圖版改。
③ 《黑城出土文書》錄文於"失"字前衍錄一"此"字，現據圖版改。
④ "与"，《黑城出土文書》錄文漏錄，現據圖版補。
⑤ "二"，《黑城出土文書》錄文作"一"，現據圖版改。
⑥ "三十"，《黑城出土文書》錄文作"卅"，現據圖版改。
⑦ "續"，《黑城出土文書》錄文作"降"，現據圖版改。
⑧ 據文意推斷，此處所缺文字應為"失林"。

9.　　　　　初二日①
10.　　　　　　　（簽押）

10. 元至正廿二年（1362）失林婚書案文卷（之一）

題解：

本件《中國藏黑水城漢文文獻》中原始編號為 F116：W32，出版編號為M1·0673，收於第四冊《失林婚書案》第889—891頁，共四件殘片，分為三組，擬題為《失林婚書案卷》，並記其尺寸分別為33.4cm×21.4cm、34.3cm×21.5cm、40cm×19.7cm。本件還收錄於《黑城出土文書（漢文文書卷）》第166頁《律令與詞訟類·失林婚書案文卷》，其所記文書編號與《中國藏黑水城漢文文獻》原始編號同，並列出文書諸要素為：竹紙，殘，行草書，尺寸分別為20.9cm×33.8cm、21.0cm×34.3cm、19.2cm×16.2cm、19.7cm×22.5cm。文書為元至正廿二年（1362）失林婚書案文卷殘片，其中殘片一為兩紙粘接，第一紙現存文字17行，第二紙現存文字1行，兩紙粘接處鈐騎縫章一枚；殘片二為三紙粘接，第一紙現存文字3行，第二紙現存文字9行，第三紙現存文字5行，第二、三紙粘接處鈐朱文騎縫章一枚；殘片三、四可拼合釋錄，原為兩紙粘接，粘接處鈐朱文騎縫章一枚，後粘接處斷開，裂為兩殘片，殘片三為一紙，現存文字6行，殘片四為一紙，現存文字3行。從內容來看，其為閆從亮取狀。參考文獻：侯愛梅《〈失林婚書案文卷〉初探》，《寧夏社會科學》2007年第2期。

錄文標點：

（一）

　　　　　（前缺）

1. 燒 毀 ②□□到官，已蒙
2. 鎖收，致蒙再行取狀。今來從亮
3. 正十九年間，被紅巾賊人將鞏昌城池殘破

---

① "初二日"上鈐朱印一枚。
② "毀"，《黑城出土文書》錄文作"失"，現據圖版改。

4. 年正月內,從亮①避兵前来永昌甘州住坐。至
5. 廿一年正月廿一日到来亦集乃路东关
6. 近住坐。至正廿二年十一月十五日,從亮与在城住
7. 坊正合房②熟造油皮鞦生活。從亮日
8. 坐,先不識今③告人阿兀家門首井上拽水
9. 妻失林,時常相見說話。有本婦扵本家
10. 至當年三月内,有阿兀前往嶺北達達④地
11. 去訖⑤,時常有婦人失林⑥前来從亮安
12. 從亮言說:我根脚元係大都住人張
13. 張二母春花憑媒倒刺大姐說合□
14. 買賣客人脱黑
15. 失林過房□
16. □⑦將失林并物貨迴还到亦
17. 面去。失林恐怕本人將我作躯
———————(騎縫章)———————

18. 順 續⑧,有阿兀却將
　　　　（後缺）
（二）
　　　　（前缺）
1. 廿三日晌午後,從亮因去井上拽水

---

① "亮",《黑城出土文書》錄文作"良",現據圖版改。
② "房",《黑城出土文書》錄文作"於",現據圖版改。
③ "今",《黑城出土文書》錄文作"上",現據圖版改。
④ 第二個"達"字為省文符號,現徑改。
⑤ "訖",《黑城出土文書》錄文作"後",現據圖版改。
⑥ "失林",《黑城出土文書》錄文漏錄,現據圖版補。
⑦ 此字《黑城出土文書》錄文漏錄,現據圖版補。
⑧ "續",《黑城出土文書》錄文作"便",現據圖版改。

2. 從亮向本婦言說：我前者向①你說☐
3. 麽時，有失林於懷內取☐
　　　　　　　　　　　　　　　
4. 付從亮収係。有本婦☐
5. 的婚書呵，取了者②。說罷，從亮☐
6. 月廿六日，從亮將失林元与文字三舁内☐
7. 家頓放外，將二舁賫去，向史外郎☐
8. 手徔东街③等柴拾得這文字☐
9. 覷則个是甚麼文字，有史外☐
10. 過，向④從亮說一舁係失林☐
11. 荅孩元買觝婦倒剌☐文書，☐収☐⑤
12. 子上挑拿同人家⑥認識☐

　　　　　　（騎縫章）

13. 文字是人家中用的文字☐
14. 史外郎將文字二舁却☐
15. 亮將⑦婦人失林合同婚書一舁於本房內藏放☐
16. 將文字二舁却行賫去阿兀家門首見失林☐
17. 家院內立地，從亮將本婦喚叫出門，將文☐

　　　（後缺）

（三、四）
　　　（前缺）
1. 商量的話。說罷，至當日上灯後，有失林☐

---

① "向"，《黑城出土文書》錄文作"与"，現據圖版改。
② 《黑城出土文書》於"者"字前衍錄一"来"字，現據圖版改。
③ "街"，《黑城出土文書》錄文作"閞"，現據圖版改。
④ "向"，《黑城出土文書》錄文作"問"，現據圖版改。
⑤ "☐文書，☐収☐"，《黑城出土文書》錄文作"契書係將"，現據圖版改。
⑥ "家"，《黑城出土文書》錄文漏錄，現據圖版補。
⑦ "將"，《黑城出土文書》錄文作"從"，現據圖版改。

2. 家，當時將元放失林合同婚書一昂取出与☐

3. 量。對本婦前，將婚書一昂於竈壇內用☐

4. 了當。有失林迴还去訖①，以致②阿兀☐

5. 從亮有此，合將罪犯續③狀招伏，如☐

6. 無詞訴，招伏是实，伏取

———————（騎縫章）———————

7. 台旨。

8. 　　　至正廿二年十二月　取狀人閆從亮

9. 　　　　初二日④

11. 元至正廿二年（1362）失林婚書案文卷（之一）

題解：

本件《中國藏黑水城漢文文獻》中原始編號為F116：W45，出版編號為M1·0674，收於第四冊《失林婚書案》第892頁，擬題為《失林婚書案卷》，並記其尺寸為35cm×11.9cm。《黑城出土文書（漢文文書卷）》一書未收（該書第170頁所收F116：W45號文書與此不同）。文書為元至正廿二年（1362）失林婚書案文卷殘片，前缺後完，現存文字12行。從內容來看，其應為刑房呈亦集乃路總管府文。參考文獻：侯愛梅《〈失林婚書案文卷〉初探》，《寧夏社會科學》2007年第2期。

錄文標點：

　　　　（前缺）

---

① "訖"，《黑城出土文書》錄文作"後"，現據圖版改。
② "以致"，《黑城出土文書》錄文漏錄，現據圖版補。
③ "續"，《黑城出土文書》錄文作"短"，現據圖版改。
④ "初二日"上鈐朱印一枚。另，文書第1—6行為殘片三內容，第7—9行為殘片四內容。

1. 夜於從亮家竈窟內☐
2. 了當。有此不應，以致阿☐
3. 到官罪犯量情☐
4. 下省，乞毋令再犯。

5. 右謹具

6. 呈

7. 至正廿二年☐
8. 儀婦人失☐
9. ☐提☐
10. 知事☐
11. （簽押）

12. 初九日①

12. 元至正廿二年（1362）失林婚書案文卷（之一）

題解：

本件《中國藏黑水城漢文文獻》中原始編號為 F116：W202，出版編號為 M1·0675，收於第四冊《失林婚書案》第 893 頁，擬題為《失林婚書案卷》，並記其尺寸為 52.5cm×19.9cm。本件文書為兩件文書粘接，還收錄於《黑城出土文書（漢文文書卷）》第 170 頁《律令與詞訟類·失林婚書案文卷》，其所記右一件文書編號為 F116：W30，與《中國藏黑水城漢文文獻》原始編號異；左一件文書編號為 F116：W202（1），並列出文書諸要素為：竹紙，殘，行書，尺寸分別為 19.1cm×42.7cm、18.9cm×8.4cm。該書將本號文書左半文字與《中國藏黑水城漢文文獻》第 878 頁M1·0667、第 894 頁M1·0676［F116：W107］號文書殘片

---

① "初九日"上鈐朱印一枚。

二統一編號為 F116：W202，作為一件文書釋錄。按，《黑城出土文書（漢文文書卷）》一書對此三號文書綴合有誤，從內容來看，本號文書左半文字與M1·0676 [F116：W107] 號文書殘片二應為閆從亮取狀殘片，而M1·0667 號文書則應為失林取狀殘片，故其應非同件文書。文書為元至正廿二年（1362）失林婚書案文卷殘片，兩紙粘接，第一紙為一完整文書，現存文字 9 行，從內容來看，其應為某人責領狀；第二紙為另一文書，前完後缺，現存文字 3 行，從內容來看，其應為閆從亮取狀。參考文獻：侯愛梅《〈失林婚書案文卷〉初探》，《寧夏社會科學》2007 年第 2 期。

錄文標點：

1. 取責☐
2. 今當
3. 揔府官①責領到鎖孜男｜子☐
4. 從亮，婦人一名失林，委將☐
5. 去在牢，如法監收，毋致踈☐
6. 違，當罪不詞。責領是实，伏□②
7. 台旨。
8. 　至正廿二年十二月　取責領☐

9. 　　初九日③

10. 取狀人閆從亮
11. 右從亮，年廿四歲，無病☐

---

① "官"，《黑城出土文書》錄文漏錄，現據圖版補。
② 據元代文書書寫格式可推知，此處所缺文字應為"取"。
③ "初九日"上鈐朱印一枚。

12. 西縣所管 軍 户，現在 _____

    （後缺）

13. 元至正廿二年（1362）失林婚書案文卷（之一）

題解：

本件《中國藏黑水城漢文文獻》中原始編號為 F116：W107，出版編號為M1·0676，收於第四冊《失林婚書案》第 894 頁，擬題為《失林婚書案卷》，並記其尺寸為 41.1cm×19.2cm。文書共兩件殘片，還收錄於《黑城出土文書（漢文文書卷）》第 167 頁及第 170 頁《律令與詞訟類·失林婚書案文卷》，其所記殘片一文書編號為 F116：W107（1）；殘片二文書編號為 F116：W202（2），與《中國藏黑水城漢文文獻》原始編號異，並列出文書諸要素為：竹紙，殘屑，行草書，尺寸分別為 18.3cm×11.0cm、18.7cm×27.3cm。該書將本號文書殘片一與《中國藏黑水城漢文文獻》第 880 頁M1·0668［F116：W71B］號文書殘片五統一編號為 F116：W107，作為一件文書釋錄，從內容來看，其綴合應無誤，綴合後為阿兀訴狀；將殘片二與《中國藏黑水城漢文文獻》第 893 頁M1·0675［F116：W202］號文書左一件文書及第 878 頁M1·0667 號文書統一編號為 F116：W202，作為一件文書釋錄，從內容來看，其綴合有誤，本號文書殘片二與M1·0675［F116：W202］左半文字應為閆從亮取狀殘片，而M1·0667 號文書則應為失林取狀殘片，故其應非同件文書。文書為元至正廿二年（1362）失林婚書案文卷殘片，其中殘片一為兩紙粘接，第一紙無文字殘留，第二紙現存文字 1 行；殘片二為兩紙粘接，第一紙現存文字 11 行，第二紙現存文字 3 行，兩紙粘接處鈐朱文騎縫章一枚。參考文獻：侯愛梅《〈失林婚書案文卷〉初探》，《寧夏社會科學》2007 年第 2 期。

錄文標點：

（一）

    （前缺）

————————

1. ____① 人阿兀

    （後缺）

————————

① 據文意推斷，此處所缺文字應為"取狀"。

（二）

　　　　　　（前缺）

1. 妾於懷內藏☐☐☐☐☐☐☐☐
2. 於井上拽水間，有①☐☐☐☐☐☐
3. 林將②前項漢兒文字說你交☐☐
4. 収接。失林又向本人言☐☐☐☐
5. 是我的婚書呵，取了☐☐☐☐☐
6. 去失林还家。得此□☐☐☐☐☐
7. 內立間，有閆從亮將失林☐☐☐
8. 听此，失林前去到閆從亮前去☐
9. 人賫出文字二䒑，囬付与失林収☐
10. 從亮又向失林言說：外③有文字☐
11. 別人看来，係阿兀娶你的書④☐

――――――（騎縫章）――――――

12. 了，你明日☐☐☐□我有☐☐☐
13. 話。說罷⑤，各□☐☐文字☐☐☐⑥
14. 鋪蓋內□□☐☐☐☐☐☐☐☐

　　　　　　（後缺）

14. 元至正廿二年（1362）失林婚書案文卷（之一）

題解：

本件《中國藏黑水城漢文文獻》中原始編號為 F116：W185，出版編號為

---

① "有"，《黑城出土文書》錄文未釋讀，現據圖版補。
② "將"，《黑城出土文書》錄文漏錄，現就圖版補。
③ "外"，《黑城出土文書》錄文漏錄，現據圖版補。
④ "書"字前應脫一"婚"字。
⑤ "話。說罷"，《黑城出土文書》錄文作"說話吧"，現據圖版改。
⑥ "文字☐☐☐"，《黑城出土文書》錄文錄作下一行，現據圖版改。

M1·0677，收於第四冊《失林婚書案》第 895—896 頁，共兩件殘片，擬題為《失林婚書案卷》，並記其尺寸分別為 52.5cm×19.9cm、23.3cm×20.3cm。本件還收錄於《黑城出土文書（漢文文書卷）》第 167 頁《律令與詞訟類·失林婚書案文卷》，其所記文書編號與《中國藏黑水城漢文文獻》原始編號同，並列出文書諸要素為：竹紙，殘，行書，尺寸分別為 19.0cm×23.2cm、20.7cm×20.9cm。文書為元至正廿二年（1362）失林婚書案文卷之一，其中殘片一前完後缺，現存文字 11 行；殘片二為兩紙粘接，第一紙現存文字 3 行，第二紙現存文字 2 行，兩紙粘接處鈐朱文騎縫章一枚。從內容來看，其應為徐典取狀。參考文獻：1. 侯愛梅《〈失林婚書案文卷〉初探》，《寧夏社會科學》2007 年第 2 期；2. 侯愛梅《黑水城所出元代詞訟文書研究》，中央民族大學博士學位論文，2013 年。

錄文標點：

（一）

1. 取狀人徐典名□□①
2. 右明善，年廿歲，無病，係本路
3. 倉官②身役，見在在城寄居住
4. 為阿兀狀告妾妻失林將本□
5. 書等偷遞与閆從亮一同燒
6. 善曾行將文字二昂看讀事
7. 問過取狀，今来明善
8. 二年十一月廿九日未時以来，明善前
9. 前幹事，行③至到礼拜寺門首逢
10. 不識後書名。今告人阿兀手賫漢兒
11. 一昂問明善言說：這文字　　　　④

（後缺）

---

① 據上下文可推知，此處所缺文字應為"明善"。
② "倉官"，《黑城出土文書》、侯愛梅文作"今不以"，現據圖版改。
③ "行"，《黑城出土文書》、侯愛梅文作"以"，現據圖版改。
④ 此行文字侯愛梅文漏錄，現據圖版補。

（二）

（前缺）

1. □□□⬚①

2. 無虛誑。如②結已後，對問不实⬚

3. 甘當誑官重罪，不詞。执結是实，伏取

———————（騎縫章）———————

4. 台旨。

5.　　　　至正廿二年十二月　取狀人⬚③

15. 元至正廿二年（1362）失林婚書案文卷（之一）

題解：

本件《中國藏黑水城漢文文獻》中原始編號為 F116：W106，出版編號為 M1·0678，收於第四冊《失林婚書案》第 897—898 頁，共三件殘片，分為兩組，擬題為《失林婚書案卷》，並記其尺寸分別為 37.3cm×20.7cm、37.6cm×19.8cm。本件還收錄於《黑城出土文書（漢文文書卷）》第 167 頁《律令與詞訟類·失林婚書案文卷》，其所記文書編號與《中國藏黑水城漢文文獻》原始編號同，並列出文書諸要素為：竹紙，殘，行書，尺寸分別為 20.1cm×24.1cm、20.3cm×10.9cm、18.8cm×37.8cm。文書為元至正廿二年（1362）失林婚書案文卷之一，其中殘片一為兩紙粘接，第一紙無文字殘留，第二紙現存文字 9 行；殘片二現存文字 6 行；殘片三為兩紙粘接，第一紙現存文字 2 行，第二紙現存文字 4 行，兩紙粘接處鈐朱文騎縫章一枚。從內容來看，其應為史外郎取狀。參考文獻：1. 侯愛梅《〈失林婚書案文卷〉初探》，《寧夏社會科學》2007 年第 2 期；2. 侯愛梅《黑水城所出元代詞訟文書研究》，中央民族大學博士學位論文，2013 年。

---

① 此行文字《黑城出土文書》錄文未標注，現據圖版補。
② "如"，《黑城出土文書》、侯愛梅文作"各"，現據圖版改。
③ 據前後文推斷，此處所缺文字應為"徐明善"。另，《黑城出土文書》錄文於此行文字後錄"初二日（印章）"等一行文字，圖版未見。

錄文標點：

（一）

1. 取狀人史外郎名帖木兒

2. 右帖木兒

3. 壽寺僧人戶計

4. 狀①依实供說，至正廿二年十一②

5. 以来，帖木兒在家坐，間有今到③

6. 前来本家，於伊懷内取出文字

7. 帖木兒看這个甚麼文字，我④□

8. 前去東街等柴去来，拾⑤的這

9. 二㕛。帖木兒接在手内看覷□

　　　　（後缺）

（二）

　　　　（前缺）

1. 買到駈婦倒剌賣契⑥一㕛，阿兀

2. 人失林合同婚書一㕛。帖木兒向本人

3. 說：這文字二㕛你那裏拾的来⑦呵？□□⑧

4. 子上挑着，有人尋来嗦⑨要他

5. 他是人家中用的文字，休毁壞□

6. □　　　　　　　　　　　　　⑩

　　　　（後缺）

---

① "狀"，《黑城出土文書》錄文作"伏"，現據圖版改。
② 《黑城出土文書》、侯愛梅文於"一"字後推補"月廿"兩字。
③ "到"，《黑城出土文書》、侯愛梅文未釋讀，現據圖版補。
④ "我"，《黑城出土文書》、侯愛梅文未釋讀，現據圖版補。
⑤ "拾"，《黑城出土文書》、侯愛梅文作"撿"，現據圖版改。
⑥ "賣契"，《黑城出土文書》錄文漏錄，現據圖版補。
⑦ "的来"，《黑城出土文書》、侯愛梅文作"来的"，現據圖版改。
⑧ 此兩字《黑城出土文書》、侯愛梅文作"只過"，但圖版漫漶不清，現存疑。
⑨ "嗦"，《黑城出土文書》、侯愛梅文作"時"，現據圖版改。
⑩ 此行文字《黑城出土文書》、侯愛梅文未標注，現據圖版補。

(三)
　　　　　　　　（前缺）
1. 蒙取問，所供前詞，□①是的实，並
2. 無虛詆，所供执結是实。伏取

――――――（騎縫章）――――――

3. 台旨

4.　　至正廿二年十二月　取狀人□②

5.　　　　初二日③
6.　　　　（簽押）

16. 元至正廿二年（1362）失林婚書案文卷（之一）

題解：

本件《中國藏黑水城漢文文獻》中原始編號為 F116：W206，出版編號為 M1·0679，收於第四冊《失林婚書案》第 899 頁，擬題為《失林婚書案卷》，並記其尺寸為 42.2cm×18.1cm。本件還收錄於《黑城出土文書（漢文文書卷）》第 167 頁《律令與詞訟類·失林婚書案文卷》，其所記文書編號與《中國藏黑水城漢文文獻》原始編號同，並列出文書諸要素為：竹紙，缺，行草書，尺寸為 18.0cm×38.4cm。文書為元至正廿二年（1362）失林婚書案文卷之一，共兩件殘片，殘片一現存文字 8 行，殘片二現存文字 1 行。兩件殘片可綴合，綴合之後前後均完。從內容來看，其應為阿兀承管狀。參考文獻：1. 侯愛梅《〈失林婚書案文卷〉初探》，《寧夏社會科學》2007 年第 2 期；2. 侯愛梅《黑水城所出元代

---

① 此處缺字《黑城出土文書》、侯愛梅文未標注，現據圖版補。
② 據前後文推斷，此處所缺文字應為"帖木兒"。
③ "初二日"上鈐朱印一枚。

詞訟文書研究》，中央民族大學博士學位論文，2013年。

錄文標點：

1. 取承管元告人阿兀

2. 今當

3. 抱府承管委得日①每湏要赴府☐☐☐☐☐☐

4. 不致遠離，一時喚脫，如違當罪，☐②

5. 管是实，伏取

6. 台旨。

7. 　　　　至正廿二年十二月　取承管元告人阿☐③

8. 　　　　初二日④

9. 　　　　　　　　（簽押）⑤

17. 元至正廿二年（1362）失林婚書案文卷（之一）

題解：

本件《中國藏黑水城漢文文獻》中原始編號為 F116：W176，出版編號為 M1·0680，收於第四冊《失林婚書案》第 900—901 頁，共三件殘片，分為兩組，擬題為《失林婚書案卷》，並記其尺寸分別為 22.5cm×20.8cm、35.8cm×21cm。本件還收錄於《黑城出土文書（漢文文書卷）》第 168 頁《律令與詞訟類·失林婚書案文卷》，其將殘片二、三拼合釋錄，所記文書編號與《中國藏黑水城漢文文獻》原始編號同，並列出文書諸要素為：竹紙，殘，草行書，尺寸分別為 20.2cm×22.1cm、20.0cm×33.2cm。文書為元至正廿二年（1362）失林婚書案文卷之一，其中殘片一為兩紙粘接，第一紙無文字殘留，第二紙現存文字 6 行；殘片二為兩紙粘接，第一紙現存文字 1 行，第二紙現存文字 2 行，兩紙粘接處鈐朱文騎縫章；殘片三現存文字 3 行。從內容來看，其應為刑房呈亦集乃路總管府

---

① "日"，《黑城出土文書》、侯愛梅文漏錄，現據圖版補。
② 據文意推斷，此處所缺文字應為"承"。
③ 據文意推斷，此處所缺文字應為"兀"。
④ "初二日"上鈐朱印一枚。
⑤ 文書第 1—8 行為殘片一內容，第 9 行為殘片二內容。

文。參考文獻：1. 侯愛梅《〈失林婚書案文卷〉初探》，《寧夏社會科學》2007年第2期；2. 侯愛梅《從黑水城出土文書看元代亦集乃路的司法機構》，《商丘師範學院學報》2015年第8期。

錄文標點：

（一）

（前缺）

_____

1. 刑房
2. 呈：見行阿兀告妾妻失林☐
3. 除已取訖犯①人閆從亮☐
4. 招 詞 ☐ ② ☐
5. 未曾取責，為此覆蒙☐
6. 揔府官議得上項事理，仰將☐

（後缺）

（二）

（前缺）

1. 右謹具

——————（騎縫章）——————

2. 　　至正廿二年十二月　吏 賈☐
   　　　　　　　　　　　　　何☐
3. 阿兀告妾妻失☐ ☐

．（後缺）

---

① "取訖犯"，《黑城出土文書》、侯愛梅文作"將犯罪"，現據圖版改。
② "招 詞 ☐"，《黑城出土文書》、侯愛梅文作"招得曾"，現據圖版改。

（三）①

　　　　　（前缺）

1. 給 执 照

2. 　　　　知事

3. 　　初二日②

18. 元至正廿二年（1362）失林婚書案文卷（之一）

題解：

本件《中國藏黑水城漢文文獻》中原始編號為 F116∶W38，出版編號為M1·0681，收於第四冊《失林婚書案》第 902—904 頁，共四件殘片，分為三組，擬題為《失林婚書案卷》，並記其尺寸分別為 28.8cm × 17.9cm、39 × 20.4cm、10.3 × 17.4cm。本件還收錄於《黑城出土文書（漢文文書卷）》第 164 頁《律令與詞訟類·失林婚書案文卷》，其所記文書編號與《中國藏黑水城漢文文獻》原始編號同，並列出文書諸要素為：竹紙，殘屑，行草書，尺寸分別為 14.2cm × 11.0cm、17.3cm × 14.2cm、19.9cm × 39.3cm、17.3cm × 10.2cm。文書為元至正廿二年（1362）失林婚書案文卷之一，其中殘片一現存文字 3 行；殘片二現存文字 5 行；殘片三為兩紙粘接，第一紙現存文字 1 行，第二紙現存文字 5 行，兩紙粘接處鈐朱印一枚；殘片四僅存日期及簽押。從內容來看，其應為亦集乃路總管府差祇候李哈剌章勾追案件被告、干照人等赴府文書。參考文獻：侯愛梅《〈失林婚書案文卷〉初探》，《寧夏社會科學》2007 年第 2 期。

錄文標點：

（一）

　　　　　（前缺）

1. 兀狀告妾妻失

2. 偷遞与閆從亮

3. 揔府今差人前③

---

① 《黑城出土文書》錄文將殘片二、三綴合釋錄。
② "初二日"上鈐朱印一枚。
③ 《黑城出土文書》錄文於"前"字後推補一"去"字。

（後缺）

（二）

（前缺）

1. 来□☐

2. 　被告人：

3. 　　　　失林　　小閆①

4. 　干照人：

5. 　　　　史外郎　徐典

　　　（後缺）

（三）

（前缺）

1. 右差衹候李哈剌☐

―――――（騎縫章）―――――

2. 　　至正廿二年十二月　吏☐

3. 阿兀告妾妻　　提控案牘趙☐
　　失林

4. 　　　　　知　事☐

5. 　　　　　經　歷☐

6. 　　（簽押）

（四）

（前缺）

1. 初二日②

2. 　（簽押）

――――――――――

① "小閆"，《黑城出土文書》錄文作"閆從亮"，現據圖版改。
② "初二日"上鈐朱印一枚。

19. 元至正廿二年（1362）失林婚書案文卷（之一）

題解：

本件《中國藏黑水城漢文文獻》中原始編號為F116∶W602，出版編號為M1·0682，收於第四冊《失林婚書案》第905—907頁，共三件殘片，擬題為《失林婚書案卷》，並記其尺寸分別為43cm×20.5cm、33.1×20.6cm、15.4cm×20.5cm。本號文書殘片一、二還收錄於《黑城出土文書（漢文文書卷）》第165頁《律令與詞訟類·失林婚書案文卷》，其所記文書編號為F116∶W68，與《中國藏黑水城漢文文獻》原始編號異，並列出文書諸要素為：竹紙，殘，草行書，尺寸分別為19.2cm×21.7cm、20.2cm×43.1cm。文書為元至正廿二年（1362）失林婚書案文卷之一，其中殘片一為兩紙粘接，第一紙僅存日期及簽押，為某文書殘尾，第二紙現存文字8行；殘片二為兩紙粘接，第一紙現存文字8行，第二紙現存文字4行，兩紙粘接處鈐朱印一枚；殘片三現存文字1行。從內容來看，殘片一第二紙及殘片二應為刑房呈亦集乃路總管府文。參考文獻：1. 侯愛梅《〈失林婚書案文卷〉初探》，《寧夏社會科學》2007年第2期；2. 侯愛梅《黑水城所出元代詞訟文書研究》，中央民族大學博士學位論文，2013年。

錄文標點：

（一）

　　　　　　（前缺）

1.　　初二日①
2.　　（簽押）②

_____

3. 刑房
4. 呈：見行阿☐☐☐☐☐☐☐
5. 婚書等偷遞与閆從亮燒☐☐☐☐

---

① "初二日"上鈐朱印一枚。
② 此兩行文字《黑城出土文書》錄文未釋讀，現據圖版補。

672 中國藏黑水城漢文文獻的整理與研究

6. 得此，差據祗候①李哈剌章☐☐

7. 依奉根勾到阿兀所告妾妻☐☐②

8. 并小閭等各正身到官，如虛☐☐

9. 罪不詞，為此覆蒙

10. 摠府官③☐☐

　　　　（後缺）

（二）

　　　　（前缺）

1. 　到☐☐

2. 　行④具呈者：

3. 　　元告人：阿兀

4. 　　被詞人：

5. 　　　失林　小閭

6. 　　干照人：

7. 　　　史外郎　徐典

8. 　右謹具

———————（騎縫章）———————

9. 呈

10. 　　　至正廿二年十二月吏 賈☐
　　　　　　　　　　　　　　 何☐

11. 　阿兀告妾妻失林引問

12. 　　　　提控案☐☐

　　　　（後缺）

————————

① "祗候"，《黑城出土文書》錄文漏錄，現據圖版補。
② 據其他相關文書可推知，此處所缺文字應為"失林"。
③ "官"，《黑城出土文書》錄文作"管"，現據圖版改。
④ "行"，《黑城出土文書》錄文作"以"，現據圖版改。

(三)①

   （前缺）

1. 卅②（簽押）

20. 元至正廿二年（1362）失林婚書案文卷（之一）

題解：

  本件《中國藏黑水城漢文文獻》中原始編號為F116：W48，出版編號為M1·0683，收於第四冊《失林婚書案》第908頁，擬題為《失林婚書案卷》，並記其尺寸為34.5cm×20.2cm。本件還收錄於《黑城出土文書（漢文文書卷）》第170頁《律令與詞訟類·失林婚書案文卷》，其所記文書編號為F116：W45（3），與《中國藏黑水城漢文文獻》原始編號異，並列出文書諸要素為：竹紙，殘，行書，尺寸為19.9cm×34.7cm。該書將本號文書與《中國藏黑水城漢文文獻》第877頁M1·0666［F116：W71A］號文書統一編號為F116：W45（《中國藏黑水城漢文文獻》中第892頁所收M1·0674［F116：W45］號文書圖版與此內容不同。）作為一件文書釋錄。按，兩號文書字跡相同，紙張一致，應為同一件文書。文書為元至正廿二年（1362）失林婚書案文卷殘片，為兩紙粘接，第一紙現存文字13行，第二紙現存文字2行。從綴合後內容來看，其應為刑房呈亦集乃路總管府文。參考文獻：侯愛梅《〈失林婚書案文卷〉初探》，《寧夏社會科學》2007年第2期。

錄文標點：

   （前缺）

1. 合□

2. 与閆從亮

3. 阿兀紅小木

4. 字三舀偷遞

5. 令人看讀

6. 人文契二舀，却

---

① 此殘片《黑城出土文書》一書未收。
② "卅"字為一紙條貼補所書。

674　中國藏黑水城漢文文獻的整理與研究

7.　　　　外有失林合同妾妻婚☐
8.　　　　㐌。失林与閆從亮一同☐
9.　　　　夜從亮家竈窠内☐
10.　　　毀了當，以致夫阿兀告☐
11.　　　官罪犯止以不容量☐
12.　　　四十七下單☐
13.　　　兀收管省①☐

――――――――――――

14.　　　一名閆從亮狀招☐
15.　　　前件議得☐
　　　（後缺）

21. 元至正廿二年（1362）失林婚書案文卷（之一）

題解：

本件《中國藏黑水城漢文文獻》中原始編號為 F116：W143，出版編號為 M1·0684，收於第四冊《失林婚書案》第 909 頁，擬題為《失林婚書案卷》，並記其尺寸為 32cm×18.5cm。本件還收錄於《黑城出土文書（漢文文書卷）》第 171 頁《律令與詞訟類·失林婚書案文卷》，其所記文書編號與《中國藏黑水城漢文文獻》原始編號同，並列出文書諸要素為：竹紙，殘，行草書，尺寸缺。文書為元至正廿二年（1362）失林婚書案文卷殘片，前缺後完，現存文字 5 行。從内容來看，其應為一責領狀殘尾。參考文獻：侯愛梅《〈失林婚書案文卷〉初探》，《寧夏社會科學》2007 年第 2 期。

錄文標點：

　　　（前缺）
1.　☐別生事☐

――――――――――――

① "省"，《黑城出土文書》錄文作 "着"，現據圖版改。

2. ☐責領是实☐

3. 台旨

4. 　　至正廿二年十二月　取責領人☐

5. 　　　初九日①

22. 元至正廿二年（1362）失林婚書案文卷（之一）

題解：

本件《中國藏黑水城漢文文獻》中原始編號為 F116：W246，出版編號為 M1·0685，收於第四冊《失林婚書案》第 910—911 頁，共三件殘片，分為兩組，擬題為《失林婚書案卷》，並記其尺寸分別為 13.8cm×26.4cm、15.8cm×15.3cm。本件還收錄於《黑城出土文書（漢文文書卷）》第 168 頁《律令與詞訟類·失林婚書案文卷》，其所記文書編號與《中國藏黑水城漢文文獻》原始編號同，並列出文書諸要素為：竹紙，殘，行書，尺寸分別為 10.6cm×8.2cm、12.2cm×13.2cm、15.2cm×15.0cm。文書為元至正廿二年（1362）失林婚書案文卷殘片，其中殘片一現存文字 5 行，殘片二現存文字 7 行，殘片三現存文字 10 行。從內容來看，其應為刑房呈亦集乃路總管府文。參考文獻：侯愛梅《〈失林婚書案文卷〉初探》，《寧夏社會科學》2007 年第 2 期。

錄文標點：

（一）

　　　　（前缺）

1. 集乃路客人，今告☐

2. 与本人為妾妻，有文☐

3. 住坐。次後有夫阿兀將②☐

4. 受苦難以過遣③以☐

---

① "初九日"上鈐朱印一枚。
② "將"，《黑城出土文書》錄文未釋讀，現據圖版補。
③ "遣"，《黑城出土文書》錄文作"還"，現據圖版改。

676　中國藏黑水城漢文文獻的整理與研究

5. 首領①官等▢

　　　　（後缺）

（二）

　　　　（前缺）

1. 与本②人為▢

2. 否將我不以看▢

3. 我要將③婚書偷取□□□▢

4. 否將我壓良為姐。与本④人▢

5. 漢兒人氏，怎生⑤与我作伴▢

6. 向本婦囬說：若不⑥將▢

7. 人看過□□▢

　　　　（後缺）

（三）

　　　　（前缺）

1. □燒⑦毀了當□□▢

2. 元頓放諸雜文字小紅匣▢

3. 契書二昴俱各不見。有夫阿兀挨問⑧□▢

4. 隱諱招伏，是我將文字三昴取已⑨▢

5. 来⑩有本人止囬付与⑪我文字二昴外，有▢

---

① "首領"，《黑城出土文書》錄文作"頭"，現據圖版改。
② "与本"，《黑城出土文書》錄文作"當在"，現據圖版改。
③ "將"，《黑城出土文書》錄文作"的"，現據圖版改。
④ "与本"，《黑城出土文書》錄文作"當在"，現據圖版改。
⑤ "怎生"，《黑城出土文書》錄文樓劉，現據圖版改。
⑥ "不"，《黑城出土文書》錄文未釋讀，現據圖版補。
⑦ "□燒"，《黑城出土文書》錄文作"撕"，現據圖版改。
⑧ "問"，《黑城出土文書》錄文未釋讀，現據圖版補。
⑨ "已"，《黑城出土文書》錄文作"出"，現據圖版改。
⑩ "来"，《黑城出土文書》錄文作"成"，現據圖版改。
⑪ "与"，《黑城出土文書》錄文漏錄，現據圖版改。

6. 從亮用火燒毀了也。將契書□▭
7. 到官，招伏是实。得此，及責領□▭
8. 失林所招相同，為此除□□▭
9. 毀一節擬合□▭
10. 捴府官□▭

　　　（後缺）

23. 元至正廿二年（1362）失林婚書案文卷（之一）

題解：

本件《中國藏黑水城漢文文獻》中原始編號為 F116: W37，出版編號為 M1·0686，收於第四冊《失林婚書案》第 912 頁，擬題為《失林婚書案卷》，並記其尺寸為 24.4cm×21cm。本號文書共兩件殘片，還收錄於《黑城出土文書（漢文文書卷）》第 165 頁《律令與詞訟類·失林婚書案文卷》，其所記文書編號為 F116: W37（1）、F116: W37（2），並列出文書諸要素為：竹紙，殘，行書，尺寸分別為 19.2cm×14.8cm、20.7cm×5.2cm。該書將本號文書與《中國藏黑水城漢文文獻》第 881 頁 M1·0668［F116: W71B］號文書殘片七、第 883 頁 M1·0669［F116: W37］（《中國藏黑水城漢文文獻》此處編號重復）號文書統一編號為 F116: W37，作為一件文書釋錄。文書為元至正廿二年（1362）失林婚書案文卷殘片，其中殘片一為兩紙粘接，第一紙無文字殘留，第二紙現存文字 1 行；殘片二現存文字 3 行。從綴合後內容來看，其應為失林取狀。參考文獻：侯愛梅《〈失林婚書案文卷〉初探》，《寧夏社會科學》2007 年第 2 期。

錄文標點：

（一）

　　　（前缺）

────────────────

1. 取狀婦人失林

　　　（後缺）

（二）

　　　（前缺）

678　中國藏黑水城漢文文獻的整理與研究

1. 訖①迤西作買賣囬囬②客人脱黑帖木③恩養身□▢▢▢▢
2. 將失林過房与脱黑帖木作義女。□後④有脱黑帖木▢▢▢
3. 并物貨迴还到嶺北地面，要⑤往囬囬⑥地面□□□▢▢▢

　　　（後缺）

24. 元至正廿二年（1362）失林婚書案文卷（之一）

題解：

本件《中國藏黑水城漢文文獻》中原始編號為 F116：W148，出版編號為 M1·0687，收於第四冊《失林婚書案》第 913 頁，擬題為《失林婚書案卷》，並記其尺寸為 24.9cm×20.4cm。本件還收錄於《黑城出土文書（漢文文書卷）》第 164 頁《律令與詞訟類·失林婚書案文卷》，其所記文書編號與《中國藏黑水城漢文文獻》原始編號同，並列出文書諸要素為：竹紙，殘，楷行書，尺寸為 20.8cm×24.7cm。文書為元至正廿二年（1362）失林婚書案文卷之一，兩紙粘接，第一紙無文字殘留，第二紙為一完整文書，現存文字 8 行。從內容來看，其應為李哈剌章呈文。參考文獻：侯愛梅《〈失林婚書案文卷〉初探》，《寧夏社會科學》2007 年第 2 期。

錄文標點：

　　　（前缺）

───────────────

1. 承差祗候⑦李哈剌章
2. 謹呈：近蒙
3. 揔府差哈剌章前去根勾阿兀所告妾妻失林并□▢▢▢
4. 婚書人小閆等各正身，押来赴府取問施▢▢▢▢▢

---

① "訖"，《黑城出土文書》錄文作"北"，現據圖版改。
② 第二個"囬"字為省文符號，現徑改。
③ "帖木"，《黑城出土文書》錄文作"尓"，現據圖版改。
④ "□後"，《黑城出土文書》錄文作"收□"，現據圖版改。
⑤ "要"，《黑城出土文書》錄文作"与"，現據圖版改。
⑥ 第二個"囬"字為省文符號，現徑改。
⑦ "候"，《黑城出土文書》錄文作"侯"，現據圖版改。

5. 依奉根勾到阿兀妾妻失林并小閆，干☐☐☐☐☐☐☐

6. 典各正身☐☐☐☐☐☐☐☐☐☐☐☐

7. 台旨。

8. 　　　至正二十二年十二月☐☐☐☐☐

25. 元至正廿二年（1362）失林婚書案文卷（之一）

題解：

本件《中國藏黑水城漢文文獻》中原始編號為 F116：W162，出版編號為 M1·0688，收於第四冊《失林婚書案》第 914 頁，擬題為《失林婚書案卷》，並記其尺寸為 22.8cm×20.4cm。本號文書共兩件殘片，還收錄於《黑城出土文書（漢文文書卷）》第 165 頁《律令與詞訟類·失林婚書案文卷》，其所記文書編號與《中國藏黑水城漢文文獻》原始編號同，並列出文書諸要素為：竹紙，殘，行草書，尺寸分別為 17.4cm×8.2cm、20.3cm×11.5cm。文書為元至正廿二年（1362）失林婚書案文卷之一，其中殘片一現存文字 5 行；殘片二為兩紙粘接，第一紙無文字殘留，第二紙現存文字 2 行，兩紙粘接處鈐朱文騎縫章一枚。從內容來看，其應為李哈剌章承管狀。參考文獻：侯愛梅《〈失林婚書案文卷〉初探》，《寧夏社會科學》2007 年第 2 期。

錄文標點：

（一）

1. 取承管人李哈剌章

2. 今當

3. 捴府官承管委得限　日☐☐☐☐☐☐☐

4. 妾妻失林并小閆、干照人史☐☐☐☐☐

5. ☐☐根勾前☐☐☐☐☐不致違☐☐☐☐☐

　　　　（後缺）

（二）

　　　　（前缺）

―――――――（騎縫章）―――――――

680　中國藏黑水城漢文文獻的整理與研究

1. 台旨。
2. 　　□□日①

26. 元至正廿二年（1362）失林婚書案文卷（之一）

題解：

本件《中國藏黑水城漢文文獻》中原始編號為 F116：W205，出版編號為 M1·0689，收於第四冊《失林婚書案》第 915—918 頁，共六件殘片，分為四組，擬題為《失林婚書案卷》，並記其尺寸分別為 36.3cm×19.1cm、20.8×34.8cm、20.1cm×34cm、19.3cm×24.9cm。本件還收錄於《黑城出土文書（漢文文書卷）》第 169 頁《律令與詞訟類·失林婚書案文卷》，其所記文書編號與《中國藏黑水城漢文文獻》原始編號同，並列出文書諸要素為：竹紙，殘，草行書，尺寸分別為 18.8cm×18.0cm、19.4cm×25.8cm、20.3cm×7.0cm、19.8cm×33.6cm、18.9cm×6.3cm、18.3cm×15.6cm。文書為元至正廿二年（1362）失林婚書案文卷之一，其中殘片一為兩紙粘接，第一紙僅存日期，第二紙現存文字 10 行；殘片二為兩紙粘接，第一紙現存文字 10 行，第二紙現存文字 4 行，兩紙粘接處鈐朱文騎縫章一枚；殘片三現存文字 4 行；殘片四為兩紙粘接，第一紙現存文字 6 行，第二紙現存文字 12 行，兩紙粘接處鈐朱文騎縫章一枚；殘片五現存文字 3 行；殘片六為兩紙粘接，第一紙現存文字 6 行，第二紙無文字殘留，兩紙粘接處鈐朱文騎縫章一枚。從內容來看，其應為失林取狀。參考文獻：1. 邱樹森《從黑城出土文書看元"回回哈的司"》，《南京大學學報》（哲學·人文科學·社會科學）2001 年第 3 期；2. 侯愛梅《〈失林婚書案文卷〉初探》，《寧夏社會科學》2007 年第 2 期；3. 陳瑋《元代亦集乃路伊斯蘭社會探析——以黑城出土文書、文物為中心》，《西域研究》2010 年第 1 期。

錄文標點：

（一）

　　　　（前缺）

1. 初九日②

---

① "□□日"上鈐朱印一枚。
② "初九日"上鈐印章一枚，且此行文字《黑城出土文書》錄文漏錄，現據圖版補。

2. 取狀婦人失林

3. 右失林年二十四歲，無☐

4. 納包艮①戶，計今告人☐

5. 与夫同居住坐②。今為夫阿☐

6. 元娶失林合同婚書偷遞☐

7. 通燒毀，告発到官。已蒙取訖③☐

8. 閆從亮短狀招伏鎖収，致蒙再☐

9. 今来失林依实招責☐

10. 人張二長女有父張☐

11. 大姐為媒說合☐☐

　　　（後缺）

（二）

　　　（前缺）

1. 黑帖木將失林并物貨☐☐

2. 要徃囬文④地面去，以此失林恐怕太☐

3. 駈使喚，不曾隨順⑤，要行赴官☐

4. 脫黑帖木却行寫立合同婚書☐

5. 林於婚書上字訖，得到亦集乃☐

6. 今告夫阿兀財錢中統鈔二十定☐

7. 与本人為妾妻。有本人☐失林☐

8. 亦集乃本家住坐。次後，有夫阿兀☐

---

① 據文意推斷，"艮"應為"銀"，《黑城出土文書》錄文作"銀"。
② "坐"，《黑城出土文書》錄文漏錄，現據圖版補。
③ "訖"，《黑城出土文書》錄文作"得"，現據圖版改。
④ 據其他相關文書可知"文"應為"囬"，《黑城出土文書》錄文作"囬"。
⑤ "順"，《黑城出土文書》錄文作"便"，現據圖版改。

682　中國藏黑水城漢文文獻的整理與研究

9. 林不行看管，常時打罵，好⸤生⸥▢
10. 以過遭。以此失林思想，阿兀將失林▢
　　　――――――（騎縫章）――――――
11. 肯看管，若將阿兀元娶失林合同⸤婚⸥▢
12. 燒，別無執把，赴官司①告夫阿▢
13. 良為䏻，与阿兀相雞②，別行改嫁▢
14. 便。本処又無親戚人等，▢▢如与夫▢
　　　　　（後缺）

（三）
　　　　　（前缺）
1. ▢▢▢　　　　　　　　　　　③
2. 坊正家有，先不識，後知名小⸤閆⸥▢
3. 於沈坊正房上噉曬熟造④油皮▢
4. 活，及於本家門首井⑤上拽⑥水与失林▢
　　　　　（後缺）

（四）
　　　　　（前缺）
1. 同失林▢
2. 紅匣兒內漢兒文字三吊⑦付▢▢▢
3. 藏放。至當日晌⑧午後，失林於井▢
4. 有今到官▢
5. 者与你說的文書▢

―――――――――――――――
① "司"，《黑城出土文書》錄文漏錄，現據圖版補。
② "雞"通"離"。
③ 此行文字《黑城出土文書》錄文未標注，現據圖版補。
④ "造"，《黑城出土文書》錄文作"告"，現據圖版改。
⑤ "井"，《黑城出土文書》錄文作"并"，現據圖版改。
⑥ "拽"，《黑城出土文書》錄文作"拔"，現據圖版改。
⑦ "三吊"，《黑城出土文書》錄文漏錄，現據圖版補。
⑧ "晌"，《黑城出土文書》錄文作"响"，現據圖版改。

6. 取出前項漢兒文字三咊
　　　　　　（騎縫章）
7. 失林又向本人言說：你交人看去□
8. 呵，你取了者。說罷，本人去訖。失林□
9. 廿六日晚失林於本家院內立 地①
10. 墻望見失林，有本人將失林喚叫
11. 失林到於閆從亮②根前，有
12. 文字二咊囬付失林収接。又說
13. 我交別人看來，係是你的婚書
14. 日你我家裏來，我每有③商量
15. 罷，各散还家。失林將閆從亮元囬 付④
16. 插於⑤鋪蓋內。至廿七日有灯時，有夫阿兀
17. 了。失林隻身前去到小閆家□□□
18. 於 房 檐 內 取 出 漢 兒 文 字 一
　　　　　（後缺）

（五）
　　　　　（前缺）
1. 到家。至廿九日，有夫阿兀於本家元頓
2. 雜文字小紅匣兒內檢尋到失林
3. 一咊并契書二咊⑥不見。有夫阿
　　　　　（後缺）

---

① " 地 "，《黑城出土文書》錄文未釋讀，現據圖版補。
② "亮"，《黑城出土文書》錄文作"良"，現據圖版改。
③ "有"，《黑城出土文書》錄文漏錄，現據圖版補。
④ " 囬 付 "，《黑城出土文書》錄文作"買"，現據圖版改。
⑤ "於"，《黑城出土文書》錄文作"手"，現據圖版改。
⑥ "咊"，《黑城出土文書》錄文作"字"，現據圖版改。

（六）
　　　　　（前缺）
1. 字三启□□分付隣人閆從│　　　│
2. 来，有本人止囬付与文字二启│　　│
3. 書一启，有閆從亮用火燒│毀│
4. 書二启，分付夫阿兀奴接。│失│
5. 據失林有此，合將罪│犯│
6. 如蒙斷罪，別無詞訴│　　　│
　　――――――（騎縫章）――――――
　　　　　（後缺）

（十一）其他律令與詞訟文書

1. 元某年七月王某責領狀殘尾

題解：

本件《中國藏黑水城漢文文獻》中原始編號為 F116：W238，出版編號為 M1·0690，收於第四冊《其他律令與詞訟文書》第 921 頁，擬題為《責領人文狀》，並記其尺寸為 43.2cm×20.7cm。《黑城出土文書（漢文文書卷）》一書未收。文書共兩件殘片，殘片一現存文字 4 行，殘片二現存文字 6 行。從內容來看，其應為責領狀殘片。

錄文標點：

（一）
　　　　　（前缺）
1. │　　　│□根勾得曹
2. │　　　│□内干照人
3. │　　　│具呈乞照驗
4. │　　　　│□到
　　　　　（後缺）

（二）

　　　　　　（前缺）

1. 間不致□□☐

2. 是实，伏取

3. 台旨。

4. ☐七月責領人王巴赤☐

5. （墨戳殘痕）（簽押）

6. 　　☐□日（簽押）

2. 元至大四年（1311）某人保結狀殘尾

題解：

本件《中國藏黑水城漢文文獻》中無原始編號，出版編號為M1·0691，收於第四冊《其他律令與詞訟文書》第922頁，擬題為《詞訴狀殘件》，並記其尺寸為22.5cm×14.8cm。《黑城出土文書（漢文文書卷）》一書未收。文書共兩件殘片，殘片一現存文字2行，殘片二現存文字7行。從文書第4行"執結是實"一語看，其似為某保結文書殘片。

錄文標點：

（一）

　　　　　　（前缺）

1. ☐本人一十八□□☐

2. ☐□牢裏□□□☐

　　　　　　（後缺）

（二）

　　　　　　（前缺）

1. ☐□□□□☐

2. 官罪作程資遣外☐

3. 數囬付令只為□☐

4. 詞，执結是實□☐

5. □□。

6. 至大四年六月

7. （印章殘痕）

   （後缺）

3. 元判官阿干普文書殘片

題解：

本件《中國藏黑水城漢文文獻》中原始編號為84H・F249：W12/2545，出版編號為M1・0692，收於第四冊《其他律令與詞訟文書》第923頁，擬題為《詞訟狀》，並記其尺寸為18.1cm×26.9cm。《黑城出土文書（漢文文書卷）》一書未收。文書共兩件殘片，殘片一現存文字1行，殘片二現存文字4行，污損嚴重。

錄文標點：

（一）

   （前缺）

1. 貲也以

   （後缺）

（二）

   （前缺）

1. □官，不为恩报，調□有違□初犯

2. ＿＿＿招□議定，再□問。照得，先①□

3. □□此事＿＿＿本路判官阿干普承奉

4. 牒，依上＿＿＿田□牒後，依上

   （後缺）

4. 元社長供報當管人戶取狀書儀殘片（稿）

題解：

本件《中國藏黑水城漢文文獻》中原始編號為F114：W13，出版編號為M1・

---

① "照得，先"三字為右行補入，現徑改。

0693，收於第四冊《其他律令與詞訟文書》第 924 頁，擬題為《取狀文書》，並記其尺寸為 19.2cm×28.8cm。本件還收錄於《黑城出土文書（漢文文書卷）》第 91 頁《民籍類》，其所記文書編號為與《中國藏黑水城漢文文獻》原始編號同，並列出文書諸要素為：麻紙，殘，草書，文稿，尺寸為 28.7cm×19.2cm。文書前完後缺，現存文字 5 行。從內容來看，其應為元代社長供報所管人戶之狀文範本。

錄文標點：

1. 取狀人厶
2. 右厶，年　歲，無病，係本路所 管① 本社長，身
3. □。今為據奉②總府官③□□□④仰將本管
4. _____ 实有當⑤管人戶盡行供報到
5. _____ 隱 漏 ⑥不实，如已後
   （後缺）

5. 元董厶取狀文書殘片

題解：

本件《中國藏黑水城漢文文獻》中原始編號為 84H·Y1 采：W35/2705，出版編號為M1·0694，收於第四冊《其他律令與詞訟文書》第 925 頁，擬題為《取狀文書殘件》，並記其尺寸為 7cm×28.5cm。《黑城出土文書（漢文文書卷）》一書未收。文書前完後缺，現存文字 2 行。從內容來看，其應為董厶取狀。

錄文標點：

1. 取狀人董厶
2. 右厶，年三五歲，無⑦病，係本路□_____
   （後缺）

---

① "所 管 "，《黑城出土文書》錄文未釋讀，現據圖版補。
② "據奉"，《黑城出土文書》錄文作 "官司"，現據圖版改。
③ "官"，《黑城出土文書》錄文未釋讀，現據圖版補。
④ 此字《黑城出土文書》錄文作 "除"，據圖版不似，現存疑。
⑤ "當"，《黑城出土文書》錄文作 "官"，現據圖版改。
⑥ " 隱 漏 "，《黑城出土文書》錄文作 "如屬"，現據圖版改。
⑦ "無"字前原衍一字，後塗抹，現徑改。

6. 元劉華嚴奴取狀殘片

題解：

本件《中國藏黑水城漢文文獻》中原始編號為84H·F249：W39/2572，出版編號為M1·0695，收於第四冊《其他律令與詞訟文書》第926頁，擬題為《詞訟文書殘件》，並記其尺寸為9cm×19.3cm。《黑城出土文書（漢文文書卷）》一書未收。文書前完後缺，現存文字2行。從內容來看，其應為劉華嚴奴取狀。

錄文標點：

1. 取 狀 人劉華嚴奴
2. □□①嚴奴，年五十六歲
　　　　（後缺）

7. 元謝道英承管狀文書殘片

題解：

本件《中國藏黑水城漢文文獻》中原始編號為84H·文官府：W15/2912，出版編號為M1·0696，收於第四冊《其他律令與詞訟文書》第926頁，擬題為《取承管狀人謝道英等》，並記其尺寸為6.6cm×22.3cm。《黑城出土文書（漢文文書卷）》一書未收。文書前完後缺，現存文字1行。從內容來看，其應為謝道英承管狀殘片。

錄文標點：

1. 取承管狀人謝道英等
　　　（後缺）

8. 元文書殘片

題解：

本件《中國藏黑水城漢文文獻》中原始編號為84H·大院內a6：W71/2860，出版編號為M1·0697，收於第四冊《其他律令與詞訟文書》第927頁，擬題為

---

① 據文意推斷，此處所缺文字應為"右華"。

《詞訴狀殘件》，並記其尺寸為 13.8cm×25.6cm。《黑城出土文書（漢文文書卷）》一書未收。文書前完後缺，現存文字 7 行，紙質絮化嚴重，文字漶漫，不易辨別。

錄文標點：

1. ☐奉☐
2. ☐☐☐☐☐☐☐☐
3. ☐☐☐☐☐☐☐☐，年卅☐①歲，無疾孕，係本路☐
4. ☐☐☐眷地☐个☐。夫也火☐
5. ☐唐兀的☐，年廿五②歲，無疾孕，係本路☐
6. ☐个☐☐也火☐☐☐☐委☐
7. 右管民☐☐☐☐☐

（後缺）

9. 元捉拿逃軀普央的文書殘片

題解：

本件《中國藏黑水城漢文文獻》中原始編號為 84H·F116：W95/1267，出版編號為 M1·0698，收於第四冊《其他律令與詞訟文書》第 928 頁，擬題為《詞訟狀殘件》，並記其尺寸為 28.3cm×16.7cm。《黑城出土文書（漢文文書卷）》一書未收。文書共兩件殘片，殘片一現存文字 8 行，殘片二現存文字 2 行，第 1 行為濃墨大字，第 2 行僅存一簽押。

錄文標點：

（一）

（前缺）

1. ☐☐☐元来☐☐☐☐☐將差
2. ☐☐☐☐☐。准此施行。據錄事司呈
3. ☐☐☐為此事。得此，行據巡檢王山驢

---

① 此字前原衍一字，後塗抹，現徑改。
② "五"字前原衍一字，後塗抹，現徑改。

690　中國藏黑水城漢文文獻的整理與研究

4.　☐☐☐立將元迯駈男普央的等七

5.　☐☐☐并驢一頭捉拿☐☐到官，責

6.　☐☐☐迯駈普央的☐☐☐名狀招

7.　☐☐☐於至☐☐☐☐☐☐普央

8.　☐☐☐☐☐☐☐☐☐☐☐☐☐☐☐

　　　　（後缺）

（二）

　　　　（前缺）

1.　☐☐☐☐☐

2.　　　　　　（簽押）

　　　　（後缺）

10. 元答歹文書殘片

題解：

本件《中國藏黑水城漢文文獻》中原始編號為F111∶W60，出版編號為M1·0699，收於第四冊《其他律令與詞訟文書》第929頁，擬題為《詞訴文書殘件》，並記其尺寸為8.3cm×12.6cm。《黑城出土文書（漢文文書卷）》一書未收。文書現存文字4行，前後均缺。

錄文標點：

　　　　（前缺）

1.　☐☐☐苔歹一同於本使家睡卧至

2.　☐☐☐☐苔歹說与也蜜立：自本

3.　☐☐☐☐☐乘騎，將甚頭口去。撒

4.　☐☐☐☐☐多時說与撒☐☐

　　　　（後缺）

11. 元文書殘片

題解：

本件《中國藏黑水城漢文文獻》中原始編號為84H·F111：W36/1114，出版編號為M1·0700，收於第四冊《其他律令與詞訟文書》第929頁，擬題為《詞訴文書殘件》，並記其尺寸為8.2cm×9.1cm。《黑城出土文書（漢文文書卷）》一書未收。文書前後均缺，現存文字1行。

錄文標點：

（前缺）

1. ☐☐☐☐罪不詞，执结是

（後缺）

12. 文書殘屑

題解：

本件《中國藏黑水城漢文文獻》中原始編號為84H·F73：W15/0928，出版編號為M1·0701，收於第四冊《其他律令與詞訟文書》第930頁，擬題為《詞訟狀殘件》，並記其尺寸為7.6cm×27.3cm。《黑城出土文書（漢文文書卷）》一書未收。文書僅存碎紙屑三片，並無文字殘留，且與書中所載尺寸亦不符，疑原編者有誤。

錄文標點：

（無文字殘留）

13. 元文書殘片

題解：

本件《中國藏黑水城漢文文獻》中原始編號為84H·F43：W6/0796，出版編號為M1·0702，收於第四冊《其他律令與詞訟文書》第930頁，擬題為《詞訟狀殘件》，並記其尺寸為9.2cm×28.3cm。《黑城出土文書（漢文文書卷）》一書未收。文書共六件殘片，殘片二無文字殘留，其餘各存文字1—2行。

錄文標點：

（一）

1. 仰取訖告□▭

　　　　（後缺）

（二）

（無文字殘留）

（三）

　　　　（前缺）

1. ▭条，各長六十▭

　　　　（後缺）

（四）

　　　　（前缺）

1. ▭去訖□▭

　　　　（後缺）

（五）

　　　　（前缺）

1. ▭□▭

2. ▭□▭

　　　　（後缺）

（六）

　　　　（前缺）

1. ▭□□▭

2. ▭呈此▭

　　　　（後缺）

14. 元楊某訴狀殘片

題解：

本件《中國藏黑水城漢文文獻》中原始編號為84H·F43：W5/0795，出版編號為M1·0703，收於第四冊《其他律令與詞訟文書》第931頁，擬題為《詞訟狀殘件》，並記其尺寸為 9.2cm×25.7cm。《黑城出土文書（漢文文書卷）》一書未收。文書共三件殘片，殘件一從中間斷為兩部分，右半部無文字殘留，左半部書存 1 行文字；殘件二現存文字 3 行；殘件三僅存 1 字殘筆畫。從內容來看，其應為楊某訴狀殘片，且圖版排列順序有誤，殘片一應為最後。

錄文標點：

（一）

　　　　（前缺）

1. ☐月廿七日告狀人楊

　　　　（後缺）

（二）

　　　　（前缺）

1. ☐回奪了☐
2. ☐☐屈舍根遞☐
3. ☐人不立脚☐

　　　　（後缺）

（三）

　　　　（前缺）

1. ☐☐

　　　　（後缺）

15. 元答海帖木文書殘片（一）

題解：

本件《中國藏黑水城漢文文獻》中原始編號為 84H·F21：W9/0726，出版編號為 M1·0704，收於第四冊《其他律令與詞訟文書》第 932 頁，擬題為《詞訴狀殘件》，並記其尺寸為 16.5cm×24.8cm。《黑城出土文書（漢文文書卷）》一書未收。文書前後均缺，現存文字 8 行。按，本號文書與《中國藏黑水城漢文文獻》第 933 頁 M1·0705［84H·F21：W4/0721］號文書字跡、紙張一致，且出土地相同，應為同件文書。文書擬題依綴合後所定。

錄文標點：

（前缺）

1. □也□
2. 管普央□
3. □今狀結定，委□
4. 廿一日晌午以來拘□
5. 荅海帖木前來□
6. 头人不顔歹在□
7. 如何身死。你是社□
8. □□

（後缺）

16. 元荅海帖木文書殘片（二）

題解：

本件《中國藏黑水城漢文文獻》中原始編號為84H·F21：W4/0721，出版編號為M1·0705，收於第四冊《其他律令與詞訟文書》第933頁，擬題為《詞訴狀殘件》，並記其尺寸為15.3cm×19.8cm。《黑城出土文書（漢文文書卷）》一書未收。文書前後均缺，現存文字5行。按，本號文書與《中國藏黑水城漢文文獻》第932頁M1·0704〔84H·F21：W9/0726〕號文書字跡、紙張一致，且出土地相同，應為同件文書。文書擬題依綴合後所定。

錄文標點：

（前缺）

1. 木照得將人來見□
2. 淚，我每各散了也□
3. 等告發到官□
4. 一名荅海，年一十六歲，無□
5. 实监寧肅王位下怯薛丹□

（後缺）

17. 元阿立嵬復審取狀殘片

題解：

本件《中國藏黑水城漢文文獻》中原始編號為84H·F13：W117/0468，出版編號為M1·0706，收於第四冊《其他律令與詞訟文書》第934頁，擬題為《詞訴狀殘件》，並記其尺寸為7.3cm×20.2cm。《黑城出土文書（漢文文書卷）》一書未收。文書前完後缺，現存文字2行。從內容來看，其應為阿立嵬復審狀殘片。

錄文標點：

1. 取復審狀人阿立嵬
2. 右阿立嵬，年☐☐☐☐☐☐☐☐☐管☐☐☐☐☐☐☐☐

   （後缺）

18. 元文書殘片

題解：

本件《中國藏黑水城漢文文獻》中原始編號為84H·F8：W1/0251，出版編號為M1·0707，收於第四冊《其他律令與詞訟文書》第934頁，擬題為《詞訴狀殘件》，並記其尺寸為5.3cm×10.8cm。《黑城出土文書（漢文文書卷）》一書未收。文書前後均缺，現存文字1行。

錄文標點：

   （前缺）

1. ☐☐☐☐☐☐☐☐罪无詞☐☐☐☐☐☐☐☐

   （後缺）

19. 元訴訟文書殘片（一）

題解：

本件《中國藏黑水城漢文文獻》中原始編號為84H·F117：W23/1815，出版編號為M1·0708，收於第四冊《其他律令與詞訟文書》第935頁，擬題為《詞訟文書殘件》，並記其尺寸為9.9cm×30.9cm。《黑城出土文書（漢文文書卷）》一書未收。文書共五件殘片，其中殘片二圖版倒置。另，殘片二、四、五均有塗抹痕跡。按，本號文書與《中國藏黑水城漢文文獻》第 951 頁 M1·0733 ［84H·F117:W24/1816］號文書字跡、紙張一致，內容相關，編號相連，應為同件文書。從殘片五內容來看，其似為訴訟文書。文書擬題依綴合後所定。

錄文標點：

（一）

　　　　　　（前缺）

1. ＿＿＿立䰮＿＿＿＿

　　　　　　（後缺）

（二）

　　　　　　（前缺）

1. ＿＿糧斛□①＿＿＿

　　　　　　（後缺）

（三）

　　　　　　（前缺）

1. □□＿＿＿＿

2. 人户將来＿＿＿

　　　　　　（後缺）

（四）

　　　　　　（前缺）

1. 承此，照得同知＿＿＿＿②

2. 已□旨③＿＿＿＿＿

3. ＿＿＿＿＿係所欠④＿＿

　　　　　　（後缺）

---

① 此行文字前原有一行文字，後被塗抹，現逕改。
② 此行文字左側原書一行文字"上□據鴨鶻去＿＿"，後塗抹，現逕改。
③ "已□旨"為改寫文字，其正行文字塗抹，現逕改。
④ "係所欠"字體較小，應為改寫文字，正行文字無存。

整理編　第四冊　697

（五）
　　　　　（前缺）
1. ▢▢▢▢□▢▢▢
2. ▢▢▢▢年四月內赴
3. ▢▢▢▢▢□①厶②與
4. ▢□又无可送納，百姓生受③
5. ▢▢▢□④▢▢狀告人厶等⑤
　　　　　（後缺）

20. 元拜帖取狀文書殘片

題解：

本件《中國藏黑水城漢文文獻》中原始編號為84H·F125:W24/1874，出版編號為M1·0709，收於第四冊《其他律令與詞訟文書》第936頁，擬題為《詞訴文書殘件》，並記其尺寸為14.2cm×24.1cm。《黑城出土文書（漢文文書卷）》一書未收。文書共三件殘片，殘片一現存文字4行，殘片二現存文字2行，殘片三僅存簽押。從內容來看，其應為拜帖取狀殘片。

錄文標點：

（一）
　　　　　（前缺）
1. 取狀人拜 帖 ▢▢▢
2. 右拜帖▢▢▢▢
3. 路總管□▢▢
4. 因另行招責▢▢▢
　　　　　（後缺）

---

① 此字前原有數字，後塗抹，現徑改。
② "厶"字為右行補入，現徑改。
③ 此行文字原作"揔府□□□人等□□"，塗抹後於左行改寫，現徑改。且"受"字後原衍兩字，後塗抹，現徑改。
④ 此字為右行補入，現徑改。
⑤ "狀告人厶等"書寫原誤，後於右行改寫，現徑改。

698　中國藏黑水城漢文文獻的整理與研究

（二）
　　　　　（前缺）
1.　□□□□拾定
2.　□□□□□五
　　　　　（後缺）

（三）
　　　　　（前缺）
1.　□□□□（簽押）
　　　　　（後缺）

21. 元文書殘片

題解：

本件《中國藏黑水城漢文文獻》中原始編號為84H·F125：W6/1856，出版編號為M1·0710，收於第四冊《其他律令與詞訟文書》第937頁，擬題為《詞訟文書殘件》，並記其尺寸為8.7cm×21.8cm。《黑城出土文書（漢文文書卷）》一書未收。文書共兩件殘片，兩殘片字跡、紙張均不同，應非同件文書。殘片一現存文字5行，從其內容來看，似為取狀文書殘片，可擬題為"元羅貫术思吉等取狀文書殘片"；殘片二現存文字2行，僅存2字，其內容不明。

錄文標點：

（一）
　　　　　（前缺）
1.　□□□□□溫布　　羅貫术思□□□□
　　　　　（中缺一行）
2.　□□□□□狀招不合，於至順元年□□□
3.　□□□□□布、羅貫术思吉□□□□
4.　□□□□□□短襖□□□
5.　□□□□□□□貫□
　　　　　（後缺）

(二)

　　　　　（前缺）
1. ☐行未
2. ☐☐
　　　　　（後缺）

22. 元訴狀殘片

題解：

本件《中國藏黑水城漢文文獻》中原始編號為84H・F124：W3/1829，出版編號為M1・0711，收於第四冊《其他律令與詞訟文書》第937頁，擬題為《詞訟文書殘件》，並記其尺寸為10cm×8cm。文書前後均缺，現存文字5行。從內容來看，其應為訴狀殘片。

錄文標點：

　　　　　（前缺）
1. 元奪不☐☐
2. 壹个花☐
3. 今將元奪☐
4. 狀告乞施行☐
5. 东盐池站☐
　　　　　（後缺）

23. 元文書殘片

題解：

本件《中國藏黑水城漢文文獻》中原始編號為84H・大院內a6：W95/2884，出版編號為M1・0712，收於第四冊《其他律令與詞訟文書》第938頁，擬題為《詞訟文書殘件》，並記其尺寸為5.5cm×28cm。《黑城出土文書（漢文文書卷）》一書未收。文書現存文字2行。

錄文標點：

　　　　　（前缺）

1. 恖
2. ☐☐☐☐□差人前去勾追①所告☐☐☐☐☐
    （後缺）

24. 元非理破賣案卷殘片

題解：

本件《中國藏黑水城漢文文獻》中原始編號為84H・大院內a6：W48/2837，出版編號為M1・0713，收於第四冊《其他律令與詞訟文書》第938頁，擬題為《詞訟文書殘件》，並記其尺寸為8.8cm×36.8cm。《黑城出土文書（漢文文書卷）》一書未收。文書現存文字4行，字跡潦草，經塗抹。

錄文標點：

（前缺）

1. ☐☐☐☐☐□□花□□渠住坐②，今為□□合將☐☐☐☐
2. □□荅合兒□□於出貨③非理破賣事上根勾到官，當厅對問，所④取狀□□⑤厶今狀
3. 依实結說，□司遲□☐☐⑥至元三年☐☐☐☐☐☐
4. 三年四月⑦与夫⑧荅合☐☐☐☐☐☐☐☐
    （後缺）

25. 元文書殘片

題解：

本件《中國藏黑水城漢文文獻》中原始編號為84H・F51：W6/0831，出版編

---

① "勾追"兩字為右行補入，現徑改。
② "□花□□渠住坐"等文字為左行補入，現徑改。
③ "於出貨"三字為左行補入，現徑改。
④ "根勾到官，當厅對問，所"等字為左行補入，現徑改。
⑤ 此兩字原作"據"，塗抹後於右行改寫，現徑改。
⑥ "□司遲□☐☐"原作二字，塗抹後於左行改寫，現徑改。
⑦ "三年四月"四字為右行補入，現徑改。
⑧ "与夫"兩字被墨筆圈劃。

號為M1·0714，收於第四冊《其他律令與詞訟文書》第939頁，擬題為《文書殘件》，並記其尺寸為8.1cm×22cm。《黑城出土文書（漢文文書卷）》一書未收。文書前後均缺，現存文字2行。

錄文標點：

（前缺）
1. ☐☐☐☐|便|民之長法，理宜當然緣動|停|☐☐
2. ☐☐☐☐|米價徒益富豪及害貧民或親|☐☐☐
（後缺）

26. 元文書殘片

題解：

本件《中國藏黑水城漢文文獻》中原始編號為84H·F144：W7/2040，出版編號為M1·0715，收於第四冊《其他律令與詞訟文書》第940頁，擬題為《詞訟文書殘件》，並記其尺寸為10cm×11.7cm。《黑城出土文書（漢文文書卷）》一書未收。文書前後均缺，現存文字3行。

錄文標點：

（前缺）
1. ☐☐☐☐|中作☐|☐☐☐
2. ☐☐☐☐|出文狀|☐☐☐
3. 令只大王位下☐☐容☐|☐☐☐
（後缺）

27. 元訴狀殘片

題解：

本件《中國藏黑水城漢文文獻》中原始編號為84H·F126：W1/1924，出版編號為M1·0716，收於第四冊《其他律令與詞訟文書》第940頁，擬題為《詞訟文書殘件》，並記其尺寸為5cm×16.8cm。《黑城出土文書（漢文文書卷）》一書未收。文書正背雙面書寫，正面現存文字2行，背面圖版《中國藏黑水城漢文文獻》未收，從正面所透墨蹟看，背面現存文字1行，位於正面第1行背面。從內容來看，正面應為訴狀殘片。

  錄文標點：

  正：

    （前缺）

1. □□▢誠①恐傷損姓名②□，難以分訴□▬▬▬▬

2. 隨狀上告

    （後缺）

  背：

    （前缺）

1. ▬▬▬□□□

    （後缺）

28. 元文書殘片

題解：

  本件《中國藏黑水城漢文文獻》中原始編號為84H·F197：W18/2268，出版編號為M1·0717，收於第四冊《其他律令與詞訟文書》第941頁，擬題為《詞訟文書殘件》，並記其尺寸為5.7cm×11.8cm。《黑城出土文書（漢文文書卷）》一書未收。文書現存文字2行。

  錄文標點：

    （前缺）

1. ▬▬▬□年四十三歲，無▬▬▬

2. ▬▬▬□籍苗村站戶東□▬▬

    （後缺）

29. 元邵伯顏等取狀殘片

題解：

  本件《中國藏黑水城漢文文獻》中原始編號為84H·Y1采：W12/2682，出版編號

---

① "□□▢"為右行補入；"誠"為左行補入，現徑改。

② 據文意推斷"姓名"似為"性命"。

為M1·0718，收於第四冊《其他律令與詞訟文書》第941頁，擬題為《取狀人郡伯顏等》，並記其尺寸為7.2cm×15.4cm。《黑城出土文書（漢文文書卷）》一書未收。文書前完後缺，現存文字2行。從內容來看，其應為邵伯顏等取狀殘片。

錄文標點：

1. 取狀人邵①伯顏等
2. 　一名邵伯顏，年☐☐☐☐☐☐
   （後缺）

30. 元李教化的文書殘片

題解：

本件《中國藏黑水城漢文文獻》中原始編號為84H·Y1采:W53/2723，出版編號為M1·0719，收於第四冊《其他律令與詞訟文書》第942頁，擬題為《詞訟文書殘件》，並記其尺寸為2.5cm×22.9cm。《黑城出土文書（漢文文書卷）》一書未收。文書前後均缺，現存文字1行。

錄文標點：

　　（前缺）

1. 責得李教化的狀供云云。得 此☐☐☐☐
   （後缺）

31. 元僧人☐失監布訴狀殘片

題解：

本件《中國藏黑水城漢文文獻》中原始編號為84H·Y1采:W83/2753，出版編號為M1·0720，收於第四冊《其他律令與詞訟文書》第942頁，擬題為《告狀僧人》，並記其尺寸為7.2cm×28cm。《黑城出土文書（漢文文書卷）》一書未收。文書共兩件殘片，殘片一現存文字1行；殘片二現存文字1行，但字體濃大。從內容來看，殘片一應為僧人訴狀殘片。

---

① 據《中國藏黑水城漢文文獻》原擬題可知，編者將"邵"釋讀為"郡"，現據圖版改。

704　中國藏黑水城漢文文獻的整理與研究

錄文標點：

（一）

1. 告狀僧人□失監布

　　　　（後缺）

（二）

　　　　（前缺）

1. ☐□文卷二☐

32. 元史某訴狀殘片

題解：

本件《中國藏黑水城漢文文獻》中原始編號為84H・F249：W29/2562，出版編號為M1・0721，收於第四冊《其他律令與詞訟文書》第943頁，擬題為《詞訟文書殘件》，並記其尺寸為14.6cm×8.9cm。《黑城出土文書（漢文文書卷）》一書未收。文書前完後缺，現存文字5行。從內容來看，其應為史某訴狀殘片。

錄文標點：

1. 告狀人史☐
2. 右各直☐
3. 戶計見□☐
4. 年□月①米斗☐
5. □☐

　　　　（後缺）

33. 元陳文□取狀殘片

題解：

本件《中國藏黑水城漢文文獻》中原始編號為84H・F209：W24/2322，出版編號為M1・0722，收於第四冊《其他律令與詞訟文書》第943頁，擬題為《取狀文書殘件》，並記其尺寸為14.5cm×12.6cm。《黑城出土文書（漢文文書卷）》

---

①　"□月"兩字為右行補入，現徑改。

一書未收。文書前完後缺，現存文字6行。從內容來看，其應為陳某取狀殘片。

錄文標點：

1. 取狀人陈☐
2. 右文☐，年五十☐
3. ☐王位下匠人户☐
4. 為婦人也立迷☐
5. ☐☐外陈佛☐
6. 勾追☐

（後缺）

34. 元某人狀告乞答案卷殘片

題解：

本件《中國藏黑水城漢文文獻》中原始編號為84H·F126：W6/1929，出版編號為M1·0723，收於第四冊《其他律令與詞訟文書》第944頁，擬題為《訟訴文書殘件》，並記其尺寸為19cm×23.4cm。《黑城出土文書（漢文文書卷）》一書未收。文書共三件殘片，殘片一、二各存文字3行，殘片三現存文字4行。

錄文標點：

（一）

（前缺）

1. 百户☐
2. 官短☐
3. 移管☐

（後缺）

（二）

（前缺）

1. 元你說將☐
2. 我從小買你為☐

3. 是□□□□□□□□□□

　　　　（後缺）

（三）

　　　　（前缺）

1. □□□□□四十歲，无□□□□□
2. □□□□□狀告乞荅說□□□□
3. □□□□□荅女哉哉①說与□□
4. □□□□□□□說先□□□

　　　　（後缺）

35. 元訴訟文書殘片

題解：

本件《中國藏黑水城漢文文獻》中原始編號為84H·F20：W43/0692，出版編號為M1·0724，收於第四冊《其他律令與詞訟文書》第945頁，擬題為《訴訟文書殘件》，並記其尺寸為16.5cm×12.6cm。《黑城出土文書（漢文文書卷）》一書未收。文書前後均缺，現存文字5行，有塗改痕跡。

錄文標點：

　　　　（前缺）

1. 来申，奉通政②□□□□
2. 告故③父□□□□□
3. 所生④□□□
4. □三男□長⑤□□□
5. □□□□□□□

　　　　（後缺）

---

① 第二個"哉"為省文符號，現徑改。
② "奉通政"三字被墨筆圈畫。
③ "告故"原作"狀告有故"，後將"狀、有"兩字塗抹，現徑改。
④ "所生"被墨筆圈畫，且其前原有兩字，後塗抹，現徑改。
⑤ 此行文字被墨筆圈畫。

36. 元脫黑帖木兒文書殘片

題解：

本件《中國藏黑水城漢文文獻》中原始編號為84H・Y5采：W9/2972，出版編號為M1・0725，收於第四冊《其他律令與詞訟文書》第945頁，擬題為《文書殘件》，並記其尺寸為13cm×10.6cm。《黑城出土文書（漢文文書卷）》一書未收。文書前後均缺，現存文字8行。

錄文標點：

（前缺）

1. ☐亡歿，脫黑帖木兒依前☐
2. ☐□为见同宗房叔祖父☐
3. ☐□當役昔宝赤☐
4. ☐內該□☐
5. ☐嗣是不花□☐
6. ☐你各羌□☐
7. ☐□作幹□☐
8. ☐□□□☐ ①

（後缺）

37. 元法塔寺僧戶取狀殘片（一）

題解：

本件《中國藏黑水城漢文文獻》中原始編號為F1：W24b，出版編號為M1・0726，收於第四冊《其他律令與詞訟文書》第946頁，擬題為《詞訟文書》，並記其尺寸為10.8cm×7.3cm。本件還收錄於《黑城出土文書（漢文文書卷）》第145頁《律令與詞訟類・驅口案》，其將本號文書與《中國藏黑水城漢文文獻》第946頁M1・0727［F1・W24a］號文書拼合為一釋錄，所記文書編號為F1：W24，並列出文書諸要素為：麻紙，殘，行書，尺寸為9.2cm×18.8cm。按，本號

---

① 文書第6—8行殘存有朱印鈐痕。

文書與M1·0727［F1·W24a］號文書字跡相同，編號相連，應為同一件文書。文書前後均缺，現存文字6行。文書擬題依綴合後所定。

錄文標點：

（前缺）

1. ＿＿＿＿＿＿＿＿＿先①
2. ＿＿＿＿＿後行至白空巴地面
3. ＿＿＿＿＿□等前来將黑狗并
4. ＿＿＿＿＿是實。
5. ＿＿＿＿＿山丹州法塔寺僧户
6. ＿＿＿＿＿弓手②既至元四年四月

（後缺）

38. 元法塔寺僧户取狀殘片（二）

題解：

本件《中國藏黑水城漢文文獻》中原始編號為F1：W24a，出版編號為M1·0727，收於第四冊《其他律令與詞訟文書》第946頁，擬題為《詞訟文書》，並記其尺寸為8.5cm×9.5cm。本件還收錄於《黑城出土文書（漢文文書卷）》第145頁《律令與詞訟類·驅口案》，其將本號文書與《中國藏黑水城漢文文獻》第946頁M1·0726［F1·W24b］號文書拼合為一釋錄，所記文書編號為F1：W24，並列出文書諸要素為：麻紙，殘，行書，尺寸為9.2cm×18.8cm。按，本號文書與M1·0726［F1·W24b］號文書字跡相同，編號相連，應為同一件文書。文書前後均缺，現存文字6行。文書擬題依綴合後所定。參考文獻：侯愛梅《黑水城所出元代詞訟文書研究》，中央民族大學博士學位論文，2013年。

錄文標點：

（前缺）

1. ＿＿＿＿＿＿＿＿＿延祐三年

---

① "先"，《黑城出土文書》錄文作"也"，現據圖版改。
② "弓手"，《黑城出土文書》錄文作"三年"，現據圖版改。

整理編　第四冊　709

2. ＿＿＿＿＿＿｜同居時因為阿撒
3. ＿＿＿＿＿＿｜出軍去了，彼處飢
4. ＿＿＿＿｜□①都迭滅②亦引領伊眷屬
5. ＿＿＿｜□覔③衣食住坐。至蛇兒
6. ＿＿＿＿｜□忽魯④說与□□□
　　　（後缺）

39. 元亦集乃路總管府文為□汝林狀告事
題解：
本件《中國藏黑水城漢文文獻》中原始編號為84H·F209：W20/2318，出版編號為M1·0728，收於第四冊《其他律令與詞訟文書》第947頁，擬題為《訴狀》，並記其尺寸為7.8cm×24.6cm。《黑城出土文書（漢文文書卷）》一書未收。文書前完後缺，現存文字2行。

錄文標點：
1. 皇帝聖旨裏，亦集乃路總管府據□汝
2. 　　林狀告，年三十二歲，无病，係
　　　（後缺）

40. 元朶只昔吉等案卷殘片
題解：
本件《中國藏黑水城漢文文獻》中原始編號為84H·F205：W1/2291，出版編號為M1·0729，收於第四冊《其他律令與詞訟文書》第947頁，擬題為《朶只昔吉等訴狀》，並記其尺寸為44.6cm×29.1cm。《黑城出土文書（漢文文書卷）》一書未收。文書前後均缺，現存文字3行。

---

① 此字《黑城出土文書》錄文作"玄"，據圖版不似，現存疑。
② "滅"，《黑城出土文書》、侯愛梅文作"減"，現據圖版改。
③ "覔"，侯愛梅文作"不見"，誤。
④ "魯"，《黑城出土文書》錄文作"都"，現據圖版改。

錄文標點：

（前缺）

1. 朶只昔吉等狀□▭▭▭▭▭▭▭
2. 耳足於吾即阿失处喫到財錢地土□□▭▭▭
3. ▭▭▭▭□□申奉

（後缺）

41. 元婦人紐林□取狀殘片

題解：

本件《中國藏黑水城漢文文獻》中原始編號為84H・F125：W52/1902，出版編號為M1・0730，收於第四冊《其他律令與詞訟文書》第948頁，擬題為《婦人紐林等狀》，並記其尺寸為6.9cm×25.4cm。《黑城出土文書（漢文文書卷）》一書未收。文書共三件殘片，殘片一、二各存文字1行，且殘片一字跡濃大；殘片三現存文字3行。從內容來看，其應為婦人紐林□取狀殘片。

錄文標點：

（一）

（前缺）

1. ▭▭▭▭□□▭▭▭

（後缺）

（二）

（前缺）

1. ▭▭▭▭取狀婦人紐林□（簽押）　狀

（後缺）

（三）

（前缺）

1. ▭▭▭▭奉此
2. ▭▭▭▭即勘
3. ▭▭▭▭□発

（後缺）

42. 元散觀布狀殘尾

題解：

本件《中國藏黑水城漢文文獻》中原始編號為84H·F116：W490/1662，出版編號為M1·0731，收於第四冊《其他律令與詞訟文書》第949頁，擬題為《訴狀》，並記其尺寸為15cm×23.1cm。《黑城出土文書（漢文文書卷）》一書未收。文書共兩件殘片，殘片一無文字殘留；殘片二現存文字2行。從內容來看，其應為一文狀殘尾。

錄文標點：

（一）

（無文字殘留）

（二）

　　　　　（前缺）

1. ＿＿＿＿散觀布　　狀
2. ＿＿＿＿□　布

　　　　　（後缺）

43. 元任文秀狀殘尾

題解：

本件《中國藏黑水城漢文文獻》中原始編號為84H·大院內a6：W56/2845，出版編號為M1·0732，收於第四冊《其他律令與詞訟文書》第950頁，擬題為《任文秀狀》，並記其尺寸為21.8cm×9.1cm。《黑城出土文書（漢文文書卷）》一書未收。文書僅存文字1行，從內容來看，其應為任文秀狀殘尾。

錄文標點：

　　　（前缺）

1. ＿＿＿＿任文秀（簽押）　狀

44. 元訴訟文書殘片（二）

題解：

本件《中國藏黑水城漢文文獻》中原始編號為84H·F117：W24/1816，出版編號為M1·0733，收於第四冊《其他律令與詞訟文書》第951頁，擬題為《文書殘件》，並記其尺寸為15.9cm×30.2cm。《黑城出土文書（漢文文書卷）》一書未收。文書共四件殘片，殘片一、三各存文字3行，殘片二、四各存文字2行，均有塗改痕跡。按，本號文書與《中國藏黑水城漢文文獻》第935頁M1·0708［84H·F117：W23/1815］號文書字跡、紙張一致，內容相關，編號相連，應為同件文書。文書擬題依綴合後所定。

錄文標點：

（一）

　　　　　　（前缺）

1. 知事処分□▢▢▢▢▢▢①
2. 經此怎生發②□▢▢▢▢▢
3. 托侯③和尚▢▢▢▢▢▢

　　　　　　（後缺）

（二）

　　　　　　（前缺）

1. ▢▢▢▢□□前来本家④向仁傑□□▢▢▢
2. ▢▢▢▢□支梁卜善心名□▢▢▢▢

　　　　　　（後缺）

（三）

　　　　　　（前缺）

1. ▢▢▢▢□□|同|知|小云赤不花的□▢▢▢
2. ▢▢▢|日將躬問，以致収受入倉⑤在後，不記日有▢▢
3. ▢▢▢▢▢▢▢|言□⑥▢▢▢▢

　　　　　　（後缺）

---

① 此行左側原有一行文字"甘相誠又□▢▢"，後塗抹，現徑改。
② "經此怎生發□"原作"皮靴□一付□"，塗抹後於右行改寫，且"怎生發"原誤，塗抹後於其右旁改寫，現徑改。
③ "侯"字前原衍兩字，塗抹後於右旁改寫為一字，後又將改寫字塗抹，現徑改。
④ "本家"兩字為左行補入，現徑改。
⑤ "以致収受入倉"等字為右行補入，現徑改。
⑥ "言□"兩字為右行補入文字，現徑改。

（四）

　　　　（前缺）
1. ▢▢▢▢▢▢▢|我||赴|官司告去當▢▢▢▢
2. ▢▢▢▢▢▢|脫||黑|不花向仁傑處▢▢▢▢
　　　　（後缺）

45. 元巡河宫文書殘片

題解：

本件《中國藏黑水城漢文文獻》中原始編號為84HF135坑內C，出版編號為M1·0734，收於第四冊《其他律令與詞訟文書》第952頁，擬題為《巡河官捉拿到官》，並記其尺寸為5.2cm×16.8cm。《黑城出土文書（漢文文書卷）》一書未收。文書前後均缺，現存文字2行。

錄文標點：

　　　　（前缺）
1. ▢▢▢▢▢▢▢▢省委巡河宫①捉拿到官取▢▢▢▢▢
2. ▢▢▢▢▢▢▢▢▢
　　　　（後缺）

46. 元文書殘片

題解：

本件《中國藏黑水城漢文文獻》中原始編號為84HF135坑內D，出版編號為M1·0735，收於第四冊《其他律令與詞訟文書》第952頁，擬題為《文書殘件》，並記其尺寸為7.9cm×10.4cm。文書前後均缺，現存文字3行。

錄文標點：

　　　　（前缺）
1. ▢▢▢▢▢▢▢却行循情議擬▢▢▢▢▢
2. ▢▢▢▢▢▢▢法之人▢知|警|

---

① 據文意推斷，"宫"似為"官"，《中國藏黑水城漢文文獻》原編者即釋讀為"官"。

3. ▭▭▭▭▭▭▭▭▭▭□▭▭▭▭▭▭▭▭▭
（後缺）

47. 元判官倒剌沙押正身赴省文書殘片

題解：

本件《中國藏黑水城漢文文獻》中原始編號為84H・大院內a6：W16/2805，出版編號為M1・0736，收於第四冊《其他律令與詞訟文書》第952頁，擬題為《文書殘件》，並記其尺寸為7cm×15.7cm。《黑城出土文書（漢文文書卷）》一書未收。文書前後均缺，現存文字4行。

錄文標點：

（前缺）

1. ▭▭▭▭▭▭▭▭□□□□
2. ▭▭▭▭▭▭▭本府官各各①正身押
3. ▭▭省。奉此，差委本路判官倒剌沙承
4. ▭▭王傳官哈咎赤阿立□□▭▭▭
（後缺）

48. 元支正軍春季雜糧保結文書殘片

題解：

本件《中國藏黑水城漢文文獻》中原始編號為83H・F6：W79/0239，出版編號為M1・0737，收於第四冊《其他律令與詞訟文書》第953頁，擬題為《文書殘件》，並記其尺寸為6.5cm×26.3cm。《黑城出土文書（漢文文書卷）》一書未收。文書前後均缺，現存文字3行。從內容來看，其應為放支某軍雜糧保結文書殘片。

錄文標點：

（前缺）

1. 至三月終春季三个月雜糧 名▭▭▭▭▭

---

① 第二個"各"字為省文符號，現徑改。

2. 軍各各正名開坐□☐中間並□□☐

3. 如虛，甘罪不詞，保結□□①，乞照驗

　　　（後缺）

49. 元文書殘片

題解：

本件《中國藏黑水城漢文文獻》中原始編號為83H·F13：W100/0451，出版編號為M1·0738，收於第四冊《其他律令與詞訟文書》第953頁，擬題為《文書殘件》，並記其尺寸為7cm×16.1cm。《黑城出土文書（漢文文書卷）》一書未收。文書前完後缺，現存文字3行。

錄文標點：

1. ＿＿＿＿＿☐

2. ＿＿＿＿＿＿＿＿＿＿＿＿＿＿無病，係寧夏路附藉亦＿＿

3. ＿＿＿＿＿＿＿＿□亦集乃作□＿＿＿＿

　　　（後缺）

50. 元文書殘片

題解：

本件《中國藏黑水城漢文文獻》中原始編號為84H·Y1采：W62/2732，出版編號為M1·0739，收於第四冊《其他律令與詞訟文書》第954頁，擬題為《文書殘件》，並記其尺寸為9.7cm×16.8cm。《黑城出土文書（漢文文書卷）》一書未收。文書前後均缺，現存文字4行。

錄文標點：

　　　（前缺）

1. ＿＿＿＿＿＿＿☐＿＿＿＿＿☐☐☐

2. ＿＿＿＿☐曹住令＿＿＿＿＿

---

① 據元代公文格式可推知，此處所缺文字應為"是實"。

3. ☐不詞，如違治罪。奉此，
4. ☐☐

（後缺）

51. 元妙疆文書殘片

題解：

本件《中國藏黑水城漢文文獻》中原始編號為84H・F19：W20/0557，出版編號為M1・0740，收於第四冊《其他律令與詞訟文書》第954頁，擬題為《文書殘件》，並記其尺寸為23.1cm×7.9cm。《黑城出土文書（漢文文書卷）》一書未收。文書前後均缺，現存文字9行。

錄文標點：

（前缺）

1. ☐☐私☐
2. ☐人數☐
3. 盤提不致☐
4. 地面但有☐
5. 後諸人有☐
6. 付充賞 差☐
7. 例驗其絡留☐
8. 科斷再犯加☐
9. 妻妾妙疆☐

（後缺）

52. 元文書殘片

題解：

本件《中國藏黑水城漢文文獻》中原始編號為84H・F116：W310/1482，出版編號為M1・0741，收於第四冊《其他律令與詞訟文書》第955頁，擬題為《文書殘件》，並記其尺寸為15.5cm×15.7cm。《黑城出土文書（漢文文書卷）》一書未收。文書前後均缺，現存文字 2 行。

錄文標點：

（前缺）

1. ▭▭□□□▭▭
2. ▭▭執結是实▭▭

（後缺）

53. 元至正十五年（1355）取狀殘尾

題解：

本件《中國藏黑水城漢文文獻》中原始編號為 84H・F192：W8/2228，出版編號為 M1・0742，收於第四冊《其他律令與詞訟文書》第 956 頁，擬題為《至正十五年十月取狀》，並記其尺寸為 14.6cm×21.3cm。《黑城出土文書（漢文文書卷）》一書未收。文書前缺後完，現存文字 2 行。從內容來看，其應為取狀殘尾。

錄文標點：

（前缺）

1. 至正十五年十月取狀人脫▭▭▭
2. 　　　　連狀人 帖 □▭▭

54. 元亦集乃路請俸司吏文書殘片

題解：

本件《中國藏黑水城漢文文獻》中原始編號為 F145：W13，出版編號為 M1・0743，收於第四冊《其他律令與詞訟文書》第 957 頁，擬題為《文書殘件》，並記其尺寸為 11.6cm×21.6cm。《黑城出土文書（漢文文書卷）》一書未收。文書前完後缺，現存文字 2 行。

錄文標點：

1. ▭▭□
2. ▭▭歲，无病，係亦集乃路請俸司吏

（後缺）

55. 元至元某年談政等取狀殘尾

題解：

本件《中國藏黑水城漢文文獻》中原始編號為 F1：W55，出版編號為 M1·0744，收於第四冊《其他律令與詞訟文書》第958頁，擬題為《取狀人談政與連狀人顧德》，並記其尺寸為15cm×27.8cm。《黑城出土文書（漢文文書卷）》一書未收。文書前缺後完，現存文字3行，且殘留半個騎縫章。從內容來看，其應為談政等取狀殘尾。

錄文標點：

　　　　（前缺）

　　―――――――（騎縫章）―――――――

1. 台旨。
2. 　　　至元□年　　月　　取狀人談政（簽押）　狀
3. 　　　　　　　　　　　　連狀人顧德（簽押）

56. 元至正十一年（1351）劉某取狀殘尾

題解：

本件《中國藏黑水城漢文文獻》中原始編號為 F9：W20，出版編號為 M1·0745，收於第四冊《其他律令與詞訟文書》第959頁，擬題為《至正十一年取狀人》，並記其尺寸為10.1cm×26.5cm。《黑城出土文書（漢文文書卷）》一書未收。文書前缺後完，現存文字2行。從內容來看，其應為劉某取狀殘尾。

錄文標點：

　　　　（前缺）

1. □□
2. 　　至正十一年三月取狀人刘□□（簽押）狀

57. 元文書殘片

題解：

本件《中國藏黑水城漢文文獻》中原始編號為 84HF125A，出版編號為 M1·

0746，收於第四冊《其他律令與詞訟文書》第959頁，擬題為《文書殘件》，並記其尺寸為4cm×15.3cm。《黑城出土文書（漢文文書卷）》一書未收。文書前後均缺，現存文字2行。按，本件文書還收錄於《中國藏黑水城漢文文獻》第四冊第709頁《鬥殺案》M1·0573［84H·F125：W59/1909］號文書殘片一，不知為何將同一件文書重復收錄，且編號不同。

錄文標點：

（前缺）

1. ▭▭▭▭打奪去後，更將禿亦不

2. ▭▭▭□□□□□□▭▭

（後缺）

58. 元至正十三年（1353）白思我取狀殘尾

題解：

本件《中國藏黑水城漢文文獻》中原始編號為F150：W9，出版編號為M1·0747，收於第四冊《其他律令與詞訟文書》第960頁，擬題為《至正十三年取狀人》，並記其尺寸為17.5cm×34.9cm。《黑城出土文書（漢文文書卷）》一書未收。文書前缺後完，現存文字3行。從內容來看，其應為白思我取狀殘尾。

錄文標點：

（前缺）

1. 台旨。

2. 　　　　　至正十三年　月　取狀人　白思我（簽押）　狀

3. 　　　□□□① 　　　（簽押）

59. 元□山驢取狀殘片

題解：

本件《中國藏黑水城漢文文獻》中原始編號為84H·大院內a6：W41/2830，出版編號為M1·0748，收於第四冊《其他律令與詞訟文書》第961頁，擬題為

---

① 據元代文書格式可知，此處應為"某某日"。

《取狀文書殘件》，並記其尺寸為 8.2cm×23.6cm。《黑城出土文書（漢文文書卷）》一書未收。文書前完後缺，現存文字 2 行。從內容來看，其應為□山驢取狀殘片。

錄文標點：

1. 取狀人□山驢
2. 右山驢，年三十歲，無病，

　　　　（後缺）

60. 元收管孤老李元僧等文書殘片（二）

題解：

本件《中國藏黑水城漢文文獻》中原始編號為 84H・F116: W530/1704，出版編號為 M1・0749，收於第四冊《其他律令與詞訟文書》第 962 頁，擬題為《文書殘件》，並記其尺寸為 36.4cm×13.4cm。《黑城出土文書（漢文文書卷）》一書未收。文書共三件殘片，殘片一無文字殘留，殘片二僅存印章殘痕；殘片三現存文字 1 行。按，文書中提到"李元僧"一名，與《中國藏黑水城漢文文獻》第二冊《其他錢糧物文書》第 445 頁 M1・0342［84H・F116: W32/1493］號文書中"孤老李元僧"同，且兩件文書紙張、字跡相同，故其應為同件文書。文書擬題依綴合後所定。參考文獻：周永傑《黑水城出土亦集乃路孤老養濟文書若干問題研究》，《西夏學》（第十輯），上海古籍出版社 2013 年版。

錄文標點：

（一）

（無文字殘留）

（二）

（印章殘痕）

（三）

1. 取①狀人孤老李元僧

　　　　（後缺）

---

① "取"，周永傑文作"管"，現據圖版改。